高校强基计划
直通车

张雪明 编著

数学
MATHS

上海交通大学 出版社
SHANGHAI JIAO TONG UNIVERSITY PRESS

内容提要

本书分为两个部分:"奠基篇"与"真卷篇"."奠基篇"根据近几年各重点高校自主招生及强基计划相关信息中对数学学科的要求,基于内容和方法,精心选择与高考内容相关、又高于高考要求的 20 个专题,每个专题包括试题特点、解题策略、典型例题和配套练习四个模块.该部分重在打好高校强基计划的知识基础和方法基础."真卷篇"选取的是各著名高校近年自招测试真卷,该部分重在帮助学习者适应高校强基计划测试要求,了解该校命题的形式与特点.限于篇幅,除了清华、北大的试卷逐年收录,其他学校仅选择一两份有代表性的试卷.本书力求使学习者能在较短时间内达到重点高校强基计划学科测试的知识和能力要求,从而在相应测试中取得优异成绩.

图书在版编目(CIP)数据

高校强基计划直通车. 数学／ 张雪明编著. —上海:
上海交通大学出版社,2020 (2021 重印)
ISBN 978－7－313－23515－2

Ⅰ.①高… Ⅱ.①张… Ⅲ.①中学数学课－高中－升学参考资料 Ⅳ.①G634

中国版本图书馆 CIP 数据核字(2020)第 128629 号

高校强基计划直通车 数学

GAOXIAO QIANGJI JIHUA ZHITONGCHE SHUXUE

编 著:张雪明			
出版发行:上海交通大学出版社		地 址:上海市番禺路 951 号	
邮政编码:200030		电 话:021－64071208	
印 制:上海四维数字图文有限公司		经 销:全国新华书店	
开 本:787 mm×1092 mm 1/16		印 张:20.5	
字 数:445 千字			
版 次:2020 年 8 月第 1 版		印 次:2021 年 3 月第 3 次印刷	
书 号:ISBN 978－7－313－23515－2			
定 价:66.00 元			

随着高等学校招生考试制度改革的推进,实施多年的高校自主招生又以强基计划面貌出现在考生面前.这一变化使部分考生心理焦虑加强,在道听途说中形成了认识上的盲目,策略上的盲从,行动上的盲干,有的干脆躺倒不干,缩在一角希冀幻觉中的运气.

实际上,我们只需明白两点.

一是普通高考在强基计划中的功能定位.普通高考成了"资格考",优秀的普通高考成绩是跨越强基计划门槛的通行证.

二是强基计划的主要方式."校测＋面试"几乎依然是所有学校的主流操作.

至于大家最关心的学科校测,内容及形式虽各显神通,但万考不离其宗.既要体现高中学业水平,又要体现测试学校的个性要求——培养理念和自身教育哲学,体现后续学习的客观需要.

当然,与普通高考相比,强基计划校测也有明显差异——主要反映在范围、重点、角度、难度等方面,信度、区分度更高,测试取向更加关注思维品质和学科素养,强调学科的本质和哲学方法,注重能力.

建议有意参与者从以下三个方面着手准备.

一要重视普通高考,保证拿到入场券.

二要确定心仪学校,及时了解学校相关政策和操作程序,熟悉测试形式及历年试题特点.

三是选择针对性强,成熟可信的校测辅导资料,为实现理想保驾护航.

"数学是思维的体操,是思维的科学",人们在学习数学时,要不断地经历直观感知、观察发现、归纳类比、空间想象、抽象概括、符号表示、运算求解、数据处理、演绎证明、反思与建构等思维过程.本书遵循数学学习的基本规律,顺应国内著名高校强基计划校测的要求,从试题属性和解题方法出发,演绎学习主题和学习内容,以锤炼学习者的思维品质,启发学习者的解题思路,提高学习者的解题能力和考试水平.

本书遵循如下编写理念.

内容确保三点:权威、完整、适用.

过程重视三基:基本知识、基本技能、基本方法.

结果追求三效:效果(考得好)、效率(学得快)、效益(提高学科素养).

"奠基篇"重在打好知识基础和方法基础;"真卷篇"提供有代表性的学校的考试真卷,

让考生进行仿真演练,提高学习的有效性和针对性.

期望读者对书中问题能够先自主尝试再借鉴解答;过程中不断总结和反思;并依据报考目标对学习内容有所侧重.

青年才俊严伟峰对数学有独特悟性,他对本书做了严谨扎实的内容整理工作.我的同事,复旦大学附属中学的万军老师是数学竞赛方面的专家,施柯杰、张哲两位青年教师也在学科竞赛方面很有见地,他们都为书中的部分问题提供了答案.衷心感谢他们为本书作出的贡献!

书中部分问题还借鉴了一些同行的解法或思路,如觉不妥请反馈作者及时修正.在此一并感谢!

目 录

第一部分　奠基篇

第二部分　真卷篇

第一部分　奠基篇

§01 函数性态

要点考点

1. 反函数

（1）反函数定义：只有满足 $x \underset{\text{唯一}}{\longleftrightarrow} y$，函数 $y=f(x)$ 才有反函数. 例：$y=x^2$ 无反函数.

函数 $y=f(x)$ 的反函数记为 $x=f^{-1}(y)$，习惯上记为 $y=f^{-1}(x)$. 在同一坐标系，函数 $y=f(x)$ 与它的反函数 $y=f^{-1}(x)$ 的图像关于 $y=x$ 对称.

> **注**：一般地，$f^{-1}(x+3) \neq f(x+3)$ 的反函数.

（2）① 单调函数必有反函数，但并非反函数存在时一定是单调的. 所有非单值自变量的偶函数不存在反函数.

② 如果一个函数有反函数且为奇函数，那么它的反函数也为奇函数.

③ 设函数 $y=f(x)$ 定义域，值域分别为 X、Y. 如果 $y=f(x)$ 在 X 上是增（减）函数，那么反函数 $y=f^{-1}(x)$ 在 Y 上一定是增（减）函数，即互为反函数的两个函数增减性相同.

④ 一般地，如果函数 $y=f(x)$ 有反函数，且 $f(a)=b$，那么 $f^{-1}(b)=a$. 这就是说点 (a,b) 在函数 $y=f(x)$ 图像上，那么点 (b,a) 在函数 $y=f^{-1}(x)$ 的图像上.

2. 指数、对数函数

（1）指数函数：$y=a^x$（$a>0$，$a \neq 1$），定义域 **R**，值域为 $(0,+\infty)$（见图 1-1）.

① 当 $a>1$，$y=a^x$ 在定义域上为增函数；

② 当 $0<a<1$，$y=a^x$ 在定义域上为减函数；

③ 当 $a>1$ 时，$y=a^x$ 的 a 值越大，图像越靠近 y 轴；当 $0<a<1$ 时，则相反.

（2）对数函数：$y=\log_a x$（$a>0$，$a \neq 1$），定义域 $(0,+\infty)$，值域为 **R**.

① 当 $a>1$，$y=\log_a x$ 在定义域上为增函数；

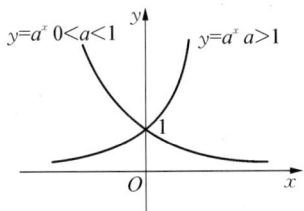

图 1-1

② 当 $0 < a < 1$, $y = \log_a x$ 在定义域上为减函数;

③ $y = a^x$ $(a > 0, a \neq 1)$ 与 $y = \log_a x$ 互为反函数;

④ 当 $a > 1$ 时, $y = \log_a x$ 的 a 值越大,图像越靠近 x 轴;当 $0 < a < 1$ 时,则相反.

3. 奇偶、单调、对称、周期性的定义及图像形态

奇偶、单调、对称、周期性的定义及图像形态如表 1-1 所示.

表 1-1

性　质	定　义	图　像　形　态
奇偶性	对于任意 $x \in \mathbf{D}$: $f(-x) = f(x)$(偶); $f(-x) = -f(x)$(奇)	

性　质	定　义	图　像　形　态
单调性	对于任意 $x_1, x_2 \in \mathbf{I}$: $x_1 < x_2 \Rightarrow f(x_1) < f(x_2)$(增); $x_1 < x_2 \Rightarrow f(x_1) > f(x_2)$(减)	

性　质	定　义	图　像　形　态
对称性	沿线折叠重合(轴对称); 绕点旋转对称(中心对称)	

性　质	定　义	图　像　形　态
周期性	对于任意 $x \in \mathbf{D}$: $f(T + x) = f(x)$	

几点说明:

(1) 判断函数单调性(定义)作差法:对带根号的一定要分子有理化,例如:

$$f(x_1) - f(x_2) = \sqrt{x_1^2 + b^2} - \sqrt{x_2^2 + b^2} = \frac{(x_1 - x_2)(x_1 + x_2)}{\sqrt{x_x^2 + b^2} + \sqrt{x_1^2 + b^2}}$$ 再进行讨论.

(2) 函数的单调区间可以是整个定义域,也可以是定义域的一部分. 对于具体的函数来说可能有单调区间,也可能没有单调区间,如果函数在区间(0, 1)上为减函数,在区间(1, 2)上为减函数,就不能说函数在 (0, 1) $\bigcup$ (1, 2)上为减函数.

（3）最常见的对称变换：

① $y=f(x) \xrightarrow{y\text{轴对称}} y=f(-x)$； ② $y=f(x) \xrightarrow{x\text{轴对称}} y=-f(x)$；

③ $y=f(x) \xrightarrow{\text{原点对称}} y=-f(-x)$； ④ $y=f(x) \xrightarrow{y=x\text{ 对称}} x=f(y)$；

⑤ $y=f(x) \xrightarrow{y=-x\text{ 对称}} x=-f(-y)$.

4. 奇偶、单调、对称、周期性的常见代数特征

对于任意 x：

$f(x+T)=f(x) \Leftrightarrow f(x)$ 为周期函数，周期为 T；

$f(x+a)=-f(x)$ 则 $f(x)$ 为周期函数，周期为 $2a$；

$f(x+a)=-\dfrac{1}{f(x)}$ 则 $f(x)$ 为周期函数，周期为 $2a$；

$f(a+x)=f(a-x) \Leftrightarrow f(x)$ 关于 $x=a$ 对称；

$f(a+x)=f(b-x) \Leftrightarrow f(x)$ 关于 $x=\dfrac{a+b}{2}$ 对称；

$f(a+x)=-f(a-x) \Leftrightarrow f(x)$ 关于 $(a,0)$ 对称；

$f(a+x)=-f(b-x) \Leftrightarrow f(x)$ 关于 $\left(\dfrac{a+b}{2},0\right)$ 对称.

技能方法

- 奇偶性判别与应用.
- 单调性判别与应用.
- 对称性判别与应用.
- 周期性判别与应用.
- 奇偶、单调、对称、周期性的代数特征及其内在统一性的应用.

典型例题

[例1] 若 $f(x)$ 为 **R** 上函数，且 $f(10+x)=f(10-x)$，$f(20-x)=-f(20+x)$，则 $f(x)$ 为（ ）．

　　A. 奇函数且周期函数　　　　B. 奇函数且非周期函数

　　C. 偶函数且周期函数　　　　D. 偶函数且非周期函数

解析： 由 $f(10+x)=f(10-x)$ 得函数 $f(x)$ 图像关于 $x=10$ 对称，由 $f(20-x)=-f(20+x)$ 得函数 $f(x)$ 图像关于 $(20,0)$ 对称，画出草图（图 1-2）分析可得，$f(x)$ 是奇函数且周期函数，周期为 40.

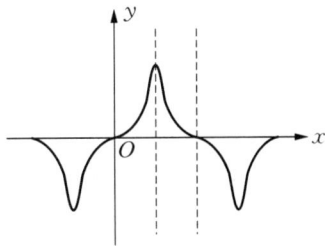

图 1-2

事实上，$f(x)=f(20-x)=-f(20+x)=-f(-x)$，所以 $f(x)$ 是奇函数.

$f(x)=-f(-x)=f(40+x)$，$f(x)$ 是周期函数.

答案：A.

结论：

● 对于任意 x，$f(a+x)=f(a-x)$ 且 $f(b+x)=f(b-x)$，其中 $a\neq b$，则 $f(x)$ 为周期函数，周期为 $2|a-b|$.

● 对于任意 x，$f(a+x)=f(a-x)$ 且 $f(b+x)=-f(b-x)$，其中 $a\neq b$，则 $f(x)$ 为周期函数，周期为 $4|a-b|$.

[**例2**]　设 $f(x)$ 和 $g(x)$ 是定义在 **R** 上的两个函数，x_1，x_2 是 **R** 上任意两个不等的实数.

（1）设 $|f(x_1)+f(x_2)|\geqslant|g(x_1)+g(x_2)|$ 恒成立，且 $y=f(x)$ 是奇函数，判断函数 $y=g(x)$ 的奇偶性并说明理由；

（2）设 $|f(x_1)-f(x_2)|\geqslant|g(x_1)-g(x_2)|$ 恒成立，且 $y=f(x)$ 是周期函数，判断函数 $y=g(x)$ 的周期性并说明理由；

（3）设 $|f(x_1)-f(x_2)|>|g(x_1)-g(x_2)|$ 恒成立，且 $y=f(x)$ 是 **R** 上的增函数，判断函数 $h(x)=f(x)+g(x)$ 与函数 $h'(x)=f(x)-g(x)$ 在 **R** 上的单调性并说明理由.

解析：（1）令 $x_1=x$，$x_2=-x$，代入已知条件：

$|f(x)+f(-x)|\geqslant|g(x)+g(-x)|$.

因为 $f(x)$ 是奇函数，所以 $f(x)+f(-x)=0$，故 $|g(x)+g(-x)|\leqslant0$，即 $g(x)+g(-x)=0$. 则 $g(x)$ 也是奇函数.

（2）设 $y=f(x)$ 周期为 T（$T\neq0$），令 $x_1=x+T$，$x_2=x$，

代入已知条件：$|f(x+T)-f(x)|\geqslant|g(x+T)-g(x)|$.

因为 $f(x+T)=f(x)$，所以 $|g(x+T)-g(x)|\leqslant0$，$g(x+T)-g(x)=0$. 则 $g(x)$ 也是以 T 为周期的周期函数.

（3）设 $x_1<x_2$，因为 $y=f(x)$ 是 **R** 上的增函数，所以 $f(x_1)<f(x_2)$，$|f(x_1)-f(x_2)|=f(x_2)-f(x_1)$.

由已知 $|f(x_1)-f(x_2)|>|g(x_1)-g(x_2)|$，

得 $-f(x_2)+f(x_1)<g(x_1)-g(x_2)<f(x_2)-f(x_1)$，

$f(x_2)+g(x_2)>f(x_1)+g(x_1)$，且 $f(x_2)-g(x_2)>f(x_1)-g(x_1)$；

即 $h(x_2)>h(x_1)$，且 $h'(x_2)>h'(x_1)$.

故 $h(x)=f(x)+g(x)$ 与 $h'(x)=f(x)-g(x)$ 在 **R** 上也是增函数.

[**例3**]　（交大 2000 联读）函数 $f(x)=\sqrt[3]{x+\sqrt{1+x^2}}+\sqrt[3]{x-\sqrt{1+x^2}}$ （$x\in$ **R**）的反函数是_____.

解析：由 $y=\sqrt[3]{x+\sqrt{1+x^2}}+\sqrt[3]{x-\sqrt{1+x^2}}$ 得

$$y^3 = x + \sqrt{1+x^2} + 3\sqrt[3]{(x+\sqrt{1+x^2})^2 (x-\sqrt{1+x^2})} +$$

$$3\sqrt[3]{(x+\sqrt{1+x^2})(x-\sqrt{1+x^2})^2} + x - \sqrt{1+x^2}$$

$$= 2x + 3\sqrt[3]{-(x+\sqrt{1+x^2})} + 3\sqrt[3]{-(x-\sqrt{1+x^2})}$$

$$= 2x - 3\left(\sqrt[3]{x+\sqrt{1+x^2}} + \sqrt[3]{x-\sqrt{1+x^2}}\right)$$

$$= 2x - 3y$$

得 $x = \dfrac{y^3 + 3y}{2}$，$f^{-1}(x) = \dfrac{x^3 + 3x}{2}$.

[例 4] （交大 2002 保送）设 $f(x) = |\lg x|$，a,b 为实数，且 $0 < a < b$，若 a,b 满足 $f(a) = f(b) = 2f\left(\dfrac{a+b}{2}\right)$. 试写出 a 与 b 的关系，并证明在这一关系中存在 b 满足 $3 < b < 4$.

解析： 函数 $f(x) = |\lg x|$ 在 $(0,1]$ 上单调减，在 $[1,+\infty)$ 上单调增，要使得 $f(a) = f(b)$，则必有 $0 < a < 1 < b$.

从而条件转化为 $-\lg a = \lg b = 2\left|\lg\dfrac{a+b}{2}\right|$，

所以 $ab = 1 \Rightarrow a + b > 2 \Rightarrow -\lg a = \lg b = 2\lg\dfrac{a+b}{2}$，

所以 $\begin{cases} ab = 1 & (1) \\ a^2 + (b-2)^2 - 2 = 0 & (2) \end{cases}$，

由式(1)分别取 $(a,b) = \left(\dfrac{1}{3}, 3\right)$，$\left(\dfrac{1}{4}, 4\right)$ 代入式(2)，左边呈现异号，据数形结合可知命题"这一关系中存在 b 满足 $3 < b < 4$"成立.

[例 5] （复旦 2004 保送）若存在 M，使任意 $t \in \mathbf{D}$（$\mathbf{D}$ 为函数 $f(x)$ 的定义域），都有 $|f(x)| \leqslant M$，则称函数 $f(x)$ 有界. 问函数 $f(x) = \dfrac{1}{x}\sin\dfrac{1}{x}$ 在 $x \in \left(0, \dfrac{1}{2}\right)$ 上是否有界？

解析： 函数 $f(x) = \dfrac{1}{x}\sin\dfrac{1}{x}$ 在 $x \in \left(0, \dfrac{1}{2}\right)$ 上不是有界的.

证明如下：

对于任意大的正数 M，仅需证明存在 $x \in \left(0, \dfrac{1}{2}\right)$ 使 $|f(x)| > M$，即 $\dfrac{1}{x}\left|\sin\dfrac{1}{x}\right| > M$ 成立，

为此取 $x = \dfrac{1}{2k\pi + \dfrac{\pi}{2}}$（$k \in \mathbf{N}^*$），就是要证存在正整数 k，使 $\left(2k\pi + \dfrac{\pi}{2}\right)\sin\left(2k\pi + \dfrac{\pi}{2}\right) > M$，亦即

$2k\pi + \dfrac{\pi}{2} > M \Rightarrow k > \dfrac{1}{2\pi}\left(M - \dfrac{\pi}{2}\right)$，可取 $k = \left[\dfrac{1}{2\pi}\left(M - \dfrac{\pi}{2}\right)\right] + 1$，结论成立.

故 $f(x) = \dfrac{1}{x}\sin\dfrac{1}{x}$ 在 $x \in \left(0, \dfrac{1}{2}\right)$ 上不是有界的.

［例 6］（交大 2008 冬令营）已知函数 $f(x) = ax^2 + bx + c\ (a \neq 0)$，且 $f(x) = x$ 没有实数根.那么 $f(f(x)) = x$ 是否有实数根？并证明你的结论.

解析： 没有.

解法一： $f(x) - x = ax^2 + (b-1)x + c = 0$ 无实数根，$\Delta = (b-1)^2 - 4ac < 0$；

$f(f(x)) - x = 0.$

$a(ax^2 + bx + c)^2 + b(ax^2 + bx + c) + c - x = 0$

$a(ax^2 + bx + c)^2 - ax^2 + ax^2 + b(ax^2 + bx + c) + c - x = 0.$

$a(ax^2 + bx + c - x)(ax^2 + bx + c + x) + (b+1)ax^2 + (b^2-1)x + c(b+1) = 0.$

$a[ax^2 + (b-1)x + c][ax^2 + (b+1)x + c] + (b+1)[ax^2 + (b-1)x + c] = 0.$

$[ax^2 + (b-1)x + c][a^2x^2 + a(b+1)x + b + ac + 1] = 0.$

于是有 $ax^2 + (b-1)x + c = 0$ 或 $a^2x^2 + a(b+1)x + ac + b + 1 = 0$.

$\Delta_1 = (b-1)^2 - 4ac < 0$；

$\Delta_2 = a^2(b+1)^2 - 4a^2(ac + b + 1) = a^2[(b-1)^2 - 4ac - 4] < -4a^2 < 0.$

故均不存在实数根.

解法二： 若 $a > 0$，则 $f(x) > x$，对一切 $x \in \mathbf{R}$ 恒成立.

于是 $f(f(x)) > f(x) > x$；

若 $a < 0$，则 $f(x) < x$，对一切 $x \in \mathbf{R}$ 恒成立.

于是 $f(f(x)) < f(x) < x$；

所以 $f(f(x)) = x$ 没有实数根.

［例 7］（复旦 2006）试构造函数 $f(x)$，$g(x)$ 其定义域为 $(0, 1)$，值域为 $[0, 1]$，

(1) 对于任意 $a \in [0, 1]$，$f(x) = a$ 只有一解；

(2) 对于任意 $a \in [0, 1]$，$g(x) = a$ 有无穷多个解.

解析： (1) $f(x) = \begin{cases} x & x \neq \dfrac{1}{2^n}, \dfrac{1}{3^n},\ x \in (0, 1),\ n \in \mathbf{N}^* \\[2mm] 1 & x = \dfrac{1}{2} \\[2mm] 2x & x = \dfrac{1}{2^n}\ (n > 1,\ n \in \mathbf{N}^*) \\[2mm] 0 & x = \dfrac{1}{3} \\[2mm] 3x & x = \dfrac{1}{3^n}\ (n > 1,\ n \in \mathbf{N}^*) \end{cases}$；

(2) $f(x) = \left| \sin \dfrac{1}{x} \right|$，$x \in (0, 1)$.

[例8] 设函数 $f(x) = \dfrac{x+m}{x+1}$，且存在函数 $s = \varphi(t) = at + b$ $\left(t > \dfrac{1}{2}, a \neq 0\right)$，满足 $f\left(\dfrac{2t-1}{t}\right) = \dfrac{2s+1}{s}$.

(1) 证明：存在函数 $t = \psi(s) = cs + d$ $(s > 0)$，满足 $f\left(\dfrac{2s+1}{s}\right) = \dfrac{2t-1}{t}$；

(2) 设 $x_1 = 3$，$x_{n+1} = f(x_n)$，$n = 1, 2, 3, \cdots$.证明：$|x_n - 2| \leqslant \dfrac{1}{3^{n-1}}$.

证明： 先用待定系数思想，通过比较系数确定函数 $f(x) = \dfrac{x+m}{x+1}$ 的解析式.

由 $f\left(\dfrac{2t-1}{t}\right) = \dfrac{2s+1}{s}$，得 $\dfrac{\dfrac{2t-1}{t} + m}{\dfrac{2t-1}{t} + 1} = \dfrac{2s+1}{s}$，即 $s = \dfrac{3t-1}{(m-4)t+1}$；

由于 $s = at + b$，所以 $m = 4$（且 $a = 3$，$b = -1$），所以 $f(x) = \dfrac{x+4}{x+1}$.

(1) 由 $f\left(\dfrac{2s+1}{s}\right) = \dfrac{2t-1}{t}$，得 $\dfrac{\dfrac{2s+1}{s} + 4}{\dfrac{2s+1}{s} + 1} = \dfrac{2t-1}{t}$，即 $t = 3s + 1$，

所以存在 $c = 3$，$d = 1$ 使 $t = \psi(s) = 3s + 1$ 满足题意.

(2) 用待定系数法构造特殊数列.

因为 $x_{n+1} - 2 = f(x_n) - 2 = \dfrac{x_n + 4}{x_n + 1} - 2 = -\dfrac{x_n - 2}{x_n + 1}$，所以

$$\dfrac{1}{x_{n+1} - 2} = -\dfrac{x_n - 2 + 3}{x_n - 2} = -\dfrac{3}{x_n - 2} - 1.$$

令 $\dfrac{1}{x_{n+1} - 2} + \lambda = -3\left(\dfrac{1}{x_n - 2} + \lambda\right)$，易得 $\lambda = \dfrac{1}{4}$，所以

$$\dfrac{1}{x_{n+1} - 2} + \dfrac{1}{4} = -3\left(\dfrac{1}{x_n - 2} + \dfrac{1}{4}\right),$$

所以 $\dfrac{1}{x_n - 2} + \dfrac{1}{4} = (-3)^{n-1}\left(\dfrac{1}{x_1 - 2} + \dfrac{1}{4}\right) = \dfrac{5}{4}(-3)^{n-1}$，即

$$\dfrac{1}{x_n - 2} = \dfrac{1}{4}\left[5(-3)^{n-1} - 1\right].$$

所以欲证 $|x_n - 2| \leqslant \dfrac{1}{3^{n-1}}$，即要证 $\dfrac{1}{|x_n - 2|} \geqslant (-3)^{n-1}$，

即要证 $\left|\dfrac{1}{4}\left[5\,(-3)^{n-1}-1\right]\right|\geqslant 3^{n-1}$ ①

当 n 为偶数时,由于 $\left|\dfrac{1}{4}\left[5\,(-3)^{n-1}-1\right]\right|-3^{n-1}=\dfrac{1}{4}\left[5\cdot 3^{n-1}+1\right]-3^{n-1}$

$=\dfrac{1}{4}(3^{n-1}+1)\geqslant 0$

所以①成立;

当 n 为奇数时,由于 $\left|\dfrac{1}{4}\left[5\,(-3)^{n-1}-1\right]\right|-3^{n-1}=\dfrac{1}{4}\left[5\cdot 3^{n-1}-1\right]-3^{n-1}$

$=\dfrac{1}{4}(3^{n-1}-1)\geqslant 0$

所以①也成立.原命题成立.

[例 9] (清华等五校 2010 联考样题)已知 $f(x)$ 是定义在 **R** 上的奇函数,且当 $x<0$ 时,$f(x)$ 单调递增,$f(-1)=0$. 设 $\varphi(x)=\sin^2 x+m\cos x-2m$,集合 $N=\left\{m\,\middle|\,对任意的\ x\in\left[0,\dfrac{\pi}{2}\right],\varphi(x)<0\right\}$,$N=\left\{m\,\middle|\,对任意的\ x\in\left[0,\dfrac{\pi}{2}\right],\right.$ $\left.f(\varphi(x))<0\right\}$,求 $M\cap N$.

解析: $f(x)$ 是定义在 **R** 上的奇函数,且当 $x<0$ 时,$f(x)$ 单调递增,$f(-1)=0$,所以当 $x>0$ 时,$f(x)$ 也单调递增,且 $f(1)=0$,于是 $f(x)<0$ 等价于 $x<-1$ 或 $0<x<1$.

$N=\left\{m\,\middle|\,对任意的\ x\in\left[0,\dfrac{\pi}{2}\right],f(\varphi(x))<0\right\}$

$=\left\{m\,\middle|\,对任意的\ x\in\left[0,\dfrac{\pi}{2}\right],\varphi(x)<-1\ 或\ 0<\varphi(x)<1\right\}.$

$M\cap N=\left\{m\,\middle|\,对任意的\ x\in\left[0,\dfrac{\pi}{2}\right],\varphi(x)<-1\right\}.$

由 $\varphi(x)<-1$ 得 $\cos^2 x-m\cos x+2m-2>0$.

令 $t=\cos x$,则 $0\leqslant t\leqslant 1$,于是问题等价转化为

当不等式 $t^2-mt+2m-2>0$ 在 $t\in[0,1]$ 上恒成立时,求实数 m 的取值范围.

由 $t^2-mt+2m-2>0$ $(0\leqslant t\leqslant 1)$,得 $m>\dfrac{t^2-2}{t-2}$.

设 $h(t)=\dfrac{t^2-2}{t-2}$ $(0\leqslant t\leqslant 1)$,则 $h'(t)=\dfrac{t^2-4t+2}{(t-2)^2}$.

令 $h'(t)=0$ 解得 $t=2-\sqrt{2}$ $(t=2+\sqrt{2}\ 舍去)$.

当 $0\leqslant t<2-\sqrt{2}$ 时,$h'(t)>0$,$h(t)$ 为增函数;

当 $2-\sqrt{2}<t\leqslant 1$ 时,$h'(t)<0$,$h(t)$ 为减函数.

当 $t = 2 - \sqrt{2}$ 时,$h(t)$ 取得 $[0,1]$ 上的最大值 $4 - 2\sqrt{2}$,

$M \cap N = (4 - 2\sqrt{2}, +\infty)$.

巩固训练

1. 若偶函数 $f(x)$ 在区间 $[-1,0]$ 上是减函数,α,β 是锐角三角形的两个内角,且 $\alpha \neq \beta$,则下列不等式中正确的是(   ).

A. $f(\cos\alpha) > f(\cos\beta)$ 　　　　　B. $f(\sin\alpha) > f(\cos\beta)$

C. $f(\sin\alpha) > f(\sin\beta)$ 　　　　　D. $f(\cos\alpha) > f(\sin\beta)$

2. 若函数 $f(x)$,$g(x)$ 分别是 $\mathbf{R}$ 上的奇函数、偶函数,且满足 $f(x) - g(x) = \mathrm{e}^x$,则有(   ).

A. $f(2) < f(3) < g(0)$ 　　　　　B. $g(0) < f(3) < f(2)$

C. $f(2) < g(0) < f(3)$ 　　　　　D. $g(0) < f(2) < f(3)$

3. 定义在 $\mathbf{R}$ 上的函数 $f(x)$ 满足:$f(x) \cdot f(x+2) = 13$,$f(1) = 2$,则 $f(99) = ($ $)$.

A. 13 　　　　B. 2 　　　　C. $\dfrac{13}{2}$ 　　　　D. $\dfrac{2}{13}$

4. 证明函数 $f(x) = \dfrac{a^x}{a^x + \sqrt{a}}$ $(a > 0, a \neq 1)$ 的图像关于点 $P\left(\dfrac{1}{2}, \dfrac{1}{2}\right)$ 对称.

5. 已知函数 $f(x)$ 的定义域为 $(0,1)$,则函数 $g(x) = f(x+c) + f(x-c)$ 在 $0 < c < \dfrac{1}{2}$ 时的定义域为(   ).

A. $(-c, 1+c)$ 　　B. $(1-c, c)$ 　　C. $(1+c, -c)$ 　　D. $(c, 1-c)$

6. $f(x) = x^2 + 2x + 2$,在 $x \in [t, t+1]$ 上最小值为 $g(t)$,求 $g(t)$.

7. 已知 $\dfrac{(x-4)^2}{4} + \dfrac{y^2}{9} = 1$,则 $\dfrac{x^2}{4} + \dfrac{y^2}{9}$ 的最大值为_____.

8. 从奇偶性看:函数 $y = \ln(x + \sqrt{x^2 + 1})$ 是_____.

9. 已知 $f(x)$ 满足:$f(x+1) = \dfrac{1 - f(x)}{1 + f(x)}$,则 $f(x)$ 的周期是_____.

10. 已知 $f(x)$ 是偶函数,$f(x-2)$ 是奇函数,且 $f(0) = 1998$,则 $f(2\,000) = $_____.

11. 设函数 $f(x) = \sqrt{x}$ 的反函数为 $f^{-1}(x)$,则对于 $[0,1]$ 内的所有 x 值,一定成立的是(   ).

A. $f(x) \geqslant f^{-1}(x)$ 　　　　　B. $f(x) \leqslant f^{-1}(x)$

C. $f(x) = f^{-1}(x)$ 　　　　　D. $f(x) \neq f^{-1}(x)$

12. 若存在实数 x，使 $f(x)=x$，则称 x 为 $f(x)$ 的不动点，已知函数 $f(x)=\dfrac{2x+a}{x+b}$ 有两个关于原点对称的不动点.

(1) 求 a，b 须满足的充要条件；

(2) 试用 $y=f(x)$ 和 $y=x$ 的图形表示上述两个不动点的位置（画草图）.

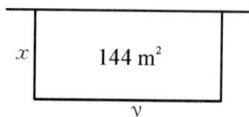

图 1-3

13. 欲建面积为 $144\ \mathrm{m}^2$ 的长方形围栏，它的一边靠墙（见图 1-3），现有铁丝网 $50\ \mathrm{m}$，问筑成这样的围栏最少要用铁丝网多少米？并求此时围栏的长度.

14. 已知 $f(x)=ax^7+bx^5+x^2+2x-1$，$f(2)=-8$，则 $f(-2)=$ _____.

15. 函数 $y=\dfrac{1}{2x}f(t-x)$，当 $x=1$ 时，$y=\dfrac{t^2}{2}-t+5$，则 $f(x)=$ _____.

16. $f(x)$ 是周期为 2 的函数，在区间 $[-1,1]$ 上，$f(x)=|x|$，则 $f\left(2m+\dfrac{3}{2}\right)=$ _____ （m 为整数）.

17. $f(x)=ax^4+x^3+(5-8a)x^2+6x-9a$，证明对任意的实数 a：(1) 方程 $f(x)=0$ 总有相同实根；(2) 存在 x_0，总有 $f(x_0)\neq 0$.

18. 如图 1-4 所示，为某质点在 $20\ \mathrm{s}$ 内做直线运动时，速度函数 $v=v(t)$ 的图像，则该质点运动的总路程 $s=$ _____ cm.

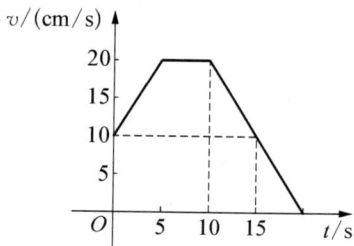

图 1-4

19. 函数 $y=-\log_3(x^2-ax-a)$ 在 $(-\infty,1-\sqrt{3}]$ 上单调递增，则实数 a 的取值范围是 _____.

20. 函数 $y=\dfrac{x+1}{x^2+8}$ 的最大值为 _____.

21. 设 $a>0$，$a\neq 1$，则 $f(x)=\dfrac{a^x-a^{-x}}{2}$ 是（ ）函数，$g(x)=\dfrac{(a^x+1)x}{a^x-1}$ 是（ ）函数.

A. 奇，奇　　　　B. 偶，偶　　　　C. 偶，奇　　　　D. 奇，偶

22. 已知 $f(x)$ 的定义域是全体实数，它的图像关于 $x=a$，$x=b$（$a<b$）都对称，则 $f(x)$ 是（ ）.

A. 以 $b-a$ 为周期的函数　　　　　B. 以 $2b-2a$ 为周期的函数

C. 非周期函数　　　　　　　　　　D. 以上都不对

23. 已知 $a\neq 0$，函数 $f(x)=ax^3+bx^2+cx+d$ 的图像关于原点对称的充分必要条件是（ ）.

A. $b=0$　　　　　　　　　　　　B. $b\neq 0$，$c=0$

C. $c=d=0$　　　　　　　　　　D. $b=d=0$

24. 设 $a > 0$, $a \neq 1$, 函数 $f(x) = \log_a \left| \dfrac{1-x}{1+x} \right|$ 在 $(1, +\infty)$ 上单调递减, 则 $f(x)($ ____).

  A. 在 $(-\infty, -1)$ 上单调递减, 在 $(-1, 1)$ 上单调递增

  B. 在 $(-\infty, -1)$ 上单调递增, 在 $(-1, 1)$ 上单调递减

  C. 在 $(-\infty, -1)$ 上单调递增, 在 $(-1, 1)$ 上单调递增

  D. 在 $(-\infty, -1)$ 上单调递减, 在 $(-1, 1)$ 上单调递减

25. 若要求关于 x 的函数 $\lg \log_{\frac{1}{2}} 2^{ax^2+bx+1}$ 的定义域是 $(-\infty, +\infty)$, 则 a, b 的取值范围是(____).

  A. $\varnothing$ B. $a < 0$ C. $b^2 - 4a < 0$ D. $a = b = 0$

26. 设 $\mathbf{Q}$ 是有理数集, 集合 $X = \{x \mid x = a + \sqrt{2}b, a, b \in \mathbf{Q}, x \neq 0\}$, 在下列集合 (1) $\{2x \mid x \in X\}$, (2) $\left\{ \dfrac{x}{\sqrt{2}} \mid x \in X \right\}$, (3) $\left\{ \dfrac{1}{x} \mid x \in X \right\}$, (4) $\{x^2 \mid x \in X\}$ 中, 和 X 相同的集合有(____).

  A. 4 个   B. 3 个   C. 2 个   D. 1 个

27. 定义全集 X 的子集 $A \subset X$ 的特征函数为 $f_A(x) = \begin{cases} 1, & x \in A \\ 0, & x \in \complement_X A \end{cases}$, 这里, $\complement_X A$ 表示 A 在 X 中的补集, 那么对 A, $B \subset X$, 下列命题中不准确的是(____).

  A. $A \subset B \Rightarrow f_A(x) \leqslant f_B(x)$, $\forall x \in X$

  B. $f_{\complement_X A}(x) = 1 - f_A(x)$, $\forall x \in X$

  C. $f_{A \cap B}(x) = f_A(x) f_B(x)$, $\forall x \in X$

  D. $f_{A \cup B}(x) = f_A(x) + f_B(x)$, $\forall x \in X$

28. 如果一个函数 $f(x)$ 在其定义区间内对任意 x, y 都满足 $f\left(\dfrac{x+y}{2} \right) \leqslant \dfrac{f(x) + f(y)}{2}$, 则称这个函数是下凸函数, 下列函数: ① $f(x) = 2^x$; ② $f(x) = x^3$; ③ $f(x) = \log_2 x$ $(x > 0)$; ④ $f(x) = \begin{cases} x, & x < 0 \\ 2x, & x > 0 \end{cases}$ 中是下凸函数的有(____).

  A. ①②   B. ②③   C. ③④   D. ①④

29. 设函数 $y = 10^{\frac{x}{2}}$ 的图像是曲线 C, 曲线 C_1 和 C 关于直线 $x = 1$ 对称, 曲线 C_2 和 C_1 关于直线 $y = x$ 对称, 则 C_2 是下列函数图像中的(____).

  A. $y = 1 - 2\lg x$ B. $y = 2 - 2\lg x$

  C. $y = 2\lg x + 1$ D. $y = 2\lg x + 2$

30. "要使函数 $f(x) \geqslant 0$ 成立, 只要 x 不在区间 $[a, b]$ 内就可以了"的意思是(____).

  A. 如果 $f(x) \geqslant 0$, 则 $x \notin [a, b]$ B. 如果 $x \in [a, b]$, 则 $f(x) < 0$

C. 如果 $x \notin [a, b]$，则 $f(x) \geqslant 0$　　　　　D. 前面三个解释都不准确

31. 设函数 $y = f(x) = e^x + 1$，则反函数 $x = f^{-1}(y)$ 在 Oxy 坐标系中的大致图像是（　　）.

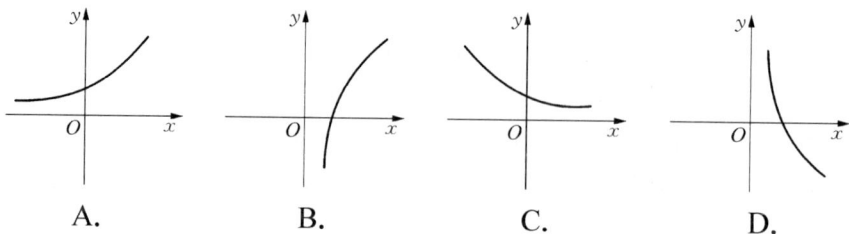

图 1-5

32. 设 $f(x)$ 是区间 $[a, b]$ 上的函数，如果对任意满足 $a \leqslant x < y \leqslant b$ 的 x，y 都有 $f(x) \leqslant f(y)$，则称 $f(x)$ 是 $[a, b]$ 上的递增函数.那么，$f(x)$ 是 $[a, b]$ 上的非递增函数应满足（　　）.

A. 存在满足 $x < y$ 的 x，$y \in [a, b]$，使得 $f(x) > f(y)$

B. 不存在 x，$y \in [a, b]$ 满足 $x < y$ 且 $f(x) \leqslant f(y)$

C. 对任意满足 $x < y$ 的 x，$y \in [a, b]$，都有 $f(x) > f(y)$

D. 存在满足 $x < y$ 的 x，$y \in [a, b]$，使得 $f(x) \leqslant f(y)$

33. 设实数 x，$y \geqslant 0$，且满足 $2x + y = 5$，则函数 $f(x, y) = x^2 + xy + 2x + 2y$ 的最大值是（　　）.

A. $\dfrac{97}{8}$　　　　　　　B. $\dfrac{195}{16}$　　　　　　　C. $\dfrac{49}{4}$　　　　　　　D. $\dfrac{25}{2}$

34. 对函数 $f: [0, 1] \rightarrow [0, 1]$，定义 $f^1(x) = f(x)$，$\cdots$，$f^n(x) = f(f^{n-1}(x))$，$n = 1, 2, 3, \cdots$ 满足 $f^n(x) = x$ 的点 $x \in [0, 1]$ 称为 f 的一个 n-周期点.现设 $f(x) = \begin{cases} 2x, & 0 \leqslant x \leqslant \dfrac{1}{2}, \\ 2 - 2x, & \dfrac{1}{2} \leqslant x \leqslant 1. \end{cases}$ 问 f 的 n-周期点的个数是（　　）.

A. $2n$ 个　　　　　　B. $2n^2$ 个　　　　　　C. 2^n 个　　　　　　D. $2(2^n - 1)$ 个

35. 某校有一个班级，设变量 x 是该班同学的姓名，变量 y 是该班同学的学号，变量 z 是该班同学的身高，变量 w 是该班同学某一门课程的考试成绩.则下列选项中正确的是（　　）.

A. y 是 x 的函数　　　　　　　　　　　B. z 是 y 的函数

C. w 是 z 的函数　　　　　　　　　　　D. w 是 x 的函数

36. 对于原命题"单调函数不是周期函数"，下列陈述正确的是（　　）.

A. 逆命题为"周期函数不是单调函数"

B. 否命题为"单调函数是周期函数"

C. 逆否命题为"周期函数是单调函数"

D. 以上三者都不正确

37. 已知点 $A(-2,0)$，$B(1,0)$，$C(0,1)$，如果直线 $y=kx$ 将 $\triangle ABC$ 分割为两个部分，则当 $k=($　　$)$ 时，这两个部分的面积之积最大.

A. $-\dfrac{3}{2}$　　　　　　B. $-\dfrac{3}{4}$　　　　　　C. $-\dfrac{4}{3}$　　　　　　D. $-\dfrac{2}{3}$

38. 设定点 A、B、C、D 是以 O 点为中心的正四面体的顶点，用 σ 表示空间以直线 OA 为轴满足条件 $\sigma(B)=C$ 的旋转，用 τ 表示空间关于 OCD 所在平面的镜面反射，设 l 为过 AB 中点与 CD 中点的直线，用 ω 表示空间以 l 为轴的 $180°$ 旋转. 设 $\sigma\circ\tau$ 表示变换的复合，先作 τ，再作 σ. 则 ω 可以表示为($　　$).

A. $\sigma\circ\tau\circ\sigma\circ\tau\circ\sigma$　　　　　　B. $\sigma\circ\tau\circ\sigma\circ\tau\circ\sigma\circ\tau$

C. $\tau\circ\sigma\circ\tau\circ\sigma\circ\tau$　　　　　　D. $\sigma\circ\tau\circ\sigma\circ\sigma\circ\tau\circ\sigma$

§02 导数积分

要点考点

```
                         ┌─ 导数的概念 ─┬─ 导数的定义
                         │             └─ 导数的物理及几何意义
                         │
                         ├─ 导数的运算 ─┬─ 基本初等函数的导数公式
                         │             └─ 导数的四则运算法则及复合函数的导数
        导数 ────────────┤
                         │             ┌─ 函数的单调性研究
                         ├─ 导数的应用 ─┼─ 函数的极值与最值研究
                         │             └─ 最优化问题
                         │
                         └─ 定积分与微积分的基本定理 ─┬─ 计算定积分
                                                    └─ 定积分的应用
```

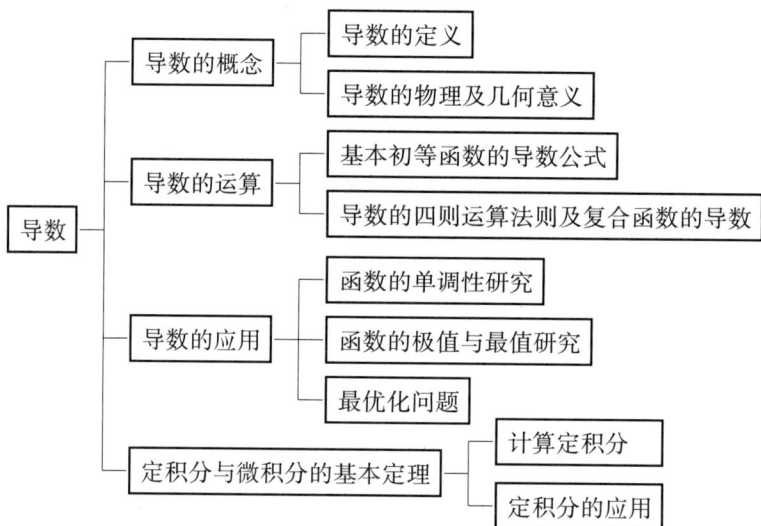

1. 导数的定义及求导步骤

导数定义：设函数 $y=f(x)$ 在 $x=x_0$ 处附近有定义，当自变量在 $x=x_0$ 处有增量 Δx 时，则函数 $y=f(x)$ 相应地有增量 $\Delta y=f(x_0+\Delta x)-f(x_0)$，如果 $\Delta x\to 0$ 时，Δy 与 Δx 的比 $\dfrac{\Delta y}{\Delta x}$（也叫函数的平均变化率）有极限，即 $\dfrac{\Delta y}{\Delta x}$ 无限趋近于某个常数，我们把这个极限值称为函数 $y=f(x)$ 在 $x\to x_0$ 处的导数，记作 $y'|_{x=x_0}$，即

$$f'(x_0)=\lim_{\Delta x\to 0}\frac{f(x_0+\Delta x)-f(x_0)}{\Delta x}=\lim_{x\to x_0}\frac{f(x)-f(x_0)}{x-x_0}.$$

求导步骤：① 求函数的改变量 Δy；② 求平均变化率 $\dfrac{\Delta y}{\Delta x}$；③ 取极限 $f'(x_0)=\lim\limits_{\Delta x\to 0}\dfrac{\Delta y}{\Delta x}$.

2. 导数的几何意义和物理意义

几何意义：曲线 $f(x)$ 在某一点 (x_0, y_0) 处的导数是过点 (x_0, y_0) 的切线的斜率.

物理意义：若物体运动方程是 $s=s(t)$，在点 $P(t_0, s(t_0))$ 处导数的意义是 $t=t_0$ 处的瞬时速度.

3. 几种常见函数的导数

$C'=0$（C 为常数）；$(x^n)'=nx^{n-1}$（$n \in \mathbf{R}$）；

$(\sin x)'=\cos x$；$(\cos x)'=-\sin x$；

$(\ln x)'=\dfrac{1}{x}$；$(\log_a x)'=\dfrac{1}{x}\log_a e$；

$(e^x)'=e^x$；$(a^x)'=a^x\ln a$.

4. 导数运算法则

（1）求导数的四则运算法则：

$$(u \pm v)'=u' \pm v'；(uv)'=u'v+uv'；\left(\dfrac{u}{v}\right)'=\dfrac{u'v-uv'}{v^2}\ (v \neq 0).$$

（2）复合函数的求导法则：

$$f'_x(\varphi(x))=f'(u)\varphi'(x) \text{ 或 } y'_x=y'_u \cdot u'_x.$$

5. 函数的单调性与导数的关系

一般地，函数的单调性与其导函数的正负有如下关系：

（1）如果非常数函数 $y=f(x)$ 在某个区间内可导，那么若 $f'(x) \geqslant 0 \Leftrightarrow f(x)$ 为增函数；若 $f'(x) \leqslant 0 \Leftrightarrow f(x)$ 为减函数.

（2）若 $f'(x) \equiv 0$ 则 $f(x)$ 为常数函数.

6. 导数与函数极值

（1）极值定义——如果函数 $f(x)$ 在点 x_0 附近有定义，而且对 x_0 附近的点，都有 $f(x) < f(x_0)$ 我们就说 $f(x_0)$ 是函数的一个极大值，记作 $y_{极大值}=f(x_0)$；$f(x)$ 在点 x_0 附近的点，都有 $f(x) > f(x_0)$ 我们就说 $f(x_0)$ 是函数的一个极小值，记作 $y_{极小值}=f(x_0)$；极大值与极小值统称为极值.

（2）极值判别法——当函数 $f(x)$ 在点 x_0 处连续时，极值判断法是：

如果在 x_0 附近的左侧 $f'(x) > 0$，右侧 $f'(x) < 0$，那么 $f(x_0)$ 是极大值；

如果在 x_0 附近的左侧 $f'(x) < 0$，右侧 $f'(x) > 0$，那么 $f(x_0)$ 是极小值.

（3）求可导函数极值的步骤：

① 求导数 $f'(x)$.

② 求导数 $f'(x)=0$ 的根.

③ 列表，用根判断 $f'(x)$ 在方程根左右的值的符号，确定 $f(x)$ 在这个根处取极大值还是取极小值.

(4) 函数的最大值与最小值——$f(x)$在闭区间$[a, b]$上连续，在(a, b)内可导，$f(x)$在$[a, b]$上求最大值与最小值的步骤：

先求$f(x)$在(a, b)内的极值；再将$f(x)$的各极值与$f(a)$、$f(b)$比较，其中最大的一个是最大值，最小的一个是最小值.

7. 定积分概念

定积分定义：如果函数$f(x)$在区间$[a, b]$上连续，用分点$a = x_0 < x_1 < x_2 < \cdots < x_{i-1} < x_i < \cdots < x_n = b$，将区间$[a, b]$等分成$n$个小区间，在每一个小区间$[x_{i-1}, x_i]$上任取一点$\xi_i (i = 1, 2, \cdots, n)$，求和$\sum_{i=1}^{n} f(\xi_i) \Delta x_i = \sum_{i=1}^{n} \frac{b-a}{n} f(\xi_i)$，当$n \to \infty$时，上述和无限接近某个常数，这个常数称为函数$f(x)$在区间$[a, b]$上的定积分，记作$\int_a^b f(x) \mathrm{d}x$，即$\int_a^b f(x) \mathrm{d}x = \lim_{n \to \infty} \sum_{i=1}^{n} \frac{b-a}{n} f(\xi_i)$，这里$a$、$b$分别称为积分的下限与上限，区间$[a, b]$称为积分区间，函数$f(x)$称为被积函数，$x$称为积分变量，$f(x)\mathrm{d}x$称为被积式.

8. 定积分几何意义

在$[a, b]$上$f(x) \geqslant 0$时，定积分$\int_a^b f(x) \mathrm{d}x$表示曲线$y = f(x)$、两条直线$x = a$，$x = b$与$x$轴所围成的曲边梯形的面积；在$[a, b]$上$f(x) < 0$时，由曲线$y = f(x)$、两条直线$x = a$，$x = b$与$x$轴所围成的曲边梯形位于$x$轴的下方，定积分$\int_a^b f(x) \mathrm{d}x$表示上述曲边梯形面积的负值；在$[a, b]$上$y = f(x)$既取得正值又取得负值时，函数$y = f(x)$的图形某些部分在$x$轴的上方，而其他部分在$x$轴的下方.如果我们对$x$轴上方的图形面积赋以正号，在$x$轴下方的图形面积赋以负号，则定积分$\int_a^b f(x) \mathrm{d}x$表示该面积的代数和.

9. 定积分性质

(1) $\int_a^b k f(x) \mathrm{d}x = k \int_a^b f(x) \mathrm{d}x$

(2) $\int_a^b [f_1(x) \pm f_2(x)] \mathrm{d}x = \int_a^b f_1(x) \mathrm{d}x \pm \int_a^b f_2(x) \mathrm{d}x$

(3) $\int_a^c f(x) \mathrm{d}x + \int_c^b f(x) \mathrm{d}x = \int_a^b f(x) \mathrm{d}x \quad (a < c < b)$

10. 微积分基本定理

一般地，如果$f(x)$是在$[a, b]$上有定义的连续函数，$F(x)$是在$[a, b]$上可微，并且$F'(x) = f(x)$，则$\int_a^b f(x) \mathrm{d}x = F(b) - F(a)$，这个结论称为微积分基本定理，又称为牛顿-莱布尼兹公式，为了方便，常常把$F(b) - F(a)$记作$F(x) \Big|_a^b$，即$\int_a^b f(x) \mathrm{d}x = F(x) \Big|_a^b = F(b) - F(a)$.

11. 常见求定积分的公式

(1) $\int_a^b x^n \mathrm{d}x = \dfrac{1}{n+1} x^{n+1} \Big|_a^b \ (n \neq -1)$　　　　(2) $\int_a^b C \mathrm{d}x = Cx \Big|_a^b \ (C \text{ 为常数})$

(3) $\int_a^b \sin x \mathrm{d}x = -\cos x \Big|_a^b$　　　　(4) $\int_a^b \cos x \mathrm{d}x = \sin x \Big|_a^b$

(5) $\int_a^b \dfrac{1}{x} \mathrm{d}x = \ln x \Big|_a^b \ (b > a > 0)$　　　　(6) $\int_a^b \mathrm{e}^x \mathrm{d}x = \mathrm{e}^x \Big|_a^b$

(7) $\int_a^b a^x \mathrm{d}x = \dfrac{a^x}{\ln a} \Big|_a^b \ (a > 0 \text{ 且 } a \neq 1)$

技能方法

- 求导数.
- 用导数的几何意义和物理意义解题.
- 用导数进行函数单调性判断.
- 用导数判断函数的极值点.
- 用导数求函数的最值.
- 求定积分.
- 用积分求平面区域面积.

典型例题

[例 1]　已知函数 $f(x) = x^3 + 3ax^2 + 3(a+2)x + 1$ 有极大值又有极小值,则 a 的取值范围是_____.

解析: $f(x)$ 为三次多项式,从而 $f'(x)$ 为二次函数. 若 $f'(x) = 0$ 无实数根或有重根,则 $f'(x)$ 为非负或非正. 从而 $f(x)$ 是单调函数,不会有极值. 故若 $f(x)$ 有极值,则应是 $f'(x) = 0$ 有不同实根 α、β $(\alpha < \beta)$,此时 $f'(x)$ 在 (α, β) 与在 $(-\infty, \alpha) \cup (\beta, +\infty)$ 上符号相反,所以 $f(x)$ 在 α、β 处取得极值,且一为极大一为极小. 综上所述,可知 $f(x)$ 有极大值又有极小值的充分必要条件是 $f'(x) = 0$ 有两个不同实根.

$f'(x) = 3x^2 + 6ax + 3(a+2)$,令 $f'(x) = 0$ 得方程 $3x^2 + 6ax + 3(a+2) = 0$.

由 $\Delta > 0$ 得 $(2a)^2 - 4(a+2) > 0$,即 $a^2 - a - 2 > 0$,

故 $a \in (-\infty, -1) \cup (2, +\infty)$.

[例 2]　设 $f_0(x) = \cos x$,$f_1(x) = f'_0(x)$,$f_2(x) = f'_1(x)$,$\cdots$,$f_{n+1}(x) = f'_n(x)$,$n \in \mathbf{N}^*$ 则 $f_{2012}(x)$ _____.

解析: 由 $f_0(x) = \cos x$ 得

$f_1(x) = -\sin x$,$f_2(x) = -\cos x$,$f_3(x) = \sin x$,$f_4(x) = \cos x$,$\cdots$

$\Rightarrow f_{2\,012}(x) = f_0(x) = \cos x$

[例3] 请设计一个帐篷.它下部的形状是高为 1 m 的正六棱柱,上部的形状是侧棱长为 3 m 的正六棱锥(见图 2-1).试问当帐篷的顶点 O 到底面中心 O_1 的距离为多少时,帐篷的体积最大?

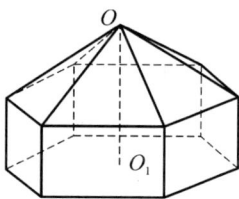

解析:设 OO_1 为 x m,则由题设可得正六棱锥底面边长为

$$\sqrt{3^2 - (x-1)^2} = \sqrt{8 + 2x - x^2} \ (\text{m})$$

于是底面正六边形的面积为

$$6 \times \frac{\sqrt{3}}{4} \times (\sqrt{8 + 2x - x^2})^2 = \frac{3\sqrt{3}}{2}(8 + 2x - x^2)(\text{m}^2).$$

图 2-1 帐篷的体积为

$$V(x) = \frac{3\sqrt{3}}{2}(8 + 2x - x^2)\left[\frac{1}{3}(x-1) + 1\right] = \frac{\sqrt{3}}{2}(16 + 12x - x^3)(\text{m}^3).$$

求导数,得 $V'(x) = \frac{\sqrt{3}}{2}(12 - 3x^2)$.

令 $V'(x) = 0$ 解得 $x = -2$(不合题意,舍去),$x = 2$.

当 $1 < x < 2$ 时,$V'(x) > 0$,$V(x)$ 为增函数;

当 $2 < x < 4$ 时,$V'(x) < 0$,$V(x)$ 为减函数.

所以当 $x = 2$ 时,$V(x)$ 最大. 即当 OO_1 为 2 m 时,帐篷的体积最大.

[例4] (清华 2006)已知函数 $f(x)$ 满足:对任意实数 a,b 有 $f(ab) = af(b) + bf(a)$,且 $|f(x)| \leqslant 1$,求证:$f(x)$ 恒为 0.

(可以用以下结论:若 $\lim_{x \to \infty} g(x) = 0$,$|f(x)| \leqslant M$,$M$ 为一常数,那么 $\lim_{x \to \infty}(f(x)g(x)) = 0$.)

解析:

解法一:令 $a = b = 0$,则 $f(0) = 0$,对于任意非零实数 x_0,令 $b = x_0$,则

$f(ax_0) = af(x_0) + x_0 f(a)$,

当 $a \neq 0$ 时,$\dfrac{f(x_0)}{x_0} = \dfrac{f(ax_0)}{ax_0} - \dfrac{f(a)}{a}$, ①

因为 $\lim\limits_{a \to \infty} \dfrac{1}{a} = 0$,$|f(a)| \leqslant 1$,所以 $\lim\limits_{a \to \infty} \dfrac{f(a)}{a} = 0$;

因为 $\lim\limits_{a \to \infty} \dfrac{1}{ax_0} = 0$,$|f(ax_0)| \leqslant 1$,所以 $\lim\limits_{a \to \infty} \dfrac{f(ax_0)}{ax_0} = 0$.

因此对式①两边取极限,得 $\lim\limits_{a \to \infty} \dfrac{f(x_0)}{x_0} = \lim\limits_{a \to \infty} \dfrac{f(ax_0)}{ax_0} - \lim\limits_{a \to \infty} \dfrac{f(a)}{a} = 0$.

但 $\dfrac{f(x_0)}{x_0}$ 是常数,故 $\dfrac{f(x_0)}{x_0} = 0$,$f(x_0) = 0$.

综上所述,$f(x)$ 恒为 0.

解法二：(1) 令 $a=b=0$，则 $f(0)=0$；令 $a=b=1$，则 $f(1)=0$；令 $a=b=-1$，则 $f(-1)=0$.

(2) 假设至少存在一点 x_0，使得 $f(x_0)\neq0$，则 $x_0\neq0,\pm1$.

利用 $f(ab)=af(b)+bf(a)$，由数学归纳法得 $f(x^n)=nx^{n-1}f(x)$.

① 若 $|x_0|>1$，则 $f(x_0^n)=nx_0^{n-1}f(x_0)$，故 $f(x_0)=\dfrac{f(x_0^n)}{nx_0^{n-1}}\neq0$. 考虑 $\lim\limits_{n\to\infty}\dfrac{1}{nx_0^{n-1}}=0$，

由条件，得 $\lim\limits_{n\to\infty}\dfrac{f(x_0^n)}{nx_0^{n-1}}=0$，矛盾.

② 若 $0<|x_0|<1$，由 $f(1)=f\left(x_0\cdot\dfrac{1}{x_0}\right)=x_0f\left(\dfrac{1}{x_0}\right)+\dfrac{1}{x_0}f(x_0)$

及 $f(x_0)\neq0$，知 $f\left(\dfrac{1}{x_0}\right)\neq0$. 而 $\left|\dfrac{1}{x_0}\right|>1$，由①的结论同样推出矛盾.

由①②可知，假设不成立. 故对任意 $x\in\mathbf{R}$，$f(x)=0$.

[例5] 已知函数 $f(x)=\mathrm{e}^x-\ln(x+1)-1\ (x\geqslant0)$，

(1) 求函数 $f(x)$ 的最小值；

(2) 若 $0\leqslant y<x$，求证：$\mathrm{e}^{x-y}-1>\ln(x+1)-\ln(y+1)$.

解析：(1) $f'(x)=\mathrm{e}^x-\dfrac{1}{x+1}$，

当 $x\geqslant0$ 时，$\mathrm{e}^x\geqslant1$，$\dfrac{1}{x+1}\leqslant1$，所以当 $x\geqslant0$ 时，$f'(x)\geqslant0$，

则函数 $f(x)$ 在 $[0,+\infty)$ 上单调递增，

所以函数 $f(x)$ 的最小值 $f(0)=0$.

(2) 由(1)知，当 $x>0$ 时，$f(x)>0$，因为 $x>y$，

所以 $f(x-y)=\mathrm{e}^{x-y}-\ln(x-y+1)-1>0$，$\mathrm{e}^{x-y}-1>\ln(x-y+1)$，　　　　①

又因 $\ln(x-y+1)-[\ln(x+1)-\ln(y+1)]=\ln\dfrac{y(x-y)+x+1}{x+1}\geqslant0$，

得 $\ln(x-y+1)\geqslant\ln(x+1)-\ln(y+1)$　　　　②

由式①、②得 $\mathrm{e}^{x-y}-1>\ln(x+1)-\ln(y+1)$.

[例6] 已知函数 $f(x)=ax-\dfrac{b}{x}-2\ln x$，$f(1)=0$.

(1) 若函数 $f(x)$ 在其定义域内为单调函数，求 a 的取值范围；

(2) 若函数 $f(x)$ 的图像在 $x=1$ 处的切线的斜率为 0，且 $a_{n+1}=f'\left(\dfrac{1}{a_n-n+1}\right)-n^2+1$，已知 $a_1=4$，求证：$a_n\geqslant2n+2$；

(3) 在(2)的条件下，试比较 $\dfrac{1}{1+a_1}+\dfrac{1}{1+a_2}+\dfrac{1}{1+a_3}+\cdots+\dfrac{1}{1+a_n}$ 与 $\dfrac{2}{5}$ 的大小，并说明理由.

解析: (1) $f(1) = a - b = 0 \Rightarrow a = b$, 得 $f(x) = ax - \dfrac{a}{x} - 2\ln x$,

从而 $f'(x) = a + \dfrac{a}{x^2} - \dfrac{2}{x}$.

要使函数 $f(x)$ 在定义域 $(0, +\infty)$ 内为单调函数, 则在 $(0, +\infty)$ 内 $f'(x)$ 恒大于 0 或恒小于 0,

当 $a = 0$ 时, $f'(x) = -\dfrac{2}{x} < 0$ 在 $(0, +\infty)$ 内恒成立;

当 $a > 0$ 时, 要使 $f'(x) = a\left(\dfrac{1}{x} - \dfrac{1}{a}\right)^2 + a - \dfrac{1}{a} \geqslant 0$ 恒成立,

则 $a - \dfrac{1}{a} \geqslant 0$, 解得 $a \geqslant 1$;

当 $a < 0$ 时, $f'(x) = a + \dfrac{a}{x^2} - \dfrac{2}{x} \leqslant 0$ 恒成立,

所以 a 的取值范围为 $[1, +\infty) \bigcup (-\infty, 0]$.

(2) 根据题意得: $f'(1) = 0$, 即 $a + a - 2 = 0$, 得 $a = 1$, 所以 $f'(x) = \left(\dfrac{1}{x} - 1\right)^2$,

于是 $a_{n+1} = f'\left(\dfrac{1}{a_n - n + 1}\right) - n^2 + 1 = (a_n - n)^2 - n^2 + 1 = a_n^2 - 2na_n + 1$.

用数学归纳法证明如下:

当 $n = 1$ 时, $a_1 = 4 \geqslant 2 \times 1 + 2$, 不等式成立;

假设当 $n = k$ 时, 不等式 $a_k \geqslant 2k + 2$ 成立, 即 $a_k - 2k \geqslant 2$ 成立,

当 $n = k + 1$ 时, $a_{k+1} = a_k(a_k - 2k) + 1 \geqslant (2k + 2) \times 2 + 1 = 4k + 5 > 2(k + 1) + 2$,

所以当 $n = k + 1$, 不等式也成立.

综上所述, 对所有 $n \in \mathbf{N}^*$ 时, 都有 $a_n \geqslant 2n + 2$.

(3) 由 (2) 得 $a_n = a_{n-1}(a_{n-1} - 2n + 2) + 1 \geqslant a_{n-1}[2(n-1) + 2 - 2n + 2] + 1 = 2a_{n-1} + 1$,

于是 $a_n + 1 \geqslant 2(a_{n-1} + 1)(n \geqslant 2)$,

所以 $a_2 + 1 \geqslant 2(a_1 + 1)$, $a_3 + 1 \geqslant 2(a_2 + 1) \cdots a_n + 1 \geqslant 2(a_{n-1} + 1)$,

累乘得: $a_n + 1 \geqslant 2^{n-1}(a_1 + 1)$, 则 $\dfrac{1}{1 + a_n} \leqslant \dfrac{1}{2^{n-1}} \cdot \dfrac{1}{1 + a_1}(n \geqslant 2)$,

所以 $\dfrac{1}{1 + a_1} + \dfrac{1}{1 + a_2} + \cdots + \dfrac{1}{1 + a_n} \leqslant$

$\dfrac{1}{1 + a_1}\left(1 + \dfrac{1}{2} + \dfrac{1}{2^2} + \cdots + \dfrac{1}{2^{n-1}}\right) = \dfrac{2}{5}\left(1 - \dfrac{1}{2^n}\right) < \dfrac{2}{5}$.

[例 7] 已知二次函数 $f(x) = ax^2 + bx + c$, 直线 $l_1: y = -t^2 + 8t$ (其中 $0 \leqslant t \leqslant 2$,

t 为常数);l_2: $x=2$. 若直线 l_1, l_2 与函数 $f(x)$ 的图像以及 l_1,y 轴与函数 $f(x)$ 的图像所围成的封闭图形如图 $2-2$ 阴影所示.

(1) 求 a, b, c 的值;

(2) 求阴影面积 S 关于 t 的函数 $S(t)$ 的解析式;

(3) 若 $g(x)=6\ln x+m$,问是否存在实数 m,使得 $y=f(x)$ 的图像与 $y=g(x)$ 的图像有且只有两个不同的交点? 若存在,求出 m 的值;若不存在,说明理由.

解析:(1) 由图形可知二次函数的图像过点 $(0,0)$,$(8,0)$,并且 $f(x)$ 最大值为 16.

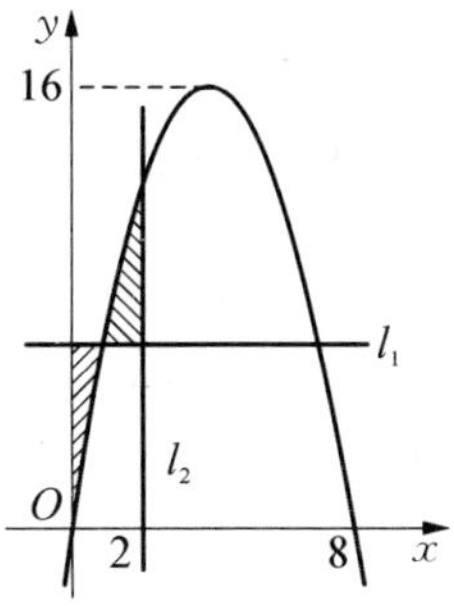

图 $2-2$

则 $\begin{cases} c=0, \\ a \cdot 8^2+b \cdot 8+c=0, \\ \dfrac{4ac-b^2}{4a}=16, \end{cases}$ 解得 $\begin{cases} a=-1 \\ b=8 \\ c=0 \end{cases}$,

所以函数 $f(x)$ 的解析式为 $f(x)=-x^2+8x$.

(2) 由 $\begin{cases} y=-t^2+8t \\ y=-x^2+8x \end{cases}$ 得 $x^2-8x-t(t-8)=0$,

解得 $x_1=t$,　$x_2=8-t$,

因为 $0 \leqslant t \leqslant 2$,所以直线 l_1 与 $f(x)$ 的图像的交点坐标为 $(t,-t^2+8t)$.

由定积分的几何意义知:

$$S(t)=\int_0^t \left[(-t^2+8t)-(-x^2+8x)\right]\mathrm{d}x+\int_t^2 \left[(-x^2+8x)-(-t^2+8t)\right]\mathrm{d}x$$

$$=\left[(-t^2+8t)x-\left(-\frac{x^3}{3}+4x^2\right)\right]\Big|_0^t+\left[\left(-\frac{x^3}{3}+4x^2\right)-(-t^2+8t) \cdot x\right]\Big|_t^2$$

$$=-\frac{4}{3}t^3+10t^2-16t+\frac{40}{3}.$$

(3) 令 $\varphi(x)=g(x)-f(x)=x^2-8x+6\ln x+m$.

因为 $x>0$,要使函数 $f(x)$ 与函数 $g(x)$ 有且仅有两个不同的交点,则函数 $\varphi(x)=x^2-8x+6\ln x+m$ 的图像与 x 轴的正半轴有且只有两个不同的交点,所以 $\varphi'(x)=2x-8+\dfrac{6}{x}=\dfrac{2x^2-8x+6}{x}=\dfrac{2(x-1)(x-3)}{x}$ $(x>0)$,

所以 $x=1$ 或 $x=3$ 时,$\varphi'(x)=0$.

当 $x \in (0,1)$ 时,$\varphi'(x)>0$,$\varphi(x)$ 是增函数;

当 $x \in (1,3)$ 时,$\varphi'(x)<0$,$\varphi(x)$ 是减函数;

当 $x \in (3,+\infty)$ 时,$\varphi'(x)>0$,$\varphi(x)$ 是增函数.

可得 $\varphi(x)$ 极大值为 $\varphi(1)=m-7$;$\varphi(x)$ 极小值为 $\varphi(3)=m+6\ln 3-15$.

又因为当 $x \to 0$ 时,$\varphi(x) \to -\infty$;当 $x \to +\infty$ 时,$\varphi(x) \to +\infty$.

所以要使 $\varphi(x)=0$ 有且仅有两个不同的正根,必须且只需

$$\begin{cases} \varphi(1)=0 \\ \varphi(3)<0 \end{cases} \quad \text{或} \quad \begin{cases} \varphi(3)=0 \\ \varphi(1)>0 \end{cases}.$$

即 $\begin{cases} m-7=0 \\ m+6\ln 3-15<0 \end{cases}$ 或 $\begin{cases} m+6\ln 3-15=0 \\ m-7>0 \end{cases}$ ，解得 $m=7$ 或 $m=15-6\ln 3$.

所以当 $m=7$ 或 $m=15-6\ln 3$ 时，函数 $f(x)$ 与 $g(x)$ 的图像有且只有两个不同交点.

巩固训练

1. 求 $f(x)=\dfrac{1}{x}e^x$ 的单调区间及极值.

2. $\lim\limits_{x\to 0}f(x)=f(0)=1,f(2x)-f(x)=x^2$，求 $f(x)$.

3. $f(x)$ 与 $g(x)$ 是定义在 **R** 上的两个可导函数，若 $f(x)$，$g(x)$ 满足 $f'(x)=g'(x)$，则 $f(x)$ 与 $g(x)$ 满足（　　）.

　　A. $f(x)=g(x)$ 　　　　　　　　　　B. $f(x)-g(x)$ 为常数函数

　　C. $f(x)=g(x)=0$ 　　　　　　　　　D. $f(x)+g(x)$ 为常数函数

4. 若函数 $y=f(x)$ 在区间 (a,b) 内可导，且 $x_0\in(a,b)$，则 $\lim\limits_{h\to 0}\dfrac{f(x_0+h)-f(x_0-h)}{h}$ 的值为（　　）.

　　A. $f'(x_0)$ 　　　　　　　　　　　B. $2f'(x_0)$

　　C. $-2f'(x_0)$ 　　　　　　　　　　D. 0

5. 图 2-3 中四图，都是同一坐标系中三次函数及其导函数的图像，其中一定不正确的序号是（　　）.

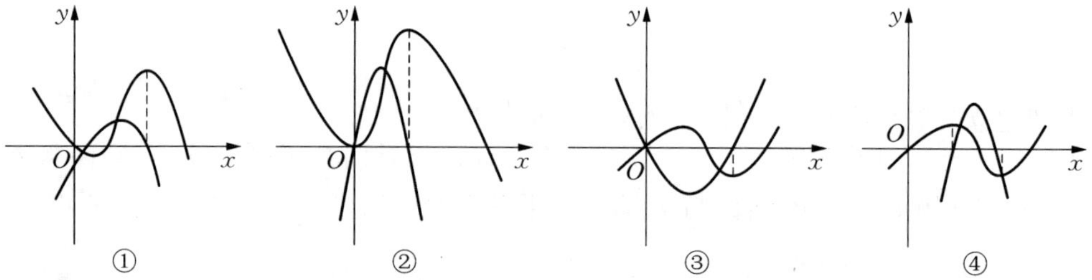

图 2-3

　　A. ①，② 　　　B. ①，③ 　　　C. ③，④ 　　　D. ①，④

6. $\displaystyle\int_{-\frac{\pi}{2}}^{\frac{\pi}{2}}(1+\cos x)\mathrm{d}x$ 等于（　　）.

　　A. π 　　　　　　B. 2 　　　　　　C. $\pi-2$ 　　　　　　D. $\pi+2$

7. 若 $f'(x_0)=-3$，则 $\lim\limits_{h\to 0}\dfrac{f(x_0+h)-f(x_0-3h)}{h}=$（　　）.

A. -3　　　　　B. -6　　　　　C. -9　　　　　D. -12

8. $\displaystyle\int_a^b \sqrt{-(x-a)(x-b)}\,\mathrm{d}x\ (b>a)=$ _____.

9. 关于函数 $f(x)=\begin{cases}\mathrm{e}^{-x}-2 & (x\leqslant 0)\\ 2ax-1 & (x>0)\end{cases}$，($a$ 是常数且 $a>0$)．对于下列命题：

① 函数 $f(x)$ 的最小值是 -1；② 函数 $f(x)$ 在每一点处都连续；③ 函数 $f(x)$ 在 **R** 上存在反函数；④ 函数 $f(x)$ 在 $x=0$ 处可导；⑤ 对任意 $x_1<0$，$x_2<0$ 且 $x_1\neq x_2$，恒有 $f\left(\dfrac{x_1+x_2}{2}\right)<\dfrac{f(x_1)+f(x_2)}{2}$．

其中正确命题的序号是_____．

10. 设函数 $y=x\sin x+\cos x$ 的图像上的点 (x_0,y_0) 的切线的斜率为 k，若 $k=g(x_0)$，则函数 $k=g(x_0)$，$x_0\in[-\pi,\pi]$ 的图像大致为(　　)．

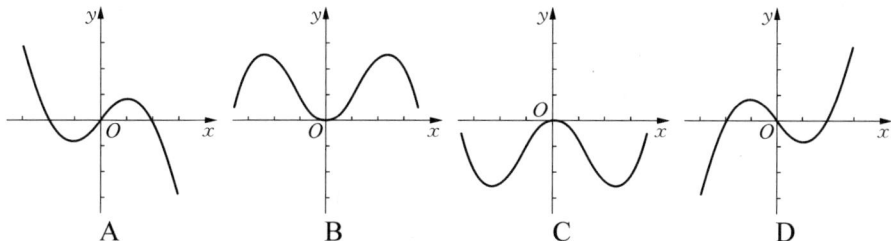

图 2-4

11. 求函数 $y=(x-a)(x-b)(x-c)$ 的导数．

12. 求由抛物线 $y^2=4ax$ 与过焦点的弦所围成的图形面积的最小值(见图 2-5)．

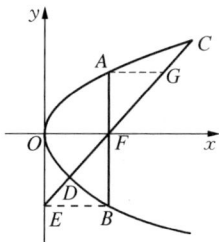

图 2-5

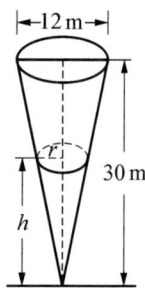

图 2-6

13. 水以 $20\ \mathrm{m}^3/\mathrm{min}$ 的速度流入一圆锥形容器(见图 2-6)，设容器深 $30\ \mathrm{m}$，上底直径 $12\ \mathrm{m}$，试求当水深 $10\ \mathrm{m}$ 时，水面上升的速度．

14. 设 $f(x)=\mathrm{e}^{ax}$($a>0$)．过点 $P(a,0)$ 且平行于 y 轴的直线与曲线 $C：y=f(x)$ 的交点为 Q，曲线 C 过点 Q 的切线交 x 轴于点 R，则 $\triangle PQR$ 的面积的最小值是(　　)．

A. 1　　　　　B. $\dfrac{\sqrt{2\mathrm{e}}}{2}$　　　　　C. $\dfrac{\mathrm{e}}{2}$　　　　　D. $\dfrac{\mathrm{e}^2}{4}$

15. $y=\cos^3 x+\sin^2 x-\cos x$ 的最大值为(　　)．

A. $\dfrac{28}{27}$　　　　　　B. $\dfrac{32}{27}$　　　　　　C. $\dfrac{4}{3}$　　　　　　D. $\dfrac{40}{27}$

16. 设三次函数 $f(x)=ax^3+bx^2+cx+d$ $(a<b<c)$，在 $x=1$ 处取得极值，其图像在 $x=m$ 处的切线的斜率为 $-3a$．

(1) 求证：$0\leqslant \dfrac{b}{a}<1$；

(2) 若函数 $y=f(x)$ 在区间 $[s,t]$ 上单调递增，求 $|s-t|$ 的取值范围；

(3) 问是否存在实数 k（k 是与 a，b，c，d 无关的常数），当 $x\geqslant k$ 时，有 $f'(x)+3a<0$ 恒成立？若存在，试求出 k 的最小值；若不存在，请说明理由．

17. 已知定义在正实数集上的函数 $f(x)=\dfrac{1}{2}x^2+2ax$，$g(x)=3a^2\ln x+b$，其中 $a>0$．设两曲线 $y=f(x)$，$y=g(x)$ 有公共点，且在公共点处的切线相同．

(1) 若 $a=1$，求 b 的值；

(2) 用 a 表示 b，并求 b 的最大值．

18.（交大 2007 冬令营）设函数 $f(x)$ 满足 $2f(3x)+f(2-3x)=6x+1$，则 $f(x)=$

_____．

提示：令 $3x=x$ 得 $2f(x)+f(2-x)=2x+1$　　①

再令 $2-x=x$ 得 $2f(2-x)+f(x)=2(2-x)+1$　　②

由式①、②消去 $f(2-x)$ 得到 $f(x)=2x-1$．

§03 式与方程

要点考点

1. 方根

(1) 当 n 为奇数时，$\sqrt[n]{a^n} = a$.

(2) 当 n 为偶数时，$\sqrt[n]{a^n} = |a| = \begin{cases} a & (a \geqslant 0), \\ -a & (a < 0). \end{cases}$

2. 分数指数幂

(1) $a^{\frac{m}{n}} = \sqrt[n]{a^m}$ ($a > 0$, m、n 都是正整数，$n > 1$).

(2) $a^{-\frac{m}{n}} = \dfrac{1}{a^{\frac{m}{n}}} = \dfrac{1}{\sqrt[n]{a^m}}$ ($a > 0$, m、n 都是正整数，$n > 1$).

3. 指数运算

(1) $a^m \cdot a^n = a^{m+n}$.

(2) $\dfrac{a^m}{a^n} = a^{m-n}$.

(3) $(a^m)^n = a^{mn}$.

4. 对数运算

$\log_a(M \cdot N) = \log_a M + \log_a N$

$\log_a \dfrac{M}{N} = \log_a M - \log_a N$

$\log_a M^n = n\log_a(\pm M)$

$\log_a \sqrt[n]{M} = \dfrac{1}{n}\log_a M$

$a^{\log_a N} = N$

换底公式：$\log_a N = \dfrac{\log_b N}{\log_b a}$

推论：$\log_a b \cdot \log_b c \cdot \log_c a = 1 \Rightarrow \log_{a_1} a_2 \cdot \log_{a_2} a_3 \cdot \cdots \cdot \log_{a_{n-1}} a_n = \log_{a_1} a_n$

（以上 $M > 0$，$N > 0$，$a > 0$，$a \neq 1$，$b > 0$，$b \neq 1$，$c > 0$，$c \neq 1$，a_1，a_2，$\cdots$，$a_n > 0$ 且 $\neq 1$）

5. 韦达定理

（1）一元二次方程是 $ax^2 + bx + c = 0$，$a \neq 0$，x_1，x_2 是其两个根，则有

$$x_1 + x_2 = -\frac{b}{a}, \ x_1 \cdot x_2 = \frac{c}{a}.$$

（2）设一元三次方程是 $ax^3 + bx^2 + cx + d = 0$，$a \neq 0$，x_1，x_2，x_3 是其三个根，则有

$$x_1 + x_2 + x_3 = -\frac{b}{a}, \ x_1 \cdot x_2 + x_2 \cdot x_3 + x_3 \cdot x_1 = \frac{c}{a}, \ x_1 \cdot x_2 \cdot x_3 = -\frac{d}{a}.$$

（3）设一元 n 次方程是 $a_0 x^n + a_1 x^{n-1} + a_2 x^{n-2} + \cdots + a_n = 0$，$a_0 \neq 0$，$x_1$，$x_2$，$\cdots$，$x_n$ 是其 n 个根，则有

$$x_1 + x_2 + \cdots + x_n = -\frac{a_1}{a_0},$$

$$x_1 x_2 + x_1 x_3 + \cdots + x_1 x_n + x_2 x_3 + x_2 x_4 + \cdots + x_2 x_n + \cdots + x_{n-1} x_n = \frac{a_2}{a_0},$$

$$\cdots$$

$$x_1 x_2 \cdots x_n = (-1)^n \frac{a_n}{a_0}.$$

技能方法

- 等价变形.
- 配方化简.
- 换元化归.
- 数形结合.
- 韦达定理.
- 构造模型.

典型例题

[例 1] （北大 2007）解方程组 $\begin{cases} xy = 2x + y - 1, \\ yz = 2z + 3y - 8, \\ xz = 4z + 3x - 8. \end{cases}$

解析： 原方程组等价于 $\begin{cases} (x-1)(y-2)=1, & ① \\ (y-2)(z-3)=-2, & ② \\ (x-4)(z-3)=4, & ③ \end{cases}$

式①×式③÷式②，得 $(x-1)(x-4)=-2$，解得 $x_1=2$，$x_2=3$，

代回式①、式③立即解得 $y_1=3$，$y_2=\dfrac{5}{2}$，$z_1=1$，$z_2=-1$.

综上所述，原方程的解为 $(x,y,z)=(2,3,1)$，$\left(3,\dfrac{5}{2},-1\right)$.

[例2] （复旦 2002 基地）参数 a 取何值时：$\dfrac{\log_a x}{\log_a 2}+\dfrac{\log_x(2a-x)}{\log_x 2}=\dfrac{1}{\log_{a^2-1} 2}$

（1）有解？（2）仅有一解？

提示： 等价于 $\begin{cases} x(2a-x)=a^2-1 \\ a>0, a\neq 1, a^2-1>0, a^2-1\neq 1, \\ 0<x<2a \\ x\neq 1 \end{cases}$，

即求 $\begin{cases} x=a+1 \\ a>1, a\neq\sqrt{2} \\ 0<x<2a \\ x\neq 1 \end{cases}$ 或 $\begin{cases} x=a-1 \\ a>1, a\neq\sqrt{2} \\ 0<x<2a \\ x\neq 1 \end{cases}$，

即 $\begin{cases} x=a+1 \\ a>1, a\neq\sqrt{2} \end{cases}$ 或 $\begin{cases} x=a-1 \\ a>1, a\neq\sqrt{2}, a\neq 2. \end{cases}$

答案： (1) $a>1$ 且 $a\neq\sqrt{2}$；(2) $a=2$.

[例3] （交大 2007 冬令营）设 $f(x)=(1+a)x^4+x^3-(3a+2)x^2-4a$，试证明对任意实数 a：

（1）方程 $f(x)=0$ 总有相同实根；

（2）存在 x_0，恒有 $f(x_0)\neq 0$.

证明： $f(x)=x^4+x^3-2x^2+a(x^4-3x^2-4)$

$\qquad\qquad =x^2(x-1)(x+2)+a(x-2)(x+2)(x^2+1).$

为了使命题对任意实数 a 都成立，可取相应的 x，使得 $(x-2)(x+2)(x^2+1)=0$. 因此对任意实数 a，有

（1）$x=-2$ 总是方程 $f(x)=0$ 的根；

（2）存在 $x_0=2$，$f(x_0)=16\neq 0$.

[例4] （交大 2002 联读、2004 保送）已知 $1\leqslant a\leqslant\sqrt{2}$，则方程 $\sqrt{a^2-x^2}=\sqrt{2}-|x|$ 的相异实根的个数是_____.

解析： 分别画出函数 $y=\sqrt{a^2-x^2}$ 和 $y=\sqrt{2}-|x|$ 的图像，问题转化为求这两个函

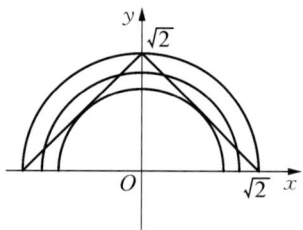

图 3-1

数图像的交点个数.

由图 3-1 可知,其交点个数为 $\begin{cases} 2, & a=1 \\ 4, & 1<a<\sqrt{2} \\ 3, & a=\sqrt{2} \end{cases}$

[例 5] （复旦 2000 保送）一列火车长 500 m,以匀速在直线轨道上前进,当车尾经过某站台时,有人驾驶摩托车从站台追赶火车给火车司机送上急件,然后原速返回,返回中与车尾相遇时,此人发现这时正在离站台 1 000 m 处,假设摩托车车速不变,则摩托车从出发到站台共行驶了_____ m.

解析：设列车、摩托车的速度分别是 m, n（单位：m/s）,

则问题变为由 $\left(\dfrac{500}{n-m}+\dfrac{500}{n+m}\right)m=1\,000$,求 $\left(\dfrac{500}{n-m}+\dfrac{500}{n+m}\right)n+1\,000$.

代换后相当于求 $1\,000\left(\dfrac{n}{m}+1\right)$.

由 $\left(\dfrac{500}{n-m}+\dfrac{500}{n+m}\right)m=1\,000$,　可得 $\dfrac{n}{m}=\dfrac{1+\sqrt{5}}{2}$.

因此,摩托车从出发到站台共行驶了 $1\,000\left(\dfrac{n}{m}+1\right)=500(3+\sqrt{5})$ m.

[例 6] （清华等五校 2010 选拔样题）设 θ 是三次多项式 $f(x)=x^3-3x+10$ 的一个根,且 $\alpha=\dfrac{\theta^2+\theta-2}{2}$. 若 $h(x)$ 是一个有理系数的二次多项式,满足条件 $h(\alpha)=\theta$. 则 $h(0)$ =（　　）.

A. -2　　　　　　　B. 2　　　　　　　C. $-\dfrac{1}{2}$　　　　　　　D. $\dfrac{1}{2}$

解析：设 $h(x)=px^2+qx+r$,则由 $h(\alpha)=\theta$ 得

$$p\left(\dfrac{\theta^2+\theta-2}{2}\right)^2+q\left(\dfrac{\theta^2+\theta-2}{2}\right)+r=\theta,$$

整理得 $p\theta^4+2p\theta^3+(2q-3p)\theta^2+(2q-4p-4)\theta+(4p-4q+4r)=0.$

有理系数多项式 $p\theta^4+2p\theta^3+(2q-3p)\theta^2+(2q-4p-4)\theta+(4p-4q+4r)$
$=(p\theta+2p)(\theta^3-3\theta+10)+[2q\theta^2+(2q-8p-4)\theta-(16p+4q-4r)]$,

因为 p, q, $r\in\mathbf{Q}$,所以 $2q\theta^2+(2q-8p-4)\theta-(16p+4q-4r)$ 不是 $\theta^3-3\theta+10$ 的因式.

事实上,由韦达定理可知 $\theta^3-3\theta+10$ 的三个根（可能复根）满足 $\theta_1+\theta_2+\theta_3=0$ 及 $\theta_1\theta_2\theta_3=-10$,易得 θ_1, θ_2, θ_3 均不为有理数,故任何有理系数二次多项式不为 $\theta^3-3\theta+10$ 的因式.

而 θ 同时是 $p\theta^4+2p\theta^3+(2q-3p)\theta^2+(2q-4p-4)\theta+(4p-4q+4r)=0$ 和 $\theta^3-3\theta+10=0$ 的根,所以 $2q\theta^2+(2q-8p-4)\theta-(16p+4q-4r)$ 恒等于零.

故 $2q = 2q - 8p - 4 = 16p + 4q - 4r = 0$，解得 $p = -\dfrac{1}{2}, q = 0, r = -2$，

即 $h(x) = -\dfrac{1}{2}x^2 - 2$.

所以 $h(0) = -2$. 选择 A.

[例7] （北大 2009 自招）有 333 人考试，一共做对了 1 000 道题，做对不多于 3 道为不及格，做对不少于 6 道为优秀，不是所有人答对的题的数量的奇偶性都相同，问不及格的多还是优秀的多？

解析： 设有 x 人优秀，则及格而不优秀的人最多有 $\left[\dfrac{1\,000 - 6x}{4}\right]$ 人，

不及格的最少有 $333 - x - \left[\dfrac{1\,000 - 6x}{4}\right]$，

若优秀的人不少于及格的人，则 $x \geqslant 333 - x - \left[\dfrac{1\,000 - 6x}{4}\right]$，又

$6x \leqslant 1\,000$，解得 $x = 166$.

从而 166 人优秀时，及格不优秀的人最多有 1 人，所以不及格的人有 166 人.

说明只有优秀和不及格的人均为 166 人时才会出现优秀的人不少于及格的人，其他时候都是优秀的人少于不及格的人.

所以不及格的人不少于优秀的人.

答案： 不及格的不少于优秀的.

[例8] （清华 2009）请找出一个以 $\sqrt{2} + \sqrt[3]{3}$ 为根的整系数多项式.

解析： $x = \sqrt{2} + \sqrt[3]{3} \Rightarrow x - \sqrt{2} = \sqrt[3]{3} \Rightarrow (x - \sqrt{2})^3 = 3$

$\Rightarrow x^3 - \sqrt{2}(3x^2 - 6x + 2) = 3 \Rightarrow x^3 - 3 = \sqrt{2}(3x^2 - 6x + 2)$

$\Rightarrow (x^3 - 3)^2 = 2(3x^2 - 6x + 2)^2$.

即 $x^6 - 18x^4 + 66x^3 - 96x^2 + 48x + 1 = 0$.

所以，可以构造多项式：

$f(x) = x^6 - 18x^4 + 66x^3 - 96x^2 + 48x + 1$，显然 $x = \sqrt{2} + \sqrt[3]{3}$ 是它的一个根.

[例9] （复旦 2005 保送推优）在实数范围内求方程 $\sqrt[4]{10+x} + \sqrt[4]{7-x} = 3$ 的实数根.

解析： 设 $10 + x = d + t$，$7 - x = d - t$，解得 $d = \dfrac{17}{2}$，$t = \dfrac{3}{2} + x$，原式变为

$\sqrt[4]{d+t} + \sqrt[4]{d-t} = 3$，两边平方得 $\sqrt{d+t} + \sqrt{d-t} = 9 - 2\sqrt[4]{d^2 - t^2}$；

再平方得 $2d = 81 - 36\sqrt[4]{d^2 - t^2} + 2\sqrt{d^2 - t^2}$.

设 $\sqrt[4]{d^2 - t^2} = u$，代入 $d = \dfrac{17}{2}$，则有 $u^2 - 18u + 32 = 0$，$u = 16$ 或 2，则 $\dfrac{17^2}{2^2} - t^2 = 2^4$

或 16^4(舍)，$t = \pm \dfrac{15}{2}$. 所以 $x = \pm \dfrac{15}{2} - \dfrac{3}{2} = 6$ 或 -9.

[例 10]（交大 2006）设 $k \geqslant 9$，解方程 $x^3 + 2kx^2 + k^2x + 9k + 27 = 0$.

解析：

解法一：待定系数法.

设 $x^3 + 2kx^2 + k^2x + 9k + 27 = x(x^2 + ax + b) + p(x^2 + ax + b)$，

所以 $pb = 27 + 9k$，$b + pa = k^2$，$a + p = 2k$，

观察得 $p = k + 3$，$a = k - 3$，$b = 9$，

所以 $x^3 + 2kx^2 + k^2x + 9k + 27 = (x + k + 3)(x^2 + (k-3)x + 9)$

$$= (x + k + 3)\left[x + \frac{k - 3 + \sqrt{(k-9)(k+3)}}{2}\right]\left[x + \frac{k - 3 - \sqrt{(k-9)(k+3)}}{2}\right].$$

因此，原方程的解是

$$x_1 = -k - 3,\ x_{2,3} = \frac{3 - k \pm \sqrt{(k-9)(k+3)}}{2}.$$

解法二：先解出 k，再逆解 x.

原方程化为：$xk^2 + (2x^2 + 9)k + x^3 + 27 = 0$.

把它看作关于 k 的一元二次方程，其判别式

$\Delta = (6x - 9)^2 \geqslant 0$.

解得 $k = -x - 3$ 或 $k = -\dfrac{x^2 - 3x + 9}{x}$；

然后逆求 x，得 $x_1 = -k - 3$，$x_{2,3} = \dfrac{3 - k \pm \sqrt{(k-9)(k+3)}}{2}$.

巩固训练

1. 有一盒大小相同的球，它们既可排成正方形，又可排成一个正三角形，且正三角形每边上的球恰比正方形每边上多 2 个小球，球数为_____.

2. 有两个两位数，它们的差是 56，两数分别平方后，末两位数相同，则这两个两位数为_____.

3. $\log_2[\log_3(\log_4 x)] = \log_3[\log_4(\log_2 y)] = \log_4[\log_2(\log_3 z)] = 0$，求 $x + y + z =$ _____.

4. 若有理数 x，y 满足 $\sqrt{2\sqrt{3} - 3} = \sqrt{x\sqrt{3}} - \sqrt{y\sqrt{3}}$，求一组解 $(x, y) =$ _____.

5. 设 a，b，c 均为实数，且 $3^a = 6^b = 4$，则 $\dfrac{1}{a} - \dfrac{1}{b} =$ _____.

6. 已知 a，b，c 是不完全相等的任意实数，若 $x=a^2-bc$，$y=b^2-ac$，$z=c^2-ab$，则 x，y，z 的值（   ）.

    A. 都大于 0   B. 至少有一个大于 0

    C. 至少有一个小于 0   D. 都不小于 0

7. x，$y \in \mathbf{R}$，$(x^2+2x+2)(y^2-2y+2)=1$，则 $x+y=$＿＿＿＿＿＿.

8. 求证：$\dfrac{a^3+2a}{a^4+3a^2+1}$ 为最简分式.

9. 方程 $3 \cdot 16^x + 2 \cdot 81^x = 5 \cdot 36^x$ 的解 $x=$＿＿＿＿＿＿.

10. 解方程 $x^{\log_a x} = \dfrac{x^3}{a^2}$，$x=$＿＿＿＿＿＿.

11. 设函数 $y=f(x)$ 对一切实数 x 均满足 $f(5+x)=f(5-x)$，且方程 $f(x)=0$ 恰好有 6 个不同的实根，则这 6 个实根的和为（   ）.

    A. 10   B. 12   C. 18   D. 30

12. a，b，$c \in \mathbf{R}$，$abc \neq 0$，$b \neq c$，$a(b-c)x^2+b(c-a)x+c(a-b)=0$ 有两个相等根，求证：$\dfrac{1}{a}$，$\dfrac{1}{b}$，$\dfrac{1}{c}$ 成等差数列.

13. 已知 x_1，x_2 是方程 $x^2-(a-2)x+(a^2+3a+5)=0$（a 为实数）的两个实根，则 $x_1^2+x_2^2$ 的最大值为（   ）.

    A. 18   B. 19   C. 20   D. 不存在

14. $p=\log_8 3$，$q=\log_3 5$，则用 p，q 表示 $\lg 5=$＿＿＿＿＿＿.

15. 方程 $7x^2-(k+13)x+k^2-k-2=0$ 的两根分别在区间 $(0,1)$ 和 $(1,2)$ 内，则 k 的取值范围是＿＿＿＿＿＿.

16. 方程 $f(x)=\begin{vmatrix} x-2 & x-1 & x-3 \\ 2x-2 & 2x-1 & 2x-3 \\ 3x-3 & 3x-2 & 3x-5 \end{vmatrix}=0$ 的实根的个数为（   ）.

    A. 1 个   B. 2 个   C. 3 个   D. 无实根

17. 设 a，b 是实常数，则二元一次方程组 $\begin{cases} ax+by=1 \\ x-2y=-a-b \end{cases}$ 无解的充分必要条件是（   ）.

    A. $2a+b=0$ 且 $a \neq \pm 1$ B. $2a+b=0$ 且 $a+b \neq -1$

    C. $a=1$，$b=-2$ 或 $a=-1$，$b=2$ D. $2a+b=0$

18. 方程 $3x^2-\mathrm{e}^x=0$ 的实根（   ）.

    A. 不存在   B. 有一个   C. 有两个   D. 有三个

19. 方程组 $\begin{cases} x^{x-y}=y^{x+y} \\ y\sqrt{x}=1 \end{cases}$ 有（   ）解.

    A. 一个   B. 两个   C. 三个   D. 四个

20. 已知 a 是一个实数,则方程组 $\begin{cases} (a+1)x+8y=4a \\ ax+(a+3)y=3a-1 \end{cases}$ 解的情况是(　　).

A. 方程组恒有解　　　　　　　　　　　　B. 方程组恒无解

C. 方程组只有一组解　　　　　　　　　　D. 方程组可能无解

21. 设 x_1,x_2,x_3 是方程 $x^3+x+2=0$ 的三个根,则行列式 $\begin{vmatrix} x_1 & x_2 & x_3 \\ x_2 & x_3 & x_1 \\ x_3 & x_1 & x_2 \end{vmatrix} =$

(　　).

A. -4　　　　　　B. -1　　　　　　C. 0　　　　　　D. 2

22. 方程 $|x-3|^{\frac{x^2-8x+15}{x-2}}=1$ 有(　　).

A. 一个解　　　　　B. 两个解　　　　　C. 三个解　　　　　D. 四个解

§04 不等关系

要点考点

1. 重要不等式

（1）平均数不等式（平方平均数≥算术平均数≥几何平均数≥调和平均数）：

$$\sqrt{\frac{a^2+b^2}{2}} \geqslant \frac{a+b}{2} \geqslant \sqrt{ab} \geqslant \frac{2}{\frac{1}{a}+\frac{1}{b}}（a,b \text{ 为正数；当 } a=b \text{ 时取等号}）$$

$$\sqrt{\frac{a^2+b^2+c^2}{3}} \geqslant \frac{a+b+c}{3} \geqslant \sqrt[3]{abc} \geqslant \frac{3}{\frac{1}{a}+\frac{1}{b}+\frac{1}{c}}（a,b,c \in \mathbf{R}^+, a=b=c \text{ 时取}$$

等号）

$$\sqrt{\frac{a_1^2+a_2^2+\cdots+a_n^2}{n}} \geqslant \frac{a_1+a_2+\cdots+a_n}{n} \geqslant \sqrt[n]{a_1 a_2 \cdots a_n} \geqslant \frac{n}{\frac{1}{a_1}+\frac{1}{a_2}+\cdots+\frac{1}{a_n}}$$

$（a_1, a_2, \cdots, a_n \in \mathbf{R}^+, a_1=a_2=\cdots=a_n \text{ 时取等号}）$

（2）含立方的几个重要不等式（a,b,c 为正数）：

① $a^3+b^3 \geqslant a^2 b+ab^2$；

② $a^3+b^3+c^3-3abc=(a+b+c)(a^2+b^2+c^2-ab-ac-bc) \Rightarrow a^3+b^3+c^3 \geqslant$ $3abc$（只需 $a+b+c > 0$ 此式即可成立，$a=b=c$ 或 $a+b+c=0$ 时取等号）

$$\sqrt[3]{abc} \leqslant \frac{a+b+c}{3} \Rightarrow abc \leqslant \left(\frac{a+b+c}{3}\right)^3 \leqslant \frac{a^3+b^3+c^3}{3}$$

$$ab+ba+ac \leqslant \frac{1}{3}(a+b+c)^2（a=b=c \text{ 时取等号}）$$

（3）绝对值不等式：

$$|a_1+a_2+a_3| \leqslant |a_1|+|a_2|+|a_3|$$

$$|a|-|b| \leqslant |a \pm b| \leqslant |a|+|b|$$

(4) 柯西不等式：设 $a_i, b_i \in \mathbf{R} (i=1, 2, \cdots, n)$，则

$$(a_1b_1 + a_2b_2 + \cdots + a_nb_n)^2 \leqslant (a_1^2 + a_2^2 + \cdots + a_n^2)(b_1^2 + b_2^2 + \cdots + b_n^2)$$

等号成立当且仅当 $\dfrac{a_1}{b_1} = \dfrac{a_2}{b_2} = \cdots = \dfrac{a_n}{b_n}$ 时.(约定 $a_i=0$ 时, $b_i=0$)

例如：$(ac+bd)^2 \leqslant (a^2+b^2)(c^2+d^2)$.

(5) 常用不等式的放缩法：

① $\dfrac{1}{n} - \dfrac{1}{n+1} = \dfrac{1}{n(n+1)} < \dfrac{1}{n^2} < \dfrac{1}{n(n-1)} = \dfrac{1}{n-1} - \dfrac{1}{n} \ (n \geqslant 2)$;

② $\sqrt{n+1} - \sqrt{n} = \dfrac{1}{\sqrt{n}+\sqrt{n+1}} < \dfrac{1}{2\sqrt{n}} < \dfrac{1}{\sqrt{n}+\sqrt{n-1}} = \sqrt{n} - \sqrt{n-1} \ (n \geqslant 1)$.

2. 常用不等式的解法举例 (x 为正数)

① $x(1-x)^2 = \dfrac{1}{2} \cdot 2x(1-x)(1-x) \leqslant \dfrac{1}{2}\left(\dfrac{2}{3}\right)^3 = \dfrac{4}{27}$;

② $y = x(1-x^2) \Rightarrow y^2 = \dfrac{2x^2(1-x^2)(1-x^2)}{2} \leqslant \dfrac{1}{2}\left(\dfrac{2}{3}\right)^3 = \dfrac{4}{27} \Rightarrow y \leqslant \dfrac{2\sqrt{3}}{9}$，类似于

$y = \sin x \cos^2 x = \sin x (1-\sin^2 x)$;

③ $\left|x+\dfrac{1}{x}\right| = |x| + \left|\dfrac{1}{x}\right| \geqslant 2 \left(x \text{ 与 } \dfrac{1}{x} \text{ 同号}\right)$.

技能方法

- 配方.
- 比较.
- 观察.
- 等价转化.
- 函数单调性.
- 基本不等式.
- 放缩.
- 构造.
- 数学归纳法.

典型例题

[例1] (复旦2008选拔)已知一个三角形的面积为 $\dfrac{1}{4}$，且它的外接圆半径为1,设 a,

b，c 分别是该三角形的三边长，令 $u=\dfrac{1}{a}+\dfrac{1}{b}+\dfrac{1}{c}$，$v=\sqrt{a}+\sqrt{b}+\sqrt{c}$，则 u 和 v 的关系是

（ ）.

A. $u>v$　　　　　　　　　　　　B. $u=v$

C. $u<v$　　　　　　　　　　　　D. 无法确定

解析：因为 $\begin{cases}\dfrac{1}{2}bc\sin A=\dfrac{1}{4}\\[2mm]\dfrac{a}{\sin A}=2\end{cases}\Rightarrow abc=1$，所以

$$u=\frac{1}{2}\left(\frac{1}{a}+\frac{1}{b}+\frac{1}{b}+\frac{1}{c}+\frac{1}{c}+\frac{1}{a}\right)\geqslant\sqrt{\frac{1}{ab}}+\sqrt{\frac{1}{bc}}+\sqrt{\frac{1}{ca}}$$

$$=\sqrt{a}+\sqrt{b}+\sqrt{c}=v.$$

答案：A.

[**例 2**]（浙大 2008 自招）已知 $x>0$，$y>0$，$a=x+y$，$b=\sqrt{x^2+xy+y^2}$，$c=m\sqrt{xy}$，试问是否存在正数 m，使得对于任意正数 x，y 可使 a，b，c 为三边构成三角形？如果存在，求出 m 的取值范围；如果不存在，请说明理由.

解析：令 $x=1$，$y=1$，则 $a=2$，$b=\sqrt{3}$，$c=m$，要使得对于任意的正数 x，y 可使 a，b，c 为三边构成三角形，必须满足 $2-\sqrt{3}<m<2+\sqrt{3}$.

又 因为 $x>0$，$y>0$，得

$$a=x+y=\sqrt{x^2+2xy+y^2}>\sqrt{x^2+xy+y^2}=b;$$

$$a+c>b;$$

而 $b+c>a\Leftrightarrow\sqrt{x^2+xy+y^2}+m\sqrt{xy}>x+y\Leftrightarrow m>\dfrac{x+y-\sqrt{x^2+xy+y^2}}{\sqrt{xy}}$，

又 $\dfrac{x+y-\sqrt{x^2+xy+y^2}}{\sqrt{xy}}=\dfrac{\sqrt{xy}}{x+y+\sqrt{x^2+xy+y^2}}\leqslant$

$$\dfrac{\sqrt{xy}}{2\sqrt{xy}+\sqrt{2xy+xy}}=2-\sqrt{3},$$

所以当 $2-\sqrt{3}<m<2+\sqrt{3}$ 时，$m>\dfrac{x+y-\sqrt{x^2+xy+y^2}}{\sqrt{xy}}$ 恒成立，

即 $b+c>a$ 恒成立.

又 $a+b=x+y+\sqrt{x^2+xy+y^2}>2\sqrt{xy}+\sqrt{2xy+xy}=(2+\sqrt{3})\sqrt{xy}$，

所以当 $2-\sqrt{3}<m<2+\sqrt{3}$ 时，$a+b>m\sqrt{xy}=c$ 恒成立.

综上所述，当且仅当 $2-\sqrt{3}<m<2+\sqrt{3}$ 时，对于任意的正数 x，y 可使 a，b，c 为

三边构成三角形.

[例3]（复旦 2003 保送）a_1，a_2，a_3，$\cdots$，a_n 是各不相同的正自然数，$a \geqslant 2$，

求证：$\left(\dfrac{1}{a_1}\right)^a + \left(\dfrac{1}{a_2}\right)^a + \left(\dfrac{1}{a_3}\right)^a + \cdots + \left(\dfrac{1}{a_n}\right)^a < 2$.

证明：不妨设 $a_1 < a_2 < a_3 < \cdots < a_n$，则有 $a_i \geqslant i$（$i = 1, 2, 3, \cdots, n$）.

根据幂函数和指数函数的单调性，可得

$$\left(\frac{1}{a_1}\right)^a + \left(\frac{1}{a_2}\right)^a + \left(\frac{1}{a_3}\right)^a + \cdots + \left(\frac{1}{a_n}\right)^a \leqslant \left(\frac{1}{1}\right)^a + \left(\frac{1}{2}\right)^a + \left(\frac{1}{3}\right)^a + \cdots +$$

$$\left(\frac{1}{n}\right)^a \leqslant \frac{1}{1^2} + \frac{1}{2^2} + \frac{1}{3^2} + \cdots + \frac{1}{n^2} < 1 + \frac{1}{1 \cdot 2} + \frac{1}{2 \cdot 3} + \cdots + \frac{1}{(n-1)n}$$

$$= 1 + \left(1 - \frac{1}{2}\right) + \left(\frac{1}{2} - \frac{1}{3}\right) + \cdots + \left(\frac{1}{n-1} - \frac{1}{n}\right) = 2 - \frac{1}{n} < 2.$$

证毕.

[例4]（复旦 2004 保送）求证：$1 + \dfrac{1}{\sqrt{2^3}} + \dfrac{1}{\sqrt{3^3}} + \cdots + \dfrac{1}{\sqrt{n^3}} < 3$.

证明：$\dfrac{1}{\sqrt{m^3}} < \dfrac{1}{\sqrt{(m-1)m(m+1)}} = \left[\dfrac{1}{\sqrt{(m-1)m}} - \dfrac{1}{\sqrt{(m+1)m}}\right] \cdot$

$\dfrac{1}{\sqrt{m+1} - \sqrt{m-1}} = \left[\dfrac{1}{\sqrt{m-1}} - \dfrac{1}{\sqrt{m+1}}\right] \cdot \dfrac{1}{\sqrt{m}} \cdot \dfrac{\sqrt{m+1} + \sqrt{m-1}}{2}$，

而 $\dfrac{\sqrt{m+1} + \sqrt{m-1}}{2} < \sqrt{\dfrac{m+1+m-1}{2}} = \sqrt{m}$，

所以 $\dfrac{1}{\sqrt{m^3}} < \dfrac{1}{\sqrt{m-1}} - \dfrac{1}{\sqrt{m+1}}$.

原式 $< 1 + \dfrac{1}{1} - \dfrac{1}{\sqrt{3}} + \dfrac{1}{\sqrt{2}} - \dfrac{1}{\sqrt{4}} + \cdots + \dfrac{1}{\sqrt{n-1}} - \dfrac{1}{\sqrt{n+1}}$

$= 2 + \dfrac{\sqrt{2}}{2} - \dfrac{1}{\sqrt{n}} - \dfrac{1}{\sqrt{n+1}} < 3.$

证毕.

[例5]（北大 2008 自招）已知 $a_1 + a_2 + a_3 = b_1 + b_2 + b_3$，$a_1 a_2 + a_2 a_3 + a_3 a_1 = b_1 b_2 + b_2 b_3 + b_3 b_1$，若已知 $\min\{a_1, a_2, a_3\} \leqslant \min\{b_1, b_2, b_3\}$，求证：$\max\{a_1, a_2, a_3\} \leqslant \max\{b_1, b_2, b_3\}$.

证明：假设 $\max\{a_1, a_2, a_3\} > \max\{b_1, b_2, b_3\}$，

构造函数 $f(x) = (x - a_1)(x - a_2)(x - a_3)$，$g(x) = (x - b_1)(x - b_2)(x - b_3)$.

记 $A = -(a_1 + a_2 + a_3)$，$B = a_1 a_2 + a_2 a_3 + a_3 a_1$，$C_1 = -a_1 a_2 a_3$，$C_2 = -b_1 b_2 b_3$，

则 $f(x)=x^3+Ax^2+Bx+C_1$，$g(x)=x^3+Ax^2+Bx+C_2$.

不妨设 $a_1 \leqslant a_2 \leqslant a_3$，$b_1 \leqslant b_2 \leqslant b_3$，

由 $\min\{a_1, a_2, a_3\} \leqslant \min\{b_1, b_2, b_3\}$，知 $a_1 \leqslant b_1$.

所以 $g(a_1)-f(a_1)=(a_1-b_1)(a_1-b_2)(a_1-b_3) \leqslant 0$，

而 $g(x)-f(x)=C_2-C_1$，所以 $C_2 \leqslant C_1$.

另一方面，由 $\max\{a_1, a_2, a_3\} > \max\{b_1, b_2, b_3\}$，知 $a_3 > b_3$.

得 $g(a_3)-f(a_3)=(a_3-b_1)(a_3-b_2)(a_3-b_3) > 0$，即 $C_2 > C_1$，矛盾！

因此，假设不成立.

证得 $\max\{a_1, a_2, a_3\} \leqslant \max\{b_1, b_2, b_3\}$.

[例 6] （交大 2003 冬令营）证明不等式 $\left(\dfrac{n}{2}\right)^n > n! > \left(\dfrac{n}{3}\right)^n$，当自然数 $n \geqslant 6$ 时

成立.

证明： 当 $n=6$ 时，容易验证 $\left(\dfrac{6}{2}\right)^6 > 6! > \left(\dfrac{6}{3}\right)^6$ 成立.

假设当 $n=k$ 时，不等式成立，即 $\left(\dfrac{k}{2}\right)^k > k! > \left(\dfrac{k}{3}\right)^k$.

则当 $n=k+1$ 时，

$$\left(\frac{k+1}{2}\right)^{k+1} = \frac{k+1}{2} \cdot \left(\frac{k+1}{k}\right)^k \cdot \left(\frac{k}{2}\right)^k > \frac{k+1}{2} \cdot \left(1+\frac{1}{k}\right)^k \cdot k!$$

$$= \frac{1}{2}\left(1+\frac{1}{k}\right)^k \cdot (k+1)! > \frac{1}{2}\left(1+\frac{1}{6}\right)^6 \cdot (k+1)! > (k+1)!$$

这里利用了函数 $y=\left(1+\dfrac{1}{x}\right)^x (x \in \mathbf{N}^*)$ 的单调递增性质，可以用平均数定理得到证明.

事实上，$\left(1+\dfrac{1}{x}\right)^x = \underbrace{\left(1+\dfrac{1}{x}\right)\left(1+\dfrac{1}{x}\right)\cdots\left(1+\dfrac{1}{x}\right)}_{x\text{个}} \cdot 1 <$

$$\left(\frac{1+\frac{1}{x}+1+\frac{1}{x}+\cdots+1+\frac{1}{x}+1}{x+1}\right)^{x+1} = \left(\frac{x+1+\frac{x}{x}}{x+1}\right)^{x+1} = \left(1+\frac{1}{x+1}\right)^{x+1}.$$

同理，可证 $\left(\dfrac{k+1}{3}\right)^{k+1} < (k+1)!$

即当 $n=k+1$ 时，不等式 $\left(\dfrac{n}{2}\right)^n > n! > \left(\dfrac{n}{3}\right)^n$ 亦成立.

综上所述，对一切自然数 $n \geqslant 6$ 时，均有 $\left(\dfrac{n}{2}\right)^n > n! > \left(\dfrac{n}{3}\right)^n$ 成立.

巩固训练

1. 已知 $a \geqslant \dfrac{1}{2}$，$f(x) = -a^2 x^2 + ax + c$，求证对于任意 $x \in [0, 1]$，使 $f(x) \leqslant 1$ 成立的充要条件是 $c \leqslant \dfrac{3}{4}$．

2. 不等式 $\log_2 \dfrac{2x^2 + 2kx + k}{3x^2 + 6x + 4} < 0$ 对于任意 $x \in \mathbf{R}$ 都成立，求 k 的取值范围．

3. 已知 $x, y, z > 0$，a, b, c 是 x, y, z 的一个排列．

求证：$\dfrac{a}{x} + \dfrac{b}{y} + \dfrac{c}{z} \geqslant 3$．

4. 求证：$x \in \mathbf{R}$ 时，$|x - 1| \leqslant 4|x^3 - 1|$．

5. 用长度为 12 的篱笆围成长方形，一边靠墙，则所围成面积 S 的最大值是_____．

6. 比较 $\log_{24} 25$ 与 $\log_{25} 26$ 的大小并说明理由．

7. 设不等式 $x(x-1) \leqslant y(1-y)$ 与 $x^2 + y^2 \leqslant k$ 的解集分别为 M 和 N．若 $M \subset N$，则 k 的最小值为_____．

8. 若不等式 $0 \leqslant x^2 + ax + 5 \leqslant 4$ 只有唯一实数解，则 $a =$ _____．

9. 不等式 $[\log_2(-x)]^2 \geqslant \log_2 x^2$ 的解集是_____．

10. a, b 满足何条件，可使 $\left| \dfrac{x^2 + ax + b}{x^2 + 2x + 2} \right| < 1$ 恒成立．

11. 求证：对于任何实数 a 与 b，三个数 $|a+b|$，$|a-b|$，$|1-a|$ 中至少有一个不小于 $\dfrac{1}{2}$．

12. 正实数 x, y 满足关系式 $x^2 - xy + 4 = 0$，又若 $x \leqslant 1$，则 y 的最小值为_____．

13. 实数 a, b 满足 $a\sqrt{1-b^2} + b\sqrt{1-a^2} = 1$，则 $a^2 + b^2 =$ _____．

14. 设有正数 a 与 b，满足 $a < b$，若实数 x_1, y_1, x_2, y_2，其中 x_1, y_1 与 a, b 的算术平均数相同；x_2, y_2 与 a, b 的几何平均数相同，则 $\dfrac{\sqrt{x_1 \cdot y_1}}{(x_2 + y_2)^2}$ 的取值范围是_____．

15. 非零实数 x, y, z 满足 $x^2 + y^2 + z^2 = 1$，则 $\dfrac{1}{x^2} + \dfrac{1}{y^2} + \dfrac{1}{z^2}$ 的最小值是_____．

16. $x^2 - (a+1)x + a < 0$ 的所有整数解之和为 27，则实数 a 的取值范围是_____．

17. 若 $x > y > 1$，$0 < a < b < 1$，则下列各式中一定成立的是（　　）．

A. $x^a > y^b$ 　　　　　B. $x^a < y^b$ 　　　　　C. $a^x > b^y$ 　　　　　D. $a^x < b^y$

18. 设 $x, y, z > 0$ 满足 $xyz + y + z = 12$，则 $\log_4 x + \log_2 y + \log_2 z$ 的最大值是（　　）．

A. 3   B. 4   C. 5   D. 6

19. 若实数 x 满足对任意正数 $a>0$,均有 $x^2<1+a$,则 x 的取值范围是( ).

A. $(-1,1)$ B. $[-1,1]$

C. $(-\sqrt{1+a},\sqrt{1+a})$ D. 不能确定

20. 设实数 $a,b,c\neq 0,\dfrac{bc}{a},\dfrac{ca}{b},\dfrac{ab}{c}$ 成等差数列,则下列不等式一定成立的是( ).

A. $|b|\leqslant|ac|$ B. $b^2\geqslant|ac|$

C. $a^2\leqslant b^2\leqslant c^2$ D. $|b|\leqslant\dfrac{|a|+|c|}{2}$

21. 设集合 $A=\{(x,y)\mid\log_a x+\log_a y>0\}$,$B=\{(x,y)\mid x+y<a\}$,如果 $A\bigcap B=\varnothing$,则 a 的取值范围是( ).

A. $\varnothing$ B. $a>0,a\neq 1$

C. $0<a\leqslant 2,a\neq 1$ D. $1<a\leqslant 2$

22. 已知 $a>0,b>0$,求证:

$$\dfrac{1}{a+b}+\dfrac{1}{a+2b}+\cdots+\dfrac{1}{a+nb}<\dfrac{n}{\sqrt{\left(a+\dfrac{1}{2}b\right)\left(a+\dfrac{n+1}{2}b\right)}}.$$

§05 数列递推

对于递推公式确定的数列问题的求解,通常可以通过递推公式的变换,转化为等差数列或等比数列问题,有时要用到一些特殊的转化方法与特殊数列.

类型 1：递推公式为 $a_{n+1} = a_n + f(n)$

方法：把原递推公式转化为 $a_{n+1} - a_n = f(n)$,利用**累加法(逐差相加法)**求解.

类型 2：(1) 递推公式为 $a_{n+1} = f(n)a_n$

方法：把原递推公式转化为 $\dfrac{a_{n+1}}{a_n} = f(n)$,利用**累乘法(逐商相乘法)**求解.

(2) 求由 $a_{n+1} = f(n)a_n$ 和 a_1 确定的递推数列 $\{a_n\}$ 的通项.

方法：由已知递推式有 $a_n = f(n-1)a_{n-1}$, $a_{n-1} = f(n-2)a_{n-2}$, $\cdots$, $a_2 = f(1)a_1$ 依次向前代入,得 $a_n = f(n-1)f(n-2)\cdots f(1)a_1$,简记为 $a_n = \left(\prod\limits_{k=1}^{n-1} f(k)\right)a_1$ $\left(n \geqslant 1,\right.$

$\left.\prod\limits_{k=1}^{0} f(k) = 1\right)$,这就是**叠(迭)代法**的基本模式.

(3) 递推式：$a_{n+1} = pa_n + f(n)$

方法：只需**构造数列** $\{b_n\}$,消去 $f(n)$ 带来的差异.

例如设数列 $\{a_n\}$：$a_1 = 4$, $a_n = 3a_{n-1} + 2n - 1$ $(n \geqslant 2)$,求 a_n.

解析：设 $b_n = a_n + An + B$, 则 $a_n = b_n - An - B$,将 a_n, a_{n-1} 代入递推式,得

$$b_n - An - B = 3[b_{n-1} - A(n-1) - B] + 2n - 1$$
$$= 3b_{n-1} - (3A - 2)n - (3B - 3A + 1)$$

可得 $\begin{cases} A = 3A - 2 \\ B = 3B - 3A + 1 \end{cases} \Rightarrow \begin{cases} A = 1 \\ B = 1 \end{cases}.$

取 $b_n = a_n + n + 1 \cdots ①$,则 $b_n = 3b_{n-1}$,又 $b_1 = 6$,故 $b_n = 6 \times 3^{n-1} = 2 \times 3^n$,代入式 ① 得 $a_n = 2 \times 3^n - n - 1$.

说明：(1) 若 $f(n)$ 为 n 的二次式,则可设 $b_n = a_n + An^2 + Bn + C$；

(2) 本题也可由 $a_n = 3a_{n-1} + 2n - 1$, $a_{n-1} = 3a_{n-2} + 2(n-1) - 1$ $(n \geqslant 3)$

这两式相减得 $a_n - a_{n-1} = 3(a_{n-1} - a_{n-2}) + 2$ 转化为 $b_n = p b_{n-1} + q$ 求之.

类型 3: 递推公式为 $a_{n+1} = p a_n + q$（其中 p, q 均为常数, $(pq(p-1) \neq 0)$）.

方法：把原递推公式转化为 $a_{n+1} - t = p(a_n - t)$, 其中 $t = \dfrac{q}{1-p}$, 再利用**换元法**转化为等比数列求解.

类型 4: 递推公式为 $a_{n+1} = p a_n + q^n$（其中 p, q 均为常数, $(pq(p-1)(q-1) \neq 0)$）.（或 $a_{n+1} = p a_n + r q^n$, 其中 p, q, r 均为常数）

方法：该类型较类型 3 要复杂一些. 一般地, 要先在原递推公式两边同除以 q^{n+1}, 得

$$\frac{a_{n+1}}{q^{n+1}} = \frac{p}{q} \cdot \frac{a_n}{q^n} + \frac{1}{q}.$$

引入辅助数列 $\{b_n\}$ $\left(\text{其中 } b_n = \dfrac{a_n}{q^n}\right)$, 得 $b_{n+1} = \dfrac{p}{q} b_n + \dfrac{1}{q}$, 再应用类型 3 的方法解决.

类型 5: 递推公式为 $a_{n+2} = p a_{n+1} + q a_n$（其中 p, q 均为常数）.

方法：先把原递推公式转化为 $a_{n+2} - s a_{n+1} = t(a_{n+1} - s a_n)$,

其中 s, t 满足 $\begin{cases} s + t = p \\ st = -q \end{cases}$, 再应用前面类型 3 的方法求解.

类型 6: 递推公式为 S_n 与 a_n 的关系式.（或 $S_n = f(a_n)$）

方法：利用 $a_n = \begin{cases} S_n, & n = 1 \\ S_n - S_{n-1}, & n \geq 2 \end{cases}$ 进行求解.

技能方法

- 累和.
- 累积.
- 构造法.
- 迭代法.
- 待定系数法.

典型例题

[例1] 图 5-1 是一个图形序列：其中 F_1 是个等边三角形, 把 F_1 的每条边三等分, 并以中间的那条线段为边向外作等边三角形, 再擦去中间的那条线段, 得 F_2, 把 F_2 的每条边三等分, 并以中间的那条线段为边向外作等边三角形, 再擦去中间的那条线段, 得 F_3, $\cdots$, 一般地, 把 F_{n-1} 的每条边三等分, 并以中间的那条线段为边向外作等边三角形, 再擦去中间的那条线段, 得 F_n（$n = 1, 2, 3, 4, \cdots$）.

（1）设 F_1 的周长为 $P_1 = 3$，求 F_n 的周长 P_n；

（2）设 F_1 的面积为 $S_1 = \dfrac{\sqrt{3}}{4}$，求 F_n 的面积 S_n；

（3）随着 n 的增长，P_n 和 S_n 的极限是否存在？若存在，是多少？若不存在，说明理由.

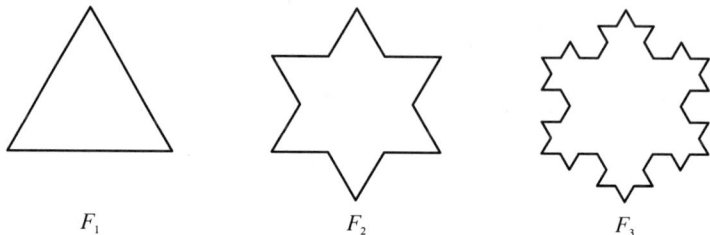

图 5-1

解析：（1）因为 F_n 的边数序列为 $3, 3\times4, 3\times4^2, 3\times4^3, \cdots, 3\times4^{n-1}, \cdots$

F_n 的边长序列为 $1, \dfrac{1}{3}, \dfrac{1}{3^2}, \cdots, \dfrac{1}{3^{n-1}}, \cdots$

所以 F_n 的周长序列为 $3, 4, \dfrac{16}{3}, \cdots, \dfrac{1}{3^{n-1}}\times3\times4^{n-1}, \cdots$

即 F_n 的周长是 $P_n = \dfrac{1}{3^{n-1}}\times3\times4^{n-1} = 3\times\left(\dfrac{4}{3}\right)^{n-1}$.

（2）因为 F_1 的面积为 $S_1 = \dfrac{\sqrt{3}}{4}$；

F_2 比 F_1 多 3 个面积为 $\dfrac{S_1}{9}$ 的正三角形；

F_3 比 F_2 多 12 个面积为 $\dfrac{S_1}{9^2}$ 的正三角形；

$\cdots$

F_n 比 F_{n-1} 多 $3\times4^{n-2}$（F_{n-1} 的边数）个面积为 $\dfrac{S_1}{9^{n-1}}$ 的正三角形.

故 $S_n = S_{n-1} + 3\times4^{n-2}\times\dfrac{S_1}{9^{n-1}} = S_{n-1} + \dfrac{S_1}{3}\left(\dfrac{4}{9}\right)^{n-2}$，从而

$S_n = S_1 + \dfrac{S_1}{3}\left[\left(\dfrac{4}{9}\right)^0 + \left(\dfrac{4}{9}\right)^1 + \left(\dfrac{4}{9}\right)^2 + \cdots + \left(\dfrac{4}{9}\right)^{n-2}\right] = \dfrac{\sqrt{3}}{20}\left[8 - 3\cdot\left(\dfrac{4}{9}\right)^{n-1}\right]$；

（3）显然，$P_n = 3\times\left(\dfrac{4}{3}\right)^{n-1}$ 是等比数列，且公比大于 1，所以极限不存在；而

$\lim\limits_{n\to\infty}S_n = \lim\limits_{n\to\infty}\dfrac{\sqrt{3}}{20}\left[8 - 3\cdot\left(\dfrac{4}{9}\right)^{n-1}\right] = \dfrac{2\sqrt{3}}{5}$.

答案: $(1)\ 3\times\left(\dfrac{4}{3}\right)^{n-1}$; $(2)\ \dfrac{\sqrt{3}}{20}\left[8-3\cdot\left(\dfrac{4}{9}\right)^{n-1}\right]$; $(3)\ \lim\limits_{n\to\infty}P_n$ 不存在, $\lim\limits_{n\to\infty}S_n=\dfrac{2\sqrt{3}}{5}$.

[例2] 兔子繁殖问题引出的数列,可以由递推公式: $a_1=1$, $a_2=1$, $a_{n+2}=a_{n+1}+a_n$ $(n\in\mathbf{N}^*)$确定.

意大利著名数学家斐波那契在他的《算盘书》——被誉为数学史上的一个里程碑——中研究了这个数列.所以该数列也称为斐波那契数列.该数列有许多奇妙的性质.著名的杨辉三角形中也含有这个数列.求斐波那契数列的通项公式.

解析: 斐波那契数列通项公式的推导

由 $a_1=1$, $a_2=1$, $a_n=a_{n-1}+a_{n-2}$ $n\in\mathbf{N}^*$, $n\geqslant 3$

令 $a_n-ra_{n-1}=s(a_{n-1}-ra_{n-2})(n\geqslant 3)$,则 $\begin{cases}r+s=1\\rs=-1\end{cases}$,

从而 $a_n-ra_{n-1}=s^{n-2}(a_2-ra_1)$,

所以 $a_n=s^{n-1}+ra_{n-1}=s^{n-1}+rs^{n-2}+r^2a_{n-2}=\cdots$

$=s^{n-1}+rs^{n-2}+r^2s^{n-3}+\cdots+r^{n-2}s+r^{n-1}$

这是公比为 $\dfrac{r}{s}$ 的等比数列前 n 项和,所以 $a_n=\dfrac{s^n-r^n}{s-r}$.

由 $\begin{cases}r+s=1\\rs=-1\end{cases}$解得一组解 $\begin{cases}s=\dfrac{1+\sqrt5}{2}\\[2mm]r=\dfrac{1-\sqrt5}{2}\end{cases}$,代入得

$$a_n=\dfrac{1}{\sqrt5}\left[\left(\dfrac{1+\sqrt5}{2}\right)^n-\left(\dfrac{1-\sqrt5}{2}\right)^n\right].$$

答案: $a_n=\dfrac{1}{\sqrt5}\left[\left(\dfrac{1+\sqrt5}{2}\right)^n-\left(\dfrac{1-\sqrt5}{2}\right)^n\right].$

[例3] (交大2002保送)设数列$\{a_n\}$满足关系 $a_{n+1}=2a_n^2-1(n=1,2,\cdots)$,若存在 N 满足 $a_N=1(N=2,3,\cdots)$,试证明:

(1) $|a_1|\leqslant 1$;

(2) $a_1=\cos\dfrac{k\pi}{2^{N-2}}$ (k 为整数).

解析: (1) 由 $a_{n+1}=2a_n^2-1$,可以看出 $|a_{n+1}|\leqslant 1\Leftrightarrow|a_n|\leqslant 1$,

而 $a_N=1(N=2,3,\cdots)$,所以 $|a_1|\leqslant 1$.

(2) 因为 $|a_1|\leqslant 1$,可以令 $a_1=\cos\alpha$,则 $a_2=2\cos^2\alpha-1=\cos 2\alpha$,

$a_3=2\cos^2 2\alpha-1=\cos 2^2\alpha,\cdots$

$a_N=\cos 2^{N-1}\alpha=1\Rightarrow 2^{N-1}\alpha=2k\pi\Rightarrow\alpha=\dfrac{k\pi}{2^{N-2}}\Rightarrow a_1=\cos\dfrac{k\pi}{2^{N-2}}$ (k 为整数).

[例 4] （交大 2007 冬令营）已知函数 $f_1(x) = \dfrac{2x-1}{x+1}$，对于 $n = 1, 2, \cdots,$ 定义 $f_{n+1}(x) = f_1(f_n(x))$，若 $f_{35}(x) = f_5(x)$，则 $f_{28}(x) = $ _____.

解析： $f_{n+1}(x) = f_1(f_n(x)) \Rightarrow f_n(x) = f_1(f_1(f_1(\cdots(f_1(x))\cdots)))$

$\Rightarrow f_{m+n}(x) = f_m(f_n(x)) = f_r(f_s(x)), (m+n = r+s);$

则 $f_{35}(x) = f_5(x) \Rightarrow f_5(f_{30}(x)) = f_5(x) \Rightarrow f_{30}(x) = x,$

且 $f_{30}(x) = f_2(f_{28}(x)) = x,$

又 $f_1(x) = \dfrac{2x-1}{x+1} \Rightarrow f_2(x) = f_1(f_1(x)) = \dfrac{2 \cdot \dfrac{2x-1}{x+1} - 1}{\dfrac{2x-1}{x+1} + 1}$

$= \dfrac{4x - 2 - x - 1}{2x - 1 + x + 1} = \dfrac{x-1}{x},$

所以 $\dfrac{f_{28}(x) - 1}{f_{28}(x)} = x \Rightarrow f_{28}(x) = \dfrac{1}{1-x}.$

巩固训练

1. 已知 $\{b_n\}$ 是公差为 6 的等差数列，$b_{n+1} = a_{n+1} - a_n (n \in \mathbf{N}^*).$

（1）用 a_1、b_1、n 表示数列 $\{a_n\}$ 的通项公式；

（2）若 $a_1 = -b_1 = a$，$a \in [27, 33]$，求 a_n 的最小值及取最小值时 n 的值.

2. 已知月利率为 r，采用等额还款方式，则若本金为 1 万元，试推导每月等额还款金额 m 关于 r 的函数关系式（假设贷款时间为 2 年）.

3. 数列 $\{a_n\}$ 的 $a_1 = 1$，$a_2 = 3$，$3a_{n+2} = 2a_{n+1} + a_n$，求 a_n 和 $\lim\limits_{n \to \infty} a_n.$

4. 已知数列 $\{a_n\}$ 满足 $a_{n+1} = \dfrac{a_n + a_{n-1}}{2}$，前两项为 $a, b.$

（1）若 $b_n = a_n - a_{n-1}$　$(n = 2, 3, 4, \cdots)$，求 b_n；

（2）求 $\sum\limits_{i=2}^{n} b_i$；

（3）求 $\lim\limits_{n \to \infty} a_n.$

5. 如图 5-2 所示，蜜蜂家在 8 号房间，它从 1 号或 2 号房间进入，途经其他若干房间回家，如果蜜蜂在任何房间里只能进入相邻房间，且只能从小号房间进入大号房间，则蜜蜂回家的不同路径共有（　　）.

A. 8 种

B. 16 种

C. 32 种

D. 34 种

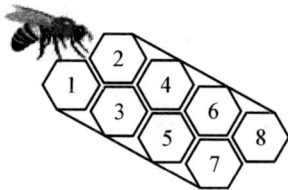

图 5-2

6. 已知数列 $\{a_n\}$，$\{b_n\}$ 满足 $a_{n+1}=-a_n-2b_n$，且 $b_{n+1}=6a_n+6b_n$，又 $a_1=2$，$b_1=4$，

求：(1) a_n，b_n；

(2) $\lim \dfrac{a_n}{b_n}$.

§06 数列求和

要点考点

1. 等差、等比数列

	等 差 数 列	等 比 数 列
定　义	$a_{n+1} - a_n = d$	$\dfrac{a_{n+1}}{a_n} = q \; (q \neq 0)$
递推公式	$a_n = a_{n-1} + d$；$a_n = a_{m-n} + md$	$a_n = a_{n-1}q$；$a_n = a_m q^{n-m}$
通项公式	$a_n = a_1 + (n-1)d$	$a_n = a_1 q^{n-1} (a_1, q \neq 0)$
中　项	$A = \dfrac{a_{n-k} + a_{n+k}}{2}$ $(n, k \in \mathbf{N}^*, n > k > 0)$	$G = \pm \sqrt{a_{n-k}a_{n+k}} \; (a_{n-k}a_{n+k} > 0)$ $(n, k \in \mathbf{N}^*, n > k > 0)$
前 n 项和	$S_n = \dfrac{n}{2}(a_1 + a_n)$ $S_n = na_1 + \dfrac{n(n-1)}{2}d$	$S_n = \begin{cases} na_1 (q=1) \\ \dfrac{a_1(1-q^n)}{1-q} = \dfrac{a_1 - a_n q}{1-q} \ (q \neq 2) \end{cases}$
重要性质	$a_m + a_n = a_p + a_q (m, n, p,$ $q \in \mathbf{N}^*, m+n = p+q)$	$a_m \cdot a_n = a_p \cdot a_q$ $(m, n, p, q \in \mathbf{N}^*, m+n = p+q)$

2. 几种常见关系性质

（1）数列 $\{a_n\}$ 的前 n 项和 S_n 与通项 a_n 的关系为 $a_n = \begin{cases} S_1 = a_1 (n=1) \\ S_n - S_{n-1} (n \geqslant 2) \end{cases}$.

（2）$\{a_n\}$ 是等差数列的充要条件是 $\{a_n\}$ 前 n 项和为

$$S_n = An^2 + Bn = \left(\dfrac{d}{2}\right)n^2 + \left(a_1 - \dfrac{d}{2}\right)n$$

（3）① 等差数列依次每 k 项的和 S_k，$S_{2k} - S_k$，$S_{3k} - S_{2k}$，… 仍成等差数列，其公差为原公差的 k^2 倍.

② 若等差数列的项数为 $2n$（$n \in \mathbf{N}^+$），则 $S_偶 - S_奇 = nd$，$\dfrac{S_奇}{S_偶} = \dfrac{a_n}{a_{n+1}}$.

③ 若等差数列的项数为 $2n-1(n \in \mathbf{N}^+)$，则 $S_{2n-1} = (2n-1)a_n$，且

$$S_奇 - S_偶 = a_n, \quad \frac{S_奇}{S_偶} = \frac{n}{n-1}.$$

3. 几个常见幂和公式

(1) $1 + 2 + 3 + \cdots + n = \dfrac{n(n+1)}{2}$，

(2) $1^2 + 2^2 + 3^2 + \cdots + n^2 = \dfrac{n(n+1)(2n+1)}{6}$，

(3) $1^3 + 2^3 + 3^3 + \cdots + n^3 = \left[\dfrac{n(n+1)}{2}\right]^2$.

4. 几种常见实际问题

(1) 生产部门中有增长率的总产量问题. 例如，第一年产量为 a，年增长率为 r，则每年的产量成等比数列，公比为 $1+r$. 其中第 n 年产量为 $a(1+r)^{n-1}$，且过 n 年后总产量为

$$a + a(1+r) + a(1+r)^2 + \cdots + a(1+r)^{n-1} = \frac{a[1-(1+r)^n]}{1-(1+r)}.$$

(2) 银行部门中按复利计算问题. 例如，一年中每月初到银行存 a 元，利息为 r，每月利息按复利计算，则每月的 a 元过 n 个月后便成为 $a(1+r)^n$ 元. 因此，第二年年初存款为

$$a(1+r)^{12} + a(1+r)^{11} + a(1+r)^{10} + \cdots + a(1+r) = \frac{a(1+r)[1-(1+r)^{12}]}{1-(1+r)}.$$

(3) 分期付款应用题. 贷款为 a 元；贷期为 m 个月；r 为年利率；每月还款额为 x 元.

$$a(1+r)^m = x(1+r)^{m-1} + x(1+r)^{m-2} + \cdots + x(1+r) + x$$

$$\Rightarrow a(1+r)^m = \frac{x(1+r)^m - 1}{r} \Rightarrow x = \frac{ar(1+r)^m}{(1+r)^m - 1}.$$

5. 几种常见背景问题

(1) 等差数列的前 n 项和为 S_n，在 $d < 0$ 时有最大值. 如何确定使 S_n 取最大值时的 n 值，有两种方法：一是求使 $a_n \geqslant 0$，$a_{n+1} < 0$ 成立的 n 值；二是由 $S_n = \dfrac{d}{2}n^2 + \left(a_1 - \dfrac{d}{2}\right)n$ 利用二次函数的性质求 n 的值.

(2) 如果数列可以看作是一个等差数列与一个等比数列的对应项乘积，求此数列前 n 项和可依照等比数列前 n 项和的推导方法：错位相减求和. 例如：$1 \cdot \dfrac{1}{2}, 3 \cdot \dfrac{1}{4}, \cdots (2n-1) \cdot \dfrac{1}{2^n}, \cdots$

（3）等差数列 $\{a_n\}$ 的公差为 d，则

$$\sum \frac{1}{a_k a_{k+1}} = \frac{1}{d} \sum \left(\frac{1}{a_k} - \frac{1}{a_{k+1}} \right) = \frac{1}{d} \left(\frac{1}{a_1} - \frac{1}{a_{k+1}} \right) \text{（裂项法求和）}.$$

（4）两个等差数列的相同项亦组成一个新的等差数列，此等差数列的首项就是原两个数列的第一个相同项，公差是两个数列公差 d_1，d_2 的最小公倍数.

技能方法

- 直接运用等差、等比数列的前 n 项和公式.
- 利用等差、等比数列的性质求和.
- 转化为几个等差、等比数列或易求和的数列的和.
- 分类讨论求和.
- 利用正整数的方幂和公式求和.
- 利用数列的周期性求和.
- 错位相减求和.
- 倒序相加求和.
- 裂项相消求和.
- 化 1 法（或化 9 法）.

典型例题

[例1] （北大 2007）已知 $f(x) = x^2 - 53x + 196 + | x^2 - 53x + 196 |$，求 $f(1) + f(2) + \cdots + f(50)$.

解析： $f(x) = x^2 - 53x + 196 + | x^2 - 53x + 196 |$
$$= (x-4)(x-49) + | (x-4)(x-49) |,$$

因为当 $4 \leqslant x \leqslant 49$ 时，$(x-4)(x-49) \leqslant 0$，此时有 $f(x) = 0$.
所以 $f(1) + f(2) + \cdots + f(50) = f(1) + f(2) + f(3) + f(50) = 660$.

[例2] （复旦 2001 基地）设数列 $\{b_n\}$ 满足 $b_1 = 1$，$b_n > 0$（$n = 2, 3, \cdots$），其前 n 项乘积 $T_n = (a^{n-1} b_n)^n$（$n = 1, 2, \cdots$），

（1）证明 $\{b_n\}$ 是等比数列；

（2）求 $\{b_n\}$ 中所有不同两项的乘积之和.

（1）**证明：** 由题意 $b_{n+1} = \dfrac{T_{n+1}}{T_n} = \dfrac{(a^n b_{n+1})^{n+1}}{(a^{n-1} b_n)^n} = a^{2n} \cdot \left[\dfrac{b_{n+1}}{b_n} \right]^n \cdot b_{n+1}$，

从而 $\dfrac{b_{n+1}}{b_n} = \dfrac{1}{a^2}$，所以 $\{b_n\}$ 是公比为 $\dfrac{1}{a^2}$ 的等比数列.

（2）**解析：** $\{b_n\}$ 中所有不同两项的乘积之和为 $b_1 b_2 + b_1 b_3 + \cdots + b_{n-1} b_n$，

当 $\dfrac{1}{a^2} \neq 1$ 即 $a \neq \pm 1$ 时,有

$$b_1 b_2 + b_1 b_3 + \cdots + b_{n-1} b_n = \dfrac{1}{2}\left[(b_1 + b_2 + \cdots + b_n)^2 - (b_1^2 + b_2^2 + \cdots + b_n^2)\right]$$

$$= \dfrac{1}{2}\left[\left(\dfrac{1 - \left(\dfrac{1}{a^2}\right)^n}{1 - \dfrac{1}{a^2}}\right)^2 - \dfrac{1 - \left(\dfrac{1}{a^4}\right)^n}{1 - \dfrac{1}{a^4}}\right] = \dfrac{(a^{2n} - 1)(a^{2n-2} - 1)}{a^{4n-6}(a^2 - 1)(a^4 - 1)}$$

当 $a = \pm 1$ 时,$b_1 b_2 + b_1 b_3 + \cdots + b_{n-1} b_n$

$$= \dfrac{1}{2}\left[(b_1 + b_2 + \cdots + b_n)^2 - (b_1^2 + b_2^2 + \cdots + b_n^2)\right] = \dfrac{n^2 - n}{2}.$$

[例3] (复旦 2005 保送推优)定义在 **R** 上的函数 $f(x) = \dfrac{4^x}{4^x + 2}$,

$$S_n = f\left(\dfrac{1}{n}\right) + f\left(\dfrac{2}{n}\right) + \cdots + f\left(\dfrac{n-1}{n}\right), n = 2, 3, \cdots$$

(1) 求 S_n;

(2) 是否存在常数 $M > 0$,$\forall n \geqslant 2$,有 $\dfrac{1}{S_2} + \dfrac{1}{S_3} + \cdots + \dfrac{1}{S_{n+1}} \leqslant M$.

解析:(1) 由于 $f(x) + f(1-x) = \dfrac{4^x}{4^x + 2} + \dfrac{4^{1-x}}{4^{1-x} + 2} = \dfrac{4^x}{4^x + 2} + \dfrac{4}{4 + 2 \cdot 4^x} = 1$,

所以 $f\left(\dfrac{1}{n}\right) + f\left(\dfrac{n-1}{n}\right) = 1$,$f\left(\dfrac{2}{n}\right) + f\left(\dfrac{n-2}{n}\right) = 1$,$\cdots$,

$f\left(\dfrac{n-1}{n}\right) + f\left(\dfrac{1}{n}\right) = 1.$

因此,$S_n = \dfrac{n-1}{2}.$

(2) 不存在.

因为 $\dfrac{1}{S_2} + \dfrac{1}{S_3} + \cdots + \dfrac{1}{S_{n+1}} = 2\left(1 + \dfrac{1}{2} + \cdots + \dfrac{1}{n}\right)$

而 $\dfrac{1}{3} + \dfrac{1}{4} > \dfrac{1}{4} + \dfrac{1}{4} = \dfrac{1}{2}$,

$\dfrac{1}{5} + \dfrac{1}{6} + \dfrac{1}{7} + \dfrac{1}{8} > \dfrac{1}{8} + \dfrac{1}{8} + \dfrac{1}{8} + \dfrac{1}{8} = \dfrac{1}{2}$,

$\dfrac{1}{9} + \dfrac{1}{10} + \cdots + \dfrac{1}{16} > 8 \times \dfrac{1}{16} = \dfrac{1}{2}$,$\cdots$

$\dfrac{1}{2^{m-1} + 1} + \dfrac{1}{2^{m-1} + 2} + \cdots + \dfrac{1}{2^{m-1} + 2^{m-1}} > 2^{m-1} \times \dfrac{1}{2^m} = \dfrac{1}{2}$,

所以 $1+\dfrac{1}{2}+\dfrac{1}{3}+\cdots+\dfrac{1}{2^m}>1+m\times\dfrac{1}{2}=\dfrac{m+2}{2}$.

这表明,当 $n\to\infty$ 时,$\dfrac{1}{S_2}+\dfrac{1}{S_3}+\cdots+\dfrac{1}{S_{n+1}}$ 无界.

所以不存在常数 $M>0$,使得 $\forall n\geqslant 2$,有 $\dfrac{1}{S_2}+\dfrac{1}{S_3}+\cdots+\dfrac{1}{S_{n+1}}\leqslant M$.

[例 4] (交大 2006 保送推优)已知 $a_k=\dfrac{k+2}{k!+(k+1)!+(k+2)!}$,则数列 $\{a_n\}$ 前 100 项和为_____.

解析:$a_k=\dfrac{k+2}{k!+(k+1)!+(k+2)!}=\dfrac{k+2}{k!\,(k+2)^2}=\dfrac{1}{k!\,(k+2)}=\dfrac{k+1}{(k+2)!}=$

$\dfrac{k+2-1}{(k+2)!}=\dfrac{1}{(k+1)!}-\dfrac{1}{(k+2)!}$

所以 $S_{100}=a_1+a_2+\cdots+a_{100}=\dfrac{1}{2}-\dfrac{1}{102!}$.

[例 5] (复旦 2003 保送)已知数列 $\{a_n\}$ 的前 n 项和为 S_n,

$$a_n=\dfrac{1}{(\sqrt{n-1}+\sqrt{n})(\sqrt{n-1}+\sqrt{n+1})(\sqrt{n}+\sqrt{n+1})},\ 求\ S_{2\,003}.$$

解析:$a_n=\dfrac{1}{(\sqrt{n-1}+\sqrt{n})(\sqrt{n-1}+\sqrt{n+1})(\sqrt{n}+\sqrt{n+1})}$

$=\dfrac{\sqrt{n+1}-\sqrt{n-1}}{2(\sqrt{n-1}+\sqrt{n})(\sqrt{n}+\sqrt{n+1})}=\dfrac{1}{2}\left[\dfrac{1}{\sqrt{n-1}+\sqrt{n}}-\dfrac{1}{\sqrt{n}+\sqrt{n+1}}\right]$

答案:$\dfrac{1}{2}(1+\sqrt{2\,003}-2\sqrt{501})$.

[例 6] (清华等五校 2010 选拔样题)设 p,q 是一元二次方程 $x^2+2ax-1=0\,(a>0)$ 的两个根,其中 $p>0$.令 $y_1=p-q$,$y_{n+1}=y_n^2-2$,$n=1,2,\cdots$.

证明:$\lim\limits_{n\to\infty}\left(\dfrac{1}{y_1}+\dfrac{1}{y_1 y_2}+\cdots+\dfrac{1}{y_1 y_2\cdots y_n}\right)=p$.

解析:由 $p>0$,得 $p=\dfrac{-2a+\sqrt{4a^2+4}}{2}=\sqrt{a^2+1}-a=\dfrac{1}{\sqrt{a^2+1}+a}<1$,

即 $0<p<1$.

由根系关系,得 $pq=-1$,所以 $q=-\dfrac{1}{p}$,所以 $y_1=p-q=p+\dfrac{1}{p}$.

$y_2=y_1^2-2=\left(p+\dfrac{1}{p}\right)^2-2=p^2+\dfrac{1}{p^2}$,

$$y_3 = y_2^2 - 2 = \left(p^2 + \frac{1}{p^2}\right)^2 - 2 = p^4 + \frac{1}{p^4},$$

所以 $\dfrac{1}{y_1} = \dfrac{p}{1+p^2}$，$\dfrac{1}{y_2} = \dfrac{p^2}{1+p^4}$，$\dfrac{1}{y_3} = \dfrac{p^4}{1+p^8}$．由数学归纳法得，$\dfrac{1}{y_n} = \dfrac{p^{2^{n-1}}}{1+p^{2^n}}$

所以 $\dfrac{1}{y_1} + \dfrac{1}{y_1 y_2} + \dfrac{1}{y_1 y_2 y_3} + \cdots + \dfrac{1}{y_1 y_2 y_3 \cdots y_n}$

$$= \frac{p}{1+p^2} + \frac{p^3}{(1+p^2)(1+p^4)} + \frac{p^7}{(1+p^2)(1+p^4)(1+p^8)} + \cdots +$$

$$\frac{p^{2^n-1}}{(1+p^2)(1+p^4)\cdots(1+p^{2^n})}$$

$$= \frac{1}{p}\left[\frac{p^2}{1+p^2} + \frac{p^4}{(1+p^2)(1+p^4)} + \frac{p^8}{(1+p^2)(1+p^4)(1+p^8)} + \cdots +\right.$$

$$\left.\frac{p^{2^n}}{(1+p^2)(1+p^4)\cdots(1+p^{2^n})}\right]$$

$$= \frac{1}{p}\left[\left(1 - \frac{1}{1+p^2}\right) + \frac{1}{(1+p^2)}\left(1 - \frac{1}{1+p^4}\right) + \frac{1}{(1+p^2)(1+p^4)}\right.$$

$$\left.\left(1 - \frac{1}{1+p^8}\right) + \cdots + \frac{1}{(1+p^2)(1+p^4)\cdots(1+p^{2^{n-1}})} \cdot \left(1 - \frac{1}{1+p^{2^n}}\right)\right]$$

$$= \frac{1}{p} \cdot \left[1 - \frac{1}{(1+p^2)(1+p^4)\cdots(1+p^{2^{n-1}})(1+p^{2^n})}\right]$$

$$= \frac{1}{p} \cdot \left[1 - \frac{1-p^2}{(1-p^2)(1+p^2)(1+p^4)\cdots(1+p^{2^{n-1}})(1+p^{2^n})}\right]$$

$$= \frac{1}{p} \cdot \left[1 - \frac{1-p^2}{1-p^{2^{n+1}}}\right]$$

所以 $\displaystyle\lim_{n\to\infty}\left(\frac{1}{y_1} + \frac{1}{y_1 y_2} + \frac{1}{y_1 y_2 y_3} + \cdots + \frac{1}{y_1 y_2 y_3 \cdots y_n}\right)$

$$= \lim_{n\to\infty} \frac{1}{p} \cdot \left[1 - \frac{1-p^2}{1-p^{2^{n+1}}}\right] = p.$$

[例7] （复旦 2006 保送推优）求和：

(1) $7 + 77 + 777 + \cdots + \underbrace{777\cdots7}_{n\text{个}7}$；

(2) $2\,005 + 20\,052\,005 + 200\,520\,052\,005 + \cdots + \underbrace{2\,005\cdots20\,052\,005}_{n\text{个}2\,005}$．

解析：(1) $7 + 77 + 777 + \cdots + 777\cdots7 = 7(1 + 11 + 111 + \cdots + 111\cdots1)$

$= 7[1 + (10+1) + (100+10+1) + \cdots + (10^{n-1} + 10^{n-2} + \cdots + 10 + 1)]$

$$=\cdots=\frac{70}{81}(10^n-1)-\frac{7}{9}n;$$

(2) $2\,005+20\,052\,005+200\,520\,052\,005+\cdots+20\,052\,005\cdots2\,005$

$$=2\,005[1+(10^4+1)+(10^8+10^4+1)+\cdots+(10^{4(n-1)}+10^{4(n-2)}+\cdots+10^4+1)]$$

$$=\cdots=\frac{20\,050\,000}{9\,999^2}(10^{4n}-1)-\frac{2\,005n}{9\,999}.$$

引申：求和 $S_n=6+66+\cdots+66\cdots6$.

解析：$a_n=\dfrac{6}{9}\cdot99\cdots9=\dfrac{2}{3}(10^n-1)=\dfrac{2}{3}\times10^n-\dfrac{2}{3}$,

所以 $S_n=\dfrac{\frac{2}{3}\times10(1-10^n)}{1-10}-\dfrac{2n}{3}=\dfrac{20(10^n-1)}{27}-\dfrac{2n}{3}$.

评注：若 $1\leqslant a\leqslant9$ 且 $a\in\mathbf{N}$,则(1) $a_n=aa\cdots a=\dfrac{a}{9}\times99\cdots9=\dfrac{a}{9}(10^n-1)$;

(2) $a_n=0.aa\cdots a=\dfrac{a}{9}\times0.99\cdots9=\dfrac{a}{9}\left(1-\dfrac{1}{10^n}\right)$.

巩固训练

1. 求 $1+a+a^2+\cdots+a^n\ (a\neq0)$.

2. 将自然数按顺序分组：第一组含一个数,第二组含两个数,第三组含三个数,$\cdots$,第 n 组含 n 个数,即 $1;2,3;4,5,6;\cdots$令 a_n 为第 n 组数之和,则 $a_n=$ _____.

3. 在等差数列 $\{a_n\}$ 中,$a_1+a_2+\cdots+a_{10}=p$,$a_{n-9}+a_{n-8}+\cdots+a_n=q$,求其前 n 项和 S_n.

4. $2^2-4^2+6^2-8^2+\cdots+(-1)^{n+1}(2n)^2=$ _____.

5. 求 $1+3+6+\cdots+\dfrac{n(n+1)}{2}=$ _____.

6. 数列 1, 3, 2, $\cdots$ 中,$a_{n+2}=a_{n+1}-a_n$,求 $\sum\limits_{i=1}^{100}a_i=$ _____.

7. 已知数列 $a_n=\dfrac{n}{k^n}$ (k 是不等于 1 的常数),则 $a_1+a_2+a_3+\cdots+a_n=$ _____.

8. $1\cdot1!+2\cdot2!+3\cdot3!+\cdots+n\cdot n!=$ _____.

9. 数列 $\{a_n\}$ 的通项公式为 $a_n=\dfrac{1}{n\sqrt{n+1}+(n+1)\sqrt{n}}$,则这个数列的前 99 项之和

$S_{99} =$ _____.

10. 若一项数为偶数 $2m$ 的等比数列的中间两项正好是方程 $x^2 + px + q = 0$ 的两个根,则此数列各项的积是(   ).

    A. p^m B. p^{2m} C. q^m D. q^{2m}

11. 两个等差数列 $200, 203, 206, \cdots$ 和 $50, 54, 58, \cdots$ 都有 100 项,它们共同的项的个数是_____.

12. 数列 $\{a_n\}$ 适合递推式 $a_{n+1} = 3a_n + 4$,又 $a_1 = 1$,求数列前 n 项和 S_n.

13. 已知:$0.301\,0 < \lg 2 < 0.301\,1$,要使数列 $3, 3 - \lg 2, \cdots, 3 - (n-1)\lg 2$ 的前 n 项和最大,求 n.

14. $\left(1 - \dfrac{1}{2^2}\right)\left(1 - \dfrac{1}{3^2}\right) \cdots \left(1 - \dfrac{1}{n^2}\right)$ 的值为_____.

15. 下列正确的不等式是(   ).

    A. $16 < \displaystyle\sum_{k=1}^{120} \dfrac{1}{\sqrt{k}} < 17$ B. $18 < \displaystyle\sum_{k=1}^{120} \dfrac{1}{\sqrt{k}} < 19$

    C. $20 < \displaystyle\sum_{k=1}^{120} \dfrac{1}{\sqrt{k}} < 21$ D. $22 < \displaystyle\sum_{k=1}^{120} \dfrac{1}{\sqrt{k}} < 23$

16. 等差数列 $\{a_n\}$ 中,$a_5 < 0$,$a_6 > 0$,且 $a_6 > |a_5|$,S_n 是前 n 项之和,则下列正确的项是(   ).

    A. S_1, S_2, S_3 均小于 0,而 $S_4, S_5, \cdots$ 均大于 0

    B. $S_1, S_2, \cdots, S_5$ 均小于 0,而 $S_6, S_7, \cdots$ 均大于 0

    C. $S_1, S_2, \cdots, S_9$ 均小于 0,而 $S_{10}, S_{11}, \cdots$ 均大于 0

    D. $S_1, S_2, \cdots, S_{10}$ 均小于 0,而 $S_{11}, S_{12}, \cdots$ 均大于 0

§07 数列极限

1. 数列极限的定义

一般地,如果当项数 n 无限增大时,无穷数列 $\{a_n\}$ 的项 a_n 无限地趋近于某个常数 a(即 $|a_n - a|$ 无限地接近于 0),那么就说数列 $\{a_n\}$ 以 a 为极限.

> **注**:a 不一定是 $\{a_n\}$ 中的项.

2. 数列极限的四则运算法则

设数列 $\{a_n\}$、$\{b_n\}$,

当 $\lim\limits_{n\to\infty} a_n = a$,$\lim\limits_{n\to\infty} b_n = b$ 时,

$$\lim_{n\to\infty}(a_n \pm b_n) = a \pm b; \quad \lim_{n\to\infty}(a_n \cdot b_n) = a \cdot b; \quad \lim_{n\to\infty}\frac{a_n}{b_n} = \frac{a}{b}\ (b \neq 0).$$

3. 基本极限

$$\lim_{n\to\infty} C = C\ (C\ \text{为常数})$$

$$\lim_{n\to\infty}\frac{1}{n} = 0$$

$$\lim_{n\to\infty} a^n = \begin{cases} 0, & |a| < 1 \\ 1, & a = 1 \\ \infty, & |a| > 1 \\ \text{不存在}, & a = -1 \end{cases}$$

$$\lim_{n\to\infty}\left(1 + \frac{1}{n}\right)^n = \mathrm{e}$$

4. 几个可能用到的极限

(1) $\lim\limits_{n\to+\infty}\dfrac{a^n}{n!} = 0\ (a > 0)$

(2) $\lim\limits_{n \to +\infty} \dfrac{n^k}{a^n} = 0 \ (a > 1, k$ 为常数$)$

(3) $\lim\limits_{n \to +\infty} \dfrac{\ln n}{n} = 0$

5. 分式型数列极限的运算规则

$$\lim_{n \to \infty} \frac{a_0 + a_1 n + a_2 n^2 + \cdots + a_p n^p}{b_0 + b_1 n + b_2 n^2 + \cdots + b_q n^q} = \begin{cases} 0, & p < q \\[2mm] \dfrac{a_p}{b_q}, & p = q \\[2mm] \infty, & p > q \end{cases}$$

6. 无穷递缩等比数列各项和公式

$$S = \lim_{n \to \infty} S_n = \frac{a_1}{1-q} \ (0 < |q| < 1)$$

7. 函数极限

(1) 当自变量 x 无限趋近于常数 x_0（但不等于 x_0）时,如果函数 $f(x)$ 无限趋近于一个常数 a,就是说当 x 趋近于 x_0 时,函数 $f(x)$ 的极限为 a.记作 $\lim\limits_{x \to x_0} f(x) = a$ 或当 $x \to x_0$ 时,$f(x) \to a$.

> **注**:当 $x \to x_0$ 时,$f(x)$ 是否存在极限与 $f(x)$ 在 x_0 处是否有定义无关,因为 $x \to x_0$ 并不要求 $x = x_0$（当然,$f(x)$ 在 x_0 是否有定义也与 $f(x)$ 在 x_0 处是否存在极限无关.⇒ 函数 $f(x)$ 在 x_0 有定义是 $\lim\limits_{x \to x_0} f(x)$ 存在的<u>既不充分又不必要条件</u>).

如 $P(x) = \begin{cases} x - 1, & x > 1 \\ -x + 1, & x < 1 \end{cases}$ 在 $x = 1$ 处无定义,但 $\lim\limits_{x \to 1} P(x)$ 存在,因为在 $x = 1$ 处左右极限均等于零.

(2) 函数极限的四则运算法则:如果 $\lim\limits_{x \to x_0} f(x) = a$,$\lim\limits_{x \to x_0} g(x) = b$,那么

① $\lim\limits_{x \to x_0} (f(x) \pm g(x)) = a \pm b$;② $\lim\limits_{x \to x_0} (f(x) \cdot g(x)) = a \cdot b$;

③ $\lim\limits_{x \to x_0} \dfrac{f(x)}{g(x)} = \dfrac{a}{b} \ (b \neq 0)$.

特别地,如果 C 是常数,那么

$$\lim_{x \to x_0} (C \cdot f(x)) = C \lim_{x \to x_0} f(x); \ \lim_{x \to x_0} [f(x)]^n = [\lim_{x \to x_0} f(x)]^n \ (n \in \mathbf{N}^+).$$

(3) 几个常用极限:

① $\lim\limits_{n \to \infty} \dfrac{1}{x} = 0$; ② $\lim\limits_{x \to +\infty} a^x = 0 \ (0 < a < 1)$; $\lim\limits_{x \to -\infty} a^x = 0 \ (a > 1)$;

③ $\lim\limits_{x \to 0} \dfrac{\sin x}{x} = 1 \Rightarrow \lim\limits_{x \to 0} \dfrac{x}{\sin x} = 1$;

④ $\lim\limits_{x \to \infty} \left(1 + \dfrac{1}{x}\right)^{x} = \mathrm{e}, \lim\limits_{x \to 0} (1 + x)^{\frac{1}{x}} = \mathrm{e}$ $(\mathrm{e} = 2.718\,281\,83\cdots)$.

技能方法

- 分式型数列极限求法.
- 指数型数列极限求法.
- "e"型数列极限求法.
- 无穷数列各项和求法.
- 分子有理化、裂项、逼近等.

典型例题

[例 1] 计算 $\lim\limits_{n \to \infty} \left(\dfrac{1}{n^2 + 1} + \dfrac{2}{n^2 + 2} + \dfrac{3}{n^2 + 3} + \cdots + \dfrac{n}{n^2 + n}\right) = $ _____.

解析: $\dfrac{1}{n^2 + n} + \dfrac{2}{n^2 + n} + \dfrac{3}{n^2 + n} + \cdots + \dfrac{n}{n^2 + n} <$

$\dfrac{1}{n^2 + 1} + \dfrac{2}{n^2 + 2} + \dfrac{3}{n^2 + 3} + \cdots + \dfrac{n}{n^2 + n} <$

$\dfrac{1}{n^2 + 1} + \dfrac{2}{n^2 + 1} + \dfrac{3}{n^2 + 1} + \cdots + \dfrac{n}{n^2 + 1}$

而 $\lim\limits_{n \to \infty} \left(\dfrac{1}{n^2 + n} + \dfrac{2}{n^2 + n} + \dfrac{3}{n^2 + n} + \cdots + \dfrac{n}{n^2 + n}\right) = \lim\limits_{n \to \infty} \dfrac{n(n+1)}{2(n^2 + n)} = \dfrac{1}{2}$

$\lim\limits_{n \to \infty} \left(\dfrac{1}{n^2 + 1} + \dfrac{2}{n^2 + 1} + \dfrac{3}{n^2 + 1} + \cdots + \dfrac{n}{n^2 + 1}\right) = \lim\limits_{n \to \infty} \dfrac{n(n+1)}{2(n^2 + 1)} = \dfrac{1}{2}$

所以 $\lim\limits_{n \to \infty} \left(\dfrac{1}{n^2 + 1} + \dfrac{2}{n^2 + 2} + \dfrac{3}{n^2 + 3} + \cdots + \dfrac{n}{n^2 + n}\right) = \dfrac{1}{2}$.

评注: 在放缩的基础上,利用基本极限 $\lim\limits_{n \to \infty} \dfrac{a_0 + a_1 n + a_2 n^2 + \cdots + a_p n^p}{b_0 + b_1 n + b_2 n^2 + \cdots + b_q n^q} = \begin{cases} 0, & p < q \\ \dfrac{a_p}{b_q}, & p = q \\ \infty, & p > q \end{cases}$

和两边夹法则.

[例2] (复旦2000保送)设 $(1+\sqrt{2})^n = x_n + y_n\sqrt{2}$,其中 x_n,y_n 为整数,求 $n \to \infty$ 时,$\dfrac{x_n}{y_n}$ 的极限.

解析: 根据二项式定理及 $(1+\sqrt{2})^n = x_n + y_n\sqrt{2}$,

可得 $(1-\sqrt{2})^n = x_n - y_n\sqrt{2}$,

从而 $x_n = \dfrac{(1+\sqrt{2})^n + (1-\sqrt{2})^n}{2}$,$y_n = \dfrac{(1+\sqrt{2})^n - (1-\sqrt{2})^n}{2\sqrt{2}}$,

故 $\lim\limits_{n\to\infty} \dfrac{x_n}{y_n} = \lim\limits_{n\to\infty} \left(\sqrt{2} \cdot \dfrac{(1+\sqrt{2})^n + (1-\sqrt{2})^n}{(1+\sqrt{2})^n - (1-\sqrt{2})^n} \right) = \sqrt{2} \cdot \lim\limits_{n\to\infty} \dfrac{1 + \left(\dfrac{1-\sqrt{2}}{1+\sqrt{2}}\right)^n}{1 - \left(\dfrac{1-\sqrt{2}}{1+\sqrt{2}}\right)^n} = \sqrt{2}.$

[例3] (交大2000联读)在 $\{a_n\}$ 中,$a_1 = 4$,$a_n = \sqrt{a_{n-1} + 6}$,

(1) 求证: $|a_n - 3| < \dfrac{1}{3} |a_{n-1} - 3|$;

(2) 求 $\lim\limits_{n\to\infty} a_n$.

解析: (1) 由题意 $a_n > 0$,

得 $a_n = \sqrt{a_{n-1} + 6} \Rightarrow a_n^2 = a_{n-1} + 6 \Rightarrow a_n^2 - 9 = a_{n-1} - 3$

$\Rightarrow \left| \dfrac{a_n - 3}{a_{n-1} - 3} \right| = \dfrac{1}{a_n + 3} < \dfrac{1}{3}$;

(2) 由(1) $\left| \dfrac{a_n - 3}{a_{n-1} - 3} \right| < \dfrac{1}{3}$,

得 $|a_n - 3| < \dfrac{1}{3} |a_{n-1} - 3| < \left(\dfrac{1}{3}\right)^2 |a_{n-2} - 3| < \cdots < \dfrac{1}{3^{n-1}} |a_1 - 3| = \dfrac{1}{3^{n-1}}$

$\Rightarrow |a_n - 3| < \dfrac{1}{3^{n-1}} \Rightarrow \lim\limits_{n\to\infty} |a_n - 3| = 0 \Rightarrow \lim\limits_{n\to\infty} a_n = 3.$

[例4] (复旦2000保送) $\lim\limits_{n\to\infty} \left[(n+2)\log_2(n+2) - 2(n+1)\log_2(n+1) + n\log_2 n \right] = $ _____.

解析: 原式 $= \lim\limits_{n\to\infty} \left[\log_2 \dfrac{(n+2)^{n+2} \cdot n^n}{(n+1)^{2(n+1)}} \right]$

$= \lim\limits_{n\to\infty} \left\{ \log_2 \left[\dfrac{(n+2)^{n+1}}{(n+1)^{n+1}} \cdot \dfrac{n^n}{(n+1)^n} \cdot \dfrac{n+2}{n+1} \right] \right\}$

$= \lim\limits_{n\to\infty} \left\{ \log_2 \left[\left(1 + \dfrac{1}{n+1}\right)^{n+1} \cdot \dfrac{1}{\left(1 + \dfrac{1}{n}\right)^n} \cdot \dfrac{n+2}{n+1} \right] \right\}$

$$= \log_2 \left(e \cdot \frac{1}{e} \cdot 1 \right) = 0.$$

[例 5] （交大 2005）已知 $n \in \mathbf{Z}$，有 $\left(1 + \dfrac{1}{n} \right)^{n+1} = \left(1 + \dfrac{1}{2\,004} \right)^{2\,004}$，则 $n = $ _____.

解析：$y = \left(1 + \dfrac{1}{x} \right)^{x}$ 递增趋于 e，$y = \left(1 + \dfrac{1}{x} \right)^{x+1}$ 递减趋于 e，

表明 $\left(1 + \dfrac{1}{2\,004} \right)^{2\,004} = \left(1 + \dfrac{1}{n} \right)^{n+1}$ 无正整数解；

而 $\left(1 + \dfrac{1}{2\,004} \right)^{2\,004} = \left(\dfrac{2\,005}{2\,004} \right)^{2\,004} = \left(\dfrac{-2\,004}{-2\,005} \right)^{-2\,004} = \left(\dfrac{-2\,005+1}{-2\,005} \right)^{-2\,005+1}$

$= \left(1 + \dfrac{1}{-2\,005} \right)^{-2\,005+1}$，

所以 $n = -2\,005$.

[例 6] （复旦 2003 保送）一圆锥的底面半径为 12，高为 16，球 O_1 内切于圆锥，球 O_2 内切于圆锥侧面，与球 O_1 外切，$\cdots$，以此类推，

(1) 求所有这些球的半径 r_n 的通项公式；

(2) 所有这些球的体积分别为 V_1，V_2，$\cdots$，V_n，$\cdots$，求 $\lim\limits_{n \to \infty}(V_1 + V_2 + \cdots + V_n)$.

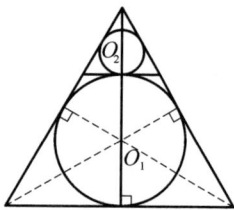

图 7 - 1

分析：(1) 参考图 7 - 1 的轴截面，由面积公式有

$$\frac{1}{2} \times (24 + 20 + 20) r_1 = \frac{1}{2} \times 24 \times 16, \quad r_1 = 6.$$

根据对应高的比可得连续两个相似图形的内切圆半径之比是

$$\frac{r_{n+1}}{r_n} = \frac{16 - 12}{16} = \frac{1}{4},$$

所以 $r_n = \dfrac{24}{4^n}$.

(2) $\lim\limits_{n \to \infty}(V_1 + V_2 + \cdots + V_n) = \dfrac{\dfrac{4\pi \times 6^3}{3}}{1 - \dfrac{1}{4^3}} = \dfrac{2\,048\pi}{7}$.

答案：(1) $r_n = \dfrac{24}{4^n}$；(2) $\dfrac{2\,048\pi}{7}$.

[例 7] （交大 2000 保送）如图 7 - 2 所示，设曲线 $y = \dfrac{1}{x}$ 上的点与 x 轴上的点顺次构成等腰直角三角形 $\triangle OB_1A_1$，$\triangle A_1B_2A_2$，$\cdots$，直角顶点在曲线 $y = \dfrac{1}{x}$ 上.试求 A_n 的坐标表

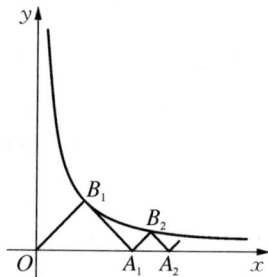

图 7 - 2

达式,并说明这些三角形的面积之和是否存在.

解析: 因为 $\triangle A_{n-1}B_nA_n$ 是等腰直角三角形,

所以若设 $A_n(x_n,0)$,则 $B_n\left(\dfrac{x_n+x_{n-1}}{2},\dfrac{x_n-x_{n-1}}{2}\right)$.

代入 $y=\dfrac{1}{x}$,得

$$\frac{x_n+x_{n-1}}{2}\cdot\frac{x_n-x_{n-1}}{2}=1\Rightarrow x_n^2-x_{n-1}^2=4,$$

注意到 $B_1(1,1)$,所以 $A_1(x_1,0)=(2,0)$,

可知数列 $\{x_n^2\}$ 是以 $x_1^2=4$ 为首项,4 为公差的等差数列.

因此 $x_n^2=4n$,$A_n(2\sqrt{n},0)$.

因为 $S_{\triangle A_{n-1}B_nA_n}=\left[\dfrac{x_n-x_{n-1}}{2}\right]^2=(\sqrt{n}-\sqrt{n-1})^2$

$$=\frac{1}{2n-1+2\sqrt{n(n-1)}}>\frac{1}{2n+2\sqrt{n^2}}=\frac{1}{4n}$$

所以 $\displaystyle\sum_{i=1}^{n}S_{\triangle A_{i-1}B_iA_i}>\frac{1}{4}\left(1+\frac{1}{2}+\frac{1}{3}+\cdots+\frac{1}{n}\right)\to\infty$,面积和不存在.

巩固训练

1. 判断命题真假:

(1) 数列 $\underbrace{1,1,1,1,\cdots,1}_{1万个1}$ 的极限是 1. 　　　　　　　　　　　(　　)

(2) 若 $\displaystyle\lim_{n\to\infty}a_n=A$,则数列 $\{|a_n-A|\}$ 一定是递减数列. 　　　(　　)

2. $\displaystyle\lim_{n\to\infty}\sqrt{n}(\sqrt{n+1}-\sqrt{n})=$ _____.

3. $\displaystyle\lim_{n\to\infty}(\sqrt{n^2+n+1}-\sqrt{n^2-n-1})=$ _____.

4. 设 $\{a_n\}$ 是正数列,其前 n 项和为 S_n,满足:对一切 $n\in\mathbf{Z}_+$,a_n 和 2 的等差中项等

于 S_n 和 2 的等比中项,则 $\displaystyle\lim_{n\to\infty}\dfrac{a_n}{n}=$(　　　).

A. 0 　　　　　　　B. 4 　　　　　　　C. 12 　　　　　　　D. 100

5. 设两个等差数列 $\{a_n\}$、$\{b_n\}$ 的公差非零,分别为 c,d,则 $\displaystyle\lim_{n\to\infty}\dfrac{a_n}{b_n}=$ _____.

6. 计算: $\displaystyle\lim_{n\to\infty}\left[n^2\left(\dfrac{10}{n}-\dfrac{1}{n+1}-\dfrac{1}{n+2}-\dfrac{1}{n+3}-\cdots-\dfrac{1}{n+10}\right)\right]=$ _____.

7. 若 $\displaystyle\lim_{n\to\infty}q^n$ 存在,则实数 q 的取值范围是(　　　).

A. $(-1, 1)$　　　　　　　　　　　B. $(-1, 0) \bigcup (0, 1)$

C. $(-1, 1]$　　　　　　　　　　　D. $(-1, 0) \bigcup (0, 1]$

8. $a > 0, \lim\limits_{n \to \infty} \dfrac{a^n}{2^n + a^n} = $ ＿＿＿＿＿＿＿ .

9. $\lim\limits_{n \to \infty} \left(1 + \dfrac{1}{n}\right)^n = \mathrm{e}$, 求 $\lim\limits_{n \to \infty} \left(1 + \dfrac{1}{n}\right)^n = ?$; $\lim\limits_{n \to \infty} \left(1 - \dfrac{1}{n}\right)^n = ?$; $\lim\limits_{n \to \infty} \left(1 + \dfrac{3}{n}\right)^n = ?$;

$\lim\limits_{n \to \infty} \left(1 - \dfrac{1}{n+1}\right)^{2n} = ?$.

10. 设正三角形 T_1 边长为 a , T_{n+1} 是 T_n 的中点三角形, A_n 为 T_n 除去 T_{n+1} 后剩下三个三角形内切圆面积之和. 求 $\lim\limits_{n \to \infty} \sum\limits_{k=1}^{n} A_k$.

11. 设 a_n 是 $(2 - \sqrt{x})^n$ 的展开式中 x 项的系数 $(n = 2, 3, 4, \cdots)$, 则极限 $\lim\limits_{n \to \infty} \left(\dfrac{2^2}{a_2} + \dfrac{2^3}{a_3} + \cdots + \dfrac{2^n}{a_n}\right) = ($ 　　 $)$.

A. 15　　　　　B. 6　　　　　C. 17　　　　　D. 8

12. 已知 $\{a_n\}$ 是正数数列, 其前 n 项和为 S_n , 满足: 对所有的正整数 n , a_n 与 2 的等差中项等于 S_n 与 2 的等比中项, 则 $\lim\limits_{n \to \infty} \dfrac{S_n - a_n}{4n^2} = ($ 　　 $)$.

A. 0　　　　　B. 1　　　　　C. $\dfrac{1}{2}$ 　　　　　D. $\dfrac{1}{4}$

13. 设数列 $\{a_n\}$, $\{b_n\}$ 满足 $b_n = a_n - a_{n-1}$, $n = 1, 2, 3, \cdots$, 如果 $a_0 = 0$, $a_1 = 1$, 且 $\{b_n\}$ 是公比为 2 的等比数列, 又设 $S_n = a_1 + a_2 + \cdots + a_n$, 则 $\lim\limits_{n \to \infty} \dfrac{S_n}{a_n} = ($ 　　 $)$.

A. 0　　　　　B. $\dfrac{1}{2}$ 　　　　　C. 1　　　　　D. 2

14. 设集合 X 是实数集 $\mathbf{R}$ 的子集, 如果点 $x_0 \in \mathbf{R}$ 满足: 对任意 $a > 0$, 都存在 $x \in X$ 使得 $0 < |x - x_0| < a$, 则称 x_0 为集合 X 的聚点. 用 $\mathbf{Z}$ 表示整数集, 则在下列集合

(1) $\left\{ \dfrac{n}{n+1} \,\middle|\, n \in \mathbf{Z}, n \geqslant 0 \right\}$, (2) $\complement_{\mathbf{R}} \{0\}$, (3) $\left\{ \dfrac{1}{n} \,\middle|\, n \in \mathbf{Z}, n \neq 0 \right\}$, (4) 整数集 $\mathbf{Z}$

中, 以 0 为聚点的集合有 $($ 　　 $)$.

A. (2), (3)　　　B. (1), (4)　　　C. (1), (3)　　　D. (1), (2), (4)

要点考点

1. 万能代换公式

$$\sin\alpha = \dfrac{2\tan\dfrac{\alpha}{2}}{1+\tan^2\dfrac{\alpha}{2}}$$

$$\cos\alpha = \dfrac{1-\tan^2\dfrac{\alpha}{2}}{1+\tan^2\dfrac{\alpha}{2}}$$

$$\tan\alpha = \dfrac{2\tan\dfrac{\alpha}{2}}{1-\tan^2\dfrac{\alpha}{2}}$$

2. 和差化积与积化和差公式

$$\sin\alpha\,\cos\beta = \frac{1}{2}\big[\sin(\alpha+\beta)+\sin(\alpha-\beta)\big] \qquad \sin\alpha+\sin\beta = 2\sin\frac{\alpha+\beta}{2}\cos\frac{\alpha-\beta}{2}$$

$$\cos\alpha\,\sin\beta = \frac{1}{2}\big[\sin(\alpha+\beta)-\sin(\alpha-\beta)\big] \qquad \sin\alpha-\sin\beta = 2\cos\frac{\alpha+\beta}{2}\sin\frac{\alpha-\beta}{2}$$

$$\cos\alpha\,\cos\beta = \frac{1}{2}\big[\cos(\alpha+\beta)+\cos(\alpha-\beta)\big] \qquad \cos\alpha+\cos\beta = 2\cos\frac{\alpha+\beta}{2}\cos\frac{\alpha-\beta}{2}$$

$$\sin\alpha\,\sin\beta = -\frac{1}{2}\big[\cos(\alpha+\beta)-\cos(\alpha-\beta)\big] \qquad \cos\alpha-\cos\beta = -2\sin\frac{\alpha+\beta}{2}\sin\frac{\alpha-\beta}{2}$$

3. 正弦、余弦、正切、余切函数的图像的性质

	$y = \sin x$	$y = \cos x$	$y = \tan x$	$y = \cot x$	$y = A\sin(\omega x + \varphi)$ $(A, \omega > 0)$
定义域	$\mathbf{R}$	$\mathbf{R}$	$\{x \mid x \in \mathbf{R} \text{且} \ x \neq k\pi + \dfrac{1}{2}\pi, \ k \in \mathbf{Z}\}$	$\{x \mid x \in \mathbf{R} \text{且} \ x \neq k\pi, \ k \in \mathbf{Z}\}$	$\mathbf{R}$
值域	$[-1, 1]$	$[-1, 1]$	$\mathbf{R}$	$\mathbf{R}$	$[-A, A]$
周期性	2π	2π	π	π	$\dfrac{2\pi}{\omega}$
奇偶性	奇函数	偶函数	奇函数	奇函数	$\varphi \neq 0$, 非奇非偶 $\varphi = 0$, 奇函数
单调性	$\left[-\dfrac{\pi}{2} + 2k\pi, \dfrac{\pi}{2} + 2k\pi\right]$ 上增; $\left[\dfrac{\pi}{2} + 2k\pi, \dfrac{3\pi}{2} + 2k\pi\right]$ 上减 $(k \in \mathbf{Z})$	$[(2k-1)\pi, 2k\pi]$ 上增; $[2k\pi, (2k+1)\pi]$ 上减 $(k \in \mathbf{Z})$	$\left(-\dfrac{\pi}{2} + k\pi, \dfrac{\pi}{2} + k\pi\right)$ 上增 $(k \in \mathbf{Z})$	$(k\pi, (k+1)\pi)$ 上减 $(k \in \mathbf{Z})$	

注意：

（1）$y = |\sin x|$ 与 $y = |\cos x|$ 的周期是 π；$y = \sin(\omega x + \varphi)$ 或 $y = \cos(\omega x + \varphi)(\omega \neq 0)$ 的周期 $T = \dfrac{2\pi}{|\omega|}$；$y = \left|\tan \dfrac{x}{2}\right|$ 的周期为 2π.

（2）$y = \sin x$ 的对称轴方程是 $x = k\pi + \dfrac{\pi}{2}$ $(k \in \mathbf{Z})$，对称中心 $(k\pi, 0)$；$y = \cos x$ 的对称轴方程是 $x = k\pi$ $(k \in \mathbf{Z})$，对称中心 $\left(k\pi + \dfrac{1}{2}\pi, 0\right)$；$y = \tan x$ 的对称中心 $\left(\dfrac{k\pi}{2}, 0\right)$.

（3）$y = a\sin\alpha + b\cos\alpha = \sqrt{a^2 + b^2}\sin(\alpha + \varphi)$，其中，$\varphi = \arctan\dfrac{b}{a}$.

4. 最简单三角方程的解公式

$\sin x = a(|a| \leqslant 1) \Rightarrow x = k\pi + (-1)^k \arcsin a \quad k \in \mathbf{Z}$

$\cos x = a(|a| \leqslant 1) \Rightarrow x = 2k\pi \pm \arccos a \quad k \in \mathbf{Z}$

$\tan x = a \Rightarrow x = k\pi + \arctan a \quad k \in \mathbf{Z}$

5. 三角恒等式

$$\prod_{k=1}^{n} \cos \frac{\alpha}{2^k} = \cos \frac{\alpha}{2} \cos \frac{\alpha}{4} \cos \frac{\alpha}{8} \cdots \cos \frac{\alpha}{2^n} = \frac{\sin \alpha}{2^n \sin \dfrac{\alpha}{2^n}}$$

$$\sum_{k=0}^{n} \cos(x + kd) = \cos x + \cos(x + d) + \cdots + \cos(x + nd)$$

$$= \frac{\sin\left(\dfrac{n+1}{2}d\right) \cos\left(x + \dfrac{n}{2}d\right)}{\sin \dfrac{d}{2}}$$

$$\sum_{k=0}^{n} \sin(x + kd) = \sin x + \sin(x + d) + \cdots + \sin(x + nd)$$

$$= \frac{\sin\left(\dfrac{n+1}{2}d\right) \sin\left(x + \dfrac{n}{2}d\right)}{\sin \dfrac{d}{2}}$$

$$\tan(\alpha + \beta + \gamma) = \frac{\tan \alpha + \tan \beta + \tan \gamma - \tan \alpha \tan \beta \tan \gamma}{1 - \tan \alpha \tan \beta - \tan \beta \tan \gamma - \tan \gamma \tan \alpha}$$

6. 三角不等式

$$\sin x < x < \tan x, x \in \left(0, \frac{\pi}{2}\right)$$

$f(x) = \dfrac{\sin x}{x}$ 在 $(0, \pi)$ 上是减函数

若 $A + B + C = \pi$，则 $x^2 + y^2 + z^2 \geqslant 2yz\cos A + 2xz\cos B + 2xy\cos C$

技能方法

- 三角恒等变换及求值化简.
- 三角函数有界性及最值问题.
- 三角函数的图像与性质.

典型例题

[例 1] （清华等五校 2010 选拔）在 $\triangle ABC$ 中，已知 $2\sin^2 \dfrac{A+B}{2} + \cos 2C = 1$，外接

圆半径 $R = 2$.

(1) 求角 C 的大小;

(2) 求 $\triangle ABC$ 面积的最大值.

解析: (1) $1 - \cos(A+B) + \cos 2C = 1$, $\cos(A+B) = \cos 2C$,

$\cos(\pi - C) = \cos 2C$, $-\cos C = 2\cos^2 C - 1$,

$\cos C = -1$(舍去) 或 $\cos C = \dfrac{1}{2}$, 所以 $C = 60°$.

(2) $S_{\triangle ABC} = \dfrac{1}{2}ab\sin C = \dfrac{\sqrt{3}}{4} 2R\sin A \cdot 2R\sin B = 4\sqrt{3}\sin A\sin B$

$= 2\sqrt{3}[\cos(A-B) - \cos(A+B)] = 2\sqrt{3}\left[\cos(A-B) + \dfrac{1}{2}\right] \leqslant 3\sqrt{3}$,

当且仅当 $A = B$ 即 $\triangle ABC$ 是正三角形时取得最大值.

答案: $60°; 3\sqrt{3}$.

[例2] (复旦 2006 保送推优) 解三角方程: $a\sin\left(x + \dfrac{\pi}{4}\right) = \sin 2x + 9$, a 为一实常数.

解析: $a\sin\left(x + \dfrac{\pi}{4}\right) = \sin 2x + 9$

$\Rightarrow a\sin\left(x + \dfrac{\pi}{4}\right) = -\cos\left(2x + \dfrac{\pi}{2}\right) + 9$

$\Rightarrow a\sin\left(x + \dfrac{\pi}{4}\right) = 2\sin^2\left(x + \dfrac{\pi}{4}\right) + 8$

$\Rightarrow 2\sin^2\left(x + \dfrac{\pi}{4}\right) - a\sin\left(x + \dfrac{\pi}{4}\right) + 8 = 0$

$\Rightarrow \sin\left(x + \dfrac{\pi}{4}\right) = \dfrac{a \pm \sqrt{a^2 - 64}}{4}$ ($a \leqslant -8$ 或 $a \geqslant 8$)

由 $-1 \leqslant \dfrac{a + \sqrt{a^2 - 64}}{4} \leqslant 1$, 得 $-4 - a \leqslant \sqrt{a^2 - 64} \leqslant 4 - a$.

当 $a \leqslant -8$ 时, 化为 $-4 - a \leqslant \sqrt{a^2 - 64}$, 解得 $a \leqslant -10$; 当 $a \geqslant 8$ 时, 显然无解.

从而当且仅当 $a \leqslant -10$ 时, $-1 \leqslant \dfrac{a + \sqrt{a^2 - 64}}{4} \leqslant 1$.

同理, 当且仅当 $a \geqslant 10$ 时, $-1 \leqslant \dfrac{a - \sqrt{a^2 - 64}}{4} \leqslant 1$.

所以 $a \leqslant -10$, $x = k\pi - \dfrac{\pi}{4} + (-1)^k \arcsin \dfrac{a + \sqrt{a^2 - 64}}{4}$ ($k \in \mathbf{Z}$);

$a \geqslant 10$, $x = k\pi - \dfrac{\pi}{4} + (-1)^k \arcsin \dfrac{a - \sqrt{a^2 - 64}}{4}$ ($k \in \mathbf{Z}$);

$-10 < a < 10$，无解.

[**例3**]（交大 2007 冬令营）设函数 $f(x) = |\sin x| + |\cos x|$，试讨论 $f(x)$ 的性态（有界性、奇偶性、单调性和周期性），求其极值.

解析：由 $f(-x) = |\sin(-x)| + |\cos(-x)| = |\sin x| + |\cos x| = f(x)$，得 $f(x)$ 是偶函数.

$$由 f\left(x + \frac{\pi}{2}\right) = \left|\sin\left(x + \frac{\pi}{2}\right)\right| + \left|\cos\left(x + \frac{\pi}{2}\right)\right|$$

$= |\cos x| + |\sin x| = f(x)$，得 $f(x)$ 是周期函数，周期为 $\frac{\pi}{2}$.

而当 $x \in \left[0, \frac{\pi}{2}\right]$ 时，$f(x) = \sin x + \cos x = \sqrt{2}\sin\left(x + \frac{\pi}{4}\right)$，

结合函数的周期性和奇偶性，可画出函数 $f(x)$ 的图像，

$|f(x)| = |\sin x| + |\cos x| \leqslant 2$

$\Rightarrow f(x)$ 有界.

函数 $f(x)$ 在 $\left[\frac{k\pi}{2}, \frac{(2k+1)\pi}{4}\right]$ $(k \in \mathbf{Z})$ 上单调增，

在 $\left[\frac{(2k+1)\pi}{4}, \frac{(k+1)\pi}{2}\right]$ $(k \in \mathbf{Z})$ 上单调减.

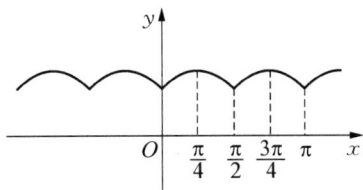

图 8-1

函数 $f(x)$ 的最大值为 $\sqrt{2}$，最小值为 1（见图 8-1）.

[**例4**]（北大 2009 自招）是否存在实数 x，使 $\tan x + \sqrt{3}$ 与 $\cot x + \sqrt{3}$ 为有理数？

解析：假设存在实数 x_0，使得 $\tan x_0 + \sqrt{3}$ 和 $\cot x_0 + \sqrt{3}$ 均是有理数，

由 $\tan x_0 + \sqrt{3}$ 是有理数，可得存在既约分数 $\frac{q}{p}$，使得 $\tan x_0 + \sqrt{3} = \frac{q}{p}$；

由 $\cot x_0 + \sqrt{3}$ 是有理数，可得存在既约分数 $\frac{n}{m}$，使得 $\cot x_0 + \sqrt{3} = \frac{n}{m}$.

消去 x_0 得，$\left(\frac{q}{p} - \sqrt{3}\right)\left(\frac{n}{m} - \sqrt{3}\right) = 1$，即 $\sqrt{3}(pn + mq) = qn + 2mp$，

从而 $\sqrt{3}(pn + mq)$ 是有理数，故 $pn + mq = qn + 2mp = 0$，

$\Rightarrow q(pn + mq) = p(qn + 2mp) = 0 \Rightarrow q^2 = 2p^2$

从而可得 q 为偶数，设 $q = 2k$，立即有 $p^2 = 2k^2$，从而 p 为偶数，这和 $\frac{q}{p}$ 是既约分数矛盾！

从而假设不成立.

因此，不存在实数 x，使 $\tan x + \sqrt{3}$ 与 $\cot x + \sqrt{3}$ 为有理数.

[**例5**]（清华 2008 自招）$\sin x + \cos x = \sqrt{1 + \sin 2x}$，求 x 的取值范围.

解析：$\sin x + \cos x = \sqrt{1 + \sin 2x}$

$$\Leftrightarrow \sin x + \cos x = \sqrt{(\sin x + \cos x)^2}$$

$$\Leftrightarrow \sin x + \cos x = |\sin x + \cos x|$$

$$\Leftrightarrow \sin x + \cos x \geqslant 0, \text{即} \sqrt{2}\sin\left(x + \frac{\pi}{4}\right) \geqslant 0,$$

所以 $x + \dfrac{\pi}{4} \in [2k\pi, 2k\pi + \pi](k \in \mathbf{Z})$，即 $x \in \left[2k\pi - \dfrac{\pi}{4}, 2k\pi + \dfrac{3\pi}{4}\right](k \in \mathbf{Z})$.

[例6] （交大 2005 保送推优）三角形的三边长为连续整数，

（1）是否存在这样的三角形，其最大角是最小角的 2 倍？

（2）是否存在这样的三角形，其最大角是最小角的 3 倍？

解析： $(1) \left.\begin{array}{r}\cos 2\alpha = \dfrac{n^2 + (n-1)^2 - (n+1)^2}{2n(n-1)} = \dfrac{n-4}{2(n-1)} \\[3mm] \cos\alpha = \dfrac{n^2 + (n+1)^2 - (n-1)^2}{2n(n+1)} = \dfrac{n+4}{2(n+1)}\end{array}\right\}$

$\Rightarrow 2\left[\dfrac{n+4}{2(n+1)}\right]^2 - 1 = \dfrac{n-4}{2(n-1)} \Rightarrow \dfrac{-n^2 + 4n + 14}{(n+1)^2} = \dfrac{n-4}{n-1}$

$\Rightarrow 2n^3 - 7n^2 - 17n + 10 = 0 \Rightarrow n = 5.$

$(2) \ 4\left[\dfrac{n+4}{2(n+1)}\right]^3 - 3\left[\dfrac{n+4}{2(n+1)}\right] = \dfrac{n-4}{2(n-1)} \Rightarrow \left[\dfrac{n+4}{n+1}\right]^3 = \dfrac{4n^2 + 6n - 16}{n^2 - 1},$

易判得 $n^4 + n^3 - 12n^2 - 14n + 16 = 0$ 无解.

答案： (1) 存在，其三边为 4，5，6；(2) 不存在.

[例7] （复旦 2005 自招）已知 $\sin\alpha + \cos\alpha = a$ $(0 \leqslant a \leqslant \sqrt{2})$，求 $\sin^n\alpha + \cos^n\alpha$ 关于 a 的表达式.

解析： 构造数列 $\{a_n\}$，其中 $a_n = \sin^n\alpha + \cos^n\alpha$，则 $a_1 = a$，$a_2 = 1$.

因为 $\sin^n\alpha + \cos^n\alpha$

$= (\sin\alpha + \cos\alpha)(\sin^{n-1}\alpha + \cos^{n-1}\alpha) - \sin\alpha\cos\alpha(\sin^{n-2}\alpha + \cos^{n-2}\alpha)$

所以 $a_n = a a_{n-1} - \dfrac{a^2 - 1}{2} a_{n-2}.$

考查其特征根方程 $x^2 - ax + \dfrac{a^2 - 1}{2} = 0,$

当 $a \neq \sqrt{2}$ 时，它有两不同实数解 $x_1 = \dfrac{a + \sqrt{2 - a^2}}{2}$，$x_2 = \dfrac{a - \sqrt{2 - a^2}}{2}.$

设数列 $\{a_n\}$ 的通项公式为 $a_n = c_1\left[\dfrac{a + \sqrt{2 - a^2}}{2}\right]^n + c_2\left[\dfrac{a - \sqrt{2 - a^2}}{2}\right]^n,$

由 $a_1 = a$，$a_2 = 1$ 可解得 $c_1 = c_2 = 1.$（当 $a = 1$ 时，$x_2 = 0$，只需待定 c_1，而 $c_1 = 1.$）

所以 $a_n = \left[\dfrac{a + \sqrt{2 - a^2}}{2}\right]^n + \left[\dfrac{a - \sqrt{2 - a^2}}{2}\right]^n.$

当 $a=\sqrt{2}$ 时,容易验证亦满足上式.

综上所述,$\sin^n\alpha+\cos^n\alpha=\left(\dfrac{a+\sqrt{2-a^2}}{2}\right)^n+\left(\dfrac{a-\sqrt{2-a^2}}{2}\right)^n$.

巩固训练

1. $\sin^2\alpha+\sin^2\left(\alpha+\dfrac{\pi}{3}\right)+\sin^2\left(\alpha-\dfrac{\pi}{3}\right)=$ _____.

2. 已知:$\sin\alpha+\sin\beta=a$,$\cos\alpha+\cos\beta=a+1$,求 $\sin(\alpha+\beta)$ 及 $\cos(\alpha+\beta)$.

3. 已知 $\sin\alpha+\cos\beta=\dfrac{\sqrt{3}}{2}$,$\cos\alpha+\sin\beta=\sqrt{2}$,求 $\tan\alpha\cdot\cot\beta$ 的值.

4. $2\sin\alpha=\sin\theta+\cos\theta$,$\sin^2\beta=\sin\theta\cos\theta$,求 $\dfrac{\cos2\alpha}{\cos2\beta}=$ _____.

5. 设 $x\in\left(0,\dfrac{\pi}{2}\right)$,则函数 $\left(\sin^2x+\dfrac{1}{\sin^2x}\right)\left(\cos^2x+\dfrac{1}{\cos^2x}\right)$ 的最小值是 _____.

6. 已知 $y=\dfrac{\sin\theta\cdot\cos\theta}{2+\sin\theta+\cos\theta}$ $(\theta\in[0,2\pi))$,

(1) 求 y 的最小值;

(2) 求取得最小值时的 θ.

7. 设 $a\geqslant0$,且函数 $f(x)=(a+\cos x)(a+\sin x)$ 的最大值为 $\dfrac{25}{2}$,则 $a=$ _____.

8. 函数 $y=\sqrt{\sin x}+\sqrt{\cos x}$ $\left(0\leqslant x\leqslant\dfrac{\pi}{2}\right)$ 的值域是 _____.

9. 某编辑在校阅教材时,发现这句:"从 60°角的顶点开始,在一边截取 9 厘米的线段,在另一边截取 a 厘米的线段,求两个端点间的距离",其中 a 厘米在排版时比原稿上多 1.虽然如此,答案却不必改动,即题目与答案仍相符合,则排错的 $a=$ _____.

10. 在 $\triangle ABC$ 中,$\tan A:\tan B:\tan C=1:2:3$,求 $\dfrac{AC}{AB}$.

11. 方程 $\cos^2x-\sin^2x+\sin x=m+1$ 有实数解,则实数 m 的取值范围是(　　).

A. $m\leqslant\dfrac{1}{8}$ \qquad\qquad\qquad\qquad B. $m>-3$

C. $m>-1$ \qquad\qquad\qquad\qquad D. $-3\leqslant m\leqslant\dfrac{1}{8}$

12. 解方程:$\cos3x\cdot\tan5x=\sin7x$.

13. 设 x_1,x_2 是方程 $x^2-x\sin\dfrac{3}{5}\pi+\cos\dfrac{3}{5}\pi=0$ 的两解,则 $\arctan x_1+$

$\arctan x_2 = \underline{\hspace{3cm}}$.

14. $(a+1)(b+1)=2$, 则 $\arctan a + \arctan b = ($ 　　$)$.

A. $\dfrac{\pi}{2}$ 　　　　　B. $\dfrac{\pi}{3}$ 　　　　　C. $\dfrac{\pi}{4}$ 　　　　　D. $\dfrac{\pi}{6}$

15. 若 $\sin^8 x + \cos^8 x = \dfrac{41}{128}$, $x \in \left(0, \dfrac{\pi}{2}\right)$, 则 $x = \underline{\hspace{3cm}}$.

16. 已知关于 x 的方程 $\sqrt{3}\sin x + 2\cos^2 \dfrac{x}{2} = a$ 在区间 $(0, 2\pi)$ 内有两个不同的根, 则常数 a 的取值范围是(　　).

A. $(-1, 3)$ 　　　　　　　　　　　　B. $(-1, 2) \bigcup (2, 3)$

C. $[-1, 3]$ 　　　　　　　　　　　　D. $[-1, 2) \bigcup (2, 3]$

17. 已知 $x^2 - (\tan\theta + \cot\theta)x + 1 = 0$ $(0 < \theta < \pi)$, 且满足 $x + x^3 + \cdots + x^{2n+1} + \cdots = \dfrac{\sqrt{3}}{2}$, 则 θ 的值是(　　).

A. $\dfrac{\pi}{6}$, $\dfrac{5\pi}{6}$ 　　　　　　　　　　　B. $\dfrac{\pi}{6}$, $\dfrac{\pi}{3}$

C. $\dfrac{\pi}{3}$, $\dfrac{2\pi}{3}$ 　　　　　　　　　　　D. $\dfrac{\pi}{3}$, $\dfrac{2\pi}{3}$, $\dfrac{\pi}{6}$, $\dfrac{5\pi}{6}$

18. 设 $\alpha, \beta \in \left[-\dfrac{\pi}{2}, \dfrac{\pi}{2}\right]$, 且满足 $\sin\alpha\cos\beta + \sin\beta\cos\alpha = 1$, 则 $\sin\alpha + \sin\beta$ 的取值范围是(　　).

A. $[-\sqrt{2}, \sqrt{2}]$ 　　　　　　　　　　B. $[-1, \sqrt{2}]$

C. $[0, \sqrt{2}]$ 　　　　　　　　　　　　D. $[1, \sqrt{2}]$

19. 已知 $f(x) = \sin x \cos x + \sqrt{3}\cos^2 x$, 定义域 $D(f) = \left[\dfrac{\pi}{12}, \dfrac{7\pi}{12}\right]$, 则 $f^{-1}(x) = ($ 　　$)$.

A. $\dfrac{1}{2}\arccos\left(x - \dfrac{\sqrt{3}}{2}\right) + \dfrac{\pi}{12}$ 　　　　　B. $\dfrac{1}{2}\arccos\left(x - \dfrac{\sqrt{3}}{2}\right) - \dfrac{\pi}{6}$

C. $-\dfrac{1}{2}\arcsin\left(x - \dfrac{\sqrt{3}}{2}\right) + \dfrac{\pi}{12}$ 　　　　D. $\dfrac{1}{2}\arcsin\left(x - \dfrac{\sqrt{3}}{2}\right) - \dfrac{\pi}{6}$

20. 在三角形 ABC 中, 三边长 a, b, c 满足 $a + c = 3b$, 则 $\tan\dfrac{A}{2}\tan\dfrac{C}{2}$ 的值为(　　).

A. $\dfrac{1}{5}$ 　　　　　B. $\dfrac{1}{4}$ 　　　　　C. $\dfrac{1}{2}$ 　　　　　D. $\dfrac{2}{3}$

§09 向量运算

要点考点

1. 平面向量的数量积

$\vec{a} \cdot \vec{b} = |a| \cdot |b| \cos\theta = x_1 x_2 + y_1 y_2$；

(1) $\vec{a} \cdot \vec{b} = \vec{b} \cdot \vec{a}$；

(2) $(\lambda \vec{a}) \cdot \vec{b} = \lambda(\vec{a} \cdot \vec{b}) = \vec{a} \cdot (\lambda \vec{b})$；

(3) $(\vec{a} + \vec{b}) \cdot \vec{c} = \vec{a} \cdot \vec{c} + \vec{b} \cdot \vec{c}$.

2. 向量的平行和垂直

设 $\vec{a} = (x_1, y_1)$，$\vec{b} = (x_2, y_2)$

$\vec{a} \,/\!/\, \vec{b} \Leftrightarrow x_1 y_2 - x_2 y_1 = 0 \Leftrightarrow \vec{a} = \lambda \vec{b} \Leftrightarrow \vec{a} \cdot \vec{b} = \pm |\vec{a}| \cdot |\vec{b}|$

$\vec{a} \perp \vec{b} \Leftrightarrow \vec{a} \cdot \vec{b} = 0 \Leftrightarrow x_1 x_2 + y_2 y_1 = 0$

3. 两个向量 $\vec{a}$、$\vec{b}$ 的夹角公式

$$\cos\theta = \frac{x_1 x_2 + y_1 y_2}{\sqrt{x_1^2 + y_1^2} \cdot \sqrt{x_2^2 + y_2^2}}$$

4. 线段的定比分点公式

设 $\overrightarrow{P_1 P} = \lambda \overrightarrow{PP_2} \left(\text{或} \overrightarrow{P_2 P} = \dfrac{1}{\lambda} \overrightarrow{PP_1}\right)$，且 P_1，P，P_2 的坐标分别是 (x_1, y_1)，(x, y)，(x_2, y_2)，$(\lambda \neq 0$ 和 $-1)$

则 $\begin{cases} y = \dfrac{y_1 + \lambda y_2}{1 + \lambda} \\ x = \dfrac{x_1 + \lambda x_2}{1 + \lambda} \end{cases}$.

5. 平移公式

若点 $P(x,y)$ 按向量 $\vec{a}=(h,k)$ 平移到 $P'(x',y')$，则 $\begin{cases} x'=x+h \\ y'=y+k \end{cases}$.

技能方法

- 几何运算中的三角形法则与回路定理.
- 利用数量积及其意义.
- 向量的坐标表示及其运算.
- 向量的平面线性分解.
- 构造基于向量的数学模型——针对成角、平行(共线)、垂直等几何条件.

典型例题

[例1] 三角形 ABC 中,D 是 BC 中点,若 $\overrightarrow{AB}=\vec{b}$, $\overrightarrow{AC}=\vec{c}$,试用 $\vec{b}$, $\vec{c}$ 表示 $\overrightarrow{AD}$;

解析: $\overrightarrow{AD}=\overrightarrow{AB}+\overrightarrow{BD}$, $\overrightarrow{AD}=\overrightarrow{AC}+\overrightarrow{CD}$,

相加得 $\overrightarrow{AD}=\dfrac{1}{2}(\overrightarrow{AB}+\overrightarrow{BD}+\overrightarrow{AC}+\overrightarrow{CD})$,

而 $\overrightarrow{BD}+\overrightarrow{CD}=\vec{0}$,所以 $\overrightarrow{AD}=\dfrac{1}{2}(\vec{b}+\vec{c})$.

说明: $\overrightarrow{AB}+\overrightarrow{BC}=\overrightarrow{AC}$ 推广为 $\overrightarrow{A_1A_2}+\overrightarrow{A_2A_3}+\cdots+\overrightarrow{A_{n-1}A_n}=\overrightarrow{A_1A_n}$,可以称之"回路定理".

引申问题一: 三角形 ABC 中,D 是 BC 上点,若 $BD:DC=m:n$,且 $\overrightarrow{AB}=\vec{b}$, $\overrightarrow{AC}=\vec{c}$,试用 $\vec{b}$, $\vec{c}$ 表示 $\overrightarrow{AD}$.

提示: $\overrightarrow{AD}=\overrightarrow{AB}+\overrightarrow{BD}$……①, $\overrightarrow{AD}=\overrightarrow{AC}+\overrightarrow{CD}$……②,①$\times n$+②$\times m$ 得

$(m+n)\overrightarrow{AD}=n\overrightarrow{AB}+m\overrightarrow{AC}$,

所以 $\overrightarrow{AD}=\dfrac{1}{m+n}(n\vec{b}+m\vec{c})$.

引申问题二: 四边形 $ABCD$ 中,M 是 AD 中点,N 是 BC 中点,若 $\overrightarrow{AB}=\vec{b}$,$\overrightarrow{DC}=\vec{c}$,试用 $\vec{b}$,$\vec{c}$ 表示 $\overrightarrow{MN}$.

提示: $\overrightarrow{MN}=\overrightarrow{MA}+\overrightarrow{AB}+\overrightarrow{BN}$, $\overrightarrow{MN}=\overrightarrow{MD}+\overrightarrow{DC}+\overrightarrow{CN}$,两式相加,得

$\overrightarrow{MN}=\dfrac{1}{2}(\vec{b}+\vec{c})$.

引申问题三：四边形 $ABCD$ 中，M 是 AD 上点，N 是 BC 上点，若 $AM:MD=BN:$
$NC=m:n$，且 $\overrightarrow{AB}=\vec{b}$，$\overrightarrow{DC}=\vec{c}$，试用 $\vec{b}$，$\vec{c}$ 表示 $\overrightarrow{MN}$.

提示：$\overrightarrow{MN}=\overrightarrow{MA}+\overrightarrow{AB}+\overrightarrow{BN}$……①，$\overrightarrow{MN}=\overrightarrow{MD}+\overrightarrow{DC}+\overrightarrow{CN}$……②，

①$\times n+$②$\times m$ 得 $(m+n)\overrightarrow{MN}=n\overrightarrow{AB}+m\overrightarrow{DC}$，

所以 $\overrightarrow{MN}=\dfrac{1}{m+n}(n\vec{b}+m\vec{c})$.

引申问题四：四面体 $ABCD$ 中，$\overrightarrow{AB}=\vec{b}$，$\overrightarrow{DC}=\vec{c}$，$M$，$N$ 分别是 AD，BC 上的点，
① 若 M，N 分别是 AD，BC 中点，试用 $\vec{b}$，$\vec{c}$ 表示 $\overrightarrow{MN}$；② 若 $AM:MD$
$=BN:NC=m:n$，试用 $\vec{b}$，$\vec{c}$ 表示 $\overrightarrow{MN}$.

提示：$\overrightarrow{MN}=\overrightarrow{MA}+\overrightarrow{AB}+\overrightarrow{BN}$……①，$\overrightarrow{MN}=\overrightarrow{MD}+\overrightarrow{DC}+\overrightarrow{CN}$……②，

若 M，N 分别是 AD，BC 中点，则两式相加，得 $\overrightarrow{MN}=\dfrac{1}{2}(\vec{b}+\vec{c})$；

若 $AM:MD=BN:NC=m:n$，则将 ①$\times n+$②$\times m$，得

$(m+n)\overrightarrow{MN}=n\overrightarrow{AB}+m\overrightarrow{DC}$，

所以 $\overrightarrow{MN}=\dfrac{1}{m+n}(n\vec{b}+m\vec{c})$.

引申问题五：M，N 分别是 $\triangle ABC$ 和 $\triangle DEF$ 的重心，
求证：$\overrightarrow{AD}+\overrightarrow{BE}+\overrightarrow{CF}=3\overrightarrow{MN}$（见图 9-1）.

提示：$\overrightarrow{AD}=\overrightarrow{AM}+\overrightarrow{MN}+\overrightarrow{ND}$，

　　　$\overrightarrow{BE}=\overrightarrow{BM}+\overrightarrow{MN}+\overrightarrow{NE}$，

　　　$\overrightarrow{CF}=\overrightarrow{CM}+\overrightarrow{MN}+\overrightarrow{NF}$，

且 $\overrightarrow{AM}+\overrightarrow{BM}+\overrightarrow{CM}=\vec{0}$，$\overrightarrow{ND}+\overrightarrow{NE}+\overrightarrow{NF}=\vec{0}$.

所以，$\overrightarrow{AD}+\overrightarrow{BE}+\overrightarrow{CF}=3\overrightarrow{MN}$.

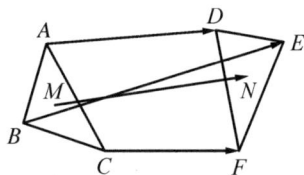

图 9-1

[例 2] 在 $\triangle ABC$ 中，

(1) 若 $\overrightarrow{CA}=\boldsymbol{a}$，$\overrightarrow{CB}=\boldsymbol{b}$，求证：$S_{\triangle ABC}=\dfrac{1}{2}\sqrt{(|\boldsymbol{a}||\boldsymbol{b}|)^2-(\boldsymbol{a}\cdot\boldsymbol{b})^2}$；

(2) 若 $\overrightarrow{CA}=(a_1,a_2)$，$\overrightarrow{CB}=(b_1,b_2)$.

求证：$\triangle ABC$ 的面积 $S_{\triangle}=\dfrac{1}{2}|a_1b_2-a_2b_1|$.

证明：(1) 设 $\boldsymbol{a}$、$\boldsymbol{b}$ 的夹角为 θ，$\triangle ABC$ 的面积

$S_{\triangle}=\dfrac{1}{2}|\overrightarrow{CA}||\overrightarrow{CB}|\sin\theta=\dfrac{1}{2}|\boldsymbol{a}||\boldsymbol{b}|\sin\theta$.

因为 $\sin^2\theta=1-\cos^2\theta=1-\left(\dfrac{\boldsymbol{a}\cdot\boldsymbol{b}}{|\boldsymbol{a}||\boldsymbol{b}|}\right)^2$，

所以 $S_\triangle^2 = \dfrac{1}{4}(|\mathbf{a}||\mathbf{b}|)^2 \sin^2\theta = \dfrac{1}{4}(|\mathbf{a}||\mathbf{b}|)^2 \left[1 - \left(\dfrac{\mathbf{a}\cdot\mathbf{b}}{|\mathbf{a}||\mathbf{b}|}\right)^2\right]$

$= \dfrac{1}{4}[(|\mathbf{a}||\mathbf{b}|)^2 - (\mathbf{a}\cdot\mathbf{b})^2].$

故 $S_\triangle = \dfrac{1}{2}\sqrt{(|\mathbf{a}||\mathbf{b}|)^2 - (\mathbf{a}\cdot\mathbf{b})^2}.$

(2) 记 $\overrightarrow{CA}=\mathbf{a}$，$\overrightarrow{OB}=\mathbf{b}$，则 $\mathbf{a}=(a_1,a_2)$，$\mathbf{b}=(b_1,b_2)$.

$|\mathbf{a}|^2 = a_1^2 + a_2^2$，$|\mathbf{b}|^2 = b_1^2 + b_2^2$，

$|\mathbf{a}\cdot\mathbf{b}|^2 = (a_1 b_1 + a_2 b_2)^2.$

由(1)可知 $S_\triangle = \dfrac{1}{2}\sqrt{(|\mathbf{a}||\mathbf{b}|)^2 - (\mathbf{a}\cdot\mathbf{b})^2}$

$= \dfrac{1}{2}\sqrt{(a_1^2 + a_2^2)(b_1^2 + b_2^2) - (a_1 b_1 + a_2 b_2)^2} = \dfrac{1}{2}\sqrt{(a_1 b_2 - a_2 b_1)^2},$

所以 $S_\triangle = \dfrac{1}{2}|a_1 b_2 - a_2 b_1|.$

评述：(1)是用数量积给出的三角形的面积公式；(2)是用向量坐标给出的三角形的面积公式.

[例3]　如图 9 - 2 所示，$\triangle ABC$ 的重心为 M，过 M 的直线分别交 AB，AC 于 E，

F，若 $AE = kAB$，$AF = hAC$，利用向量证明 $\dfrac{1}{k} + \dfrac{1}{h} = 3.$

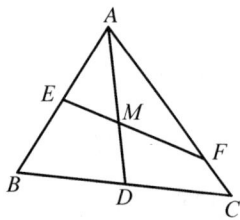

证明：因为 E，M，F 三点共线，所以 $\overrightarrow{ME} = \lambda\overrightarrow{FM}$，

而 $\overrightarrow{ME} = \overrightarrow{AE} - \overrightarrow{AM} = k\overrightarrow{AB} - \dfrac{2}{3}\overrightarrow{AD}$，

图 9 - 2

$\overrightarrow{FM} = \overrightarrow{AM} - \overrightarrow{AF} = \dfrac{2}{3}\overrightarrow{AD} - h\overrightarrow{AC}$，

所以有 $\begin{cases} k\overrightarrow{AB} - \dfrac{2}{3}\overrightarrow{AD} = \lambda\left(\dfrac{2}{3}\overrightarrow{AD} - h\overrightarrow{AC}\right) \\ \overrightarrow{AB} + \overrightarrow{AC} = 2\overrightarrow{AD} \end{cases}$.消去 $\overrightarrow{AD}$ 得

$k\overrightarrow{AB} - \dfrac{1}{3}(\overrightarrow{AB} + \overrightarrow{AC}) = \dfrac{\lambda}{3}(\overrightarrow{AB} + \overrightarrow{AC}) - \lambda h\overrightarrow{AC}$，

即 $\left(k - \dfrac{1}{3}\right)\overrightarrow{AB} - \dfrac{1}{3}\overrightarrow{AC} = \dfrac{\lambda}{3}\overrightarrow{AB} + \left(\dfrac{\lambda}{3} - \lambda h\right)\overrightarrow{AC}$，

由平面向量分解定理得 $\begin{cases} k - \dfrac{1}{3} = \dfrac{\lambda}{3} \\ -\dfrac{1}{3} = \dfrac{\lambda}{3} - \lambda h \end{cases}$ ，消去 λ 得 $(3k-1)(3h-1) = 1$，

化为 $\dfrac{1}{k}+\dfrac{1}{h}=3$.

[例4] 在四面体 $A-BCD$ 中，$AB\perp CD$，$BC\perp DA$，求证：$CA\perp BD$（见图9-3）.

证明：设 $\overrightarrow{DA}=\vec{a}$，$\overrightarrow{DB}=\vec{b}$，$\overrightarrow{DC}=\vec{c}$，

则 $\overrightarrow{AB}=\overrightarrow{DB}-\overrightarrow{DA}=\vec{b}-\vec{a}$，

$\overrightarrow{BC}=\overrightarrow{DC}-\overrightarrow{DB}=\vec{c}-\vec{b}$，$\overrightarrow{CA}=\overrightarrow{DA}-\overrightarrow{DC}=\vec{a}-\vec{c}$，由

$$\left.\begin{array}{l}AB\perp CD\\BC\perp DA\end{array}\right\}\Rightarrow\left\{\begin{array}{l}\overrightarrow{AB}\perp\overrightarrow{CD}\\\overrightarrow{BC}\perp\overrightarrow{DA}\end{array}\right.\Rightarrow\left\{\begin{array}{l}(\vec{b}-\vec{a})\cdot\vec{c}=0\\(\vec{c}-\vec{b})\cdot\vec{a}=0\end{array}\right.\Rightarrow$$

$$\left\{\begin{array}{l}\vec{b}\cdot\vec{c}-\vec{a}\cdot\vec{c}=0\\\vec{c}\cdot\vec{a}-\vec{b}\cdot\vec{a}=0\end{array}\right..$$

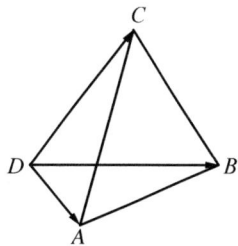
图 9-3

两式相加得 $\vec{b}\cdot\vec{c}-\vec{b}\cdot\vec{a}=0\Rightarrow\vec{b}\cdot(\vec{c}-\vec{a})=0$，即 $\overrightarrow{BD}\perp\overrightarrow{CA}$，$CA\perp BD$.

> 说明：从一个定点出发，定义不共面的向量作为"基向量"，并将其他的向量用这三个向量的线性关系表示出来，几何证明题因此转化为其向量的运算问题.

[例5] 沿着正四面体 $OABC$ 的三条棱 $\overrightarrow{OA}$、$\overrightarrow{OB}$、$\overrightarrow{OC}$ 的方向有大小等于 1，2，3 的三个力 $\vec{f}_1$，$\vec{f}_2$，$\vec{f}_3$.试求此三个力的合力 $\vec{f}$ 的大小以及此合力与三条棱所夹角的余弦（见图9-4）.

解析：用 $\vec{a}$，$\vec{b}$，$\vec{c}$ 分别代表棱 $\overrightarrow{OA}$，$\overrightarrow{OB}$，$\overrightarrow{OC}$ 上的三个单位向量，则 $\vec{f}_1=\vec{a}$，$\vec{f}_2=2\vec{b}$，$\vec{f}_3=3\vec{c}$，

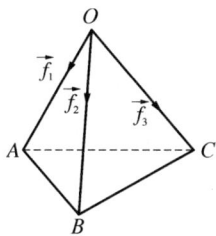
图 9-4

$$\vec{f}=\vec{f}_1+\vec{f}_2+\vec{f}_3=\vec{a}+2\vec{b}+3\vec{c},$$

所以 $|\vec{f}|^2=(\vec{a}+2\vec{b}+3\vec{c})\cdot(\vec{a}+2\vec{b}+3\vec{c})$

$=|\vec{a}|^2+4|\vec{b}|^2+9|\vec{c}|^2+4\vec{a}\cdot\vec{b}+6\vec{a}\cdot\vec{c}+12\vec{b}\cdot\vec{c}$

$=1+4+9+4|\vec{a}||\vec{b}|\cos\langle\vec{a},\vec{b}\rangle+$

$\qquad 6|\vec{a}||\vec{c}|\cos\langle\vec{a},\vec{c}\rangle+12|\vec{b}||\vec{c}|\cos\langle\vec{b},\vec{c}\rangle$

$=14+4\cos60°+6\cos60°+12\cos60°$

$=14+2+3+6=25.$

故 $|\vec{f}|=5$，即所求合力的大小为5，

且 $\cos\langle\vec{f},\vec{a}\rangle=\dfrac{\vec{f}\cdot\vec{a}}{|\vec{f}||\vec{a}|}=\dfrac{|\vec{a}|^2+2\vec{a}\cdot\vec{b}+3\vec{a}\cdot\vec{c}}{5}=\dfrac{1+1+\dfrac{3}{2}}{5}=\dfrac{7}{10}$.

同理，可得 $\cos\langle\vec{f},\vec{b}\rangle=\dfrac{4}{5}$，$\cos\langle\vec{f},\vec{c}\rangle=\dfrac{9}{10}$.

答案：$|\vec{f}|=5$；$\cos\langle\vec{f},\vec{f}_1\rangle=\dfrac{7}{10}$，$\cos\langle\vec{f},\vec{f}_2\rangle=\dfrac{4}{5}$，$\cos\langle\vec{f},\vec{f}_3\rangle=\dfrac{9}{10}$.

巩固训练

1. 向量 $\vec{a}=\vec{i}+2\vec{j}$ 在向量 $\vec{b}=3\vec{i}+4\vec{j}$ 上的投影$(\vec{a})_{\vec{b}}=$ _____.

2. 若物体在力 $\overrightarrow{F_1}$ 与 $\overrightarrow{F_2}$ 的合力作用下，自 $A(1,1)$ 位移到 $B(2,3)$，若 $\overrightarrow{F_1}=3\vec{i}+\vec{j}$，$\overrightarrow{F_2}=\vec{i}-4\vec{j}$，合力对物体所做的功是 _____.

3. 已知点 A，B，C 的坐标分别是 $(-7,5)$，$(-11,8)$，$(-3,2)$，证明 A，B，C 三点共线.

4. 设 $\vec{a}$，$\vec{b}$ 是不共线的两个向量. 已知 $\overrightarrow{PQ}=2\vec{a}+k\vec{b}$，$\overrightarrow{QR}=\vec{a}+\vec{b}$，$\overrightarrow{RS}=2\vec{a}-3\vec{b}$. 若 P，Q，S 三点共线，则 k 的值为（　　）.

A. -1　　　　　　　B. -3　　　　　　　C. $-\dfrac{4}{3}$　　　　　　　D. $-\dfrac{3}{5}$

5. 已知 O，N，P 在 $\triangle ABC$ 所在平面内，且 $|\overrightarrow{OA}|=|\overrightarrow{OB}|=|\overrightarrow{OC}|$，$\overrightarrow{NA}+\overrightarrow{NB}+\overrightarrow{NC}=\vec{0}$，且 $\overrightarrow{PA}\cdot\overrightarrow{PB}=\overrightarrow{PB}\cdot\overrightarrow{PC}=\overrightarrow{PC}\cdot\overrightarrow{PA}$，则点 O，N，P 依次是 $\triangle ABC$ 的（　　）.

A. 重心　外心　垂心　　　　　　　　B. 重心　外心　内心

C. 外心　重心　垂心　　　　　　　　D. 外心　重心　内心

6. 若向量 $\vec{a}+3\vec{b}$ 垂直于向量 $7\vec{a}-5\vec{b}$，并且向量 $\vec{a}-4\vec{b}$ 垂直于向量 $7\vec{a}-2\vec{b}$，则向量 $\vec{a}$ 与 $\vec{b}$ 的夹角为（　　）.

A. $\dfrac{\pi}{2}$　　　　　　　B. $\dfrac{\pi}{3}$　　　　　　　C. $\dfrac{\pi}{4}$　　　　　　　D. $\dfrac{\pi}{6}$

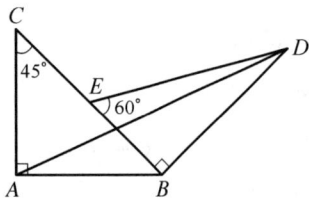

图 9 - 5

7. 如图 9-5 所示，两块斜边长相等的直角三角板拼在一起，若 $\overrightarrow{AD}=x\overrightarrow{AB}+y\overrightarrow{AC}$，则 $x=$ _____，$y=$ _____.

8. 在空间四边形 $ABCD$ 中，求证：$\overrightarrow{AB}\cdot\overrightarrow{CD}+\overrightarrow{AC}\cdot\overrightarrow{DB}+\overrightarrow{AD}\cdot\overrightarrow{BC}=0$.

9. 已知 $\vec{a}$，$\vec{b}$ 是平面上两个不共线的单位向量，且满足 $|\vec{a}+\vec{b}|=\sqrt{3}$，则 $(2\vec{a}-5\vec{b})(3\vec{a}+\vec{b})=$（　　）.

A. $\dfrac{1}{2}$　　　　　　　B. $-\dfrac{1}{2}$　　　　　　　C. $\dfrac{11}{2}$　　　　　　　D. $-\dfrac{11}{2}$

10. 给定一组向量 $\vec{a}=(a_1,a_2,a_3)$，$\vec{b}=(b_1,b_2,b_3)$，$\vec{c}=(c_1,c_2,c_3)$，如果存在不全为零的实数 k_1，k_2，k_3，使得 $k_1\vec{a}+k_2\vec{b}+k_3\vec{c}=\mathbf{0}$（$\mathbf{0}$ 表示零向量），则称向量组 $\vec{a}$，$\vec{b}$，$\vec{c}$

是线性相关的,下面各组向量中,向量 $\vec{a}$, $\vec{b}$, $\vec{c}$ 线性相关的是(　　).

A. $\vec{a}=(1, 2, 1)$, $\vec{b}=(-1, 3, 2)$, $\vec{c}=(3, 1, 0)$

B. $\vec{a}=(1, 2, 1)$, $\vec{b}=(-1, 3, 2)$, $\vec{c}=(0, 1, -1)$

C. $\vec{a}=(1, 2, 0)$, $\vec{b}=(-1, 3, 2)$, $\vec{c}=(0, 1, -1)$

D. $\vec{a}=(1, 2, 1)$, $\vec{b}=(-1, 0, 2)$, $\vec{c}=(0, 1, -1)$

11. 设向量 $\vec{x}=(\cos\theta\cos\varphi, \cos\theta\sin\varphi, \sin\theta)$, $\vec{y}=\left(\dfrac{1}{\sqrt{3}}\cos\theta\cos\varphi, \dfrac{1}{\sqrt{3}}\cos\theta\sin\varphi, \sqrt{3}\sin\theta\right)$, 其中 $0\leqslant\theta\leqslant\pi/2$, 如果 $|\vec{x}|=|\vec{y}|$, 则向量 x 和 y 的夹角是(　　).

A. $\dfrac{\pi}{2}$ 　　　　B. $\dfrac{\pi}{3}$ 　　　　C. $\dfrac{2\pi}{3}$ 　　　　D. $\dfrac{\pi}{6}$

12. 给定平面向量 $(1, 1)$, 那么, 平面向量 $\left(\dfrac{1-\sqrt{3}}{2}, \dfrac{1+\sqrt{3}}{2}\right)$ 是将向量 $(1, 1)$ 经过(　　).

A. 顺时针旋转 60°所得　　　　　　B. 顺时针旋转 120°所得

C. 逆时针旋转 60°所得　　　　　　D. 逆时针旋转 120°所得

13. 在直角坐标系 Oxy 中,已知点 $A_1(1, 0)$, $A_2\left(\dfrac{1}{2}, \dfrac{\sqrt{3}}{2}\right)$, $A_3\left(-\dfrac{1}{2}, \dfrac{\sqrt{3}}{2}\right)$, $A_4(-1, 0)$, $A_5\left(-\dfrac{1}{2}, -\dfrac{\sqrt{3}}{2}\right)$ 和 $A_6\left(\dfrac{1}{2}, -\dfrac{\sqrt{3}}{2}\right)$, 问在向量 $\overrightarrow{A_iA_j}$ $(i, j=1, 2, 3, 4, 5, 6, i\neq j)$ 中,不同向量的个数有(　　).

A. 9 个　　　　B. 15 个　　　　C. 18 个　　　　D. 30 个

14. 设非零向量 $\vec{a}=(a_1, a_2, a_3)$, $\vec{b}=(b_1, b_2, b_3)$, $\vec{c}=(c_1, c_2, c_3)$ 为共面向量, $\vec{x}=(x_1, x_2, x_3)$ 是未知向量,则满足 $\vec{a}\cdot\vec{x}=0$, $\vec{b}\cdot\vec{x}=0$, $\vec{c}\cdot\vec{x}=0$ 的向量 $\vec{x}$ 的个数为(　　).

A. 1 个　　　　B. 无穷多个　　　　C. 0 个　　　　D. 不能确定

15. 在 Oxy 坐标平面上给定点 $A(1, 2)$, $B(2, 3)$, $C(2, 1)$,矩阵 $\begin{bmatrix} 2 & k \\ -1 & 1 \end{bmatrix}$ 将向量 $\overrightarrow{OA}$, $\overrightarrow{OB}$, $\overrightarrow{OC}$ 分别变换成向量 $\overrightarrow{OA'}$, $\overrightarrow{OB'}$, $\overrightarrow{OC'}$, 如果它们的终点 A', B', C' 连线构成直角三角形,斜边为 $B'C'$, 则 k 的取值为(　　).

A. ± 2　　　　B. 2　　　　C. 0　　　　D. 0, -2

16. 设向量 $\vec{a}$, $\vec{b}$ 满足 $|\vec{a}|=|\vec{b}|=1$, $\vec{a}\cdot\vec{b}=m$, 则 $|\vec{a}+t\vec{b}|$ $(t\in\mathbf{R})$ 的最小值为(　　).

A. 2　　　　B. $\sqrt{1+m^2}$　　　　C. 1　　　　D. $\sqrt{1-m^2}$

§10 简易复数

● 复数的代数运算

1. 常见运算技能

$i^2 = -1$, $i^{4n+1} = i$, $i^{4n+2} = -1$, $i^{4n+3} = -i$, $i^{4n} = 1$;

$i^n + i^{n+1} + i^{n+2} + i^{n+3} = 0 (n \in \mathbf{Z})$;

$(1 \pm i)^2 = \pm 2i$, $\dfrac{1+i}{1-i} = i$, $\dfrac{1-i}{1+i} = -i$.

若 ω 是 1 的立方虚数根,即 $\omega = -\dfrac{1}{2} \pm \dfrac{\sqrt{3}}{2}i$, 则

$$\omega^3 = 1, \ \omega^2 = \bar{\omega}, \ \omega = \frac{1}{\bar{\omega}}, \ 1 + \omega + \omega^2 = 0, \ \omega^n + \omega^{n+1} + \omega^{n+2} = 0 \ (n \in \mathbf{Z}).$$

2. 重要运算依据

(1) 虚数的单位为 i,它的平方等于 -1,即 $i^2 = -1$.

(2) 复数相等:$a + bi = c + di \Leftrightarrow a = c$ 且 $b = d$(其中,$a, b, c, d \in \mathbf{R}$),
特别地,$a + bi = 0 \Leftrightarrow a = b = 0$.

(3) 共轭复数性质:

$\bar{\bar{z}} = z$;$\overline{z_1 + z_2} = \bar{z}_1 + \bar{z}_2$;$z + \bar{z} = 2a$,$z - \bar{z} = 2bi(z = a + bi)$;

$z \cdot \bar{z} = |z|^2 = |\bar{z}|^2$;

$\overline{z_1 - z_2} = \bar{z}_1 - \bar{z}_2$;$\overline{z_1 \cdot z_2} = \bar{z}_1 \cdot \bar{z}_2$;$\overline{\left(\dfrac{z_1}{z_2}\right)} = \dfrac{\bar{z}_1}{\bar{z}_2}(z_2 \neq 0)$;$\overline{z^n} = (\bar{z})^n$.

● 复数的几何运算及复平面内的点的轨迹问题

(1) 复平面内的两点间距离公式:$d = |z_1 - z_2|$.
其中 z_1, z_2 是复平面内的两点 Z_1 和 Z_2 所对应的复数,d 表示 Z_1 和 Z_2 间的距离.

由上可得:复平面内以 Z_0 为圆心,r 为半径的圆的复数方程:

$|z - z_0| = r \ (r > 0)$.

(2) 曲线方程的复数形式：

① $|z-z_0|=r$ 表示以 Z_0 为圆心，r 为半径的圆的方程.

② $|z-z_1|=|z-z_2|$ 表示线段 Z_1Z_2 的垂直平分线的方程.

③ $|z-z_1|+|z-z_2|=2a\ (a>0$ 且 $2a>|Z_1Z_2|)$ 表示以 Z_1,Z_2 为焦点，长半轴长为 a 的椭圆的方程(若 $2a=|Z_1Z_2|$，此方程表示线段 Z_1Z_2).

④ $||z-z_1|-|z-z_2||=2a\ (0<2a<|Z_1Z_2|)$ 表示以 Z_1,Z_2 为焦点，实半轴长为 a 的双曲线方程(若 $2a=|Z_1Z_2|$，此方程表示两条射线).

● 复数的三角形式及最简单的应用

1. 复数的三角形式

(1) 复数的三角形式：$z=r(\cos\theta+\mathrm{i}\sin\theta)$. 辐角主值：$\theta$ 适合于 $0\leqslant\theta<2\pi$ 的值，记作 $\arg z$.

> **注**：① z 为零时，$\arg z$ 可取 $[0,2\pi)$ 内任意值. ② 辐角是多值的，都相差 2π 的整数倍.
>
> ③ 设 $a\in\mathbf{R}^+$，则 $\arg a=0$，$\arg(-a)=\pi$，$\arg a\mathrm{i}=\dfrac{\pi}{2}$，$\arg(-a\mathrm{i})=\dfrac{3}{2}\pi$.

(2) 复数的代数形式与三角形式的互化：

$$a+b\mathrm{i}=r(\cos\theta+\mathrm{i}\sin\theta),\ r=\sqrt{a^2+b^2},\ \cos\theta=\frac{a}{r},\ \sin\theta=\frac{b}{r}.$$

(3) 几类三角式的标准形式：

$$r(\cos\theta-\mathrm{i}\sin\theta)=r[\cos(-\theta)+\mathrm{i}\sin(-\theta)];$$
$$-r(\cos\theta+\mathrm{i}\sin\theta)=r[\cos(\pi+\theta)+\mathrm{i}\sin(\pi+\theta)];$$
$$r(-\cos\theta+\mathrm{i}\sin\theta)=r[\cos(\pi-\theta)+\mathrm{i}\sin(\pi-\theta)];$$
$$r(\sin\theta+\mathrm{i}\cos\theta)=r\left[\cos\left(\frac{\pi}{2}-\theta\right)+\mathrm{i}\sin\left(\frac{\pi}{2}-\theta\right)\right].$$

2. 复数的三角形式运算

$$r_1(\cos\theta_1+\mathrm{i}\sin\theta_1)\cdot r_2(\cos\theta_2+\mathrm{i}\sin\theta_2)=r_1r_2[\cos(\theta_1+\theta_2)+\mathrm{i}\sin(\theta_1+\theta_2)];$$

$$\frac{r_1(\cos\theta_1+\mathrm{i}\sin\theta_1)}{r_2(\cos\theta_2+\mathrm{i}\sin\theta_2)}=\frac{r_1}{r_2}[\cos(\theta_1-\theta_2)+\mathrm{i}\sin(\theta_1-\theta_2)];$$

棣莫弗定理：$[r(\cos\theta+\mathrm{i}\sin\theta)]^n=r^n(\cos n\theta+\mathrm{i}\sin n\theta)$.

● 实系数一元二次方程及最简单的整式方程在复数集内的解

1. 复数集中解一元二次方程

在复数集内解关于 x 的一元二次方程 $ax^2+bx+c=0\ (a\neq0)$ 时，应注意下述问题：

(1) 当 $a,b,c\in\mathbf{R}$ 时，若 $\Delta>0$，则有两不等实数根 $x_{1,2}=\dfrac{-b\pm\sqrt{\Delta}}{2a}$；

若 $\Delta = 0$,则有两相等实数根 $x_{1,2} = -\dfrac{b}{2a}$;

若 $\Delta < 0$,则有两不等复数根 $x_{1,2} = \dfrac{-b \pm \sqrt{|\Delta|}\ \mathrm{i}}{2a}$($x_{1,2}$ 为共轭复数).

（2）当 a,b,c 不全为实数时,不能用 Δ 判别方程根的情况.

（3）不论 a,b,c 为何复数,都可用求根公式求根,并且韦达定理也成立.

2. 方程 $z^n = z_0$ 的根的性质

有 n 个根,均匀分布在以 O 为圆心,半径为 $\sqrt[n]{|z_0|}$ 的同一个圆上;

特别地,$z^n = 1$ 有 n 个根(包括 1),均匀分布在以 O 为圆心的单位圆上.

3. 代数学基本定理

任何复系数一元 n 次多项式方程在复数域上至少有一根（$n \geqslant 1$）,由此可以推出,n 次复系数多项式方程在复数域内有且只有 n 个根(重根按重数计算).

技能方法

- 复数的代数运算及简单的三角形式运算.
- 复数的相等.
- 复数的几何运算及复平面内的点的轨迹.
- 实系数整式方程复数根与系数的关系.

典型例题

[例 1]　（清华等五校 2010 选拔样题）已知 a,b,c,d 是实数,$w = \dfrac{az+b}{cz+d}$,且当 $\mathrm{Im}\,z > 0$ 时,$\mathrm{Im}\,w > 0$. 则（　　）.

A. $ad + bc > 0$　　B. $ad + bc < 0$　　C. $ad - bc > 0$　　D. $ad - bc < 0$

> **注**：$\mathrm{Im}\,z$ 表示复数 z 的虚部.

解析：设 $z = x + y\mathrm{i}$（x,$y \in \mathbf{R}$,$y > 0$）,则

$$w = \frac{ax + b + ay\mathrm{i}}{cx + d + cy\mathrm{i}} = \frac{(ax + b + ay\mathrm{i})(cx + d - cy\mathrm{i})}{(cx + d)^2 + (cy)^2}$$

$$= \frac{(ax + b)(cx + d) + acy^2 + [ay(cx + d) - cy(ax + b)]\mathrm{i}}{(cx + d)^2 + (cy)^2}$$

所以，$ay(cx+d)-cy(ax+b)>0$，

又 $y>0$，所以 $a(cx+d)-c(ax+b)>0$，即 $ad-cb>0$. 选 C.

[例 2]（交大 2006 保送推优）已知 $|z|=1$，k 是实数，z 是复数，求 $|z^2+kz+1|$ 的最大值.

解析：

解法一： 设 $z=\cos\theta+\mathrm{i}\sin\theta$，则

$$|z^2+kz+1|^2$$
$$=|\cos 2\theta+\mathrm{i}\sin 2\theta+k\cos\theta+\mathrm{i}k\sin\theta+1|^2$$
$$=(\cos 2\theta+k\cos\theta+1)^2+(\sin 2\theta+k\sin\theta)^2$$
$$=2+k^2+2\cos 2\theta+2k\cos\theta+2k\cos 2\theta\cos\theta+2k\sin 2\theta\sin\theta$$
$$=2+k^2+2\cos 2\theta+2k\cos\theta+2k\cos\theta$$
$$=2+k^2+2(2\cos^2\theta-1)+4k\cos\theta$$
$$=4\cos^2\theta+4k\cos\theta+k^2=(2\cos\theta+k)^2$$

若 $k\geqslant 0$，则当 $\cos\theta=1$ 即 $z=1$ 时，$|z^2+kz+1|$ 取得最大值 $k+2$；

若 $k<0$，则当 $\cos\theta=-1$ 即 $z=-1$ 时，$|z^2+kz+1|$ 取得最大值 $-k+2$.

解法二： 利用性质 $|z_1|+|z_2|\geqslant|z_1\pm z_2|\geqslant||z_1|-|z_2||$，

立即得 $k\geqslant 0$，$|z^2+kz+1|_{\max}=2+k$；$k<0$，$|z^2+kz+1|_{\max}=2-k$.

[例 3]（同济 2004 自招）已知复平面上点 A 与点 B 分别对应复数 2 与 2i，线段 AB 上的动点 P 对应复数 z，若复数 z^2 对应点 Q，点 Q 坐标为 (x,y)，则点 Q 的轨迹方程为 _____.

解析： 设 $P(m,n)$，则 $z=m+n\mathrm{i}$.

由 P 在线段 AB 上可得 $m+n=2$，$0\leqslant m,n\leqslant 2$.

又因 $z^2=m^2-n^2+2mn\mathrm{i}$，

所以 $\begin{cases}x=m^2-n^2,\\ y=2mn.\end{cases}$

消参可得 $x^2=16-8y$ $(0\leqslant y\leqslant 2)$.

[例 4]（复旦 2009 自招）$|z|=r$，$r>1$，$\dfrac{1}{z}+z$ 在复平面内的轨迹是（　　）.

A. 焦距为 4 的椭圆 　　　　　　　　B. 焦距为 2 的椭圆

C. 焦距为 $\dfrac{r}{4}$ 的椭圆 　　　　　　　D. 焦距为 $\dfrac{r}{2}$ 的椭圆

解析： 设 $z=r(\cos\theta+\mathrm{i}\sin\theta)$，

则 $\dfrac{1}{z}+z=\dfrac{1}{r}[\cos(-\theta)+\mathrm{i}\sin(-\theta)]+r(\cos\theta+\mathrm{i}\sin\theta)$

$$= \left(r + \frac{1}{r} \right) \cos\theta + \mathrm{i} \left(r - \frac{1}{r} \right) \sin\theta,$$

所以复数 $\dfrac{1}{z} + z$ 对应的点 $P(x,y)$ 满足 $x = \left(r + \dfrac{1}{r} \right) \cos\theta$，$y = \left(r - \dfrac{1}{r} \right) \sin\theta$，

消去参数 θ 可得 $\dfrac{x^2}{\left(r + \dfrac{1}{r} \right)^2} + \dfrac{y^2}{\left(r - \dfrac{1}{r} \right)^2} = 1.$

所以点 P 的轨迹是椭圆，其焦距 $2c = 2\sqrt{\left(r + \dfrac{1}{r} \right)^2 - \left(r - \dfrac{1}{r} \right)^2} = 4.$

选 A.

[例5] （清华 2006）求最小正整数 n，使得 $I = \left(\dfrac{1}{2} + \dfrac{1}{2\sqrt{3}}\mathrm{i} \right)^n$ 为纯虚数，并求出 I.

解析： 因为 $I = \left[\dfrac{1}{\sqrt{3}} \left(\cos\dfrac{\pi}{6} + \mathrm{i}\sin\dfrac{\pi}{6} \right) \right]^n = \left(\dfrac{1}{\sqrt{3}} \right)^n \left(\cos\dfrac{n\pi}{6} + \mathrm{i}\sin\dfrac{n\pi}{6} \right)$ 是纯虚数，

所以 $\begin{cases} \cos\dfrac{n\pi}{6} = 0, \\ \sin\dfrac{n\pi}{6} \neq 0. \end{cases}$

因此，所求 n 的最小值为 3，此时 $I = \left(\dfrac{1}{\sqrt{3}} \right)^3 \mathrm{i} = \dfrac{\sqrt{3}}{9}\mathrm{i}.$

[例6] （清华 2009 自招）求 $2 + 2\mathrm{e}^{0.4\pi i} + \mathrm{e}^{1.2\pi i}$ 的模.

解析： 利用欧拉公式.

$$| 2 + 2\mathrm{e}^{0.4\pi i} + \mathrm{e}^{1.2\pi i} |$$

$$= \left| 2 + 2\left(\cos\dfrac{2\pi}{5} + \mathrm{i}\sin\dfrac{2\pi}{5} \right) + \cos\dfrac{6\pi}{5} + \mathrm{i}\sin\dfrac{6\pi}{5} \right|$$

$$= \sqrt{\left(2 + 2\cos\dfrac{2\pi}{5} + \cos\dfrac{6\pi}{5} \right)^2 + \left(2\sin\dfrac{2\pi}{5} + \sin\dfrac{6\pi}{5} \right)^2}$$

$$= \sqrt{4 + 4 + 1 + 8\cos\dfrac{2\pi}{5} + 4\cos\dfrac{6\pi}{5} + 4\cos\dfrac{2\pi}{5}\cos\dfrac{6\pi}{5} + 4\sin\dfrac{2\pi}{5}\sin\dfrac{6\pi}{5}}$$

$$= \sqrt{9 + 8\cos\dfrac{2\pi}{5} + 4\cos\dfrac{6\pi}{5} + 4\cos\dfrac{4\pi}{5}}$$

$$= \sqrt{9 + 8\cos\dfrac{2\pi}{5} - 8\cos\dfrac{\pi}{5}}$$

$$= \sqrt{9 + \dfrac{8\cos\dfrac{2\pi}{5}\sin\dfrac{\pi}{5} - 8\cos\dfrac{\pi}{5}\sin\dfrac{\pi}{5}}{\sin\dfrac{\pi}{5}}}$$

$$= \sqrt{9 + \frac{4\left(\sin\dfrac{3\pi}{5} - \sin\dfrac{\pi}{5}\right) - 4\sin\dfrac{2\pi}{5}}{\sin\dfrac{\pi}{5}}}$$

$$= \sqrt{9 + \frac{-4\sin\dfrac{\pi}{5}}{\sin\dfrac{\pi}{5}}} = \sqrt{5}.$$

巩固训练

1. $\displaystyle\sum_{k=0}^{40} i^k \cos(45 + 90k)^\circ = ($ $)$.

A. $\dfrac{\sqrt{2}}{2}$ B. $\dfrac{21\sqrt{2}}{2}$ C. $\dfrac{1}{\sqrt{2}}(21 - 20i)$ D. $\dfrac{1}{\sqrt{2}}(21 + 20i)$

2. 已知 $|z_1| = 2$，$|z_2| = 3$，$|z_1 + z_2| = 4$，则 $\dfrac{z_1}{z_2} = \underline{\qquad}$.

3. 设方程 $x^3 = 1$ 的一个虚数根为 ω，则 $\omega^{2n} + \omega^n + 1$($n$ 是正整数)$= \underline{\qquad}$.

4. 复数 $z^3 = 1$，则 $z^3 + 2z^2 + 2z + 20 = \underline{\qquad}$.

5. 数 x 满足 $x + \dfrac{1}{x} = -1$，求 $x^{300} + \dfrac{1}{x^{300}} = \underline{\qquad}$.

6. ω 是 $x^5 = 1$ 的非实数根，$\omega(\omega + 1)(\omega^2 + 1) = \underline{\qquad}$.

7. 下列各式能否在实数范围内分解因式？若能，请作出分解；若不能，请说明理由.
(1) $x + 1$; (2) $x^2 + x + 1$; (3) $x^3 + x^2 + x + 1$; (4) $x^4 + x^3 + x^2 + x + 1$.

8. 复数 $|z| = 1$，若存在负数 a 使得 $z^2 - 2az + a^2 - a = 0$，则 $a = \underline{\qquad}$.

9. $z^3 = \bar{z}$ 的非零解是 $\underline{\qquad}$.

10. 已知 $|z| = 1$，求 $|z^2 + z + 4|$ 的最小值.

11. 设 z 为复数，$E = \{z \mid (z-1)^2 = |z-1|^2\}$，则下列($\quad$)是正确的.
A. $E = \{$纯虚数$\}$ B. $E = \{$实数$\}$
C. $\{$实数$\} \subseteq E \subseteq \{$复数$\}$ D. $E = \{$复数$\}$

12. 设 z_1，z_2 为一对共轭复数，如果 $|z_1 - z_2| = \sqrt{6}$ 且 $\dfrac{z_1}{z_2^2}$ 为实数，那么 $|z_1| = |z_2|$
$= ($ $)$.

A. $\sqrt{2}$ B. 2 C. 3 D. $\sqrt{6}$

13. 复平面上，满足方程 $z\bar{z} + z + \bar{z} = 3$ 的复数 z 对应点的轨迹是($\quad$).
A. 圆   B. 两个点   C. 线段   D. 直线

14. 复平面上点 $z_0 = 1 + 2\mathrm{i}$ 关于直线 l：$|z - 2 - 2\mathrm{i}| = |z|$ 的对称点的复数表示是(　　).

A. $-\mathrm{i}$　　　　B. $1 - \mathrm{i}$　　　　C. $1 + \mathrm{i}$　　　　D. i

15. 已知复数 $z_1 = 1 + \sqrt{3}\,\mathrm{i}$，$z_2 = -\sqrt{3} + \sqrt{3}\,\mathrm{i}$，则复数 $z_1 z_2$ 的辐角是(　　).

A. $\dfrac{13\pi}{12}$　　　　B. $\dfrac{11\pi}{12}$　　　　C. $-\dfrac{\pi}{4}$　　　　D. $-\dfrac{7\pi}{12}$

16. 设复数 $z = \cos\alpha + \mathrm{i}\sin\beta$，$w = \sin\alpha + \mathrm{i}\cos\beta$ 满足 $z\overline{w} = \dfrac{\sqrt{3}}{2}$，则 $\sin(\beta - \alpha) = $ (　　).

A. $\pm\dfrac{\sqrt{3}}{2}$　　　　B. $\dfrac{\sqrt{3}}{2}$，$-\dfrac{1}{2}$　　　　C. $\pm\dfrac{1}{2}$　　　　D. $\dfrac{1}{2}$，$-\dfrac{\sqrt{3}}{2}$

17. 设复数 $w = \left(\dfrac{a + \mathrm{i}}{1 + \mathrm{i}}\right)^2$，其中 a 为实数.若 w 的实部为 2,则其虚部为(　　).

A. $-\dfrac{3}{2}$　　　　B. $-\dfrac{1}{2}$　　　　C. $\dfrac{1}{2}$　　　　D. $\dfrac{3}{2}$

§11 圆锥曲线

要点考点

1. 直线系

过两直线 $\begin{cases} l_1: A_1x + B_1y + C_1 = 0 \\ l_2: A_2x + B_2y + C_2 = 0 \end{cases}$ 的交点的直线系方程 $A_1x + B_1y + C_1 + \lambda(A_2x + B_2y + C_2) = 0$($\lambda$ 为参数，$A_2x + B_2y + C_2 = 0$ 不包括在内).

2. 直线 l_1 到 l_2 的角(方向角)

直线 l_1 到 l_2 的角,是指直线 l_1 绕交点依逆时针方向旋转到与 l_2 重合时所转动的角 θ, 它的范围是 $(0, \pi)$,当 $\theta \neq 90°$ 时 $\tan\theta = \dfrac{k_2 - k_1}{1 + k_1 k_2}$.

3. 点到直线的距离公式

设点 $P(x_0, y_0)$,直线 $l: Ax + By + C = 0$,P 到 l 的距离为 d,则有 $d = \dfrac{|Ax_0 + By_0 + C|}{\sqrt{A^2 + B^2}}$.两条平行线间的距离公式:设两条平行直线 $l_1: Ax + By + C_1 = 0$, $l_2: Ax + By + C_2 = 0$ $(C_1 \neq C_2)$,它们之间的距离为 d,则有 $d = \dfrac{|C_1 - C_2|}{\sqrt{A^2 + B^2}}$.

4. 曲线与方程

在直角坐标系中,如果某曲线 C 上的点与一个二元方程 $f(x, y) = 0$ 的实数解建立了如下关系:

(1) 曲线上点的坐标都是这个方程的解.

(2) 以这个方程的解为坐标的点都是曲线上的点.

那么这个方程称为曲线方程;这条曲线称为方程的曲线(图形).

曲线和方程的关系,实质上是曲线上任一点 $M(x, y)$ 其坐标与方程 $f(x, y) = 0$ 的一种关系,曲线上任一点 (x, y) 是方程 $f(x, y) = 0$ 的解;反过来,满足方程 $f(x, y) = 0$ 的解所对应的点是曲线上的点.

5. 圆的方程

标准方程：$(x-a)^2+(y-b)^2=r^2$.

一般方程：$x^2+y^2+Dx+Ey+F=0$，$r=\dfrac{\sqrt{D^2+E^2-4F}}{2}$.

参数方程：$\begin{cases}x=a+r\cos\theta\\y=b+r\sin\theta\end{cases}$，$\theta$ 为参数.

6. 直线和圆的位置关系判断

（1）$d=r$ 时，l 与 C 相切；

（2）$d<r$ 时，l 与 C 相交；

（3）$d>r$ 时，l 与 C 相离.

7. 椭圆

定义	到两个定点 F_1 和 F_2 的距离之和等于定长（$>\lvert F_1F_2\rvert$）的点的轨迹
方程	（1）$\dfrac{x^2}{a^2}+\dfrac{y^2}{b^2}=1$ $(a>b>0)$，$c=\sqrt{a^2-b^2}$，焦点是 $F_1(-c,0)$，$F_2(c,0)$ （2）$\dfrac{y^2}{a^2}+\dfrac{x^2}{b^2}=1$ $(a>b>0)$，$c=\sqrt{a^2-b^2}$，焦点是 $F_1(0,-c)$，$F_2(0,c)$ （3）参数方程 $\begin{cases}x=a\cos\theta\\y=b\sin\theta\end{cases}$，$\theta$ 为参数
性质	$E:\dfrac{x^2}{a^2}+\dfrac{y^2}{b^2}=1$ $(a>b>0)$ （1）范围：$\lvert x\rvert\leqslant a$，$\lvert y\rvert\leqslant b$ （2）对称性：关于 x，y 轴均对称，关于原点中心对称 （3）顶点：长轴端点 $A_1(-a,0)$，$A_2(a,0)$；短轴端点 $B_1(0,-b)$，$B_2(0,b)$

8. 双曲线

定义	到两个定点 F_1 和 F_2 的距离之差的绝对值等于定长（$<\lvert F_1F_2\rvert$）的点的轨迹
方程	（1）$\dfrac{x^2}{a^2}-\dfrac{y^2}{b^2}=1$，$c=\sqrt{a^2+b^2}$，焦点是 $F_1(-c,0)$、$F_2(c,0)$ （2）$\dfrac{y^2}{a^2}-\dfrac{x^2}{b^2}=1$，$c=\sqrt{a^2+b^2}$，焦点是 $F_1(0,-c)$、$F_2(0,c)$
方程	（3）$\begin{cases}x=a\sec\theta\\y=b\tan\theta\end{cases}$，$\theta$ 为参数
性质	$H:\dfrac{x^2}{a^2}-\dfrac{y^2}{b^2}=1$ $(a>0,b>0)$ （1）范围：$\lvert x\rvert\geqslant a$，$y\in\mathbf{R}$ （2）对称性：关于 x 和 y 轴均对称，关于原点中心对称 （3）顶点：轴端点 $A_1(-a,0)$，$A_2(a,0)$ （4）渐近线：$y=\dfrac{b}{a}x$，$y=-\dfrac{b}{a}x$

（续表）

渐近线	$\dfrac{x}{a} \pm \dfrac{y}{b} = 0$ 或 $\dfrac{x^2}{a^2} - \dfrac{y^2}{b^2} = 0$ 说明：共渐近线的双曲线系方程：$\dfrac{x^2}{a^2} - \dfrac{y^2}{b^2} = \lambda$ $(\lambda \neq 0)$ 的渐近线方程为 $\dfrac{x^2}{a^2} - \dfrac{y^2}{b^2} = 0$，如果双曲线的渐近线为 $\dfrac{x}{a} \pm \dfrac{y}{b} = 0$ 时，它的双曲线方程可设为 $\dfrac{x^2}{a^2} - \dfrac{y^2}{b^2} = \lambda$ $(\lambda \neq 0)$.

9. 设 $p > 0$，抛物线的标准方程、类型及其几何性质

	$y^2 = 2px$	$y^2 = -2px$	$x^2 = 2py$	$x^2 = -2py$
图形	 图 11-1	 图 11-2	 图 11-3	 图 11-4
焦点	$F\left(\dfrac{p}{2}, 0\right)$	$F\left(-\dfrac{p}{2}, 0\right)$	$F\left(0, \dfrac{p}{2}\right)$	$F\left(0, -\dfrac{p}{2}\right)$
准线	$x = -\dfrac{p}{2}$	$x = \dfrac{p}{2}$	$y = -\dfrac{p}{2}$	$y = \dfrac{p}{2}$
范围	$x \geqslant 0,\ y \in \mathbf{R}$	$x \leqslant 0,\ y \in \mathbf{R}$	$x \in \mathbf{R},\ y \geqslant 0$	$x \in \mathbf{R},\ y \leqslant 0$
对称轴	x 轴		y 轴	
顶点	$(0, 0)$			
焦半径	$|PF| = \dfrac{p}{2} + x_1$	$|PF| = \dfrac{p}{2} + |x_1|$	$|PF| = \dfrac{p}{2} + y_1$	$|PF| = \dfrac{p}{2} + |y_1|$

> **注：**$ay^2 + by + c = x$ 顶点 $\left(\dfrac{4ac - b^2}{4a}, -\dfrac{b}{2a}\right)$.

通径为 $2p$，这是过焦点的所有弦中最短的.

$y^2 = 2px$（或 $x^2 = 2py$）的参数方程为 $\begin{cases} x = 2pt^2 \\ y = 2pt \end{cases}$ 或 $\begin{cases} x = 2pt \\ y = 2pt^2 \end{cases}$ （t 为参数）.

10. 圆锥曲线的统一定义

曲　线	椭　　圆	双　曲　线	抛　物　线
统一定义	圆锥曲线就是与一定点和一定直线的距离之比为定值 e 的点的轨迹.		
离心率	$e=\dfrac{c}{a}\ (0<e<1)$	$e=\dfrac{c}{a}\ (e>1)$	$e=1$
准　线	$x=\pm\dfrac{a^2}{c}$	$x=\pm\dfrac{a^2}{c}$	$x=-\dfrac{p}{2}$
焦半径	$r_1=\|PF_1\|=a+ex$ $r_2=\|PF_2\|=a-ex$	P 在右支上: $r_1=\|PF_1\|=ex+a$ $r_2=\|PF_2\|=ex-a$ P 在左支上: $r_1=\|PF_1\|=-(ex+a)$ $r_2=\|PF_2\|=-(ex-a)$	见上表
通　径	$\dfrac{2b^2}{a}$	$\dfrac{2b^2}{a}$	$2p$

技能方法

- 利用圆锥曲线的几何定义解题.
- 利用基本量和标准方程解题.
- 利用切线方程、弦长公式、平行或垂直的充要条件解圆锥曲线的位置关系问题.
- 利用设而不解的方程策略探索解圆锥曲线的位置关系问题.
- 利用直接法、定义法、几何法、参数法解轨迹类问题.

典型例题

[例1]　(北大 2007)求证：对任何实数 k，$x^2+y^2-2kx-(2k+6)y-2k-31=0$ 恒过两个定点.

解析：原方程化为 $-2k(x+y+1)+x^2+y^2-6y-31=0$.

令 $\begin{cases} x+y+1=0 \\ x^2+y^2-6y-31=0 \end{cases}$，解得 $\begin{cases} x=-6 \\ y=5 \end{cases}$ 或 $\begin{cases} x=2 \\ y=-3 \end{cases}$，

即对任何实数 k，点 $(-6,5)$ 和 $(2,-3)$ 都满足方程

$$-2k(x+y+1)+x^2+y^2-6y-31=0.$$

所以，对任何实数 k，$x^2+y^2-2kx-(2k+6)y-2k-31=0$ 恒过两个定点 $(-6,5)$ 和 $(2,-3)$.

[例2]　(清华等五校 2010 选拔)设双曲线 C_1：$\dfrac{x^2}{a^2}-\dfrac{y^2}{4}=k\ (a>2,k>0)$，椭圆 C_2：

$\dfrac{x^2}{a^2}+\dfrac{y^2}{4}=1$. 若 C_2 的短轴长与 C_1 的实轴长的比值等于 C_2 的离心率,则 C_1 在 C_2 的一条准线上截得线段的长为(　　).

A. $2\sqrt{2+k}$ B. 2 C. $4\sqrt{4+k}$ D. 4

解析:由题意 $\dfrac{4}{2a\sqrt{k}}=\dfrac{\sqrt{a^2-4}}{a}$,所以 $k=\dfrac{4}{a^2-4}$.

将 $k=\dfrac{4}{a^2-4}$ 代入 C_1:$\dfrac{x^2}{a^2}-\dfrac{y^2}{4}=k$ $(a>2,\,k>0)$ 得

$$y^2=4\left[\dfrac{\dfrac{a^4}{a^2-4}}{a^2}-k\right]=4\left(\dfrac{a^2}{a^2-4}-k\right)=4\left(\dfrac{a^2}{a^2-4}-\dfrac{4}{a^2-4}\right)=4$$

所以 $y=\pm 2$,截得线段长为 4.

答案:D.

[**例 3**] (清华等五校 2010 选拔)设 A,B,C,D 为抛物线 $x^2=4y$ 上不同的四点,A,D 关于该抛物线的对称轴对称,BC 平行于该抛物线在点 D 处的切线 l. 设 D 到直线 AB,直线 AC 的距离分别为 d_1,d_2,已知 $d_1+d_2=\sqrt{2}\,|AD|$.

(1) 判断 $\triangle ABC$ 是锐角三角形、直角三角形、钝角三角形中的哪一种,并说明理由;

(2) 若 $\triangle ABC$ 的面积为 240,求点 A 的坐标及直线 BC 的方程.

解析:(1) 不妨设 D 在 A 的右边,C 在 B 的上边(见图 11-5),

令 $A(-2\sqrt{t}\,,\,t)$,$D(2\sqrt{t}\,,\,t)$,则

$k_{BC}=\left(\dfrac{1}{4}x^2\right)'\bigg|_{x=2\sqrt{t}}=\sqrt{t}$,

BC:$y=\sqrt{t}\,x+m$ 代入 $x^2=4y$ 得

$x^2-4\sqrt{t}\,x-4m=0$,

$x_{1,2}=2\sqrt{t}\pm 2\sqrt{t+m}$,

所以 $B(2\sqrt{t}-2\sqrt{t+m}\,,\,2t+m-2\sqrt{t(t+m)})$,

$C(2\sqrt{t}+2\sqrt{t+m}\,,\,2t+m+2\sqrt{t(t+m)})$,

图 11-5

得 $k_{AC}=\dfrac{\sqrt{t+m}}{2}$,$k_{AB}=-\dfrac{\sqrt{t+m}}{2}$,即 AD 是 $\angle CAB$ 的角平分线.

在"筝形 $AMDN$"中,由 $d_1+d_2=\sqrt{2}\,|AD|\Rightarrow AMDN$ 是正方形,所以 $\triangle ABC$ 是直角三角形.

(2) 由(1)知:$k_{AC}=1$,$k_{AB}=-1$,从而有

AC:$y-t=x+2\sqrt{t}$ 代入 $x^2=4y$,得 $x^2-4x-8\sqrt{t}-4t=0$,由弦长公式得

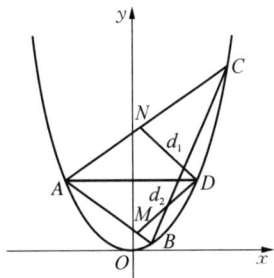

$|AC| = \sqrt{1+k^2}\,|x_1 - x_2| = \sqrt{2}\,\sqrt{(x_1+x_2)^2 - 4x_1 x_2} = \sqrt{2}\,\sqrt{16 + 4(8\sqrt{t} + 4t)}$.

AB：$y - t = -x - 2\sqrt{t}$ 代入 $x^2 = 4y$，得 $x^2 + 4x + 8\sqrt{t} - 4t = 0$，由弦长公式得

$|AB| = \sqrt{1+k^2}\,|x_1 - x_2| = \sqrt{2}\,\sqrt{(x_1+x_2)^2 - 4x_1 x_2} = \sqrt{2}\,\sqrt{16 + 4(-8\sqrt{t} + 4t)}$.

由 $\dfrac{1}{2}\,|AB|\,|AC| = 240 \Rightarrow t = 16$，

所以 $A(-8, 16)$，BC：$y = 4x - 12$.

当然，若设 D 在 A 的左边，应有 $A(8, 16)$，BC：$y = -4x - 12$.

[例 4]　（清华 2009 自招）椭圆 $\dfrac{x^2}{a^2} + \dfrac{y^2}{b^2} = 1\,(a, b > 0)$ 中，直线 l 过点 $A(-a, 0)$，交 y 轴于点 Q，交椭圆于点 R，另一直线过原点且平行于 l，交椭圆于 S，证明：AQ，AR，OS 中有一个数值的 $\sqrt{2}$ 倍与另两个数值构成等比数列.

解析： 由题意可知直线 l 斜率存在，设直线 l 方程为 $y = k(x+a)$，则 $Q(0, ka)$.

又直线 OS 方程为 $y = kx$，代入 $\dfrac{x^2}{a^2} + \dfrac{y^2}{b^2} = 1$，化简得 $(b^2 + a^2 k^2)x^2 = a^2 b^2$，

所以 $OS = \sqrt{1+k^2}\,|x_S - 0| = \sqrt{1+k^2}\,\dfrac{ab}{\sqrt{b^2 + a^2 k^2}}$.

同理，将 $y = k(x+a)$ 代入 $\dfrac{x^2}{a^2} + \dfrac{y^2}{b^2} = 1$，化简得

$(b^2 + a^2 k^2)x^2 + 2k^2 a^3 x - a^2(b^2 - a^2 k^2) = 0$，

得 $AR = \sqrt{1+k^2}\,|x_A - x_R| = \sqrt{1+k^2}\,\sqrt{(x_A + x_R)^2 - 4x_A x_R}$

$\qquad = \sqrt{1+k^2} \cdot \dfrac{2ab^2}{b^2 + a^2 k^2}$.

又 $AQ = a\sqrt{1+k^2}$，所以 $2OS^2 = AQ \cdot AR$.

从而原命题得证.

[例 5]　（浙大 2009 自招）A，B 是双曲线 $\dfrac{x^2}{a^2} - \dfrac{y^2}{b^2} = 1\,(a > 0, b > 0)$ 上不同的两点.

(1) 若线段 AB 的中垂线（不和 x 轴重合）过点 $Q(4, 0)$，求 AB 中点 M 的横坐标 x；

(2) 问 OA 是否可能垂直于 OB？并证明之.

解析： (1) 方法一：设 $A(a\sec\alpha, b\tan\alpha)$，$B(a\sec\beta, b\tan\beta)$，则有

$M\left(\dfrac{a(\sec\alpha + \sec\beta)}{2}, \dfrac{b(\tan\alpha + \tan\beta)}{2}\right)$.

$k_{AB} = \dfrac{b(\tan\alpha - \tan\beta)}{a(\sec\alpha - \sec\beta)}$，$k_{QM} = \dfrac{\dfrac{b(\tan\alpha + \tan\beta)}{2}}{\dfrac{a(\sec\alpha + \sec\beta)}{2} - 4} = \dfrac{b(\tan\alpha + \tan\beta)}{a(\sec\alpha + \sec\beta) - 8}$.

因为 $k_{AB} \cdot k_{QM} = -1$,所以 $\dfrac{b(\tan\alpha - \tan\beta)}{a(\sec\alpha - \sec\beta)} \cdot \dfrac{b(\tan\alpha + \tan\beta)}{a(\sec\alpha + \sec\beta) - 8} = -1$,

即 $b^2(\tan^2\alpha - \tan^2\beta) + a^2(\sec^2\alpha - \sec^2\beta) - 8a(\sec\alpha - \sec\beta) = 0$,

即 $(a^2 + b^2)(\sec^2\alpha - \sec^2\beta) - 8a(\sec\alpha - \sec\beta) = 0$.

由题意知 $\sec\alpha - \sec\beta \neq 0$,所以 $\sec\alpha + \sec\beta = \dfrac{8a}{a^2 + b^2}$.

所以 $x = \dfrac{a(\sec\alpha + \sec\beta)}{2} = \dfrac{4a^2}{a^2 + b^2}$.

方法二：由题意可知直线 AB 斜率存在,设 $A(x_1, y_1)$, $B(x_2, y_2)$, $M(x_0, y_0)$,

则 $\begin{cases} \dfrac{x_1^2}{a^2} - \dfrac{y_1^2}{b^2} = 1 \\ \dfrac{x_2^2}{a^2} - \dfrac{y_2^2}{b^2} = 1 \end{cases}$,两式相减得 $\dfrac{(x_1 - x_2)(x_1 + x_2)}{a^2} - \dfrac{(y_1 - y_2)(y_1 + y_2)}{b^2} = 0$.

从而 $k_{AB} = \dfrac{y_1 - y_2}{x_1 - x_2} = \dfrac{b^2(x_1 + x_2)}{a^2(y_1 + y_2)} = \dfrac{b^2 x_0}{a^2 y_0}$, $k_{QM} = -\dfrac{1}{k_{AB}} = -\dfrac{a^2 y_0}{b^2 x_0}$.

所以直线 QM 的方程为 $y - y_0 = -\dfrac{a^2 y_0}{b^2 x_0}(x - x_0)$.

把 $Q(4, 0)$ 代入,得 $-y_0 = -\dfrac{a^2 y_0}{b^2 x_0}(4 - x_0)$,

容易知道 $y_0 \neq 0$,消掉 y_0 便得 $x_0 = \dfrac{4a^2}{a^2 + b^2}$.

(2) 设双曲线渐近线 $y = \dfrac{b}{a}x$ 的倾斜角为 θ.

若 $0 < \theta \leqslant \dfrac{\pi}{4}$,则 ① A, B 在双曲线的同一支时,$\angle AOB < 2\theta \leqslant \dfrac{\pi}{2}$;

② A, B 分别在双曲线两支上时,$\angle AOB > 2\left(\dfrac{\pi}{2} - \theta\right) \geqslant \dfrac{\pi}{2}$.

由此可见,OA 不可能垂直于 OB.

若 $\dfrac{\pi}{4} < \theta < \dfrac{\pi}{2}$,容易找到满足题意的点.

综上所述,当且仅当 $\dfrac{\pi}{4} < \theta < \dfrac{\pi}{2}$ 即 $a < b$ 时,存在 A, B 使得 $OA \perp OB$.

[例 6] (交大 2006 保送推优)椭圆 $\dfrac{x^2}{a^2} + y^2 = 1(a > 1)$,一顶点 $A(0, 1)$,是否存在

这样的以 A 为直角顶点的内接于椭圆的等腰直角三角形,若存在,求出共有几个,若不存

在,请说明理由.

解析：如图 $11-6$ 所示,设 AB 所在直线(斜率存在)方程为 $y=kx+1$ $(k>0)$,

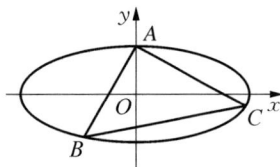

代入椭圆方程 $\dfrac{x^2}{a^2}+y^2=1$,整理得

$$(1+a^2k^2)x^2+2ka^2x=0,$$

解得 $x_1=0$, $x_2=-\dfrac{2ka^2}{1+a^2k^2}$,

则 $|AB|=\sqrt{1+k^2}\,|x_1-x_2|=\dfrac{2ka^2\sqrt{1+k^2}}{1+a^2k^2}$.

同理,可得 $|AC|=\dfrac{\dfrac{2a^2}{k}\sqrt{1+\dfrac{1}{k^2}}}{1+\dfrac{a^2}{k^2}}=\dfrac{2a^2\sqrt{1+k^2}}{k^2+a^2}$.

令 $|AB|=|AC|$,整理得 $k^3-a^2k^2+a^2k-1=0$,即

$$(k-1)[k^2+(1-a^2)k+1]=0.$$

所以 $k=1$ 或 $k^2+(1-a^2)k+1=0$.

当 $a\in(1,\sqrt{3})$ 时,方程 $k^2+(1-a^2)k+1=0$ 无解;

当 $a=\sqrt{3}$ 时,方程 $k^2+(1-a^2)k+1=0$ 有唯一解 $k=1$;

当 $a\in(\sqrt{3},+\infty)$ 时,方程 $k^2+(1-a^2)k+1=0$ 有两解.

综上所述,$a\in(1,\sqrt{3}]$ 时有一个;$a\in(\sqrt{3},+\infty)$ 时有两个.

[例 7]（复旦 2005 保送推优）在 $1/4$ 个椭圆 $\dfrac{x^2}{a^2}+\dfrac{y^2}{b^2}=1$ $(x>0,y>0)$ 上取一点 P,使过 P 点椭圆的切线与坐标轴所围成的三角形的面积最小.

解析：设过椭圆上点 P 的切线交 x 轴、y 轴分别于 A, B 两点.设 $P(\bar{x},\bar{y})$,则切线方程为 $\dfrac{x\bar{x}}{a^2}+\dfrac{y\bar{y}}{b^2}=1$,且

$$AO=\dfrac{a^2}{\bar{x}},\ BO=\dfrac{b^2}{\bar{y}},\ \text{所求三角形的积}\ S=\dfrac{a^2b^2}{2\bar{x}\bar{y}}.$$

而 $(\bar{x}\bar{y})^2=\bar{x}^2\cdot b^2\left(1-\dfrac{\bar{x}^2}{a^2}\right)=b^2\bar{x}^2-\dfrac{b^2}{a^2}\bar{x}^4=\dfrac{a^2b^2}{4}-\dfrac{b^2}{a^2}\left(\bar{x}^2-\dfrac{a^2}{2}\right)^2$,

所以 $(\bar{x}\bar{y})_{\max}=\dfrac{ab}{2}$, $S_{\min}=ab$.

总结：过圆锥曲线 $F(x,y)=0$ 上定点 (x_0,y_0) 的切线方程就是用下列代换：$x_0x\to x^2$, $y_0y\to y^2$, $\dfrac{x+x_0}{2}\to x$, $\dfrac{y+y_0}{2}\to y$ 化 $F(x,y)=0$ 所得的结果.

［例8］ （交大 2004 保送）对于两条垂直直线和一个椭圆,已知椭圆无论如何滑动都与两条直线相切,求椭圆中心的轨迹.

解析:

方法一:证明垂直直线的垂足到椭圆中心距离是定值.

如图 11-7 所示,以椭圆长轴和短轴为坐标轴,椭圆中心为原点建立直角坐标系.设椭圆方程为 $\dfrac{x^2}{a^2}+\dfrac{y^2}{b^2}=1\,(a>b>0)$,四边形 $PQRS$ 为椭圆的两组切线围成的矩形.

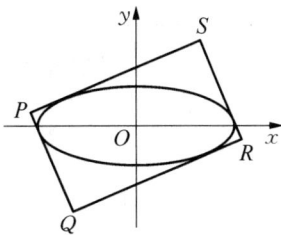

当矩形两组边分别和坐标轴平行时,易得 $|OP|=\sqrt{a^2+b^2}$.

当矩形两组边和坐标轴不平行时,设出直线 RS 和直线 PQ 方程的统一形式为 $y=kx+m$,代入椭圆方程 $\dfrac{x^2}{a^2}+\dfrac{y^2}{b^2}=1$,整理得

$$(a^2k^2+b^2)x^2+2kma^2x+a^2m^2-a^2b^2=0.$$

令 $\Delta=0\Rightarrow m=\pm\sqrt{a^2k^2+b^2}$,两个 m 值分别对应切线 RS 和切线 PQ.

这两条切线的距离 $d_1=\dfrac{2\sqrt{a^2k^2+b^2}}{\sqrt{1+k^2}}$.

把上式中的 k 换成 $-\dfrac{1}{k}$ 可得:另一组切线之间的距离 $d_2=\dfrac{2\sqrt{a^2+b^2k^2}}{\sqrt{1+k^2}}$.

所以,$|OP|=\dfrac{1}{2}\sqrt{d_1^2+d_2^2}=\sqrt{a^2+b^2}$.

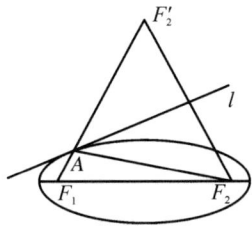

这样就证明了椭圆中心到垂足的距离是定值 $\sqrt{a^2+b^2}$,结合椭圆的性质可知椭圆中心的轨迹是圆 $x^2+y^2=a^2+b^2$ 夹在 $x=-a$,$x=-b$ 和 $x=a$,$x=b$ 之间的四段圆弧.

方法二:如图 11-8 所示,设椭圆的焦点为 F_1,F_2,过椭圆的任意一点 A 的切线为 $l.F_2$ 关于切线 l 的对称点为 F_2'.由椭圆的光学性质可知直线 F_1F_2' 经过点 A.

图 11-8

> **注:**这一性质用解析法可以直接证明,也可以用同一法来证明.

以两条垂直直线为坐标轴,它们的交点为坐标原点建立直角坐标系,如图 11-9 所示.

设椭圆的长轴和短轴长分别为 $2a$,$2b\,(a>b>0)$,其中心坐标为 $T(x_0,\,y_0)$.由椭圆性质知:

$b\leqslant|x_0|\leqslant a$ 且 $|y_0|\leqslant a$.由于 $|F_1T|=|F_2T|=c$.不妨设:

$F_1(x_0-c\cos\theta,\,y_0-c\sin\theta)$,$F_2(x_0+c\cos\theta,\,y_0+c\sin\theta)$,

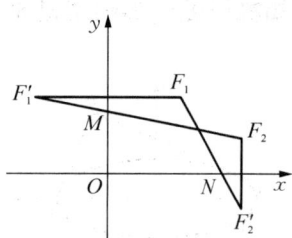

图 11-9

其中 $c=\sqrt{a^2-b^2}$，$\theta\in[0,2\pi)$.

则 $F'_1(-x_0+c\cos\theta,y_0-c\sin\theta)$，$F'_2(x_0+c\cos\theta,-y_0-c\sin\theta)$.

由 $|F'_1F_2|=2a$，$|F_1F'_2|=2a$，得

$$\begin{cases}4a^2=|F'_1F_2|^2=4x_0^2+4c^2\sin^2\theta\\4a^2=|F_1F'_2|=4y_0^2+4c^2\cos^2\theta\end{cases}$$

$\Rightarrow 8a^2=4x_0^2+4y_0^2+4c^2\Rightarrow x_0^2+y_0^2=a^2+b^2$.

结合 $b\leqslant|x_0|\leqslant a$ 且 $|y_0|\leqslant a$，知椭圆中心的轨迹是圆 $x^2+y^2=a^2+b^2$ 夹在 $x=-a$，$x=-b$ 和 $x=a$，$x=b$ 之间的四段圆弧.

巩固训练

1. 椭圆 $x^2+4(y-a)^2=4$ 与抛物线 $x^2=2y$ 有公共点，求 a 的取值范围.

2. 求证：从椭圆焦点出发的光线经光洁的椭圆壁反射后必经过另一个焦点.你还知道其他圆锥曲线的光学性质吗？请叙述但不必证明.

3. 双曲线 $x^2-y^2=1$ 上一点 P 对左右两焦点的视角为直角，则它与左右焦点为顶点的三角形的面积_____.

4. 已知线段 AB 长度为 3，两端均在抛物线 $x=y^2$ 上，试求 AB 的中点 M 到 y 轴的最短距离和此时 M 点的坐标.

5. 若曲线 C_1：$x^2-y^2=0$ 与 C_2：$(x-a)^2+y^2=1$ 的图像有 3 个交点，则 $a=$_____.

6. 函数 $y=ax+b$（$a,b\in\mathbf{Z}$）的图像与三条抛物线 $y=x^2+3$，$y=x^2+6x+7$，$y=x^2+4x+5$ 分别有 2，1，0 个交点，则 $(a,b)=$_____.

7. 已知椭圆 $\dfrac{(x-a)^2}{2}+y^2=1$ 与抛物线 $y^2=\dfrac{1}{2}x$ 在第一象限内有两个公共点 A，B，线段 AB 的中点 M 在抛物线 $y^2=\dfrac{1}{4}(x+1)$ 上，求 a.

8. 已知过两抛物线 C_1：$x+1=(y-1)^2$，C_2：$(y-1)^2=-4x-a+1$ 的交点的各自的切线互相垂直，求 a.

9. 抛物线 $y^2=-4(x-1)$ 的准线方程为（　　）.

A. $x=1$　　　　B. $x=2$　　　　C. $x=3$　　　　D. $x=4$

10. 把圆 $x^2+(y-1)^2=1$ 与椭圆 $x^2+\dfrac{(y+1)^2}{9}=1$ 的公共点，用线段连接起来所得到的图形为（　　）.

A. 线段　　　　B. 等边三角形　　　　C. 不等边三角形　　　　D. 四边形

11. 一艘船以 $v_1 = 10$ km/h 向西行驶,在西南方向 300 km 处有一台风中心,周围 100 km 为暴雨区,且以 $v_2 = 20$ km/h 向北移动,问该船遭遇暴雨的时间段长度.

12. 由参数方程 $\begin{cases} x = t + \dfrac{1}{t} \\ y = t - \dfrac{1}{t} \end{cases}$ 所表示的曲线是(　　).

A. 椭圆　　　　　　　B. 双曲线　　　　　　C. 抛物线　　　　　　D. 圆

13. 点 P 在抛物线 $y = x^2 (x > 0)$ 上,点 A 坐标为 $\left(-\dfrac{1}{3}, 0\right)$,抛物线在 P 点的切线与 y 轴及直线 PA 夹角相等,求点 P 的坐标.

14. 椭圆 $\dfrac{x^2}{4} + \dfrac{y^2}{3} = 1$ 在第一象限上一点 $P(x_0, y_0)$,过 P 的切线与坐标轴所围成的三角形的面积是_____.

15. 抛物线 $y = 2x^2 + 2ax + a^2$ 与直线 $y = x + 1$ 交于 A 和 B 两点,$|AB|$ 最大时,$a = $ _____.

16. 已知抛物线 $y = ax^2$,直线 l_1,l_2 都过点 $(1, -2)$ 且互相垂直,若抛物线与直线 l_1,l_2 中的至少一条相交,求 a 的取值范围.

17. 曲线 $y^2 = 2px (p > 0)$ 与圆 $(x - 2)^2 + y^2 = 3$ 交于 A 和 B 两点,线段 AB 的中点在 $y = x$ 上,求 p.

18. 已知椭圆 $\dfrac{x^2}{12} + \dfrac{y^2}{3} = 1$ 的焦点为 F_1,F_2,点 P 在椭圆上,若 PF_1 的中点在 y 轴上,则 $|PF_1|$ 是 $|PF_2|$ 的(　　).

A. 3 倍　　　　　　　B. 5 倍　　　　　　　C. 7 倍　　　　　　　D. 9 倍

19. 过抛物线 $y^2 = 2px (p > 0)$ 的焦点 F 作直线交抛物线于 A,B 两点,O 是抛物线顶点.则 $\triangle ABO$ 是一个(　　)三角形.

A. 等边　　　　　　　B. 直角　　　　　　　C. 不等边锐角　　　　D. 钝角

20. 设 F_1,F_2 分别是椭圆 $\dfrac{x^2}{16} + \dfrac{y^2}{9} = 1$ 的左、右焦点,且点 P 在椭圆上,若 $F_1 F_2 P$ 组成直角三角形,则 P 到 x 轴的距离为(　　).

A. 3　　　　　　　B. $\dfrac{9}{4}$　　　　　　　C. $\dfrac{9}{5}$　　　　　　　D. $\dfrac{3}{2}$

21. 已知常数 k_1,k_2 满足 $0 < k_1 < k_2$,$k_1 k_2 = 1$.设 C_1 和 C_2 分别是以 $y = \pm k_1 (x - 1) + 1$ 和 $y = \pm k_2 (x - 1) + 1$ 为渐近线且通过原点的双曲线.则 C_1 和 C_2 的离心率之比 $\dfrac{e_1}{e_2}$ 等于(　　).

A. $\sqrt{\dfrac{1 + k_1^2}{1 + k_2^2}}$　　　　　　B. $\sqrt{\dfrac{1 + k_2^2}{1 + k_1^2}}$　　　　　　C. 1　　　　　　D. $\dfrac{k_1}{k_2}$

22. F 为抛物线 $y^2=2px$ 的焦点,过点 F 的直线 l 与该抛物线交于 A,B 两点,l_1,l_2 分别是该抛物线在 A,B 两点处的切线,l_1,l_2 相交于点 C(见图 11-10).设 $|AF|=a$,$|BF|=b$,则 $|CF|=($ $)$.

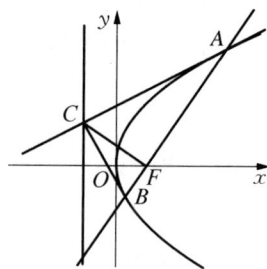

图 11-10

    A. $\sqrt{a+b}$ B. $\sqrt{ab}$

    C. $\dfrac{a+b}{2}$ D. $\sqrt{a^2+b^2}$

$$\S 12 \quad 极坐标系$$

1. 极坐标与平面直角坐标转换公式

$$\rho^2 = x^2 + y^2, \rho\cos\theta = x, \rho\sin\theta = y.$$

2. 极坐标方程

(1) 圆(见图 12-1).以 $C(\rho_0, \theta_0)$ 为圆心,半径为 r 的圆的方程: $r^2 = \rho^2 + \rho_0^2 - 2\rho\rho_0\cos(\theta - \theta_0)$.

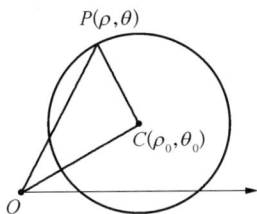

图 12-1

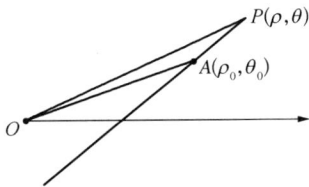

图 12-2

(2) 直线(见图 12-2).过 $A(\rho_0, \theta_0)$ 点,倾斜角为 α 的直线方程: $\rho\sin(\theta - \alpha) = \rho_0\sin(\theta_0 - \alpha)$.

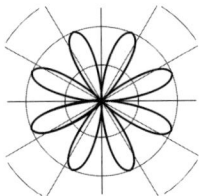

图 12-3

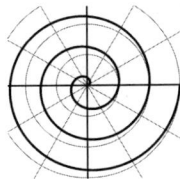

图 12-4

(3) 玫瑰线(见图 12-3).极坐标的玫瑰线(polar rose)是数学曲线中非常著名的曲线,看上去像花瓣,它只能用极坐标方程来描述,方程如下: $\rho = a\cos k\theta$ 或 $\rho = a\sin k\theta$.变量 a 代表玫瑰线花瓣的长度.

如果 k 是整数,当 k 是奇数时那么曲线将会是 k 个花瓣,当 k 是偶数时曲线将是 $2k$ 个花瓣.如果 k 为非整数,将产生圆盘(disc)状图形,且花瓣数也为非整数.注意:该方程不可能产生 4 的倍数加 2(如 2,6,10,…)个花瓣.

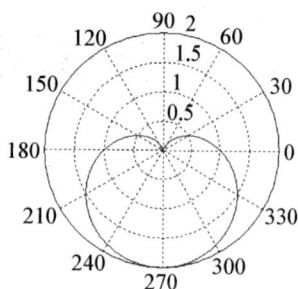

图 12-5

（4）阿基米德螺线（见图 12-4）.阿基米德螺线在极坐标里使用以下方程表示：$\rho = a + b\theta$.

改变参数 a 将改变螺线形状，b 控制螺线间距离，通常其为常量.阿基米德螺线有两条螺线，一条 $\theta > 0$，另一条 $\theta < 0$.

（5）圆锥曲线：$\rho = \dfrac{ep}{1 - e\cos\theta}$，其中 e 表示离心率，p 表示焦点到准线的距离.

（6）心脏线（见图 12-5）.$\rho = 2r(1 - \sin\theta)$.

技能方法

● 在极坐标系的"环境中"建立曲线的极坐标方程——求直线的极坐标方程一般采用直角三角形中的三角比或正弦定理，求圆的极坐标方程一般采用直角三角形中的三角比或余弦定理.

● 利用极坐标与普通坐标的转化公式——解决有关极坐标方程的问题时，可先化为直角坐标方程，得到有关结论后再化回极坐标方程.

● 借助极坐标的几何意义解决实际问题——注意数形结合，作出符合题意的草图，往往可以收到事半功倍的效果.

典型例题

[例 1]　求直线 $\rho = \dfrac{1}{a\cos\theta + b\sin\theta}$ 与圆 $\rho = 2c\cos\theta\,(c > 0)$ 相切的充要条件.

解析：化为普通方程.

直线的直角坐标方程为 $ax + by - 1 = 0$，圆的直角坐标方程为 $(x - c)^2 + y^2 = c^2$.

所以，直线 $\rho = \dfrac{1}{a\cos\theta + b\sin\theta}$ 与圆 $\rho = 2c\cos\theta\,(c > 0)$ 相切 $\Leftrightarrow$ 圆心到直线的距离 $d = \dfrac{|ac - 1|}{\sqrt{a^2 + b^2}} = c$，即 $b^2c^2 + 2ac = 1$.

[例 2]　（复旦 2008 选拔）对所有满足 $1 \leqslant n \leqslant m \leqslant 5$ 的 m，n，极坐标方程 $\rho = \dfrac{1}{1 - \mathrm{C}_m^n \cos\theta}$ 表示的不同双曲线条数为（　　）.

A. 6　　　　　　　　B. 9　　　　　　　　C. 12　　　　　　　　D. 15

解析：当 $m = n$ 时，$\rho = \dfrac{1}{1 - \mathrm{C}_m^n \cos\theta}$ 表示的是抛物线.

当 $m \neq n$ 时,令 $a = \mathrm{C}_m^n > 1$,原方程化为普通方程得

$(a^2 - 1)^2 \left(x + \dfrac{a}{a^2 - 1} \right)^2 - (a^2 - 1) y^2 = 1$,此即表示双曲线.

当 $1 \leqslant n < m \leqslant 5$ 时,$a = \mathrm{C}_m^n$ 可枚举得到 6 个不同的值.

所以 $\rho = \dfrac{1}{1 - \mathrm{C}_m^n \cos \theta}$ 表示的不同的双曲线条数共有 6 条.

选 A.

[例 3] 求极坐标 $\rho = a(1 - \cos \theta)$ 的图像.

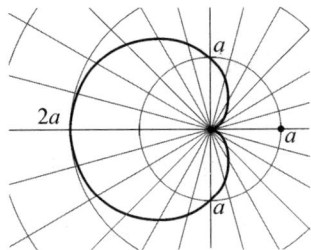

图 12 - 6

解析: 我们注意到 ρ 是周期函数,则 $\rho = a(1 - \cos \theta)$ 的图像是一条闭合曲线,分别取 $\theta = 0°, 90°, 180°, 270°, 360°$ 时,可画出特殊点位置(见图 12 - 6).

而在 $(0°, 90°)$,$(90°, 180°)$,$(180°, 270°)$,$(270°, 360°)$ 这些区间上:

当 $a > 0$,$\rho = a(1 - \cos \theta)$ 分别为增增减减,所以可以画出大致的图像,即心形线.

当 $a < 0$,$\rho = a(1 - \cos \theta)$ 的图像与上述图像关于极点对称.

[例 4] 如图 12 - 7 所示,长为 2 的线段 AB,其端点在两直角坐标轴上滑动,从原点 O 作该线段的垂线,求垂足 M 的轨迹的极坐标方程(以 x 轴的正方向为极轴),再化为直角坐标方程.

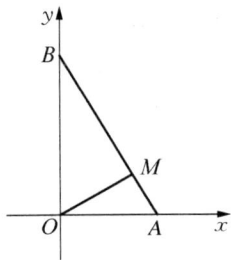

图 12 - 7

解析: 设点 M 的极坐标为 (ρ, θ).

由 $|AM| + |MB| = 2 \Rightarrow \rho \tan \theta + \rho \cot \theta = 2$,化简得 $\rho = \sin 2\theta$(四叶玫瑰线).

或由 $\left(\dfrac{\rho}{\cos \theta} \right)^2 + \left(\dfrac{\rho}{\sin \theta} \right)^2 = 4$,化简得 $\rho = \sin 2\theta$.

其直角坐标方程为 $(x^2 + y^2)^3 = 4x^2 y^2$.

答案: $\rho = \sin 2\theta$;$(x^2 + y^2)^3 = 4x^2 y^2$.

[例 5] 已知椭圆 $\dfrac{x^2}{a^2} + \dfrac{y^2}{b^2} = 1$ 的两条半径 OA,OB 互相垂直,求证:$\dfrac{1}{|OA|^2} + \dfrac{1}{|OB|^2}$ 为定值.

解析: 以原点为极点,x 轴为极轴建立极坐标系(见图 12 - 8),将 $x = \rho \cos \theta$,$y = \rho \sin \theta$ 代入椭圆方程,得

$\dfrac{\rho^2 \cos^2 \theta}{a^2} + \dfrac{\rho^2 \sin^2 \theta}{b^2} = 1$,

即 $\rho^2 = \dfrac{a^2 b^2}{b^2 \cos^2 \theta + a^2 \sin^2 \theta}$.

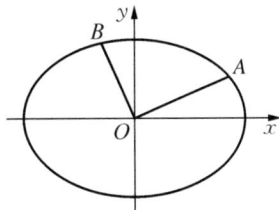

图 12 - 8

设 $A(\rho_1, \theta)$，$B\left(\rho_2, \theta+\dfrac{\pi}{2}\right)$，则

$$\frac{1}{|OA|^2}+\frac{1}{|OB|^2}=\frac{1}{\rho_1^2}+\frac{1}{\rho_2^2}=\frac{b^2\cos^2\theta+a^2\sin^2\theta}{a^2b^2}+\frac{b^2\sin^2\theta+a^2\cos^2\theta}{a^2b^2}$$

$$=\frac{a^2+b^2}{a^2b^2}（定值）.$$

巩固训练

1. 在极坐标系中，极点到直线 $\rho\sin\left(\theta-\dfrac{\pi}{6}\right)=1$ 的距离为_____.

2. 若曲线 C 的极坐标方程是 $\rho=2\cos^2\theta$，给定两个点 $M(0,0)$ 和 $N(-2,\pi)$，则有（   ）.

　A. $M\in C$ 但 $N\notin C$　　　　　　　　B. $M\notin C$ 且 $N\notin C$

　C. $M\notin C$ 但 $N\in C$　　　　　　　　D. $M\in C$ 且 $N\in C$

3. 求 $\rho=5\sqrt{3}\sin\theta-5\cos\theta$ 的圆心坐标，$\theta\in[0,2\pi)$.

4. $\triangle ABC$ 中，$AB=a$，顶点 C 在 AB 上方移动，且 $\angle A=2\angle C$，建立适当的极坐标系，求顶点 C 的轨迹方程.

5. 设 $a^2+b^2\neq 0$，$\rho\in\mathbf{R}$，讨论方程 $a\rho+b\theta+c=0$ 所表示的曲线形状.

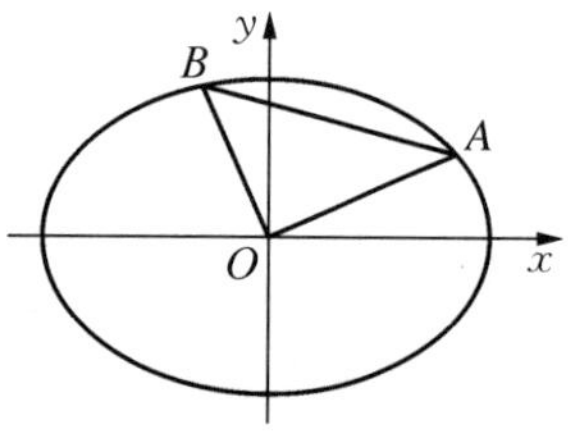

图 12-9

6. 已知半径为 2 的定圆 C 外一定点 A，且 $|AC|=4$，在圆上任取一点 P，以 AP 为一边逆时针作等边三角形 APQ，当 P 在圆上运动时，求点 Q 的轨迹方程.

7. 已知椭圆 $\dfrac{x^2}{a^2}+\dfrac{y^2}{b^2}=1$ 的两条半径 OA，OB 互相垂直，求 $\triangle OAB$ 面积的最大值与最小值（见图 12-9）.

8. 设 $a>0$，极坐标方程 $\rho=a(1-\cos\theta)$，$0\leqslant\theta\leqslant\pi$，所表示的曲线的大致图像是（   ）.

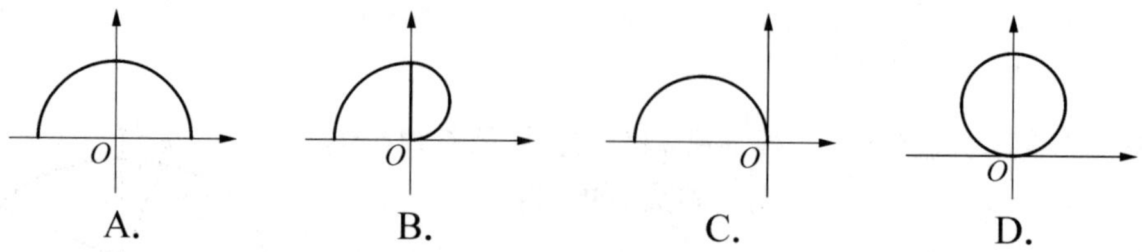

　　A.　　　　　　B.　　　　　　C.　　　　　　D.

图 12-10

$\S 13$ 线性规划

要点考点

1. 二元一次不等式表示平面区域

在平面直角坐标系中,已知直线 $Ax+By+C=0$,坐标平面内的点 $P(x_0,y_0)$,$B>0$ 时,

(1) $Ax_0+By_0+C>0$,则点 $P(x_0,y_0)$ 在直线的上方;

(2) $Ax_0+By_0+C<0$,则点 $P(x_0,y_0)$ 在直线的下方.

那么,

(1) $Ax+By+C>0$ 表示直线 $Ax+By+C=0$ 上方的区域;

(2) $Ax+By+C<0$ 表示直线 $Ax+By+C=0$ 下方的区域.

2. 线性规划

求线性目标函数在线性约束条件下的最大值或最小值的问题,统称为线性规划问题.

满足线性约束条件的解 (x,y) 称为可行解,由所有可行解组成的集合称为可行域(类似函数的定义域);使目标函数取得最大值或最小值的可行解称为最优解,生产实际中有许多问题都可以归结为线性规划问题.

线性规划问题一般用图解法,其步骤如下:

(1) 根据题意,设出变量 x,y.

(2) 找出线性约束条件.

(3) 确定线性目标函数 $z=f(x,y)$.

(4) 画出可行域(即各约束条件所示区域的公共区域).

(5) 利用线性目标函数作平行直线系 $f(x,y)=t$(t 为参数).

(6) 观察图形,找到直线 $f(x,y)=t$ 在可行域上使 t 取得欲求最值的位置,以确定最优解,给出答案.

技能方法

● 将相关问题转化为线性规划问题.

● 作约束条件的可行域.

● 利用曲线族与可行域的位置关系确定目标函数的最值.

典型例题

[例1] 求不等式 $|x-1|+|y-1| \leqslant 2$ 表示的平面区域的面积.

解析: $|x-1|+|y-1| \leqslant 2$ 可化为

$$\begin{cases} x \geqslant 1 \\ y \geqslant 1 \\ x+y \leqslant 4 \end{cases} \text{ 或 } \begin{cases} x \geqslant 1 \\ y \leqslant 1 \\ x-y \leqslant 2 \end{cases} \text{ 或 } \begin{cases} x \leqslant 1 \\ y \geqslant 1 \\ y-x \leqslant 2 \end{cases} \text{ 或 } \begin{cases} x \leqslant 1 \\ y \leqslant 1 \\ x+y \geqslant 0 \end{cases}$$

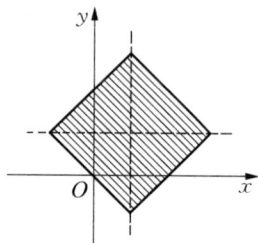
图 13-1

其平面区域如图 13-1 所示.其面积 $S = \dfrac{1}{2} \times 4 \times 4 = 8$.

答案: 8.

[例2] 设等差数列 $\{a_n\}$ 的前项和为 S_n,若 $S_4 \geqslant 10$,$S_5 \leqslant 15$,则 a_4 的最大值为_____.

解析: 由题意,$\begin{cases} 4a_1 + \dfrac{4 \times 3}{2}d \geqslant 10 \\ 5a_1 + \dfrac{5 \times 4}{2}d \leqslant 15 \end{cases}$,即 $\begin{cases} 2a_1 + 3d \geqslant 5 \\ a_1 + 2d \leqslant 3 \end{cases}$,$a_4 = a_1 + 3d$.

这是加了包装的线性规划.建立平面直角坐标系 $a_1 O d$,画出可行域 $\begin{cases} 2a_1 + 3d \geqslant 5 \\ a_1 + 2d \leqslant 3 \end{cases}$(图略),画出目标函数即直线 $a_4 = a_1 + 3d$,由图知,当直线 $a_4 = a_1 + 3d$ 过可行域内 $(1,1)$ 点时截距最大,此时目标函数取最大值 $a_4 = 4$.

因约束条件只有两个,本题也可利用不等式性质求解.

设 $a_1 + 3d = \lambda_1(2a_1 + 3d) + \lambda_2(a_1 + 2d)$,

由 $\begin{cases} 2\lambda_1 + \lambda_2 = 1 \\ 3\lambda_1 + 2\lambda_2 = 3 \end{cases}$ 解得 $\begin{cases} \lambda_1 = -1 \\ \lambda_2 = 3 \end{cases}$,

所以 $a_1 + 3d = -(2a_1 + 3d) + 3(a_1 + 2d)$.

由不等式的性质得 $\begin{cases} 2a_1 + 3d \geqslant 5 \\ a_1 + 2d \leqslant 3 \end{cases} \Rightarrow \begin{cases} -(2a_1 + 3d) \leqslant -5 \\ 3(a_1 + 2d) \leqslant 9 \end{cases}$

$\Rightarrow -(2a_1 + 3d) + 3(a_1 + 2d) \leqslant 4$,即

$a_4 = a_1 + 3d \leqslant 4$,故 a_4 的最大值是 4.

[例3] (复旦2008选拔)某厂拟用集装箱托运甲乙两种货物,每箱的体积、重量、可获利润以及托运所受限制如下表所示:

货　　物	体积/每箱/(米³/箱)	重量/每箱/(吨/箱)	利润/每箱/(百元/箱)
甲	20	10	8
乙	10	20	10
托运限制	110	100	

在最合理的安排下,获得的最大利润是_____百元.

A. 58　　　　　B. 60　　　　　C. 62　　　　　D. 64

解析: 设托运甲货物 $x(x \geqslant 0)$ 箱,乙货物 $y(y \geqslant 0)$ 箱,所得利润为 z 元,那么

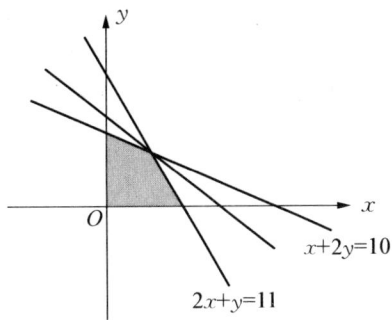

$$\begin{cases} 20x + 10y \leqslant 110 \\ 10x + 20y \leqslant 100 \end{cases}, z = 8x + 10y,其中 x, y \in \mathbf{N}.$$

作出不等式组所表示的平面区域,即可行域,如图 13-2 所示.

观察图形可知,当直线 $8x + 10y = z$ 经过 $2x + y = 11$ 和 $x + 2y = 10$ 的交点 $(4, 3)$ 时,z 取得最大值,为 62.

答案: C.

图 13-2

[例4] (清大 2006 自招冬令营)(1) 求三直线 $x + y = 60$,$y = \dfrac{1}{2}x$,$y = 0$ 所围成三角形上的整点个数;

(2) 求方程组 $\begin{cases} y < 2x \\ y > \dfrac{1}{2}x \\ x + y = 60 \end{cases}$ 的整数解个数.

解析: (1) 画出直线 $x + y = 60$,$y = \dfrac{1}{2}x$,如图 13-3 所示.

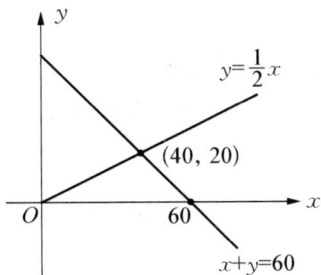

图 13-3

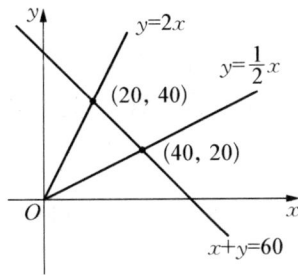

图 13-4

三直线 $x + y = 60$,$y = \dfrac{1}{2}x$,$y = 0$ 所围成三角形三边上的整点个数分别为 21,21,61.

所以总个数为 $21 + 21 + 61 - 3 = 100$ 个.

(2) 作出不等式组所表示的平面区域,如图 13-4 所示.

即求直线 $x+y=60$ 上夹在 $y=2x$ 和 $y=\dfrac{1}{2}x$ 之间的整点个数.

因为 $y=2x$ 和 $y=\dfrac{1}{2}x$ 与直线 $x+y=60$ 的交点分别为 $(20,40)$ 和 $(40,20)$.

所以满足题意的整点个数为 19 个.

[例 5] 某矿山车队有 4 辆载重量为 10 t 的甲型卡车和 7 辆载重量为 6 t 的乙型卡车, 有 9 名驾驶员. 此车队每天至少要运 360 t 矿石至冶炼厂. 已知甲型卡车每辆每天可往返 6 次, 乙型卡车每辆每天可往返 8 次. 甲型卡车每辆每天的成本费为 252 元, 乙型卡车每辆每天的成本费为 160 元, 问每天派出甲型车与乙型车各多少辆, 车队所花成本费最低?

解析: 设每天派出甲型车 x 辆、乙型车 y 辆, 车队所花成本费为 z 元, 那么

$$\begin{cases} x+y\leqslant 9 \\ 60x+48y\geqslant 360 \\ 0\leqslant x\leqslant 4 \\ 0\leqslant y\leqslant 7 \end{cases}, z=252x+160y, \text{其中}\ x,y\in \mathbf{N}^{*}.$$

作出不等式组所表示的平面区域, 即可行域, 如图 13-5 所示.

作出直线 $l_{0}:252x+160y=0$, 把直线 l 向右上方平移, 使其经过可行域上的整点, 且使在 y 轴上的截距最小. 观察图形, 可见当直线 $l_{0}:252x+160y=t$ 经过点 $(2,5)$ 时, 满足上述要求, 此时, $z=252x+160y$ 取得最小值, 即 $x=2$, $y=5$ 时, $z_{\min}=252\times 2+160\times 5=1\,304$.

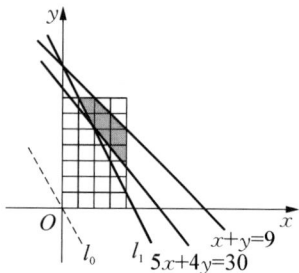

图 13-5

答: 每天派出甲型车 2 辆, 乙型车 5 辆, 车队所用成本费最低.

巩固训练

1. 点 $(-2,t)$ 在直线 $2x-3y+6=0$ 的上方, 则 t 的取值范围是_____.

2. 已知 x,y 为整数, n 为非负整数, 如果 $|x|+|y|\leqslant n$, 则整点 (x,y) 的个数为_____.

3. 设动点坐标 (x,y) 满足 $\begin{cases}(x-y+1)(x+y-4)\geqslant 0 \\ x\geqslant 3\end{cases}$, 则 $x^{2}+y^{2}$ 的最小值为( ).

A. $\sqrt{5}$ 　　　　B. $\sqrt{10}$ 　　　　C. $\dfrac{17}{2}$ 　　　　D. 10

4. 设实数 x,y 满足约束条件 $\begin{cases}3x-y-6\leqslant 0 \\ x-y+2\geqslant 0 \\ x\geqslant 0, y\geqslant 0\end{cases}$, 若目标函数 $z=ax+by(a>0,$

$b > 0$) 的最大值为 12,则 $\dfrac{2}{a} + \dfrac{3}{b}$ 的最小值为(　　).

A. $\dfrac{25}{6}$　　　　　B. $\dfrac{8}{3}$　　　　　C. $\dfrac{11}{3}$　　　　　D. 4

5. 对于集合 $M \subseteq \mathbf{R}^2$,称 M 为开集,当且仅当 $\forall P_0 \in M, \exists r > 0$,使得 $\{P \in \mathbf{R}^2 \mid |PP_0| < r\} \subseteq M$.判断集合 $\{(x, y) \mid 4x + 2y - 5 > 0\}$ 与 $\{(x, y) \mid x \geqslant 0, y > 0\}$ 是否为开集,并证明你的结论.

6. 将同时满足不等式 $x - ky - 2 \leqslant 0, 2x + 3y - 6 \geqslant 0$, $x + 6y - 10 \leqslant 0 (k > 0)$ 的点 (x, y) 组成集合 D 称为可行域,将函数 $\dfrac{y+1}{x}$ 称为目标函数,所谓规划问题就是求解可行域中的点 (x, y) 使目标函数达到在可行域上的最小值.如果这个规划问题有无穷多个解 (x, y),则 k 的取值为(　　).

A. $k \geqslant 1$　　　　　B. $k \leqslant 2$　　　　　C. $k = 2$　　　　　D. $k = 1$

§14 平面图形

要点考点

1. 三条定理

(1) 正弦定理：设 $\triangle ABC$ 的三边为 a，b，c，所对的角为 A，B，C，则

$$\frac{a}{\sin A}=\frac{b}{\sin B}=\frac{c}{\sin C}=2R.$$

(2) 余弦定理：$\begin{cases} a^2=b^2+c^2-2bc\cos A \\ b^2=a^2+c^2-2ac\cos B \\ c^2=b^2+a^2-2ab\cos C \end{cases}$

(3) 正切定理：$\dfrac{a+b}{a-b}=\dfrac{\tan\dfrac{A+B}{2}}{\tan\dfrac{A-B}{2}}$

2. 三角形面积计算公式

设 $\triangle ABC$ 的三边为 a，b，c，其高分别为 h_a，h_b，h_c，半周长为 p，外接圆、内切圆的半径为 R，r.

(1) $S_{\triangle}=\dfrac{1}{2}ah_a=\dfrac{1}{2}bh_b=\dfrac{1}{2}ch_c$

(2) $S_{\triangle}=pr$

(3) $S_{\triangle}=\dfrac{abc}{4R}$

(4) $S_{\triangle}=\dfrac{1}{2}ab\cdot\sin C=\dfrac{1}{2}ac\cdot\sin B=\dfrac{1}{2}cb\cdot\sin A$

(5) $S_{\triangle}=\sqrt{p(p-a)(p-b)(p-c)}$ （海伦公式）

(6) $S_{\triangle}=\dfrac{1}{2}(b+c-a)r_a=\dfrac{1}{2}(b+a-c)r_c=\dfrac{1}{2}(a+c-b)r_b$（见图 14-1 和

图 14-2)

注：到三角形三边的距离相等的点有 4 个，一个是内心，其余 3 个是旁心.

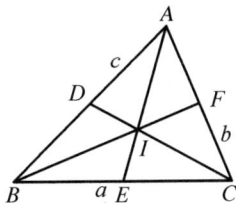

图 14 - 1

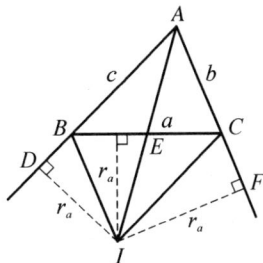

图 14 - 2

图 14 - 1 中的 I 为 $S_{\triangle ABC}$ 的内心，$S_\triangle = pr$；

图 14 - 2 中的 I 为 $S_{\triangle ABC}$ 的一个旁心，$S_\triangle = \dfrac{1}{2}(b+c-a)r_a$.

附：三角形的五个"心"：

重心：三角形三条中线交点.

外心：三角形三边垂直平分线交点.

内心：三角形三内角的平分线交点.

垂心：三角形三边上的高交点.

旁心：三角形一内角的平分线与另两条内角的外角平分线交点.

已知⊙O 是△ABC 的内切圆，若 $BC=a$，$AC=b$，$AB=c$，$p=\dfrac{a+b+c}{2}$

则有：（1）$AE=p-a=\dfrac{1}{2}(b+c-a)$

　　　（2）$BN=p-b=\dfrac{1}{2}(a+c-b)$

　　　（3）$FC=p-c=\dfrac{1}{2}(a+b-c)$

综合上述：由已知得，一个角的邻边的切线长，等于半周长减去对边，如图 14 - 3 所示.

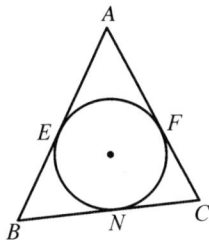

图 14 - 3

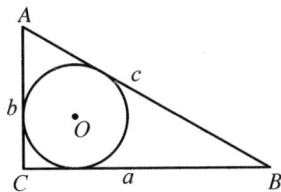

图 14 - 4

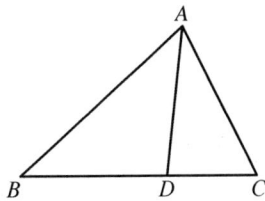

图 14 - 5

特例：已知在 Rt$\triangle ABC$,c 为斜边,则内切圆半径 $r = \dfrac{a+b-c}{2} = \dfrac{ab}{a+b+c}$,如图 14-4 所示.

3. 正切定理

在$\triangle ABC$中,有下列等式成立

$\tan A + \tan B + \tan C = \tan A \tan B \tan C$

4. 斯德瓦定理

在$\triangle ABC$中,D 是 BC 上任意一点,则有斯德瓦定理(见图 14-5)

$$AD^2 = \dfrac{AC^2 \cdot BD + AB^2 \cdot DC}{BC} - BD \cdot DC.$$

定理的证明：在$\triangle ABD$ 中,由余弦定理,有

$AD^2 = AB^2 + BD^2 - 2 \cdot AB \cdot BD \cos B$ ①

在$\triangle ABC$ 中,由余弦定理有 $\cos B = \dfrac{AB^2 + BC^2 - AC^2}{2AB \cdot BC}$ ②

式②代入式①,化简可得,$AD^2 = \dfrac{AC^2 \cdot BD + AB^2 \cdot DC}{BC} - BD \cdot DC$.

(1) 若 AD 是 BC 上的中线,$m_a = \dfrac{1}{2}\sqrt{2b^2 + 2c^2 - a^2}$;

(2) 若 AD 是$\angle A$ 的平分线,$t_a = \dfrac{2}{b+c}\sqrt{bc \cdot p(p-a)}$,其中 p 为半周长;

(3) 若 AD 是 BC 上的高,$h_a = \dfrac{2}{a}\sqrt{p(p-a)(p-b)(p-c)}$,其中 p 为半周长.

5. $\triangle ABC$ 的判定(其中 C 为最大边)

$c^2 = a^2 + b^2 \Leftrightarrow \triangle ABC$ 为直角三角形 $\Leftrightarrow \angle A + \angle B = \dfrac{\pi}{2}$

$c^2 > a^2 + b^2 \Leftrightarrow \triangle ABC$ 为钝角三角形 $\Leftrightarrow \angle A + \angle B < \dfrac{\pi}{2}$

$c^2 < a^2 + b^2 \Leftrightarrow \triangle ABC$ 为锐角三角形 $\Leftrightarrow \angle A + \angle B > \dfrac{\pi}{2}$

6. 平行四边形对角线定理

对角线的平方和等于四边的平方和.

$|\vec{a}+\vec{b}|^2 + |\vec{a}-\vec{b}|^2 = 2(|\vec{a}|^2 + |\vec{b}|^2)$.

7. 垂径定理

垂直于弦的直径平分这条弦,并且平分弦所对的弧.

逆定理：平分弦(不是直径)的直径垂直于弦,并且平分弦所对的弧.

8. 有关圆周角和圆心角的性质和定理

在同圆或等圆中,如果两个圆心角、两个圆周角、两条弧、两条弦中有一组量相等,那么它们所对应的其余各组量都分别相等.

一条弧所对的圆周角等于它所对的圆心角的一半.

直径所对的圆周角是直角;直角的圆周角所对的弦是直径.

9. 圆的切线垂直于过切点的直径;从圆外一点到圆的两条切线的长相等.

10. 关于扇形

弧长: $l = R\theta$

面积: $S = \dfrac{1}{2}lR$

11. 欧拉定理

若 O、G、H 分别是同一个三角形的外心、重心、垂心,则 O、G、H 共线,且 $OG : GH = 1 : 2$. 即 $\overrightarrow{OH} = 3\overrightarrow{OG}$.

技能方法

- 三角形的边角关系的应用.
- 多边形的基本性质的应用.
- 圆的基本性质的应用.

典型例题

[例1] (交大 2004 保送)已知矩形的长、宽分别为 a、b,现在把矩形对折,使矩形的对顶点重合,求所得折线长.

解析:对折后对顶点重合,说明对顶点关于折痕对称,即折痕为对角线的中垂线,如图 14 - 6 所示.

折痕的长度为 $2 \cdot \dfrac{\sqrt{a^2 + b^2}}{2} \cdot \tan\alpha = \dfrac{b\sqrt{a^2 + b^2}}{a}$.

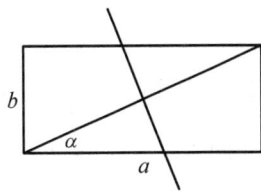

图 14 - 6

[例2] (复旦 2009 自招)正多边形中,能完整覆盖平面的有几个?

解析:正 N 边形的每个内角 $\alpha = 180° \cdot \dfrac{N-2}{N}$,而题意可理解为 $k\alpha = 360°$,其中 k 为整数:

$$k = \frac{360}{\alpha} = \frac{360}{180\dfrac{N-2}{N}} = \frac{2N}{N-2} = 2 + \frac{4}{N-2}.$$

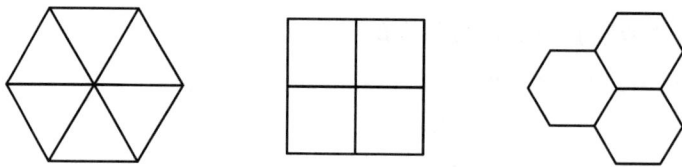

图 14-7

当 $N > 6$ 时无整数解,再由枚举法,$N = 3$,4,6(见图 14-7).

[例3] (复旦 2000 保送)设平面上有三个点,任意两个点之间的距离不超过 1.问:半径至少为多大的圆盘才能盖住这三个点.请证明你的结论.

解析:设最大边 a,对角 A,则有

(1) $A \geqslant 90°$ 时,取 a 为直径的圆,该圆可以盖住这三个点.

(2) $A < 90°$ 时,取三角形的外接圆,

此时 $2R = \dfrac{a}{\sin A} \leqslant \dfrac{a}{\sin 60°}$.

综上所述,至少半径为 $\dfrac{1}{\sqrt{3}}$ 的圆盘才能满足题意.

[例4] (北大 2009 自招)一个圆的内接四边形边长依次为 1,2,3,4,求这个圆的半径.

解析:设四边形为 $ABCD$,$AB = 1$,$BC = 2$,$CD = 3$,$AD = 4$,$\angle BCD = \alpha$,则 $\angle DAB = 180° - \alpha$.

由余弦定理得 $BD^2 = 2^2 + 3^2 - 2 \times 2 \times 3\cos\alpha = 1^2 + 4^2 - 2 \times 1 \times 4\cos(180° - \alpha)$

解得 $\cos\alpha = -\dfrac{1}{5}$. 所以 $\sin\alpha = \dfrac{2\sqrt{6}}{5}$.

此时,$BD = \sqrt{2^2 + 3^2 - 2 \times 2 \times 3\cos\alpha} = \dfrac{\sqrt{385}}{5}$,

由正弦定理可得外接圆半径 $R = \dfrac{BD}{2\sin\alpha} = \dfrac{\sqrt{2\,310}}{24}$.

[例5] (清华 2009 自招)有数条抛物线(线和线的内部)能够覆盖整个平面吗？证明你的结论.

解析:不能.我们任找一条和这些抛物线的对称轴都不平行的直线,则每条抛物线只能覆盖住这条直线上的某一段,从而这些抛物线不可能覆盖整条直线. 当然它们也不可能覆盖整个平面.

[例6] (北大 2008 自招)已知六边形 $AC_1BA_1CB_1$ 中,$AC_1 = AB_1$,$BC_1 = BA_1$,$CA_1 = CB_1$,$\angle A + \angle B + \angle C = \angle A_1 + \angle B_1 + \angle C_1$,求证 $\triangle ABC$ 面积是六边形 $AC_1BA_1CB_1$ 的一半(见图 14-8).

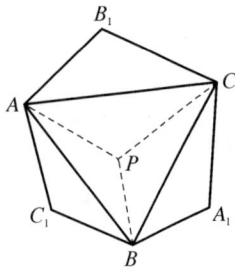

图 14-8

解析:作 C_1 点关于 AB 的对称点 P,连接 AP,BP.

所以 $AC_1 = AP = AB_1$，$BC_1 = BP = BA$，

$\triangle AC_1B \cong \triangle APB$. 再连接 CP，PB_1，PA_1.

因为 $\angle A + \angle B + \angle C = \angle A_1 + \angle B_1 + \angle C_1 = 360°$，$\angle C_1 = \angle APB$，$\angle BA_1P = \angle BPA_1$，$\angle APB_1 = \angle AB_1P$，所以 $\angle \alpha + \angle \beta = \angle \alpha' + \angle \beta'$.

如 $CP < CA_1 = CB_1$，则 $\angle \beta > \angle \beta'$，$\angle \alpha > \angle \alpha'$.

所以 $\angle \alpha + \angle \beta > \angle \alpha' + \angle \beta'$，这与 $\angle \alpha + \angle \beta = \angle \alpha' + \angle \beta'$ 相矛盾.

同样，如 $CP > CA_1 = CB_1$，也可得到矛盾.

故必有 $CP = CA_1 = CB_1$.

所以 $\triangle AB_1C_1 \cong \triangle APC$，$\triangle A_1BC \cong \triangle PBC$.

$$S_{\triangle ABC} = S_{\triangle ABC_1} + S_{\triangle BA_1C} + S_{\triangle CB_1A}.$$

所以 $\triangle ABC$ 的面积是六边形 $AC_1BA_1CB_1$ 的一半.

巩固训练

1. 已知 a，b，c 是 $\triangle ABC$ 的三边，$a \neq 1$，$b < c$，且满足 $\log_{b+c}a + \log_{c-b}a = 2\log_{b+c}a \log_{c-b}a$，则 $\triangle ABC$ 是 _____ 的三角形.

2. a，b，c 是 $\triangle ABC$ 的三边，且 $(b+c):(a+c):(a+b) = 4:5:6$，则 $\sin A : \sin B : \sin C =$ _____ .

3. 设 a，b，c 表示三角形三边长，均为整数，且 $a \leqslant b \leqslant c$，若 $b = n$（正整数），则可组成这样的三角形 _____ 个.

4. 在地面距离塔基分别为 100 m，200 m，300 m 的 A，B，C 处测得塔顶的仰角分别为 α，β，γ，且 $\alpha + \beta + \gamma = 90°$（见图 14-9），则塔高为 _____ .

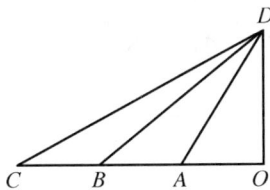

图 14-9

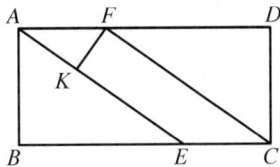

图 14-10

5. 在平面直角坐标系中，三角形 $\triangle ABC$ 的顶点坐标分别为 $A(3, 4)$，$B(6, 0)$，$C(-5, -2)$，则 $\angle A$ 的平分线所在直线的方程为（   ）.

A. $7x - y - 17 = 0$ B. $2x + y + 3 = 0$

C. $5x + y - 6 = 0$ D. $x - 6y = 0$

6. 矩形 $ABCD$ 中（见图 14-10），$AD = a$，$AB = b(a > b)$，过 A，C 作相距为 $h(h < b)$ 的平行线 AE 和 CF，则 $AF =$ _____ .

7. 菱形的边长与其内切圆直径之比为 $k:1$，求菱形锐角的大小（见图 14-11）.

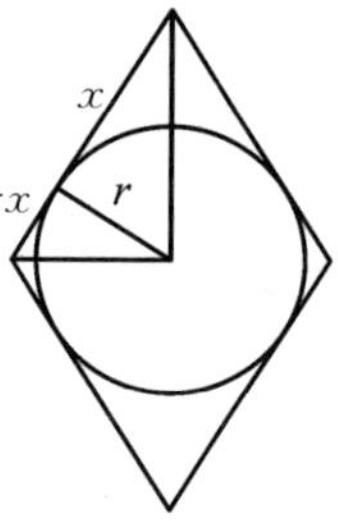

图 14-11

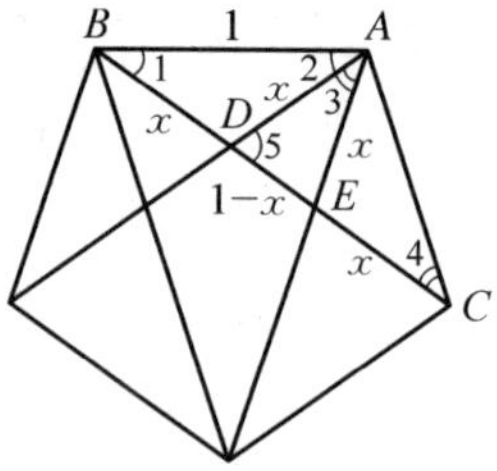

图 14-12

8. 求证:边长为 1 的正五边形对角线长为 $\dfrac{\sqrt{5}+1}{2}$ (见图 14-12).

9. 一圆盘被 $2n$ 条等间隔半径与一条割线所分割,则不交叠区域最多有(　　)个.

　A. $2n+2$　　　　　　　　　　　　　B. $3n-1$

　C. $3n$　　　　　　　　　　　　　　D. $3n+1$

10. 若圆内接四边形 $ABCD$ 的边长 $AB=4$,$BC=8$,$CD=9$,$DA=7$,则 $\cos A=$_____.

11. 设扇形的周长为 6,则其面积的最大值为_____.

12. 如图 14-13 所示,半径为 r 的 1/4 的圆 ABC 上,分别以 AB 和 AC 为直径作两个半圆,分别标有 a 的阴影部分面积和标有 b 的阴影部分面积,则这两部分面积 a 和 b 有(　　).

　A. $a>b$　　　　　B. $a<b$　　　　　C. $a=b$　　　　　D. 无法确定

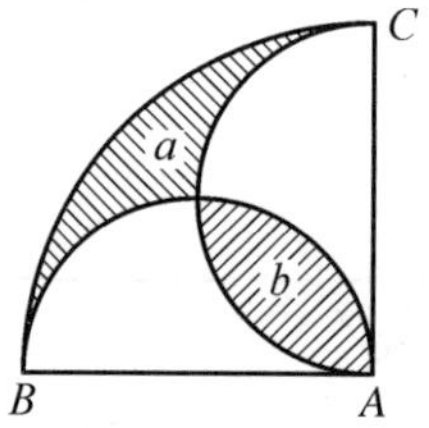

图 14-13

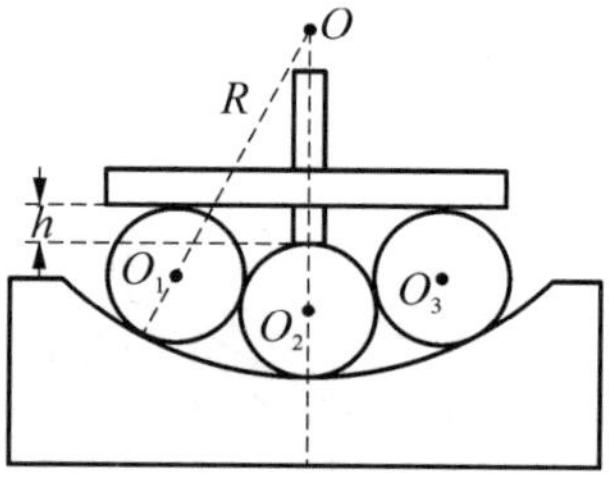

图 14-14

13. 工件内圆弧半径测量问题.

为测量一工件的内圆弧半径 R,工人用三个半径均为 r 的圆柱形量棒 O_1,O_2,O_3 放在如图 14-14 所示的与工件圆弧相切的位置上,通过深度卡尺测出卡尺水平面到中间量棒 O_2 顶侧面的垂直深度 h,试写出 R 用 h 表示的函数关系式,并计算当 $r=10$ mm,$h=4$ mm 时 R 的值.

14. 如图 14-15 所示,正方形 $ABCD$ 的面积为 1,E,F 分别是 AB,BC 的中点,则图中阴影部分的面积是(　　).

　A. $\dfrac{1}{2}$　　　　　B. $\dfrac{3}{4}$　　　　　C. $\dfrac{2}{3}$　　　　　D. $\dfrac{2}{5}$

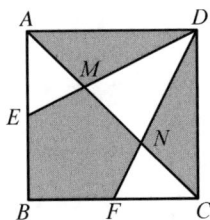

图 14-15

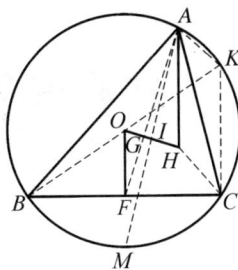

图 14-16

15. 如图 14-16 所示, $\triangle ABC$ 的两条高线 AD, BE 交于 H, 其外接圆圆心为 O, 过 O 作 OF 垂直 BC 于 F, OH 与 AF 相交于 G. 则 $\triangle OFG$ 与 $\triangle GAH$ 面积之比为( ).

A. $\dfrac{1}{4}$ B. $\dfrac{1}{3}$ C. $\dfrac{2}{5}$ D. $\dfrac{1}{2}$

§15 基本形体

要点考点

1. 两条异面直线上的两点间的距离公式

$l = \sqrt{m^2 + n^2 + d^2 \pm 2mn\cos\theta}$ （其中 θ 是异面直线所成的角）（见图 15-1）.

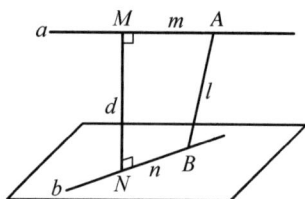

图 15-1

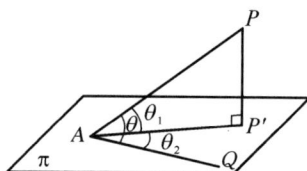

图 15-2

2. 直线与平面的最小角定理

$\cos\theta = \cos\theta_1\cos\theta_2$（见图 15-2）.

3. 棱锥的侧面积与底面积的射影公式

$S_{侧} = \dfrac{S_{底}}{\cos\alpha}$（侧面与底面成的二面角为 α）.

4. 空间向量基本定理

如果三个向量 $\vec{a}, \vec{b}, \vec{c}$ 不共面，那么对空间任一向量 $\vec{p}$，存在一个唯一的有序实数组 x、y、z，使 $\vec{p} = x\vec{a} + y\vec{b} + z\vec{c}$.

5. 向量的运算性质

令 $\vec{a} = (a_1, a_2, a_3)$，$\vec{b} = (b_1, b_2, b_3)$，则有

$$\vec{a} + \vec{b} = (a_1 \pm b_1, a_2 \pm b_2, a_3 \pm b_3)$$

$$\lambda\vec{a} = (\lambda a_1, \lambda a_2, \lambda a_3)(\lambda \in \mathbf{R})$$

$$\vec{a} \cdot \vec{b} = a_1 b_1 + a_2 b_2 + a_3 b_3$$

$$\vec{a} \ /\!/ \ \vec{b} \Leftrightarrow a_1 = \lambda b_1, \ a_2 = \lambda b_2, \ a_3 = \lambda b_3 (\lambda \in \mathbf{R}) \Leftarrow \frac{a_1}{b_1} = \frac{a_2}{b_2} = \frac{a_3}{b_3}$$

$$\vec{a} \perp \vec{b} \Leftrightarrow a_1 b_1 + a_2 b_2 + a_3 b_3 = 0$$

$$\cos \langle \vec{a}, \vec{b} \rangle = \frac{\vec{a} \cdot \vec{b}}{|\vec{a}| \cdot |\vec{b}|} = \frac{a_1 b_1 + a_2 b_2 + a_3 b_3}{\sqrt{a_1^2 + a_2^2 + a_3^2} \cdot \sqrt{b_1^2 + b_2^2 + b_3^2}}$$

6. 利用法向量求点到面的距离

设 $\vec{n}$ 是平面 α 的法向量，AB 是平面 α 的一条斜线段，其中 $A \in \alpha$，则点 B 到平面 α 的距离为 $\dfrac{|\overrightarrow{AB} \cdot \vec{n}|}{|\vec{n}|}$（见图 15-3）.

利用法向量求二面角的平面角（见图 15-4）.

设 $\vec{n}_1$，$\vec{n}_2$ 分别是二面角 $\alpha - l - \beta$ 中平面 α，β 的法向量，则 $\vec{n}_1$，$\vec{n}_2$ 所成的角就是所求二面角的平面角或其补角大小.

证直线和平面平行：见图 15-5，已知直线 $a \not\subset$ 平面 α，A，$B \in a$，C，$D \in \alpha$，且 C、D、E 三点不共线，则 $a \ /\!/ \ \alpha$ 的充要条件是存在有序实数对 λ，μ 使 $\overrightarrow{AB} = \lambda \overrightarrow{CD} + \mu \overrightarrow{CE}$（常设 $\overrightarrow{AB} = \lambda \overrightarrow{CD} + \mu \overrightarrow{CE}$ 求解 λ，μ.若 λ，μ 存在即证毕；若 λ，μ 不存在，则直线 AB 与平面相交）.

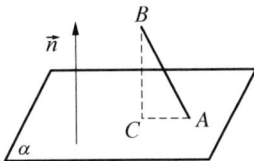
图 15-3

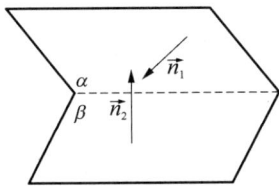
图 15-4

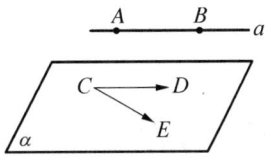
图 15-5

7. 四面体

对照平面几何中的三角形，我们不难得到立体几何中的四面体的类似性质：

（1）四面体的六条棱的垂直平分面交于一点，这一点称为此四面体的外接球的球心.

（2）四面体的四个面组成六个二面角的角平分面交于一点，这一点称为此四面体的内切球的球心.

（3）四面体的四个面的重心与相对顶点的连接交于一点，这一点称为此四面体的重心，四面体的四个面的重心与相对顶点的连线都经过四面体的重心且重心将每条连线分为 3∶1.

（4）每个三面角中任两个之和大于另一个面角.

8. 直角四面体

有一个三面角的三个面角均为直角的四面体称为直角四面体,相当于平面几何的直角三角形.(在直角四面体中,记 V, l, S, R, r, h 分别表示其体积、六条棱长之和、表面积、外接球半径、内切球半径及侧面上的高,则这些量之间存在必然的等量关系,读者可以自行探索),对直角四面体 $B\text{-}ACD$,B 为直三面角顶点,则有空间勾股定理:
$$S^2_{\triangle ABC} + S^2_{\triangle BCD} + S^2_{\triangle ABD} = S^2_{\triangle ACD}.$$

9. 等腰四面体

三组对棱都相等的四面体称为等腰四面体,类似平面几何中的等腰三角形.根据定义不难证明以长方体的一个顶点的三条面对角线的端点为顶点的四面体是等腰四面体,反之也可以将一个等腰四面体拼补成一个长方体.

等腰四面体的每一个三面角的和都等于 $180°$.在等腰四面体 $ABCD$ 中,记 $BC = AD = a$, $AC = BD = b$, $AB = CD = c$,体积为 V,外接球半径为 R,内接球半径为 r,高为 h(见图 15-6),则有

(1)等腰四面体的体积可表示为 $V = \dfrac{1}{3}\sqrt{\dfrac{b^2+c^2-a^2}{2} \cdot \dfrac{c^2+a^2-b^2}{2} \cdot \dfrac{a^2+b^2-c^2}{2}}$

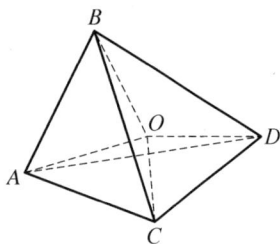

图 15-6

(2)等腰四面体的外接球半径可表示为
$$R = \frac{\sqrt{2}}{4}\sqrt{a^2+b^2+c^2}$$

(3)等腰四面体的四条顶点和对面重心的连线段的长相等,且可表示为 $m = \dfrac{\sqrt{2}}{3}\sqrt{a^2+b^2+c^2}$

(4) $h = 4r$

技能方法

- 化归类比.
- 折叠展开.
- 分解组合.
- 等积变形.
- 空间坐标.

典型例题

[例 1] (复旦 2003 保送)一矩形的一边在 x 轴上,另两个顶点在函数 $y = \dfrac{x}{1+x^2}$

$(x>0)$的图像上,求此矩形绕 x 轴旋转而成的几何体的体积的最大值.

解析: 设矩形在 $y=\dfrac{x}{1+x^2}$ 上的两个顶点坐标为(x_1,y),(x_2,y),

由 $y=\dfrac{x}{1+x^2}\Rightarrow yx^2-x+y=0$ ①,知 x_1,x_2 是方程式①的两个根.

所以 $V=\pi y^2\mid x_1-x_2\mid=\pi y^2\sqrt{\dfrac{1}{y^2}-4}=\pi\sqrt{y^2-4y^4}$,当且仅当 $y^2=\dfrac{1}{8}$ 时,$V_{max}=\dfrac{\pi}{4}$.

[例 2] (同济 2004 自招)设四棱锥 $P-ABCD$ 中,底面 $ABCD$ 是边长为 1 的正方形,且 $PA\perp$ 面 $ABCD$(见图 15-7).

(1) 求证:直线 $PC\perp$ 直线 BD;

(2) 过直线 BD 且垂直于直线 PC 的平面交 PC 于点 E,如果三棱锥 $E-BCD$ 的体积取得最大值,求此时四棱锥 $P-ABCD$ 的高.

思路: 向平面问题化归.

(1) **证明:** 连接 AC,由 $ABCD$ 是正方形,得 $AC\perp BD$.

由三垂线定理,得 $PC\perp BD$.

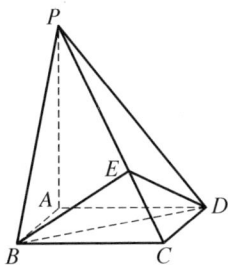　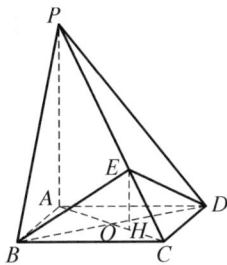　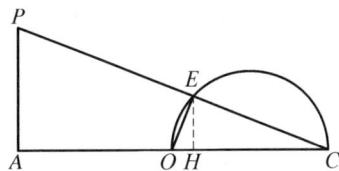

图 15-7　　　　　　　　图 15-8　　　　　　　　图 15-9

(2) **解析:** 设 $AC\cap BD=O$. 作 $EH\perp AC$,垂足为 H(见图 15-8).
则 $EH\,/\!/\,PA$. 而 $PA\perp$ 面 $ABCD$,所以 $EH\perp$ 面 $ABCD$.

又因为$\triangle BCD$ 面积为定值,所以当 EH 取得最大值时,三棱锥 $E-BCD$ 的体积最大.

如图 15-9 所示,EH 取得最大值,相当于 E 在半圆的"最高处",即半圆的中点,所以$\triangle PAC$ 应是等腰直角三角形.

$PA=AC=\sqrt{2}$.

[例 3] (交大 2005 保送推优)将 3 个 $12\,\text{cm}\times12\,\text{cm}$ 的正方形沿邻边的中点剪开,分成两部分(见图 15-10),将这 6 部分接于一个边长为 $6\sqrt{2}$ 的正六边形上(见图15-11),若拼接后的图形是一个多面体的表面展开图,该多面体的体积为_____.

思路: 利用平面图形的展折、空间形体的割补.

解析: 如图 15-12 所示,左边是折成的正多面体,将它补成一个正方体.

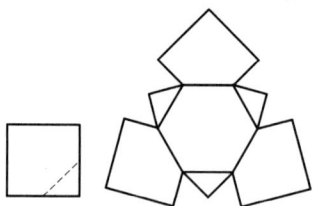

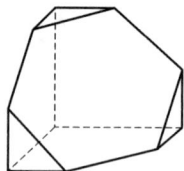

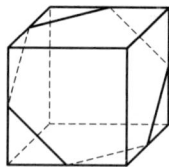

　　图 15-10　　　　　　　　　　　图 15-11　　　　　　　　　图 15-12

由此可知 $V = \dfrac{1}{2}V_{正方体} = \dfrac{1}{2} \times 12^3 = 864 \text{ cm}^3$.

[例4]　（清华 2008 自招）(1) 一个四面体,证明:至少存在一个顶点,从其出发的三条棱可以组成一个三角形;

　　(2) 四面体的一个顶点的三个角分别是 $90°$,$60°$,$\arctan 2$,求 $60°$ 的面和 $\arctan 2$ 的面所成的二面角.

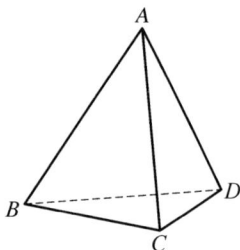

图 15-13

　　(1) **证明:** 如图 15-13 所示,不妨设 AB 是四面体 $ABCD$ 最长的棱.

　　在 $\triangle ABC$ 和 $\triangle ABD$ 中,有

$$AC + BC > AB,\ AD + BD > AB,$$

所以 $AC + BC + AD + BD > 2AB$.

从而 $AC + AD > AB$,$BC + BD > AB$ 必有一个成立,

否则有 $AC + AD + BC + BD \leqslant 2AB$,矛盾!

故原命题成立.

　　(2) 如图 15-14,不妨取这样一个四面体,$\angle ABD = 60°$,

$\angle DBC = \arctan 2$,$\angle ABC = 90°$,

　　$AD \perp BD$,$CD \perp BD$. 从而 $\angle ADC$ 即为所求的二面角.

　　设 $BD = 1$,则 $AB = 2$,$AD = \sqrt{3}$,$CD = 2$,$BC = \sqrt{5}$,$AC = 3$.

　　在 $\triangle ACD$ 中,由余弦定理得

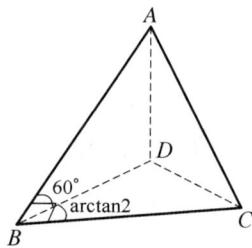

图 15-14

$$\cos\angle ADC = \frac{2^2 + \left(\sqrt{3}\right)^2 - 3^2}{2 \times 2 \times \sqrt{3}} = -\frac{\sqrt{3}}{6}.$$

因此,$60°$ 的面和 $\arctan 2$ 的面所成的二面角为 $\pi - \arccos\dfrac{\sqrt{3}}{6}$.

[例5]　（清华等五校 2010 选拔）(1) 正四棱锥的体积 $V = \dfrac{\sqrt{2}}{3}$,求正四棱锥的表面积的最小值;

　　(2) 一般地,设正 n 棱锥的体积 V 为定值,试给出不依赖于 n 的一个充分必要条件,

使得正 n 棱锥的表面积取得最小值.

解析：研究下述形体：三棱锥 $N\text{-}OAB$，其中底面为等腰三角形 OAB，顶角 O 为定值 α，高 $NO\perp$ 底面 OAB.

我们来研究当三棱锥 $N\text{-}OAB$ 体积为定值 V 时，面积 $S=S_{OAB}+S_{NAB}$ 的最小值问题.

令 O 到 AB 的距离为 r，$OM\perp AB$ 于 M，

$\angle NMO=\theta$（二面角 $N\text{-}AB\text{-}O$ 的大小），

则 $S_{OAB}=r^2\tan\dfrac{\alpha}{2}$，$S_{NAB}=S_{OAB}\dfrac{1}{\cos\theta}=\dfrac{r^2\tan\dfrac{\alpha}{2}}{\cos\theta}$，

所以 $S=r^2\tan\dfrac{\alpha}{2}\left(1+\dfrac{1}{\cos\theta}\right)$.

因为 $V=\dfrac{1}{3}S_{OAB}r\tan\theta=\dfrac{1}{3}r^3\tan\dfrac{\alpha}{2}\tan\theta$，所以 $r^3=\dfrac{3V}{\tan\dfrac{\alpha}{2}\tan\theta}$.

所以 $S=\sqrt[3]{\left(\dfrac{3V}{\tan\dfrac{\alpha}{2}\tan\theta}\right)^2}\tan\dfrac{\alpha}{2}\left(1+\dfrac{1}{\cos\theta}\right)=\sqrt[3]{9V^2\tan\dfrac{\alpha}{2}}\,\dfrac{1}{\sqrt[3]{\tan^2\theta}}\left(1+\dfrac{1}{\cos\theta}\right)$.

令 $\dfrac{1}{\cos\theta}=t$，则 $\tan^2\theta=t^2-1$，从而 $S=\sqrt[3]{9V^2\tan\dfrac{\alpha}{2}}\,\dfrac{t+1}{\sqrt[3]{t^2-1}}$，

令 $f(t)=\dfrac{t+1}{\sqrt[3]{t^2-1}}$，则 $f'(t)=\dfrac{\sqrt[3]{t^2-1}-\dfrac{1}{3}(t^2-1)^{-\frac{2}{3}}(t+1)\cdot 2t}{\sqrt[3]{(t^2-1)^2}}$，

由 $f'(t)=0$ 解得

$t=3$ 或 $t=-1$（舍去），即当且仅当 $\cos\theta=\dfrac{1}{3}$ 时 S 取得最小值.

注意：过程中的 $\sqrt[3]{9V^2\tan\dfrac{\alpha}{2}}$ 是一常数.

（1）本小题属于 $\alpha=\dfrac{\pi}{2}$ 特殊情形，其中 $V=\dfrac{\sqrt{2}}{12}$，代入

$S=\sqrt[3]{9V^2\tan\dfrac{\alpha}{2}}\,\dfrac{t+1}{\sqrt[3]{t^2-1}}=1$；

所以求得最小表面积为 4；

（2）本小题属于 $\alpha=\dfrac{2\pi}{n}$ 特殊情形，所以正 n 棱锥的表面积取得最小值的一个充要条

件是侧面与地面所成的二面角的大小为 $\arccos \dfrac{1}{3}$.

[例6]（清华 2009 自招）四面体 $ABCD$ 中，$AB=CD$，$AC=BD$，$AD=BC$.

（1）求证：四面体每个面的三角形为锐角三角形；

（2）设三个面与底面 BCD 所成的角分别为 α，β，γ，求证：$\cos\alpha+\cos\beta+\cos\gamma=1$.

解析：（1）四面体四个面都是全等的三角形，任选一个顶点，记该点处的三面角为 α，β，γ，则其和恰为一个侧面三角形的内角和，即 $\alpha+\beta+\gamma=180°$.

而任一个三面中的两个之和必大于第三个，所以 $\alpha+\beta>\gamma$，$\beta+\gamma>\alpha$，$\gamma+\alpha>\beta$，所以 α，β，γ 均为锐角.

（2）设三个侧面面积 $S_1=S_2=S_3=S$，它们在底面 BCD 上的射影依次是 S_1'，S_2'，S_3'，则 $S_1'+S_2'+S_3'=S$.

所以 $\cos\alpha+\cos\beta+\cos\gamma=\dfrac{S_1'}{S_1}+\dfrac{S_1'}{S_1}+\dfrac{S_1'}{S_1}=\dfrac{S}{S}=1$.

巩固训练

1. 边长为 4 的正方形 $ABCD$ 沿 BD 折成 $60°$ 二面角，则 BC 中点与 A 的距离是_____.

2. 已知 E 为棱长为 a 的正方体 $ABCD\text{-}A_1B_1C_1D_1$ 的棱 AB 的中点，求点 B 到平面 A_1EC 的距离.

3. 正方体 $ABCD\text{-}A_1B_1C_1D_1$ 中，BC_1 与截面 BB_1D_1D 所成的角为_____.

4. 空间两平面 α，β，是否一定存在一个平面均与平面 α，β 垂直？_____.

5. 棱长为 1 的正方体 $ABCD\text{-}A_1B_1C_1D_1$ 中，E，F，G 点分别为 AD，AA_1，A_1B_1 中点，求：

（1）B 到面 EFG 距离；

（2）二面角 $G\text{-}EF\text{-}D_1$ 平面角 θ.

6. 已知平行六面体的底面是一个菱形且其锐角等于 $60°$，又过此锐角的侧棱与锐角两边成等角，和底面成 $60°$ 角，则两对角面面积之比为_____.

7. 全面积为定值 πa^2（其中 $a>0$）的圆锥中，体积的最大值为（　　　）.

A. $\dfrac{2}{3}\pi a^3$ 　　　　　B. $\dfrac{\sqrt{2}}{12}\pi a^3$ 　　　　　C. $\dfrac{1}{6}\pi a^3$ 　　　　　D. $\dfrac{\sqrt{3}}{6}\pi a^3$

8. 若四面体的一条棱长是 x，其余棱长都是 1，体积是 $V(x)$，则函数 $V(x)$ 在其定义域上为（　　　）.

A. 增函数但无最大值　　　　　　　　B. 增函数且有最大值

C. 不是增函数且无最大值　　　　　　D. 不是增函数但有最大值

9. 棱长为 a 的正四面体 $ABCD$,如图 15-15 建立直角坐标系,O 为 A 在底面的投影,M 和 N 分别是所在棱的中点,则 M 点坐标是 _____,CN 与 DM 所成角是 _____.

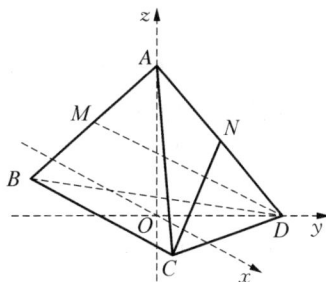

10. 有一个圆锥正放,它的高为 h,圆锥内水面高为 h_1,$h_1 = \dfrac{2}{3}h$,将圆锥倒置,求倒置的水面高度 h_2.

11. 长方体中 a,b,c 为棱长,$a > b > c$,求沿长方体表面从 P 到 Q 的最小距离(其中 P,Q 是长方体对角线两个端点).

图 15-15

12. 半径为 R 的球中装了 4 个半径为 r 的球,求 r 的最大值.

13. 四面体一对棱长为 6,其余棱长为 5,求其内切球半径.

14. O-xyz 坐标系内 xOy 平面内 $0 \leqslant y \leqslant 2 - x^2$ 绕 y 轴旋转一周构成一个不透光立体,在点 $(1, 0, 1)$ 设置一光源,xOy 平面内有一以原点为圆心的圆 C,半径为 r,将圆 C 上被光照到的长度 y 表示为 r 的函数.

15. 已知三棱柱 ABC-$A_1B_1C_1$,M,N 分别是 BB_1,B_1C_1 的中点,则点 A,M,N 所决定的平面把三棱柱切割成体积不相同的两部分,问小部分体积与大部分体积的比为(   ).

A. $\dfrac{1}{3}$ B. $\dfrac{4}{7}$ C. $\dfrac{11}{17}$ D. $\dfrac{13}{23}$

16. 棱长为 1 的正四面体的对棱中点之间的距离为(   ).

A. $\dfrac{1}{\sqrt{2}}$ B. $\sqrt{2}$ C. $\dfrac{1}{\sqrt{3}}$ D. 2

17. 三棱柱 ABC-$A'B'C'$ 的底是边长为 1 的正三角形,高 $AA' = 1$,在 AB 上取一点 P,设 $\triangle PA'C'$ 与底的二面角为 α,$\triangle PB'C'$ 与底的二面角为 β,则 $\tan(\alpha + \beta)$ 的最小值是(   ).

A. $-\dfrac{3\sqrt{3}}{4}$ B. $-\dfrac{6\sqrt{3}}{15}$ C. $-\dfrac{8\sqrt{3}}{13}$ D. $-\dfrac{5\sqrt{3}}{8}$

18. 设一个多面体从前面、后面、左面、右面、上面看到的图形分别如下(其中正方形边长为 1),则该多面体的体积为(   ).

A. $\dfrac{2}{3}$ B. $\dfrac{3}{4}$ C. $\dfrac{4}{5}$ D. $\dfrac{5}{6}$

19. 在一个底面半径为 $\dfrac{1}{2}$,高为 1 的圆柱内放入一个直径为 1 的实心球后,在圆柱内空余的地方放入和实心球、侧面以及两个底面之一都相切的小球,最多可以放入这样的小球个数是(   ).

A. 32 个　　　　　　　B. 30 个　　　　　　　C. 28 个　　　　　　　D. 26 个

20. 设 $ABC\text{-}A'B'C'$ 是正三棱柱,底面边长和高都为 1,P 是侧面 $ABB'A'$ 的中心点,则 P 到侧面 $ACC'A'$ 的对角线的距离是(　　).

A. $\dfrac{1}{2}$　　　　　　B. $\dfrac{\sqrt{3}}{4}$　　　　　　C. $\dfrac{\sqrt{14}}{8}$　　　　　　D. $\dfrac{3\sqrt{2}}{8}$

21. 如果平面 α,β,直线 m,n,点 A,B 满足:$\alpha /\!/ \beta$,$m \subset \alpha$,$n \subset \beta$,$A \in \alpha$,$B \in \beta$,且 AB 与 α 所成的角为 $\dfrac{\pi}{4}$,$m \perp AB$,n 与 AB 所成的角为 $\dfrac{\pi}{3}$,那么 m 与 n 所成角的大小为(　　).

A. $\dfrac{\pi}{3}$　　　　　　B. $\dfrac{\pi}{4}$　　　　　　C. $\dfrac{\pi}{6}$　　　　　　D. $\dfrac{\pi}{8}$

22. 四棱锥 $V\text{-}ABCD$ 中,B_1,D_1 分别为侧棱 VB,VD 的中点,则四面体 AB_1CD_1 的体积与四棱锥 $V\text{-}ABCD$ 的体积之比为(　　).

A. $\dfrac{1}{6}$　　　　　　B. $\dfrac{1}{5}$　　　　　　C. $\dfrac{1}{4}$　　　　　　D. $\dfrac{1}{3}$

要点考点

1. 乘法原理、加法原理

原理内容略

2. 元素允许重复的排列

从 m 个不同元素中,每次取出 n 个元素,元素可以重复出现,按照一定的顺序排成一排,那么第一、第二、……、第 n 位上选取元素的方法都是 m 个,所以从 m 个不同元素中,每次取出 n 个元素可重复排列数 $m \cdot m \cdots \cdots m = m^n$.

3. 含有可重元素的排列问题

对含有相同元素求排列个数的方法是:设重集 S 有 k 个不同元素 $a_1, a_2, \cdots, a_n$,其中限重复数为 $n_1, n_2, \cdots, n_k$,且 $n = n_1 + n_2 + \cdots + n_k$,则 S 的排列个数等于 $n = \dfrac{n!}{n_1! \ n_2! \ \cdots n_k!}$.

4. 排列数公式

$$A^m = n(n-1)\cdots(n-m+1) = \frac{n!}{(n-m)!} \quad (m \leqslant n;\ n,\ m \in \mathbf{N})$$

> **注意**:$n \cdot n! = (n+1)! - n!$;规定 $0! = 1$;$A_{n+1}^m = A_n^m + A_m^m \cdot C_n^{m-1} = A_n^m + m A_n^{m-1}$;$A_n^m = n A_{n-1}^{m-1}$.

5. 组合数公式

$$C_n^m = \frac{A_n^m}{A_m^m} = \frac{n(n-1)\cdots(n-m+1)}{m!}, \quad C_n^m = \frac{n!}{m!\ (n-m)!},$$

规定 $C_n^0 = C_n^n = 1$.

两个公式:

(1) $C_n^m = C_n^{n-m}$

(2) $C_n^{m-1} + C_n^m = C_{n+1}^m$

6. 排列、组合问题几大解题方法及题型

（1）直接法.

（2）排除法.

（3）捆绑法：在特定要求的条件下，将几个相关元素当作一个元素来考虑，待整体排好之后再考虑它们"局部"的排列.它主要用于解决"元素相邻问题"，例如，一般地，n 个不同元素排成一列，要求其中某 $m(m \leqslant n)$ 个元素必相邻的排列有 $A_{n-m+1}^{n-m+1} \cdot A_m^m$ 个.其中 A_{n-m+1}^{n-m+1} 是一个"整体排列"，而 A_m^m 则是"局部排列".

（4）插空法：先把一般元素排列好，然后把待定元素插排在它们之间或两端的空当中，此法主要解决"元素不相邻问题".

（5）占位法：从元素的特殊性上讲，对问题中的特殊元素应优先排列，然后再排其他一般元素.

（6）调序法：当某些元素次序一定时，可用此法.解题方法是：先将 n 个元素进行全排列有 A_n^n 种，$m(m < n)$ 个元素的全排列有 A_m^m 种，由于要求 m 个元素次序一定，因此只能取其中的某一种排法，可以利用除法起到去调序的作用，即若 n 个元素排成一列，其中 m 个元素次序一定，共有 $\dfrac{A_n^n}{A_m^m}$ 种排列方法.

（7）平均法：若把 kn 个不同元素平均分成 k 组，每组 n 个，共有 $\dfrac{C_{kn}^n C_{(k-1)n}^n \cdots C_n^n}{A_k^k}$.

（8）隔板法：常用于解正整数解组数的问题.

例如：$x_1 + x_2 + x_3 + x_4 = 12$ 的正整数解的组数就可建立组合模型：将 12 个完全相同的球排成一列，在它们之间形成 11 个空隙中任选三个插入 3 块隔板，把球分成 4 个组.每一种方法所得球的数目依次为 x_1，x_2，x_3，x_4，显然 $x_1 + x_2 + x_3 + x_4 = 12$，故（$x_1$，$x_2$，$x_3$，$x_4$）是方程的一组解.反之，方程的任何一组解（$y_1$，$y_2$，$y_3$，$y_4$），对应着唯一的一种在 12 个球之间插入隔板的方式：$\underset{x_1}{\cdot\cdot} | \underset{x_2}{\cdot\cdot\cdot\cdot} | \underset{x_3}{\cdot\cdot\cdot} | \underset{x_4}{\cdot\cdot\cdot}$，故方程的解和插板的方法一一对应. 即方程的解的组数等于插隔板的方法数 C_{11}^3.

> **注意**：若为求 $x_1 + x_2 + x_3 + \cdots + x_n = A$ 非负整数解的组数，则用 a_1，a_2，$\cdots$，a_n 中 a_i 等于 $x_i + 1$ 代换，有
>
> $$x_1 + x_2 + x_3 + \cdots + x_n = A \Rightarrow a_1 - 1 + a_2 - 1 + \cdots + a_n - 1 = A,$$
>
> 进而转化为求 a_1，a_2，$\cdots$，$a_n = A + n$ 的正整数解的个数问题，结果为 C_{A+n}^{n-1}.

技能方法

● 化归.

● 分类列举.

- 抓住受限元素.
- 整体思想.

典型例题

[例 1] (交大 2006 保送推优) $2\,005!$ 的末尾有连续_____个零.

思路：分析 $2\,005!$ 中 5 的因子的个数即可.

解析：因为 $2\,005!$ 中因子 2 的个数远远多于 5 的，所以我们只要分析 $2\,005!$ 中 5 的因子的个数.

在 $1,2,3,\cdots,2\,005$ 中，5 的倍数的个数为 401 个，5^2 的倍数的个数为 80 个，5^3 的倍数的个数为 16 个，5^4 的倍数的个数为 3 个. 所以 $2\,005!$ 中 5 的因子的个数共有 $401+80+16+3=500$ 个.

所以 $2\,005!$ 的末尾有连续 500 个零.

[例 2] (交大 2006 保送推优) 2 张 100 元，3 张 50 元，4 张 10 元人民币，共可组成_____种不同的面值.

解析：可组成的最大面值为 $2\times100+3\times50+4\times10=390$ 元，最小面值是 10 元.

而 $10\sim390$ 元（10 元为单位）的所有币值都可以组成，所以共可组成 39 种不同的面值.

[例 3] (复旦 2010 选拔) 在一个球面上画一组三个互不相交的圆，称为球面上的一个三圆组. 如果可以在球面上通过移动和缩放将一个三圆组移动到另外一个三圆组，并且在移动过程中三个圆保持互不相交，则称这两个三圆组有相同的位置关系，否则就称有不同的位置关系. 那么，球面上具有不同的位置关系的三圆组有(   ).

A. 2 种   B. 3 种   C. 4 种   D. 5 种

答案：A

提示：三个无交叉的圆在平面上共有如下四种位置关系 A、B、C、D，显然在球面上，经过拓扑变换，A、B 属同一种，C、D 属同一种，所以一共两种不同位置关系.

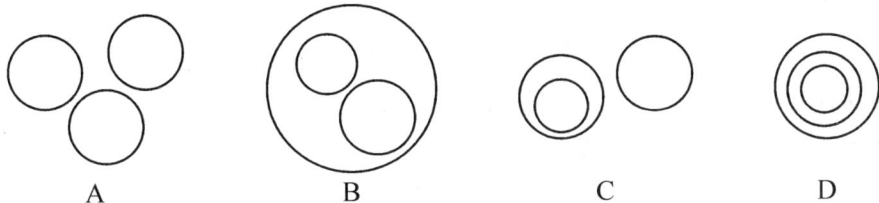

图 16-1

[例 4] (复旦 2006) 求证：$(C_n^0)^2+(C_n^1)^2+(C_n^2)^2+\cdots+(C_n^n)^2=C_{2n}^n$.

解析：化为证明 $C_n^0C_n^n+C_n^1C_n^{n-1}+C_n^2C_n^{n-2}+\cdots+C_n^nC_n^0=C_{2n}^n$，构造实际操作模型来

说明.

如图 16-2,桶中小球互不相同,等式两边可以看作是分别从图 16-2(a)和(b)两组桶中抽取 n 个小球的不同方法数.

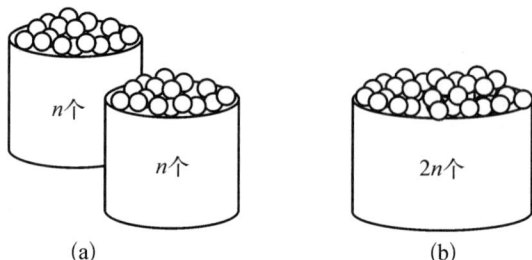

(a)　　　　　　　　　　(b)

图 16-2

[例 5]　(清华等五校 2010 选拔)欲将正六边形的各边和各条对角线都染为 n 种颜色之一,使得以正六边形的任何 3 个顶点作为顶点的三角形有 3 种不同颜色的边,并且不同的三角形使用不同的 3 色组合,则 n 的最小值为(　　　).

A. 6　　　　　　　　B. 7　　　　　　　　C. 8　　　　　　　　D. 9

解析:由于一边对应两顶点,因此一种颜色最多只能染三条边.

如果颜色最多只有 6 种,则至少有一种颜色,设为颜色 1,染了三条边(因为共有 15 条边).由于已染了颜色 1 的边为一边的三角形有 12 个,而其他颜色最多只能染 $C_5^2 = 10$ 个三角形,这意味着有两组三角形染色方式相同,这矛盾.

以下给出一个 7 色的染色方案:设六边形的顶点依次为 A,B,C,D,E 和 F.

颜色 1:AB,CD,EF;颜色 2:AD,BE;颜色 3:BC,AF;颜色 4:AC,DF;颜色 5:BD,CE;颜色 6:BF,DE;颜色 7:AE,CF.

答案:B

[例 6]　(浙大 2009 自招)1,2,3,4,5 的排列 a_1,a_2,a_3,a_4,a_5 具有性质:对于 $1 \leqslant i \leqslant 4$,$a_1$,$a_2$,$\cdots$,$a_i$ 不构成 1,2,$\cdots$,i 的某个排列,求这种排列的个数.

解析:显然 $a_1 \neq 1$.

当 $a_1 = 5$ 时,无论怎么排列,a_1,a_2,$\cdots$,a_i 都不可能是 1,2,$\cdots$,i 的某个排列,此时有 4!个排列符合要求.

当 $a_1 = 4$ 时,唯有 a_1,a_2,a_3,a_4 可构成 1,2,3,4 的某个排列,此时 $a_5 = 5$,形如 $4 \times \times \times 5$ 这种排列有 3!个,所以符合要求的排列个数应是 4!-3!(排除法).

当 $a_1 = 3$ 时,需要排除两种情形:

(1) a_1,a_2,a_3,a_4 构成 1,2,3,4 的某个排列,此时 $a_5 = 5$,形如 $3 \times \times \times 5$ 这种排列有 3!个.

(2) a_1,a_2,a_3,a_4 不构成 1,2,3,4 的某个排列,但 a_1,a_2,a_3 可构成 1,2,3 的某个排列,此时 $a_4 = 5$,$a_5 = 4$,形如 $3 \times \times 54$ 这种排列有 2!个,所以符合要求的排列个数应是 4!-3!-2!.

当 $a_1 = 2$ 时,需要排除三种情形:

(1) a_1,a_2,a_3,a_4 构成 1,2,3,4 的某个排列,此时 $a_5 = 5$,形如 $2 \times \times \times 5$ 这种排列有 3! 个.

(2) a_1,a_2,a_3,a_4 不构成 1,2,3,4 的某个排列,但 a_1,a_2,a_3 可构成 1,2,3 的某个排列,此时 $a_4 = 5$,$a_5 = 4$,形如 $2 \times \times 54$ 这种排列有 2! 个.

(3) a_1,a_2,a_3 不构成 1,2,3 的某个排列,但 a_1,a_2 可构成 1,2 的某个排列,形如 2×534,2×543,2×453 这种排列有 $3 \times 1!$ 个,所以符合要求的排列个数应是 $4! - 3! - 2! - 3 \times 1!$.

综上所述,所求排列个数为:$4! + (4! - 3!) + (4! - 3! - 2!) + (4! - 3! - 2! - 3 \times 1!) = 71$.

[例 7]　(交大 2008 冬令营)通信工程中常用 n 元数组 $(a_1, a_2, a_3, \cdots, a_n)$ 表示信息,其中 $a_i = 0$ 或 1,i,$n \in \mathbf{N}^*$. 设 $u = (a_1, a_2, a_3, \cdots, a_n)$,$v = (b_1, b_2, b_3, \cdots, b_n)$,$d(u, v)$ 表示 u 和 v 中相对应的元素不同的个数.

(1) $u = (0, 0, 0, 0, 0)$,问存在多少个 5 元数组 v 使得 $d(u, v) = 1$;

(2) $u = (1, 1, 1, 1, 1)$,问存在多少个 5 元数组 v 使得 $d(u, v) = 3$;

(3) 令 $w = (\underbrace{0, 0, 0, \cdots, 0}_{n \uparrow 0 \to})$,$u = (a_1, a_2, a_3, \cdots, a_n)$,$v = (b_1, b_2, b_3, \cdots, b_n)$,求证:$d(u, w) + d(v, w) \geqslant d(u, v)$.

解析: (1) 5;

(2) $C_5^3 = 10$;

(3) 记 u,v 中对应项同时为 0 的项的个数为 p,对应项同时为 1 的项的个数为 q,则对应项一个为 1,一个为 0 的项的个数为 $n - p - q$ $(p, q \in \mathbf{N}; p + q \leqslant n)$.

$d(u, w)$ 即是 u 中 1 的个数,$d(v, w)$ 即是 v 中 1 的个数,$d(u, v)$ 是 u,v 中对应项一个为 1,一个为 0 的项的个数.

于是有 $d(u, v) = n - p - q$.

u,v 中 1 一共有 $2q + (n - p - q)$ 个,即 $d(u, w) + d(v, w) = 2q + (n - p + q)$,所以有 $d(u, w) + d(v, w) - d(u, v) = 2q \geqslant 0$.

于是 $d(u, w) + d(v, w) \geqslant d(u, v)$.

巩固训练

1. 从 n 个人中选出 m 名正式代表与若干名非正式代表,其中非正式代表至少 1 名且名额不限,则共有 _____ 种选法 $(m < n)$.

2. 集合 A,B 各有四个元素,$A \bigcap B$ 有一个元素,$C \subsetneqq A \bigcup B$,集合 C 含有三个元素,且其中至少有一个 A 的元素,符合上述条件的集合 C 的个数是(　　).

　　A. 55　　　　　　　　B. 52　　　　　　　　C. 34　　　　　　　　D. 35

3. 若 0，1 作为特殊号码不能放在首位，则电话号码由 7 位升至 8 位后，理论上可以增加_____电话资源．

4. 有 n 个元素的集合分为两部分，空集除外，可有_____种分法．

5. 已知自然数 a，b，c 为三角形三边的长，若 $b \leqslant n$，$a \leqslant b \leqslant c$，则满足条件的三角形的个数为_____．

6. 对于一个四位数，其各位数字至多有两个不相同，试求共有多少个这种四位数．

7. 五个不同元素 $a_i (i = 1, 2, 3, 4, 5)$ 排成一排，规定 a_1 不许排第一，a_2 不许排第二，不同的排法共有（　　）种．

A. 64　　　　　　　B. 72　　　　　　　C. 78　　　　　　　D. 84

8. 四十个学生参加数学奥林匹克竞赛，他们必须解决一个代数问题、一个几何问题、一个三角问题．具体情况（见表 16 - 1）：

表 16 - 1

问　　题	解决问题的学生数
代 数 问 题	20
几 何 问 题	18
三 角 问 题	18
代数问题和几何问题	7
代数问题和三角问题	8
几何问题和三角问题	9

其中有三位学生一个问题都没有解决，问三个问题都解决的学生人数是（　　）．

A. 5　　　　　　　B. 6　　　　　　　C. 7　　　　　　　D. 8

9. 设有 $n+1$ 个不同颜色的球，放入 n 个不同的盒子中，要求每个盒子至少有一个球，则不同的放法有（　　）种．

A. $(n+1)!$　　　　　　　　　　　　　　B. $n(n+1)!$

C. $\dfrac{1}{2}(n+1)!$　　　　　　　　　　　D. $\dfrac{1}{2}n(n+1)!$

10. 设 X 是含 $n(n > 2)$ 个元素的集合，A，B 是 X 中的两个互不相交的子集，分别含有 m，k（m，$k \geqslant 1$，$m+k \leqslant n$）个元素，则 X 中既不包含 A 也不包含 B 的子集的个数是（　　）．

A. $2^{n-m} + 2^{n-k} - 2^{n-m-k}$　　　　　　　B. 2^{n-m-k}

C. $2^n - 2^{n-m} - 2^{n-k} + 2^{n-m-k}$　　　　　D. $2^{n+1} - 2^{n-m} - 2^{n-k} + 2^{n-m-k}$

11. 甲、乙、丙、丁等七人排成一排，要求甲在中间，乙丙相邻，且丁不在两端，则不同排法共有（　　）．

A. 24 种　　　　　　B. 48 种　　　　　　C. 96 种　　　　　　D. 120 种

要点考点

1. 随机事件概率

(1) 概率. 随机事件 A 的概率是频率的稳定值, 反之, 频率是概率的近似值.

(2) 等可能事件的概率. 如果一次试验中可能出现的结果有 n 个, 且所有结果出现的可能性都相等, 那么, 每一个基本事件的概率都是 $\dfrac{1}{n}$, 如果某个事件 A 包含的结果有 m 个, 那么事件 A 的概率 $P(\mathrm{A}) = \dfrac{m}{n}$.

(3) ① 互斥事件: 不可能同时发生的两个事件称为互斥事件. 如果事件 A、B 互斥, 那么事件 A＋B 发生(即 A、B 中有一个发生)的概率, 等于事件 A、B 分别发生的概率和, 即 $P(\mathrm{A＋B}) = P(\mathrm{A}) + P(\mathrm{B})$.

推广: 对于彼此互斥事件 A_1, A_2, $\cdots$, A_n, 有 $P(A_1 + A_2 + \cdots + A_n) = P(A_1) + P(A_2) + \cdots + P(A_n)$.

② 对立事件: 两个事件必有一个发生的互斥事件称为对立事件, 对立事件互斥, 互斥事件未必对立(见图 17－1). 例如: 从 1～52 张扑克牌中任取一张抽到"红桃"与抽到"黑桃"互为互斥事件, 因为其中一个不可能同时发生, 但又不能保证其中一个必然发生, 故不是对立事件. 而抽到"红色牌"与抽到"黑色牌"互为对立事件, 因为其中一个必发生.

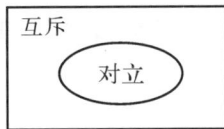

互斥

对立

图 17－1

注意: (1) 对立事件的概率和等于 1: $P(\mathrm{A}) + P(\overline{\mathrm{A}}) = P(\mathrm{A} + \overline{\mathrm{A}}) = 1$.

(2) 互为对立的两个事件一定互斥, 但互斥不一定是对立事件.

---

③ 相互独立事件: 事件 A(或 B)是否发生对事件 B(或 A)发生的概率没有影响. 这样的两个事件称为相互独立事件. 两个相互独立事件同时发生的概率, 等于每个事件发生的概率的积, 即 $P(\mathrm{A \cdot B}) = P(\mathrm{A}) \cdot P(\mathrm{B})$. 由此, 当两个事件同时发生的概率 $P(\mathrm{AB})$ 等于这两个事件发生概率之积, 这时我们也可称这两个事件为独立事件.

推广：若事件 A_1，A_2，$\cdots$，A_n 相互独立，则

$P(A_1A_2\cdots A_n)=P(A_1)P(A_2)\cdots P(A_n)$.

注意：(1) 一般地，如果事件 A 与 B 相互独立，那么 A 与 $\overline{B}$，$\overline{A}$ 与 B，$\overline{A}$ 与 $\overline{B}$ 也都相互独立.

(2) 必然事件与任何事件都是相互独立的.

(3) 独立事件一般是针对不同试验下的相应事件来讲的，而互斥事件是针对同一试验下的不同事件来讲的，这些事件虽然不能同时发生，但相互之间有影响，因此互斥事件一定不是独立事件.

---

④ 独立重复试验：若 n 次重复试验中，每次试验结果的概率都不依赖于其他各次试验的结果，则称这 n 次试验是独立的. 如果在一次试验中某事件发生的概率为 P，那么在 n 次独立重复试验中这个事件恰好发生 k 次的概率：$P_n(k)=C_n^k P^k(1-P)^{n-k}$.

（4）对任何两个事件都有 $P(A+B)=P(A)+P(B)-P(A\cdot B)$.

（5）几何概型.

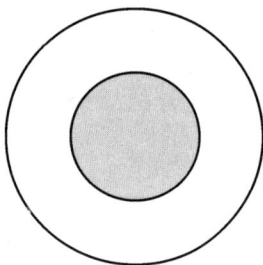

在概率的起始阶段，人们大多关注的是基本事件只有有限个的情形.随着认识的深入，人们慢慢注意到这样的问题：当基本事件为无穷多个的时候怎么来计算某个事件的概率？我们先来看一个例子.

设图 17-2 是半径为 1 m 的圆心靶，阴影部分是半径为0.5 m 的圆盘.已知某射手一定能射中此靶，且射中这个圆心靶的任何一点的概率都相等，请问：此射手射中图中阴影部分的概率为多少？

图 17-2

在此例中，射手射中这个圆心靶的任何一点的概率都相等，说明随机试验的样本点在样本空间中都是均匀分布的.另外，显然该随机试验的基本事件个数是无限的.像这类随机试验称之为几何概型.

在几何概型中，某个事件 A 发生的概率为

$$P(A)=\frac{\text{事件 A 包含区域的度量}}{\text{总区域的度量}},$$

其中度量包括长度、面积、体积等.

（6）条件概率。

① 定义：

设 A，B 是两个事件，且 $P(B)>0$，称 $P(A\mid B)=\dfrac{P(AB)}{P(B)}$ 为在事件 B 发生的条件下事件 A 发生的条件概率.

显然：$P(\varPhi\mid B)=0$；$P(A\mid B)=1-P(\overline{A}\mid B)$；$P(A_1\bigcup A_2\mid B)=P(A_1B)+P(A_2\mid B)-P(A_1A_2\mid B)$.

② 乘法公式：

设 $P(B) > 0$，则有 $P(AB) = P(B)P(A \mid B)$ 或设 $P(A) > 0$，则有 $P(AB) = P(A)P(B \mid A)$.

一般地，设 A_1，A_2，$\cdots$，A_n 为任意 n 个事件，则有

$$P(A_1 A_2 \cdots A_n) = P(A_n \mid A_1 A_2 \cdots A_{n-1}) P(A_{n-1} \mid A_1 A_2 \cdots A_{n-2}) \times \cdots \times P(A_2 \mid A_1) P(A_1)$$

其中 $P(A_1 A_2 \cdots A_{n-1}) > 0$.

③ 全概率公式：

定义 设 Ω 为试验 E 的样本空间，B_1，B_2，$\cdots$，B_n 为 E 的一组事件. 若 (1) $B_i B_j = \varnothing$，$i \neq j$，$i, j = 1, 2, \cdots, n$；(2) $B_1 \bigcup B_2 \bigcup \cdots \bigcup B_n = \Omega$，则称事件组 B_1，B_2，$\cdots$，B_n 为样本空间 Ω 的一个划分.

定理 设试验 E 的样本空间为 Ω，A 为 E 的事件，若事件组 B_1，B_2，$\cdots$，B_n 为 Ω 的一个划分，且 $P(B_i) > 0$，$i = 1, 2, \cdots, n$，则有

$$P(A) = P(A \mid B_1) P(B_1) + P(A \mid B_2) P(B_2) + \cdots + P(A \mid B_n) P(B_n)$$

称为全概率公式.

④ 贝叶斯公式：

定理 设试验 E 的样本空间为 Ω，A 为 E 的事件，若事件组 B_1，B_2，$\cdots$，B_n 为 Ω 的一个划分，且 $P(A) > 0$，$P(B_i) > 0$，$i = 1, 2, \cdots, n$，则有

$$P(B_i \mid A) = \frac{P(AB_i)}{P(A)} = \frac{P(A \mid B_i) P(B_i)}{\sum_{j=1}^{n} P(A \mid B_j) P(B_j)}, \quad i = 1, 2, \cdots, n,$$

称为贝叶斯公式.

特别当 $n = 2$ 时，并将 B_1 记为 B，此时 B_2 就是 $\bar{B}$，那么全概率公式和贝叶斯公式分别成为

$$P(A) = P(A \mid B) P(B) + P(A \mid \bar{B}) P(\bar{B}); \quad P(B \mid A) = \frac{P(A \mid B) P(B)}{P(A \mid B) P(B) + P(A \mid \bar{B}) P(\bar{B})}.$$

2. 随机变量

(1) 试验满足的条件：

① 试验可以在相同的情形下重复进行；

② 试验的所有可能结果是明确可知的，并且不止一个；

③ 每次试验总是恰好出现这些结果中的一个，但在一次试验之前却不能肯定这次试验会出现哪一个结果.

若这几个条件满足，它就被称为一个随机试验.

(2) 离散型随机变量. 如果对于随机变量可能取的值，可以按一定次序一一列出，这样的随机变量称为离散型随机变量. 若 ξ 是一个随机变量，a、b 是常数，则 $\eta = a\xi + b$ 也是一个随机变量. 一般地，若 ξ 是随机变量，$f(x)$ 是连续函数或单调函数，则 $f(\xi)$ 也是随机变量. 也就是说，随机变量的某些函数也是随机变量. 设离散型随机变量 ξ 可能取的值为 x_1，x_2，$\cdots$，x_i，$\cdots$

ξ 取每一个值 $x_1 (i = 1, 2, \cdots)$ 的概率 $P(\xi = x_i) = p_i$，则下表称为随机变量 ξ 的概

率分布,简称 ξ 的分布列.

ξ	x_1	x_2	$\cdots$	x_i	$\cdots$
P	p_1	p_2	$\cdots$	p_i	$\cdots$

性质:① $p_i \geqslant 0$, $i = 1$, 2, $\cdots$;

② $p_1 + p_2 + \cdots + p_i + \cdots = 1$.

> **注意:** 若随机变量可以取某一区间内的一切值,这样的变量称为连续型随机变量. 例如: $\xi \in [0, 5]$ 即 ξ 可以取 $0 \sim 5$ 之间的一切数,包括整数、小数、无理数.

(3) 二项分布:如果在一次试验中某事件发生的概率是 P,那么在 n 次独立重复试验中这个事件恰好发生 k 次的概率是: $P(\xi = k) = C_n^k p^k q^{n-k}$(其中 $k = 0$, 1, $\cdots$, n, $q = 1 - p$).

我们称这样的随机变量 ξ 服从二项分布,记作 $\xi \sim B(n \cdot p)$,其中 n, p 为参数,并记 $C_n^k p^k q^{n-k} = b(k; n \cdot p)$.

(4) 几何分布:"$\xi = k$" 表示在第 k 次独立重复试验时事件第一次发生,如果把第 k 次试验时事件 A 发生记为 A_k,事件 A 不发生记为 $\overline{A}_k$, $P(A_k) = P$, $P(\overline{A}_k) = q$,那么 $P(\xi = k) = P(\overline{A}_1 \overline{A}_2 \cdots \overline{A}_{k-1} A_k)$.

根据相互独立事件的概率乘法分式: $P(\xi = k) = P(\overline{A}_1)P(\overline{A}_2)\cdots P(\overline{A}_{k-1})P(A_k) = q^{k-1} p (k = 1, 2, 3, \cdots)$ 于是得到随机变量 ξ 的概率分布列.

ξ	1	2	3	$\cdots$	k	$\cdots$
P	q	qp	$q^2 p$	$\cdots$	$q^{k-1} p$	$\cdots$

我们称 ξ 服从几何分布,并记 $g(k, p) = q^{k-1} p$,其中 $q = 1 - p$, $k = 1$, 2, 3, $\cdots$

3. 数学期望与方差

(1) 期望的含义:一般地,若离散型随机变量 ξ 的概率分布为

ξ	x_1	x_2	$\cdots$	x_i	$\cdots$
P	p_1	p_2	$\cdots$	p_i	$\cdots$

则称 $E\xi = x_1 p_1 + x_2 p_2 + \cdots + x_n p_n + \cdots$ 为 ξ 的数学期望或平均数、均值.数学期望又简称期望.数学期望反映了离散型随机变量取值的平均水平.

(2) 方差、标准差的定义:当已知随机变量 ξ 的分布列为 $P(\xi = x_k) = p_k (k = 1$, 2, $\cdots)$ 时,则称 $D\xi = (x_1 - E\xi)^2 p_1 + (x_2 - E\xi)^2 p_2 + \cdots + (x_n - E\xi)^2 p_n + \cdots$ 为 ξ 的方

差.显然 $D\xi\geqslant0$,故 $\sigma\xi=\sqrt{D\xi}$ 有意义.我们称 $\sigma\xi$ 为 ξ 的根方差或标准差.随机变量 ξ 的方差与标准差都反映了随机变量 ξ 取值的稳定与波动,集中与离散的程度.$D\xi$ 越小,稳定性越高,波动越小.

(3) 期望与方差的关系:

① 如果 $E\xi$ 和 $E\eta$ 都存在,则 $E(\xi\pm\eta)=E\xi\pm E\eta$.

② 设 ξ 和 η 是互相独立的两个随机变量,则

$E(\xi\eta)=E\xi\cdot E\eta$, $D(\xi+\eta)=D\xi+D\eta$.

③ 期望与方差的转化:$D\xi=E\xi^2-(E\xi)^2$.

④ $E(\xi-E\xi)=E(\xi)-E(E\xi)=E\xi-E\xi=0$(因为 $E\xi$ 为一常数).

技能方法

- 分类法.
- 间接法.

典型例题

[例 1]　(交大 2000 保送)用 13 个字母 A,A,A,C,E,H,I,I,M,M,N,T,T 作拼字游戏,若字母的各种排列是随机的,恰好组成"MATHEMATICIAN"一词的概率是(　　).

A. $\dfrac{48}{13!}$　　　　B. $\dfrac{216}{13!}$　　　　C. $\dfrac{1\,728}{13!}$　　　　D. $\dfrac{8}{13!}$

解析:"MATHEMATICIAN"中有 3 个 A,2 个 I,2 个 M,2 个 T,所以组成"MATHEMATICIAN"一词的概率是 $\dfrac{P_3^3 P_2^2 P_2^2 P_2^2}{13!}=\dfrac{48}{13!}$.

[例 2]　(交大 2006 保送推优)三人玩剪子、石头、布的游戏,在一次游戏中,三人不分输赢的概率为_____;在一次游戏中,甲获胜的概率为_____.

解析:不分输赢的情形包括三人相同或都不相同,其概率为 $\dfrac{3+6}{27}=\dfrac{1}{3}$.

甲获胜的情形分为甲同时赢乙和丙或甲与另一人同赢第三方,其概率为 $\dfrac{3+6}{27}=\dfrac{1}{3}$.

[例 3]　(复旦 2009 自招)有两个细胞,每个细胞每次分裂成 2 个细胞或死亡的概率均为 $\dfrac{1}{2}$,求分裂两次后有细胞存活的概率.

解析:$1-\dfrac{1}{2}\cdot\dfrac{1}{2}-\left(C_2^1\cdot\dfrac{1}{2}\cdot\dfrac{1}{2}\right)\cdot\dfrac{1}{2}\cdot\dfrac{1}{2}-\dfrac{1}{2}\cdot\dfrac{1}{2}\left(\dfrac{1}{2}\right)^4=\dfrac{39}{64}$.

第一个减号是第一次两个都死亡,第二个减号是第一次一个分裂一个死亡后第二次都死亡,第三个是第一次两个分裂第二次全部死亡.

[例4] (清大2006自招冬令营)已知某音响设备由五个部件组成,A电视机,B影碟机,C线路,D左声道和E右声道,其中每个部件工作的概率如图17-3所示.能听到声音,当且仅当A与B中有一工作,C工作,D与E中有一工作;且若D和E同时工作则有立体声效果.

求:(1) 能听到立体声效果的概率;

(2) 听不到声音的概率.

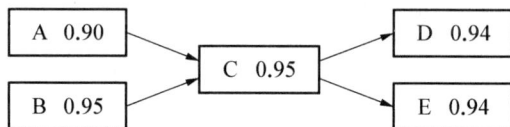

图 17-3

思路:(1) 明确事件"能听到立体声效果"发生的各元器件的工作状态.

(2) 明确事件"听不到声音"发生的各元器件的工作状态.

解析:(1) "能听到立体声效果"的含义是"A与B中有一工作,C工作,且D和E同时工作",故所求概率为 $(1-0.10\times0.05)\times0.95\times0.94\times0.94\approx0.84$.

(2) 先求"听得到声音"的概率,即"A与B中有一工作,C工作,且D与E中有一工作"的概率,为 $(1-0.10\times0.05)\times0.95\times(1-0.06\times0.06)\approx0.94$.

故"听不到声音"的概率为 $1-0.94=0.06$.

[例5] (清华等五校2010选拔样题)甲、乙等4人相互传球,第一次由甲将球传出,每次传球时,传球者将球等可能地传给另外3人中的任何1人.

(1) 经过2次传球后,球在甲,乙两人手中的概率各是多少?

(2) 球经过 n 次传球后,球在甲手中的概率记为 $p_n(n=1,2,\cdots)$,试求出 p_{n+1} 与 p_n 的关系式,并求 p_n 的表达式及 $\lim\limits_{n\to\infty}p_n$.

解:(1) 经过2次传球后,球在甲手中的概率为 $\dfrac{1}{3}$,球在乙手中的概率为 $\dfrac{2}{3}\times\dfrac{1}{3}=\dfrac{2}{9}$.

(2) 记 A_n 表示事件"球经过 n 次传递后,球在甲手中", $n=1,2,3,\cdots$,

则有 $P(A_1)=0$, $A_{n+1}=\bar{A}_n A_{n+1}+A_n A_{n+1}$,

$$P(A_{n+1})=P(\bar{A}_n A_{n+1})+P(A_n A_{n+1})$$
$$=P(\bar{A}_n A_{n+1})=\frac{1}{3}(1-p_n),$$

所以 p_{n+1} 与 p_n 的关系式为 $p_{n+1}=\dfrac{1}{3}(1-p_n)$, $n=1,2,\cdots$. ①

将式①变形为 $p_{n+1}-\dfrac{1}{4}=-\dfrac{1}{3}\left(p_n-\dfrac{1}{4}\right)$,

$\left\{ p_n - \dfrac{1}{4} \right\}$ 是公比为 $-\dfrac{1}{3}$ 的等比数列,其首项为 $p_1 - \dfrac{1}{4} = -\dfrac{1}{4}$.

故有 $p_n - \dfrac{1}{4} = \left(-\dfrac{1}{4} \right) \times \left(-\dfrac{1}{3} \right)^{n-1}$,

$$p_n = \frac{1}{4} \left[1 - \left(-\frac{1}{3} \right)^{n-1} \right], \ n = 1, 2, 3, \cdots. \qquad ②$$

由式②可得 $\displaystyle\lim_{n \to \infty} p_n = \lim_{n \to \infty} \frac{1}{4} \left[1 - \left(-\frac{1}{3} \right)^{n-1} \right] = \frac{1}{4}$.

[例6] (蒲丰投针问题)在平面上画有等距离为 $a(a > 0)$ 的一些平行线,向平面随机投掷一根长为 $l(l < a)$ 的针,求此针与一平行线相交的概率.

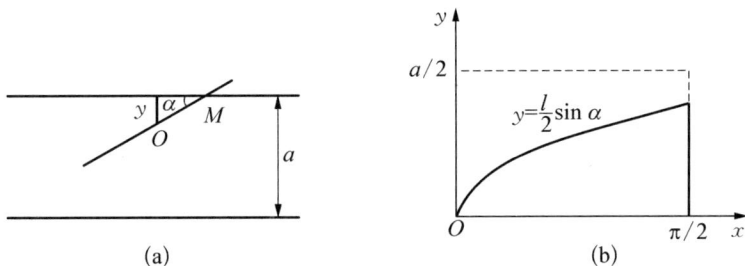

图 17 - 4

解:如图 17 - 4(a)所示,设点 O 是针的中点,点 M 是针与一平行线的交点,y 是点 O 到最近一平行线的距离,α 是针与最近一平行线的夹角.令事件 A ={针与一平行线相交},根据题意,事件 A 发生的充分必要条件为

$$\begin{cases} y \leqslant (l/2)\sin \alpha, \\ 0 \leqslant y \leqslant a/2, \\ 0 \leqslant \alpha \leqslant \pi/2. \end{cases}$$

此针随机地投入平面与平行线相交,意味着 y 和 α 均匀地落在图 17 - 4(b)中的长方形区域.事件 A 发生意味着 y 和 α 落在由上述条件构成的图形中,即图 17 - 4(b)中的阴影部分,所以

$$P(A) = \frac{\displaystyle\int_0^{\frac{\pi}{2}} \frac{l}{2} \sin \alpha \, d\alpha}{\dfrac{a}{2} \cdot \dfrac{\pi}{2}} = \frac{2l}{\pi a}.$$

[例7] (清华大学 2008)在蒲丰投针试验中,平行线间距 a,针长 b,试求针与线相交概率与 a,b 的关系,并求什么情况下概率是 $\dfrac{1}{\pi}$.

解:设针与平行线的夹角为 θ,针的中点到平行线的最短距离为 y,则针与线的充要

条件是 $y \leqslant \dfrac{b}{2}\sin\theta$ 或者 $a \leqslant b\sin\theta$，$0 \leqslant \theta \leqslant \dfrac{\pi}{2}$，$0 \leqslant y \leqslant \dfrac{a}{2}$.

当 $a > b$ 时，概率 $P = \dfrac{\displaystyle\int_0^{\frac{\pi}{2}} \dfrac{b}{2}\sin\theta\,\mathrm{d}\theta}{\dfrac{\pi}{2}\cdot\dfrac{a}{2}} = \dfrac{2b}{\pi a}$，且当 $a = 2b$ 时，$P = \dfrac{1}{\pi}$；

当 $a \leqslant b$ 时，

$$概率\ P = \frac{\displaystyle\int_0^{\arcsin\frac{a}{b}} \dfrac{b}{2}\sin\theta\,\mathrm{d}\theta + \dfrac{a}{2}\left(\dfrac{\pi}{2} - \arcsin\dfrac{a}{b}\right)}{\dfrac{\pi}{2}\cdot\dfrac{a}{2}}$$

$$= \frac{\pi a - 2a\arcsin\dfrac{a}{b} + 2b - 2\sqrt{b^2 - a^2}}{\pi a}.$$

令 $\dfrac{b}{a} = x$，则 $\pi P\left(\dfrac{b}{a}\right) = f(x) = \pi - 2\arcsin\dfrac{1}{x} + 2x - 2\sqrt{x^2 - 1}$，

$$f'(x) = \frac{2}{x\sqrt{x^2 - 1}} + 2 - \frac{2x}{\sqrt{x^2 - 1}} = \frac{2\sqrt{x^2 - 1}}{x\sqrt{x^2 - 1}(x + \sqrt{x^2 - 1})} > 0,$$

故 $$\pi P > \pi P(1) = 2.$$

巩固训练

1. 随机取多少个整数，才能有 0.9 以上的概率使得这些数中至少有 1 个偶数？

2. 随机挑选一个三位数 I，

(1) 求 I 含有因子 5 的概率；

(2) 求 I 中恰有两个数码相等的概率.

3. 两名射手轮流向同一目标射击，射手甲和射手乙命中目标的概率都是 $\dfrac{1}{2}$. 若射手甲先射，谁先命中目标谁就获胜，试求甲、乙两射手获胜的概率.

4. A 和 B 两人掷骰子，掷出一点时，原掷骰子的人再继续掷，掷出不是一点时，由对方接着掷，第一次由 A 开始掷，设第 n 次由 A 掷的概率是 P_n. 试求：

(1) P_{n+1} 用 P_n 表示的式子；

(2) 极限 $\displaystyle\lim_{n\to\infty} P_n$.

5. 4 封不同的信放入 4 只写好地址的信封中，装错的概率为_____，恰好只有一封装错的概率为_____.

6. $1,2,\cdots,9$ 的排列中，$1,2$ 不在原位置的概率是_____.

7. 将 3 个相同的球放到 4 个盒子中，假设每个盒子能容纳的球数不限，而且各种不同

的放法的出现是等可能的,则事件"有 3 个盒子各放一个球"的概率是_____.

8. 口袋中有 4 个白球,2 个黄球,一次摸 2 个球,摸到的白球均退回口袋,保留黄球,到第 n 次两个黄球都被摸出,即第 $n+1$ 次时所摸出的只能是白球,则令这种情况的发生概率是 P_n,求 P_2,P_3,P_n.

9. 任意掷三个骰子,所有的面朝上的概率相同,三个朝上的点数恰能排列成公差为 1 的等差数列的概率为_____.

10. 投掷三个骰子,其中点数之积为 9 的倍数的概率为_____.

11. 投三个骰子,出现三个点数的乘积为偶数的概率是_____.

12. 从 1~100 这 100 个自然数中取 2 个数,它们的和小于等于 50 的概率是_____.

13. $n \times n$ 的正方格,任取得长方形是正方形的概率是_____.

14. 从 0,1,2,…,9 这 10 个数码中随机抽出 5 个,排列成一行,则恰好构成可以被 25 整除的五位数的概率是_____(用分数给出答案).

15. 一个班 20 个学生,有 3 个女生,抽 4 个人去参观展览馆,恰好抽到 1 个女生的概率为_____.

16. 6 名考生坐在两侧各有通道的同一排座位上应考,考生答完试卷的先后次序不定,且每人答完后立即交卷离开座位,则其中一人交卷时为到达通道而打扰其余尚在考试的考生的概率为_____.

17. 甲、乙两厂生产同一种商品.甲厂生产的此商品占市场上的 80%,乙厂生产的占 20%;甲厂商品的合格率为 95%,乙厂商品的合格率为 90%.若某人购买了此商品发现为次品,则此次品为甲厂生产的概率为_____.

18. 复旦大学外语系某年级举行一次英语口语演讲比赛,共有十人参赛,其中一班有三位,二班有两位,其他班有五位.若采用抽签的方式确定他们的演讲顺序,则一班的三位同学恰好演讲序号相连且二班的两位同学的演讲序号不相连的概率是(   ).

A. $\dfrac{1}{20}$ B. $\dfrac{1}{40}$ C. $\dfrac{1}{60}$ D. $\dfrac{1}{90}$

19. 某批产品中有一等品和二等品,其中二等品率为 0.1,将这批产品逐件检测后放回,在连续三次检测中,至少有一件是二等品的概率为(   ).

A. 0.271   B. 0.243   C. 0.1   D. 0.081

§18 二项展式

1. 二项式定理

$$(a+b)^n = C_n^0 a^n b^0 + C_n^1 a^{n-1}b + \cdots + C_n^r a^{n-r}b^r + \cdots + C_n^n a^0 b^n$$

展开式具有以下特点：

(1) 项数：共有 $n+1$ 项.

(2) 系数：依次为组合数 C_n^0，C_n^1，C_n^2，$\cdots$，C_n^r，$\cdots$，C_n^n.

(3) 每一项的次数是一样的，即为 n 次，展开式依 a 的降幂排列，b 的升幂排列展开.

2. 二项展开式的通项

$(a+b)^n$ 展开式中的第 $r+1$ 项为 $T_{r+1} = C_n^r a^{n-r}b^r (0 \leqslant r \leqslant n，r \in \mathbf{Z})$.

3. 二项式系数的性质

(1) 在二项展开式中与首末两项"等距离"的两项的二项式系数相等.

(2) 二项展开式的中间项二项式系数最大.

① 当 n 是偶数时，中间项是第 $\dfrac{n}{2}+1$ 项，它的二项式系数 $C_n^{\frac{n}{2}}$ 最大.

② 当 n 是奇数时，中间项为两项，即第 $\dfrac{n+1}{2}$ 项和第 $\dfrac{n+1}{2}+1$ 项，它们的二项式系数 $C_n^{\frac{n-1}{2}} = C_n^{\frac{n+1}{2}}$ 最大.

(3) 系数和：

$$C_n^0 + C_n^1 + C_n^2 + \cdots + C_n^n = 2^n$$

$$C_n^0 + C_n^2 + C_n^4 + \cdots = C_n^1 + C_n^3 + C_n^5 + \cdots = 2^{n-1}$$

> 说明：一般来说，当 $|a|=1$ 且 $|b|=1$ 时，$(ax+by)^n (a, b$ 为常数$)$ 系数最大的项或最小的项的研究均可直接根据性质(2)；当 $|a| \neq 1$ 或 $|b| \neq 1$ 时，一般用不等式组 $\begin{cases} A_k \geqslant A_{k+1}，\\ A_k \geqslant A_{k-1} \end{cases}$ 或 $\begin{cases} A_k \leqslant A_{k+1}，\\ A_k \leqslant A_{k-1} \end{cases}$ $(A_k$ 为 T_{k+1} 的系数或系数的绝对值$)$来求解.

4. 近似计算的处理方法

当 a 的绝对值与 1 相比很小且 n 不大时,常用近似公式 $(1+a)^n \approx 1+na$,因为这时展开式的后面部分 $C_n^2 a^2 + C_n^3 a^3 + \cdots + C_n^n a^n$ 很小,可以忽略不计.类似地,有 $(1-a)^n \approx 1-na$,但使用这两个公式时应注意 a 的条件,以及对计算精确度的要求.

技能方法

- 二项展开式通项公式的应用.
- 二项式系数性质的应用.
- 赋值法.
- 整除性问题中的构造法.

典型例题

[例 1] (复旦 2002 基地) $\left(\sqrt[3]{x} - \dfrac{1}{\sqrt{x}} \right)^{15}$ 中不含 x 的项为_____.

解析: 设 $\left(\sqrt[3]{x} - \dfrac{1}{\sqrt{x}} \right)^{15}$ 的展开式中的第 $r+1$ 项是

$$T_{r+1} = C_{15}^r \left(\sqrt[3]{x} \right)^{15-r} \left(-\dfrac{1}{\sqrt{x}} \right)^r = (-1)^r \cdot C_{15}^r \cdot x^{\frac{15-r}{3} - \frac{r}{2}},$$

令 $\dfrac{15-r}{3} - \dfrac{r}{2} = 0$,解得 $r=6$.

所以不含 x 的项为 $T_7 = C_{15}^6$.

[例 2] (交大 2000 保送)若今天是星期二,则 3^{1998} 天之后是(　　).

　A. 星期四　　　　　　　　　　　B. 星期三

　C. 星期二　　　　　　　　　　　D. 星期一

思路: 以 7 为周期,对 3^{1998} 用二项式定理进行整除性分析.

解析: 因为 $3^6 = 7 \times 104 + 1$,所以

$$3^{1998} = (3^6)^{333} = (7 \times 104 + 1)^{333} = 7k + 1, \quad k \in \mathbf{Z}.$$

因此,3^{1998} 天之后应是星期三,选 B 项.

[例 3] (复旦 2008 选拔)已知 a,b 为实数,满足 $(a+b)^{59} = -1$,$(a-b)^{60} = 1$,则 $a^{59} + a^{60} + b^{59} + b^{60} = ($　　$)$.

　A. -2　　　　　B. -1　　　　　C. 0　　　　　D. 1

解析: 由 $(a+b)^{59} = -1$,$(a-b)^{60} = 1$,得 $a+b = -1$,$a-b = \pm 1$,从而 $a=0$,$b=-1$ 或 $a=-1$,$b=0$.

代入得 $a^{59}+a^{60}+b^{59}+b^{60}=0$，选 C 项.

[例 4] (交大 2004 保送)某二项展开式中，相邻 a 项的二项式系数之比为 $1:2:3:\cdots:a$，求二项式的次数、a 以及二项式系数.

解析：不妨设相邻的二项式系数为 C_n^{r+1}，C_n^{r+2}，C_n^{r+3}，$\cdots$，C_n^{r+a}，

由题意知 $C_n^{r+1}:C_n^{r+2}=1:2$，化简得 $\dfrac{1}{n-r-1}:\dfrac{1}{r+2}=1:2$，即 $n-3r=5$. ①

而 $C_n^{r+2}:C_n^{r+3}=2:3$，化简得 $\dfrac{1}{n-r-2}:\dfrac{1}{r+3}=2:3$，即 $2n-5r=13$. ②

由式①和式②解得 $n=14$，$r=3$.

此时 $C_{14}^4:C_{14}^5:C_{14}^6=1:2:3$.

又因 $C_{14}^6:C_{14}^7\neq 3:4$，得 $a=3$.

[例 5] (复旦 2005 保送推优)求 $3^{1\,000}$ 在十进制中最后 4 位_____.

解析：因为 $3^2=9=10-1$，所以

$$3^{1\,000}=9^{500}=(10-1)^{500}$$
$$=10^{500}-C_{500}^1\cdot 10^{499}+\cdots+C_{500}^{496}\cdot 10^4-$$
$$C_{500}^{497}\cdot 10^3+C_{500}^{498}\cdot 10^2-C_{500}^{499}\cdot 10+1$$
$$\equiv-C_{500}^{497}\cdot 10^3+C_{500}^{498}\cdot 10^2-C_{500}^{499}\cdot 10+1(\mathrm{mod}\,10^4)$$
$$\equiv 1(\mathrm{mod}\,10^4)$$

所以最后 4 位为 $0\,001$.

巩固训练

1. $(7^{2\,004}+36)^{818}$ 的个位数是_____.

2. 已知 $(3x+1)^8=a_8x^8+a_7x^7+\cdots+a_1x+a_0$，则 $a_8+a_6+a_4+a_2+a_0=$_____.

3. $(1+x)+(1+x)^2+\cdots+(1+x)^{98}+(1+x)^{99}$ 中 x^3 的系数为_____.

4. 已知 $x^{1\,000}+x^{999}(x+1)+\cdots+(x+1)^{1\,000}$，求 x^{50} 的系数.

5. 如果 $(3+x)^n$ 的展开式的系数和是 $(1+y)^m$ 的展开式的系数和的 512 倍，那么自然数 n 与 m 的关系为_____.

6. $(1+2x-x^2)^4$ 展开式中 x^7 系数为_____.

7. $\left(x-\dfrac{1}{\sqrt{x}}\right)^{15}$ 的常数项为_____.

8. $\left(x^2+1-\dfrac{1}{2x}\right)^9$ 的展开式中 x^9 的系数为_____.

9. $(x^2-x+2)^{10}$ 展开式中，x^3 项的系数为_____.

10. 在 $\left(x^2-\dfrac{1}{x}\right)^{10}$ 的展开式中系数最大的项是(   ).

A. 第 4、6 项

B. 第 5、6 项

C. 第 5、7 项

D. 第 6、7 项

11. 二项式 $(1+x)^{100}$ 的展开式中系数之比为 $\dfrac{33}{68}$ 的相邻两项是(   ).

A. 第 29,30 项

B. 第 33,34 项

C. 第 55,56 项

D. 第 81,82 项

§19 归纳枚举

要点考点

1. 第一数学归纳法

设 $P(n)$ 是一个与正整数 n 有关的命题,如果

(1) 证明当 n 取第一个 n_0 时结论正确.

(2) 假设当 $n=k$ $(k \in \mathbf{N}^+, k \geqslant n_0)$ 时,结论正确,证明当 $n=k+1$ 时,结论成立.

那么,根据(1)和(2)对一切自然数 $n \geqslant n_0$ 时,$P(n)$ 都成立.

2. 第二数学归纳法

设 $P(n)$ 是一个与正整数 n 有关的命题,如果

(1) 当 $n=n_0 (n_0 \in \mathbf{N}^+)$ 时,$P(n)$ 成立.

(2) 假设当 $n \leqslant k$ $(k \in \mathbf{N}^+, k \geqslant n_0)$ 时,$P(n)$ 成立,推得 $n=k+1$ 时,$P(n)$ 也成立.

那么,根据(1)和(2)对一切自然数 $n \geqslant n_0$ 时,$P(n)$ 都成立.

3. 容斥原理

X 是一个有限集,则 X 内所含的全部元素的个数用 $Card(X)$ 表示.

如果 A、B、C 是任意的三个有限集,那么

(1) $Card(A \bigcup B)=Card(A)+Card(B)-Card(A \bigcap B)$;

(2) $Card(A \bigcup B \bigcup C)=Card(A)+Card(B)+Card(C)-Card(A \bigcap B)-Card(B \bigcap C)-Card(A \bigcap C)+Card(A \bigcap B \bigcap C)$;

(3) $Card(A \bigcap B)=Card(A)+Card(B)-Card(A \bigcup B)$;

(4) 若 $B \subset A$,则 $Card(B)=Card(A)-Card(C_A B)$;

(5) $Card(A \bigcap B \bigcap C)=Card(A \bigcup B \bigcup C)-Card(A)-Card(B)-Card(C)+Card(A \bigcap B)+Card(B \bigcap C)+Card(A \bigcap C)$.

4. 抽屉原理

把 $n+1$ 个元素分成 n 类,不管怎么分,则一定有一类中有 2 个或 2 个以上的元素.

技能方法

- 划分.
- 列举(枚举).
- 归纳—猜想—证明.
- 构造与拼凑.

典型例题

[例1] (交大 2003 冬令营)3 个自然数倒数和为 1.求所有的解.

解析: 不妨设 $a \leqslant b \leqslant c$, $\dfrac{1}{a} + \dfrac{1}{b} + \dfrac{1}{c} = 1$, a, b, $c \in \mathbf{N}^*$,

则 $\dfrac{1}{a} < \dfrac{1}{a} + \dfrac{1}{b} + \dfrac{1}{c} = 1 \leqslant \dfrac{3}{a} \Rightarrow 1 < a \leqslant 3$.

当 $a = 2$ 时, $\dfrac{1}{a} + \dfrac{1}{b} + \dfrac{1}{c} = 1 \Rightarrow \dfrac{1}{b} + \dfrac{1}{c} = \dfrac{1}{2} \Rightarrow \begin{cases} b = 3 \\ c = 6 \end{cases}$ 或 $\begin{cases} b = 4 \\ c = 4 \end{cases}$;

当 $a = 3$ 时, $\dfrac{1}{a} + \dfrac{1}{b} + \dfrac{1}{c} = 1 \Rightarrow \dfrac{1}{b} + \dfrac{1}{c} = \dfrac{2}{3} \Rightarrow \begin{cases} b = 3 \\ c = 3 \end{cases}$.

答案: 2,3,6; 2,4,4; 3,3,3.

[例2] (复旦 2006 保送推优)对于任意 $n \in \mathbf{N}^*$, x_1, x_2, $\cdots$, x_n 均为非负实数,且

$x_1 + x_2 + \cdots + x_n \leqslant \dfrac{1}{2}$,试用数学归纳法证明:

$(1 - x_1)(1 - x_2) \cdots (1 - x_n) \geqslant \dfrac{1}{2}$ 成立.

证明: 下面用数学归纳法证明

$(1 - x_1)(1 - x_2) \cdots (1 - x_n) \geqslant 1 - (x_1 + x_2 + \cdots + x_n)$.

当 $n = 1$ 时,显然成立.

假设当 $n = k$ 时,有 $(1 - x_1)(1 - x_2) \cdots (1 - x_k) \geqslant 1 - (x_1 + x_2 + \cdots + x_k)$ 成立,

则当 $n = k + 1$ 时,由于 $x_1 + x_2 + \cdots + x_{k+1} \leqslant \dfrac{1}{2}$,所以

$0 \leqslant x_i \leqslant \dfrac{1}{2}$, $i = 1, 2, \cdots, k + 1$.

故 $(1 - x_1)(1 - x_2) \cdots (1 - x_k)(1 - x_{k+1}) \geqslant$

$[1 - (x_1 + x_2 + \cdots + x_k)](1 - x_{k+1})$

$= 1 - (x_1 + x_2 + \cdots + x_k) - x_{k+1} + (x_1 + x_2 + \cdots + x_k)x_{k+1} \geqslant$

$$1-(x_1+x_2+\cdots+x_k+x_{k+1})$$

即当 $n=k+1$ 时,不等式也成立.

所以,对任意 $n\in\mathbf{N}^*$,都有

$(1-x_1)(1-x_2)\cdots(1-x_n)\geqslant 1-(x_1+x_2+\cdots+x_n)$ 成立.

又 $x_1+x_2+\cdots+x_n\leqslant\dfrac{1}{2}$,所以 $(1-x_1)(1-x_2)\cdots(1-x_n)\geqslant\dfrac{1}{2}$.

[例 3]（2008 年中国科学技术大学）一个平面由红点、蓝点组成,且既有红点又有蓝点.对于给定任意长 $a(a>0)$,证明:

(1) 平面内存在两个同色点,距离为 a;

(2) 平面内存在两个异色点,距离为 a.

解析:

(1) 取一个边长为 a 的正三角形,由抽屉原理,必有两点同色,则这两点即为所求.

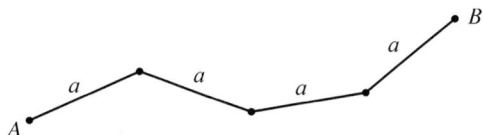

图 19 - 1

(2) 由于平面内既有红点,又有蓝点,所以可以任取一个红点 A 和一个蓝点 B,如图所示.由于平面上所有点均染了两色之一,所以这两点 A、B 可以由若干条长度为 a 的线段相连,这一定可以做到.由 A、B 异色,则必存在相邻的两点 C、D,使点 C、D 异色且 $CD=a$,即 C、D 两点即为所求.

[例 4]（复旦 2003 保送）定义闭集合 S,若 $a,b\in S$,则 $a+b\in S$,$a-b\in S$.

(1) 举一例,真包含于 R 的无限闭集合;

(2) 求证对任意两个闭集合 S_1,$S_2\subset\mathbf{R}$,存在 $c\in\mathbf{R}$,但 $c\notin S_1\bigcup S_2$.

解析:(1) 显然,整数集 $\mathbf{Z}$ 及有理数集 $\mathbf{Q}$ 都符合条件.

(2) 用反证法.

若 S_1,S_2 是两个闭集合,且 $S_1\subset\mathbf{R}$,$S_2\subset\mathbf{R}$,$S_1\bigcup S_2=\mathbf{R}$,

则存在 $a\in\mathbf{R}$,$a\notin S_1$,$a\in S_2$,$b\in\mathbf{R}$,$b\notin S_2$,$b\in S_1$,

又 $a+b\in\mathbf{R}$,则 $a+b\in S_1$,或 $a+b\in S_2$,

不妨设 $a+b\in S_1$,则 $(a+b)-b=a\in S_1$,这与 $a\notin S_1$ 矛盾.故反设不成立,即结论成立.

[例 5]（交大 2008 冬令营）30 个人排成矩形,身高各不相同.把每列最矮的人选出,这些人中最高的设为 a;把每行最高的人选出,这些人中最矮的设为 b.

(1) a 是否有可能比 b 高?

(2) a 和 b 是否可能相等?

解析:(1) 不可能.

① 若 a,b 为同一人,有 $a=b$;

② 若 a,b 在同一行、列,则均有 $a<b$;

③ 若 a,b 不在同一行、列,同如图 19 - 2 以 5×6 的矩形

		x		b
		a		

图 19 - 2

为例,记 a 所在列与 b 所在行相交的人为 x.

因为 a 为 a、x 列最矮的人,所以有 $a < x$;

又因为 b 为 b、x 行最高的人,所以有 $b > x$;于是有 $a < x < b$.

综上所述,不可能有 $a > b$.

(2) 有可能,不妨令 30 个人身高由矮至高分别为 1,2,3,…,30,如图 19-3 所示:此时有 $a = b = 26$.

1	6	11	16	21	26
2	7	12	17	22	27
3	8	13	18	23	28
4	9	14	19	24	29
5	10	15	20	25	30

图 19-3

[例6] (交大 2008 冬令营)世界杯预选赛中,中国、澳大利亚、卡塔尔和伊拉克被分在 A 组,进行主客场比赛.规定每场比赛胜者得三分,平局各得一分,败者不得分.比赛结束后前两名可以晋级.

(1) 由于 4 支队伍均为强队,每支队伍至少得 3 分.于是

甲专家预测:中国队至少得 10 分才能确保出线;

乙专家预测:中国队至少得 11 分才能确保出线.

问:甲、乙专家哪个说的对?为什么?

(2) 若不考虑(1)中条件,中国队至少得多少分才能确保出线?

解析:(1) 乙专家.

若中国队得 10 分,则可能出现其余三队 12 分、10 分、10 分的情况,以澳大利亚 12 分,卡塔尔 10 分,伊拉克 3 分为例,得分情况如下表.中国队无法确保晋级,因此甲专家说得不对.

	澳	澳	中	中	卡	卡	伊	伊	总分
澳			3	0	3	0	3	3	12
中	0	3			1	3	0	3	10
卡	0	3	1	0			3	3	10
伊	0	0	3	0	0	0			3

假设中国队得了 11 分而无法晋级,则必为第三名,而第一名、第二名均不少于 11 分,而第四名不少于 3 分.12 场比赛四队总得分至多 36 分,所以前三名 11 分,第四名 3 分.而四队总分 36 分时不能出现一场平局,而 11 不是 3 的倍数,故出现平局,矛盾!

所以中国队得 11 分可以确保出线.

(2) 若中国队得 12 分,则可能出现如表情况,仍无法确保晋级.

	澳	澳	中	中	卡	卡	伊	伊	总分
澳			3	0	3	0	3	3	12
中	0	3			0	3	3	3	12
卡	0	3	3	0			3	3	12
伊	0	0	0	0	0	0			0

假设中国队得 13 分仍无法出线,则必为第 3 名,则第一名、第二名均不少于 13 分,总得分已经不少于 39 分大于 36 分,矛盾!

故中国队至少得 13 分才可以确保出线.

[例 7]　(清华 2009 自招)现有一游戏:图上有若干个点和若干条线,甲提供若干个硬币,乙可以任意将这些硬币全部摆放在点上,并且指定一个目标顶点 u. 现定义操作:从一个至少有 2 个硬币的点取走 2 个硬币,在它一个相邻的点上放回 1 个硬币. 若在某时刻,目标顶点上有棋子,则甲获胜. 问在以下两种独立的情形下,甲最少提供多少个硬币,才可以保证自己必胜.

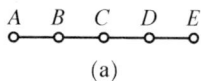

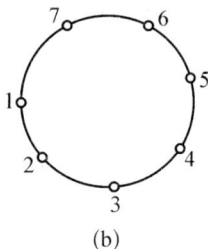

(a)

(b)

图 19-4

(1) 图 19-4(a)所示是一个包含 5 个点的线段.

(2) 图 19-4(b)所示一个包含 7 个点的圈.

解析:方法一:(1) 设甲至少提供 n 个硬币能保证自己赢.

我们先证 $n \geq 16$. 如果甲提供的硬币不超过 15 个,把这些硬币全放在 A 点,把 E 点作为目标顶点 u.则 B 点至多放 7 个硬币,C 点至多放 3 个硬币,D 点至多放 1 个硬币,于是在目标顶点 E 点没有硬币被放上去,此时不能保证甲赢.

下证 $n = 16$ 时,甲一定能赢.若甲提供了 16 个硬币,我们考察放硬币最多的那个点(则这个点上至少放了 4 个硬币).

① 这个点如果是 C 点,那么不管乙选择哪个点作为目标顶点,甲都可以往 B 点或 D 点放 2 个硬币,然后再往 A 点或 E 点放 1 个硬币,因此甲均可以赢.

② 这个点如果是 B 点,那么乙只有把目标顶点选为 E 点,否则由①的讨论可知甲一定能赢.这种情况下,D 点一定不能放硬币(否则,甲可以往 C 点放 2 个硬币,然后再往 D 点放 1 个硬币,那么 D 点至少有 2 个硬币,则甲获胜),同理可知,C 点至多放 1 个硬币.则 B 点上至少 8 个硬币.操作 4 次使得 C 点至少放 4 个硬币,继而使得 D 点至少放 2 个硬币,则至少可以往 E 点放 1 个硬币.甲保证自己能赢.

③ 这个点如果是 A 点,乙若把目标顶点选为 D 点,由②的讨论过程已知甲一定能赢;乙若把目标顶点选为 E 点,则点 C、D 上总共至多放 1 个硬币,此时点 A、B 上的硬币数无论是 $(8, 7)$、$(9, 6)$、$(10, 5)$、$(11, 4)$、$(12, 3)$、$(13, 2)$、$(14, 1)$ 的哪一种组合都可以经有限次操作后使 B 点至少有 8 个硬币,那么通过操作必然可以在 E 点至少放 1 个硬币.若点 C、D 上没有放硬币,那么用上述同样的方法讨论可知,至少往 E 点可以放 1 个硬币.

由上述讨论过程可知,甲至少提供 16 个硬币能保证自己赢.

方法二:先证明"若线段上有 $(n+1)$ 个点,则甲提供 $(2^n - 1)$ 个硬币不能保证自己赢".证明时只需把目标顶点选取为最右边的点,全部的 $(2^n - 1)$ 个硬币放在最左边的点上即可.再用数学归纳法证明加强命题"如果线段上有 $(n+1)$ 个点,则甲提供 2^n 个硬币一定能保证自己赢".

现证明当 $n = 1, 2$ 时命题显然成立.

假设 $n = k$($k \geq 2$)时,命题成立.当 $n = k+1$ 时,

如果乙选的目标顶点不是两个端点,则从左边开始的连续 k 个点和从右边开始的连续 k 个点中均含有目标顶点,而且这两组连续 k 个点之中至少有一组上放置的硬币个数之和不少于 2^k 个,由归纳假设此时甲一定能赢.

如果乙将目标顶点选在其中的一个端点处,不妨设为右端点,那么此端点上一定不放硬币,在乙放硬币的过程中,对于其中的 2^k 个硬币的任意放置方式中,甲都可以通过有限次操作,在与右端点相邻的那个点上放置 1 个硬币,在剩余的 2^k 个硬币的任意放置方式中,甲也可以通过有限次操作,在与右端点相邻的那个点上再放置 1 个硬币,显然,此点上至少有 2 个硬币,故再操作一次,可以保证在目标顶点上放置 1 个硬币.

由归纳法知,该命题成立.因此,甲至少要提供 16 个硬币才能保证自己赢.

(2) 设甲至少提供 m 个硬币能保证自己赢.

我们先证 $m \geqslant 11$. 如果甲提供的硬币为 10 个,在此图形中每个点的位置都是等价的,不妨设目标顶点为点 7,那么在点 3 和点 4 各放置 5 个硬币,则无论怎样操作甲都不能赢;显然,如果甲提供的硬币少于 10 个,甲也不能保证自己赢.类似于(1)中的讨论可知 $m = 11$ 时甲可以保证自己赢.

[例 8] (北大 2008 自招)排球单循环赛,南方球队比北方球队多 9 支,南方球队总得分是北方球队的 9 倍,求证:冠军是一支南方球队(胜得 1 分,败得 0 分).

解析:设北方球队共有 x 支,则南方球队有 $x + 9$ 支,

所有球队总得分为 $C_{2x+9}^2 = \dfrac{(2x+9)(2x+8)}{2} = (2x+9)(x+4)$,

南方球队总得分为 $\dfrac{9}{10} \cdot \dfrac{(2x+9)(2x+8)}{2} = \dfrac{9(2x+9)(x+4)}{10}$,

北方球队总得分为 $\dfrac{(2x+9)(x+4)}{10}$,

南方球队内部比赛总得分 C_{x+9}^2,北方球队内部比赛总得分 C_x^2,

$\dfrac{(2x+9)(x+4)}{10} - \dfrac{x(x-1)}{2} \geqslant 0$,

解得 $\dfrac{11 - \sqrt{229}}{3} \leqslant x \leqslant \dfrac{11 + \sqrt{229}}{3} < \dfrac{11 + 16}{3} = 9$.

因为 $\dfrac{(2x+9)(x+4)}{10}$ 为整数,则 $x = 6$ 或 $x = 8$,

当 $x = 6$ 时:

所有球队总得分为 $C_{2x+9}^2 = (2x+9)(x+4) = 210$,

南方球队总得分为 $\dfrac{9(2x+9)(x+4)}{10} = 189$,

北方球队总得分为 $\dfrac{(2x+9)(x+4)}{10} = 21$,

南方球队内部比赛总得分 $C_{x+9}^2 = 105$，北方球队内部比赛总得分 $C_x^2 = 15$，

北方胜南方得分 $= 21 - 15 = 6$，

北方球队最高得分 $= 5 + 6 = 11$，

因为 $11 \times 15 = 165 < 189$，所以南方球队中至少有一支得分超过 11 分，故冠军在南方球队中.

当 $x = 8$ 时：

所有球队总得分为 $C_{2x+9}^2 = (2x+9)(x+4) = 300$，

南方球队总得分为 $\dfrac{9(2x+9)(x+4)}{10} = 270$，

北方球队总得分为 $\dfrac{(2x+9)(x+4)}{10} = 30$，

南方球队内部比赛总得分 $C_{x+9}^2 = 136$，北方球队内部比赛总得分 $C_x^2 = 28$，

北方胜南方得分 $= 30 - 28 = 2$，

北方球队最高得分 $= 7 + 2 = 9$，

因为 $9 \times 17 = 153 < 270$，所以南方球队中至少有一支得分超过 9 分. 故冠军在南方球队中.

综上所述，冠军是一支南方球队.

[例9]　（清华 2009 自招）证明：一个 $2n+1$ 项的整数数列，它们全部相等的充分必要条件是满足条件 p，条件 p 为任意取出 $2n$ 个数，都存在一种划分方法，使得两堆数每堆含有 n 个数，并且这两堆数的和相等.

证明： 必要性显然，下面证明充分性.

利用反证法：假设结论不成立，即 $a_1, a_2, \cdots, a_{2n+1}$ 不全相等，将它们从小到大排列为 $a_1' \leqslant a_2' \leqslant \cdots \leqslant a_{2n+1}'$，而且在 $a_{i+1}' - a_i' > 0$ 中，最小的为 $a_{i_0+1}' - a_{i_0}'$.

考虑 $S = a_1 + a_2 + \cdots + a_{2n+1}$ 的奇偶性：

（1）若 S 为奇数，由性质 P 易知，每一个 a_i 均为奇数，且 $a_1 - 1, a_2 - 1, \cdots, a_{2n+1} - 1$ 也满足性质 P；

（2）若 S 为偶数，由性质 P 易知，每一个 a_i 均为偶数，且 $\dfrac{a_1}{2}, \dfrac{a_2}{2}, \cdots, \dfrac{a_{2n+1}}{2}$ 也满足性质 P.

由（1）与（2）可知 $a_{i_0+1}' - a_{i_0}'$ 一定是偶数.

当最小者 $a_{i_0+1}' - a_{i_0}' = 2$ 时，

因为 $\dfrac{S - a_{i_0}'}{2}$ 与 $\dfrac{S - a_{i_0+1}'}{2}$ 均是 n 个奇偶性相同的正整数之和，

又因为 $\dfrac{S - a_{i_0}'}{2}$ 与 $\dfrac{S - a_{i_0+1}'}{2}$ 具有相同的奇偶性，

所以 $\dfrac{S-a'_{i_0}}{2}-\dfrac{S-a'_{i_0+1}}{2}=\dfrac{a'_{i_0+1}-a'_{i_0}}{2}$ 为偶数.

又因为 $\dfrac{a'_{i_0+1}-a'_{i_0}}{2}=\dfrac{2}{2}=1$,矛盾.

所以 $\{a_n\}$ 为常数列.

当最小者 $a'_{i_0+1}-a'_{i_0}=2k$ $(k>1,k\in\mathbf{N})$ 时,我们对数列 $\{a'_n\}$ 应用(1)与(2)的变换,有限次后,就能得到数列 $\{b'_n\}$ $(b'_n\in\mathbf{Z}^*)$,而这个序列满足性质 P,并且 $b'_{i_0+1}-b'_{i_0}=2$,这样 $\{b'_n\}$ 就是常数列,从而 $\{a_n\}$ 也为常数列.

综上所述,原命题得证.

[例 10] (清华 2009 自招)现有一数字游戏:有 1 到 100 这 100 个数,两个人轮流写.设已写下的数为 $a_1,a_2,a_3,\cdots,a_n$,若一个数 x 能表示成 $x=x_1a_1+x_2a_2+x_3a_3+\cdots+x_na_n$($x_i$ 为非负整数),则这个数不能够被写(如若 3,5 已被写,则 8=3+5 不能再被写,13=3+5×2,以及 9=3×3+5×0 也不能再被写).规定:最后不得不写 1 的人算输.现在甲和乙玩这个游戏,已知 5,6 已经被写,现在轮到甲写.问:怎样才能使甲必胜?

解析:甲先写 19,把剩下的 8 个数分成 4 对:(2,3)、(4,7)、(8,9)、(13,14),乙取其中一个,甲就取同一对数中的另一个.

[例 11] (清华 2009 自招)一场跑马比赛最多只能有 8 匹马参加,假设同一匹马参加每一场比赛的表现都是一样的.问:可以由不多于 50 场比赛,完全将 64 匹马的实力顺序排序吗?

解析:能.

将 64 匹马分成 8 组,每组 8 匹.每组赛一场,并在组内按优劣排序,共需 8 场.接下来将 8 组中的每 2 组并成一组,得到 4 组,每组 16 匹并排序,方法如下:

注意到 16 匹马中最好的 4 匹必然在原先 2 组的前 4 匹马中,因此取原先 2 组的前 4 匹共 8 匹马比赛得到 16 匹马中最好的 4 匹马.将这 4 匹马从原来的组中除去后,再取 2 组的前 4 匹共 8 匹马比赛.

重复上述过程,并注意到最后一场能决定 8 匹马的优劣,因此经过 $3\times4=12$ 场比赛后,能将 8 组合并成 4 组并排序.

类似可得:经过 $2\times7=14$ 场比赛后能将 4 组合并成 2 组并排序,再经过 15 场比赛后能将 2 组合并成 1 组并排序.

整个过程共需 $8+12+14+15=49$ 场比赛.

巩固训练

1. n 是十进制的数,$f(n)$ 是 n 的各个数字之和,则使 $f(n)=20$ 成立的最小的 n 是_____.

2. 两个或两个以上的整数除以 N(N 为整数,$N>1$),若所得的余数相同且都是非负数,则数学上定义这两个或两个以上的整数为同余.若 69、90 和 125 对于某个 N 是同余的,则对于同样的 N,81 同余于(　　).

A. 3　　　　　　B. 4　　　　　　C. 5　　　　　　D. 7

3. 设函数 $f(x)=\dfrac{|x|}{x}$,则 $S=1+2f(x)+3f^2(x)+\cdots+nf^{n-1}(x)=$ _____ .

4. 从自然数 1 至 100 中任取 2 个相乘,其结果是 3 的倍数的情况有 _____ 种.(取出的数不分先后)

5. (1) 用数学归纳法证明以下结论:

$$1+\frac{1}{2^2}+\frac{1}{3^2}+\cdots+\frac{1}{n^2}<2-\frac{1}{n}\ (n\geqslant 2,\ n\in\mathbf{N}^*).$$

(2) 若 $0<x\leqslant 1$ 时有 $1-\dfrac{x^2}{6}<\dfrac{\sin x}{x}<1$,利用(1)的结论求 $\displaystyle\lim_{n\to\infty}\frac{1}{n}\Big(1\cdot\sin 1+2\cdot\sin\frac{1}{2}+\cdots+n\cdot\sin\frac{1}{n}\Big)$.

6. 100! 末尾连续有 _____ 个零.

7. 函数 $y=f(x)$,$f(x+1)-f(x)$ 称为 $f(x)$ 在 x 处的一阶差分,记作 Δy,对于 Δy 在 x 处的一阶差分,称为 $f(x)$ 在 x 处的二阶差分 $\Delta^2 y$,则 $y=f(x)=3^x\cdot x$ 在 x 处的二阶差分 $\Delta^2 y=$ _____ .

8. 对于数列 $\{a_n\}$:1,3,3,3,5,5,5,5,5,$\cdots$,即正奇数 k 有 k 个,是否存在整数 r,s,t,使得对于任意正整数 n 都有 $a_n=r\cdot[\sqrt{n+s}]+t$ 恒成立([x] 表示不超过 x 的最大整数).

9. 已知等差数列 $\{a_n\}$ 的首项为 a,公差为 b,等比数列 $\{b_n\}$ 的首项为 b,公比为 a,$n=1,2,\cdots$,其中 a,b 均为正整数,且 $a_1<b_1<a_2<b_2<a_3$.

(1) 求 a 的值;

(2) 若对于 $\{a_n\}$,$\{b_n\}$,存在关系式 $a_m+1=b_n$,试求 b 的值;

(3) 对于满足(2)中关系式的 a_m,试求 $a_1+a_2+\cdots+a_m$.

10. 数列 $\{a_n\}$ 中,$a_0=0$,$a_1=-\dfrac{1}{2}$,$a_2=6$,$a_3=-\dfrac{3}{4}$,$a_4=20$,$a_5=-\dfrac{5}{6}$,$a_6=42$,$a_7=-\dfrac{7}{8}$,$a_8=72$,此数列的通项公式为 $a_n=$ _____ .

11. 已知一无穷等差数列中有 3 项:13,25,41.求证:2 009 为数列中一项.

12. 已知 $f(x)=x^8-x^5+x^2-x+1$,则有(　　).

A. 对于任意实数 x,$f(x)$ 都大于 0

B. 对于任意实数 x,$f(x)$ 都小于 0

C. 当 $x>0$ 时,$f(x)\leqslant 0$

D. 以上均不对

13. 设 $A = \begin{bmatrix} 1 & 1 \\ 2 & 2 \end{bmatrix}$ 是一个二阶矩阵，则 100 个这样的矩阵的积 $A^{100} = ($)．

A. $2^{99}A$ B. $2^{100}A$

C. $3^{99}A$ D. $3^{100}A$

14. 三边均为整数，且最大边长为 11 的三角形，共有( )个．

A. 20   B. 26

C. 30   D. 36

15. 下列曲线中拿住两端拉直后不打结的那条是( )．

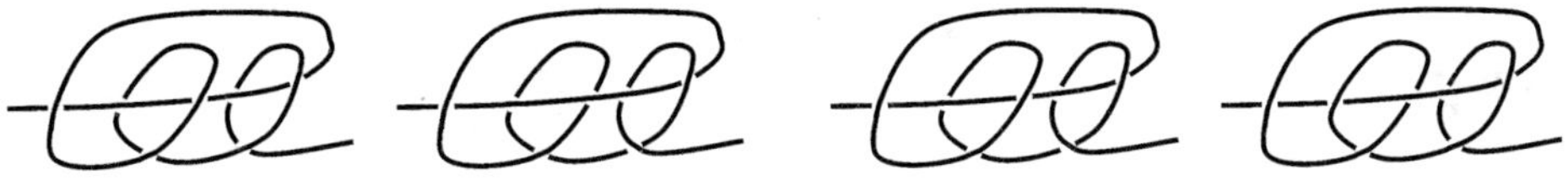

A.   B.   C.   D.

图 19 - 5

16. 设 $X = \{0, 1, 2, 3, 4, 5, 6, 7, 8, 9\}$，定义 X 上的运算 $\oplus$ 如下：对任意 m, $n \in X$，$m \oplus n$ 等于 $m+n$ 除以 10 的余数，给定初值 $n_0 \in X$，记 $n_1 = n_0 \oplus n_0$，$n_k = n_{k-1} \oplus n_0$，$k = 1, 2, 3, \cdots$，则使得数列 $\{n_k\}$ 取遍 X 中所有元素的初值 n_0 的集合是( )．

A. $\varnothing$ B. X

C. $\{1, 3, 9\}$ D. $\{1, 3, 7, 9\}$

17. 平面上三条直线 $x-2y+2=0$，$x-2=0$，$x+ky=0$，如果这三条直线将平面划分成六个部分，则 k 可能的取值情况是( )．

A. 只有唯一值   B. 可取两个不同值

C. 可取三个不同值   D. 可取无穷多个值

§20 简易数论

要点考点

1. 带余除法

设 $b \in \mathbf{N}^*$，对于任一整数 a，总可以找到一对唯一确定的整数 q、r，满足 $a = bq + r$，$0 \leqslant r < b$.

当 $r = 0$ 时，称 a 被 b 整除或 b 整除 a，记为 $b \mid a$，并称 a 是 b 的倍数，b 是 a 的约数；

当 $r \neq 0$ 时，称 a 不被 b 整除或 b 不整除 a，记为 $b \nmid a$.

2. 算术基本定理

设整数 $a > 1$，那么必有 $a = p_1 p_2 \cdots p_n$，　　①

其中 $p_j (1 \leqslant j \leqslant n)$ 是素数，且在不计次序的意义下，式①是唯一的.

若把式①中相同的素数合并，即得 $a = p_1^{\alpha_1} p_2^{\alpha_2} \cdots p_s^{\alpha_s}$，$\alpha_1 + \alpha_2 + \cdots + \alpha_s = n$，$p_1 < p_2 < \cdots < p_s$（这里 p_i 互不相同，$i = 1, 2, \cdots, s$），称为 a 的标准素因数分解式.

3. 整除的性质

设 a，b，c 是整数，若 $a \mid b$，$b \mid c$，则 $a \mid c$.

设 a，b，c 是整数，若 $a \mid b$，$a \mid c$，则 $a \mid (b \pm c)$.

设 a，b 是整数，若 $a \mid b$，则 $b = 0$，或 $|b| \geqslant |a|$.

如果 $a \mid c$，$b \mid c$，并且 a，b 互质（即 a，b 的最大公约数为 1），那么 $ab \mid c$.

4. $n!$ 的素因数分解式

设 k 是非负整数，记号 $a^k \parallel b$ 表示 b 恰被 a 的 k 次方整除，即 $a^k \mid b$ 且 $a^{k+1} \mid b$.

定理：设 n 是正整数，p 是素数，$\alpha = \alpha(p, n)$ 满足 $p^\alpha \parallel n!$，则 $\alpha = \alpha(p, n) = \sum_{j=1}^{\infty} \left[\dfrac{n}{p^j} \right]$.

5. E. Bezout 定理

设 d 是 a，b 的最大公约数[通常记作 (a, b)]，则有整数 u、v，使得 $ua + vb = (a, b)$.

6. 同余

设 m 是正整数，如果 a，b 的差 $a - b$ 被 m 整除，即 $a - b = qm$，就称 a，b 关于模 m

同余,或简称同余. 记为 $a \equiv b \pmod{m}$.

同余式的性质:

(1)(反身性)$a \equiv a \pmod{m}$.

(2)(对称性)若 $a \equiv b \pmod{m}$,则 $b \equiv a \pmod{m}$.

(3)(传递性)若 $a \equiv b \pmod{m}$,$b \equiv c \pmod{m}$,则 $a \equiv c \pmod{m}$.

(4)若 $a \equiv b \pmod{m}$,$c \equiv d \pmod{m}$,则 $a \pm c \equiv b \pm d \pmod{m}$.

(5)若 $a \equiv b \pmod{m}$,$c \equiv d \pmod{m}$,则 $ac \equiv bd \pmod{m}$.

(6)若 $a \equiv b \pmod{m}$,$n \in \mathbf{N}$,则 $a^n \equiv b^n \pmod{m}$.

(7)若 $ac \equiv bc \pmod{m}$,则 $a \equiv b \left(\mathrm{mod}\ \dfrac{m}{(c,m)}\right)$.

(8)若 $a \equiv b \pmod{m}$,$m = qn$,$n \in \mathbf{N}$,则 $a \equiv b \pmod{n}$.

(9)若 $a \equiv b \pmod{m_i}$,$i = 1, 2, \cdots, k$,则 $a \equiv b \pmod{[m_1, m_2, \cdots, m_n]}$.

(10)(费马小定理)设 p 是素数,a 不能被 p 整除,则 $a^{p-1} \equiv 1 \pmod{p}$.

(11)(威尔逊定理)设 p 是素数,则 $(p-1)! \equiv -1 \pmod{p}$.

同余类:

性质(1)、(2)、(3)表明同余是一种等价关系,因此整数集 $\mathbf{Z}$ 可以根据模 m 来分类。

如果 a,b 同余,则 a,b 属于同一类,否则不属于同一类. 这样得到 m 个类,即

$$M_i = \{i + km \mid k \in \mathbf{Z}\},\ i = 0, 1, 2, \cdots, m-1,$$

它们称为模 m 的同余类或剩余类.

7. 不定方程

一元不定方程有解的充要条件:设整数 $k \geqslant 2$,c,a_1,a_2,$\cdots$,a_k 是整数且 a_1,a_2,$\cdots$,a_k 都不等于零,以及 x_1,x_2,$\cdots$,x_k 是整数变量.方程 $a_1 x_1 + a_2 x_2 + \cdots + a_k x_k = c$,称为 k 元一次不定方程,a_1,a_2,$\cdots$,a_k 称为它的系数.

定理:上述不定方程有解的充要条件是 $(a_1, a_2, \cdots, a_k) \mid c$.

二元一次不定方程的通解

$$ax + by = c \quad (\text{其中 } a, b, c \text{ 是整数且 } a \neq 0, b \neq 0) \qquad ①$$

有一组整数解 $x = x_0$,$y = y_0$,又设 $(a, b) = d$,$a = a_1 d$,$b = b_1 d$,则方程①的一切整数解可以表示成

$$x = x_0 - b_1 t,\ y = y_0 + a_1 t \quad (\text{其中 } t = 0, \pm 1, \pm 2, \cdots) \qquad ②$$

8. 高斯函数

设 x 是实数,$[x]$ 表示不超过 x 的最大整数,称为 x 的整数部分,即 $[x]$ 是一个整数且满足 $[x] \leqslant x < [x] + 1$.例如:$[1.2] = 1$,$[-1.2] = -2$,$[3] = 3$,$[-4] = -4$.设 $\{x\} = x - [x]$,称为 x 的小数部分.

高斯函数的主要性质：设 x、y 是实数，我们有：

(1) 若 $x \leqslant y$，则 $[x] \leqslant [y]$.

(2) 对任意整数 m，有 $[x+m]=[x]+m$，$\{x+m\}=\{x\}$，$\{x\}$ 是周期为 1 的周期函数.

(3) $[x]+[y] \leqslant [x+y] \leqslant [x]+[y]+1$，其中等号有且仅有一个成立.

(4) $[-x]=\begin{cases} -[x], & x \in \mathbf{Z}, \\ -[x]-1, & x \notin \mathbf{Z} \end{cases}$ 及 $\{-x\}=\begin{cases} -\{x\}=0, & x \in \mathbf{Z}; \\ 1-\{x\}, & x \notin \mathbf{Z}. \end{cases}$

(5) 对正整数 m 有 $\left[\dfrac{[x]}{m}\right]=\left[\dfrac{x}{m}\right]$.

(6) 不小于 x 的最小整数是 $-[-x]$.

(7) 小于 x 的最大整数是 $-[-x]-1$.

(8) 大于 x 的最小整数是 $[x]+1$.

技能方法

- 带余除法.
- 待定系数.
- 归纳列举.
- 配方法.

典型例题

[例1] 证明带余除法定理.

若 a,b 是两个整数，其中 $b>0$，则存在着两个整数 q 和 r，使得 $a=bq+r$ $(0 \leqslant r < b)$ 成立，且 q 和 r 是唯一的.

证明：存在性.作整数列

$$\cdots, -2b, -b, 0, b, 2b, \cdots$$

则 a 必在上述数列的某两项之间，即存在一个整数 q，使得

$$qb \leqslant a < (q+1)b$$

令 $a-qb=r$，则 $a=bq+r$，而 $0 \leqslant r < b$.

唯一性.设另外有整数 q_1, r_1，使得

$$a=bq_1+r_1 \quad (0 \leqslant r_1 < b)$$

则 $bq+r=bq_1+r_1$，从而 $b(q-q_1)=r_1-r$. 由于 r, r_1 都是小于 b 的正整数，所以上式右边是小于 b 的整数.故必有 $r_1-r=0$，$q=q_1$.

[例2] 证明：$9 \mid \overline{a_n a_{n-1} \cdots a_1 a_0}$ 的充分必要条件是 $9 \left| \sum\limits_{i=0}^{n} a_i \right.$（其中 $a_0, a_1, \cdots, a_n$ 是

十进制数码,$\overline{a_n a_{n-1} \cdots a_1 a_0}$ 表示 $n+1$ 位数码组成的数).

证明: $\overline{a_n a_{n-1} \cdots a_1 a_0} = a_n \cdot 10^n + a_{n-1} \cdot 10^{n-1} + \cdots + a_1 \cdot 10 + a_0$

$$= a_n(10^n - 1) + a_{n-1}(10^{n-1} - 1) + \cdots + a_1(10 - 1) + \sum_{i=0}^{n} a_i.$$

由 $10^k - 1 = (10 - 1)(10^{k-1} + \cdots + 10 + 1)$ 知 $9 \mid (10^k - 1)$,从而有 $9 \mid a_i(10^k - 1)$

$(k = 1, 2, \cdots, n)$. 即得 $9 \mid \overline{a_n a_{n-1} \cdots a_1 a_0}$ 的充分必要条件是 $9 \mid \sum_{i=0}^{n} a_i$.

同理可以证明:$3 \mid \overline{a_n a_{n-1} \cdots a_1 a_0}$ 的充分必要条件是 $3 \mid \sum_{i=0}^{n} a_i$.

[例3] 设 m 为非负整数,证明 $57 \mid (7^{m+2} + 8^{2m+1})$.

证明: 当 $m = 0$ 时,$7^{m+2} + 8^{2m+1} = 7^2 + 8 = 57$,有 $57 \mid 57$. 当 m 为正整数时,有

$$7^{m+2} + 8^{2m+1} = 49 \cdot 7^m + 8 \cdot 64^m = 57 \cdot 7^m + 8(64^m - 7^m)$$
$$= 57 \cdot 7^m + 8(64 - 7)(64^{m-1} + \cdots + 7^{m-1})$$
$$= 57[7^m + 8(64^{m-1} + \cdots + 7^{m-1})]$$

所以仍有 $57 \mid (7^{m+2} + 8^{2m+1})$.

[例4] 是否存在 10 个正奇数的倒数之和等于 1?

解析: 不存在. 可用反证法证明:若有 10 个正奇数 $a_1, a_2, \cdots, a_{10}$,使得 $\dfrac{1}{a_1} +$

$\dfrac{1}{a_2} + \cdots \dfrac{1}{a_{10}} = 1$ 成立,两边乘以 $a_1 a_2 \cdots a_{10}$ 得

$$a_2 a_3 \cdots a_{10} + a_1 a_3 \cdots a_{10} + \cdots + a_1 a_2 \cdots a_9 = a_1 a_2 \cdots a_{10}.$$

此式右边是奇数之积,为奇数,而左边是 10 个奇数之和,应为一偶数,故等式不成立.

[例5] 证明:任意 100 个整数中,必有两个整数之差能被 99 整除.

证明: 设 $a_1, a_2, \cdots, a_{100}$ 为任意给定的 100 个整数,于是应存在 100 个整数对 q_i,r_i,使得 $a_i = 99 q_i + r_i$,$0 \leqslant r_i < 99 (i = 1, 2, \cdots, 100)$. 这 100 个 r_i 的每一个只能为 $0 \sim$ 98 这 99 个整数中的某一个,于是至少有两个余数 r_i,r_j 相同,从而有 $a_j - a_i = 99(q_j - q_i)$,且 $q_j - q_i$ 是整数,所以 $99 \mid (q_j - q_i)$.

[例6] 证明 $641 \mid (2^{2^5} + 1)$.

证明 因为 $2^8 = 256$,故 $2^{16} = 65\,536 \equiv 154 \pmod{641}$,从而有

$$2^{32} \equiv 154^2 \pmod{641}$$

又 $154^2 = 23\,716 \equiv -1 \pmod{641}$,则

$$2^{32} \equiv -1 \pmod{641}, \text{即} \ 2^{32} + 1 \equiv 0 \pmod{641}$$

因此结论成立.

[例 7] （交大 2004）已知 $6\overline{xyzabc}=7\overline{abcxyz}$，求 $\overline{xyzabc}$.

解析： 令 $\begin{cases}\overline{abc}=m\\\overline{xyz}=n\end{cases}$，则 $6\overline{xyzabc}=7\overline{abcxyz}$ 转化为 $6(1\,000n+m)=7(1\,000m+n)$，

化简得 $5\,993n=6\,994m\Rightarrow461n=538m$，由于 $(461,538)=1$，所以 $\begin{cases}m=461\\n=538\end{cases}$.

$\overline{xyzabc}=538\,461$.

[例 8] （清华 2008）已知 a，b，c 都是有理数，$\sqrt{a}+\sqrt{b}+\sqrt{c}$ 也是有理数，证明：$\sqrt{a}$，$\sqrt{b}$，$\sqrt{c}$ 都是有理数.

证明： 假设 $\sqrt{a}$，$\sqrt{b}$，$\sqrt{c}$ 不都是有理数，不妨设 $\sqrt{c}\notin\mathbf{Q}$，则 $\sqrt{a}+\sqrt{b}\notin\mathbf{Q}$，否则 $\sqrt{a}+\sqrt{b}+\sqrt{c}\notin\mathbf{Q}$，矛盾.

记 $\sqrt{a}+\sqrt{b}+\sqrt{c}=x\in\mathbf{Q}$，　　　　　　　　　　　　　①

则 $(\sqrt{a}+\sqrt{b})^2=(x-\sqrt{c})^2$.

即 $x^2+c-a-b=2(\sqrt{ab}+x\sqrt{c})\in\mathbf{Q}$，所以 $\sqrt{ab}+x\sqrt{c}\in\mathbf{Q}$，

记 $\sqrt{ab}+x\sqrt{c}=y\in\mathbf{Q}$，　　　　　　　　　　　　　②

则 $(\sqrt{ab})^2=(y-x\sqrt{c})^2$，即 $y^2+x^2c-ab=2yx\sqrt{c}\in\mathbf{Q}$，　　③

若 $x=0$，则由式①，得 $a=b=c=0$，结论成立；若 $x\neq0$，$y=0$，则由式②，得 $c=0$，矛盾；

若 $xy\neq0$，则由式③，得 $\sqrt{c}\in\mathbf{Q}$，矛盾.综上，原命题成立.

巩固训练

1. （交大 2001）两个或两个以上的整数除以 N（N 为整数，$N>1$），若所得的余数相同且都是非负数，则数学上定义这两个或两个以上的整数为同余.若 69、90 和 125 对于某个 N 是同余的，则对于同样的 N，81 同余于（　　　）.

A. 3　　　　　　　　B. 4　　　　　　　　C. 5　　　　　　　　D. 7

2. 求 2^{40} 被 23 除所得的余数.

3. 证明：三个连续整数乘积必为 3 的倍数.

4. （清华大学 2009）请写出所有三个数均为质数，且公差为 8 的等差数列，并证明你的结论.

5. 设 a，b 是两个整数，求证：在 a，b，$a+b$，$a-b$ 四个整数中，必有一个能被 3 整除.

6. 不用直接计算，证明矩阵 $\begin{bmatrix}1&3&5&7&9\\3&5&7&9&2\\5&7&9&2&4\\7&9&2&4&6\\9&2&4&6&8\end{bmatrix}$ 的行列式不为零.

7. (交大 2006)一个正实数与它的整数部分、小数部分成等比数列,求这个正实数.

8. (复旦 2002)$2\,002=8^3a_3+8^2a_2+8a_1+a_0(1\leqslant a_i\leqslant 7,a_i\in\mathbf{N})$,则 $a_3=$_____.

9. (交大 2004)x^2+ax+b 和 x^2+bx+c 的最大公约数为 $x+1$,最小公倍数为 $x^3+(c-1)x^2+(b+3)x+d$,则 $a=$_____,$b=$_____,$c=$_____,$d=$_____.

10. (交大 2001)数 $N=2^{12}\times 5^8$ 的位数是_____.

11. (交大 2005)$x^3+ax^2+bx+c=0$ 的三根分别为 a,b,c,并且 a,b,c 是不全为零的有理数,求 a,b,c 的值.

12. (清华 2009)有 100 个集装箱里面有 200 个货物. 在取出来的过程中货物的顺序被打乱了. 现要将它们按一定的规则重新装入集装箱中. 将货物依次取出,依次放入集装箱中,集装箱体积都是 1,且每个集装箱最多放两个货物,若装了一个货物后装不下第二个,那么就将这个集装箱密封,把第二个货物装到下个集装箱中. 比如原来有 2 个集装箱中的货物体积是 $(0.5,0.5)$,$(0.7,0.3)$,被打乱顺序后为 $0.5,0.7,0.5,0.3$,那么就需要 3 个集装箱去装它们. 问在最坏的情况时需要多少个集装箱?

第二部分　真卷篇

综　述

　　在奠基篇学习的基础上,提供一些最具代表性的高校测试真卷,进一步体会数学学科测试的规律特点,分析最新试题,既满足考生的个性化、差异性需要,又保证考生能在具体的考试中立于不败之地.

　　各种考试都是相通的,期望读者能从中得到启发,从而在你最终选择的学校强基计划中获取好成绩.当然无论准备哪一个测试,你都应该密切注意强基计划中的三个命题倾向性.

1. 不忘高中以前的数学

例如: ("卓越"联盟* 2012)如图1所示,半径为5的圆O中,延长长度为8的弦BC至点E,使$CE=4$,作圆的切线EF,点F为切点,直径$MN\perp BC$(点M在BC的劣弧上).若MF交BC于点G,求GE的长.

提示: $\angle EFG=\angle FNM=\angle BGM=\angle EGF\Rightarrow GE=EF=\sqrt{EC\cdot EB}=4\sqrt{3}$.

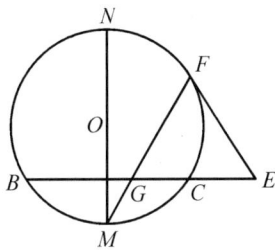

图1

2. 重视高中现在的数学

例如: ("卓越"联盟 2012)已知$a,b\in\{1,2,3,4,5\}$,直线$y=ax+b$与圆$x^2+y^2=2$,求:

(1) 直线与圆有交点的概率;

(2) 直线与圆的交点个数的数学期望.

略解: (1) 直线与圆有交点$\Rightarrow d\leqslant r\Rightarrow\dfrac{|b|}{\sqrt{a^2+1}}\leqslant\sqrt{2}\Rightarrow b^2\leqslant 2(a^2+1)$(其中$d$是圆心到直线的距离,$r$是圆的半径)$\Rightarrow a=1,b\in\{1,2\}$或$a=2,b\in\{1,2,3\}$或$a=3,b\in\{1,2,3,4\}$或$a=4,b\in\{1,2,3,4,5\}$或$a=5,b\in\{1,2,3,4,5\}\Rightarrow$所求概率$p=\dfrac{19}{25}$.

---

　　* "卓越"联盟是天津大学、同济大学、北京理工大学、重庆大学、大连理工大学、东南大学、哈尔滨工业大学、华南理工大学、西北工业大学等9所工科特色鲜明的国家"985工程"大学自主招生考试联盟,历经2011至2014年.

（2）交点个数的概率分布列如下表：

变量值	0	1	2
概率值	$\dfrac{6}{25}$	$\dfrac{1}{25}$	$\dfrac{18}{25}$

数学期望 $=\dfrac{1}{25}+2\times\dfrac{18}{25}=\dfrac{37}{25}$.

3. 关注高中以后的数学

例如：（香港大学 2012）（1）求证 $\displaystyle\int_0^{\frac{\pi}{2}}f(\sin x)\mathrm{d}x=\int_0^{\frac{\pi}{2}}f(\cos x)\mathrm{d}x$；

（2）求证 $\displaystyle\int_0^{\pi}xf(\sin x)\mathrm{d}x=\pi\int_0^{\frac{\pi}{2}}f(\sin x)\mathrm{d}x$；

（3）求 $\displaystyle\int_0^{\pi}\dfrac{x\sin x}{1+\cos^2 x}\mathrm{d}x$.

证明：（1）令 $x=\dfrac{\pi}{2}-t$ 代入

左边 $=\displaystyle\int_{\frac{\pi}{2}}^0 f\left(\sin\left(\dfrac{\pi}{2}-t\right)\right)\mathrm{d}\left(\dfrac{\pi}{2}-t\right)=-\int_{\frac{\pi}{2}}^0 f(\cos t)\mathrm{d}t$

$=\displaystyle\int_0^{\frac{\pi}{2}}f(\cos t)\mathrm{d}t=\int_0^{\frac{\pi}{2}}f(\cos x)\mathrm{d}x=$ 右边.

（2）左边 $=\displaystyle\int_0^{\pi}xf(\sin x)\mathrm{d}x=\int_{\frac{\pi}{2}}^{-\frac{\pi}{2}}\left(\dfrac{\pi}{2}-x\right)f\left(\sin\left(\dfrac{\pi}{2}-x\right)\right)\mathrm{d}\left(\dfrac{\pi}{2}-x\right)$

$=-\displaystyle\int_{\frac{\pi}{2}}^{-\frac{\pi}{2}}\left(\dfrac{\pi}{2}-x\right)f(\cos x)\mathrm{d}x=\int_{-\frac{\pi}{2}}^{\frac{\pi}{2}}\left(\dfrac{\pi}{2}-x\right)f(\cos x)\mathrm{d}x$

$=\displaystyle\int_{-\frac{\pi}{2}}^{\frac{\pi}{2}}\underbrace{\dfrac{\pi}{2}f(\cos x)}_{\text{偶函数}}\mathrm{d}x-\int_{-\frac{\pi}{2}}^{\frac{\pi}{2}}\underbrace{xf(\cos x)}_{\text{奇函数}}\mathrm{d}x$

$=\displaystyle\int_{-\frac{\pi}{2}}^{\frac{\pi}{2}}\dfrac{\pi}{2}f(\cos x)\mathrm{d}x=\pi\int_0^{\frac{\pi}{2}}f(\cos x)\mathrm{d}x=\pi\int_0^{\frac{\pi}{2}}f(\sin x)\mathrm{d}x$.

解析：（3）$\displaystyle\int_0^{\pi}\dfrac{x\sin x}{1+\cos^2 x}\mathrm{d}x=\pi\int_0^{\frac{\pi}{2}}\dfrac{\sin x}{1+\cos^2 x}\mathrm{d}x=-\pi\int_0^{\frac{\pi}{2}}\dfrac{1}{1+\cos^2 x}\mathrm{d}(\cos x)$

令 $t=\cos x$，则上式 $=-\pi\displaystyle\int_1^0\dfrac{1}{1+t^2}\mathrm{d}t=\pi\int_0^1\dfrac{1}{1+t^2}\mathrm{d}t=\pi\arctan t\Big|_{t=0}^{t=1}=\dfrac{\pi^2}{4}$.

为了能使读者更好地把握测试内容的范围，在真卷及模拟后给了一个附录，从知识、方法、技能几方面提供了一个概况.

真　卷

真卷 1　"北约"联盟[*]（2011）

1. 已知平行四边形两边长分别是 3 和 5，一条对角线是 6.求另一条对角线的长度.

2. 求过抛物线 $y=2x^2-2x-1$，$y=-5x^2+2x+3$ 两交点的直线方程.

3. 等差数列 a_1，a_2，$\cdots$ 满足 $a_3=-13$，$a_7=3$.这个数列的前 n 项和为 S_n. 数列 S_1，$S_2\cdots$ 中哪一项最小？并求出这个最小值.

4. 在 $\triangle ABC$ 中，如果 $a+b\geqslant 2c$，证明 $\angle C\leqslant 60°$.

5. 是否存在四个正实数，它们两两乘积分别是 2，3，5，6，10，16.

6. 设 C_1 和 C_2 是平面上两个不重合的固定圆周. 设 C 是该平面上的一个动圆，它与 C_1 和 C_2 均相切.问：C 的圆心轨迹是何种曲线？证明你的结论.

7. 求 $|x-1|+|2x-1|+\cdots+|2\,011x-1|$ 的最小值.

真卷 2　"北约"联盟（2012）

1. 求 x 的范围使得 $|x+2|+|x|+|x-1|$ 是增函数.

2. 求 $\sqrt{x+11-6\sqrt{x+2}}+\sqrt{x+27-10\sqrt{x+2}}=1$ 的实根的个数.

3. 已知 $(x^2-2x+m)(x^2-2x+n)=0$ 的 4 个根组成首项为 $\dfrac{1}{4}$ 的等差数列，求 $|m-n|$.

4. 如果锐角 $\triangle ABC$ 的外接圆圆心为 O，求 O 点到三角形三边的距离比.

　　[*] "北约"联盟是北京大学(含医学部)、北京航空航天大学、北京师范大学、厦门大学、山东大学、武汉大学、华中科技大学、中山大学、四川大学、兰州大学、香港大学(按国家院校代码为序)等学校组成的自主招生选拔考试联盟(南开大学、复旦大学是 2011 年联盟成员，2012 年退出)，历经 2011 至 2014 年.

5. 已知点 $A(-2,0)$，$B(0,2)$，若点 C 是圆 $x^2-2x+y^2=0$ 上的动点，求 $\triangle ABC$ 面积的最小值.

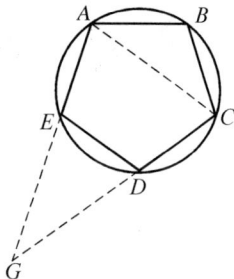

图 ZJ2-1

6. 在 1，2，$\cdots$，2012 中取一组数，使得任意两数之和不能被其差整除，最多能取多少个数？

7. 求使得 $\sin 4x\sin 2x-\sin x\sin 3x=a$ 在 $[0,\pi)$ 有唯一解的 a.

8. 求证：若圆内接五边形的每个角都相等，则它为正五边形（见图 ZJ2-1）.

9. 求证：对任意的正整数 n，$(1+\sqrt{2})^n$ 必可表示成 $\sqrt{s}+\sqrt{s-1}$ 的形式，其中 $s\in\mathbf{N}^+$.

真卷 3 "北约"联盟（2013）

1. 以 $\sqrt{2}$ 和 $1-\sqrt[3]{2}$ 为两根的有理系数多项式的次数最少是多少？

2. 在 6 乘 6 的表中停放 3 辆完全相同的红色车和 3 辆完全相同的黑色车，每一行、每一列都只停一辆，每车占一格，共有多少种停放方法？

3. 已知 $x^2=2y+5$，$y^2=2x+5$，求 $x^3-2x^2y^2+y^3$ 的值？

4. 如图 ZJ3-1 所示，$\triangle ABC$ 中，AD 为 BC 边上的中线，DM、DN 分别为 $\angle ADB$、$\angle ADC$ 的角平分线，试比较 $BM+CN$ 与 MN 的大小关系，并说明理由.

5. 数列 $\{a_n\}$ 满足 $a_1=1$，前 n 项和为 S_n，$S_{n+1}=4a_n+2$，求 a_{2013}.

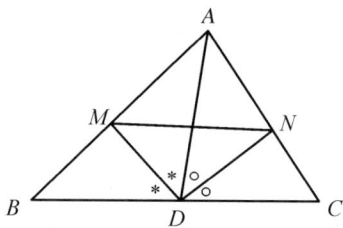

图 ZJ3-1

6. 模长为 1 的复数 x，y，z，满足 $x+y+z\neq0$，求 $\dfrac{xy+yz+zx}{x+y+z}$ 的模长.

7. 最多能取多少个两两不等的正整数，使得其中任意三个数之和均为素数.

8. 已知 a_1，a_2，a_3，$\cdots$，$a_{2013}\in\mathbf{R}$，满足 $a_1+a_2+a_3+\cdots+a_{2013}=0$，且 $|a_1-2a_2|=|a_2-2a_3|=|a_3-2a_4|=\cdots=|a_{2012}-2a_{2013}|=|a_{2013}-2a_1|$，求证：$a_1=a_2=a_3=\cdots=a_{2013}=0$.

9. 对任意的 θ，求 $32\cos^6\theta-\cos 6\theta-6\cos 4\theta-15\cos 2\theta$ 的值.

10. 已知有 mn 个实数，排列成 $m\times n$ 阶数阵，记作 $\{a_{ij}\}_{m\times n}$，使得数阵中的每一行从左到右都是递增的，即对于任意的 $i=1$，2，3，$\cdots$，m，当 $j_1<j_2$ 时，都有 $a_{ij_1}\leqslant a_{ij_2}$. 现将 $\{a_{ij}\}_{m\times n}$ 的每一列原有的各数按照从上到下递增的顺序排列，形成一个新的 $m\times n$ 阶数阵，记作 $\{a'_{ij}\}_{m\times n}$，即对任意的 $j=1$，2，3，$\cdots$，n，当 $i_1<i_2$ 时，都有 $a'_{i_1j}\leqslant a'_{i_2j}$. 试判断 $\{a'_{ij}\}_{m\times n}$ 中每一行的 n 个数的大小关系，并说明理由.

真卷 4　"北约"联盟(2014)

1. 圆心角为 $\dfrac{\pi}{3}$ 的扇形面积为 6π，求它围成的圆锥的表面积.

2. 将 10 个人分成三组，一组 4 人，另两组均 3 人，共有几种分法？

3. 函数 $f(x)=\lg(x^2-2ax+a)$ 的值域为 **R**，求 a 的取值范围.

4. 函数 $y=f(x)$ 满足 $f\left(\dfrac{a+2b}{3}\right)=\dfrac{f(a)+2f(b)}{3}$，$f(1)=1$，$f(4)=7$，求 $f(2014)$.

5. 已知 $x+y=-1$，且 x，y 都是负实数，求 $xy+\dfrac{1}{xy}$ 的最值.

6. 函数 $f(x)=\arctan\dfrac{2+2x}{1-4x}+c$ 在 $\left(-\dfrac{1}{4},\dfrac{1}{4}\right)$ 上为奇函数，求 c 的值.

7. 求证：$\tan 3^\circ \notin \mathbf{Q}$.

8. 已知实系数二次函数 $f(x)$ 与 $g(x)$，$3f(x)+g(x)=0$ 和 $f(x)-g(x)=0$ 均有两重根，若 $f(x)=0$ 有两相异实根，求证：$g(x)=0$ 没有实根.

9. 已知 a_1，a_2，$\cdots$，a_{13} 是等差数列，$M=\{a_i+a_j+a_k\mid 1\leqslant i<j<k\leqslant 13\}$，问：$0$，$\dfrac{7}{2}$，$\dfrac{16}{3}$ 是否可以同时在 M 中，并证明你的结论.

10. 已知 $x_i>0(i=1,2,\cdots,n)$，$\displaystyle\prod_{i=1}^{n}x_i=1$，求证：$\displaystyle\prod_{i=1}^{n}(\sqrt{2}+x_i)\geqslant(\sqrt{2}+1)^n$.

真卷 5　北京大学(2015)

一、选择题(选对得 10 分，不选得 0 分，选错扣 5 分)

1. 整数 x，y，z 满足 $xy+yz+zx=1$，则 $(1+x^2)(1+y^2)(1+z^2)$ 可能取到的值为(　　).

　　A. 16 900　　　　　B. 17 900　　　　　C. 18 900　　　　　D. 前三个答案都不对

2. 在不超过 99 的正整数中选出 50 个不同的正整数，这 50 个数中任两个的和都不等于 99，也不等于 100.则这 50 个数的和可能等于(　　).

　　A. 3 524　　　　　B. 3 624　　　　　C. 3 724　　　　　D. 前三个答案都不对

3. 已知 $x\in\left[0,\dfrac{\pi}{2}\right]$，对任意实数 a，函数 $y=\cos^2 x-2a\cos x+1$ 的 最小值为 $g(a)$，则当 a 取遍所有实数时，$g(a)$ 得最大值为(　　).

A. 1　　　　　　　　B. 2　　　　　　　　C. 3　　　　　　　　D. 前三个答案都不对

4. 已知 $10^{20}-2^{20}$ 是 2^n 的整数倍，则正整数 n 的最大值为（　　）.

A. 21　　　　　　　B. 22　　　　　　　C. 23　　　　　　　D. 前三个答案都不对

5. 在凸四边形 $ABCD$ 中，$BC=4$，$\angle ADC=60°$，$\angle BAD=90°$，四边形 $ABCD$ 的

面积等于 $\dfrac{AB\cdot CD+BC\cdot AD}{2}$，则 CD 的长（精确到小数点后 1 位）为（　　）.

A. 6.9　　　　　　　B. 7.1　　　　　　　C. 7.3　　　　　　　D. 前三个答案都不对

二、填空题（每题 10 分）

6. 满足等式 $\left(1+\dfrac{1}{x}\right)^{x+1}=\left(1+\dfrac{1}{2\,015}\right)^{2\,015}$ 的整数 x 的值的个数为＿＿＿＿＿.

7. 已知 a，b，c，$d\in[2,4]$，则 $\dfrac{(ab+cd)^2}{(a^2+d^2)(b^2+c^2)}$ 的最大值与最小值的和为

＿＿＿＿＿.

8. 已知对于任意的实数 $x\in[1,5]$，$|x^2+px+q|\leqslant 2$，不超过 $\sqrt{p^2+q^2}$ 的最大整数是＿＿＿＿＿.

9. 设 $x=\dfrac{b^2+c^2-a^2}{2bc}$，$y=\dfrac{c^2+a^2-b^2}{2ca}$，$z=\dfrac{a^2+b^2-c^2}{2ab}$，且 $x+y+z=1$，则

$x^{2\,015}+y^{2\,015}+z^{2\,015}$ 的值为＿＿＿＿＿.

10. 设 A_1，A_2，$\cdots$，A_n 都是 9 元集合 $\{1,2,\cdots,9\}$ 的子集，已知 $|A_i|$ 为奇数，$1\leqslant i\leqslant n$，$|A_i\bigcap A_j|$ 为偶数，$1\leqslant i\neq j\leqslant n$，则 n 的最大值为＿＿＿＿＿＿.

真卷 6　北京大学（博雅计划）（2016）

选择题共 20 小题，在每小题的四个选项中，只有一项符合题目要求，请把正确选项的代号填在表格中，选对得 5 分，选错扣 1 分，不选的 0 分.

1. 直线 $y=-x+2$ 与曲线 $y=-\mathrm{e}^{x+a}$ 相切，则 a 的值为（　　）.

A. -3　　　　　　B. -2　　　　　　C. -1　　　　　　D. 前三个答案都不对

2. 已知三角形 ABC 的三边长分别为 a，b，c，有以下 4 个命题：

(1) 以 $\sqrt{a}$，$\sqrt{b}$，$\sqrt{c}$ 为边长的三角形一定存在；

(2) 以 a^2，b^2，c^2 为边长的三角形一定存在；

(3) 以 $\dfrac{a+b}{2}$，$\dfrac{b+c}{2}$，$\dfrac{c+a}{2}$ 为边长的三角形一定存在；

(4) 以 $|a-b|+1$，$|b-c|+1$，$|c-a|+1$ 为边长的三角形一定存在.

其中真命题的个数为（　　）.

A. 2　　　　　　　　B. 3　　　　　　　　C. 4　　　　　　　　D. 前三个答案都不对

3. 设 AB、CD 是圆 O 的两条垂直直径，弦 DF 交 AB 于 E 点，$DE=24$，$EF=18$，则 OE 为（　　）.

A. $4\sqrt{6}$ 　　　　 B. $5\sqrt{3}$ 　　　　 C. $6\sqrt{2}$ 　　　　 D. 前三个答案都不对

4. 函数 $f(x)=\begin{cases} \dfrac{1}{p}, & x=\dfrac{q}{p};(p,q)=1,p,q\in\mathbf{N}^*, \\ 0, & x\notin\mathbf{Q}; \end{cases}$ 则满足 $x\in(0,1)$ 且

$f(x)>\dfrac{1}{7}$ 的 x 的个数为（　　）.

A. 12 　　　　 B. 13 　　　　 C. 14 　　　　 D. 前三个答案都不对

5. 若方程 $x^2-3x-1=0$ 的根也是方程 $x^4+ax^2+bx+c=0$ 的根，则 $a+b-2c$ 的值为（　　）.

A. -13 　　　　 B. -9 　　　　 C. -5 　　　　 D. 前三个答案都不对

6. 已知 $k\neq1$，则等比数列 $a+\log_2 k$，$a+\log_4 k$，$a+\log_8 k$ 的公比为（　　）.

A. $\dfrac{1}{2}$ 　　　　 B. $\dfrac{1}{3}$ 　　　　 C. $\dfrac{1}{4}$ 　　　　 D. 前三个答案都不对

7. $\cos\dfrac{\pi}{11}\cos\dfrac{2\pi}{11}\cos\dfrac{3\pi}{11}\cdots\cos\dfrac{10\pi}{11}$ 的值为（　　）.

A. $-\dfrac{1}{16}$ 　　　　 B. $-\dfrac{1}{32}$ 　　　　 C. $-\dfrac{1}{64}$ 　　　　 D. 前三个答案都不对

8. 设 $a,b,c\in\mathbf{R}$，$ac\neq0$，方程 $ax^2+bx+c=0$ 的两个虚根为 z_1,z_2，满足 $\dfrac{z_1^2}{z_2}\in\mathbf{R}$，则 $\displaystyle\sum_{k=0}^{2\,015}\left(\dfrac{z_1}{z_2}\right)^k=$（　　）.

A. 1 　　　　 B. 0 　　　　 C. $\sqrt{3}i$ 　　　　 D. 前三个答案都不对

9. 将 12 个不同物体分成 3 堆，每堆 4 个，则不同的分法总数为（　　）.

A. 34 650 　　　　 B. 5 940 　　　　 C. 495 　　　　 D. 前三个答案都不对

10. 设点 A 是以 BC 为直径的圆上的一点，点 D、E 是线段 BC 上的点，点 F 是 CB 延长线上的点，已知 $BF=4$，$BD=2$，$BE=5$，$\angle BAD=\angle ACD$，$\angle BAF=\angle CAE$，则 BC 的长为（　　）.

A. 11 　　　　 B. 12 　　　　 C. 13 　　　　 D. 前三个答案都不对

11. 两个圆内切于点 K，大圆的弦 AB 与小圆切于点 L，已知 $AK:BK=2:5$，$AL=10$，则 BL 的长为（　　）.

A. 24 　　　　 B. 25 　　　　 C. 26 　　　　 D. 前三个答案都不对

12. $f(x)$ 是定义在 $\mathbf{R}$ 上的函数，且对任意实数 x 均有 $2f(x)+f(x^2-1)=1$，则 $f(-\sqrt{2})$ 的值为（　　）.

A. 0 　　　　 B. $\dfrac{1}{2}$ 　　　　 C. $\dfrac{1}{3}$ 　　　　 D. 前三个答案都不对

13. 从一个正 9 边形的 9 个顶点中选 3 个组成一个等腰三角形的不同选法数是(　　).

A. 30　　　　　　B. 36　　　　　　C. 42　　　　　　D. 前三个答案都不对

14. 已知正整数 a，b，c，d 满足 $ab=cd$，则 $a+b+c+d$ 有可能等于(　　).

A. 101　　　　　　B. 301　　　　　　C. 401　　　　　　D. 前三个答案都不对

15. 三个不同的实数 x，y，z 满足 $x^3-3x^2=y^3-3y^2=z^3-3z^2$，则 $x+y+z$ 等于(　　).

A. -1　　　　　　B. 0　　　　　　C. 1　　　　　　D. 前三个答案都不对

16. 已知 $a+b+c=1$，则 $\sqrt{4a+1}+\sqrt{4b+1}+\sqrt{4c+1}$ 的最大值与最小值的乘积属于区间(　　).

A. $[10, 11)$　　　　　　　　　　B. $[11, 12)$

C. $[12, 13)$　　　　　　　　　　D. 前三个答案都不对

17. 圆内接四边形 $ABCD$ 中，$BD=6$，$\angle ABD=\angle CBD=30°$，则四边形 $ABCD$ 的面积为(　　).

A. $8\sqrt{3}$　　　　　　B. $9\sqrt{3}$　　　　　　C. $12\sqrt{3}$　　　　　　D. 前三个答案都不对

18. $1!+2!+\cdots+2016!$ 除以 100 的余数为(　　).

A. 3　　　　　　B. 13　　　　　　C. 27　　　　　　D. 前三个答案都不对

19. 方程组 $\begin{cases} x+y^2=z^3, \\ x^2+y^3=z^4, \\ x^3+y^4=z^5 \end{cases}$ 的实数解组数为(　　).

A. 5　　　　　　B. 6　　　　　　C. 7　　　　　　D. 前三个答案都不对

20. 方程 $\left(\dfrac{x^3+x}{3}\right)^3+\dfrac{x^3+x}{3}=3x$ 的所有实根的平方和等于(　　).

A. 0　　　　　　B. 2　　　　　　C. 4　　　　　　D. 前三个答案都不对

真卷 7　北京大学(2016)

选择题共 20 题；在每题的四个选项中，只有一项符合题目要求，请把正确选项的代号填在表格中，选对得 5 分，选错扣 1 分，不选得 0 分.

1. 函数 $f(x)=\log_{0.5}(-x^2+x+2)$ 的单调递增区间为(　　).

A. $\left(-1, \dfrac{1}{2}\right)$　　B. $\left(\dfrac{1}{2}, 2\right)$　　C. $\left(\dfrac{1}{2}, +\infty\right)$　　D. 前三个答案都不对

2. 三角形 ABC 所在平面上的点 P 满足 $\triangle PAB$、$\triangle PBC$、$\triangle PAC$ 的面积相等，则这样的点 P 的个数是(　　).

A. 1　　　　　　B. 3　　　　　　C. 5　　　　　　D. 前三个答案都不对

3. 圆内接四边形 $ABCD$ 中，$AB=136$，$BC=80$，$CD=150$，$DA=102$，则它的外接圆直径为（　　）.

A. 170　　　　　B. 180　　　　　C. $8\sqrt{605}$　　　　　D. 前三个答案都不对

4. 正方体的 8 个顶点中任取 3 个构成三角形，则三角形是等腰三角形的概率为（　　）.

A. $\dfrac{1}{2}$　　　　　B. $\dfrac{4}{7}$　　　　　C. $\dfrac{3}{8}$　　　　　D. 前三个答案都不对

5. $f(x)=3x^2-x+4$，$g(x)$ 为整系数多项式且 $f(g(x))=3x^4+18x^3+50x^2+69x+48$，则 $g(x)$ 的各项系数之和为（　　）.

A. 8　　　　　B. 4　　　　　C. 2　　　　　D. 前三个答案都不对

6. 设 $x\in(0,2\pi)$ 且 $\dfrac{\cos x}{\sqrt{1-\sin^2 x}}-\dfrac{\sin x}{\sqrt{1-\cos^2 x}}=2$，则 x 的取值范围为（　　）.

A. $\left(0,\dfrac{\pi}{2}\right)$　　　　B. $\left(\dfrac{\pi}{2},\pi\right)$　　　　C. $\left(\pi,\dfrac{3\pi}{2}\right)$　　　　D. 前三个答案都不对

7. 实系数方程 $x^4+ax^3+bx^2+cx+d=0$ 的根都不是实数，其中两个根的和为 $2+$ i，另两个根的积为 $5+6$i，则 b 等于（　　）.

A. 11　　　　　B. 13　　　　　C. 15　　　　　D. 前三个答案都不对

8. 54 张扑克牌，将第 1 张扔掉，第 2 张放到最后，第 3 张扔掉，第 4 张放到最后，依次下去，最后于上只剩下一张牌，则这张牌在原来的牌中从上面数的第（　　）张.

A. 30　　　　　B. 32　　　　　C. 44　　　　　D. 前三个答案都不对

9. $(2+1)(2^2+1)(2^3+1)\cdots(2^{2016}+1)$ 的个位数字为（　　）.

A. 1　　　　　B. 3　　　　　C. 5　　　　　D. 前三个答案都不对

10. 设 S 为有限集合，A_1，A_2，$\cdots$，A_{2016} 为 S 的子集且对每个 i，都有 $|A_i|\geqslant\dfrac{1}{5}|S|$，则定有 S 中某个元素在至少（　　）个 A_i 中出现.

A. 403　　　　　B. 404　　　　　C. 2 016　　　　　D. 前三个答案都不对

11. 四个半径为 1 的球两两相切，则它们的外切正四面体的棱长为（　　）.

A. $2(1+\sqrt{3})$　　　B. $2(1+\sqrt{6})$　　　C. $2(2+\sqrt{3})$　　　D. 前三个答案都不对

12. 空间中点集 A_n 定义如下：$A_n=\{(x,y,z)\in\mathbf{R}^3:3|x|^n+|8y|^n+|z|^n\leqslant 1\}$，$A=\bigcup_{n=1}^{\infty}A_n$ 则由 A 中的点组成的图形的体积等于（　　）.

A. $\dfrac{1}{4}$　　　　　B. $\dfrac{1}{2}$　　　　　C. 1　　　　　D. 前三个答案都不对

13. 满足等式 $2\,002\left[n\sqrt{1\,001^2+1}\right]=n\left[2\,002\sqrt{1\,001^2+1}\right]$ 的正整数 n 的个数为（　　）.

A. 0　　　　　B. 1 001　　　　　C. 2 002　　　　　D. 前三个答案都不对

14. 已知对任意 x_1，x_2，$\cdots$，$x_{2016}\in[0,4]$，$\sum_{i=1}^{2016}|x-x_i|=2016a$ 在 $[0,4]$ 上都至少有一个根，则 a 等于（　　）.

A. 1   B. 2   C. 3   D. 前三个答案都不对

15. 已知关于 x 的方程 $x^2+ax+1=b$ 有两个不同的非 0 整数根,则 a^2+b^2 有可能等于( ).

     A. 一个素数   B. 2 的非负整数次幂

     C. 3 的非负整数次幂   D. 前三个答案都不对

16. 令 a_n 表示距离 $\sqrt{n}$ 最近的正整数,已知 $\dfrac{1}{a_1}+\dfrac{1}{a_2}+\cdots+\dfrac{1}{a_n}=2\,016$,则 n 的值等于( ).

     A. 1 015 056   B. 1 017 072   C. 1 019 090   D. 前三个答案都不对

17. 已知对于实数 a,存在实数 b,c 满足 $a^3-b^3-c^3=3abc$,$a^2=2(b+c)$,则这样的实数 a 的个数为( ).

     A. 1   B. 3   C. 无穷个   D. 前三个答案都不对

18. 三角形 ABC 的三个顶点分别对应复数 z_1,z_2,z_3,已知 $\dfrac{z_2-z_1}{z_3-z_1}=1+2\mathrm{i}$,则三角形 ABC 的面积与其最长边长的平方的比等于( ).

     A. $\dfrac{1}{5}$ B. $\dfrac{1}{6}$ C. $\dfrac{1}{12}$ D. 前三个答案都不对

19. 将 1,2,$\cdots$,100 这 100 个数分成 3 组满足第一组中各数之和是 102 的倍数,第二组中各数之和是 203 的倍数,第三组中各数之和是 304 的倍数,则满足上述要求的分组方法数为( ).

     A. 1   B. 3   C. 6   D. 前三个答案都不对

20. 已知 $x+y+z=2\,016$,$\dfrac{1}{x}+\dfrac{1}{y}+\dfrac{1}{z}=\dfrac{1}{2\,016}$ 则 $(x-2\,016)(y-2\,016)(z-2\,016)$ 的值为( ).

     A. 0   B. 1   C. 不能确定   D. 前三个答案都不对

真卷 8　北京大学(博雅计划)(2017)

1. 正整数 $9+95+995+\cdots+\underbrace{99\cdots95}_{n}$ 的十进制表示中数值 1 的个数为( ).

     A. 2 012   B. 2 013   C. 2 014   D. 前三个答案都不对

2. 将等差数列 1,5,9,13,$\cdots$,2017 排成一个大数 $15913\cdots2017$,则该数值被 9 除的余数为( ).

     A. 4   B. 1   C. 7   D. 前三个答案都不对

3. 一个三位数等于它的各位数字的阶乘之和,则此三位数的各位数字之和为( ).

     A. 9   B. 10   C. 11   D. 前三个答案都不对

4. 单位圆的内接五边形的所有边及对角线长度的平方和的最大值为（　　）.

A. 15　　　　　　　B. 20　　　　　　　C. 25　　　　　　　D. 前三个答案都不对

5. $\left(1+\cos\dfrac{\pi}{7}\right)\left(1+\cos\dfrac{3\pi}{7}\right)\left(1+\cos\dfrac{5\pi}{7}\right)$ 的值为（　　）.

A. $\dfrac{9}{8}$　　　　　　B. $\dfrac{7}{8}$　　　　　　C. $\dfrac{3}{4}$　　　　　　D. 前三个答案都不对

6. 若 $f(x)=\dfrac{1+\sqrt{3}\,x}{\sqrt{3}-x}$，定义 $f_1(x)=f(x)$，$f_{k+1}(x)=f(f_k(x))$，$k\geqslant 1$，则 $f_{2017}(2017)=($　　$)$.

A. $\dfrac{2017+\sqrt{3}}{2017-\sqrt{3}}$　　　　B. 2017　　　　C. $\dfrac{1+2017\sqrt{3}}{2017+\sqrt{3}}$　　　　D. 前三个答案都不对

7. 已知正整数 n 满足 $n\neq 2017$，且 n^n 与 2017^{2017} 有相同的个位数字，则 $|\,2017-n\,|$ 的最小值为（　　）.

A. 4　　　　　　　B. 6　　　　　　　C. 8　　　　　　　D. 前三个答案都不对

8. 一个盒子装有红、白、蓝、绿四种颜色的玻璃球，每种颜色的玻璃球至少一个. 从中随机拿出 4 个玻璃球，这四个球都是红色的概率为 p_1，恰好有三个红色和一个白色的概率为 p_2，恰好两个红色、一个白色和一个蓝色的概率为 p_3，四种颜色各一个的概率为 p_4，若恰好又有 $p_1=p_2=p_3=p_4$，则这个盒子里玻璃球个数的最小值等于（　　）.

A. 17　　　　　　　B. 19　　　　　　　C. 21　　　　　　　D. 前三个答案都不对

9. 若 a、b、c 和 $\left(a-\dfrac{1}{b}\right)\left(b-\dfrac{1}{c}\right)\left(c-\dfrac{1}{a}\right)$ 均为正整数，则 $2a+3b+5c$ 的最大值和最小值之差为（　　）.

A. 9　　　　　　　B. 15　　　　　　　C. 22　　　　　　　D. 前三个答案都不对

10. 有多少种方式可以将正整数集合 $\mathbf{N}^*$ 分成两个互不相交的子集的并，使得每个子集都不包含公差不为零的无穷等差数列？（　　）

A. 0　　　　　　　B. 1　　　　　　　C. 无穷种　　　　　　　D. 前三个答案都不对

11. 已知点 O 是凸四边形 $ABCD$ 对角线 AC 和 BD 的交点，$\triangle AOB$，$\triangle BOC$，$\triangle COD$，$\triangle DOA$ 的周长相等. 若 $\triangle AOB$、$\triangle BOC$、$\triangle COD$ 的内切圆半径分别为 3、4、6，则 $\triangle DOA$ 的内切圆半径为（　　）.

A. $\dfrac{9}{2}$　　　　　　B. 5　　　　　　C. $\dfrac{11}{2}$　　　　　　D. 前三个答案都不对

12. 一群学生参加学科夏令营，每名同学至少参加数学、物理、化学中的一门学科考试. 已知有 100 名参加了数学考试，50 名参加了物理考试，48 名参加了化学考试. 若学生总数是参加至少两门考试的学生数的两倍，也是参加三门考试学生数的三倍，则学生总数为（　　）.

A. 108　　　　　　　B. 120　　　　　　　C. 125　　　　　　　D. 前三个答案都不对

13. 有多少个平面距离正四面体 4 个顶点的距离都相等（　　）.

A. 4　　　　　　　B. 6　　　　　　　C. 8　　　　　　D. 前三个答案都不对

14. 有多少种互不相似的 $\triangle ABC$ 满足 $\sin A = \cos B = \tan C$？（　　　）

A. 0　　　　　　　B. 1　　　　　　　C. 2　　　　　　D. 前三个答案都不对

15. 若存在正整数 a，b，c 满足 $a+b+c=407$，$10^n \mid abc$，则 n 的最大值为（　　　）.

A. 5　　　　　　　B. 6　　　　　　　C. 7　　　　　　D. 前三个答案都不对

16. 若整数 a，b，c 满足 $a+b+c=1$，$s=(a+bc)(b+ac)(c+ab)>100$，则 s 的最小值属于下面哪个区间？（　　　）

　　A. $(100, 110]$　　B. $(110, 120]$　　C. $(120, 130]$　　D. 前三个答案都不对

17. 满足 $p+q=218$ 且关于 x 的方程 $x^2+px+q=0$ 有整数根的有序整数对 (p, q) 的对数为（　　　）.

　　A. 0　　　　　　B. 2　　　　　　C. 4　　　　　　D. 前三个答案都不对

18. 若 $\dfrac{\tan^2 x + \tan^2 y}{1 + \tan^2 x + \tan^2 y} = \sin^2 x + \sin^2 y$，则 $\sin x \sin y$ 最大值为（　　　）.

　　A. 0　　　　　　B. $\dfrac{1}{4}$　　　　　C. $\dfrac{\sqrt{2}}{2}$　　　　D. 前三个答案都不对

19. 令 $a = \sin 14° + \cos 14°$，$b = \sin 16° + \cos 16°$，$c = \dfrac{1}{2}(a^2 + b^2)$，则 a，b，c 的大小顺序为（　　　）.

　　A. $a<c<b$　　　B. $c<a<b$　　　C. $a<b<c$　　　D. 前三个答案都不对

20. 若某三角形的三边长为三个连续正整数，且该三角形有一个角是另一个角的 2 倍，则这个三角形的三边长分别为（　　　）.

　　A. 4，5，6　　　B. 5，6，7　　　C. 6，7，8　　　D. 前三个答案都不对

真卷 9　北京大学（2017）

1. 已知实数 a，b 满足 $(a^2+4)(b^2+1)=5(2ab-1)$，则 $b\left(a+\dfrac{1}{a}\right)$ 的值为（　　　）.

A. 1.5　　　　　　B. 2.5　　　　　　C. 3.5　　　　　D. 前三个答案都不对

2. 函数 $f(x)=|x^2-2|-\dfrac{1}{2}|x|+|x-1|$，$x \in [-1, 2]$ 上的最大值与最小值的差所在的区间是（　　　）.

　　A. $(2, 3)$　　　B. $(3, 4)$　　　C. $(4, 5)$　　　D. 前三个答案都不对

3. 不等式组 $\begin{cases} y \geqslant 2|x|-1 \\ y \leqslant -3|x|+5 \end{cases}$ 所表示的平面区域的面积为（　　　）.

　A. 6　　　　　　　　B. $\dfrac{33}{5}$　　　　　　　C. $\dfrac{36}{5}$　　　　　　D. 前三个答案都不对

4. $\left(1+\cos\dfrac{\pi}{5}\right)\left(1+\cos\dfrac{3\pi}{5}\right)$ 的值为（　　）．

　A. $1+\dfrac{1}{\sqrt{5}}$　　　　　B. $1+\dfrac{1}{4}$　　　　　C. $1+\dfrac{1}{\sqrt{3}}$　　　　D. 前三个答案都不对

5. 在圆周上逆时针摆放了 4 个点 A，B，C，D，已知 $BA=1$，$BC=2$，$BD=3$，$\angle ABD=\angle DBC$，则该圆的直径为（　　）．

　A. $2\sqrt{5}$　　　　　　B. $2\sqrt{6}$　　　　　　C. $2\sqrt{7}$　　　　　D. 前三个答案都不对

6. 已知三角形三条中线长度分别为 9，12，15，则该三角形面积为（　　）．

　A. 64　　　　　　　B. 72　　　　　　　C. 90　　　　　　　D. 前三个答案都不对

7. 已知 x 为实数，使得 2，x，x^2 互不相同，且其中有一个数恰为另一数的 2 倍，则这样的实数 x 的个数为（　　）．

　A. 3　　　　　　　B. 4　　　　　　　C. 5　　　　　　　D. 前三个答案都不对

8. 设整数 a，m，n 满足 $\sqrt{a^2-4\sqrt{5}}=\sqrt{m}-\sqrt{n}$，则这样的整数组 $(a$，m，$n)$ 的个数为（　　）．

　A. 0　　　　　　　B. 1　　　　　　　C. 2　　　　　　　D. 前三个答案都不对

9. 设 $S=\dfrac{1}{\log_{\frac{1}{2}}\pi}+\dfrac{1}{\log_{\frac{1}{3}}\pi}+\dfrac{1}{\log_{\frac{1}{5}}\pi}+\dfrac{1}{\log_{\frac{1}{7}}\pi}$，则不超过 S 且与 S 最接近的整数为（　　）．

　A. -5　　　　　　B. 4　　　　　　　C. 5　　　　　　　D. 前三个答案都不对

10. 已知复数 z 满足 $z+\dfrac{2}{z}$ 是实数，则 $|z+i|$ 的最小值等于（　　）．

　A. $\dfrac{\sqrt{3}}{3}$　　　　　　B. $\dfrac{\sqrt{2}}{2}$　　　　　　C. 1　　　　　　　D. 前三个答案都不对

11. 已知正方形 $ABCD$ 的边长为 1，P_1，P_2，P_3，P_4 是正方形内部的 4 个点，使得 $\triangle ABP_1$，$\triangle BCP_2$，$\triangle CDP_3$，$\triangle DAP_4$ 都是正三角形，则四边形 P_1，P_2，P_3，P_4 的面积等于（　　）．

　A. $2-\sqrt{3}$　　　　　B. $\dfrac{\sqrt{6}-\sqrt{2}}{4}$　　　　　C. $\dfrac{1+\sqrt{3}}{8}$　　　　D. 前三个答案都不对

12. 已知某个三角形的两条高的长度分别为 10 和 20，则它的第三条高的长度的取值区间为（　　）．

　A. $\left(\dfrac{10}{3}, 5\right)$　　　　　B. $\left(5, \dfrac{20}{3}\right)$　　　　　C. $\left(\dfrac{20}{3}, 20\right)$　　　　D. 前三个答案都不对

13. 正方形 $ABCD$ 与点 P 在同一平面内，已知该正方形的边长为 1，且 $|PA|^2+|PB|^2=|PC|^2$，则 $|PD|$ 的最大值为（　　）．

A. $2+\sqrt{2}$ 　　　　 B. $2\sqrt{2}$ 　　　　 C. $1+\sqrt{2}$ 　　　　 D. 前三个答案都不对

14. 方程 $\log_4(2^x+3^x)=\log_3(4^x-2^x)$ 的实根个数为(　　).

A. 0 　　　　 B. 1 　　　　 C. 2 　　　　 D. 前三个答案都不对

15. 使得 $x+\dfrac{2}{x}$ 和 $x^2+\dfrac{2}{x^2}$ 都是整数的正实数 x 的个数为(　　).

A. 1 　　　　 B. 2 　　　　 C. 无穷多 　　　　 D. 前三个答案都不对

16. 满足 $f(f(x))=f^4(x)$ 的实系数多项式 $f(x)$ 的个数为(　　).

A. 2 　　　　 B. 4 　　　　 C. 无穷多 　　　　 D. 前三个答案都不对

17. 使得 p^3+7p^2 为平方数的不大于 100 的素数 p 的个数为(　　).

A. 0 　　　　 B. 1 　　　　 C. 2 　　　　 D. 前三个答案都不对

18. 函数 $f(x)=x(x+1)(x+2)(x+3)$ 的最小值为(　　).

A. -1 　　　　 B. -1.5 　　　　 C. -2 　　　　 D. 前三个答案都不对

19. 动圆与两圆 $x^2+y^2=1$ 和 $x^2+y^2-6x+7=0$ 都外切,则动圆的圆心轨迹是(　　).

A. 双曲线 　　　　 B. 双曲线一支 　　　　 C. 抛物线 　　　　 D. 前三个答案都不对

20. 在 $\triangle ABC$ 中,$\sin A=\dfrac{4}{5}$,$\cos B=\dfrac{4}{13}$,则该三角形是(　　).

A. 锐角三角形 　　　　 B. 钝角三角形 　　　　 C. 无法确定 　　　　 D. 前三个答案都不对

真卷 10　北京大学(2018)

选择题共 20 小题:在每小题的四个选项中,只有一项符合题目要求,请把正确选项的代号填在表格中,选对得 5 分,选错扣 1 分,不选得 0 分.

1. 把实数 $a=(5+3\sqrt{3})^{2018}$ 写成十进制小数,则 a 的十分位、百分位和千分位上数字之和等于(　　).

A. 0 　　　　 B. 9 　　　　 C. 27 　　　　 D. 前三个答案都不对

2. 已知 $a\neq b$,$a^2(b+c)=b^2(a+c)=1$,则 $c^2(a+b)-abc$ 的值为(　　).

A. 2 　　　　 B. 1 　　　　 C. 0 　　　　 D. 前三个答案都不对

3. 设 $a>0$,$a\neq 1$,函数 $f(x)=a^{2x}-4a^x-1$ 在区间 $[-1,2]$ 上的最小值为 -5,则 a 的取值范围是(　　).

A. $a=\dfrac{1}{2}$ 或 $a\geqslant\sqrt{2}$ 　　　　　　　　 B. $0<a<1$ 或 $a\geqslant\sqrt{2}$

C. $0<a<\dfrac{1}{2}$ 或 $a\geqslant\sqrt{2}$ 　　　　　　　　 D. 前三个答案都不对

4. 设 S_n 为一等差数列的前 n 项和,已知 $S_{10}=0$,$S_{15}=25$,则 nS_n 的最小值是(　　).

A. -25 B. -36 C. -48 D. 前三个答案都不对

5. 以梯形 $ABCD$ 的下底 BC 上一点为圆心做半圆,此半圆与这个梯形的上底 AD 和两腰 AB、CD 都相切,则 $|AB|+|CD|-|BC|$ 的值(   ).

A. 为正   B. 为负   C. 可正可负   D. 前三个答案都不对

6. 在 $\triangle ABC$ 中,$\tan A+\tan B+\tan C>0$ 是 $\triangle ABC$ 为锐角三角形的(   ).

A. 充分不必要条件   B. 必要不充分条件

C. 充分必要条件   D. 前三个答案都不对

7. 满足对任意实数 a,b 都有 $f(a+b)=f(a)+f(b)$ 和 $f(ab)=f(a)f(b)$ 的实函数 $f(x)$ 的个数是(   ).

A. 1   B. 2   C. 无穷多   D. 前三个答案都不对

8. 设函数 $f(t)=t^2+2t$,则点集 $\{(x,y)\mid f(x)+f(y)\leqslant 2$ 且 $f(x)\geqslant f(y)\}$ 所构成的图形的面积是(   ).

A. 4π B. 2π C. π D. 前三个答案都不对

9. 不等式 $\dfrac{2}{x}+\dfrac{2}{y}>1$ 且 $x\geqslant 3$,$y\geqslant 3$ 的正整数解 (x,y) 的个数是(   ).

A. 3   B. 4   C. 6   D. 前三个答案都不对

10. 设数列 $\{a_n\}n\geqslant 1$ 的首项 $a_1=2\,019$,前 n 项和 $S_n=n^2 a_n$,则 $a_{2\,018}$ 的值为(   ).

A. $\dfrac{1}{2\,019}$ B. $\dfrac{1}{2\,018}$ C. $\dfrac{1}{1\,009}$ D. 前三个答案都不对

11. 在 $\triangle ABC$ 中,$AB=13$,$AC=15$,$BC=14$,AD 为边 BC 上的高,则 $\triangle ABD$ 和 $\triangle ACD$ 的内切圆圆心之间的距离为(   ).

A. 2   B. 3   C. 5   D. 前三个答案都不对

12. $\triangle ABC$ 的内角 A,B,C 的对边分别为 a,b,c,满足 $a\cos B-b\cos A=\dfrac{c}{3}$,则 $\dfrac{\tan A}{\tan B}$ 等于(   ).

A. 2   B. 1   C. $\dfrac{1}{2}$ D. 前三个答案都不对

13. 设实数 x,y 满足 $\dfrac{x^2}{4}+y^2=1$,则 $|3x+4y-12|$ 的取值范围为(   ).

A. $[0,+\infty)$ B. $[12-2\sqrt{13},12+2\sqrt{13}]$

C. $[0,12+2\sqrt{13}]$ D. 前三个答案都不对

14. 过椭圆 $\dfrac{x^2}{9}+\dfrac{y^2}{4}=1$ 上一点 M 做圆 $x^2+y^2=2$ 的两条切线,过切点的直线与坐标轴交于 P,Q 两点,O 为坐标原点,则 $\triangle POQ$ 面积的最小值为(   ).

A. $\dfrac{1}{2}$ B. $\dfrac{2}{3}$ C. $\dfrac{3}{4}$ D. 前三个答案都不对

15. 设正实数 a，b 满足 $a+b=1$，则 $\dfrac{1}{a}+\dfrac{27}{b^3}$ 的最小值为（　　　）．

A. $\dfrac{47+13\sqrt{13}}{2}$　　　B. $\dfrac{55+15\sqrt{13}}{2}$　　　C. 218　　　　　D. 前三个答案都不对

16. 在正方体 $ABCD$-$A_1B_1C_1D_1$ 中，动点 M 在底面 $ABCD$ 内运动且满足 $\angle DD_1A=\angle DD_1M$，则动点 M 在底面 $ABCD$ 内的轨迹为（　　　）．

　　A. 圆的一部分　　　　　　　　　　　B. 椭圆的一部分

　　C. 双曲线一支的一部分　　　　　　D. 前三个答案都不对

17. 已知 F_1，F_2 是椭圆与双曲线的公共焦点，P 是椭圆与双曲线的一个交点，且 $\angle F_1PF_2=\dfrac{\pi}{3}$，则椭圆与双曲线的离心率的倒数之和的最大值为（　　　）．

A. $2\sqrt{3}$　　　　　B. $\sqrt{3}$　　　　　C. $\dfrac{1}{3}\sqrt{3}$　　　　D. 前三个答案都不对

18. 设三个实数 a，b，c 组成等比数列，$c>0$ 且 $a\leqslant 2b+3c$，则实数 $\dfrac{b-2c}{a}$ 的取值范围是（　　　）．

A. $\left(-\infty,\dfrac{1}{16}\right]$　　B. $\left(-\infty,\dfrac{1}{9}\right]$　　C. $\left(-\infty,\dfrac{1}{8}\right]$　　D. 前三个答案都不对

19. 设实函数 $f(x)=ax^2+bx+c$，$a\neq 0$，定义 $f_1(x)=f(x)$，$f_n(x)=f(f_{n-1}(x))(n\geqslant 2)$，已知方程 $f_1(x)=x$ 无实根，则方程 $f_{2018}(x)=x$ 的实根个数是（　　　）．

　　A. 0　　　　　　　B. 2 018　　　　　　C. 4 036　　　　　　D. 前三个答案都不对

20. 三棱锥 P-ABC 中，底面 ABC 是以 $\angle A$ 为直角的直角三角形，PA 垂直于底面 ABC，且 $PA=AB+AC$，则三个角 $\angle APB$，$\angle BPC$ 与 $\angle CPA$ 的和是（　　　）．

　　A. 60°　　　　　　B. 75°　　　　　　C. 90°　　　　　　D. 前三个答案都不对

真卷 11　北京大学（博雅计划）（2018）

　　选择题共 20 小题，在每小题的四个项中，只有一项符合题目要求，请把正确选项的代号填在表格中，选对得 5 分，选错扣 1 分，不选得 0 分．

1. 设 n 为正整数，$C_n^k=\dfrac{n!}{k!\,(n-k)!}$ 为组合数，则 $C_{2018}^0+3C_{2018}^1+5C_{2018}^2+\cdots+4\,037C_{2018}^{2018}$ 等于（　　　）．

A. $2\,018\cdot 2^{2018}$　　B. $2\,018!$　　　C. $C_{4\,036}^{2\,018}$　　　D. 前三个答案都不对

2. 设 a，b，c 为非负实数，满足 $a+b+c=3$，则 $a+ab+abc$ 的最大值为（　　　）．

A. 3　　　　　　　B. 4　　　　　　　C. $3\sqrt{2}$　　　　D. 前三个答案都不对

3. 一个正整数 n 称为具有 3-因数积性质,若 n 的所有正因数的乘积等于 n^3,则不超过 400 的正整数中具有 3-因数积性质的数的个数为(   ).

A. 55 B. 50 C. 51 D. 前三个答案都不对

4. 已知复数 $z_1 = \sin\theta + 2i$,$z_2 = 1 + i\cos\theta$,则 $\dfrac{14 - |z_1 + iz_2|^2}{|z_1 - iz_2|}$ 的最小值为(   ).

A. 2 B. $2\sqrt{2}$ C. $2\sqrt{3}$ D. 前三个答案都不对

5. 设 A 是不超过 2018 的正整数组成的集合,对于正整数 k,用 a_k 表示所有可能的 A 中 k 个数乘积的倒数之和,则 $a_2 + a_4 + \cdots + a_{2018}$ 的值为(   ).

A. 1 B. $\dfrac{2019}{2}$ C. $\dfrac{2017}{2}$ D. 前三个答案都不对

6. 已知实数 a,b,c 成公差非 0 的等差数列,在平面直角坐标系中,点 P 的坐标为 $(-3, 2)$,点 N 的坐标为 $(2, 3)$,过点 P 作直线 $ax + by + c = 0$ 的垂线,垂足为点 M,则 M,N 间的距离的最大值与最小值的乘积是(   ).

A. 10 B. $6\sqrt{2}$ C. $4\sqrt{2}$ D. 前三个答案都不对

7. 设 a_1,a_2,$\cdots$,a_{2018},b_1,b_2,$\cdots$,b_{2018} 是 4036 个实数,a_1,a_2,$\cdots$,a_{2018} 互异,满足对任意的 i($1 \leqslant i \leqslant 2018$)都有 $(a_i + b_1)(a_i + b_2)\cdots(a_i + b_{2018}) = 2018$,则对任意的 j($1 \leqslant j \leqslant 2018$)$(a_1 + b_j)(a_2 + b_j)\cdots(a_{2018} + b_j)$ 的值为(   ).

A. 2018 B. -2018 C. 不能确定 D. 前三个答案都不对

8. 用 $[x]$ 表示不超过实数 x 的最大整数,例如 $[\pi] = 3$,$[-\pi] = -4$.设 n 为正整数,用 a_n 表示当 $x \in [0, n)$ 时,函数 $f(x) = [x[x]]$ 的值域中的元素的个数,则使得 $\dfrac{a_n + 2018}{n}$ 最小的 n 的取值为(   ).

A. 63 B. 1009 C. 2018 D. 前三个答案都不对

9. 已知 $\triangle ABC$ 的面积为 1,D,E 分别为边 BC,CA 上的点,且 $BD = \dfrac{1}{3}BC$,$CE = \dfrac{1}{3}CA$,AD 和 BE 交于点 P,则四边形 $PDCE$ 的面积是(   ).

A. $\dfrac{2}{9}$ B. $\dfrac{2}{7}$ C. $\dfrac{8}{21}$ D. 前三个答案都不对

10. 设实数 x,y 满足 $\dfrac{x^2}{5} + \dfrac{y^2}{4} = 1$,则 $\sqrt{x^2 + y^2 - 2y + 1} + \sqrt{x^2 + y^2 - 2x + 1}$ 的最小值为(   ).

A. $2\sqrt{5}$ B. $2\sqrt{5} - 2$ C. $2\sqrt{5} - \sqrt{2}$ D. 前三个答案都不对

11. 设关于 x 的方程 $x^2 - 2a|x - a| - 2ax + 1 = 0$ 有 3 个互不相同的实根,则实数 a 的取值范围是(   ).

A. $[1, +\infty)$ B. $(-\infty, -1]$

　　C. $[-1, 0) \cup (0, 1]$ 　　　　　D. 前三个答案都不对

12. 把正整数中的非完全平方数从小到大排成一个数列 $\{a_n\}(n \geqslant 1)$，例如，$a_1 = 2$，$a_2 = 3$，$a_3 = 5$，$a_4 = 6$，…，则 a_{2018} 的值为（　　　）.

　　A. 2 061　　　　　B. 2 062　　　　　C. 2 063　　　　　D. 前三个答案都不对

13. 15 人围坐在圆桌旁，从中选出 4 人使得其中任意两人都不相邻的选法数为（　　　）.

　　A. 1 820　　　　　B. 450　　　　　C. 360　　　　　D. 前三个答案都不对

14. 从不超过 2 018 的正整数中任取 3 个数使得不包含两个连续的数，则这样的取法种数是（其中 $C_n^k = \dfrac{n!}{k!\,(n-k)!}$ 表示组合数）（　　　）.

　　A. $C_{2\,016}^3$　　　　B. $\dfrac{1}{2}C_{2\,018}^3$　　　　C. $C_{2\,018}^3 - C_{2\,017}^2$　　　　D. 前三个答案都不对

15. 设集合 S 中有 10 个元素，从 S 中每次随机选取 1 个元素，取出后还放回 S 中，则取 5 次后出现重复元素的概率是（保留两位有效数字）（　　　）.

　　A. 0.50　　　　　B. 0.55　　　　　C. 0.70　　　　　D. 前三个答案都不对

16. 立方体 $ABCD-A_1B_1C_1D_1$ 中，M 为 AD_1 的中点，N 为 B_1C 的中点，则异面直线 CM 与 D_1N 的夹角余弦值是（　　　）.

　　A. $\dfrac{1}{2}$　　　　B. $\dfrac{2}{3}$　　　　C. $\dfrac{3}{4}$　　　　D. 前三个答案都不对

17. 有多少个正整数 n 满足 $\sin(\sqrt{2}) + \sin(2\sqrt{2}) + \cdots + \sin(n\sqrt{2}) > 2$.（　　　）

　　A. 0　　　　　B. 1　　　　　C. 无穷多个　　　　　D. 前三个答案都不对

18. $\sqrt{(x-9)^2 + 4} + \sqrt{x^2 + y^2} + \sqrt{(y-3)^2 + 9}$ 的最小值所属区间为（　　　）.

　　A. $[10, 11]$　　　　B. $(11, 12)$　　　　C. $(12, 13)$　　　　D. 前三个答案都不对

19. 方程 $\sqrt[3]{15x + 1 - x^2} + \sqrt[3]{x^2 - 15x + 27} = 4$ 的实根个数为（　　　）.

　　A. 1　　　　　B. 2　　　　　C. 3　　　　　D. 前三个答案都不对

20. S_n 表示边长为整数，周长为 n 的两两不全等的三角形的个数，则 $S_{2\,018} - S_{2\,015}$ 的值为（　　　）.

　　A. 3　　　　　B. 0　　　　　C. -3　　　　　D. 前三个答案都不对

真卷 12　"华约"联盟* (2011)

1. 设复数 z 满足 $|z| < 1$ 且 $\left|\bar{z} + \dfrac{1}{z}\right| = \dfrac{5}{2}$，则 $|z| = $（　　　）.

---

　　* "华约"联盟是清华大学、上海交通大学、中国人民大学、中国科技大学、西安交通大学、南京大学、浙江大学等学校组成的自主招生选拔考试联盟，历经 2011 至 2014 年.

　　七校通用科目考试，中文名称为"高水平大学自主选拔学业能力测试"，英文名称为 Advanced Assessment for Admission，简称"AAA 测试".

A. $\dfrac{4}{5}$ B. $\dfrac{3}{4}$ C. $\dfrac{2}{3}$ D. $\dfrac{1}{2}$

2. 在正四棱锥 $P-ABCD$ 中，M、N 分别为 PA、PB 的中点，且侧面与底面所成二面角的正切为 $\sqrt{2}$，则异面直线 DM 与 AN 所成角的余弦为（   ）．

A. $\dfrac{1}{3}$ B. $\dfrac{1}{6}$ C. $\dfrac{1}{8}$ D. $\dfrac{1}{12}$

3. 略．

4. 若 $A+B=\dfrac{2\pi}{3}$，则 $\cos^2 A+\cos^2 B$ 的最小值和最大值分别为（   ）．

A. $1-\dfrac{\sqrt{3}}{2}$ ，$\dfrac{3}{2}$ B. $\dfrac{1}{2}$ ，$\dfrac{3}{2}$

C. $1-\dfrac{\sqrt{3}}{2}$ ，$1+\dfrac{\sqrt{3}}{2}$ D. $\dfrac{1}{2}$ ，$1+\dfrac{\sqrt{2}}{2}$

5. 如图 ZJ12-1 所示，圆 O_1 和圆 O_2 外切于点 C，圆 O_1，圆 O_2 又都和圆 O 内切，切点分别为 A，B. 设 $\angle AOB=\alpha$，$\angle ACB=\beta$，则（   ）．

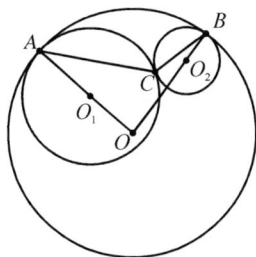

A. $\cos\beta-\sin\dfrac{\alpha}{2}=0$

B. $\sin\beta-\cos\dfrac{\alpha}{2}=0$

C. $\sin 2\beta+\cos\alpha=0$

D. $\sin 2\beta-\sin\alpha=0$

图 ZJ12-1

6. 已知异面直线 a，b 成 $60°$ 角．A 为空间一点则过 A 与 a，b 都成 $45°$ 角的平面（   ）．

A. 有且只有一个   B. 有且只有两个

C. 有且只有三个   D. 有且只有四个

7. 已知向量 $\vec{a}=(0,1)$，$\vec{b}=\left(-\dfrac{\sqrt{3}}{2},-\dfrac{1}{2}\right)$，$\vec{c}=\left(\dfrac{\sqrt{3}}{2},-\dfrac{1}{2}\right)$，$x\vec{a}+y\vec{b}+z\vec{c}=(1,1)$，则 $x^2+y^2+z^2$ 的最小值为（   ）．

A. 1 B. $\dfrac{4}{3}$ C. $\dfrac{3}{2}$ D. 2

8. AB 为过抛物线 $y^2=4x$ 焦点 F 的弦，O 为坐标原点，且 $\angle OFA=135°$，C 为抛物线准线与 x 轴的交点，则 $\angle ACB$ 的正切值为（   ）．

A. $2\sqrt{2}$ B. $\dfrac{4\sqrt{2}}{5}$

C. $\dfrac{4\sqrt{2}}{3}$ D. $\dfrac{2\sqrt{2}}{3}$

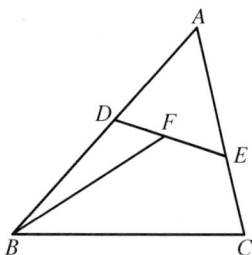

图 ZJ12-2

9. 如图 ZJ12-2 所示,已知 $\triangle ABC$ 的面积为 2,D,E 分别为边 AB,边 AC 上的点,F 为线段 DE 上一点,设 $\dfrac{AD}{AB}=x$,$\dfrac{AE}{AC}=y$,$\dfrac{DF}{DE}=z$,且 $y+z-x=1$,则 $\triangle BDF$ 面积的最大值为( ).

    A. $\dfrac{8}{27}$ B. $\dfrac{10}{27}$ C. $\dfrac{14}{27}$ D. $\dfrac{16}{27}$

10. 将一个正 11 边形用对角线划分为 9 个三角形,这些对角线在正 11 边形内两两不相交,则( ).

    A. 存在某种分法,所分出的三角形都不是锐角三角形

    B. 存在某种分法,所分出的三角形恰有两个锐角三角形

    C. 存在某种分法,所分出的三角形至少有 3 个锐角三角形

    D. 任何一种分法所分出的三角形都恰有 1 个锐角三角形

11. 已知 $\triangle ABC$ 不是直角三角形.

(1) 证明:$\tan A+\tan B+\tan C=\tan A\tan B\tan C$;

(2) 若 $\sqrt{3}\tan C-1=\dfrac{\tan B+\tan C}{\tan A}$,且 $\sin 2A$,$\sin 2B$,$\sin 2C$ 的倒数成等差数列,求 $\cos\dfrac{A-C}{2}$ 的值.

12. 已知圆柱形水杯质量为 a 克,其重心在圆柱轴的中点处(杯底厚度及重量忽略不计,且水杯直立放置).质量为 b 克的水恰好装满水杯,装满水后的水杯的重心还在圆柱轴的中点处.

(1) 若 $b=3a$,求装入半杯水的水杯的重心到水杯底面的距离与水杯高的比值;

(2) 水杯内装多少克水可以使装入水后的水杯的重心最低?为什么?

13. 已知函数 $f(x)=\dfrac{2x}{ax+b}$,$f(1)=1$,$f\left(\dfrac{1}{2}\right)=\dfrac{2}{3}$.令 $x_1=\dfrac{1}{2}$,$x_{n+1}=f(x_n)$.

(1) 求数列 $\{x_n\}$ 的通项公式;

(2) 证明 $x_1 x_2\cdots x_{n+1}>\dfrac{1}{2e}$.

14. 已知双曲线 $C:\dfrac{x^2}{a^2}-\dfrac{y^2}{b^2}=1(a>0,b>0)$,$F_1$,$F_2$ 分别为 C 的左右焦点.P 为 C 右支上一点,且使 $\angle F_1PF_2=\dfrac{\pi}{3}$,又 $\triangle F_1PF_2$ 的面积为 $3\sqrt{3}a^2$.

(1) 求 C 的离心率 e;

(2) 设 A 为 C 的左顶点,Q 为第一象限内 C 上任意一点,问是否存在常数 $\lambda(\lambda>0)$,

使得 $\angle QF_2A = \lambda\angle QAF_2$ 恒成立.若存在,求出 λ 的值;若不存在,请说明理由.

15. 将一枚均匀的硬币连续抛掷 n 次,以 p_n 表示未出现连续 3 次正面的概率.

(1) 求 p_1, p_2, p_3, p_4;

(2) 探究数列 $\{p_n\}$ 的递推公式,并给出证明;

(3) 讨论数列 $\{p_n\}$ 的单调性及其极限,并阐述该极限的概率意义.

真卷 13　"华约"联盟(2012)

一、选择题

1. 在锐角三角形 ABC 中,已知 $A>B>C$,则 $\cos B$ 的取值范围为(　　).

A. $\left[0, \dfrac{\sqrt{2}}{2}\right]$　　　　B. $\left[\dfrac{1}{2}, \dfrac{\sqrt{2}}{2}\right]$　　　　C. $(0, 1)$　　　　D. $\left[\dfrac{\sqrt{2}}{2}, 1\right]$

2. 红蓝两色车、马、炮棋子各一枚,将这 6 枚棋子排成一列,其中每对同字的棋子中,均为红棋子在前,蓝棋子在后,满足这种条件的不同的排列方式共有(　　).

A. 36　　　　　　B. 60　　　　　　C. 90　　　　　　D. 120

3. 正四棱锥 $S-ABCD$ 中,侧棱与底面所成角为 α,侧面与底面所成二面角为 β,侧棱 SB 与底面正方形的对角线 AC 所成角为 γ,相邻两侧面所成二面角为 θ,则 α, β, γ, θ 之间的大小关系是(　　).

A. $\alpha<\beta<\theta<\gamma$　　　　　　　　B. $\alpha<\beta<\gamma<\theta$

C. $\alpha<\gamma<\beta<\theta$　　　　　　　　D. $\beta<\alpha<\gamma<\theta$

4. 向量 $\vec{a}\neq\vec{e}$, $|\vec{e}|=1$,若 $\forall t\in\mathbf{R}$, $|\vec{a}-t\vec{e}|\geqslant|\vec{a}+\vec{e}|$,则(　　).

A. $\vec{a}\perp\vec{e}$　　　　　　　　　　B. $\vec{a}\perp(\vec{a}+\vec{e})$

C. $\vec{e}\perp(\vec{a}+\vec{e})$　　　　　　　D. $(\vec{a}-\vec{e})\perp(\vec{a}+\vec{e})$

5. 若复数 $\dfrac{w-1}{w+1}$ 的实部为 0,z 是复平面上对应 $\dfrac{1}{w+1}$ 的点,则点 z 的轨迹是(　　).

A. 一条直线　　　　　　　　　　B. 一条线段

C. 一个圆　　　　　　　　　　　D. 一段圆弧

6. 椭圆长轴长为 4,左顶点在圆 $(x-4)^2+(y-1)^2=4$ 上,左准线为 y 轴,则此椭圆离心率的取值范围是(　　).

A. $\left[\dfrac{1}{8}, \dfrac{1}{4}\right]$　　　　B. $\left[\dfrac{1}{4}, \dfrac{1}{2}\right]$　　　　C. $\left[\dfrac{1}{8}, \dfrac{1}{2}\right]$　　　　D. $\left[\dfrac{1}{2}, \dfrac{3}{4}\right]$

7. 已知三棱锥 $S-ABC$ 的底面 ABC 为正三角形,点 A 在侧面 SBC 上的射影 H 是 $\triangle SBC$ 的垂心,二面角 $H-AB-C$ 为 $30°$,且 $SA=2$,则此三棱锥的体积为(　　).

A. $\dfrac{1}{2}$　　　　　　B. $\dfrac{\sqrt{3}}{2}$　　　　　　C. $\dfrac{\sqrt{3}}{4}$　　　　　　D. $\dfrac{3}{4}$

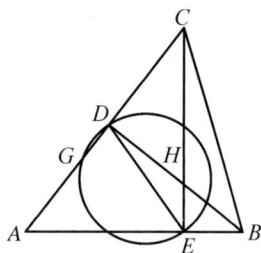

图 ZJ13 - 1

8. 如图 ZJ13 - 1 所示,在锐角 $\triangle ABC$ 中,AB 边上的高 CE 与 AC 边上的高 BD 交于点 H.以 DE 为直径作圆与 AC 的另一个交点为 G.已知 $BC=25$,$BD=20$,$BE=7$,则 AG 的长为(　　).

A. 8

B. $\dfrac{42}{5}$

C. 10

D. $\dfrac{54}{5}$

9. 已知数列 $\{a_n\}$ 的通项公式为 $a_n=\lg\left(1+\dfrac{2}{n^2+3n}\right)$,$n=1$,$2$,$\cdots$. S_n 是数列的前 n 项和. 则 $\lim\limits_{n\to\infty}S_n=$(　　).

A. 0

B. $\lg\dfrac{3}{2}$

C. $\lg 2$

D. $\lg 3$

10. 已知 $-6\leqslant x_i\leqslant 10(i=1$,$2$,$\cdots$,$10)$,$\sum\limits_{i=1}^{10}x_i=50$,当 $\sum\limits_{i=1}^{10}x_i^2$ 取得最大值时,在 x_1,x_2,$\cdots$,x_{10} 这十个数中等于 -6 的数共有(　　).

A. 1 个

B. 2 个

C. 3 个

D. 4 个

二、解答题

11. 在 $\triangle ABC$ 中,A,B,C 的对边分别为 a,b,c.已知 $2\sin^2\dfrac{A+B}{2}=1+\cos 2C$.

(1) 求角 C 的大小;

(2) 若 $c^2=2b^2-2a^2$,求 $\cos 2A-\cos 2B$ 的值.

12. 点 P 在 y 轴上的投影为 H,若 $A(-2,0)$,$B(2,0)$,且 $\overrightarrow{AP}\cdot\overrightarrow{BP}=2\overrightarrow{PH}^2$.

(1) 求 P 点轨迹;

(2) 过 B 的直线在 x 轴下方交 P 点轨迹于 C,D 两点,求 CD 中点与 $Q(0,-2)$ 连成直线的斜率的取值范围.

13. 系统内有 $2k-1$ 个元件,每个元件正常工作的概率为 p,若有超过一半的元件正常工作,则系统正常工作,求系统正常工作的概率 p_k,并讨论 p_k 的单调性.

14. 已知 $f_n(x)=1+x+\dfrac{x^2}{2!}+\cdots+\dfrac{x^n}{n!}$ $(n=1$,2,$3\cdots\cdots)$,求证:当 n 为偶数时 $f_n(x)=0$ 无解,当 n 为奇数时 $f_n(x)=0$ 有唯一解 x_n 且 $x_{n+2}<x_n$.

15. 目前有 n($n\geqslant 2$) 位乒乓球选手,他们互相进行了若干场乒乓球双打比赛,并且发现任意两名选手作为队友恰好只参加过一次比赛,请问 n 的所有可能值.

真卷 14　"华约"联盟(2013)

1. 设 $A=\{x\mid x\geqslant 10,x\in \mathbf{N}\}$,$B\subseteq A$,且 B 中元素满足:① 任一元素的各位数字

互不相同;② 任一元素的任意两个数位的数字之和不等于 9.

(1) 求 B 中的两位数和三位数的个数;

(2) B 中是否存在五位数,六位数;

(3) 若从小到大排列 B 中元素,求第 1 081 个元素.

2. 已知 $\begin{cases} \sin x + \sin y = \dfrac{1}{3} \\ \cos x - \cos y = \dfrac{1}{5} \end{cases}$,求 $\cos(x+y)$, $\sin(x-y)$.

3. 点 A 在 $y=kx$ 上,点 B 在 $y=-kx$ 上,其中 $k>0$, $|OA| \cdot |OB| = k^2 + 1$,且 A, B 在 y 轴同侧.

(1) 求 AB 中点 M 的轨迹 C;

(2) 曲线 C 与抛物线 $x^2 = 2py(p>0)$ 相切,求证:切点分别在两条定直线上,并求出切线方程.

4. 7 个红球,8 个黑球,一次取出 4 个.

(1) 求恰有一个红球的概率;

(2) 取出黑球的个数为 X,求 X 的分布列和数学期望;

(3) 取出 4 个球同色,求全为黑球的概率.

5. 数列 $\{a_n\}$ 各项均为正数,且对任意 $n \in \mathbf{N}^*$,满足 $a_{n+1} = a_n + ca_n^2$($c>0$ 为常数).

(1) 求证:对任意正数 M,存在 $N \in \mathbf{N}^*$,当 $n>N$ 时有 $a_n>M$;

(2) 设 $b_n = \dfrac{1}{1+ca_n}$, S_n 是 $\{b_n\}$ 前 n 项和,求证:对任意 $d>0$,存在 $N \in \mathbf{N}^*$,当 $n>N$ 时,有 $0 < \left| S_n - \dfrac{1}{ca_1} \right| < d$.

6. 已知 x, y, z 是互不相等的正整数,$xyz \mid (xy-1)(yz-1)(zx-1)$,求 x, y, z.

7. 已知 $f(x) = (1-x)\mathrm{e}^x - 1$,

(1) 求证:当 $x>0$ 时 $f(x)<0$;

(2) 数列 $\{x_n\}$ 满足 $x_n \mathrm{e}^{x_{n+1}} = \mathrm{e}^{x_n} - 1$,$x_1 = 1$,求证:数列 $\{x_n\}$ 递减且 $x_n > \dfrac{1}{2^n}$.

真卷 15   "华约"联盟(2014)

1. x_1, x_2, x_3, x_4, x_5 是正整数,任取四个其和组成的集合为 $\{44, 45, 46, 47\}$,求 x_1, x_2, x_3, x_4, x_5.

2. 甲乙约定进行一场 5 局 3 胜(谁先获得 3 局胜利为胜)的乒乓球比赛,甲在一局中获胜的概率都为 p($p>0.5$),甲最终获胜的概率为 q,求 p 为多少时,$q-p$ 取得最大值?

3. 函数 $f(x)=\dfrac{\sqrt{2}}{2}(\cos x-\sin x)\sin\left(x+\dfrac{\pi}{4}\right)-2a\sin x+b\ (a>0)$ 的最大值为 1,

最小值为 -4,求 a,b.

4. (1) 证明 $y=f(g(x))$ 的反函数为 $y=g^{-1}(f^{-1}(x))$;

(2) $F(x)=f(-x)$,$G(x)=f^{-1}(-x)$,若 $F(x)=G^{-1}(x)$,求证:$f(x)$ 为奇函数.

5. 已知椭圆 $\dfrac{x^2}{a^2}+\dfrac{y^2}{b^2}=1(a>b>0)$ 与圆 $x^2+y^2=b^2$,过椭圆上的一点 M 作圆的两

条切线,切点分别为 P,Q,直线 PQ 与 x 轴,y 轴分别交于点 E,F,求三角形 $S_{\triangle EOF}$ 的

最小值.

6. 已知数列 $\{a_n\}$ 满足:$a_1=0$,$a_{n+1}=np^n+qa_n$,

(1) 若 $q=1$,求 a_n;

(2) 若 $|p|<1$,$|q|<1$,求证:数列 $\{a_n\}$ 有界.

7. 已知 $n\in\mathbf{N}^+$,$x\leqslant n$,求证:$n-n\left(1-\dfrac{x}{n}\right)^n\cdot e^x\leqslant x^2$.

真卷 16　清华大学(领军计划)(2015)

说明:共 30 小题,共 100 分.在每小题给出的四个选项中,有一个或多个选项是符合题目要求的.全选对,得满分;选对但不全,得部分分;有选错的,得 0 分.

1. 设复数 $z=\cos\dfrac{2\pi}{3}+\mathrm{i}\sin\dfrac{2\pi}{3}$,则 $\dfrac{1}{1-z}+\dfrac{1}{1-z^2}=($ 　 $)$.

A. 0　　　　　　　　B. 1　　　　　　　　C. $\dfrac{1}{2}$　　　　　　　　D. $\dfrac{3}{2}$

2. 设 $\{a_n\}$ 为等差数列,p,q,k,l 为正整数,则"$p+q>k+l$"是"$a_p+a_q>a_k+a_l$"的(　).

A. 充分不必要条件　　　　　　　　B. 必要不充分条件

C. 充要条件　　　　　　　　　　　D. 既不充分也不必要条件

3. 设 A,B 是抛物线 $y=x^2$ 上的两点,O 是坐标原点,若 $OA\perp OB$,则(　).

A. $|OA|\cdot|OB|\geqslant 2$　　　　　　　B. $|OA|+|OB|\geqslant 2\sqrt{2}$

C. 直线 AB 过抛物线 $y=x^2$ 的焦点　　D. O 到直线 AB 的距离小于等于 1

4. 设函数 $f(x)$ 的定义域为 $(-1,1)$,且满足:① $f(x)>0$,$x\in(-1,0)$;② $f(x)+f(y)=f\left(\dfrac{x+y}{1+xy}\right)$,$x$,$y\in(-1,1)$.则 $f(x)$ 为(　).

A. 奇函数　　　　B. 偶函数　　　　C. 减函数　　　　D. 有界函数

5. 如图 ZJ16-1,已知直线 $y=kx+m$ 与曲线 $y=f(x)$ 相切于两点,则 $F(x)=f(x)-kx$ 有( ).

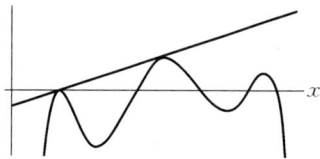

图 ZJ16-1

A. 2 个极大值点

B. 3 个极大值点

C. 2 个极小值点

D. 3 个极小值点

6. $\triangle ABC$ 的三边长分别为 a,b,c. 若 $c=2$,$\angle C=\dfrac{\pi}{3}$,且 $\sin C+\sin(B-A)-2\sin 2A=0$,则( ).

A. $b=2a$

B. $\triangle ABC$ 的周长为 $2+2\sqrt{3}$

C. $\triangle ABC$ 的面积为 $\dfrac{2\sqrt{3}}{3}$

D. $\triangle ABC$ 的外接圆半径为 $\dfrac{2\sqrt{3}}{3}$

7. 设函数 $f(x)=(x^2-3)e^x$,则( ).

A. $f(x)$ 有极小值,但无最小值

B. $f(x)$ 有极大值,但无最大值

C. 若方程 $f(x)=b$ 恰有一个实根,则 $b>\dfrac{6}{e^3}$

D. 若方程 $f(x)=b$ 恰有三个不同实根,则 $0<b<\dfrac{6}{e^3}$

8. 已知 $P=\{(x,y)\mid x^2+y^2=r^2\}$,$Q=\{(x,y)\mid (x-a)^2+(y-b)^2=r^2\}$,已知 $P\bigcap Q=\{(x_1,y_1),(x_2,y_2)\}$,则( ).

A. $a(x_1-x_2)+b(y_1-y_2)=0$

B. $2ax_1+2by_1=a^2+b^2$

C. $0<a^2+b^2<2r^2$

D. $x_1+x_2=a$,$y_1+y_2=b$

9. 非负实数 x,y,z 满足 $4x^2+4y^2+z^2+2z=3$,则 $5x+4y+3z$ 的最小值为( ).

A. 1　　　　　B. 2　　　　　C. 3　　　　　D. 4

10. 设数列 $\{a_n\}$ 的前 n 项和为 S_n,若对任意正整数 n,总存在正整数 m,使得 $S_n=a_m$,则( ).

A. $\{a_n\}$ 可能为等差数列

B. $\{a_n\}$ 可能为等比数列

C. $\{a_n\}$ 的任意一项均可写成 $\{a_n\}$ 的两项之差

D. 对任意正整数 n,总存在正整数 m,使得 $a_n=S_m$

11. 运动会上,有 6 名选手参加 100 米比赛,观众甲猜测:4 道或 5 道的选手得第一名;观众乙猜测:3 道的选手不可能得第一名;观众丙猜测:1,2,6 道选手中的一位获得第一名;观众丁猜测:4,5,6 道的选手都不可能获得第一名.比赛后发现没有并列名次,且甲、乙、丙、丁中只有 1 人猜对比赛结果,此人是( ).

A. 甲　　　　　　　　B. 乙　　　　　　　　C. 丙　　　　　　　　D. 丁

12. 长方体 $ABCD-A_1B_1C_1D_1$ 中，$AB=2$，$AD=AA_1=1$，则 A 到平面 A_1BD 的距离为（　　）．

A. $\dfrac{1}{3}$　　　　　　B. $\dfrac{2}{3}$　　　　　　C. $\dfrac{\sqrt{2}}{2}$　　　　　　D. $\dfrac{\sqrt{6}}{3}$

13. 设不等式组 $\begin{cases} |x|+|y|\leqslant 2 \\ y+2\leqslant k(x+1) \end{cases}$ 所表示的区域为 D，其面积为 S，则（　　）．

A. 若 $S=4$，则 k 的值唯一　　　　　　B. 若 $S=\dfrac{1}{2}$，则 k 的值有 2 个

C. 若 D 为三角形，则 $0<k\leqslant\dfrac{2}{3}$　　　　　　D. 若 D 为五边形，则 $k>4$

14. $\triangle ABC$ 的三边长是 2，3，4，其外心为 O，则 $\overrightarrow{OA}\cdot\overrightarrow{AB}+\overrightarrow{OB}\cdot\overrightarrow{BC}+\overrightarrow{OC}\cdot\overrightarrow{CA}$ $=$（　　）．

A. 0　　　　　　B. -15　　　　　　C. $-\dfrac{21}{2}$　　　　　　D. $-\dfrac{29}{2}$

15. 设随机事件 A 与 B 相互独立，且 $P(B)=0.5$，$P(A-B)=0.2$，则（　　）．

A. $P(A)=0.4$　　　　　　B. $P(B-A)=0.3$

C. $P(AB)=0.2$　　　　　　D. $P(A+B)=0.9$

16. 过 $\triangle ABC$ 的重心作直线将 $\triangle ABC$ 分成两部分，则这两部分的面积之比为（　　）．

A. 最小值为 $\dfrac{3}{4}$　　　　B. 最小值为 $\dfrac{4}{5}$　　　　C. 最大值为 $\dfrac{4}{3}$　　　　D. 最大值为 $\dfrac{5}{4}$

17. 从正十五边形的顶点中选出 3 个构成钝角三角形，则不同的选法有（　　）．
A. 105 种　　　　　　B. 225 种　　　　　　C. 315 种　　　　　　D. 420 种

18. 已知存在实数 r，使得圆周 $x^2+y^2=r^2$ 上恰好有 n 个整点，则 n 可以等于（　　）．
A. 4　　　　　　B. 6　　　　　　C. 8　　　　　　D. 12

19. 设复数 z 满足 $2|z|\leqslant|z-1|$，则（　　）．

A. $|z|$ 的最大值为 1　　　　　　B. $|z|$ 的最小值为 $\dfrac{1}{3}$

C. z 的虚部的最大值为 $\dfrac{2}{3}$　　　　　　D. z 的实部的最大值为 $\dfrac{1}{3}$

20. 设 m，n 是大于零的实数，向量 $\vec{a}=(m\cos\alpha, m\sin\alpha)$，$\vec{b}=(n\cos\beta, n\sin\beta)$，其中 α，$\beta\in[0,2\pi)$．定义 $\vec{a}^{\frac{1}{2}}=\left(\sqrt{m}\cos\dfrac{\alpha}{2}, \sqrt{m}\sin\dfrac{\alpha}{2}\right)$，$\vec{b}^{\frac{1}{2}}=\left(\sqrt{n}\cos\dfrac{\beta}{2}, \sqrt{n}\sin\dfrac{\beta}{2}\right)$，记 $\theta=\alpha-\beta$，则（　　）．

A. $\vec{a}^{\frac{1}{2}} \cdot \vec{a}^{\frac{1}{2}} = \vec{a}$

B. $\vec{a}^{\frac{1}{2}} \cdot \vec{b}^{\frac{1}{2}} = \sqrt{mn} \cos \dfrac{\theta}{2}$

C. $|\vec{a}^{\frac{1}{2}} - \vec{b}^{\frac{1}{2}}|^2 \geqslant 4\sqrt{mn} \sin^2 \dfrac{\theta}{4}$

D. $|\vec{a}^{\frac{1}{2}} + \vec{b}^{\frac{1}{2}}|^2 \geqslant 4\sqrt{mn} \cos^2 \dfrac{\theta}{4}$

21. 设数列 $\{a_n\}$ 满足：$a_1 = 6$，$a_{n+1} = \dfrac{n+3}{n} a_n$，则（　　）.

A. $\forall n \in \mathbf{N}^*$，$a_n < (n+1)^3$

B. $\forall n \in \mathbf{N}^*$，$a_n \neq 2\,015$

C. $\exists n \in \mathbf{N}^*$，$a_n$ 为完全平方数

D. $\exists n \in \mathbf{N}^*$，$a_n$ 为完全立方数

22. 在极坐标系中，下列方程表示的图形是椭圆的有（　　）.

A. $\rho = \dfrac{1}{\cos \theta + \sin \theta}$

B. $\rho = \dfrac{1}{2 + \sin \theta}$

C. $\rho = \dfrac{1}{2 - \cos \theta}$

D. $\rho = \dfrac{1}{1 + 2\sin \theta}$

23. 设函数 $f(x) = \dfrac{\sin \pi x}{x^2 - x + 1}$，则（　　）.

A. $f(x) \leqslant \dfrac{4}{3}$

B. $|f(x)| \leqslant |5x|$

C. 曲线 $y = f(x)$ 存在对称轴

D. 曲线 $y = f(x)$ 存在对称中心

24. $\triangle ABC$ 的三边长分别为 a，b，c，若 $\triangle ABC$ 为锐角三角形，则（　　）.

A. $\sin A > \cos B$

B. $\tan A > \cot B$

C. $a^2 + b^2 > c^2$

D. $a^3 + b^3 > c^3$

25. 设函数 $f(x)$ 的定义域是 $(-1, 1)$，若 $f(0) = f'(0) = 1$，则存在实数 $\delta \in (0, 1)$，使得（　　）.

A. $f(x) > 0$，$x \in (-\delta, \delta)$

B. $f(x)$ 在 $(-\delta, \delta)$ 上单调递增

C. $f(x) > 1$，$x \in (0, \delta)$

D. $f(x) > 1$，$x \in (-\delta, 0)$

26. 在直角坐标系中，已知 $A(-1, 0)$，$B(1, 0)$.若对于 y 轴上的任意 n 个不同点 P_1，P_2，$\cdots$，P_n，总存在两个不同点 P_i，P_j，使得 $|\sin \angle AP_iB - \sin \angle AP_jB| \leqslant \dfrac{1}{3}$，则 n 的最小值为（　　）.

A. 3　　　　　B. 4　　　　　C. 5　　　　　D. 6

27. 设非负实数 x，y 满足 $2x + y = 1$，$x + \sqrt{x^2 + y^2}$ 的（　　）.

A. 最小值为 $\dfrac{4}{5}$

B. 最小值为 $\dfrac{2}{5}$

C. 最大值为 1

D. 最大值为 $\dfrac{1 + \sqrt{2}}{3}$

28. 对于 50 个黑球和 49 个白球的任意排列（从左到右排成一行），则（　　）.

A. 存在一个黑球，它右侧的白球和黑球一样多

B. 存在一个白球，它右侧的白球和黑球一样多

C. 存在一个黑球，它右侧的白球比黑球少一个

D. 存在一个白球，它右侧的白球比黑球少一个

29. 从 1，2，3，4，5 中挑出三个不同数字组成五位数，其中有两个数字各用两次，例如 12 231，则能得到的不同的五位数有（　　）.

A. 300 个　　　　　B. 450 个　　　　　C. 900 个　　　　　D. 1 800 个

30. 设曲线 L 的方程为 $y^4+(2x^2+2)y^2+(x^4-2x^2)=0$，则（　　）.

A. L 是轴对称图形　　　　　　　　B. L 是中心对称图形

C. $L\subseteq\{(x,y)\mid x^2+y^2\leqslant 1\}$　　　D. $L\subseteq\left\{(x,y)\,\middle|\,-\dfrac{1}{2}\leqslant y\leqslant\dfrac{1}{2}\right\}$

真卷 17　清华大学（领军计划）（2016）

选择题：本卷共 40 小题，共 100 分.在每小题给出的四个选项中，有一个或多个选项是正确的.

1. 若函数 $y=f(x)$ 具有下列两个性质：

（1）在区间 $\left[-\dfrac{\pi}{6},\dfrac{\pi}{3}\right]$ 上单调递增；（2）其图像关于直线 $x=\dfrac{\pi}{3}$ 对称.则 $f(x)=$（　　）.

A. $\sin\left(\dfrac{5\pi}{6}-2x\right)$　　　　　　　B. $\cos\left(2x+\dfrac{\pi}{3}\right)$

C. $\sin\left(2x-\dfrac{\pi}{6}\right)$　　　　　　　D. $\cos\left(\dfrac{2\pi}{3}-2x\right)$

2. 曲线 $y=x^2-1$ 与 $y=\ln x$（　　）.

A. 在点 $(1,0)$ 处相交　　　　　　　B. 在点 $(1,0)$ 处相切

C. 存在相互平行的切线　　　　　　　D. 有两个交点

3. "$\triangle ABC$ 为锐角三角形"是"$\sin A+\sin B+\sin C>\cos A+\cos B+\cos C$"的（　　）.

A. 充分不必要条件　　　　　　　　B. 必要不充分条件

C. 充要条件　　　　　　　　　　　D. 既不充分也不必要条件

4. 设函数 $f(x)$ 在区间 $(-1,1)$ 内有定义，则（　　）.

A. 当导数 $f'(0)$ 存在时，曲线 $y=f(x)$ 在点 $(0,f(0))$ 处存在切线

B. 当曲线 $y=f(x)$ 在点 $(0,f(0))$ 处存在切线时，导数 $f'(0)$ 存在

C. 当导数 $f'(0)$ 存在时，函数 $f(x^2)$ 在 $x=0$ 时的导数等于零

D. 当函数 $f(x^2)$ 在 $x=0$ 时的导数等于零时,导数 $f'(0)$ 存在

5. 设 $z=\cos\dfrac{2\pi}{3}+\mathrm{i}\sin\dfrac{2\pi}{3}$,则 $z^3+\dfrac{z^2}{z^2+z+2}=($ $)$.

A. $-\dfrac{1}{2}+\dfrac{\sqrt{3}}{2}\mathrm{i}$ B. $\dfrac{\sqrt{3}}{2}-\dfrac{1}{2}\mathrm{i}$

C. $\dfrac{1}{2}-\dfrac{\sqrt{3}}{2}\mathrm{i}$ D. $-\dfrac{\sqrt{3}}{2}+\dfrac{1}{2}\mathrm{i}$

6. 甲、乙、丙、丁四人进行网球比赛,首先是甲与乙比、丙与丁比,这两场比赛的胜者再争夺冠军.他们之间相互获胜的概率如下表:

	甲	乙	丙	丁
甲获胜概率		0.3	0.3	0.8
乙获胜概率	0.7		0.6	0.3
丙获胜概率	0.7	0.4		0.5
丁获胜概率	0.2	0.7	0.5	

则甲获得冠军的概率为(   ).

A. 0.165   B. 0.245   C. 0.275   D. 0.315

7. 设函数 $f(x)=(x^2+a)\mathrm{e}^x$ 在 **R** 上存在最小值,则函数 $g(x)=x^2+x+a$ 的零点个数为(   ).

A. 0   B. 1   C. 2   D. 无法确定

8. 设随机变量 ξ 的分布列如下表:

ξ	1	2	3	4	5	6	7	8	9	10
p	a_1	a_2	a_3	a_4	a_5	a_6	a_7	a_8	a_9	a_{10}

则(   ).

A. 当 $\{a_n\}$ 为等差数列时,$a_5+a_6=\dfrac{1}{5}$

B. 数列 $\{a_n\}$ 的通项公式可能为 $a_n=\dfrac{11}{10n(n+1)}$

C. 当数列 $\{a_n\}$ 满足 $a_n=\dfrac{1}{2^n}(n=1,2,\cdots,9)$ 时,$a_{10}=\dfrac{1}{2^9}$

D. 当数列 $\{a_n\}$ 满足 $P(\xi\leqslant k)=k^2a_k(k=1,2,\cdots,10)$ 时,$a_n=\dfrac{11}{10n(n+1)}$

9. 棱长为 1 的正方体 $ABCD-A_1B_1C_1D_1$ 中,O 为正方体的中心,E 在 B_1C_1 上,

$B_1E = \dfrac{1}{3}B_1C_1$，$F$ 在 AA_1 上，$A_1F = \dfrac{1}{4}AA_1$，则四面体 $B\text{-}EFO$ 的体积为（　　）.

A. $\dfrac{11}{144}$　　　　　B. $\dfrac{17}{144}$　　　　　C. $\dfrac{11}{38}$　　　　　D. $\dfrac{17}{38}$

10. 设定义在 **R** 上的函数 $f(x)$，$g(x)$ 满足：① $g(0)=1$　② 对任意实数 x_1，x_2，$g(x_1-x_2)=f(x_1)f(x_2)+g(x_1)g(x_2)$；③ 存在大于零的常数 λ，使得 $f(\lambda)=1$，且当 $x\in(0,\lambda)$ 时，$f(x)>0$，$g(x)>0$

则（　　）.

A. $g(\lambda)=f(0)=0$

B. 当 $x\in(0,\lambda)$ 时，$f(x)+g(x)>1$

C. 函数 $f(x)g(x)$ 在 **R** 上无界

D. 任取 $x\in\mathbf{R}$，$f(\lambda-x)=g(x)$

11. 设 A，B，C 是随机事件，A 与 C 互不相容，$P(AB)=\dfrac{1}{2}$，$P(C)=\dfrac{1}{3}$，则 $P(AB\mid \bar{C})=$（　　）.

A. $\dfrac{1}{6}$　　　　　B. $\dfrac{1}{2}$　　　　　C. $\dfrac{1}{3}$　　　　　D. $\dfrac{3}{4}$

12. 甲、乙、丙、丁四人参加数学竞赛，四人在成绩公布前作如下预测：

甲预测说：获奖者在乙、丙、丁三人中；　　乙预测说：我不会获奖，丙获奖；

丙预测说：甲和丁中有一人获奖；　　　　丁预测说：乙猜测的是对的.

成绩公布后表明，四人中有两人的预测与结果相符，另外两人的预测与结果不相符，已知有两人获奖，则获奖的是（　　）.

A. 甲和丁　　　　　B. 乙和丁　　　　　C. 乙和丙　　　　　D. 甲和丙

13. 设 $a=\dfrac{\pi}{24}$，则 $\dfrac{\sin\alpha}{\cos 4\alpha\cos 3\alpha}+\dfrac{\sin\alpha}{\cos 3\alpha\cos 2\alpha}+\dfrac{\sin\alpha}{\cos 2\alpha\cos\alpha}+\dfrac{\sin\alpha}{\cos\alpha}=$（　　）.

A. $\dfrac{\sqrt{3}}{6}$　　　　　B. $\dfrac{\sqrt{3}}{3}$　　　　　C. $\dfrac{\sqrt{3}}{2}$　　　　　D. $\dfrac{1}{2}$

14. 设正三棱锥 $P\text{-}ABC$ 的高为 h，底面三角形的边长为 1，设异面直线 AB 与 PC 的距离为 $d(h)$，则 $\lim\limits_{h\to\infty}d(h)=$（　　）.

A. 1　　　　　B. $\dfrac{1}{2}$　　　　　C. $\dfrac{\sqrt{3}}{2}$　　　　　D. $\dfrac{\sqrt{3}}{6}$

15. 设 α，β，γ 分别为 $1°$，$61°$，$121°$，则（　　）.

A. $\dfrac{\tan\alpha+\tan\beta+\tan\gamma}{\tan\alpha\tan\beta\tan\gamma}=-3$

B. $\tan\alpha\tan\beta+\tan\beta\tan\gamma+\tan\gamma\tan\alpha=-3$

C. $\dfrac{\tan\alpha+\tan\beta+\tan\gamma}{\tan\alpha\tan\beta\tan\gamma}=3$

D. $\tan\alpha\tan\beta+\tan\beta\tan\gamma+\tan\gamma\tan\alpha=3$

16. 设函数 $f(x,y)=-6xy+\dfrac{7}{2}(x+y)-2$，则 $\max\limits_{x\in[0,1]}\{\min\limits_{y\in[0,1]}\{f(x,y)\}\}=($　　$)$.

A. 0

B. $\dfrac{1}{24}$

C. $-\dfrac{1}{24}$

D. $\min\limits_{x\in[0,1]}\{\max\limits_{y\in[0,1]}\{f(x,y)\}\}$

17. 椭圆 $C:\dfrac{x^2}{a^2}+\dfrac{y^2}{b^2}+1$ 的左、右焦点分别为 F_1 和 F_2，P 为 C 上的动点，则（　　）.

A. 当 $a=\sqrt{2}b$ 时，满足 $\angle F_1PF_2=90°$ 的点 P 有两个.

B. 当 $a<\sqrt{2}b$ 时，满足 $\angle F_1PF_2=90°$ 的点 P 有两个.

C. $\triangle F_1PF_2$ 面积的最大值为 $\dfrac{a^2}{2}$.

D. $\triangle F_1PF_2$ 的周长小于 $4a$.

18. 设复数 z 使得 $\dfrac{z}{10}$ 及 $\dfrac{10}{\bar{z}}$ 的实部和虚部都是小于 1 的正数. 记 z 在复平面上对应的点的集合是图形 C，则 C 的面积是（　　）.

A. $75-\dfrac{25\pi}{2}$　　　　B. $70-\dfrac{25\pi}{2}$　　　　C. $75-\dfrac{15\pi}{2}$　　　　D. $70-\dfrac{15\pi}{2}$

19. 设 n 是正整数，则定积分 $\displaystyle\int_0^{2\pi}(x-\pi)^{2n-1}(1+\sin^{2n}x)\mathrm{d}x$ 的值（　　）.

A. 等于 0

B. 等于 1

C. 等于 π

D. 与 n 的取值有关

提示：令 $x-\pi=t$，化为关于 t 的奇函数定积分问题.

20. 过点 $M(1,0)$ 的直线交抛物线 $y^2=4x$ 的 A，B 两点，则（　　）.

A. 以 AB 为直径的圆与直线 $x=-\dfrac{3}{2}$ 没有公共点

B. 以 MB 为直径的圆与 y 轴只有一个公共点

C. $|AB|$ 的最小值为 4

D. $|AM|$ 的最小值为 2

21. 设非负实数 x,y,z 满足 $\left(x+\dfrac{1}{2}\right)^2+(y+1)^2+\left(z+\dfrac{3}{2}\right)^2=\dfrac{27}{4}$，则 $x+y+z$ 的（　　）.

A. 最小值为 $\dfrac{\sqrt{22}-3}{2}$　　　　　　　B. 最小值为 $\dfrac{\sqrt{14}-1}{2}$

C. 最大值为 $\dfrac{3}{2}$　　　　　　　　　　　D. 最大值为 $\dfrac{7}{2}$

22. 已知直线 $l_1:y=-\dfrac{1}{2}x$，$l_2:y=\dfrac{1}{2}x$，椭圆 $C:\dfrac{x^2}{a^2}+\dfrac{y^2}{b^2}+1$。点 P 在 C 上，过 P 作 PM 平行于 l_1 交 l_2 于 M，过 P 作 PN 平行于 l_2 交 l_1 于 N。若 $|MN|$ 为定值，则（　　）．

A. $a=2b$　　　　　B. $a=3b$　　　　　C. $a=4b$　　　　　D. $a=5b$

23. △ABC 的内角 A，B，C 的对边分别为 a，b，c，则可确定唯一△ABC 的条件是（　　）．

A. $a=1$，$b=2$，$c\in\mathbf{Z}$

B. $a=1$，$b=\sqrt{3}$，$A+C=2B$

C. $a\sin A+c\sin C-\sqrt{2}a\sin C=b\sin B$，$A=150°$，$b=2$

D. $\cos A\sin B\cos C+\cos(B+C)\cos B\sin C=0$，$C=60°$，$c=2$

24. 下列函数中，有两个零点的是（　　）．

A. $f(x)=\mathrm{e}^x-x-2$　　　　　　B. $f(x)=\mathrm{e}^x-x-1$

C. $f(x)=3\ln x-x$　　　　　　　　D. $f(x)=3\ln x+\dfrac{1}{x}$

25. AB 为圆 O 的弦，OC 是弦心距，P 为圆 O 上一点，且连结 PA 与线段 OC 交于点 M，连结 PB 与 OC 的延长线交于点 N，则（　　）四点共圆．

A. A，O，B，N　　　　　　　　B. A，M，B，N

C. A，O，P，N　　　　　　　　D. P，B，M，O

26. 已知曲线 $C:(x^2+y^2)^3=4x^2y^2$，则（　　）．

A. C 关于原点对称

B. C 只有两条对称轴

C. $C\subseteq\{(x,y)\mid x^2+y^2\leqslant 1\}$

D. $C\subseteq\left\{(x,y)\,\middle|\,|x|\leqslant\dfrac{4\sqrt{3}}{9}，|y|\leqslant\dfrac{4\sqrt{3}}{9}\right\}$

27. 已知 O 为△ABC 内一点．若 $S_{\triangle AOB}:S_{\triangle BOC}:S_{\triangle COA}=4:3:2$，且 $\overrightarrow{AO}=\lambda\overrightarrow{AB}+\mu\overrightarrow{AC}$，则实数 λ 和 μ 的值分别为（　　）．

A. $\dfrac{2}{9}$，$\dfrac{4}{9}$　　　　B. $\dfrac{4}{9}$，$\dfrac{2}{9}$　　　　C. $\dfrac{1}{9}$，$\dfrac{2}{9}$　　　　D. $\dfrac{2}{9}$，$\dfrac{1}{9}$

28. 三个互异的数 a，b，c 相乘时可以有不同的相乘方法，如 $(ab)c$，$(ba)c$，$c(ab)$，$c(ba)$ 就是其中 4 种不同的相乘方法，设 n 个互异数的不同相乘方法有 l_n 种，则（　　）．

A. $l_2 = 2$ B. $l_3 = 12$ C. $l_4 = 96$ D. $l_4 = 120$

29. 设 $D = \{(x, y) \mid x^2 + y^2 = 5\}$. 若 $z = f(x, y)$ 在 D 上的最大值 m 于点 $(1, 2)$ 处取得,则曲线 $f(x, y) = m$ 在点 $(1, 2)$ 处的切线方程为( ).

A. $x + 2y = 5$ B. $2x + y = 4$

C. $x - 2y = -3$ D. $2x - y = 5$

30. 有 N 项的数列 $\{a_n\}$ 满足下列两个条件:

① 对 $i, j\ (1 \leqslant i < j \leqslant N)$,有 $a_i < a_j$;

② 对 $i, j, k\ (1 \leqslant i < j < k \leqslant N)$,$a_i + a_j$,$a_j + a_k$,$a_k + a_i$ 和中至少有一个是 $\{a_n\}$ 中的项,则 N 的最大值为( ).

A. 6   B. 7   C. 8   D. 9

31. 设正整数 x, y, z 满足 $x \leqslant y \leqslant z$,$\dfrac{1}{x} + \dfrac{1}{y} + \dfrac{1}{z} = \dfrac{1}{2}$,则这样的 x, y, z 有( ).

A. 8 组   B. 9 组   C. 10 组   D. 11 组

32. 设集合 $A \subseteq \{1, 2, 3, \cdots, 14\}$. 若 A 中的任意三个元素均不构成等差数列,则 A 中元素最多有( ).

A. 7 个   B. 8 个   C. 9 个   D. 10 个

33. 若三角形的面积为有理数,三条边的长度都是整数,则其一条边的长度可以是( ).

A. 1   B. 2   C. 3   D. 4

34. 设 x, y, z 满足 $\begin{cases} x + y + z = 1 \\ x^2 + y^2 + z^2 = 1 \end{cases}$ 则( ).

A. z 的最小值为 $-\dfrac{1}{3}$ B. z 的最大值为 $\dfrac{2}{3}$

C. xyz 的最小值为 $-\dfrac{4}{27}$ D. xyz 的最大值为 0

35. 设复数 z 满足 $|(z^2 + 1)| = |z|$,则( ).

A. $\dfrac{\sqrt{5} - 1}{2} \leqslant |z| \leqslant \dfrac{\sqrt{5} + 1}{2}$

B. $\dfrac{3 - \sqrt{5}}{2} \leqslant |z| \leqslant \dfrac{3 + \sqrt{5}}{2}$

C. $\arg z \in \left[\dfrac{\pi}{3}, \dfrac{2\pi}{3}\right] \cup \left[\dfrac{4\pi}{3}, \dfrac{5\pi}{3}\right]$

D. $\arg z \in \left[\dfrac{\pi}{6}, \dfrac{5\pi}{6}\right] \cup \left[\dfrac{7\pi}{6}, \dfrac{11\pi}{6}\right]$

36. 设 $A_1 A_2 \cdots A_{2016}$ 是正 2016 边形,从这 2016 个顶点中选出若干个使之能作为正

多边形的顶点,则不同的选法共有(　　).

    A. 2 520 种　　　　B. 3 528 种　　　　C. 4 536 种　　　　D. 6 552 种

37. 设数列 $\{a_n\}$ 满足 $a_1=5$,$a_2=13$,$a_{n+2}=\dfrac{a_{n+1}^2+6^n}{a_n}$,则(　　).

    A. $a_{n+2}=5a_{n+1}-6a_n$　　　　　　　　B. a_n 都是整数

    C. $a_n>4^n$　　　　　　　　　　　　　　D. $\{a_n\}$ 中与 2 015 最接近的项是 a_7

38. 方程 $x^2+615=2^y$ 的正整数解有(　　).

    A. 0 组　　　　　　B. 1 组　　　　　　C. 2 组　　　　　　D. 3 组

39. 设数列 $\{a_n\}$ 满足 $a_1=1$,$a_2=2$,$a_{n+2}=6a_{n+1}-a_n$,则(　　).

    A. $\{a_{n+1}^2-a_na_{n+2}\}$ 为常数列　　　　B. $\{8a_na_{n+1}-7\}$ 各项为平方数

    C. $\{4a_na_{n+1}-7\}$ 各项为平方数　　　　D. $a_n=1$ 或 $2(\bmod 9)$

    40. 将四个 1,四个 2,四个 3,四个 4 填入一个 4×4 的表格,每格只填一个数字且 16 个空格全部填满. 若每行每列恰有两个偶数,则不同的填法有(　　).

    A. 4 620 种　　　　B. 323 400 种　　　　C. 6 300 种　　　　D. 441 000 种

真卷 18　清华大学(领军计划)(2017)

    1. 设函数 $f(x)=e^{2x}+e^x-ax$,若对 $\forall x\geqslant0$,$f(x)\geqslant2$,则实数 a 的取值范围是(　　).

    A. $(-\infty,3]$　　　B. $[3,+\infty)$　　　C. $(-\infty,2]$　　　D. $[2,+\infty)$

    2. 设 A,B 为两个随机事件,且 $A\subset B$,$0<P(A)<1$,则(　　).

    A. $P(\overline{AB})=1-P(B)$　　　　　　　　B. $P(\bar A\ \bar B)=1-P(B)$

    C. $P(B\mid A)=P(B)$　　　　　　　　　D. $P(B\mid \bar A)=P(B)$

    3. 从 0,1,2,$\cdots$,9 中选出三个不同数字组成四位数(其中的一个数字用两次),如 5 242,这样的四位数共有(　　)个.

    A. 1 692　　　　　B. 3 672　　　　　C. 3 708　　　　　D. 3 888

    4. 已知集合 $M=\{-1,0,1\}$,$N=\{2,3,4,5,6\}$,设映射 $f:M\to N$ 满足:对任意的 $x\in M$,$x+f(x)+xf(x)$ 是奇数,这样的映射 f 的个数(　　).

    A. 25　　　　　　B. 45　　　　　　C. 50　　　　　　D. 100

    5. 若关于 x 的方程 $2^{|x-1|}+a\cos(1-x)=0$ 只有一个实数解,则实数 a 的值(　　).

    A. 等于-1　　　　B. 等于 1　　　　　C. 等于 2　　　　　D. 不唯一

    6. 设 $\vec a$,$\vec b$ 为非零向量,且 $|\vec b|=2|\vec a|$,则 $\vec b$ 与 $\vec b-\vec a$ 夹角的最大值为(　　).

    A. $\dfrac{\pi}{12}$　　　　　B. $\dfrac{\pi}{6}$　　　　　C. $\dfrac{\pi}{4}$　　　　　D. $\dfrac{\pi}{3}$

    7. 已知三棱锥 $P\text{-}ABC$ 的底面为边长为 3 的正三角形,且 $PA=3$,$PB=4$,$PC=5$,

则 P-ABC 的体积为(　　).

A. 3 　　　　　 B. $\sqrt{10}$ 　　　　　 C. $\sqrt{11}$ 　　　　　 D. $2\sqrt{3}$

8. 设函数 $f(x)=x^4-2x^3+(2+m)x^2-2(1+2m)x+4m+1$,若对任意的实数 x,$f(x)\geqslant 0$,则实数 m 的取值范围是(　　).

A. $[0,+\infty)$ 　　　 B. $\left[\dfrac{1}{2},+\infty\right)$ 　　　 C. $[0,1]$ 　　　 D. $\left[\dfrac{1}{2},1\right]$

9. 设正实数 x,y,z,w 满足 $\begin{cases} x-2y-z+2w=0 \\ 2yz-wx=0 \\ z\geqslant y \end{cases}$,则 $\dfrac{z}{y}$ 的最小值为 (　　).

A. $6+\sqrt{2}$ 　　　 B. $6+2\sqrt{2}$ 　　　 C. $6+3\sqrt{2}$ 　　　 D. $6+4\sqrt{2}$

10. 给定圆 O 及圆内一点 P,设 A,B 是圆 O 的两个动点,满足 $\angle APB=90°$,则 AB 的中点的轨迹为(　　).

A. 一个圆 　　　 B. 一个椭圆 　　　 C. 一段双曲线 　　　 D. 一段抛物线

11. 方程 $x+2y+3z=100$ 的非负整数解的个数是(　　).

A. 883 　　　　　 B. 884 　　　　　 C. 885 　　　　　 D. 886

12. 设整数 a_1,a_2,a_3 满足 $1\leqslant a_k\leqslant 24(k=1,2,3)$,且对任意整数 x,$2a_1x^2+3a_2x+4a_3$ 是 24 的倍数,满足条件的有序数组 (a_1,a_2,a_3) 的个数为(　　).

A. 12 　　　　　 B. 24 　　　　　 C. 36 　　　　　 D. 48

13. 设 A,B,C 是三角形的三个内角,则 $\sin A+\sin B\sin C$ 的最大值(　　).

A. 等于 $\dfrac{3}{2}$ 　　 B. 等于 $\dfrac{3+2\sqrt{3}}{4}$ 　　 C. 等于 $\dfrac{1+\sqrt{5}}{2}$ 　　 D. 不存在

14. 设 $w=\cos\dfrac{2\pi}{5}+i\sin\dfrac{2\pi}{5}$,$P(x)=x^2+x+2$,则 $P(w)P(w^2)P(w^3)P(w^4)$ =(　　).

A. 9 　　　　　 B. 10 　　　　　 C. 11 　　　　　 D. 12

15. 设 $a_1,a_2,\cdots,a_6$ 是 1,2,3,4,5,6 的排列,且满足 $a_1-5a_2+10a_3-10a_4+5a_5-a_6=0$,则这种排列的个数是(　　).

A. 5 　　　　　 B. 6 　　　　　 C. 7 　　　　　 D. 8

16. 设 $a_k\in\{1,2,3,4\}(k=1,2,3,4)$,对于有序数组 (a_1,a_2,a_3,a_4),记 $N(a_1,a_2,a_3,a_4)$ 为 a_1,a_2,a_3,a_4 中所包含的不同整数的个数,例如 $N(1,1,2,2)=2$,$N(1,2,3,1)=3$.当 (a_1,a_2,a_3,a_4) 取遍所有的 4^4 个有序数组时,$N(a_1,a_2,a_3,a_4)$ 的平均值为(　　).

A. $\dfrac{173}{64}$ 　　 B. $\dfrac{87}{32}$ 　　 C. $\dfrac{175}{64}$ 　　 D. $\dfrac{11}{4}$

17. 设 $V=\{(x,y,z)\mid x+2y+3z\leqslant 1,x\geqslant 0,y\geqslant 0,z\geqslant 0\}$,则 V 的体积为

(　　　).

　A. $\dfrac{1}{12}$　　　　　　B. $\dfrac{1}{18}$　　　　　　C. $\dfrac{1}{24}$　　　　　　D. $\dfrac{1}{36}$

18. 已知 $f(x)=x^2+ax+b$ 在区间 $(-1,1)$ 内有两个零点,则 a^2-2b 的取值范围为
(　　　).

　A. $(-2,0)$　　　　B. $(0,2)$　　　　C. $(0,4)$　　　　D. $(-2,2)$

19. 在 $\triangle ABC$ 中,$AC=BC$,P_1,P_2,P_3 为 AB 上的点,且 $P_1B=\dfrac{1}{2}P_2B=\dfrac{1}{4}P_3B$ $=\dfrac{1}{8}AB$,设 $I_k=\overrightarrow{P_kB}\cdot\overrightarrow{P_kC}(k=1,2,3)$ 则(　　　).

　A. $I_1<I_2<I_3$　　B. $I_1<I_3<I_2$　　C. $I_3<I_2<I_1$　　D. $I_2<I_1<I_3$

20. 一根直细杆放在数轴上占用的范围是区间 $[0,4]$,若该细杆的质量线密度为 $\rho(x)=\sqrt{4x-x^2}$,则其质量为(　　　).

　A. π　　　　　　B. 2π　　　　　　C. 3π　　　　　　D. 4π

21. 设函数 $f(x)=e^x(x-1)^2(x-2)$,则(　　　).

　A. $f(x)$ 有两个极大值点　　　　　　　B. $f(x)$ 有两个极小值点

　C. $x=1$ 是 $f(x)$ 的极大值点　　　　　D. $x=1$ 是 $f(x)$ 的极小值点

22. 一道四选项的选择题,赵、钱、孙、李各选了一个选项,且选的恰好各不相同.

　赵说:我选的是 A;

　钱说:我选的是 B,C,D 之一;

　孙说:我选的是 C;

　李说:我选的是 D.

　已知四人中只有一人说了假话,则说假话的人可能是(　　　).

　A. 赵　　　　　　B. 钱　　　　　　C. 孙　　　　　　D. 李

23. 某人投 100 次篮球,设投完前 n 次篮球时的命中率为 r_n.已知 $r_1=0$,$r_{100}=0.85$,则存在 $0<m<100$,使得(　　　).

　A. $r_m=0.5$　　　B. $r_m=0.6$　　　C. $r_m=0.7$　　　D. $r_m=0.8$

24. 设 $\overrightarrow{e_1}$,$\overrightarrow{e_2}$ 为两个单位向量,x,y 是实数,若 $\langle\overrightarrow{e_1},\overrightarrow{e_2}\rangle=\dfrac{\pi}{3}$,$|x\overrightarrow{e_1}+y\overrightarrow{e_2}|=1$,则
(　　　).

　A. x 的最大值为 1　　　　　　　　　B. x 的最大值为 $\dfrac{2\sqrt{3}}{3}$

　C. $x+y$ 的最大值为 $\sqrt{3}$　　　　　　D. $x+y$ 的最大值为 $\dfrac{2\sqrt{3}}{3}$

25. 设复数 w,z 满足:$|w+z|=1$,$|w^2+z^2|=4$,则 $|wz|$ 的(　　　).

A. 最小值为 $\dfrac{5}{4}$ B. 最小值为 $\dfrac{3}{2}$

C. 最大值为 $\dfrac{5}{2}$ D. 最大值为 $\dfrac{11}{4}$

26. 已知椭圆 $C: x^2 + 4y^2 = 8$，直线 $y = -\dfrac{1}{2}x$ 与椭圆 C 交于 A，B 两点，$P(x_0, y_0)(-2 < x_0 < 2)$ 为椭圆 C 上的动点，设直线 PA，PB 分别与直线 $y = \dfrac{1}{2}x$ 相交于 M，N 两点，则（   ）.

     A. 椭圆 C 上满足 $|OQ|^2 = |OM||ON|$ 的点 Q 恰有 2 个

     B. 椭圆 C 上满足 $|OQ|^2 = |OM||ON|$ 的点 Q 恰有 4 个

     C. y 轴上满足 $\angle OQ'N = \angle OMQ'$ 的点 Q' 恰好有 2 个

     D. y 轴上满足 $\angle OQ'N = \angle OMQ'$ 的点 Q' 恰好有 4 个

27. 已知 F 为椭圆 $C: x^2 + 4y^2 = 4$ 的左焦点，设 P 是椭圆 C 的右准线上一点，过点 P 作椭圆 C 的两条切线 PA，PB，切点分别为 A, B，则（   ）.

     A. $|AB|_{\min} = \dfrac{1}{2}$ B. $|AB|_{\min} = 1$

     C. $\triangle FAB$ 的面积为定值   D. $\triangle FAB$ 的周长为定值

28. 设 x，y 满足 $(3x + y)^5 + x^5 + 4x + y = 0$，则点 (x, y)（   ）.

     A. 只有有限个   B. 有无限个

     C. 位于同一条直线上   D. 位于同一条抛物线上

29. 设函数 $f(x) = \cos(\omega x + \varphi)(\omega > 0, 0 \leqslant \varphi \leqslant \pi)$ 是 $\mathbf{R}$ 上的奇函数，若 $y = f(x)$ 的图像关于直线 $x = \dfrac{\pi}{4}$ 对称，且 $f(x)$ 在区间 $\left[0, \dfrac{\pi}{12}\right]$ 上是单调函数，则（   ）.

     A. φ 的值不唯一   B. φ 的值唯一   C. ω 的值不唯一   D. ω 的值唯一

30. 已知 ξ 为随机变量，则（   ）.

     A. $P\left(|\xi| \leqslant \dfrac{1}{2}\right) \leqslant P\left(\xi^2 \leqslant \dfrac{1}{2}\right)$ B. $[E(\xi)]^2 \leqslant E(\xi^2)$

     C. $D(\xi) = D(1 - \xi)$ D. $D(\xi^2) = D[(1 - \xi)^2]$

31. 已知实数 a，b 满足：当 $|x| \leqslant 1$ 时，恒有 $|x^2 + ax + b| \leqslant 2$，则（   ）.

     A. $a \geqslant -2$ B. $a \leqslant 2$ C. $b \geqslant -1$ D. $b \leqslant 1$

32. 设 x_1，x_2，$\cdots$，x_{2017} 均为正数，且 $\dfrac{1}{1 + x_1} + \dfrac{1}{1 + x_2} + \cdots + \dfrac{1}{1 + x_{2017}} = 1$，则 x_1，x_2，$\cdots$，x_{2017} 中（   ）.

     A. 小于 1 的数最多只有一个   B. 小于 2 的数最多只有两个

     C. $\max\{x_1, x_2, \cdots, x_{2017}\} \geqslant 2016$ D. $\max\{x_1, x_2, \cdots, x_{2017}\} \geqslant 2017$

33. 数列 $\{x_n\}$，$\{y_n\}$，$\{z_n\}$ 中，$x_{n+1}=\dfrac{1}{2}(y_n+z_n-x_n)$，$y_{n+1}=\dfrac{1}{2}(z_n+x_n-y_n)$，$z_{n+1}=\dfrac{1}{2}(x_n+y_n-z_n)$. 则（　　　）.

A. 若 $x_1+y_1+z_1\neq0$，则 $\{x_n+y_n+z_n\}$ 一定是等比数列

B. 当 $x_1=-\dfrac{1}{2}$，$x_2=\dfrac{5}{4}$ 时，$x_n=(-1)^n+\dfrac{1}{2^n}$

C. 当 $\{x_n\}$ 各项为正数时，$x_1=y_1=z_1$

D. 当存在正整数 m 使得 $x_m=y_m=z_m$ 时，$x_1=y_1=z_1$

34. 设 $a>0$，$b>0$. 若 $a^2+a=3b^2+2b$，则（　　　）.

A. $a<b$ 　　　　　　　　　　　　　　　　B. $b<a$

C. $a<2b$ 　　　　　　　　　　　　　　　D. $b<2a$

35. 在扇形 AOB 中，$\angle AOB=90°$，$OA=1$，点 C 为 $\overset{\frown}{AB}$ 上的动点且不与 A，B 重合，$OD\perp BC$ 于 D，$OE\perp AC$ 于 E，则（　　　）.

A. DE 的长为定值 　　　　　　　　　　B. $\angle DOE$ 的大小为定值

C. $\triangle ODE$ 面积的最大值为 $\dfrac{1}{8}\tan\dfrac{3\pi}{8}$ 　　　D. 四边形 $ODCE$ 面积的最大值为 $\dfrac{\sqrt{2}}{4}$

真卷 19　清华大学（领军计划）（2018）

考试科目：数学与逻辑

选择题：本卷共 35 小题，共 100 分，在每小题给出的四个选项中，有一个或多个选项是正确的，全部选对得满分；选对但不全得部分分；有选错的得 0 分.

1. 设 p，q，r 是质数，且 $\dfrac{pqr}{p+q+r}$ 是整数，则（　　　）.

A. p，q，r 中有两个数相等 　　　　　B. p，q，r 中有一个等于 2

C. p，q，r 中有一个等于 3 　　　　　D. $\dfrac{pqr}{p+q+r}$ 是质数

2. 已知 5 个数据恰为互不相同的质数，且平均值为 13，则它们的中位数（　　　）.

A. 最小为 5 　　　　　　　　　　　　　　B. 最小为 7

C. 最大为 13 　　　　　　　　　　　　　D. 最大为 17

3. 满足不等式 $|x|+|y|+|z|\leqslant5$ 的有序整数组 (x,y,z) 的数目为（　　　）.

A. 228 　　　　　　B. 229 　　　　　　C. 230 　　　　　　D. 231

4. 如图 ZJ19-1 所示，在菱形 $ABCD$ 中，$\angle BAD=60°$，延长 BC 至 P，AP 与 CD 相交于点 E，BE 与 DP 相交于点 Q，$\triangle ADB$ 的外接圆交 AP 于另一点 F，则（　　　）.

A. B，F，E，C 四点共圆

B. D，F，C，P 四点共圆

C. B，C，D，Q 四点共圆

D. D，F，E，Q 四点共圆

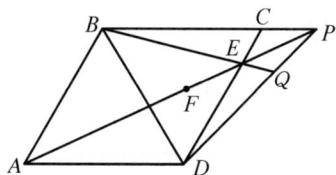

图 ZJ19-1

5. 设 P 为椭圆 $\dfrac{x^2}{4}+\dfrac{y^2}{3}=1$ 上一动点，过 P 作椭圆的

切线与圆 O：$x^2+y^2=12$ 交于 M，N 两点，圆 O 在 M，N 两点处的切线交于点 Q，则 （   ）.

A. Q 点的轨迹方程为 $\dfrac{x^2}{48}+\dfrac{y^2}{36}=1$

B. Q 点的轨迹方程为 $\dfrac{x^2}{36}+\dfrac{y^2}{48}=1$

C. 若点 P 在第一象限，则 $\triangle OPQ$ 的面积最大值为 $\dfrac{\sqrt{3}}{2}$

D. 若点 P 在第一象限，则 $\triangle OPQ$ 的面积最大值为 $\dfrac{\sqrt{3}}{3}$

6. 设实数 x，y，z 满足 $\begin{cases} x+y-2z+1=0, \\ 4z^2-xy-14z+14=0, \end{cases}$ 则 x^2+y^2 的（   ）.

A. 最大值为 9   B. 最大值为 8

C. 最小值为 $\dfrac{64}{9}$ D. 最小值为 $\dfrac{32}{9}$

7. 设 x，y，z 是大于零的实数，则 $\dfrac{xyz}{(4x^2+2x+y^2)(z^2+4z+y^2)}$ 的最大值为 （   ）.

A. $\dfrac{1}{36}$ B. $\dfrac{1}{32}$ C. $\dfrac{1}{18}$ D. $\dfrac{1}{16}$

8. 将长为 a 的线段随机分成三段，这三段的长可以构成一个三角形的三边长的概率是（   ）.

A. $\dfrac{1}{2}$ B. $\dfrac{1}{3}$ C. $\dfrac{1}{4}$ D. $\dfrac{1}{8}$

9. 将七个互不相同的非零的完全平方数排成一行，且任意相邻的三个数之和都大于 100，则这七个数的和的最小值为（   ）.

A. 140   B. 191   C. 211   D. 220

10. 设 a，b，c 为正数，且 $a^2+b^2+c^2=1$，则 $a(a+b+c)$ 的最大值为（   ）.

A. $\dfrac{\sqrt{3}+1}{2}$ B. $\dfrac{\sqrt{2}+1}{2}$ C. $\dfrac{\sqrt{3}}{2}$ D. $\dfrac{\sqrt{2}}{2}$

11. 如图 ZJ19-2 所示,在 Rt△ABC 中,∠ABC=90°,斜边 AC 上有一点 D 使得 AB=AD,E 为 BC 上一点使得 ∠BAD=∠BDE=θ,求 $\lim\limits_{\theta\to 0^+}\dfrac{BE}{BC}=($ 　　).

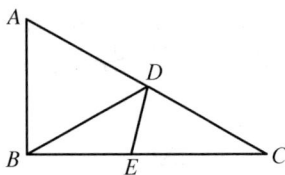

图 ZJ19-2

A. $\dfrac{2}{3}$　　　　　　B. $\dfrac{2}{5}$　　　　　　C. $\dfrac{3}{4}$　　　　　　D. $\sqrt{2}$

12. 设 A,B 是两个随机事件,且 $PA\neq 0$,$P(P)\neq 0$,则 $P(B/A)=P(A/B)$ 的充要条件是(　　).

A. $P(B/\bar{A})=P(\bar{A}/B)$　　　　　　B. $P(\bar{A}/B)=P(B/A)$

C. $P(A/\bar{B})=P(B/A)$　　　　　　D. $P(\bar{A}/B)=P(\bar{B}/\bar{A})$

13. 设 $a_k(k=1,2,\cdots,7)$ 是满足 $\sum\limits_{k=1}^{7}a_k=1$ 的非负实数,令 $M=\max\{a_1+a_2+a_3, a_2+a_3+a_4, a_3+a_4+a_5, a_4+a_5+a_6, a_5+a_6+a_7\}$,则 M 的最小值为(　　).

A. $\dfrac{3}{7}$　　　　　　B. $\dfrac{1}{2}$　　　　　　C. $\dfrac{1}{3}$　　　　　　D. $\dfrac{1}{7}$

14. 设 $(1+x+x^2)^{10}$ 的展开式为 $a_0+a_1x+a_2x^2+\cdots+a_xx^{20}$,则 $\sum\limits_{k=0}^{6}a_{3k}=($ 　　).

A. 3^9　　　　　　B. 3^{10}　　　　　　C. 2^{19}　　　　　　D. 2^{20}

15. 已知函数 $f(x)=(x-3)e^x$,若经过点 $(0,a)$ 且与曲线 $y=f(x)$ 相切的直线有三条,则(　　).

A. $-3<a<-e$　　　　　　B. $a>-e$

C. $a<-3$　　　　　　D. $a<-3$ 或 $a>-e$

16. 从排成一排的 9 位同学中,随机选出 3 位同学,这 3 位同学互不相邻的概率为(　　).

A. $\dfrac{1}{9}$　　　　　　B. $\dfrac{2}{9}$　　　　　　C. $\dfrac{1}{3}$　　　　　　D. $\dfrac{5}{12}$

17. 设点 P 为圆 $x^2+(y-4)^2=1$ 上一动点,点 Q 为椭圆 $\dfrac{x^2}{9}+y^2=1$ 上一动点,则 $|PQ|$ 的最大值为(　　).

A. 6　　　　　　B. $3\sqrt{3}+1$　　　　　　C. $2\sqrt{7}+1$　　　　　　D. $4\sqrt{2}+1$

18. $\left[(1+\sqrt{3}\tan 10°)\sin 10°+2\cos 40°\right]\sqrt{1+\cos 20°}$ 的值是(　　).

A. $\sqrt{3}$　　　　　　B. $\sqrt{2}$　　　　　　C. $\dfrac{\sqrt{6}}{2}$　　　　　　D. $\sqrt{6}$

19. 当 x,y 满足 $\begin{cases}x\geqslant 2, \\ x+y\leqslant 6, \\ ax+by+c\geqslant 0\end{cases}$ 时,若 $2x+y$ 的最大值为 11,最小值为 3,则

$\dfrac{b+c}{a}$ 的值为(　　).

A. -5　　　　　　B. -3　　　　　　C. 3　　　　　　D. 5

20. 设 x, y, z, w 是复数, 满足 $|x|^2+|y|^2=1$, $|z|^2+|w|^2=1$, $x\cdot\bar{z}+y\cdot\bar{w}=0$, 则(　　).

A. $|xw-yz|=1$　　　　　　　　B. $x\cdot\bar{y}+z\cdot\bar{w}=0$

C. $|x|=|w|$　　　　　　　　　　D. $|y|=|z|$

21. 某项球类比赛的决赛阶段只有美国、德国、巴西、西班牙、英国、法国六个国家参加, 球迷甲、乙、丙对哪个国家会获得此次比赛的冠军进行了一番讨论, 甲认为, 西班牙和法国都不可能获得冠军; 乙认为, 冠军是美国或者是德国; 丙坚定地认为冠军决不是巴西, 比赛结束后, 三人发现他们中恰有两个人的看法是对的, 那么获得冠军的国家是(　　).

A. 英国　　　　　　B. 德国　　　　　　C. 巴西　　　　　　D. 西班牙

22. 设数列 $\{a_n\}$ 满足 $a_1=2$, 且 $a_{n-1}=\dfrac{2a_n}{(n-2)a_n+4}$ ($n=1$, 2, $\cdots$), 则(　　).

A. $a_{n-1}<a_n$　　　　　　　　B. $0<a_n<2$

C. $a_{20}=\dfrac{2}{503}$　　　　　　　　D. $a_{11}=\dfrac{2}{951}$

23. 在 $\triangle ABC$ 中, 若 $\tan A$, $\tan B$, $\tan C$ 都是整数, $\tan A$ 可能等于(　　).

A. 1　　　　　　B. 2　　　　　　C. 3　　　　　　D. 4

24. 设数列 $\{a_n\}$ 满足 $a=\dfrac{1}{2}$, 且 $2na_{n-1}=(n-1)a_n$ ($n=1$, 2, $\cdots$), 则 $\displaystyle\sum_{n=1}^{n} a_n=$(　　).

A. $1-\dfrac{1}{2^n}$　　　　　　　　B. $2-\dfrac{1}{2^{n-1}}$

C. $1-\dfrac{2+n}{2^{n-1}}$　　　　　　　　D. $2-\dfrac{2+n}{2^n}$

25. 设 λ 是非负常数, m 为实数, 若对任意的非负实数 x_1, x_2 均有 $x_1^2+x_2^2+\lambda x_1 x_2\geqslant m(x_1+x_2)^2$, 则(　　).

A. 当 $\lambda=0$ 时, $m_{\max}=0$　　　　　　B. 当 $0<\lambda<2$ 时, $m_{\max}=\dfrac{2+\lambda}{4}$

C. 当 $\lambda>2$ 时, $m_{\max}=1$　　　　　　D. 当 $\lambda>0$ 时, $m_{\max}$ 不存在

26. 一个三棱锥的三个侧面中有一个是边长为 2 的正三角形, 另两个是等腰直角三角形, 则该三棱锥的体积可能为(　　).

A. $\dfrac{2\sqrt{3}}{3}$　　　　　　B. $\dfrac{\sqrt{2}}{3}$　　　　　　C. $\dfrac{2\sqrt{2}}{3}$　　　　　　D. $\dfrac{\sqrt{3}}{3}$

27. 设虚数 z 满足 $z^3+z+1=0$, 则下列正确的是(　　).

A. $|z|>1$　　　B. $|z|<1$　　　C. $|z+\bar{z}|>\dfrac{1}{2}$　　　D. $|z+\bar{z}|<1$

28. 设平面向量 $\vec{a}$, $\vec{b}$ 的长度是正整数, 且 $(|\vec{a}|+|\vec{b}|)(|\vec{a}|+3|\vec{b}|)=105$, $(\vec{a}+\vec{b})(\vec{a}+3\vec{b})=33$, 则(　　).

A. $\vec{a}\cdot(\vec{a}+\vec{b})=3$ 　　　　　　　　B. $\vec{b}\cdot(\vec{a}+\vec{b})=22$

C. $\langle\vec{a},\vec{b}\rangle=135°$ 　　　　　　　　D. $\langle\vec{a},\vec{b}\rangle=120°$

29. 如果函数 $f(x)$ 满足, 当 a, b, c 是一个三角形的三边长, 且 $f(a)$, $f(b)$, $f(c)$ 都存在时 $f(a)$, $f(b)$, $f(c)$ 也是某个三角形的三边长, 那么 $f(x)$ 具有性质 P, 则(　　).

A. $f(x)=\sqrt{x}$ 具有性质 P

B. $f(x)=x^2$ 不具有性质 P

C. 当 $f(x)=\ln x (x\geqslant M)$ 具有性质 P 时, $M_{\min}=2$

D. 当 $f(x)=\sin x (0<x<M)$ 具有性质 P 时, $0<M<\dfrac{5\pi}{6}$

30. 设 α, β, γ 为平面, 且 $\alpha\perp\beta$, $\alpha\cap\beta=l$, 若 γ 与 α 所成的二面角为 $45°$, l 与 γ 所成的角为 $30°$, 则 γ 与 β 所成二面角为(　　).

A. $60°$ 　　　　　　B. $45°$ 　　　　　　C. $30°$ 　　　　　　D. $15°$

31. 已知函数 $f(x)=\dfrac{1}{1-x}-\dfrac{1}{x}+x$, 设 x_1, x_2, x_3 是曲线 $y=f(x)$ 与直线 $y=a$ 的三个交点的横坐标, 且 $x_1<x_2<x_3$, 则(　　).

A. 存在实数 a, 使得 $x_2-x_1>1$ 　　　　B. 任给实数 a, 都有 $x_3-x_2>1$

C. 存在实数 a, 使得 $x_3-x_2>3$ 　　　　D. 任给实数 a, 都有 $x_3-x_1>3$

32. 在 $2\,000$, $2\,001$, $\cdots$, $2\,017$ 这 18 个连续整数中, 能表示成两个整数平方之差的数的个数是(　　).

A. 9 　　　　　　B. 10 　　　　　　C. 14 　　　　　　D. 15

33. 一物体从原点出发沿着 x 轴运动, 速度为 $v(t)=\pi\sin(\pi t)$ (m/s), 该物体自出发开始, 前 2 s 移动的距离为(　　).

A. 1 m 　　　　　　B. 2 m 　　　　　　C. 3 m 　　　　　　D. 4 m

34. 设数列 $\{a_n\}$, $\{b_n\}$ 满足: $a_1=2$, $b_1=1$, $a_{n+1}=5a_n+3b_n+7$, $b_{n+1}=3a_n+5b_n$, 则(　　).

A. $a_9=2^{21}+2^{11}-1$ 　　　　　　B. $a_9=2^{25}+2^{10}-4$

C. $b_9=2^{21}-2^{10}+3$ 　　　　　　D. $b_9=2^{25}-2^{10}+3$

35. 已知函数 $f_{(x)}=\dfrac{\sin 3x-\sin^3 x+\cos 3x\cdot\cos^3 x}{\cos^2 2x}+\sin 2x$, 则(　　).

A. $f(x)_{\min}=-2$ 　　　　　　B. $f(x)_{\min}=-\sqrt{2}$

C. $f(x)_{\max}=\sqrt{2}$ 　　　　　　D. $f(x)_{\max}=2$

真卷 20　复旦大学("千分考")*（2011）

1. 若对一切实数 x 都有 $|x-5|+|x-7|>a$，则实数 a 的范围是（　　）.

A. $a<12$　　　　B. $a<7$　　　　C. $a<5$　　　　D. $a<2$

2. 设有集合 $S=\{x\mid \log_x(3x^2-4x)\geqslant 2, x>0\}$，$T=\{x\mid \log_x(2x^2-k^2x)\geqslant 2, x>0\}$，满足 $S\subseteq T$ 的数 k 的取值范围为（　　）.

A. $k^2\geqslant 2$　　　B. $k^2\leqslant 2$　　　C. $k\geqslant\sqrt{2}$　　　D. $k\leqslant\sqrt{2}$

3. 设有正整数 n 可以等于 4 个不同的正整数的倒数之和，则这样的 n 个数是（　　）.

A. 1　　　　　　B. 2　　　　　　C. 3　　　　　　D. 4

4. 函数 $\sin(x^2)$，$\cos(x^2)$，$x\sin x$，$x\cos x$ 中为周期函数的个数是（　　）.

A. 0　　　　　　B. 1　　　　　　C. 2　　　　　　D. 3

5. 设 $x_1>0$，$x_{n+1}=\dfrac{3(1+x_n)}{3+x_n}>0$，$n=1,2,3\cdots\cdots$ 那么（　　）.

A. 数列 $\{x_n\}$ 是单调增加的

B. 数列 $\{x_n\}$ 是单调减小

C. 数列 $\{x_n\}$ 或是单调增加的，或是单调减的

D. 数列 $\{x_n\}$ 既非单调增加的，也非单调减的

6. 将复数 $Z=(\cos 75°+\mathrm{i}\sin 75°)^3$ 所对应的向量按顺时针方向旋转 $15°$，则所有向量所对应的复数是（　　）.

A. $\dfrac{\sqrt{3}}{2}+\dfrac{1}{2}\mathrm{i}$　　　　B. $-\dfrac{\sqrt{3}}{2}+\dfrac{1}{2}\mathrm{i}$　　　　C. $\dfrac{1}{2}+\dfrac{\sqrt{3}}{2}\mathrm{i}$　　　　D. $-\dfrac{1}{2}-\dfrac{\sqrt{3}}{2}\mathrm{i}$

7. 以复数 Z_1，Z_2，Z_3 和 W_1，W_2，W_3 为对应顶点的复平面上的两个三角形相似是等式 $\dfrac{Z_2-Z_1}{Z_3-Z_1}=\dfrac{W_2-W_1}{W_3-W_1}$ 成立的（　　）.

A. 必要但不充分　　　　　　　　B. 充分但不必要

C. 充分必要　　　　　　　　　　D. 既不充分也不必要

8. 从 1 到 100 这 100 个正整数中任取两个不同的整数，要求其和大于 100，则取法总数为（　　）.

A. 2 450　　　　B. 2 500　　　　C. 2 525　　　　D. 5 050

9. 在半径为 1 的圆周上随机取 3 点，它们构成一个锐角三角形的概率为（　　）.

* 复旦大学的人才培养推行"通识教育"，要求学生有较宽广的知识面.早期复旦大学的自主招生笔试称谓"复旦水平测试"，是一场高中文化课程知识的综合笔试，内容涵盖高中语文、数学、英语、政治、历史、地理、物理、化学、生物和计算机等 10 个科目，共计 200 道选择题，满分 1 000 分，考试时间为 3 小时.评卷采取"答对题得分，不答题不得分，答错题倒扣分"的计分方式.俗称"千分考".

A. 1/2   B. 1/3   C. 1/4   D. 1/5

10. 设 n 是一个正整数,则函数 $x+\dfrac{1}{nx^n}$ 在正半轴上的最小值是(　　　).

A. $\dfrac{n-1}{n}$ B. $\dfrac{n+2}{n+1}$ C. $\dfrac{n+1}{n}$ D. $\dfrac{n}{n+1}$

11. 椭圆 $\dfrac{x^2}{25}+\dfrac{y^2}{16}=1$ 上的点到圆 $x^2+(y-6)^2=1$ 的点的距离的最大值是(　　　).

A. 11   B. $\sqrt{74}$ C. $5\sqrt{5}$ D. 9

12. 极坐标表示的下列曲线中不是圆的是(　　　).

A. $\rho^2+2\rho(\cos\theta+\sqrt{3}\sin\theta)=5$ B. $\rho^2-6\rho\cos\theta-4\rho\sin\theta=0$

C. $\rho^2-\rho\cos\theta=1$ D. $\rho^2+2\rho(\cos 2\theta+\sin\theta)=1$

13. 设有直线族和椭圆族分别为 $x=t$,$y=mt+b$(m,b 为实数,t 为参数)和 $\dfrac{(x-1)^2}{a^2}+y^2=1$($a$ 为非零实数),若对于所有 m,直线都和椭圆相交,则 a,b 应当满足(　　　).

A. $a^2(1-b^2)\geqslant 1$ B. $a^2(1-b^2)>1$

C. $a^2(1-b^2)<1$ D. $a^2(1-b^2)\leqslant 1$

14. 已知一个直圆柱体的底面 π 的半径为 R,一斜面 π' 与其底面圆周交且只交于一点,且与底面成夹角 θ ($0<\theta<\pi/2$),则直圆柱体被 π' 所截的有界部分的体积是(　　　).

A. $2\pi R^3\cos\theta$ B. $2\pi R^3\tan\theta$ C. $\pi R^3\cos\theta$ D. $\pi R^3\tan\theta$

15. 已知 a,b 是两个不相等的正数,若 $\left\{\dfrac{a^{n+1}-b^{n+1}}{a^n-b^n}\right\}$ 数列总有极限 5,则下面关系式成立的是(　　　).

A. $0<a+b\leqslant 10$ B. $0<a+b<10$

C. $a+b>10$ D. $a+b\geqslant 10$

16. 设 n 是一个正整数,记 $P(n)=\sum_{k=1}^{n}k^4$,则 $P(n)$ 是 n 的一个多项式,下面接了正确的是(　　　).

A. $P(n)$ 的最高次项系数为 1   B. $P(n)$ 的常数项系数为 -3

C. $P(n)$ 是一个 4 次多项式   D. $P(n)$ 的 4 次项系数为 $1/2$

17. 设 $a=(3/4)^x$,$b=(4/3)^{x-1}$,$c=\log_{3/4}x$,若 $x>1$ 则 a,b,c 之间的大小关系为(　　　).

A. $a<b<c$ B. $b<c<a$ C. $c<a<b$ D. $c<b<a$

18. 设 a 为正数,$f(x)=x^3-2ax^2+a^2$,若 $f(x)$ 在区间 $(0,a)$ 上大于 0,则 a 的取值范围是(　　　).

A. $(0,1]$ B. $(0,1)$ C. $(1,+\infty)$ D. $[1,+\infty)$

19. 小于 $1\,000$ 的正整数中不能被 3 和 5 所整除的正数的个数是(　　　).

　　A. 530　　　　　　　　B. 531　　　　　　　　C. 532　　　　　　　　D. 533

20. 下列函数中,在其定义域上不是奇函数的是(　　　).

　　A. $\ln(x+\sqrt{x^2+1})$　　　　　　　　B. $x\left(\dfrac{1}{2^x-1}+\dfrac{1}{2}\right)$

　　C. $\ln\left|\dfrac{1+x^{\frac{1}{3}}+x^{\frac{2}{3}}}{1-x^{\frac{1}{3}}+x^{\frac{2}{3}}}\right|$　　　　　　　　D. $\ln(\sec x+\tan x)$

21. 设有 4 个数列为 a_1,a_2,a_3,a_4,前三个构成一个等比数列,其和为 k,后三个构成一个等差数列,其和为 9,且公差非 0,对于任意固定的 k,若满足条件的数列的个数大于 1,则应满足(　　　).

　　A. $12k>27$　　　　　B. $12k<27$　　　　　C. $12k=27$　　　　　D. 其他条件

22. 设平面上有 100 根直线,其中无两条直线相互平行,无三条直线相交与一点,则这些直线将平面分成(　　　)个互异的区域.

　　A. 5 050　　　　　　　B. 5 051　　　　　　　C. 5 052　　　　　　　D. 5 053

23. 设有复数 $\omega_1=-\dfrac{1}{2}+\dfrac{\sqrt{3}}{2}\mathrm{i}$,$\omega_2=\cos\dfrac{2\pi}{5}+\mathrm{i}\sin\dfrac{2\pi}{5}$,令 $\omega=\omega_1\omega_2$,则复数 $\omega+\omega^2+\omega^3+\cdots+\omega^{2\,011}=$(　　　).

　　A. ω　　　　　　　B. ω^2　　　　　　　C. ω_1　　　　　　　D. ω_2

24. 用字母 a,b,c 组成字长为 5 个字母的码字,要求每个码字中出现 a 至多两次,b 至多出现 1 次,c 至多出现 3 次,则这种码字的个数是(　　　).

　　A. 50　　　　　　　　B. 52　　　　　　　　C. 60　　　　　　　　D. 62

25. 设 $\mathbf{S}$ 是由任意 $n\geqslant 5$ 个人组成的集合,如果 $\mathbf{S}$ 中任意 4 个人当中都有至少 1 个人和其余 3 个人相互认识,那么,下面的判断中正确的是(　　　).

　　A. $\mathbf{S}$ 中没有人认识 $\mathbf{S}$ 中所有的人

　　B. $\mathbf{S}$ 中至少有 1 人认识 $\mathbf{S}$ 中所有的人

　　C. $\mathbf{S}$ 中至多有 2 人不认识 $\mathbf{S}$ 中所有的人

　　D. $\mathbf{S}$ 中至多有 2 人认识 $\mathbf{S}$ 中所有的人

26. 设直线 L 过点 $M(2,1)$,且与抛物线 $y^2=2x$ 相交于 A,B 两点,M 是连接线段的中点,则直线 L 的方程是(　　　).

　　A. $y=x-1$　　　　　B. $y=-x+3$　　　　　C. $2y=3x-4$　　　　　D. $3y=-x+5$

27. 设 $a,b\in(-\infty,\infty)$,$b\neq 0$,α,β,γ 是三次方程 $x^3+ax+b=0$ 的三个根,则总可以 $\dfrac{1}{\alpha}+\dfrac{1}{\beta}$,$\dfrac{1}{\beta}+\dfrac{1}{\gamma}$,$\dfrac{1}{\alpha}+\dfrac{1}{\gamma}$ 为根的三次方程是(　　　).

　　A. $a^2x^3+2abx+b^2x-a=0$　　　　　　B. $b^2x^3+2abx+a^2x-b=0$

　　C. $a^2x^3+2ab^2x^2+bx-a=0$　　　　　　D. $b^2x^3+2a^2bx^2+ax-b=0$

28. 圆锥曲线 $\rho = \dfrac{4\sin\theta}{\cos^2\theta}$ 的准线方程是( ).

A. $\rho\sin\theta = 1$ B. $\rho\cos\theta = -1$ C. $\rho\cos\theta = 1$ D. $\rho\sin\theta = -1$

29. 设椭圆的长短半轴分别是 a，b，从椭圆的中心 O 依次引 $n \geqslant 3$ 条射线交椭圆于 A_1，A_2，$\cdots$，A_n 且相邻两条射线的夹角都等于 $\dfrac{2\pi}{n}$，则 $\sum\limits_{k=1}^{n} |OA_K|^{-2} = ($ $)$，其中 $|OA_K|$ 表示线段 OA_K 的长度.

A. $\dfrac{n}{2}(a^{-2} + b^{-2})$ B. $\dfrac{n}{2}(b^{-2} - a^{-2})$ C. $\dfrac{n}{2}(a^2 + b^2)$ D. $\dfrac{n}{2}(a^2 - b^2)$

30. $\mathbf{S}$ 是 3 维空间中的一个任意点集，$\mathbf{S}$ 的任意 4 个不同的点都不在一个平面上，则下面的结论中一定不对的是( ).

A. $\mathbf{S}$ 的元素个数有限

B. $\mathbf{S}$ 的元素个数无穷

C. $\mathbf{S}$ 的任意 3 个不同的点都不在一条直线上

D. $\mathbf{S}$ 的任意 3 对点所在的直线都不共面

31. 平面 π 与球体 V 的表面相交于一个圆，圆上 3 个点构成一个等边三角形，边长为 s，球心到平面 π 的距离等于球半径的 $\dfrac{1}{3}$，则球半径是( ).

A. $\sqrt{3}\,s$ B. $\dfrac{1}{3}s$ C. $\dfrac{1}{4}\sqrt{6}\,s$ D. $\dfrac{1}{2}\sqrt{3}\,s$

32. 给定三个向量 $v_1 = (1, 0, 1)$，$v_2 = (1, 1, 0)$，$v_3 = (1, 1, k^2+k-1)$，其中 k 是一个实数.若存在非零向量同时垂直于这三个向量，则 k 的取值为( ).

A. $\dfrac{1+\sqrt{5}}{2}$，$\dfrac{1-\sqrt{5}}{2}$ B. $\dfrac{-1+\sqrt{5}}{2}$，$\dfrac{-1-\sqrt{5}}{2}$

C. $\dfrac{-1+\sqrt{5}}{2}$，$\dfrac{1+\sqrt{5}}{2}$ D. $\dfrac{1+\sqrt{5}}{2}$，$\dfrac{-1-\sqrt{5}}{2}$

真卷 21　复旦大学("千分考")(2012—2013 合卷)

1. 棱长为 1 的正方体内有两球外切，它们都与正方体的三个面相切，且球心在该正方体同一条对角线上，求两球体积和最大时，两球半径之比( ).

A. $1 : (2-\sqrt{3})$ B. $1 : (\sqrt{2}-1)$ C. $1 : (\sqrt{3}-1)$ D. $1 : 1$

2. $f(x) = \cos\theta + \dfrac{1}{\cos\theta + 2}$ 的最大值是( ).

A. $\dfrac{1}{3}$ B. 1   C. $\dfrac{4}{3}$ D. $\dfrac{5}{3}$

3. α , β 分别是 $e^x + x - 4 = 0$, $\ln x + x - 4 = 0$ 的实根,则 $\alpha + \beta = ($).

A. 2   B. 4   C. 6   D. 8

4. 地球外绕地球旋转有卫星,能看到 25% 以上的地球表面积,已知地球半径为 R ,求它离地表最小高度(   ).

A. $2R$ B. $3R$ C. $4R$ D. R

5. 在一条顶点在原点、对称轴为横轴正半轴的抛物线上有三点 A , B , C ,抛物线的焦点是 $\triangle ABC$ 的重心,已知其中一边在直线 $4x + y - 20 = 0$ 上,求抛物线方程(   ).

A. $y^2 = 8x$ B. $y^2 = 16x$ C. $y^2 = 4x$ D. $y^2 = 2x$

6. 圆: $x^2 + y^2 + 4x - 2y + 1 = 0$,直线: $3x + 2y - 8 = 0$,圆上一点到直线的最大距离是(   ).

A. $\dfrac{2}{\sqrt{13}}$ B. $\dfrac{12}{13}$ C. $\dfrac{12}{\sqrt{13}} + 2$ D. $\dfrac{2}{13}$

7. $x^6 + 2x^4 - 1 = 0$ 的实数解的个数(   ).

A. 0   B. 1   C. 2   D. 4

8. A , B , C , D 是空间异面的四个点, $AC \perp BD$, $AB \perp CD$,则 AD , BC 的位置关系一定是(   ).

A. 平行或垂直   B. 垂直   C. 未必垂直   D. 不垂直

9. 复平面内有平行四边形 $ABCD$,其中 $OA = 1 + 3i$, $OB = 2 + 4i$, $OD = 4 + 5i$,则 $OC = ($).

A. $3 - 4i$ B. $4 + 3i$ C. $3 + 4i$ D. $5 + 6i$

10. 已知圆 O : $x^2 + y^2 = 1$,另有点 $P(2, 0)$, Q 是圆上的动点,求 $\angle POQ$ 的角平分线与 PQ 交点的轨迹方程(   ).

A. $\left(x - \dfrac{2}{3}\right)^2 + y^2 = \dfrac{4}{9}$ B. $\left(x - \dfrac{3}{2}\right)^2 + y^2 = \dfrac{9}{4}$

C. $x^2 + \left(y - \dfrac{2}{3}\right)^2 = \dfrac{4}{9}$ D. $x^2 + \left(y - \dfrac{3}{2}\right)^2 = \dfrac{9}{4}$

11. 用八个自然数 2,3,4,5,6,7,8,9 组成每位数字不重合的五位数,从小到大排列,问第 833 个数为(   ).

A. 29 856   B. 29 857   C. 29 873   D. 29 863

12. 二项式 $(1 + \sqrt{2})^{50}$ 展开后最大的是(   ).

A. $C_{50}^{28}(\sqrt{2})^{28}$ B. $C_{50}^{29}(\sqrt{2})^{29}$ C. $C_{50}^{30}(\sqrt{2})^{30}$ D. $C_{50}^{31}(\sqrt{2})^{31}$

13. 一幢楼房共有 11 层,从一楼出发,有三名乘客,每人在每一层出电梯的概率相同,问三名乘客在不同层出电梯的概率(   ).

A. $\dfrac{7}{25}$ B. $\dfrac{18}{25}$ C. $\dfrac{118}{121}$ D. $\dfrac{90}{121}$

14. $f(x)\cdot g(x)$ 是 $f(x)$，$g(x)$ 的复合函数，命题：" $f(x)\cdot g(x)$ 是奇函数，则 $f(x)$，$g(x)$ 同时为奇函数"的逆否命题为（　　）.

A. $f(x)$，$g(x)$ 不同时为奇函数，则 $f(x)\cdot g(x)$ 不是奇函数

B. $f(x)$，$g(x)$ 都不为奇函数，则 $f(x)\cdot g(x)$ 不是奇函数

C. $f(x)$ 不是奇函数，则 $f(x)\cdot g(x)$ 不是奇函数

D. $g(x)$ 不是奇函数，则 $f(x)\cdot g(x)$ 不是奇函数

15. 在平面直角坐标系中，$x_1y_2+x_2y_3+x_3y_1=x_3y_2+x_2y_1+x_1y_3$ 是 (x_1,y_1)，(x_2,y_2)，(x_3,y_3) 共线的（　　）条件.

A. 充分非必要 B. 必要非充分

C. 充要 D. 既不充分也不必要

16. 整数对 (x,y) 满足 $2=y^2-3x^2$ 的个数是（　　）.

A. 0 B. 1 C. 2 D. 3

17. 满足 $f(x)=x^3-2x+1>0$ 的 x 的范围（　　）.

A. $\left(-\dfrac{\sqrt{5}+1}{2},1\right]\cup\left(\dfrac{\sqrt{5}-1}{2},+\infty\right)$ B. $\left(-\dfrac{\sqrt{5}+1}{2},\dfrac{\sqrt{5}-1}{2}\right]\cup(1,+\infty)$

C. $\left(-\dfrac{\sqrt{5}-1}{2},1\right]\cup\left(\dfrac{\sqrt{5}-1}{2},+\infty\right)$ D. $\left(-\dfrac{\sqrt{5}-1}{2},\dfrac{\sqrt{5}-1}{2}\right]\cup(1,+\infty)$

18. 正方体最长的对角线为 $3\sqrt{3}$，体积为（　　）.

A. $18\sqrt{3}$ B. 9 C. $9\sqrt{3}$ D. 27

19. 复数 $z=(\sin80°+i\sin10°)^5$，在复平面中将其表示的向量逆时针旋转 $10°$，问表示新向量的复数为（　　）.

A. $\dfrac{1}{2}+\dfrac{\sqrt{3}}{2}i$ B. $\dfrac{\sqrt{3}}{2}+\dfrac{1}{2}i$ C. $-\dfrac{1}{2}+\dfrac{\sqrt{3}}{2}i$ D. $-\dfrac{\sqrt{3}}{2}-\dfrac{1}{2}i$

20. 若有 $x_{n+1}=\dfrac{3(1+x_n)}{3+x_n}$，求正数数列 $\{x_n\}$ 的极限（　　）.

A. $\dfrac{\sqrt{3}}{3}$ B. $\dfrac{1}{3}$ C. $\sqrt{3}$ D. 1

21. 方程 $x^2=x\sin x+\cos x$ 的根的个数（　　）.

A. 2 B. 4 C. 6 D. 8

22. 最高指数幂系数为 1 的一元整系数多项式 $f(x)$，称为代数整式，则下列为代数整式方程 $f(x)=0$ 的根是（　　）.

A. $\sqrt{3}-\sqrt{2}$ B. $\dfrac{\sqrt{2}}{2}$ C. $\dfrac{\sqrt{5}}{3}$ D. $\dfrac{5\sqrt{3}}{7}$

23. 以下四组向量在同一平面的是(　　).

A. $(1,2,3),(4,5,6),(7,8,9)$ B. $(1,0,0),(0,2,0),(0,0,3)$

C. $(1,2,3),(0,5,0),(0,0,9)$ D. $(1,2,3),(6,5,4),(7,8,9)$

24. $\arctan \dfrac{1}{3}+\arctan \dfrac{1}{5}+\arctan \dfrac{1}{7}+\arctan \dfrac{1}{8}=(\quad)$.

A. $\dfrac{\pi}{6}$ B. $\dfrac{\pi}{4}$ C. $\dfrac{\pi}{3}$ D. $\dfrac{\pi}{2}$

25. 船往东开,人在船正北方,当人看船的速度变为原来的 $\dfrac{1}{4}$ 时,船的方向与人看船的视线方向的夹角等于(　　).

A. $\arcsin \dfrac{1}{4}$ B. $\arccos \dfrac{1}{4}$

C. $\arctan \dfrac{1}{4}$ D. $\dfrac{\pi}{2}+\arcsin \dfrac{1}{4}$

26. $2\ 012!$ 的末尾零的个数为(　　).

A. 500   B. 501   C. 502   D. 503

27. 十元人民币换成一角、二角、五角纸币,换法种数是(　　).

A. 538   B. 539   C. 540   D. 541

28. 记三角形三边的平方和为 M,三边上的中线的平方和为 N,则(　　).

A. $M=N$ B. $M=2N$ C. $2M=3N$ D. $3M=4N$

29. 将 $xy=1$ 的图像绕原点逆时针旋转 $45°$ 所得曲线的方程为(　　).

A. $x^2-y^2=1$ B. $x^2-y^2=2$

C. $x^2-y^2=-1$ D. $x^2-y^2=-2$

30. 正方体的对角线长为5,其表面积为(　　).

A. 30   B. 40   C. 50   D. 60

31. 侧面积为定值 a 的圆锥的最大体积的二次幂为(　　).

A. $\dfrac{2a^3}{81\pi}$ B. $\dfrac{2\sqrt{3}a^3}{81\pi}$ C. $\dfrac{2a^3}{27\pi}$ D. $\dfrac{2\sqrt{3}a^3}{27\pi}$

32. 数列 $x_1=0$,$x_2=1$,$x_n=\dfrac{1}{2}(x_{n-1}+x_{n-2})$ $(n>2)$,则 x_n 的值最终比较接近于(　　).

A. 0   B. $\dfrac{1}{2}$ C. $\dfrac{3}{4}$ D. 1

33. 平面分半径为 r 的球的直径成 $1:4$ 两段,则平面所分球面两部分中较小部分的面积为(　　).

A. πr^2 B. $\dfrac{4}{5}\pi r^2$ C. $\dfrac{2}{3}\pi r^2$ D. $\dfrac{4}{3}\pi r^2$

真卷 22 中国科学技术大学(2016)

一、填空题(每小题 6 分,共 48 分)

1. 3^{2016} 除以 100 的余数是_____.

2. 复数 z_1,z_2 满足 $|z_1|=2$,$|z_2|=3$,$|z_1+z_2|=4$,则 $\dfrac{z_1}{z_2}=$_____.

3. 用 $S(A)$ 表示集合 A 的所有元素之和,且 $A \subseteq \{1,2,3,4,5,6,7,8\}$,$S(A)$ 能被 3 整除,但不能被 5 整除,则符合条件的非空集合 A 的个数是_____.

4. 已知三角形 ABC 中,$\sin A + 2\sin B \cos C = 0$,则 $\tan A$ 的最大值是_____.

5. 若对任意实数 x,都有 $|2x-a|+|3x-2a| \geqslant a^2$,则 a 的取值范围是_____.

6. 若 $\alpha \in \left(\dfrac{\pi}{4},\dfrac{\pi}{2}\right)$,$b \in (0,1)$,$x = (\sin\alpha)^{\log_b \sin\alpha}$,$y = (\cos\alpha)^{\log_b \cos\alpha}$,则 x_____y(填大小关系符号).

7. 梯形 $ABCD$ 中,AB 平行于 CD,对角线 AC,BD 交于 P_1,过 P_1 作 AB 的平行线交 BC 于点 Q_1,AQ_1 交 BD 于 P_2,过 P_2 做 AB 的平行线交 BC 于点 Q_2,…. 若 $AB=a$,$CD=b$,则 $P_nQ_n=$_____(用 a,b,n 表示).

8. 数列 $\{a_n\}$ 中,a_n 是与根号 $\sqrt{n}$ 最接近的整数,则 $\displaystyle\sum_{n=1}^{2016} \dfrac{1}{a_n}=$_____.

二、解答题(第 9 题 16 分,第 10、11 题 18 分)

9. 已知 a,b,$c>0$,$a+b+c=3$,求证 $\dfrac{a^2}{a+\sqrt{bc}} + \dfrac{b^2}{b+\sqrt{ca}} + \dfrac{c^2}{c+\sqrt{ab}} \geqslant \dfrac{3}{2}$.

10. 求所有函数 $f: \mathbf{N}^* \to \mathbf{N}^*$,使得对任意正整数 $x \neq y$,$0 < |f(x)-f(y)| < 2|x-y|$.

11. 求方程 $2^x - 5^y \cdot 7^z = 1$ 的所有非负整数解 (x,y,z).

真卷 23 "卓越"联盟(2011)

1. 向量 $\vec{a}$,$\vec{b}$ 均为非零向量,$(\vec{a}-2\vec{b}) \perp \vec{a}$,$(\vec{b}-2\vec{a}) \perp \vec{b}$,则 $\vec{a}$,$\vec{b}$ 的夹角为(   ).

A. $\dfrac{\pi}{6}$ B. $\dfrac{\pi}{3}$ C. $\dfrac{2\pi}{3}$ D. $\dfrac{5\pi}{6}$

2. 已知 $\sin 2(\alpha+\gamma) = n\sin 2\beta$,则 $\dfrac{\tan(\alpha+\beta+\gamma)}{\tan(\alpha-\beta+\gamma)}=$(   ).

A. $\dfrac{n-1}{n+1}$ B. $\dfrac{n}{n+1}$ C. $\dfrac{n}{n-1}$ D. $\dfrac{n+1}{n-1}$

3. 在正方体 $ABCD-A_1B_1C_1D_1$ 中，E 为棱 AA_1 的中点，F 是棱 A_1B_1 上的点，且 $A_1F:FB_1=1:3$，则异面直线 EF 与 BC_1 所成角的正弦值为（   ）.

A. $\dfrac{\sqrt{15}}{3}$ B. $\dfrac{\sqrt{15}}{5}$ C. $\dfrac{\sqrt{5}}{3}$ D. $\dfrac{\sqrt{5}}{5}$

4. i 为虚数单位，设复数 z 满足 $|z|=1$，则 $\left|\dfrac{z^2-2z+2}{z-1+\mathrm{i}}\right|$ 的最大值为（   ）.

A. $\sqrt{2}-1$ B. $2-\sqrt{2}$

C. $\sqrt{2}+1$ D. $2+\sqrt{2}$

5. 已知抛物线的顶点在原点.焦点在 x 轴上，$\triangle ABC$ 三个顶点都在抛物线上，且 $\triangle ABC$ 的重心为抛物线的焦点,若 BC 边所在直线的方程为 $4x+y-20=0$.则抛物线方程为（   ）.

A. $y^2=16x$ B. $y^2=8x$

C. $y^2=-16x$ D. $y^2=-8x$

6. 在正三棱柱 $ABC-A_1B_1C_1$ 中,底面边长和侧棱长均等于 2，且 E 为 CC_1 的中点，则点 C_1 到平面 AB_1E 的距离为（   ）.

A. $\sqrt{3}$ B. $\sqrt{2}$ C. $\dfrac{\sqrt{3}}{2}$ D. $\dfrac{\sqrt{2}}{2}$

7. 若关于 x 的方程 $\dfrac{|x|}{x+4}=kx^2$ 有四个不同的实数解,则 k 的取值范围为（   ）.

A. $(0,1)$ B. $\left(\dfrac{1}{4},1\right)$ C. $\left(\dfrac{1}{4},+\infty\right)$ D. $(1,+\infty)$

8. 如图 ZJ23-1 所示，$\triangle ABC$ 内接于 $\odot O$，过 BC 中点 D 作平行于 AC 的直线 l，l 交 AB 于 E，交 $\odot O$ 在 A 点处的切线于 P，若 $PE=3$，$ED=2$，$EF=3$，则 PA 的长为（   ）.

A. $\sqrt{5}$

B. $\sqrt{6}$

C. $\sqrt{7}$

D. $2\sqrt{2}$

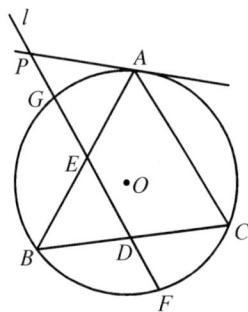

图 ZJ23-1

9. 数列 $\{a_n\}$ 共有 11 项，$a_1=0$，$a_{11}=4$，且 $|a_{k+1}-a_k|=1$，$k=1,2,\cdots,10$.满足这种条件的不同数列的个数为（   ）.

A. 100   B. 120   C. 140   D. 160

10. 设 σ 是坐标平面按顺时针方向做角度为 $\dfrac{2\pi}{7}$ 的旋转，τ 表示坐标平面关于 y 轴的镜面反射,用 $\sigma\tau$ 表示变换的复合,先做 τ,再做 σ.用 σ^k 表示连续做 k 次 σ 的变换,则 $\sigma\tau\sigma^2\tau\sigma^3\tau\sigma^4$ 是(　　　　).

A. σ^4 　　　　　　B. σ^5 　　　　　　C. $\sigma^2\tau$ 　　　　　　D. $\tau\sigma^2$

11. 设数列 $\{a_n\}$ 满足 $a_1=a$,$a_2=b$,$2a_{n+2}=a_{n+1}+a_n$.

(1) 设 $b_n=a_{n+1}-a_n$.证明:若 $a\neq b$,则 $\{b_n\}$ 成等比数列;

(2) 若 $\lim\limits_{n\to\infty}(a_1+a_2+\cdots+a_n)=4$,求 a,b 的值.

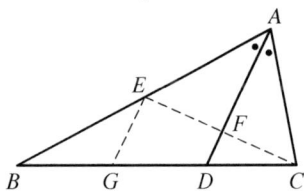

12. 在 $\triangle ABC$ 中,$AB=2AC$,AD 是 $\angle A$ 的角平分线,且 $AD=kAC$(见图 ZJ23-2).

(1) 求 k 的取值范围;

(2) 若 $S_{\triangle ABC}=1$,问 k 为何值时,BC 最短?

图 ZJ23-2

13. 已知椭圆的两个焦点为 $F_1(-1,0)$,$F_2(1,0)$,且椭圆与直线 $y=x-\sqrt{3}$ 相切.

(1) 求椭圆的方程;

(2) 过 F_1 作两条互相垂直的直线 l_1,l_2 与椭圆分别交于 P,Q 及 M,N.求四边形 $PMQN$ 面积的最大值与最小值.

14. 一袋中有 a 个白球和 b 个黑球,从袋中任取一球,如果取出白球,则把它放回袋中;如果取出黑球,则该球不放回,另补一个白球放到袋中,在重复 n 次这样的操作后,记袋中白球的个数为 X_n.

(1) 求 EX_1;

(2) 设 $P(X_n=a+k)=p_k$,求 $P(X_{n+1}=a+k)$,$k=0,1,\cdots,b$.

(3) 证明:$EX_{n+1}=\left(1-\dfrac{1}{a+b}\right)EX_n+1$.

15. (1) 设 $f(x)=x\ln x$,求 $f'(x)$;

(2) 设 $0<a<b$,求常数 C,使得 $\dfrac{1}{b-a}\displaystyle\int_a^b|\ln x-C|\,\mathrm{d}x$ 取得最小值;

(3) 记(2)中的最小值为 $m_{a,b}$,证明:$m_{a,b}<\ln 2$.

真卷 24　"卓越"联盟(2012)

一、填空题

1. 若以椭圆短轴的两个端点和长轴的一个端点为顶点的三角形是等边三角形,则椭圆的离心率为_____.

2. 函数 $f(\theta)=\dfrac{\sin\theta}{2+\cos\theta}(\theta\in\mathbf{R})$ 的值域为_____.

3. 设 $0<a<1$, $0<\theta<\dfrac{\pi}{4}$, $x=(\sin\theta)^{\log_a\sin\theta}$, $y=(\cos\theta)^{\log_a\tan\theta}$, 则 x, y 的大小关系为_____.

4. 已知 $\triangle ABC$ 中, $\angle A=90°$, $BC=4$, 点 A 为线段 EF 的中点, $EF=2$, 若 $\overrightarrow{EF}$ 与 $\overrightarrow{BC}$ 的夹角为 $60°$, 则 $\overrightarrow{BE}\cdot\overrightarrow{CF}=$_____.

5. 设 $\{a_n\}$ 是等差数列, $\{b_n\}$ 是等比数列, 记 $\{a_n\}$、$\{b_n\}$ 的前 n 项和分别为 S_n, T_n. 若 $a_3=b_3$, $a_4=b_4$, 且 $\dfrac{S_5-S_3}{T_4-T_2}=5$, 则 $\dfrac{a_5+a_3}{b_5+b_3}=$_____.

6. 设函数 $f(x)=\sin(\omega x+\varphi)$, 其中 $\omega>0$, $\varphi\in\mathbf{R}$, 若存在常数 $T(T<0)$, 使对任意 $x\in\mathbf{R}$ 有 $f(x+T)=Tf(x)$, 则 ω 可取到的最小值为_____.

二、解答题

7. 设 a, b 是从集合 $\{1, 2, 3, 4, 5\}$ 中随机选取的数.

(1) 求直线 $y=ax+b$ 与圆 $x^2+y^2=2$ 有公共点的概率;

(2) 设 x 为直线 $y=ax+b$ 与圆 $x^2+y^2=2$ 的公共点的个数, 求随机变量 x 的分布列及数学期望 $E(X)$.

8. 如图 ZJ24-1 所示, AB 是 $\odot O$ 的直径, 弦 $CD\perp AB$ 于点 M, E 是 CD 延长线上一点, $AB=10$, $CD=8$, $3ED=4OM$, EF 切 $\odot O$ 于 F, BF 交 CD 于 G,

(1) 求线段 EG 的长;

(2) 连接 DF, 判断 DF 是否平行于 AB, 并证明你的结论(注: 根据解题需要, 须将图形自行画在答题卡上).

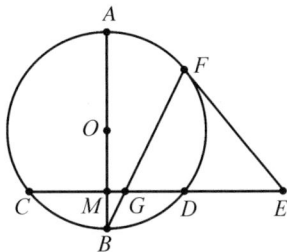

图 ZJ24-1

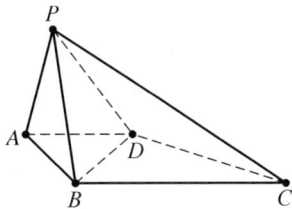

图 ZJ24-2

9. 如图 ZJ24-2, 在四棱锥 $P-ABCD$ 中, 底面 $ABCD$ 为直角梯形, $AD\parallel BC$, $AB\perp BC$, 侧面 $PAB\perp$ 底面 $ABCD$, $PA=AD=AB=1$, $BC=2$.

(1) 证明平面 $PBC\perp$ 平面 PDC;

(2) 若 $\angle PAB=120°$, 求二面角 $B-PD-C$ 的正切值(注: 根据解题需要, 须将图形自行画在答题卡上).

10. 设抛物线 $y^2=2px(p>0)$ 的焦点是 F, A, B 是抛物线上互异的两点, 直线 AB 与 x 轴不垂直, 线段 AB 的垂直平分线交 x 轴于点 $D(a, 0)$, 记 $m=|AF|+|BF|$.

(1) 证明 a 是 p 与 m 的等差中项;

（2）设 $m=3p$，直线 $l /\!/ y$ 轴，且 l 被以 AD 为直径的动圆截得的弦长恒为定值，求直线 l 方程.

11. 已知函数 $f(x)=\dfrac{ax^2+1}{bx}$，其中 a 是非零实数，$b>0$.

（1）求 $f(x)$ 的单调区间；

（2）若 $a>0$，设 $|x_i|>\dfrac{1}{\sqrt{a}}$，$i=1,2,3$，且 $x_1+x_2>0$，$x_2+x_3>0$，$x_3+x_1>0$.

证明：$f(x_1)+f(x_2)+f(x_3)>\dfrac{2\sqrt{a}}{b}$；

（3）若 $f(x)$ 有极小值 $f_{\min}$，且 $f_{\min}=f(1)=2$，证明：$|f(x)|^n-|f(x^n)|\geqslant 2^n-2(n\in \mathbf{N}^+)$.

12. 设数列 $\{a_n\}$ 的前 n 项和为 S_n，$a_1\neq 0$，$vS_{n+1}-uS_n=a_1v$，其中 u，v 为正整数，且 $u>v$，$n\in \mathbf{N}^+$.

（1）证明 $\{a_n\}$ 为等比数列；

（2）设 a_1，a_p 两项均为正整数，其中 $p\geqslant 3$.

① 若 $p\geqslant a_1$，证明 v 整除 u；

② 若存在正整数 m，使得 $a_1\geqslant m^{p-1}$，$a_p\leqslant (m+1)^{p-1}$，证明：$S_p=(m+1)^p-m^p$.

真卷 25　"卓越"联盟（2013）

一、选择题

1. 已知 $f(x)$ 是定义在实数集上的偶函数，且在 $(0,+\infty)$ 上递增，则（　　）.

A. $f(2^{0.7})<f(-\log_2 5)<f(-3)$

B. $f(-3)<f(2^{0.7})<f(-\log_2 5)$

C. $f(-3)<f(-\log_2 5)<f(2^{0.7})$

D. $f(2^{0.7})<f(-3)<f(-\log_2 5)$

2. 已知函数 $f(x)=\sin(\omega x+\varphi)$ $\left(\omega>0,0<\varphi<\dfrac{\pi}{2}\right)$ 的图像经过点 $B\left(-\dfrac{\pi}{6},0\right)$，且 $f(x)$ 的相邻两个零点的距离为 $\dfrac{\pi}{2}$，为得到 $y=f(x)$ 的图像，可将 $y=\sin x$ 图像上所有点（　　）.

A. 先向右平移 $\dfrac{\pi}{3}$ 个单位长度，再将所得点的横坐标变为原来的 $\dfrac{1}{2}$ 倍，纵坐标不变

B. 先向左平移 $\dfrac{\pi}{3}$ 个单位长度，再将所得点的横坐标变为原来的 $\dfrac{1}{2}$ 倍，纵坐标不变

C. 先向左平移 $\dfrac{\pi}{3}$ 个单位长度,再将所得点的横坐标变为原来的 2 倍,纵坐标不变

D. 先向右平移 $\dfrac{\pi}{3}$ 个单位长度,再将所得点的横坐标变为原来的 2 倍,纵坐标不变

3. 如图 ZJ25 - 1 所示,在 A,B,C,D,E 五个区域中栽种 3 种植物,要求同一区域中只种 1 种植物,相邻两区域所种植物不同,则不同的栽种方法的总数为( ).

图 ZJ25 - 1

A. 21   B. 24   C. 30   D. 48

4. 设函数 $f(x)$ 在 **R** 上存在导数 $f'(x)$,对任意的 $x \in \mathbf{R}$,有 $f(-x) + f(x) = x^2$,且在 $(0, +\infty)$ 上 $f(x) > x$. 若 $f(2-a) - f(a) \geqslant 2 - 2a$,则实数 a 的取值范围为( ).

A. $[1, +\infty)$ B. $(-\infty, 1]$ C. $(-\infty, 2]$ D. $[2, +\infty)$

二、填空题

5. 已知抛物线 $y^2 = 2px$ $(p > 0)$ 的焦点是双曲线 $\dfrac{x^2}{8} - \dfrac{y^2}{p} = 1$ 的一个焦点,则双曲线的渐近线方程为_____.

6. 设点 O 在 $\triangle ABC$ 的内部,点 D,E 分别为边 AC,BC 的中点,且 $|\overrightarrow{OD} + 2\overrightarrow{OE}| = 1$,则 $|\overrightarrow{OA} + 2\overrightarrow{OB} + 3\overrightarrow{OC}| = $_____.

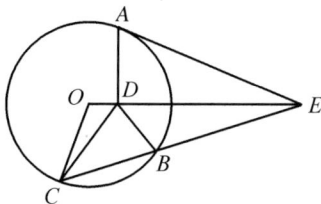

7. 设曲线 $y = \sqrt{2x - x^2}$ 与 x 轴所围成的区域为 D,向区域 D 内随机投一点,则该点落入区域 $\{(x, y) \in D \mid x^2 + y^2 < 2\}$ 内的概率为_____.

8. 如图 ZJ25 - 2 所示,AE 是圆 O 的切线,A 是切点,AD 与 OE 垂直,垂足是 D,割线 EC 交圆 O 于 B,C,且 $\angle ODC = \alpha$,$\angle DBC = \beta$,则 $\angle OEC = $_____(用 α,β 表示).

图 ZJ25 - 2

三、解答题

9. 在 $\triangle ABC$ 中,三个内角 A,B,C 所对边分别为 a,b,c. 已知 $(a-c)(\sin A + \sin C) = (a-b)\sin B$.

(1) 求角 C 的大小;

(2) 求 $\sin A \cdot \sin B$ 的最大值.

10. 设椭圆 $\dfrac{x^2}{a^2} + \dfrac{y^2}{4} = 1$ $(a > 2)$ 的离心率为 $\dfrac{\sqrt{3}}{3}$,斜率为 k 的直线 l 过点 $E(0, 1)$ 且与椭圆交于 C,D 两点.

(1) 求椭圆方程;

(2) 若直线 l 与 x 轴相交于点 G,且 $\overrightarrow{GC} = \overrightarrow{DE}$,求 k 的值;

(3) 设 A 为椭圆的下顶点,k_{AC},k_{AD} 分别为直线 AC,AD 的斜率,证明对任意的 k

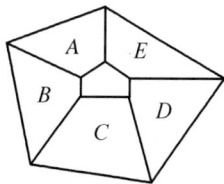

恒有 $k_{AC} \cdot k_{AD} = -2$.

11. 设 $x > 0$,

(1) 证明: $e^x > 1 + x + \dfrac{1}{2}x^2$;

(2) 若 $e^x = 1 + x + \dfrac{1}{2}x^2 e^y$, 证明: $0 < y < x$.

12. 已知数列 $\{a_n\}$ 中, $a_1 = 3$, $a_{n+1} = a_n^2 - na_n + \alpha$, $n \in \mathbf{N}^*$, $\alpha \in \mathbf{R}$.

(1) 若 $a_n \geqslant 2n$ 对 $\forall n \in \mathbf{N}^*$ 都成立, 求 α 的取值范围;

(2) 当 $\alpha = -2$ 时, 证明 $\dfrac{1}{a_1 - 2} + \dfrac{1}{a_2 - 2} + \cdots + \dfrac{1}{a_n - 2} < 2 \ (n \in \mathbf{N}^*)$.

真卷 26　"卓越"联盟(2014)

1. 解不等式 $|x|^3 - 2x^2 + 1 < 0$.

2. 已知三棱锥 $P - ABC$, $PA \perp$ 面 ABC, $BC \perp CA$, $BC = \sqrt{2}$, 二面角 $P - BC - A = 60°$, $V_{P-ABC} = \dfrac{\sqrt{6}}{3}$, 求直线 AB 与平面 PCA 所成角的正弦值.

3. 当实数 m 时, $P(x, y)$ 表示不在任何直线 $2mx + (1 - m^2)y - 4m - 4 = 0$ 上的点, 求 $P(x, y)$ 所构成的点集的面积.

4. 函数 $f(x) = \begin{cases} \dfrac{2x+1}{x^2} & \left(x < -\dfrac{1}{2}\right) \\ \ln(x+1) & \left(x \geqslant -\dfrac{1}{2}\right) \end{cases}$, $g(x) = x^2 - 4x - 4$, 若存在 $a \in \mathbf{R}$, 使得 $f(a) + g(b) = 0$, 求 b 的取值范围.

5. 已知 $0 < a < 1$, 在区间 $(0, a)$ 和区间 $(0, 4-a)$ 上各取两个数, 这两个数之和小于 1 的概率是 $\dfrac{3}{16}$, 求 a.

6. 已知 $\overrightarrow{e_1}$, $\overrightarrow{e_2}$ 表示夹角为 θ 的单位向量, 以此为基向量的斜坐标系中有两点 $A(x_1, y_1)$, $B(x_2, y_2)$, 求这两点之间的距离.

7. 已知 $f(x) = \sin\left(\omega x + \dfrac{\pi}{4}\right) \ (\omega > 0)$, 其距离 y 轴最近的对称轴与 y 轴的距离为 $\dfrac{\pi}{6}$, 求 ω.

8. 对于 A, B 两个集合, 满足 $A \cup B = \{n \mid 1 \leqslant n \leqslant 8, n \in \mathbf{Z}\}$, $A \cap B = \Phi$, 且 A 中元素个数不属于 A, B 中元素个数不属于 B, 求满足题意的不同的 A 的个数.

9. 已知 $f(x, \alpha) = \sqrt{2} \sin 2x \cos \alpha + \sqrt{2} \sin \alpha \cos 2x - \sqrt{2} \cos(\alpha + 2x) + \cos \alpha$,

(1) 若 $x \in \left[0, \dfrac{\pi}{4}\right]$, $\alpha \in \left[\dfrac{\pi}{4}, \dfrac{\pi}{2}\right]$, 求 $f(x, \alpha)$ 的最大值;

(2) 若 $f(x, \alpha) = 3$, 求 α, x 的值.

10. 已知双曲线 $\dfrac{x^2}{a^2} - \dfrac{y^2}{b^2} = 1$ $(a, b > 0)$ 的两条渐近线的斜率之积为 -3, 双曲线左右两支上分别有动点 A, B,

(1) 直线 AB 斜率为 1 且与 y 轴交于点 $D(0, 5a)$, 若 $\overrightarrow{AD} = \lambda \overrightarrow{DB}$, 求 λ;

(2) 若 M 为 A 关于 x 轴的对称点, 直线 AB 交 x 轴于点 P, 直线 BM 交 x 轴于点 Q, 点 O 为坐标原点, 求证: $|OP| \cdot |OQ| = a^2$.

11. 函数 $f(x)$ 在 $\mathbf{R}$ 上可导, 且对于任意 $x_0 \in \mathbf{R}$, 有 $0 < f'(x + x_0) - f'(x_0) < 4x$ $(x > 0)$,

(1) 证明 $f'(x_0) < \dfrac{f(x + x_0) - f(x_0)}{x}$ $(x > 0)$;

(2) 若 $|f(x)| \leqslant 1$, 证明 $|f'(x)| \leqslant 4$.

12. 已知实数列 $\{a_n\}$ 满足 $|a_1| = 1$, $|a_{n+1}| = q|a_n|$, $n \in \mathbf{N}_+$, 常数 $q > 1$. 对任意的 $n \in \mathbf{N}_+$, 有 $\sum\limits_{k=1}^{n+1} |a_k| \leqslant 4|a_n|$. 设 C 为所有满足上述条件的数列 $\{a_n\}$ 的集合.

(1) 求 q 的值;

(2) 设 $\{a_n\}$, $\{b_n\} \in C$, $m \in \mathbf{N}_+$, 且存在 $n_0 \leqslant m$, 使 $a_{n_0} \neq b_{n_0}$. 证明: $\sum\limits_{k=1}^{m} a_k \neq \sum\limits_{k=1}^{m} b_k$;

(3) 设集合 $A_m = \left\{ \sum\limits_{k=1}^{m} a_k \mid \{a_n\} \in C \right\}$, $m \in \mathbf{N}_+$, 求 A_m 中所有正数之和.

注: 原卷中 $1 \sim 4$ 题为选择题; $5 \sim 8$ 题为填空题; $9 \sim 12$ 题为解答题.

真卷 27　南开大学(2014)

一、填空题

1. 已知 $5^a = 10^b = 1\,024$, 则 $\dfrac{1}{a} - \dfrac{1}{b}$ 的值为_____.

2. 已知点 $A(1, 0)$, 点 B 为圆 $x^2 + y^2 = 2\,014$ 上的任意一点, 设 AB 的中垂线 l 与 OB 的交点为 C, 则点 C 的轨迹方程为_____.

3. 已知可行域 $\begin{cases} x \geqslant 0, \\ 3x + y \leqslant 4, \\ x + 3y \geqslant 4, \end{cases}$ 若直线 $y = kx + \dfrac{4}{3}$ 将可行域所表示的图形的面积平

分,则 k 的值为_____.

4. 用 24 个点将一个圆 24 等分,任意选择其中的三点,则可以组成_____个不同的直角三角形.

5. 已知函数 $y = \sin\left(x + \dfrac{\pi}{6}\right) + \sin\left(x - \dfrac{\pi}{6}\right) + 2\cos x + a$ 的最小值是 1,则 a 的值为_____.

6. $C_{2\,014}^0 \cdot 2^0 + C_{2\,014}^2 \cdot 2^2 + \cdots + C_{2\,014}^{2\,014} \cdot 2^{2\,014} = $_____.

7. 已知圆上 A、B、C、D 四点依次排列,$AB = BC = 3$,$CD = 4$,$DA = 8$,则该圆的半径为_____.

8. 若 $|x+3| - |x-1| \leqslant a^2 - 3a$ 对任意 $x \in \mathbf{R}$ 恒成立,则 a 的取值范围是_____.

二、解答题

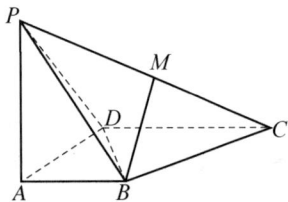

图 ZJ27-1

9. 如图 ZJ27-1,已知四棱锥 $P\text{-}ABCD$,$AB \perp AD$,$CD \perp AD$,$PA \perp$ 平面 $ABCD$,$PA = AD = CD = 2AB$,点 M 为 PC 的中点.

(1) 求证:$BM \,/\!/$ 平面 PAD;

(2) 在平面 PAD 上找一点 N,使得 $MN \perp$ 平面 PBD;

(3) 求直线 PC 与平面 PBD 所成角的正弦.

10. 已知数列 $\{a_n\}$,$a_1 = 1$,$a_{n+1} = \left(1 + \dfrac{1}{n^2 + n}\right)a_n + \dfrac{1}{2^n}$,

求证:(1) $a_n \geqslant 2 \ (n \geqslant 2)$;(2) $a_n \leqslant e^2 \ (n \geqslant 1)$.

北京大学强基计划2020年数学试题

选择题共 20 小题;在每小题的四个选项中,只有一项符合题目要求,请把正确选项的代号填在表格中,选对得 5 分,选错或不选得 0 分.

1. 正实数 x,y,z,w 满足 $x \geqslant y \geqslant w$ 和 $x+y \leqslant 2(z+w)$,则 $\dfrac{w}{x}+\dfrac{z}{y}$ 的最小值等于( ).

A. $\dfrac{3}{4}$ 　　 B. $\dfrac{7}{8}$ 　　 C. 1 　　 D. 前三个答案都不对

2. 在 $(2\,019 \times 2\,020)^{2\,021}$ 的全体正因数中选出若干个,使得其中任意两个的乘积都不是平方数,则最多可选因数个数为( ).

A. 16 　　 B. 31 　　 C. 32 　　 D. 前三个答案都不对

3. 整数列 $\{a_n\}$($n \geqslant 1$)满足 $a_1 = 1$,$a_2 = 4$,且对任意 $n \geqslant 2$ 有 $a_n^2 - a_{n+1}a_{n-1} = 2^{n-1}$,则 $a_{2\,020}$ 的个位数字是( ).

A. 8 　　 B. 4 　　 C. 2 　　 D. 前三个答案都不对

4. 设 a,b,c,d 是方程 $x^4 + 2x^3 + 3x^2 + 4x + 5 = 0$ 的 4 个复根,则 $\dfrac{a-1}{a+2} + \dfrac{b-1}{b+2} + \dfrac{c-1}{c+2} + \dfrac{d-1}{d+2}$ 的值为( ).

A. $-\dfrac{4}{3}$ 　　 B. $-\dfrac{2}{3}$ 　　 C. $\dfrac{2}{3}$ 　　 D. 前三个答案都不对

5. 设等边三角形 ABC 的边长为 1,过点 C 作以 AB 为直径的圆的切线交 AB 的延长线于点 D,$AD > BD$,则三角形 BCD 的面积为( ).

A. $\dfrac{6\sqrt{2} - 3\sqrt{3}}{16}$ 　　　　　　 B. $\dfrac{4\sqrt{2} - 3\sqrt{3}}{16}$

C. $\dfrac{3\sqrt{2} - 2\sqrt{3}}{16}$ 　　　　　　 D. 前三个答案都不对

6. 设 x,y,z 均不为 $\left(k + \dfrac{1}{2}\right)\pi$,其中 k 为整数,已知 $\sin(y+z-x)$,$\sin(x+z-$

y），$\sin(x+y-z)$ 成等差数列，则依然成等差数列的是（　　）.

  A. $\sin x$，$\sin y$，$\sin z$ B. $\cos x$，$\cos y$，$\cos z$

  C. $\tan x$，$\tan y$，$\tan z$ D. 前三个答案都不对

7. 方程 $19x+93y=4xy$ 的整数解个数为（　　）.

  A. 4   B. 8   C. 16   D. 前三个答案都不对

8. 从圆 $x^2+y^2=4$ 上的点向椭圆 C：$\dfrac{x^2}{2}+y^2=1$ 引切线，两个切点间的线段称为切点弦，则椭圆 C 内不与任何切点弦相交的区域面积为（　　）.

  A. $\dfrac{\pi}{2}$ B. $\dfrac{\pi}{3}$ C. $\dfrac{\pi}{4}$ D. 前三个答案都不对

9. 使得 $5x+12\sqrt{xy} \leqslant a(x+y)$ 对所有正实数 x，y 都成立的实数 a 的最小值为（　　）.

  A. 8   B. 9   C. 10   D. 前三个答案都不对

10. 设 P 为单位立方体 $ABCD$-$A_1B_1C_1D_1$ 的面对角线 AB_1 上的一点，则 PA_1+PC_1 的最小值为（　　）.

  A. $\sqrt{2+\sqrt{2}}$ B. $\sqrt{2+2\sqrt{2}}$ C. $2-\dfrac{\sqrt{2}}{2}$ D. 前三个答案都不对

11. 数列 $\{a_n\}$（$n \geqslant 1$）满足 $a_1=1$，$a_2=9$，且对任意 $n \geqslant 1$ 有 $a_{n+2}=4a_{n+1}-3a_n-20$，其前 n 项和为 S_n，则函数 S_n 的最大值等于（　　）.

  A. 28   B. 35   C. 47   D. 前三个答案都不对

12. 设直线 $y=3x+m$ 与椭圆 $\dfrac{x^2}{25}+\dfrac{y^2}{16}=1$ 交于 A，B 两点，O 为坐标原点，则三角形 OAB 面积的最大值为（　　）.

  A. 8   B. 10   C. 12   D. 前三个答案都不对

13. 正整数 $n \geqslant 3$ 称为理想的，若存在正整数 $1 \leqslant k \leqslant n-1$ 使得 C_n^{k-1}，C_n^k，C_n^{k+1} 构成等差数列，其中 $C_n^k=\dfrac{n!}{k!\,(n-k)!}$ 为组合数，则不超过 2 020 的理想数个数为（　　）.

  A. 40   B. 41   C. 42   D. 前三个答案都不对

14. 在 $\triangle ABC$ 中，$\angle A=150°$，D_1，D_2，$\cdots$，D_{2020} 依次为边 BC 上的点，有 $BD_1=D_1D_2=D_2D_3=\cdots=D_{2019}D_{2020}=D_{2020}C$，设 $\angle BAD_1=\alpha_1$，$\angle D_1AD_2=\alpha_2$，$\cdots$，$\angle D_{2019}AD_{2020}=\alpha_{2020}$，$\angle D_{2020}AC=\alpha_{2021}$，则 $\dfrac{\sin\alpha_1\sin\alpha_3\cdots\sin\alpha_{2021}}{\sin\alpha_2\sin\alpha_4\cdots\sin\alpha_{2020}}$ 的值为（　　）.

  A. $\dfrac{1}{1\,010}$ B. $\dfrac{1}{2\,020}$ C. $\dfrac{1}{2\,021}$ D. 前三个答案都不对

15. 函数 $\sqrt{3+2\sqrt{3}\cos\theta+\cos^2\theta}+\sqrt{5-2\sqrt{3}\cos\theta+\cos^2\theta+4\sin^2\theta}$ 的最大值为（　　）.

A. $\sqrt{2}+\sqrt{3}$ B. $2\sqrt{2}+\sqrt{3}$

C. $\sqrt{2}+2\sqrt{3}$ D. 前三个答案都不对

16. 方程 $\sqrt{x+5-4\sqrt{x+1}}+\sqrt{x+2-2\sqrt{x+1}}=1$ 的实根个数为（　　）.

A. 1   B. 2   C. 3   D. 前三个答案都不对

17. 凸五边形 $ABCDE$ 的对角线 CE 分别与对角线 BD 和 AD 交于点 F 和 G，已知 $BF:FD=5:4$，$AG:GD=1:1$，$CF:FG:GE=2:2:3$，$S_{\triangle CFD}$ 和 $S_{\triangle ABE}$ 分别为 $\triangle CFD$ 和 $\triangle ABE$ 的面积，则 $S_{\triangle CFD}:S_{\triangle ABE}$ 的值等于（　　）.

A. $8:15$ B. $2:3$ C. $11:23$ D. 前三个答案都不对

18. 设 p，q 均为不超过 100 的正整数，则有有理根的多项式 $f(x)=x^5+px+q$ 的个数为（　　）.

A. 99   B. 133   C. 150   D. 前三个答案都不对

19. 满足对任意 $n\geqslant 1$ 有 $a_{n+1}=2^n-3a_n$ 且严格递增的数列 $\{a_n\}$（$n\geqslant 1$）的个数为（　　）.

A. 0   B. 1

C. 无穷多个   D. 前三个答案都不对

20. 设函数 $f(x,y,z)=\dfrac{x}{x+y}+\dfrac{y}{y+z}+\dfrac{z}{z+x}$，其中 x，y，z 均为正实数，则有（　　）.

A. f 既有最大值也有最小值   B. f 有最大值但无最小值

C. f 有最小值但无最大值   D. 前三个答案都不对

清华大学强基计划2020年数学试题

1. 已知实数 x，y 满足 $x^2+y^2 \leqslant 1$，则 x^2+xy-y^2 的最大值为（　　）.

A. 1　　　　　　　B. $\dfrac{\sqrt{5}}{2}$　　　　　　　C. $\dfrac{\sqrt{10}}{3}$　　　　　　　D. $\sqrt{2}$

2. 设 a，b，c 均为大于零的实数，若一元二次方程 $ax^2+bx+c=0$ 有实根，则（　　）.

A. $\max\{a,b,c\} \geqslant \dfrac{1}{2}(a+b+c)$　　　　　　B. $\max\{a,b,c\} \geqslant \dfrac{4}{9}(a+b+c)$

C. $\min\{a,b,c\} \leqslant \dfrac{1}{4}(a+b+c)$　　　　　　D. $\min\{a,b,c\} \leqslant \dfrac{1}{3}(a+b+c)$

3. 设平面向量 a，b，c 满足 $|a| \leqslant 2$，$|b| \leqslant 1$，且 $|a-2b-c| \leqslant |a+2b|$，则 $|c|$ 的（　　）.

A. 最大值为 $4\sqrt{2}$　　　　　　B. 最大值为 $2\sqrt{6}$

C. 最小值为 0　　　　　　D. 最小值为 $\sqrt{2}$

4. 在 $\triangle ABC$ 中，$AC=1$，$BC=\sqrt{3}$，$AB=2$，M 为 AB 的中点，将 $\triangle BCM$ 沿 CM 折起，使得三棱锥 $B-ACM$ 的体积为 $\dfrac{\sqrt{2}}{12}$，则折起后 AB 的长可以为（　　）.

A. 1　　　　　　　B. $\sqrt{2}$　　　　　　　C. $\sqrt{3}$　　　　　　D. 2

5. 已知点 $A(1,1)$，$Q(1,0)$，P 为椭圆 $\dfrac{x^2}{4}+\dfrac{y^2}{3}=1$ 上的动点，则 $|PA|+|PQ|$ 的（　　）.

A. 最大值为 $4+\sqrt{3}$　　　　　　B. 最大值为 $4+\sqrt{5}$

C. 最小值为 $4-\sqrt{3}$　　　　　　D. 最小值为 $4-\sqrt{5}$

6. 已知 A，B 分别为双曲线 $\dfrac{x^2}{4}-y^2=1$ 的左、右顶点，P 为该双曲线上不同于 A，B 的任意一点，设 $\angle PAB=\alpha$，$\angle PBA=\beta$，$\triangle PAB$ 的面积为 S，则（　　）.

A. $\tan \alpha \tan \beta$ 为定值   B. $\tan \dfrac{\alpha}{2} \tan \dfrac{\beta}{2}$ 为定值

C. $S \cdot \tan(\alpha + \beta)$ 为定值   D. $S \cdot \cot(\alpha + \beta)$ 为定值

7. 设正四棱锥的侧棱与底面所成角为 α，相邻两侧面所成角为 β，则（   ）.

A. $\cos \beta = \dfrac{\cos^2 \alpha}{\cos^2 \alpha - 2}$ B. $\cos \beta = \dfrac{\cos^2 \alpha - 1}{\cos^2 \alpha + 1}$

C. $\tan \dfrac{\beta}{2} = \sin \alpha$ D. $\cos \dfrac{\beta}{2} = \sin \alpha$

8. 已知复数 z_1，z_2 在复平面内对应的点为 Z_1，Z_2，O 为坐标原点，若 $|z_1| = 1$，$5z_1^2 - 2z_1 z_2 + z_2^2 = 0$，则 $\triangle OZ_1 Z_2$ 的面积为（   ）.

A. 1   B. $\sqrt{3}$ C. 2   D. $2\sqrt{3}$

9. 在非等边 $\triangle ABC$ 中，$AC = BC$，点 O，P 分别为 $\triangle ABC$ 的外心和内心，点 D 在边 BC 上，且 $OD \perp BP$，则（   ）.

A. $OD \parallel AC$ B. $OD \parallel AB$

C. $DP \parallel AC$ D. B，O，P，D 四点共圆

10. 使得 $n\sin 1 > 1 + 5\cos 1$ 成立的最小正整数 n 的值为（   ）.

A. 3   B. 4   C. 5   D. 6

11. 已知实数 x，y，z 满足 $\begin{cases} \dfrac{1}{9}x^3 - \dfrac{1}{3}y^2 - y = 1, \\[2mm] \dfrac{1}{9}y^3 - \dfrac{1}{3}z^2 - z = 1, \\[2mm] \dfrac{1}{9}z^3 - \dfrac{1}{3}x^2 - x = 1, \end{cases}$ 则，（   ）.

A. (x, y, z) 只有 1 组   B. (x, y, z) 有 4 组

C. z，y，z 均为有理数   D. z，y，z 均为无理数

12. 设实数 x_1，x_2，$\cdots$，x_{21} 满足 $0 \leqslant x_i \leqslant 1$（$i = 1, 2, \cdots, 21$），则 $\displaystyle\sum_{i=1}^{21} \sum_{k=1}^{21} |x_i - x_k|$ 的最大值为（   ）.

A. 110   B. 120   C. 220   D. 240

13. 在平面直角坐标系中，横坐标与纵坐标都是整数的点称为格点，所有顶点都是格点的多边形称为格点多边形. 若一个格点多边形内部有 8 个格点，边界上有 10 个格点，则这个格点多边形的面积为（   ）.

A. 10   B. 11   C. 12   D. 13

14. 甲、乙、丙三位同学讨论一道数学题. 甲说："我做错了"，乙说："甲做对了"，丙说："我做错了". 老师看过他们的答案并听了他们的上述对话后说："你们有一个人做对了，有一个人说错了". 则根据以上信息可以推断出（   ）.

A. 甲做对了　　　　　　　　　　　　　　B. 乙做对了

C. 丙做对了　　　　　　　　　　　　　　D. 无法确定谁做对了

15. 设复数 z 满足 $|3z-7i|=3$，令 $z_1=\dfrac{z^2-2z+2}{z-1+i}$，则 $|z_1|$ 的（　　）.

A. 最大值为 $\dfrac{8}{3}$　　　　B. 最大值为 $\dfrac{7}{3}$　　　　C. 最小值为 $\dfrac{4}{3}$　　　　D. 最小值为 $\dfrac{2}{3}$

16. 在 $\triangle ABC$ 中，$\angle A=90°$，$AB=1$，$AC=\sqrt{3}$，点 P 满足 $\dfrac{\overrightarrow{PA}}{|\overrightarrow{PA}|}+\dfrac{\overrightarrow{PB}}{|\overrightarrow{PB}|}+\dfrac{\overrightarrow{PC}}{|\overrightarrow{PC}|}=\vec{0}$，则（　　）.

　　A. $\angle APC=120°$　　　　　　　　　　B. $\angle APB=120°$

　　C. $|\overrightarrow{PB}|=2|\overrightarrow{PA}|$　　　　　　　　　　D. $|\overrightarrow{PC}|=2|\overrightarrow{PB}|$

17. 设 α，β 为锐角，且 $\cos(\alpha+\beta)=\dfrac{\sin\alpha}{\sin\beta}$，则 $\tan\alpha$ 的最大值为（　　）.

A. $\dfrac{\sqrt{2}}{4}$　　　　　　B. $\dfrac{\sqrt{3}}{3}$　　　　　　C. 1　　　　　　D. $\sqrt{2}$

18. 设袋中装有编号从 0 到 9 的 10 个球，随机从中抽取 5 个球，然后排成一行，构成的数（0 在首位时看成 4 位数）能被 396 整除的概率是（　　）.

A. $\dfrac{1}{240}$　　　　　　B. $\dfrac{1}{280}$　　　　　　C. $\dfrac{1}{315}$　　　　　　D. $\dfrac{1}{360}$

19. 设函数 $f(x)=e^x+a(x-1)+b$ 在区间 $[1,3]$ 上存在零点，则 a^2+b^2 的最小值为（　　）.

A. $\dfrac{e}{2}$　　　　　　B. e　　　　　　C. $\dfrac{e^2}{2}$　　　　　　D. e^2

20. 设数列 $\{a_n\}$ 的前 n 项和为 S_n，若数列 $\{a_n\}$ 满足：$\forall n\in\mathbf{N}^*$，$\exists m\in\mathbf{N}^*$，使得 $S_n=a_m$，则称数列 $\{a_n\}$ 为 T 数列，下列命题中正确的有（　　）.

A. 若 $a_n=\begin{cases}1,&n=1,\\2^{n-2},&n\geq2\end{cases}$，则 $\{a_n\}$ 为 T 数列

B. 若 $a_n=na$（其中 a 为常数），则 $\{a_n\}$ 为 T 数列

C. 若 $\{b_n\}$，$\{c_n\}$ 均为 T 数列，且 $a_n=b_n+c_n$，则 $\{a_n\}$ 为等差数列

D. 若 $\{a_n\}$ 为等差数列，则存在两个 T 数列 $\{b_n\}$，$\{c_n\}$，使得 $a_n=b_n+c_n$

21. 设函数 $f(x)=\dfrac{2e^x}{e^x+e^{-x}}+\sin x$，在区间 $[-2,2]$ 上的最大值为 M，最小值为 m，则（　　）.

　　A. $M+m=2$　　　　　　　　　　　　B. $M+m=1$

　　C. $M-m=2$　　　　　　　　　　　　D. $M-m=1$

22. 设 A，B 分别是 x 轴，y 轴上的动点，若以 AB 为直径的圆 C 与直线 $2x+y-4=$

0 相切,则圆 C 面积的最小值为( ).

A. $\dfrac{\pi}{5}$ B. $\dfrac{2\pi}{5}$ C. $\dfrac{4\pi}{5}$ D. π

23. 已知实数 a,b 满足 $a^3+b^3+3ab=1$,设 $a+b$ 的所有可能取值构成的集合为 M,则( ).

A. M 为单元素集   B. M 为有限集,但不是单元素集

C. M 为无限集,且有下界   D. M 为无限集,且无下界

24. 设 x,y 为不同的正整数,给出以下三个结论:

① y^2+2x 与 x^2+2y 不可能同时为完全平方数;

② y^2+4x 与 x^2+4y 不可能同时为完全平方数;

③ y^2+6x 与 x^2+6y 不可能同时为完全平方数;

其中正确结论的个数为( ).

A. 0   B. 1   C. 2   D. 3

25. 设随机变量 X 的概率分布为 $P\{X=K\}=\dfrac{1}{2^k}$ $(k=1,2,3,\cdots)$,Y 表示 X 被 3 除的余数,则数学期望 $EY=$( ).

A. 1   B. $\dfrac{8}{7}$ C. $\dfrac{9}{7}$ D. $\dfrac{3}{2}$

26. 设数列 $\{a_n\}$ 的前 n 项和为 $S_n=(-1)^n a_n+\dfrac{1}{2^n}+n-3$,且实数 t 满足 $(t-a_{n+1})(t-a_n)<0$,则 t 的取值范围是( ).

A. $\left(-\dfrac{3}{4},\dfrac{11}{4}\right)$ B. $\left(-\dfrac{3}{4},\dfrac{11}{5}\right)$ C. $\left(-\dfrac{3}{5},\dfrac{11}{4}\right)$ D. $\left(-\dfrac{3}{5},\dfrac{11}{5}\right)$

27. 《红楼梦》《三国演义》《水浒》《西游记》四部书分列在只有四层架子的书柜的不同层上,小赵、小钱、小孙、小李分别借阅了四部书中的一部,现已知:小钱借阅了第一层的书籍,小赵借阅了第二层的书籍,小孙借阅的是《红楼梦》,《三国演义》陈列在第四层,则( ).

A.《水浒》一定陈列在第二层   B.《西游记》一定陈列在第一层

C. 小孙借阅的一定是第三层的书籍   D. 小李借阅的一定是第四层的书籍

28. 已知函数 $f(x)$ 的倒数存在,$y=f(x)$ 的图像如图 1 所示,设 $S(t)$ $(a\leqslant t\leqslant b)$ 是由曲线 $y=f(x)$ 与直线 $x=a$,$x=t$ 及 x 轴围成的平面图形的面积,则在区间 $[a,b]$ 上( ).

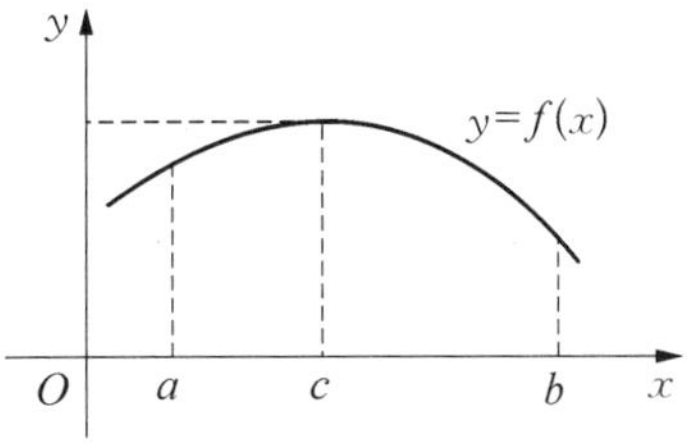

A. $f'(x)$ 的最大值是 $f'(a)$,最小值是 $f'(c)$

B. $f'(x)$ 的最大值是 $f'(c)$,最小值是 $f'(b)$

C. $S'(t)$ 的最大值是 $S'(a)$,最小值是 $S'(c)$

图 1

D. $S'(t)$ 的最大值是 $S'(c)$，最小值是 $S'(b)$

29. 已知数列 A：a_0，a_1，a_2，$\cdots$，a_{20} 满足 $a_0=0$，$|a_i|=|a_{i-1}+1|$（$t=1$，$\cdots$，20）则（　　）.

　　A. 存在这样的数列 A，使得 $|a_0+a_1+a_2+\cdots+a_{20}|=0$

　　B. 存在这样的数列 A，使得 $|a_0+a_1+a_2+\cdots+a_{20}|=2$

　　C. 存在这样的数列 A，使得 $|a_0+a_1+a_2+\cdots+a_{20}|=10$

　　D. 存在这样的数列 A，使得 $|a_0+a_1+a_2+\cdots+a_{20}|=12$

30. $\displaystyle\lim_{n\to\infty}\sum_{k=1}^{n}\arctan\frac{2}{k^2}=($　　$)$.

　　A. $\dfrac{3\pi}{4}$　　　　　　　　B. π　　　　　　　　C. $\dfrac{4\pi}{5}$　　　　　　　　D. $\dfrac{3\pi}{2}$

31. 设多项式 $f(x)$ 的各项系数都是非负实数，且 $f(1)=f'(1)=f''(1)=f'''(1)=1$，则 $f(x)$ 的常数项的最小值为（　　）.

　　A. $\dfrac{1}{2}$　　　　　　　　B. $\dfrac{1}{3}$　　　　　　　　C. $\dfrac{1}{4}$　　　　　　　　D. $\dfrac{1}{5}$

32. $\sin\left[\arctan 1+\arcsin\dfrac{\sqrt{5}}{5}+\arccos\dfrac{3\sqrt{10}}{10}\right]=($　　$)$.

　　A. 1　　　　　　　　B. $\dfrac{7\sqrt{2}}{10}$　　　　　　　　C. $\dfrac{3\sqrt{2}}{5}$　　　　　　　　D. $\dfrac{\sqrt{2}}{2}$

33. 设 A，B，C 是集合 $\{1,2,\cdots,2\,020\}$ 的子集，且满足 $A\subseteq C$，$B\subseteq C$，这样的有序组 $(A$，B，$C)$ 的总数是（　　）.

　　A. $3^{2\,020}$　　　　　　B. $4^{2\,020}$　　　　　　C. $5^{2\,020}$　　　　　　D. $6^{2\,020}$

34. 设 $\triangle ABC$ 的边长 a，b，c 都是整数，面积是有理数，则 a 的值可以为（　　）.

　　A. 1　　　　　　　　B. 2　　　　　　　　C. 3　　　　　　　　D. 4

35. 已知 $f(z)=z^{10}+z^{-10}+\dfrac{1}{2}(z^5+z^{-5})$，则（　　）.

　　A. $f(z)=0$ 存在实数解　　　　　　　　　B. $f(z)=0$ 共有 20 个不同的复数解

　　C. $f(z)=0$ 复数解的模长都等于 1　　　　D. $f(z)=0$ 存在模长大于 1 的复数解

参 考 答 案

第一部分　奠基篇

01　函数性态

1. 提示：利用单调性定义．答案：B　**2.** 提示：利用奇偶性定义．答案：D　**3.** 提示：利用周期性定义．答案：C　**4.** 提示：证明图像上的任一点关于 $P\left(\dfrac{1}{2},\dfrac{1}{2}\right)$ 的对称点在图像上．　**5.** D

6. $g(t)=\begin{cases}t^2+4t+5, & t\leqslant-2\\ 1, & -2<t\leqslant-1\\ t^2+2t+2, & t>-1\end{cases}$．　**7.** 提示：消去 y，化为求 x 的二次函数最值，注意 x 的取值

范围是 $[2,6]$．答案：9　**8.** 提示：利用函数奇偶性的定义，再用分子有理化的方法来变换．答案：奇

函数　**9.** 2　**10.** 提示：可以得到函数的周期是 8．答案：1 998　**11.** A　**12.** 提示：考虑方程 $f(x)=$

x 有两个互为相反数的实数根．(1) $\begin{cases}a>0,a\neq 4\\ b=2\end{cases}$；(2) 略　**13.** $24\sqrt{2}$ m，$x=6\sqrt{2}$ m，$y=12\sqrt{2}$ m

14. 14　**15.** x^2+9　**16.** $\dfrac{1}{2}$　**17.** 提示：分离常数 a（参考《式与方程》例3）．　**18.** 275　**19.** $2-2\sqrt{3}\leqslant$

$a<2$　**20.** $\dfrac{1}{4}$　**21.** 提示：验证．答案：D　**22.** 提示：画示意图．答案：B　**23.** 提示：奇函数．答

案：D　**24.** A　**25.** A　**26.** B　**27.** D　**28.** D　**29.** B　**30.** C　**31.** A　**32.** A　**33.** 提示：由

$\begin{cases}x\geqslant 0\\ y=5-2x\geqslant 0\end{cases}\Rightarrow 0\leqslant x\leqslant\dfrac{5}{2}$，再通过消元 y 求关于 x 的二次函数的最大值．答案：C　**34.** 提示：

逐步代入算几步即可发现规律．答案：C　**35.** B　**36.** D　**37.** 提示：根据和积不等式，当且仅当两部分

面积相等时积最大．答案：A　**38.** 提示：因为 $(ABCD)\xrightarrow{\omega}(BADC)$，而 $(ABCD)\xrightarrow{\sigma}(ACDB)\xrightarrow{\tau}$

$(BCDA)\xrightarrow{\sigma}(CDBA)\xrightarrow{\sigma}(DBCA)\xrightarrow{\tau}(DACB)\xrightarrow{\sigma}(BADC)$，所以 $\omega=\sigma\circ\tau\circ\sigma\circ\sigma\circ\tau\circ\sigma$．答

案：D

02　导数积分

1. 单调递减区间为 $(-\infty,0)$ 和 $(0,1)$，单调递增区间为 $[1,+\infty)$；极小值为 e　**2.** $1+\dfrac{x^2}{3}$　**3.** 解

析：$f(x)$，$g(x)$ 的常数项可以任意．答案：B　**4.** 解析：$\lim\limits_{h\to 0}\dfrac{f(x_0+h)-f(x_0-h)}{h}=$

$\lim\limits_{h\to 0}2\left[\dfrac{f(x_0+h)-f(x_0-h)}{2h}\right]=2\lim\limits_{h\to 0}\dfrac{f(x_0+h)-f(x_0-h)}{2h}=2f'(x_0)$．答案：B　**5.** 提示：

根据 $f'(x)>0$ 时，$y=f(x)$ 递增；$f'(x)<0$ 时，$y=f(x)$ 递减可得．答案：C　**6.** 解析：原式 $=$

$x + \sin x \Big|_{-\frac{\pi}{2}}^{\frac{\pi}{2}} = \left(\frac{\pi}{2} + \sin\frac{\pi}{2}\right) - \left[-\frac{\pi}{2} + \sin\left(-\frac{\pi}{2}\right)\right] = \pi + 2.$ 　　**答案：D　7. 解析：**

$\lim\limits_{h\to 0}\dfrac{f(x_0+h)-f(x_0-3h)}{h} = 4\lim\limits_{h\to 0}\dfrac{f(x_0+h)-f(x_0-3h)}{4h} = 4f'(x_0) = -12.$ 　　**答案：D　8. 解**

析： $\displaystyle\int_a^b \sqrt{-(x-a)(x-b)}\,\mathrm{d}x\ (b>a)$ 表示 $f(x)=\sqrt{-(x-a)(x-b)}$，$x=a$，$x=b$，$y=0$ 所围

成图形的面积. 由 $y=\sqrt{-(x-a)(x-b)}$ 得 $\left(x-\dfrac{a+b}{2}\right)^2 + y^2 = \left(\dfrac{b-a}{2}\right)^2\ (y\geqslant 0)$，故 $y=$

$\sqrt{-(x-a)(x-b)}$ 表示的曲线是圆心为 $\left(\dfrac{a+b}{2},0\right)$，半径为 $\dfrac{b-a}{2}$ 的上半圆，所求的定积分为

$\dfrac{\pi(b-a)^2}{8}$. 　　**答案：**$\dfrac{\pi(b-a)^2}{8}$　**9.** ①，②，⑤　**10.** A　**11. 解析：**$y'=(x-a)'(x-b)(x-c)+(x-$

$a)(x-b)'(x-c)+(x-a)(x-b)(x-c)'=(x-b)(x-c)+(x-a)(x-c)+(x-a)(x-b).$

答案：$(x-b)(x-c)+(x-a)(x-c)+(x-a)(x-b)$　**12. 解析：**焦点坐标为 $F(a,0)$，设弦 AB 和

CD 过焦点 F，且 $AB \perp OF$（见图 2-5）. 由图得知：$S_{ACF} > S_{AGF} = S_{FBE} > S_{FBD}$，故 $S_{ACFDOA} >$

S_{AFBDOA}. 　所求面积为 $A = 2\displaystyle\int_0^{2a}\left(a-\dfrac{y^2}{4a}\right)\mathrm{d}y = \dfrac{8}{3}a^2.$ 　　**答案：**$\dfrac{8}{3}a^2$　**13. 解析：**设容器中水的体积在

t min 时为 V，水深为 h 则 $V=20t$. 又 $V=\dfrac{1}{3}\pi r^2 h$，由图知 $\dfrac{r}{h}=\dfrac{6}{30}$，得 $r=\dfrac{1}{5}h$. 求得 $V=\dfrac{1}{3}\pi\cdot\left(\dfrac{1}{5}\right)^2\cdot$

$h^3 = \dfrac{\pi}{75}h^3$，即 $20t=\dfrac{\pi}{75}h^3$，所以 $h=\sqrt[3]{\dfrac{1\,500}{\pi}t}$，于是 $h'=\sqrt[3]{\dfrac{1\,500}{\pi}}\cdot\dfrac{1}{3}\cdot t^{-\frac{2}{3}}$. 当 $h=10$ 时，$t=\dfrac{2}{3}\pi$，

$h'=\dfrac{5}{\pi}$. 所以当 $h=10$ m 时，水面上升速度为 $\dfrac{5}{\pi}$ m/min. 　　**14. 提示：**利用导数. **答案：**B　**15. 解析：**

令 $t=\cos x$，则 $y=g(t)=t^3-t^2-t+1\ (-1\leqslant t\leqslant 1)$，$y'=g'(t)=3t^2-2t-1=(t-1)(3t+1)$，

所以，函数 $g(t)$ 增区间是 $\left[-1,-\dfrac{1}{3}\right]$，减区间是 $\left[-\dfrac{1}{3},1\right]$，函数 $g(t)$ 的最大值为 $y_{\max}=g\left(-\dfrac{1}{3}\right)=$

$\left(-\dfrac{1}{3}\right)^3-\left(-\dfrac{1}{3}\right)^2-\left(-\dfrac{1}{3}\right)+1=\dfrac{32}{27}$. 故选 B. 　**16. 解析：**(1) 方法一：$f'(x)=3ax^2+2bx+c$. 由

题设，得 $f'(1)=3a+2b+c=0$ 　① 　$f'(m)=3am^2+2bm+c=-3a$ 　② 　因为 $a<b<c$，所

以 $6a<3a+2b+c<6c$，得 $a<0$，$c>0$. 由①代入②得 $3am^2+2bm-2b=0$，故 $\Delta=4b^2+24ab\geqslant$

0，即得 $\left(\dfrac{b}{a}\right)^2+\dfrac{6b}{a}\geqslant 0$，所以 $\dfrac{b}{a}\leqslant -6$ 或 $\dfrac{b}{a}\geqslant 0$ 　③ 　将 $c=-3a-2b$ 代入 $a<b<c$ 中，得 $-1<$

$\dfrac{b}{a}<1$ 　④ 　由式③，④得 $0\leqslant\dfrac{b}{a}<1$. 方法二：同上可得 $\begin{cases}3a+2b+c=0 & ① \\ 3m^2a+2bm+3a+c=0 & ②\end{cases}$，将式①变

为 $3a=-2b-c$，代入式②可得 $2b=\dfrac{-m^2c}{m^2-m+1}=\dfrac{-m^2c}{\left(m-\dfrac{1}{2}\right)^2+\dfrac{3}{4}}\leqslant 0$，所以 $a<b\leqslant 0$，则 $0\leqslant$

$\dfrac{b}{a}<1$. 方法三：同上可得 $\begin{cases}3a+2b+c=0 & ① \\ 3m^2a+2bm+3a+c=0 & ②\end{cases}$，将式①变为 $c=-3a-2b$，代入式②可得

$3am^2+2b(m-1)=0$，显然 $m\neq 1$，所以 $\dfrac{b}{a}=\dfrac{3m^2}{1-m}$. 因为 $f'(x)=3ax^2+2bx+c$ 图像的开口向下，

且有一根为 $x_1 = 1$,由韦达定理得 $x_1 \cdot x_2 = \dfrac{c}{3a}$,所以 $x_2 = \dfrac{3}{3a} < 0 < x_1$,$f'(m) = -3a > 0$,所以 $m \in$

$\left(\dfrac{c}{3a}, 1\right)$,即 $m < 1$,则 $\dfrac{b}{a} = \dfrac{3m^2}{1-m} \geqslant 0$,由 $a < b < c$,得 $\dfrac{b}{a} < 1$,所以 $0 \leqslant \dfrac{b}{a} < 1$. **方法四:** 由 $f'(x) =$

$3ax^2 + 2bx + c$,得 $f'(0) = c > 0$ 且 $f'(1) = 0$,由此可知. (2) 由(1)知,$f'(x) = 3ax^2 + 2bx + c$ 的判

别式 $\Delta = 4b^2 - 12ac > 0$,所以方程 $f'(x) = 3ax^2 + 2bx + c = 0$ 有两个不等的实根 x_1,x_2. 又 $f'(1) =$

$3a + 2b + c = 0$,有 $x_1 = 1$,$x_2 = -\dfrac{2b}{3a} - 1$,$x_2 < 0 < x_1$,所以当 $x < x_2$ 或 $x > x_1$ 时,$f'(x) < 0$,

当 $x_2 < x < x_1$ 时,$f'(x) > 0$. 函数 $y = f(x)$ 的单调增区间是 $[x_2, x_1]$,所以 $|x_1 - x_2| = 2 + \dfrac{2b}{3a}$,由

$0 \leqslant \dfrac{b}{a} < 1$,知 $2 \leqslant |x_1 - x_2| < \dfrac{8}{3}$. 因为函数 $y = f(x)$ 在区间 $[s, t]$ 上单调递增,所以 $[s, t] \subseteq [x_1,$

$x_2]$,故 $2 \leqslant |s - t| < \dfrac{8}{3}$,即 $|s - t|$ 的取值范围是 $\left(0, \dfrac{8}{3}\right)$. (3) 由 $f'(x) + 3a < 0$,即 $3ax^2 + 2bx +$

$c + 3a < 0$,因为 $a < 0$,$\therefore x^2 + \dfrac{2b}{3a} \cdot x - \dfrac{2b}{3a} > 0$,又因 $0 \leqslant \dfrac{b}{a} < 1$,所以 $\begin{cases} 3x^2 + 2x - 2 \geqslant 0 \\ x^2 > 0 \end{cases}$,所以 $x \leqslant$

$\dfrac{-\sqrt{7} - 1}{3}$ 或 $x \geqslant \dfrac{\sqrt{7} - 1}{3}$. 由题意,得 $[k, +\infty) \subseteq \left(-\infty, \dfrac{-\sqrt{7} - 1}{3}\right] \bigcup \left[\dfrac{\sqrt{7} - 1}{3}, +\infty\right)$,

所以 $k \geqslant \dfrac{\sqrt{7} - 1}{3}$,所以存在实数 k 满足条件,即 k 的最小值为 $\dfrac{\sqrt{7} - 1}{3}$. **答案:**(1) 略;(2) $\left(0, \dfrac{8}{3}\right)$;

(3) 存在,最小值是 $\dfrac{\sqrt{7} - 1}{3}$ **17. 解析:**(1) 设 $y = f(x)$ 与 $y = g(x) (x > 0)$ 在公共点 (x_0, y_0) 处的切

线相同,$f'(x) = x + 2$,$g'(x) = \dfrac{3}{x}$. 由题意知 $f(x_0) = g(x_0)$,$f'(x_0) = g'(x_0)$,可得

$\begin{cases} \dfrac{1}{2}x_0^2 + 2x_0 = 3\ln x_0 + b, \\ x_0 + 2 = \dfrac{3}{x_0}. \end{cases}$ 由 $x_0 + 2 = \dfrac{3}{x_0}$,得 $x_0 = 1$ 或 $x_0 = -3$(舍去). 即有 $b = \dfrac{5}{2}$. (2) 设 $y =$

$f(x)$ 与 $y = g(x) (x > 0)$ 在公共点 (x_0, y_0) 处的切线相同,$f'(x) = x + 2a$,$g'(x) = \dfrac{3a^2}{x}$. 由题意知

$f(x_0) = g(x_0)$,$f'(x_0) = g'(x_0)$,可得 $\begin{cases} \dfrac{1}{2}x_0^2 + 2ax_0 = 3a^2\ln x_0 + b, \\ x_0 + 2a = \dfrac{3a^2}{x_0}. \end{cases}$ 由 $x_0 + 2a = \dfrac{3a^2}{x_0}$,得 $x_0 = a$

或 $x_0 = -3a$(舍去). 即有 $b = \dfrac{1}{2}a^2 + 2a^2 - 3a^2\ln a = \dfrac{5}{2}a^2 - 3a^2\ln a$. 令 $h(t) = \dfrac{5}{2}t^2 - 3t^2\ln t \ (t > 0)$,

则 $h'(t) = 2t(1 - 3\ln t)$,于是当 $2t(1 - 3\ln t) > 0$,即 $0 < t < e^{\frac{1}{3}}$ 时,$h'(t) > 0$;当 $2t(1 - 3\ln t) < 0$,即

$t > e^{\frac{1}{3}}$ 时,$h'(t) < 0$. 故 $h(t)$ 在 $(0, +\infty)$ 的最大值为 $h(e^{\frac{1}{3}}) = \dfrac{3}{2}e^{\frac{2}{3}}$,$b$ 的最大值为 $\dfrac{3}{2}e^{\frac{2}{3}}$. **答案:**

(1) $b = \dfrac{5}{2}$;(2) $b = \dfrac{5}{2}a^2 - 3a^2\ln a$,最大值为 $\dfrac{3}{2}e^{\frac{2}{3}}$. **18.** $2x - 1$

03　式与方程

1. 36　**2.** 78,22　**3.** 89　**4. 解析：** 由 $\sqrt{2\sqrt{3}-3}=\sqrt{\sqrt{3}x}-\sqrt{\sqrt{3}y}$ 得 $\sqrt{2-\sqrt{3}}=\sqrt{x}-\sqrt{y}$，又

$\sqrt{2-\sqrt{3}}=\dfrac{\sqrt{4-2\sqrt{3}}}{\sqrt{2}}=\dfrac{\sqrt{3}-1}{\sqrt{2}}=\sqrt{\dfrac{3}{2}}-\sqrt{\dfrac{1}{2}}$，所以 $x=\dfrac{3}{2}$，$y=\dfrac{1}{2}$，$(x,y)=\left(\dfrac{3}{2},\dfrac{1}{2}\right)$.

答案： $\left(\dfrac{3}{2},\dfrac{1}{2}\right)$　**5.** $-\dfrac{1}{2}$　**6. 提示：** 求和配方.　**答案：** B　**7. 提示：** $(x^2+2x+2)(y^2-2y+2)=$

$[(x+1)^2+1][(y-1)^2+1]=1\Rightarrow x=-1,y=1.$　**答案：** 0　**8. 提示：** 辗转相除.　**9.** $\dfrac{1}{2}$，0

10. $x_1=a$，$x_2=a^2$　**11. 提示：** 由于 $f(5+x)=f(5-x)$，图像关于 $x=5$ 对称，可知 6 个根也两两

关于 $x=5$ 对称，所以总和为 30.　**答案：** D　**12. 提示：** 整体思想.　**分析：** 由 $\Delta=0$，两边都除以

$a^2b^2c^2$，整理成 $\left(\dfrac{1}{a}+\dfrac{1}{c}-\dfrac{2}{b}\right)^2=0$ 即证；也可在方程两边同除以 abc 后再由 $\Delta=0$ 化简即得.　**13. 提**

示： 注意判别式不小于 0，所以 a 有范围限制.　**答案：** A　**14.** $\dfrac{3pq}{1+3pq}$　**15. 提示：** $f(x)=7x^2-(k+$

$13)x+k^2-k-2$，由 $\begin{cases}f(0)>0\\f(1)<0\\f(2)>0\end{cases}$ 可得.　**答案：** $k\in(-2,-1)\cup(3,4)$　**16.** A　**17.** A　**18. 提示：** 画

图结合简单计算.　**答案：** D　**19. 提示：** 分 $x=1,x\neq1$ 两种情形讨论.　**答案：** B　**20. 提示：** 行列式判

别式法.　**答案：** D　**21. 提示：** 展开利用韦达定理.　**答案：** C　**22. 提示：**（1）别忘了底数为 1 的情形；

（2）注意 $x\neq2,3$.　**答案：** B$(x=4,5)$

04　不等关系

1. 提示： 利用二次不等式 $f(x)\leqslant0$ 在 $[p,q]$ 上恒成立的充要条件.　**2.** $\dfrac{5-\sqrt{5}}{2}<k<2$　**3. 提示：**

因为 a,b,c 是 x,y,z 的一个排列，所以 $xyz=abc$，可用基本不等式求解.　**4. 提示：** 等价转化.

5. 18　**6. 提示：** $\dfrac{\log_{25}26}{\log_{24}25}=\log_{25}26\ \log_{25}24<\left(\dfrac{\log_{25}26+\log_{25}24}{2}\right)^2=\left(\dfrac{\log_{25}(26\times24)}{2}\right)^2=$

$\left(\dfrac{\log_{25}(25^2-1)}{2}\right)^2<\left(\dfrac{\log_{25}25^2}{2}\right)^2=1$，且 $\log_{25}26>0$，$\log_{25}24>0$.　**答案：** $\log_{24}25>\log_{25}26$　**7.** 2

8. 提示： "$0\leqslant x^2+ax+5\leqslant4$ 只有唯一实解"等价于"$y=x^2+ax+5$ 与 $y=4$ 相切".　**答案：** ±2

9. $\{x\mid x\leqslant-4\text{ 或}-1\leqslant x<0\}$　**10. 提示：** 判别式法.　**答案：** $\begin{cases}a=2\\0<b<2\end{cases}$　**11. 提示：** 反证法.（等价

于证明其"逆否命题"）　**12.** 5　**13. 提示：** 令 $a=\cos\alpha$，$b=\cos\beta(\alpha,\beta\in[0,\pi])$，则 $a\sqrt{1-b^2}+$

$b\sqrt{1-a^2}=\cos\alpha\mid\sin\beta\mid+\cos\beta\mid\sin\alpha\mid=\cos\alpha\sin\beta+\cos\beta\sin\alpha=\sin(\alpha+\beta)=1$，所以 $\alpha+\beta=2k\pi+$

$\dfrac{\pi}{2}$，所以 $a^2+b^2=\cos^2\alpha+\cos^2\beta=1$.　**答案：** 1　**14.** $\left(0,\dfrac{a+b}{8ab}\right]$　**15. 提示：** "1"代换，$\dfrac{1}{x^2}+\dfrac{1}{y^2}+$

$\dfrac{1}{z^2}=\dfrac{x^2+y^2+z^2}{x^2}+\dfrac{x^2+y^2+z^2}{y^2}+\dfrac{x^2+y^2+z^2}{z^2}=\cdots$　**答案：** 9　**16.** $7<a\leqslant8$　**17.** D　**18. 提示：**

因为 $xyz+y+z=12\geqslant 3\sqrt[3]{xy^2z^2}\Rightarrow xy^2z^2\leqslant 64$，所以 $\log_4 x+\log_2 y+\log_2 z=\log_4(xy^2z^2)\leqslant$

$\log_4 64=3$. **答案：A** **19. B** **20. D** **21. D** **22. 解析：** 因 为 $\left(\dfrac{1}{a+b}+\dfrac{1}{a+2b}+\cdots+\right.$

$\left.\dfrac{1}{a+nb}\right)^2 < n\left(\left(\dfrac{1}{a+b}\right)^2+\left(\dfrac{1}{a+2b}\right)^2+\cdots+\left(\dfrac{1}{a+nb}\right)^2\right)$，所 以 即 证：$\left(\dfrac{1}{a+b}\right)^2+$

$\left(\dfrac{1}{a+2b}\right)^2+\cdots+\left(\dfrac{1}{a+nb}\right)^2 < \dfrac{n}{\left(a+\dfrac{1}{2}b\right)\left(a+\dfrac{n+1}{2}b\right)}$，而 $\left(\dfrac{1}{a+b}\right)^2+\left(\dfrac{1}{a+2b}\right)^2+\cdots+$

$\left(\dfrac{1}{a+nb}\right)^2 < \dfrac{1}{\left(a+\dfrac{1}{2}b\right)(a+b)}+\dfrac{1}{(a+b)(a+2b)}+\cdots+\dfrac{1}{(a+(n-1)b)(a+nb)}=$

$\dfrac{2}{b}\left[\dfrac{1}{a+\dfrac{1}{2}b}-\dfrac{1}{a+b}\right]+\dfrac{1}{b}\left[\dfrac{1}{a+b}-\dfrac{1}{a+2b}+\cdots+\dfrac{1}{a+(n-1)b}-\dfrac{1}{a+nb}\right]=\dfrac{1}{b}\left[\dfrac{2}{a+\dfrac{1}{2}b}-\right.$

$\left.\dfrac{1}{a+b}-\dfrac{1}{a+nb}\right]$. 所以即证：$\dfrac{1}{b}\left[\dfrac{2}{a+\dfrac{1}{2}b}-\dfrac{1}{a+b}-\dfrac{1}{a+nb}\right] < \dfrac{n}{\left(a+\dfrac{1}{2}b\right)\left(a+\dfrac{n+1}{2}b\right)}$. 即

证：$\dfrac{2}{a+\dfrac{1}{2}b}-\dfrac{1}{a+b}-\dfrac{1}{a+nb} < 2\left[\dfrac{1}{a+\dfrac{1}{2}b}-\dfrac{1}{a+\dfrac{n+1}{2}b}\right]$. 即证：$\dfrac{2}{a+\dfrac{n+1}{2}b} < \dfrac{1}{a+b}+$

$\dfrac{1}{a+nb}$. 即证：$\dfrac{2}{\dfrac{1}{a+b}+\dfrac{1}{a+nb}} < \dfrac{(a+b)+(a+nb)}{2}$. 此式显然成立. 于是命题得证.

05 数列递推

1. (1) $a_n=a_1+(n-1)b_1+3n(n-1)$；(2) 当 $a\in[27,30)$ 时，a_5 最小，最小值 $60-3a$；当 $a=30$ 时，$a_5=a_6$ 最小，最小值 -30；当 $a\in(30,33]$ 时，a_6 最小，最小值 $90-4a$. **2. 解析：**$a_0=1$，$a_1=1+$

$r-m$，$a_n=a_{n-1}(1+r)-m$，$a_{24}=0$，$a_n-\dfrac{m}{r}=(1+r)\left(a_{n-1}-\dfrac{m}{r}\right)$，所以 $a_n-\dfrac{m}{r}=$

$(1+r)^{24}\left(a_0-\dfrac{m}{r}\right)$，由 $a_{24}=0$ 得 $m=\dfrac{r(1+r)^{24}}{(1+r)^{24}-1}$. **答案：**$m=\dfrac{r(1+r)^{24}}{(1+r)^{24}-1}$ **3. 提示：**$3a_{n+2}=$

$2a_{n+1}+a_n\Rightarrow 3(a_{n+2}-a_{n+1})=-(a_{n+1}-a_n)$. **答案：**$a_n=\dfrac{1}{2}\left[5+\left(-\dfrac{1}{3}\right)^{n-2}\right]$，$\lim\limits_{n\to\infty}a_n=\dfrac{5}{2}$ **4. 提**

示： (1) $a_{n+1}=\dfrac{a_n+a_{n-1}}{2}\Rightarrow 2a_{n+1}=a_n+a_{n-1}\Rightarrow 2(a_{n+1}-a_n)=-(a_n-a_{n-1})\Rightarrow\{b_n\}$ 是公比为 $-\dfrac{1}{2}$，首

项是 $b_2=b-a$ 的等比数列. (2) $\sum\limits_{i=2}^{n}b_i=\dfrac{(b-a)\left(1-\left(-\dfrac{1}{2}\right)^{n-1}\right)}{1+\dfrac{1}{2}}=\dfrac{2(b-a)}{3}\left(1-\left(-\dfrac{1}{2}\right)^{n-1}\right)$.

(3) $\sum\limits_{i=2}^{n}b_i=a_2-a_1+a_3-a_2+\cdots+a_n-a_{n-1}=a_n-a=\dfrac{2(b-a)}{3}\left[1-\left(-\dfrac{1}{2}\right)^{n-1}\right]$，$\lim\limits_{n\to\infty}a_n=a+$

$\dfrac{2(b-a)}{3} = \dfrac{a+2b}{3}$. 答案：(1) $b_n = (b-a)\left(-\dfrac{1}{2}\right)^{n-2}$；(2) $\displaystyle\sum_{i=2}^{n} b_i = \dfrac{2(b-a)}{3}\left(1 - \left(-\dfrac{1}{2}\right)^{n-1}\right)$；

(3) $\displaystyle\lim_{n\to\infty} a_n = \dfrac{a+2b}{3}$ **5. 提示：** 方法一：利用树形图列举；方法二：可分两类方法，一类是蜜蜂从 1 号房回家，二类是蜜蜂从 2 号房回家，从而蜜蜂到达第 n 号房的方法数满足 $a_n = a_{n-1} + a_{n-2}$，且 $a_1 = 1$，$a_2 = 2$，所以易得 $a_8 = 34$. **答案：** D **6. 提示：** $a_{n+1} = -a_n - 2b_n$ 且 $b_{n+1} = 6a_n + 6b_n \Rightarrow a_{n+2} = 5a_{n+1} - 6a_n$，令 $a_{n+2} - ra_{n+1} = s(a_{n+1} - ra_n) \Rightarrow r = 2, s = 3$，得 $a_{n+2} - 2a_{n+1} = 3(a_{n+1} - 2a_n)$，下略. **答案：**

(1) $a_n = 2^{n+3} - 14 \cdot 3^{n-1}$，$b_n = 28 \cdot 3^{n-1} - 3 \cdot 2^{n+2}$；(2) $\displaystyle\lim \dfrac{a_n}{b_n} = -\dfrac{1}{2}$

06　数列求和

1. $\begin{cases} n+1, & a=1 \\ \dfrac{1-a^{n+1}}{1-a}, & a\neq 1 \end{cases}$ **评注：** 易犯的错误有两个：(1) 忽视分类讨论（分 $a=1$ 与 $a\neq 1$ 两种情形讨论）；(2) 忽视和式的项数（误将 $n+1$ 项判定为 n 项）. **2.** $\dfrac{n(n^2+1)}{2}$ **3. 解：** 将第二个等式倒序，然后与第一个等式相加得 $(a_1+a_n) + (a_2+a_{n-1}) + \cdots + (a_{10}+a_{n-9}) = p+q$，由等差数列的性质得 $10(a_1+a_n) = p+q$，$S_n = \dfrac{n(a_2+a_n)}{2} = \dfrac{n(p+q)}{20}$. **答案：** $\dfrac{n(p+q)}{20}$ **4.** $(-1)^{n+1} \cdot 2n(n+1)$

5. 提示： $\dfrac{n(n+1)}{2} = \dfrac{n^2}{2} + \dfrac{n}{2}$，原式 $= \dfrac{n(n+1)(n+2)}{6}$. **答案：** $\dfrac{n(n+1)(n+2)}{6}$ **6. 提示：** 周期为 6.

答案： 5 **7.** $\dfrac{k(k^n-1) - n(k-1)}{k^n(k-1)^2}$ **8. 提示：** 裂项相消，事实上 $n \cdot n! = (n+1-1)n! = (n+1)! - n!$. **答案：** $(n+1)! - 1$ **9. 提示：** $a_n = \dfrac{1}{n\sqrt{n+1} + (n+1)\sqrt{n}} = \dfrac{1}{\sqrt{n}\sqrt{n+1}(\sqrt{n} + \sqrt{n+1})} =$

$\dfrac{\sqrt{n+1} - \sqrt{n}}{\sqrt{n}\sqrt{n+1}} = \dfrac{1}{\sqrt{n}} - \dfrac{1}{\sqrt{n+1}}$. **答案：** $\dfrac{9}{10}$ **10.** C **11.** 21 **12.** $\dfrac{1}{2}(3^{n+1} - 4n - 3)$ **13.** 10

14. $\dfrac{n+1}{2n}$ **15. 提示：** 因为 $\dfrac{1}{\sqrt{k}} = \dfrac{2}{\sqrt{k}+\sqrt{k}}$，所以 $\dfrac{2}{\sqrt{k}+\sqrt{k+1}} < \dfrac{2}{\sqrt{k}+\sqrt{k}} < \dfrac{2}{\sqrt{k-1}+\sqrt{k}}$ $(k \geqslant$

$2)$，所以 $\sqrt{k+1} - \sqrt{k} < \dfrac{2}{\sqrt{k}+\sqrt{k}} < \sqrt{k} - \sqrt{k-1}$，则 $\displaystyle\sum_{k=1}^{n} \dfrac{1}{\sqrt{k}} = 1 + 2(\sqrt{2}-\sqrt{1}) + 2(\sqrt{3}-\sqrt{2}) + \cdots +$

$2(\sqrt{120} - \sqrt{119}) = 2\sqrt{120} - 1 < 21$，同理 $\displaystyle\sum_{k=1}^{n} \dfrac{1}{\sqrt{k}} > 20$. **答案：** C **16.** C

07　数列极限

1. (1) 假；(2) 假 **2.** $\dfrac{1}{2}$ **3.** 1 **4.** B **5.** $\dfrac{c}{d}$ **6. 提示：** $\dfrac{10}{n} - \dfrac{1}{n+1} - \dfrac{1}{n+2} - \dfrac{1}{n+3} - \cdots -$

$\dfrac{1}{n+10} = \left(\dfrac{1}{n} - \dfrac{1}{n+1}\right) + \left(\dfrac{1}{n} - \dfrac{1}{n+2}\right) + \left(\dfrac{1}{n} - \dfrac{1}{n+3}\right) + \cdots + \left(\dfrac{1}{n} - \dfrac{1}{n+10}\right)$. **答案：** 55 **7.** C

8. $\begin{cases} 0, & 0 < a < 2 \\ \dfrac{1}{2}, & a = 2 \\ 1, & a > 2 \end{cases}$ **9.** e, $\dfrac{1}{e}$, e^3, $\dfrac{1}{e^2}$ **10.** 提示：根据平面相似性的面积之比等于相似比的平方，

$\{A_n\}$ 是一个无穷递缩等比数列，$\lim\limits_{n\to\infty}\sum\limits_{k=1}^{n} A_k$ 是其各项和。$A_1 = 3 \times \dfrac{1}{4} \times \left(\dfrac{1}{3} \times \dfrac{\sqrt{3}}{2}a\right)^2 \times \pi = \dfrac{\pi a^2}{16}$，$q =$

$\dfrac{1}{4}$，$\lim\limits_{n\to\infty}\sum\limits_{k=1}^{n} A_k = \dfrac{\pi a^2}{16\left(1 - \dfrac{1}{4}\right)} = \dfrac{\pi a^2}{12}$。 **答案：** $\dfrac{\pi a^2}{12}$ **11.** D **12.** 提示：由 $a_n = \begin{cases} S_1, & n = 1 \\ S_n - S_{n-1}, & n > 1 \end{cases}$，

得到该数列是首项为 2 公差为 4 的等差数列。 **答案：** C **13.** D **14.** A

08 三角变换

1. 提示：方法一：直接展开；方法二：降次后和差化积。 **答案：** $\dfrac{3}{2}$ **2.** 提示：和差化积后作商，再

利用万能置换公式。 **答案：** $\dfrac{2a(a+1)}{2a^2 + 2a + 1}$，$\dfrac{2a+1}{2a^2 + 2a + 1}$ **3.** 提示：两式分别平方和、平方差，再利用和

差化积，联立解出 $\sin\alpha \cdot \cos\beta$，$\cos\alpha \cdot \sin\beta$ 作商。 **答案：** $-\dfrac{7}{73}$ **4.** 提示：分子分母分别用二倍角公式，

再利用条件代入。 **答案：** $\dfrac{1}{2}$ **5.** 提示：直接展开，一直化简到为 $\sin 2x$ 的函数为止。 **答案：** $\dfrac{25}{4}$ **6.** 提

示：令 $\sin\theta + \cos\theta = t$，$t \in [-\sqrt{2}, \sqrt{2}]$，换元。 **答案：** (1) $\sqrt{3} - 2$；(2) $\dfrac{3\pi}{4} + \arcsin\dfrac{2\sqrt{2} - \sqrt{6}}{2}$ 或 $\dfrac{7\pi}{4} -$

$\arcsin\dfrac{2\sqrt{2} - \sqrt{6}}{2}$ **7.** $2\sqrt{2}$ **8.** 提示：$\dfrac{1}{2} \leqslant \dfrac{\sin x + \cos x}{2} \leqslant \dfrac{\sqrt{\sin x} + \sqrt{\cos x}}{2} \leqslant \sqrt{\dfrac{\sin x + \cos x}{2}} \leqslant$

$\sqrt[4]{\dfrac{1}{2}}$。 **答案：** $\left[1, 2\sqrt[4]{\dfrac{1}{2}}\right]$ **9.** 4 **10.** 提示：$3k = \tan C = -\tan(B + A) = \dfrac{\tan B + \tan A}{1 - \tan B \cdot \tan A} =$

$\dfrac{3k}{1 - 2k^2}$，所以 $k = 1$，$\dfrac{AC}{AB} = \dfrac{\sin B}{\sin C} = \dfrac{\sqrt{1 - \dfrac{1}{1 + \tan^2 B}}}{\sqrt{1 - \dfrac{1}{1 + \tan^2 C}}} = \dfrac{\sqrt{1 - \dfrac{1}{5}}}{\sqrt{1 - \dfrac{1}{10}}} = \dfrac{2\sqrt{2}}{3}$。 **答案：** $\dfrac{2\sqrt{2}}{3}$ **11.** D

12. 提示：切割化弦后利用和差化积。 **答案：** $\left\{ x \;\middle|\; x = k\pi \text{ 或 } x = \dfrac{k\pi}{10} + \dfrac{\pi}{20} \right\}$ **13.** $\dfrac{\pi}{5}$ **14.** 提示：令

$\arctan a + \arctan b = \theta$，两边取正切即可。 **答案：** C **15.** 解析：$\cos^8 x + \sin^8 x = \dfrac{41}{128} = \dfrac{82}{256} = \dfrac{3^4 + 1}{2^8} =$

$\left(\dfrac{\sqrt{3}}{2}\right)^8 + \left(\dfrac{1}{2}\right)^8 \Rightarrow x = \dfrac{\pi}{6}$ 或 $x = \dfrac{\pi}{3}$。 **答案：** $\dfrac{\pi}{6}$ 或 $\dfrac{\pi}{3}$ **16.** B **17.** 提示：易知两根为 $\tan\theta$，$\cot\theta$，由

$x + x^3 + x^5 + \cdots + x^{2n+1} + \cdots = \dfrac{\sqrt{3}}{2}$，得 $\begin{cases} \dfrac{x}{1 - x^2} = \dfrac{\sqrt{3}}{2} \\ |x| < 1 \end{cases}$，即 $x = \dfrac{\sqrt{3}}{3}$，分别令 $\tan\theta = \dfrac{\sqrt{3}}{3}$，$\cot\theta =$

$\dfrac{\sqrt{3}}{3}$，得 $\theta = \dfrac{\pi}{6}$，$\dfrac{\pi}{3}$. **答案：B** **18. 提示：** $\sin\alpha\cos\beta + \sin\beta\cos\alpha = 1$，所以 $\sin(\alpha+\beta) = 1$，即 $\alpha +$

$\beta = 2k\pi + \dfrac{\pi}{2}$，$\alpha$，$\beta \in \left[-\dfrac{\pi}{2}, \dfrac{\pi}{2}\right]$，从而 $\alpha+\beta = \dfrac{\pi}{2}$. 所以 $\sin\alpha + \sin\beta = \sin\alpha + \cos\alpha =$

$\sqrt{2}\sin\left(\alpha + \dfrac{\pi}{4}\right)$. 因为 $\alpha \in \left[-\dfrac{\pi}{2}, \dfrac{\pi}{2}\right]$，$\beta = \dfrac{\pi}{2} - \alpha \in \left[-\dfrac{\pi}{2}, \dfrac{\pi}{2}\right]$，所以 $\alpha \in \left[0, \dfrac{\pi}{2}\right]$，$\alpha + \dfrac{\pi}{4} \in$

$\left[\dfrac{\pi}{4}, \dfrac{3\pi}{4}\right]$，所以 $\sin\alpha + \sin\beta = \sqrt{2}\sin\left(\alpha + \dfrac{\pi}{4}\right) \in [1, \sqrt{2}]$. **答案：D** **19. 提示：** 由 $y = \dfrac{1}{2}\sin 2x +$

$\dfrac{\sqrt{3}}{2}(\cos 2\alpha + 1) = \cos\left(2x - \dfrac{\pi}{6}\right) + \dfrac{\sqrt{3}}{2}$，得 $\cos\left(2x - \dfrac{\pi}{6}\right) = y - \dfrac{\sqrt{3}}{2}$，又因 $x \in \left[\dfrac{\pi}{12}, \dfrac{7\pi}{12}\right]$，得 $2x -$

$\dfrac{\pi}{2} \in [0, \pi]$，$2x - \dfrac{\pi}{6} = \arccos\left(y - \dfrac{\sqrt{3}}{2}\right)$，$x = \dfrac{1}{2}\arccos\left(y - \dfrac{\sqrt{3}}{2}\right) + \dfrac{\pi}{12}$，所以 $f^{-1}(x) =$

$\dfrac{1}{2}\arccos\left(x - \dfrac{\sqrt{3}}{2}\right) + \dfrac{\pi}{12}$. **答案：A** **20. 提示：** 因为 $a + c = 3b$，所以 $\sin A + \sin C = 3\sin B$，

$2\sin\dfrac{A+C}{2}\cos\dfrac{A-C}{2} = 3\sin(A+C) = 6\sin\dfrac{A+C}{2}\cos\dfrac{A+C}{2}$，$\cos\dfrac{A-C}{2} = 3\cos\dfrac{A+C}{2}$，$4\sin\dfrac{A}{2}\sin\dfrac{C}{2} =$

$2\cos\dfrac{A}{2}\cos\dfrac{C}{2}$，$\tan\dfrac{A}{2}\tan\dfrac{C}{2} = \dfrac{1}{2}$. **答案：C**

09　向量运算

1. $\dfrac{11}{5}$　**2.** -2　**3. 提示：** 利用向量共线的充要条件. 证法一：$\overrightarrow{AB} = (-4, 3)$，$\overrightarrow{BC} = (8, -6)$. 因为

$\overrightarrow{BC} = -2\overrightarrow{AB}$，所以 $\overrightarrow{AB} /\!/ \overrightarrow{BC}$. 又 $\overrightarrow{AB}$ 与 $\overrightarrow{BC}$ 有公共点 B，故 A，B，C 三点共线. 证法二：$|\overrightarrow{AB}| = 5$，

$|\overrightarrow{BC}| = 10$，$|\overrightarrow{AC}| = 5$. 因为 $|\overrightarrow{AB}| + |\overrightarrow{AC}| = |\overrightarrow{BC}|$，所以 A，B，C 三点共线. 证法三：由

$\begin{vmatrix} -7 & 5 & 1 \\ -11 & 8 & 1 \\ -3 & 2 & 1 \end{vmatrix} = \begin{vmatrix} -4 & 3 & 0 \\ -8 & 6 & 0 \\ -3 & 2 & 1 \end{vmatrix} = \begin{vmatrix} -4 & 3 \\ -8 & 6 \end{vmatrix} = 0$，得 A，B，C 三点共线. 证法四：设直线 AB 的方程为

$y = kx + b$，将 A，B 的坐标代入，得 $\begin{cases} -7k + b = 5 \\ -11k + b = 8 \end{cases} \Rightarrow \begin{cases} k = -\dfrac{3}{4} \\ b = -\dfrac{1}{4} \end{cases}$，即直线 AB 的方程为 $y = -\dfrac{3}{4}x -$

$\dfrac{1}{4}$. 因为点 C 的坐标也满足该方程，所以 A，B，C 三点共线. **4.** C　**5.** C　**6.** B　**7. 提示：** 作 $DF \perp$

AB，设 $AB = AC = 1 \Rightarrow BC = DE = \sqrt{2}$，因为 $\angle DEB = 60°$，所以 $BD = \dfrac{\sqrt{6}}{2}$，由 $\angle DBF = 45°$ 解得

$DF = BF = \dfrac{\sqrt{6}}{2} \times \dfrac{\sqrt{2}}{2} = \dfrac{\sqrt{3}}{2}$，故 $x = 1 + \dfrac{\sqrt{3}}{2}$，$y = \dfrac{\sqrt{3}}{2}$. **答案：** $x = 1 + \dfrac{\sqrt{3}}{2}$，$y = \dfrac{\sqrt{3}}{2}$. **8. 提示：** 平面向

量分解定理. 证明：设 $\vec{a} = \overrightarrow{DA}$，$\vec{b} = \overrightarrow{DB}$，$\vec{c} = \overrightarrow{DC}$，则 $\overrightarrow{AB} \cdot \overrightarrow{CD} + \overrightarrow{AC} \cdot \overrightarrow{DB} + \overrightarrow{AD} \cdot \overrightarrow{BC} = (\vec{b} - \vec{a}) \cdot$

$(-\vec{c}) + (\vec{c} - \vec{a}) \cdot \vec{b} + (-\vec{a}) \cdot (\vec{c} - \vec{b}) = -\vec{b} \cdot \vec{c} + \vec{a} \cdot \vec{c} + \vec{c} \cdot \vec{b} - \vec{a} \cdot \vec{b} - \vec{a} \cdot \vec{c} + \vec{a} \cdot \vec{b} = 0$. **9. 提示：**

据 $|\vec{a} + \vec{b}| = \sqrt{3}$ 可得 $\vec{a}$，$\vec{b}$ 的夹角. **答案：D**　**10.** A　**11.** D　**12.** C　**13.** C　**14.** B　**15.** B　**16. 分**

析：$|\vec{a}+t\vec{b}|^2=(t+m)^2+1-m^2$　**答案：** D

10　简易复数

1. C　**2.** $\dfrac{1}{6}\pm\dfrac{\sqrt{15}}{6}$i　**3.** 0 或 3　**4.** 25 或 19　**5. 提示：**注意条件中的未知量是 $z^3=1$ 的虚根.　**答案：** 2　**6. 解析：** $\omega(\omega+1)(\omega^2+1)=1+\omega+\omega^2+\omega^3+\omega^4-1=-1$.　**答案：** -1　**7.** (1) $x+1$ 不可以分解；(2) x^2+x+1 不可以分解；(3) 可以分解：$x^3+x^2+x+1=(x+1)(x^2+1)$；(4) 可以分解：$x^4+x^3+x^2+x+1=\left(x^2-2\cos\dfrac{2\pi}{5}x+1\right)\left(x^2-2\cos\dfrac{4\pi}{5}x+1\right)$.　**8.** $\dfrac{1-\sqrt{5}}{2}$　**9.** ±1，$\pm$i

10. $\dfrac{3}{4}\sqrt{15}$　**11.** B　**12.** A　**13.** $z\bar{z}+z+\bar{z}=3\Rightarrow(z+1)(\bar{z}+1)=4\Rightarrow|z+1|=2$.　**答案：** A　**14.** D

15. A　**16.** C　**17. 解析：** $w=a+\dfrac{1-a^2}{2}$i，$a=2$，$\dfrac{1-a^2}{2}=-\dfrac{3}{2}$　**答案：** A

11　圆锥曲线

1. $\left[-1,\dfrac{17}{8}\right]$　**2.** 双曲线：从焦点出发的光线经双曲线内壁反射后,该反射光线的反向延长线经过另一个焦点. 抛物线：从焦点出发的一组光线经抛物线内壁反射后,形成一组平行光线.　**3. 提示：**设 P 到 F_1，F_2 距离分别是 m，n，则 $4c^2=m^2+n^2-2mn\cos90°$，$4c^2=(m-n)^2+2mn$，$4c^2=4a^2+2mn$，所以 $S_\triangle=\dfrac{1}{2}mn\sin90°=c^2-a^2=1$.　**答案：** 1　**4.** $d_{\min}=\dfrac{5}{4}$；$M\left(\dfrac{5}{4},\pm\dfrac{\sqrt{2}}{2}\right)$　**5.** ±1　**6. 提示：** $\Delta_1>0$，$\Delta_2=0$，$\Delta_3<0\Rightarrow a=2$，$b=3$.　**答案：** (2，3)　**7. 提示：**联立消去 y，得到 x 的方程须有两个不同正根.　**答案：** $a=\sqrt{3}$　**8. 提示：**交点 $\begin{cases}x=-\dfrac{a}{5}\\(y-1)^2=1-\dfrac{a}{5}\end{cases}$，再利用切线方程的斜率积为 -1，可得 $a=0$.　**答案：** $a=0$　**9.** B　**10.** B　**11.** $2\sqrt{2}$ h　**12.** B　**13.** (1，1)　**14. 提示：**切线方程为 $\dfrac{x_0x}{4}+\dfrac{y_0y}{3}=1$.　**答案：** $\dfrac{6}{x_0y_0}$　**15. 解：**把直线代入抛物线 $x+1=2x^2+2ax+a^2$，$\Delta\geqslant0$，所以 $4a^2+4a-9\leqslant0$，$a\in\left[\dfrac{-1-\sqrt{10}}{2},\dfrac{-1+\sqrt{10}}{2}\right]$，$|AB|^2=((x_1+x_2)^2-4x_1x_2)(1+k^2)=\left(\left(\dfrac{1-2a}{2}\right)^2-4\dfrac{a^2-1}{2}\right)(1+1)=5-2\left(a+\dfrac{1}{2}\right)^2$. 所以 $|AB|=\sqrt{5}$ 为最大,此时 $a=-\dfrac{1}{2}$.

答案： $-\dfrac{1}{2}$　**16.** $a\in(-\infty,0)\cup\left(0,\dfrac{1}{8}\right]$　**17. 解：**设 $A(x_1,y_1)$，$B(x_2,y_2)$,联立 $(x-2)^2+y^2=3$ 与 $y^2=2px$，得 $x^2+2(p-2)x+1=0$.知 $\dfrac{x_1+x_2}{2}=2-p$，$x_1x_2=1$；$y_1^2+y_2^2=(y_1+y_2)^2-2y_1y_2=2p(x_1+x_2)$，且 $y_1+y_2=x_1+x_2$.得 $y_1y_2=4(2-p)(1-p)$.又 $y_1^2y_2^2=4p^2x_1x_2=4p^2$，

所以 $y_1 y_2 = 2p = 8 - 12p + 4p^2$，解得 $p = \dfrac{7 - \sqrt{17}}{4}$ 或 $p = \dfrac{7 + \sqrt{17}}{4}$（舍）．　**答案：** $p = \dfrac{7 - \sqrt{17}}{4}$

18. 提示： 利用定义．**答案：** C　**19. 提示：** 思路一：以 AB 为直径的圆与准线相切．思路二：以通径为特例来研究验证．**答案：** D　**20. 提示：** 排除 $\angle P$ 为直角．**答案：** B　**21.** C　**22. 解析：** 先证明 $AC \perp BC$，再证明 $CF \perp AB$．所以，由平面几何中的射影定理知，$CF^2 = ab$，即 $|CF| = \sqrt{ab}$．**答案：** B

12　极坐标系

1. 1　**2. 提示：** $M(0, 0) = M\left(0, \dfrac{\pi}{2}\right)$，$N(-2, \pi) = N(2, 0)$．**答案：** D　**3.** $\left(5, \dfrac{2\pi}{3}\right)$　**4. 解一：**

以 A 为极点，射线 AB 为极轴建立极坐标系，设 $C(\rho, \theta)\left(0 < \theta < \dfrac{2\pi}{3}\right)$（见图题解

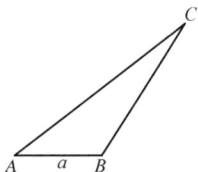
图题解 4

4），由正弦定理 $\dfrac{a}{\sin\dfrac{\theta}{2}} = \dfrac{\rho}{\sin\left(\pi - \dfrac{3\theta}{2}\right)} \Rightarrow \rho = a \cdot \dfrac{\sin\dfrac{3\theta}{2}}{\sin\dfrac{\theta}{2}} = a(1 + 2\cos\theta)$，即 $\rho =$

$a(1 + 2\cos\theta)\left(0 < \theta < \dfrac{2\pi}{3}\right)$．**解二：** 以 B 为极点，BA 的反向延长线为极轴建立

极坐标系，设 $C(\rho, \theta)(0 < \theta < \pi)$，由正弦定理 $\dfrac{a}{\sin\dfrac{\theta}{3}} = \dfrac{\rho}{\sin\dfrac{2\theta}{3}} \Rightarrow \rho = a \cdot \dfrac{\sin\dfrac{2\theta}{3}}{\sin\dfrac{\theta}{3}} = 2a\cos\dfrac{\theta}{3}$，得 $\rho =$

$2a\cos\dfrac{\theta}{3}(0 < \theta < \pi)$．**答案：** 以 A 为极点，射线 AB 为极轴建立极坐标系，轨迹方程为 $\rho = a(1 +$

$2\cos\theta)\left(0 < \theta < \dfrac{2\pi}{3}\right)$．以 B 为极点，BA 的反向延长线为极轴建立极坐标系，轨迹方程为 $\rho = 2a\cos\dfrac{\theta}{3}$

$(0 < \theta < \pi)$．　**5.** (1) 当 $ab \neq 0$ 时，$\rho = -\dfrac{b}{a}\theta - \dfrac{c}{a}$，方程表示一条等速螺线．(2) 当 $a = 0$，$b \neq 0$ 时，

$\theta = -\dfrac{c}{b}$，方程表示一条过极点且极角为 $-\dfrac{c}{b}$ 的直线．(3) 当 $a \neq 0$，$b = 0$ 时，$\rho = -\dfrac{c}{a}$．若 $c = 0$，方程

表示极点；若 $c \neq 0$，方程表示以极点为圆心、半径为 $\left|\dfrac{c}{a}\right|$ 的圆．　**6. 分析：**

如图题解 6 所示，以 A 为极点，射线 AC 为极轴建立极坐标系，则圆 C 的

极坐标方程为 $4 = \rho^2 + 16 - 2 \cdot 4 \cdot \rho \cdot \cos\theta$，即 $\rho^2 - 8\rho\cos\theta + 12 = 0$．设

$Q(\rho, \theta)$，则 $P\left(\rho, \theta - \dfrac{\pi}{3}\right)$，将其代入上述方程，得 $\rho^2 - 8\rho\cos\left(\theta - \dfrac{\pi}{3}\right) +$

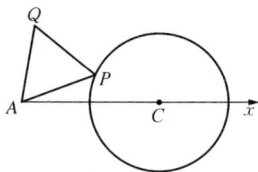
图题解 6

$12 = 0$，即为点 Q 的轨迹方程．**答案：** 以 A 为极点，射线 AC 为极轴建立极坐标系，$\rho^2 -$

$8\rho\cos\left(\theta - \dfrac{\pi}{3}\right) + 12 = 0$　**7. 分析：** 以原点为极点，x 轴为极轴建立极坐标系，将 $x = \rho\cos\theta$，$y = \rho\sin\theta$

代入椭圆方程，得 $\dfrac{\rho^2\cos^2\theta}{a^2} + \dfrac{\rho^2\sin^2\theta}{b^2} = 1$，即 $\rho^2 = \dfrac{a^2 b^2}{b^2\cos^2\theta + a^2\sin^2\theta}$．设 $A(\rho_1, \theta)$，$B\left(\rho_2, \theta + \dfrac{\pi}{2}\right)$，则

$$S_{\triangle OAB} = \frac{1}{2}\rho_1\rho_2 = \frac{1}{2} \cdot \frac{a^2b^2}{\sqrt{(b^2\cos^2\theta + a^2\sin^2\theta)(b^2\sin^2\theta + a^2\cos^2\theta)}} = \cdots = \frac{a^2b^2}{\sqrt{4b^4 + 4b^2c^2 + c^4\sin^2 2\theta}}.$$ 当

$\sin 2\theta = 0$ 时，$S_{\triangle OAB}|_{max} = \dfrac{a^2b^2}{\sqrt{4b^4 + 4b^2c^2}} = \dfrac{ab}{2}$；当 $\sin 2\theta = \pm 1$ 时，$S_{\triangle OAB}|_{min} = \dfrac{a^2b^2}{\sqrt{4b^4 + 4b^2c^2 + c^4}} =$

$\dfrac{a^2b^2}{a^2 + b^2}$. **答案：** $S_{\triangle OAB}|_{max} = \dfrac{a^2b^2}{\sqrt{4b^4 + 4b^2c^2}} = \dfrac{ab}{2}$；$S_{\triangle OAB}|_{min} = \dfrac{a^2b^2}{\sqrt{4b^4 + 4b^2c^2 + c^4}} = \dfrac{a^2b^2}{a^2 + b^2}$.

8. **提示：** 描点验证（心脏线）. **答案：** B

13 线性规划

1. $t > \dfrac{2}{3}$ **2.** $2n^2 + 2n + 1$ **3.** D **4.** A **5.** 集合 $\{(x, y) \mid 4x + 2y - 5 > 0\}$ 是，

$\{(x, y) \mid x \geqslant 0, y > 0\}$ 不是 **6.** **提示：** 作可行域，观察发现，当且仅当直线 $x - ky - 2 = 0$ 过

$(0, -1)$ 时符合题意. **答案：** C

14 平面图形

1. **提示：** 因为 $\log_{b+c}a + \log_{c-b}a = 2\log_{b+c}a \log_{c-b}a$，$\dfrac{1}{\log_{b+c}a} + \dfrac{1}{\log_{c-b}a} = 2$，所以 $\log_a(b+c) + \log_a(c - $

$b) = 2$，$c^2 - b^2 = a^2$. **答案：** 直角三角形 **2.** **提示：** 令 $b + c = 4k$，$a + c = 5k$，$a + b = 6k$，得 $a + b + $

$c = \dfrac{15k}{2}$，即 $a = \dfrac{7k}{2}$，$b = \dfrac{5k}{2}$，$c = \dfrac{3k}{2}$，所以 $\sin A : \sin B : \sin C = a : b : c = 7 : 5 : 3$. **答案：** 7 : 5 :

3 **3.** **提示：** $1 + 2 + \cdots + n = \dfrac{n(n+1)}{2}$ **4.** **解：** 约定 α，β，γ 都是锐角，则 $\alpha = 90° - \beta - \gamma$，$\cot \alpha = $

$\tan(\beta + \gamma)$. 设塔高 x，则有 $\dfrac{\dfrac{x}{100} + \dfrac{x}{200}}{1 - \dfrac{x}{100} \cdot \dfrac{x}{200}} = \dfrac{300}{x}$，解得 $x = 100$. **答案：** 100 m **5.** **提示：** 只有 $7x - $

$y - 17 = 0$ 经过 $A(3, 4)$. **答案：** A **6.** **答案：** $AF = \dfrac{-ah^2 + bh\sqrt{a^2 + b^2 - h^2}}{b^2 - h^2}$ **7.** **解：** $\tan\dfrac{\alpha}{2} = $

$\dfrac{r}{x} = \dfrac{a - x}{r} = 2k - \dfrac{x}{r}$，$\dfrac{r}{x} = k \pm \sqrt{k^2 - 1}$，当 $k^2 - 1 > 0$ 时有解，所以 $\tan\alpha = \dfrac{2(k \pm \sqrt{k^2 - 1})}{1 - (k \pm \sqrt{k^2 - 1})^2} = $

$\dfrac{1}{1 - k \mp \sqrt{k^2 - 1}} - \dfrac{1}{1 + k \pm \sqrt{k^2 - 1}} = \dfrac{1}{1 - k \pm \sqrt{k^2 - 1}} - \dfrac{1}{1 + k \mp \sqrt{k^2 - 1}} = \pm\dfrac{\sqrt{k^2 - 1}}{1 - k^2}$，

$\alpha = \arctan\dfrac{1}{\sqrt{k^2 - 1}}$. **答案：** $\arctan\dfrac{1}{\sqrt{k^2 - 1}}$ **8.** **解析：** $\triangle ABE \backsim \triangle DAE$，则 $\dfrac{x}{1} = \dfrac{1 - x}{x}$，$x = $

$\dfrac{\sqrt{5} - 1}{2}$，对角线 $BC = 1 + x = \dfrac{\sqrt{5} + 1}{2}$. **9.** D **10.** $-\dfrac{2}{5}$ **11.** $\dfrac{9}{4}$ **12.** **提示：** 1/4 大圆面积与两个半圆

面积的和相等. **答案：** C **13.** **提示：** 连 O_1O_3 交 OO_2 于 K，在 $\triangle OO_1K$，$\triangle O_2O_1K$ 中分别用勾股定

理求 O_1K 并建立等量关系. **答案：** $R = \dfrac{2}{h}r^2 + r$，$R = 60$ mm **14.** **提示：** 等积转换（注意 M，N 恰好

是 AC 的三等分点). **答案：C** **15. 提示：方法一：利用特殊三角形观察，例如直角三角形或正三角形.** 方法二：利用欧拉定理，其主要内容是：(1) $\triangle ABC$ 中，外心、垂心、重心分别为 O，H，G，则这三点共线(欧拉线)，且 $OG = \dfrac{1}{2}GH$；(2) 又若 F 是 BC 中点，则 $AH = 2OF$；(3) 设 $\triangle ABC$ 的外接圆、内切圆半径分别为 R，r，则 $OI = \sqrt{R(R-2r)}$（I 为内心）；(4) 连接 AI 交外接圆于 M，则有 $MI = MB = MC$. 定理证明提示：$AHCK$ 易证是平行四边形，所以 $OF = \dfrac{1}{2}CK = \dfrac{1}{2}AH$，从而可以证明 G 在 OH 上……(请读者继续完成). **答案：A**

15　基本形体

1. $2\sqrt{2}$　**2. 提示：三棱锥换底法. 答案：** $\dfrac{\sqrt{6}}{6}a$　**3.** $30°$　**4. 是**　**5.** $\dfrac{\sqrt{3}}{2}$，$\arctan\sqrt{2}$　**6.** $2:3$ 或 $3:2$

7. B　**8. 提示：可以推断 $V(x)$，是先增后减函数. 答案：D**　**9.** $\left(-\dfrac{1}{4}a, -\dfrac{\sqrt{3}}{12}a, \dfrac{\sqrt{6}}{6}a\right)$，$\arccos\dfrac{1}{6}$

10. $\dfrac{\sqrt[3]{26}}{3}h$　**11.** $\sqrt{a^2+(b+c)^2}$　**12. 提示：r 取得最大值时，四小球彼此外切且同时内切于大球，四小球的圆心连线组成正四面体，该正四面体棱长 $2r$，其中心到顶点的长与 r 的和等于 R，由此可以解得 r（最大值）. 答案：$(\sqrt{6}-2)R$　13. 提示：类比三角形内切圆半径的求法——面积分割法——从而得到体积分割法. 答案：** $\dfrac{3\sqrt{7}}{8}$　**14. 答案：当 $0 < r \leqslant \dfrac{4\sqrt{5}}{5}$ 时，$y = \pi r$；当 $\dfrac{4\sqrt{5}}{5} < r \leqslant 2$ 时，$y = r\left(\pi + 2\arccos\dfrac{4\sqrt{5}}{5r}\right)$；当 $r > 2$ 时，$y = r\left(\pi + \arccos\dfrac{2\sqrt{5}}{5} + \arccos\dfrac{4\sqrt{5}}{5r}\right)$**　**15. 提示：假设三棱柱底面积和高分别为 S，h，延伸 MN 使之与底面及侧棱相交，然后用体积分解法求大部分的体积 $f(S, h)$. 答案：D**　**16. A**　**17. C**　**18. 提示：直观图如图题解 18 所示. 答案：D**　**19. 提示：由轴截面图题解 19(a) 可知：$\sqrt{2}R = R + r + \sqrt{2}r$，所以 $\dfrac{r}{R-r} = \dfrac{\sqrt{2}-1}{2}$，再由俯视图题解 19(b) 可知：$\theta = 2\arcsin\dfrac{r}{R-r}$，从而可以放入小球数为 $\left[2 \times \dfrac{2\pi}{\theta}\right] = \left[\dfrac{2\pi}{\arcsin\dfrac{r}{R-r}}\right] \approx \left[\dfrac{2\pi}{\dfrac{r}{R-r}}\right] = \left[\dfrac{4\pi}{\sqrt{2}-1}\right] = 30$. **答案：B**

20. C　**21. 提示：作图，利用三余弦定理. 答案：B**　**22. 提示：设 AC，BD 相交于 O，面 VBD 把四棱锥 $V-ABCD$ 分成两个三棱锥 $A-VBD$ 和 $C-VBD$，同时把四面体 AB_1CD_1 分成两个三棱锥 $A-OB_1D_1$ 和 $C-OB_1D_1$. 显然 $S_{OB_1D_1} = \dfrac{1}{4}S_{VBD}$，所以两体积之比为 $1:4$. **答案：C**

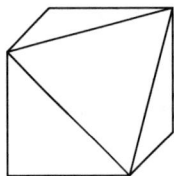　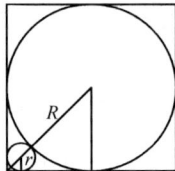　

图题解 18　　　　图题解 19(a)　　　图题解 19(b)

16 计数原理

1. $C_n^m(2^{n-m}-1)$ **2.** 提示：$1 \cdot C_6^2 + C_3^1 C_3^2 + C_3^2 C_3^1 + C_3^3 C_3^0 = 34$. 答案：C **3.** $8 \cdot 10^7 - 8 \cdot 10^6 = 72 \cdot 10^6$ **4.** $\dfrac{2^n}{2} - 1 = 2^{n-1} - 1$ **5.** $1 + (1+2) + (1+2+3) + \cdots + (1+2+\cdots+n) = \dfrac{n(n+1)(n+2)}{6}$ **6.** 提示：$9 + 7 \cdot 9 + C_9^2(2^4 - 2) = 576$（计算式中，第一项为含 1 个数字型的四位数个数，第二项为含 0 的 2 个数字型的四位数个数，第三项为不含 0 的 2 个数字型的四位数个数）. 答案：576 **7.** 提示：排除补充法. 答案：C **8.** 提示：画文氏图分别代入检验. 答案：A **9.** D **10.** C **11.** 解析：甲、乙、丙、丁等七人按要求站成一排后，从左至右依次编号为 1，2，3，4，5，6，7. 显然，甲必须站在第 4 号位置上，下面根据丁的站位分类讨论：（1）当丁站在 2 或 6 号位置上时，符合要求的排法有：$C_2^1 \times 2A_2^1 \times A_3^3 = 48$ 种；（2）当丁站在 3 或 5 号位置上时，符合要求的排法有：$C_2^1 \times (A_2^2 + 2A_2^2) \times A_3^3 = 72$ 种. 所以，符合要求的不同排法共有 120 种. 答案：D

17 概率初步

1. 提示：$1 - \left(\dfrac{1}{2}\right)^n > 0.9$. 答案：4 **2.** (1) $\dfrac{1}{5}$；(2) $\dfrac{27}{100}$ **3.** 提示：设甲先击中目标，且命中目标时是其第 k 次射击，则 $P(\text{甲胜}) = \dfrac{1}{2} + \left(\dfrac{1}{2}\right)^3 + \left(\dfrac{1}{2}\right)^5 + \cdots = \dfrac{2}{3}$，$P(\text{乙胜}) = 1 - \dfrac{2}{3} = \dfrac{1}{3}$. 答案：$\dfrac{2}{3}$，$\dfrac{1}{3}$ **4.** $P_{n+1} = -\dfrac{2}{3}P_n + \dfrac{5}{6}$，$\dfrac{1}{2}$ **5.** $1 - \dfrac{1}{4!} = \dfrac{23}{24}$；0 **6.** $\dfrac{P_9^9 - (2P_8^8 - P_7^7)}{P_9^9}$ **7.** $\dfrac{1}{5}$ **8.** $P_2 = \dfrac{6}{25}$，$P_3 = \dfrac{28}{125}$，$P_n = \dfrac{16}{15}\left(\dfrac{3}{5}\right)^{n-1} - \left(\dfrac{2}{5}\right)^{n-1}$ **9.** $\dfrac{1}{9}$ **10.** $\dfrac{7}{27}$ **11.** $\dfrac{7}{8}$ **12.** $\dfrac{4}{33}$ **13.** $\dfrac{2(2n+1)}{3n(n+1)}$ **14.** $\dfrac{11}{360}$ **15.** $\dfrac{C_3^1 C_{17}^3}{C_{20}^4}$ **16.** 提示：$1 - \dfrac{2^5 \cdot 1}{P_6^6}$. 答案：$\dfrac{43}{45}$ **17.** 提示：$\dfrac{80\%(1-95\%)}{80\%(1-95\%) + 20\%(1-90\%)} = \dfrac{2}{3}$. 答案：$\dfrac{2}{3}$ **18.** A **19.** 提示：三次检测相互独立，无二等品概率 0.9^3，所以至少一件二等品概率 $1 - 0.9^3 = 0.271$. 答案：A

18 二项展式

1. 提示：$7^{2\,004} = 49^{1\,002} = (50-1)^{1\,002} = 50M_1 + 1$，$(1+36)^{818} = (40-3)^{818} = 40M_2 + 3^{818} = 40M_2 + (10-1)^{409} = 40M_2 + 10M_3 - 1$，所以个位数为 9. 答案：9 **2.** $2^{15} + 2^7 = 32\,896$ **3.** 提示：$C_3^3 + C_4^3 + C_5^3 + \cdots + C_{99}^3 = C_{100}^4$. 答案：$C_{100}^4 = 3\,921\,225$ **4.** 提示：等比数列求和 $\left(q = \dfrac{x+1}{x}\right)$：$x^{1\,000} + x^{999}(x+1) + \cdots + (x+1)^{1\,000} = \dfrac{x^{1\,000}\left[1 - \left(\dfrac{x+1}{x}\right)^{1\,001}\right]}{1 - \left(\dfrac{x+1}{x}\right)} = (x+1)^{1\,001} - x^{1\,001}$. 答案：$C_{1\,001}^{50}$ **5.** $2n - m = 9$. **6.** -8 **7.** $C_{15}^{10} = 3\,003$ **8.** $-\dfrac{525}{2}$ **9.** $-(C_{10}^1 C_9^8 \cdot 2^8 + C_{10}^3 \cdot 2^7) = -38\,400$ **10.** C **11.** 提

示：$\dfrac{C_{100}^{r}}{C_{100}^{r+1}} = \dfrac{33}{68} \Rightarrow r = 32.$ **答案：B**

19 归纳枚举

1. 299　**2.** B　**3.** $\begin{cases} \dfrac{1}{2}n(n+1), & x > 0 \\ \dfrac{1-(-1)^{n}(2n+1)}{4}, & x < 0 \end{cases}$　**4.** $C_{33}^{1}C_{67}^{1} + C_{33}^{2}$　**5.**（1）略；（2）1　**6.** 24

7. $3^{x}(4x+12)$　**8.** 存在. $r = 2$, $s = -1$, $t = 1$　**9.** $2;3;3 \times 2^{2n-3} + 2^{n-2}$　**10.** $(-1)^{n}n(n+1)^{(-1)^{n}}$

11. 提示：待定系数法.　**12.** 提示：按下列分类讨论：$x \in (-\infty, 0] \bigcup (0, 1] \bigcup (1, +\infty)$　**答案：** A　**13.** 提示：不完全归纳.　**答案：** C　**14.** 提示：依最小边长分类列举.　**答案：** D. 事实上：$1+2+3+4+5+6+5+4+3+2+1 = 36$　**15.** C　**16.** 提示：逐一检验或用排除法.　**答案：** D　**17.** 提示：直线（图中的虚线）满足如图题解 17 所示的三种情形.　**答案：** C

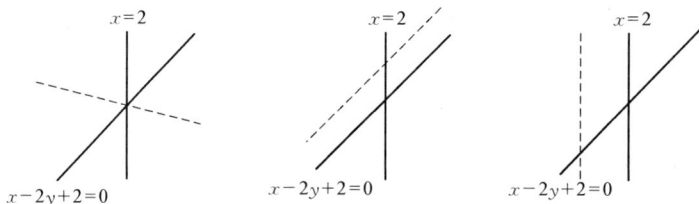

图题解 17

20 简易数论

1. B　**2. 解：** 因 $2^{5} = 32$, 故 $2^{5} = 9 \pmod{23}$, 因而 $2^{10} \equiv 81 \pmod{23}$, $81 \equiv 12 \pmod{23}$. 所以 $2^{10} \equiv 12 \pmod{23}$. 于是 $2^{20} \equiv 144 \equiv 6 \pmod{23}$, 从而 $2^{40} \equiv 36 \equiv 13 \pmod{23}$. 这就是说, 2^{40} 被 23 除所得的余数为 13.　**3. 证明：** 设三个连续整数为 $n-2$, $n-1$, n. 由带余除法, 对于这个 n, 存在整数 q、r, 使得 $n = 3q + r$ 或 $n - r = 3q$, $0 \leqslant r < 3$. 当 $r = 0$ 时, 有 $3 \mid n$; 当 $r = 1$ 时, 有 $3 \mid (n-1)$; 当 $r = 2$ 时, 有 $3 \mid (n-2)$. 故总有 $3 \mid n(n-1)(n-2)$.　**4. 解：** 对于 a_1, 有 $a_1 + 8 \equiv a_1 + 2$, $a_1 + 16 \equiv a_1 + 1 \pmod 3$, 因此 a_1, $a_1 + 8$ 和 $a_1 + 16$ 中有一个被 3 整除, 从而有一个是 ± 3. 所有可能的等差数列是: $\{3, 11, 19\}$, $\{-5, 3, 11\}$, $\{-13, -5, 3\}$, $\{-3, 5, 13\}$, $\{-11, -3, 5\}$, $\{-19, -11, -3\}$.　**5. 证明：** 若 a, b 中至少有一个被 3 整除, 则命题成立. 若 a, b 都不能被 3 整除, 则可设 $a = 3m + n$, $b = 3p + q$ ($0 < n$, $q < 3$). 若 $n = q$, 则 $3 \mid a - b$; 若 $n \neq q$, 则 n, q 必然一个为 1, 一个为 2, 则 $3 \mid a + b$.　**6. 证明：** 根据行列式的定义, 这个五阶行列式共有 $5! = 120$ 项, 每项的绝对值是取自不同行不同列的五个数的乘积. 副对角线上的五个数之积 $9 \cdot 9 \cdot 9 \cdot 9 \cdot 9$ 这一项为奇数, 又易知其余 119 项均为偶数, 其代数和应为偶数. 因此, 这个行列式之值可化为一个奇数与一个偶数的代数和, 应为一个奇数, 故不可能为 0(0 为偶数).　**7. 解析：** 设整数部分为 a, 小数部分为 b, 则由题意得 $\dfrac{a+b}{a} = \dfrac{a}{b}$, 令 $t = \dfrac{a}{b}$, 则有 $t^{2} - t - 1 = 0$, 所以 $\dfrac{a}{b} = \dfrac{1 \pm \sqrt{5}}{2}$, 由于 $\dfrac{a}{b} > 1$, 则 $\dfrac{a}{b} = \dfrac{1 + \sqrt{5}}{2} = \dfrac{4}{2(\sqrt{5}-1)} = \dfrac{1}{\dfrac{(\sqrt{5}-1)}{2}}$. 由于 a 整数, b 小数, 显然该正实数

是 $1+\dfrac{\sqrt{5}-1}{2}=\dfrac{\sqrt{5}+1}{2}$. **8. 解析**：$2\,002=250\times8+2$，$250=31\times8+2$，$31=3\times8+7$，所以 $a_3=$

3. **9.** $a=-1$，$b=-2$，$c=-3$，$d=6$ **10.** 10 **11. 解析**：设 $x^3+ax^2+bx+c=0$ 为 $(x-a)(x-$

$b)(x-c)=0$，展开得 $x^3-(a+b+c)x^2+(ab+bc+ca)x-abc=0$，比较同次幂系数得 $a+b+$

$c=-a$，$-abc=c$，$ab+bc+ca=b$. 分 $c=0$，$c\neq0$ 讨论求解，可得 $a=1$，$b=-2$，$c=0$ 或 $a=$

1，$b=-1$，$c=-1$.（增根已经舍去） **12. 解析**：最坏要 199 个集装箱.首先证明：将 200 个物品任意排

列以后，必存在相邻的两个物品的体积之和不超过 1.否则，任意两个相邻物品的体积之和大于 1，记它们

的体积为 a_1，a_2，$\cdots$，a_{200}.则 $(a_1+a_2)+(a_3+a_4)+\cdots+(a_{199}+a_{200})>100$，矛盾.因此至多需要 199

个集装箱.下面构造一种刚好用了 199 个集装箱的方法：0.500 2，0.500 3，0.500 4，$\cdots$，0.510 0，

0.500 1，0.499 9，0.499 8，0.499 7，$\cdots$，0.490 1，0.490 0.其中第一排放在奇数位置，第二排放在偶数位

置.显然需要 199 个集装箱.

第二部分　真卷篇

真卷 1　"北约"联盟（2011）

1. 提示：平行四边形四条边的平方和等于两条对角线的平方和. **2. 提示**：用两个方程式消去平方

项即可. **3. 提示**：仅需确定等差数列的最后一个负数项的位置即可. **4. 提示**：应用余弦定理、正弦定

理、和差化积、倍角公式等. **5. 提示**：设存在这样的四个正实数 a，b，c，d 满足题意，选择其一种搭配

可得 $\begin{cases} ab=2 \\ ac=3 \\ ad=5 \\ bc=6 \\ bd=10 \\ cd=16 \end{cases}$，六个等式相乘后开三次方得 $abcd=4\sqrt[3]{450}$，这个结果与六个等式中首尾两式的积为

$abcd=32$ 相互矛盾.任意调整 a，b，c，d 的搭配顺序，这个矛盾依旧，所以这样的四个数不存在. **6. 提

示**：分类讨论. C_1 和 C_2 是半径相等的圆周时：若两定圆外离，则动圆圆心轨迹为一条双曲线及一条直

线；若两定圆外切，则动圆圆心轨迹为两条直线；若两定圆相交，则动圆圆心轨迹为一个椭圆及一条直线.

C_1 和 C_2 是半径不等的圆周时：若两定圆外离，则动圆圆心轨迹为两条双曲线；若定两圆外切，则动圆圆

心轨迹为一条双曲线及一条直线；若两定圆相交，则动圆圆心轨迹为一个椭圆及一条双曲线；若两定圆

内切，则动圆圆心轨迹为一个椭圆及一条直线；若两定圆内含，则动圆圆心轨迹为两个椭圆；若两定圆同

心，则动圆圆心轨迹为两个圆. **7.** 由绝对值的几何意义联想到求距离的最小值，如 $|x-a|+|x-b|$

的最小值应该是在数轴上 a，b 两点之间取得，为 $|a-b|$. 所以将 $f(x)$ 整理为 $|x-1|+\left|x-\dfrac{1}{2}\right|+$

$\left|x-\dfrac{1}{2}\right|+\left|x-\dfrac{1}{3}\right|+\left|x-\dfrac{1}{3}\right|+\left|x-\dfrac{1}{3}\right|+\cdots+\left|x-\dfrac{1}{2\,011}\right|+\left|x-\dfrac{1}{2\,011}\right|+\cdots+$

$\left|x-\dfrac{1}{2\,011}\right|$.共有 $1+2+3+\cdots+2\,011=1\,006\times2\,011$ 项，则 $f(x)$ 可以理解为 x 到这 $1\,006\times2\,011$ 个

点的距离之和.从两端开始向中间靠拢，每两个绝对值和的最小值都是在相应的零点之间取得，而且范

围是包含关系,比如 $|x-1|+\left|x-\dfrac{1}{2\,011}\right|$ 的最小值是在 $x\in\left[\dfrac{1}{2\,011},1\right]$ 上取得,$\left|x-\dfrac{1}{2}\right|+$

$\left|x-\dfrac{1}{2\,011}\right|$ 的最小值是在 $x\in\left[\dfrac{1}{2\,011},\dfrac{1}{2}\right]$,所以 $f(x)$ 的最小值应该在正中间的某个零点或相邻两

个零点之间取得.由 $\dfrac{1\,006\times2\,011}{2}=503\times2\,011$ 可知取得最小值的范围在第 $503\times2\,011$ 个零点和第

$503\times2\,011+1$ 个零点之间(这两个零点也肯定相等).由 $\dfrac{(1+n)n}{2}<503\times2\,011$ 算得 $n\leqslant1\,421$,所以第

$503\times2\,011$ 个零点和第 $503\times2\,011+1$ 个零点均为 $\dfrac{1}{1\,422}$,则 $f(x)_{\min}=f\left(\dfrac{1}{1\,422}\right)=\dfrac{592\,043}{711}$.

真卷 2　"北约"联盟(2012)

1. 分别讨论 x 在 $(-\infty,-2)$,$[-2,0)$,$[0,1)$,$[1,\infty)$ 中时,去掉绝对值,易知 $x\geqslant0$ 即可. **2.** 注意到 $\sqrt{x+11-6\sqrt{x+2}}=\sqrt{(x+2)-2\cdot3\cdot\sqrt{x+2}+3^2}=\sqrt{(\sqrt{x+2}-3)^2}=|\,3-\sqrt{x+2}\,|$,$\sqrt{x+27-10\sqrt{x+2}}=\sqrt{(x+2)-2\cdot5\cdot\sqrt{x+2}+5^2}=\sqrt{(\sqrt{x+2}+5)^2}=|\,5-\sqrt{x+2}\,|$,而 $|\,5-\sqrt{x+2}\,|+|\,3-\sqrt{x+2}\,|\geqslant2>1$,所以原方程无实数解. **3.** 注意到两个方程的一次项系数相同,所以由韦达定理有首项与末项之和为 2.因此末项为 $2-\dfrac{1}{4}=\dfrac{7}{4}$,这样可算得公差

为 $d=\dfrac{1}{2}$.于是 4 个根为 $\dfrac{1}{4}$,$\dfrac{3}{4}$,$\dfrac{5}{4}$,$\dfrac{7}{4}$,这样 $|m-n|=\left|\dfrac{1}{4}\cdot\dfrac{7}{4}-\dfrac{3}{4}\cdot\dfrac{5}{4}\right|=\dfrac{1}{2}$. **4.** 很容易计算

比例为 $\cos A:\cos B:\cos C$,如果是钝角三角形应该加上绝对值.事实上,设外接圆半径为 R,$d(A)$ 是点

O 到点 A 对边的距离,则 $d(A)=R\cos\dfrac{\angle BOC}{2}=R\cos A$,同理 $d(B)=R\cos B$,$d(C)=R\cos C$.

5. 由数形结合知当 OC 垂直 AB 时(否则利用斜边大于直角边,两点之间线段最短推矛盾),$\triangle ABC$ 的

面积最小.因为直线 AB 的方程为 $x-y+2=0$,所以点 O 到 AB 的距离为 $\dfrac{|\,1-0+2\,|}{\sqrt{1^2+2^2}}=\dfrac{3}{\sqrt{2}}$,于是

$\triangle ABC$ 面积的最小值为 $\dfrac{1}{2}\cdot\sqrt{2^2+2^2}\cdot\left(\dfrac{3}{\sqrt{2}}-1\right)=3-\sqrt{2}$.(其中,点 O 是已知圆的圆心) **6.** 将 1,

2,$\cdots$,2 012 分成 $(1,2,3)$,$(4,5,6)$,$\cdots$,$(2\,008,2\,009,2\,010)$,$(2\,011,2\,012)$ 这 671 组.如果取至少

672 个数,则有抽屉原理必然有 2 个数属于同一组,不妨设为 $a>b$,则 $a-b=1,2$.当 $a-b=1$ 时,此时

$a-b$ 整除 $a+b$,不合要求;当 $a-b=2$ 时,此时 a,b 同奇偶,所以 $a+b$ 为偶数,从而 $a-b$ 整除 $a+b$,

不合要求.因此最多取 671 个数,现在取 1,4,7,$\cdots$,2 011 这 671 个数,此时任两数之和除以 3 的余数

为 2,而两数之差是 3 的倍数,所以任意两数之和不能被其差整除,综上所述,最多能取 671 个数. **7.** 设

$f(x)=\sin4x\sin2x-\sin x\sin3x=\dfrac{1}{2}(\cos4x-\cos6x)$ 显然关于 $x=\dfrac{\pi}{2}$ 对称,因此 $f(x)=a$ 在

$[0,\pi)$ 有唯一解的话,必然只能在 $x=0$,$\dfrac{\pi}{2}$ 时.当 $x=0$ 为解时,此时 $a=0$,方程化为 $\sin x\sin5x=0$

在 $[0,\pi)$ 不止一解,故舍去.当 $x=\dfrac{\pi}{2}$ 为解时,此时 $a=1$,方程化为 $\sin x\sin5x=1$.因为在 $[0,\pi)$ 上

$\sin x \geqslant 0$, 所以只能是 $\sin x = 1$, $\sin 5x = 1$, 即 $x = \dfrac{\pi}{2}$ 为唯一解. 综上所述, $a = 1$.   **8. 证明:** 设这个五边形为 $ABCDE$, 令直线 AE、CD 交于点 G, 连接 AC. 因为 $\angle AED = \angle EDC$, 所以 $\angle GED = \angle GDE$. 又因为 A, C, D, E 四点共圆, 所以 $\angle GAC = \angle GCA$, $\angle BAC = \angle BCA$, $BA = BC$, 同理: $BC = CD$, $CD = DE$, $DE = EA$, 于是 $AB = BC = CD = DE = AE$, 即五边形 $ABCDE$ 为正五边形.   **9. 证明:** 构造数列 $a_n = \dfrac{(1+\sqrt{2})^n + (1-\sqrt{2})^n}{2}$, 则逆用特征根法知 $a_{n+2} = 2a_{n+1} + a_n$, $a_1 = 1$,

$a_2 = 3$, $\forall n \in \mathbf{N}^+$, 于是 $\{a_n\}$ 为正整数列, 另外, 注意到 $a_{2n}^2 - 1 = \left(\dfrac{(1+\sqrt{2})^{2n} + (1-\sqrt{2})^{2n}}{2}\right)^2 - 1 =$

$\left(\dfrac{(1+\sqrt{2})^{2n} - (1-\sqrt{2})^{2n}}{2}\right)^2$, 所以 $\sqrt{a_{2n}^2 - 1} = \dfrac{(1+\sqrt{2})^{2n} - (1-\sqrt{2})^{2n}}{2}$. 于是 $(1+\sqrt{2})^{2n} = a_{2n} +$

$\sqrt{a_{2n}^2 - 1}$; 同理可证 $(1+\sqrt{2})^{2n+1} = a_{2n+1} + \sqrt{a_{2n+1}^2 + 1}$, 综上所述, 命题得证.

真卷 3 "北约"联盟(2013)

1. 设存在次数不超过 4 的有理系数多项式 $f(x) = ax^4 + bx^3 + cx^2 + dx + e$ 满足题意, 其中 a, b,

c, d, e 不全为零, 则 $\begin{cases} f(\sqrt{2}) = 0 \\ f(1 - \sqrt[3]{2}) = 0 \end{cases} \Rightarrow \begin{cases} (4a+2c+e) + (2b+d)\sqrt{2} = 0 \\ -(7a+b-c-d-e) - (2a+3b+2c+d)\sqrt[3]{2} \\ \quad + (6a+3b+c)\sqrt[3]{4} = 0 \end{cases} \Rightarrow$

$\begin{cases} 4a + 2c + e = 0 \\ 2b + d = 0 \\ 7a + b - c - d - e = 0 \\ 2a + 3b + 2c + d = 0 \\ 6a + 3b + c = 0 \end{cases}$. 利用增广矩阵进行适当变换可以验证上述方程组无解, 所以所求次数至少为

5; 又显然有五次有理系数多项式 $g(x) = (x^2 - 2)[(x-1)^3 + 2]$ 满足题意. 所以所求次数最少为 5.
2. 先为 6 辆车选位, 方法数 P_6^6; 再从 6 个车位中选出 3 个放红车(其余放黑车), 方法数 C_6^3. 所以停放方法数为 $P_6^6 C_6^3 = 14\,400$.   **3.** $x^2 = 2y + 5$, $y^2 = 2x + 5$ 两式相减得 $(x-y)(x+y+2) = 0$. (1) 若 $x = y$, 则 $x^2 = 2x + 5$, 解得 $x = y = 1 \pm \sqrt{6}$, 从而 $x^3 - 2x^2y^2 + y^3 = 2x^3 - 2x^4 = 2x^2(x - x^2) = 2(2x+5)(x - (2x+5)) = -2(2x+5)(x+5) = -2(2x^2 + 15x + 25) = -2(2(2x+5) + 15x + 25) = -38x - 70 = -108 \pm 38\sqrt{6}$. (2) 若 $x \neq y$, 即 $x + y = -2$, 则 $x^2 + y^2 = 2y + 5 + 2x + 5 = 2(x+y) + 10 = 6$, 从而 $xy = \dfrac{(x+y)^2 - (x^2+y^2)}{2} = -1$, 于是 $x^3 - 2x^2y^2 + y^3 = x(2y+5) - 2(2y+5)(2x+5) + y(2x+5) = -4xy - 15(x+y) - 50 = -16$. 综上所述, 所求值为 $-108 \pm 38\sqrt{6}$, -16.   **4.** 如图题解 4 在 AD 上取点 P, 使 $DP = BD = DC$, 则 $PM = BM$, $PN = CN$, 所以 $BM + CN = PM + PN > MN$.   **5.** $a_1 = 1$ 代入 $S_2 = 4a_1 + 2$ 可得 $a_2 = 5$, $n > 2$ 时: $S_n = 4a_{n-1} + 2$, $S_{n-1} = 4a_{n-2} + 2$, 相减得 $a_n = 4a_{n-1} - 4a_{n-2}$, 其特征方程为 $x^2 = 4x - 4$, 该方程有一个二重根 2, 所以可令 $a_n = (pn + q)2^n$, 将 $a_1 = 1$, $a_2 = 5$ 分别代入解得 $p = \dfrac{3}{4}$, $q = -\dfrac{1}{4}$, 所

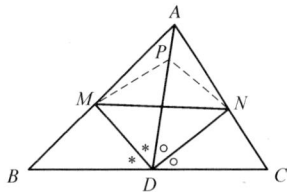

图题解 4

以 $a_n = (3n-1)2^{n-2}$, 从而 $a_n = 3\,019 \cdot 2^{2\,012}$. **6.** 注意到: $x\bar{x} = y\bar{y} = z\bar{z} = 1$, 从而

$$\left| \frac{xy+yz+zx}{x+y+z} \right|^2 = \frac{xy+yz+zx}{x+y+z} \cdot \left(\overline{\frac{xy+yz+zx}{x+y+z}} \right) = \frac{xy+yz+zx}{x+y+z} \cdot \frac{\bar{x}\bar{y}+\bar{y}\bar{z}+\bar{z}\bar{x}}{\bar{x}+\bar{y}+\bar{z}} =$$

$$\frac{x\bar{y}+\bar{x}y+y\bar{z}+\bar{y}z+z\bar{x}+\bar{z}x+3}{x\bar{y}+\bar{x}y+y\bar{z}+\bar{y}z+z\bar{x}+\bar{z}x+3} = 1. 所以 \left| \frac{xy+yz+zx}{x+y+z} \right| = 1.$$ **7.** 任意一个正整数必是以

下三个集合之一的元素: $A = \{3k \mid k \in \mathbf{N}^*\}$, $B = \{3k-1 \mid k \in \mathbf{N}^*\}$, $C = \{3k-2 \mid k \in \mathbf{N}^*\}$. 则所取

得的正整数不可包含同一集合中的三个以上元素, 也不可同时包含上述三个集合中的各一个以上的元

素, 否则其中必有三个元素的和是 3 的倍数. 所以取得的正整数最多能有 $2 \times 2 = 4$ 个, 而可以验证 1, 5,

7, 11 满足题意, 所以本题答案为 4. **8.** 设 $|a_1 - 2a_2| = |a_2 - 2a_3| = |a_3 - 2a_4| = \cdots = |a_{2\,012} - $

$2a_{2\,013}| = |a_{2\,013} - 2a_1| = m$, 则 $a_1 - 2a_2, a_2 - 2a_3, a_3 - 2a_4, \cdots, a_{2\,012} - 2a_{2\,013}, a_{2\,013} - 2a_1$ 中每一

个数要么是 m 要么是 $-m$, 设其中有 k 个 m, 则必有 $2\,013 - k$ 个 $-m$, 所以 $(a_1 - 2a_2) + (a_2 - 2a_3) + $

$(a_3 - 2a_4) + \cdots + (a_{2\,012} - 2a_{2\,013}) + (a_{2\,013} - 2a_1) = -(a_1 + a_2 + a_3 + \cdots + a_{2\,013}) = km + (2\,013 - k)$

$(-m) = (2k - 2\,013)m = 0$. 因为 $2k - 2\,013$ 为奇数, 所以 $m = 0$. 于是 $a_1 = 2a_2, a_2 = 2a_3, a_3 = $

$2a_4, \cdots, a_{2\,012} = 2a_{2\,013}, a_{2\,013} = 2a_1$, 从而 $a_1 = 2^{2\,013}a_1$, 所以 $a_1 = 0$. 同理可知: $a_2 = a_3 = \cdots = a_{2\,013} = $

0. 所以原命题为真. **9.** $32\cos^6\theta - \cos 6\theta - 6\cos 4\theta - 15\cos 2\theta = 32\cos^6\theta - (2\cos^2 3\theta - 1) - 6(2\cos^2 2\theta - $

$1) - 15(2\cos^2\theta - 1) = 32\cos^6\theta - [2(4\cos^3\theta - 3\cos\theta)^2 - 1] - 6[2(2\cos^2\theta - 1)^2 - 1] - 15(2\cos^2\theta - 1) = $

10. **10.** 数阵 $\{a'_{ij}\}_{m \times n}$ 中每一行的 n 个数自左向右递增. 只需证明, 对于任意的 $i = 1, 2, 3, \cdots, m$, 都

有 $a'_{ij} \leqslant a'_{i(j+1)}$, 其中 $j = 1, 2, 3, \cdots, n-1$. 用反证法. 若存在 $a'_{pq} > a'_{p(q+1)}$. 令 $a'_{k(q+1)} = a_{i_k(q+1)}$, 其中

$k = 1, 2, 3, \cdots, m$, $\{i_1, i_2, i_3, \cdots, i_m\} = \{1, 2, 3, \cdots, m\}$ 则当 $t \leqslant p$ 时, 都有 $a_{i_tq} \leqslant a_{i_t(q+1)} = $

$a'_{t(q+1)} \leqslant a'_{p(q+1)} < a'_{pq}$, 也即在 $a_{iq}(i = 1, 2, 3, \cdots, m)$ 中, 至少有 p 个数小于 a'_{pq}, 这就是说 a'_{pq} 在数阵

$\{a'_{ij}\}_{m \times n}$ 的第 q 列中, 至少排在第 $p+1$ 行, 这与 a'_{pq} 排在第 p 行矛盾. 所以数阵 $\{a'_{ij}\}_{m \times n}$ 中每一行的 n 个

数自左向右递增.

真卷 4 "北约"联盟(2014)

1. 扇形半径为 r, 则 $S_{\text{扇形}} = \frac{1}{2}\theta r^2 = 6\pi \Rightarrow r = 6$, 扇形弧长为 $\theta r = 2\pi$, 故圆锥底面半径为 1, 从而表

面积为 $6\pi + \pi = 7\pi$. **2.** $\dfrac{C_{10}^3 C_7^3 C_4^4}{A_2^2} = 2\,100$. **3.** 等价于 $y = x^2 - 2ax + a$ 的值域包含整个正实数集, 即

$y = x^2 - 2ax + a$ 的图像与 x 轴有公共点, 所以 $\Delta = (-2a)^2 - 4a \geqslant 0 \Rightarrow a \geqslant 1$ 或 $a \leqslant 0$. **4.** 据

$f\left(\dfrac{a+2b}{3}\right) = \dfrac{f(a)+2f(b)}{3}$ 可以判断, 函数 $f(x)$ 应是线性的, 不妨设 $f(n) = an + b$, 由 $f(1) = 1$,

$f(4) = 7$, 得 $f(n) = 2n - 1$, 所以 $f(2\,014) = 4\,027$. 注: 所得结论 $f(n) = 2n - 1$ 可以用数学归纳法进

一步证明. **5.** 因为 $|x| + |y| = 1$, 则 $|x| \cdot |y| \leqslant \left(\dfrac{|x|+|y|}{2}\right)^2 = \dfrac{1}{4}$, 令 $t = xy = |x| \cdot |y|$, 则

$t \in \left[0, \dfrac{1}{4}\right]$, 因为 $xy + \dfrac{1}{xy} = t + \dfrac{1}{t}$ 在 $\left(0, \dfrac{1}{4}\right]$ 上递减, 所以 $xy + \dfrac{1}{xy}$ 没有最大值, 存在最小值 $\dfrac{1}{4} +$

$4 = \dfrac{17}{4}$. **6.** 由 $f(0) = 0$ 得 $c = -\arctan 2$, 下面验证 $f(x) = \arctan \dfrac{2+2x}{1-4x} - \arctan 2$ 在 $\left(-\dfrac{1}{4}, \dfrac{1}{4}\right)$

上为奇函数. 对于任意 $x \in \left(-\dfrac{1}{4}, \dfrac{1}{4}\right)$, 仅需证明 $f(-x) + f(x) = 0$, 仅需证明 $\arctan \dfrac{2+2x}{1-4x} -$

$\arctan 2 + \arctan \dfrac{2-2x}{1+4x} - \arctan 2 = 0$，仅需证明 $\arctan \dfrac{2+2x}{1-4x} + \arctan \dfrac{2-2x}{1+4x} = 2\arctan 2$ ① 在

$\left(-\dfrac{1}{4}, \dfrac{1}{4}\right)$ 上，$\arctan \dfrac{2+2x}{1-4x}$，$\arctan \dfrac{2-2x}{1+4x}$ 均为锐角，所以仅需证明式①两边的正切值相等.事实上

$$\tan\left(\arctan \dfrac{2+2x}{1-4x} + \arctan \dfrac{2-2x}{1+4x}\right) = \dfrac{\dfrac{2+2x}{1-4x} + \dfrac{2-2x}{1+4x}}{1 - \dfrac{2+2x}{1-4x} \cdot \dfrac{2-2x}{1+4x}} = -\dfrac{4}{3}, \quad \tan(2\arctan 2) = \dfrac{2 \cdot 2}{1 - 2^2} = -\dfrac{4}{3},$$

所以 $f(x) = \arctan \dfrac{2+2x}{1-4x} - \arctan 2$ 在 $\left(-\dfrac{1}{4}, \dfrac{1}{4}\right)$ 上为奇函数. **7.** 反证法.若 $\tan 3° \in \mathbf{Q}$，因为

$\tan 3° \neq 1$，则 $\tan 6° = \dfrac{2\tan 3°}{1 - \tan^2 3°} \in \mathbf{Q}$，$\tan 9° = \dfrac{\tan 3° + \tan 6°}{1 - \tan 3° \tan 6°} \in \mathbf{Q}$，$\cdots$，$\tan 30° = \dfrac{\tan 3° + \tan 27°}{1 - \tan 3° \tan 27°} \in$

$\mathbf{Q}$. 则 $\dfrac{\sqrt{3}}{3} \in \mathbf{Q}$，矛盾，所以原命题真. **8.** 据题意可设 $3f(x) + g(x) = a_1 (x - b_1)^2$，$f(x) - g(x) =$

$a_2 (x - b_2)^2$，$a_1 a_2 \neq 0$，则 $f(x) = \dfrac{1}{4}\left[a_1 (x - b_1)^2 + a_2 (x - b_2)^2\right]$，$g(x) = \dfrac{1}{4}\left[a_1 (x - b_1)^2 - \right.$

$\left. 3a_2 (x - b_2)^2\right]$. 因为 $f(x) = 0$ 有两相异实根，则 $\begin{cases} a_1 a_2 < 0 \\ a_1 + a_2 \neq 0 \Rightarrow \\ b_1 \neq b_2 \end{cases} \begin{cases} a_1 (-3a_2) > 0 \\ a_1 - 3a_2 \neq 0 \Rightarrow g(x) \neq 0 \text{ 恒成} \\ b_1 \neq b_2 \end{cases}$

立，所以 $g(x) = 0$ 没有实根. **9.** 结论：0，$\dfrac{7}{2}$，$\dfrac{16}{3}$ 不同时在 M 中，用反证法.设 $a_k = a + kd$ $(1 \leqslant k \leqslant$

$13)$，则 $M = \{a_i + a_j + a_k \mid 1 \leqslant i < j < k \leqslant 13\} = \{3a + kd \mid 6 \leqslant k \leqslant 36\}$，若 0，$\dfrac{7}{2}$，$\dfrac{16}{3}$ 同时在 M

中，则存在 $6 \leqslant x, y, z \leqslant 36$，使得 $\begin{cases} 3a + xd = 0 \\ 3a + yd = \dfrac{7}{2} \Rightarrow \\ 3a + zd = \dfrac{16}{3} \end{cases} \begin{cases} (y-x)d = \dfrac{7}{2} \\ (z-x)d = \dfrac{16}{3} \end{cases} \Rightarrow \dfrac{y-x}{z-x} = \dfrac{21}{32}$. 由于 21，32 互质，

且 $y - x$，$z - x$ 为整数，则 $|y - x| \geqslant 21$，$|z - x| \geqslant 32$，但 $|z - x| \leqslant 36 - 6 = 30$，矛盾！ **10.** **解**

法一：用数学归纳法.当 $n = 1$ 时，$\sqrt{2} + x_1 = \sqrt{2} + 1$，不等式成立；假设 $n = k$ $(k \geqslant 1)$ 时不等式成立，考

虑 $n = k + 1$ 情形：由于 $\prod\limits_{i=1}^{k+1} x_i = 1$，所以 $x_i (i = 1, 2, \cdots, k+1)$ 中必有一个不大于 1，另一个不小于 1

的数，不妨设 $x_k \leqslant 1$，$x_{k+1} \geqslant 1$，从而 $(x_k - 1)(x_{k+1} - 1) \leqslant 0 \Rightarrow x_k + x_{k+1} \geqslant 1 + x_k x_{k+1}$，所以

$$\prod\limits_{i=1}^{k+1} (\sqrt{2} + x_i) = \prod\limits_{i=1}^{k-1} (\sqrt{2} + x_i)\left[2 + \sqrt{2}(x_k + x_{k+1}) + x_k x_{k+1}\right] \geqslant \prod\limits_{i=1}^{k-1} (\sqrt{2} + x_i)(\sqrt{2} + x_k x_{k+1})(\sqrt{2} + 1)$$

因为 $\prod\limits_{i=1}^{k+1} x_i = x_1 x_2 \cdots x_{k-1}(x_k x_{k+1}) = 1$，所以由归纳假设 $\prod\limits_{i=1}^{k-1} (\sqrt{2} + x_i)(\sqrt{2} + x_k x_{k+1}) \geqslant (\sqrt{2} + 1)^k$，

所以 $\prod\limits_{i=1}^{k+1} (\sqrt{2} + x_i) \geqslant (\sqrt{2} + 1)^k (\sqrt{2} + 1) = (\sqrt{2} + 1)^{k+1}$，不等式亦真，从而命题得证.**解法二：**直接将

左边展开. $\prod\limits_{i=1}^{n} (\sqrt{2} + x_i) = (\sqrt{2})^n + (\sqrt{2})^{n-1} \sum\limits_{1 \leqslant i \leqslant n} x_i + (\sqrt{2})^{n-2}\left(\sum\limits_{1 \leqslant i < j \leqslant n} x_i x_j\right) + \cdots +$

$$(\sqrt{2})^{n-k}\left(\sum_{1\leqslant i_1<i_2<\cdots<i_k\leqslant n}x_{i_1}x_{i_2}\cdots x_{i_k}\right)+x_1x_2\cdots x_n$$ 据均值定理得 $$\sum_{1\leqslant i_1<i_2<\cdots<i_k\leqslant n}x_{i_1}x_{i_2}\cdots x_{i_k}\geqslant$$

$$\mathrm{C}_n^k\left[\prod_{1\leqslant i_1<i_2<\cdots<i_k\leqslant n}x_{i_1}x_{i_2}\cdots x_{i_k}\right]^{\frac{1}{\mathrm{C}_n^k}}=\mathrm{C}_n^k((x_1x_2\cdots x_n)^{\mathrm{C}_{n-1}^{k-1}})^{\frac{1}{\mathrm{C}_n^k}}=\mathrm{C}_n^k$$ 所以有 $$\prod_{i=1}^n(\sqrt{2}+x_i)\geqslant$$

$(\sqrt{2})^n+(\sqrt{2})^{n-1}\mathrm{C}_n^1+(\sqrt{2})^{n-2}\mathrm{C}_n^2+\cdots+(\sqrt{2})^{n-k}\mathrm{C}_n^k+\mathrm{C}_n^n=(\sqrt{2}+1)^n$. **解法三**：由平均数不等式可得

$$\begin{cases}\dfrac{\displaystyle\sum_{i=1}^n\dfrac{\sqrt{2}}{\sqrt{2}+x_i}}{n}\geqslant\sqrt[n]{\displaystyle\prod_{i=1}^n\dfrac{\sqrt{2}}{\sqrt{2}+x_i}}=\dfrac{\sqrt{2}}{\sqrt[n]{\displaystyle\prod_{i=1}^n(\sqrt{2}+x_i)}},\\[20pt]\dfrac{\displaystyle\sum_{i=1}^n\dfrac{x_i}{\sqrt{2}+x_i}}{n}\geqslant\sqrt[n]{\displaystyle\prod_{k=1}^n\dfrac{x_i}{\sqrt{2}+x_i}}=\dfrac{1}{\sqrt[n]{\displaystyle\prod_{i=1}^n(\sqrt{2}+x_i)}}\end{cases}$$ 两式相加得 $1\geqslant\dfrac{\sqrt{2}+1}{\sqrt[n]{\displaystyle\prod_{i=1}^n(\sqrt{2}+x_i)}}\Rightarrow$

$$\prod_{i=1}^n(\sqrt{2}+x_i)\geqslant(\sqrt{2}+1)^n.$$

真卷 5　北京大学(2015)

1. A　提示：$1+x^2=xy+yz+zx+x^2=(x+y)(x+z)$，$(1+x^2)(1+y^2)(1+z^2)=$ $[(x+y)(y+z)(z+x)]^2$，所以排除 B、C 项，对于 A 项，$16\,900=130^2=(2\times5\times13)^2$，令

$$\begin{cases}x+y=2\\y+z=5\\z+x=13\end{cases}\Rightarrow\begin{cases}x=5\\y=-3.\\z=8\end{cases}$$ **2. D**　提示：将 $1,2,\cdots,99$ 分成如下 50 组：$(1,99)$，$(2,98)$，$\cdots$，$(47,$

$53)$，$(48,52)$，$(49,51)$，(50). 选中的 50 个数只能分别从这 50 组中各取一个组成，否则将出现两数和为 100；既然 50 必选，则 $(49,51)$ 中必选 51，否则出现两数和为 99；既然 51 比选，则 $(48,52)$ 中必选 52，否则出现两数和为 99；……则最终可得惟一选择为 $50,51,52,\cdots,99$，其和为 $3\,725$. **3. A**　提示：令

$t=\cos x\in[0,1]$，$y=h(t)=t^2-2at+1$，$t\in[0,1]$，则 $y_{\min}=g(a)=\begin{cases}1&a\leqslant0\\1-a^2&0<a\leqslant1.\\2-2a&a>1\end{cases}$ 显

然 $g(a)\mid_{\max}=1$. **4. D**　提示：$10^{20}-2^{20}=2^{20}(5^{10}+1)(5^5+1)(5-1)(5^4+5^3+5^2+5+1)$，而 $5^{10}+$ $1\equiv2(\mathrm{mod}\,4)$，$5^5+1\equiv2(\mathrm{mod}\,4)$，$5^4+5^3+5^2+5+1$ 为奇数，所以正整数 n 的最大值为 24. **5. A**　提

示：设四边形 $ABCD$ 面积为 S，直线 AC、BD 的夹角为 θ，则 $S=\dfrac{AC\cdot BD}{2}\sin\theta\leqslant$

$\dfrac{AB\cdot CD+BC\cdot AD}{2}\sin\theta\leqslant\dfrac{AB\cdot CD+BC\cdot AD}{2}$，由题意，$S=\dfrac{AB\cdot CD+BC\cdot AD}{2}$，所以 A、B、

C、D 四点共圆，且 $AC\perp BD$.故 $CD=4\sqrt{3}\approx6.9$. **6. 1**　提示：若 x 为正整数，则 $\left(1+\dfrac{1}{x}\right)^{x+1}>e>$

$\left(1+\dfrac{1}{2\,015}\right)^{2\,015}$；若 x 为负整数，令 $n=-x(n\in\mathbf{N},n\geqslant2)$，则 $\left(1+\dfrac{1}{x}\right)^{x+1}=\left(1+\dfrac{1}{n-1}\right)^{n-1}$，而

$\left(1+\dfrac{1}{n-1}\right)^{n-1}$ 是单调的，所以只有 $n=2\,016\Rightarrow x=-2\,016$ 符合题意.答案为 1. **7. $\dfrac{41}{25}$**　提示：原式可

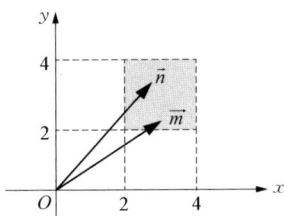

图解题 7

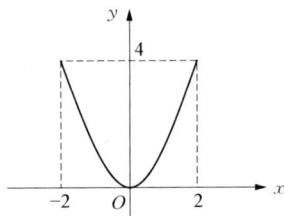

图解题 8

以看作向量 $\vec{m}=(a,d)$，$\vec{n}=(b,c)$ 夹角余弦的平方. **8.** 9 **提示**：注意到 $y=x^2$ 在坐标系中的位置关系；而 $y=x^2+px+q$ 与 $y=x^2$ 的形状相同，所以符合条件的函数只有 $y=x^2-6x+7$，$y=-x^2+6x-7$. **9.** 1 **提示**：由 $x+y+z=1$，可得 $ab^2+ac^2-a^3+bc^2+ba^2-b^3+ca^2+cb^2-c^3-2abc=(ab^2+ba^2-a^3-b^3)+(ac^2+bc^2-c^3)+(ca^2+cb^2-2abc)=-(a+b)(a-b)^2+c^2(a+b-c)+c(a-b)^2=-(a-b-c)(b-c-a)(c-a-b)=0$，所以 $a=b+c$，$b=c+a$，$c=a+b$ 至少有一个成立，则 $x^{2\,015}+y^{2\,015}+z^{2\,015}=1$. **10.** 9 **提示**：事实上，取 $A_i=\{i\}$，$i=1,2,\cdots,9$ 即可，此时 $n=9$. 用 0，1 表示集合中的元素是否在子集中，如 $A_1=\{1,3,4,5,9\}$，则记 $A_1=(1,0,1,1,1,0,0,0,1)$，那么 $A_i\cdot A_j=|A_i\cap A_j|$. 显然，如果当 $n\geqslant 10$ 时，必然存在 m 个向量线性相关，不妨设 $\lambda_1 A_1+\lambda_2 A_2+\cdots+\lambda_m A_m=(0,0,\cdots,0)$，其中 $\lambda_i\in Z(i=1,2,\cdots,m)$，$\lambda_1=1$，此时考虑 $A_1\cdot(\lambda_1 A_1+\lambda_2 A_2+\cdots+\lambda_m A_m)$，那么根据题意 $A_1\cdot A_1$ 是奇数，而 $A_1\cdot A_i(i=2,3,\cdots,m)$ 为偶数，这样就推出了矛盾. 所以 n 的最大值就是 9. **说明**：这个方法表明，n 元集合至多有 n 个包含奇数个元素的子集，使得这些子集中任意两个的交集均包含偶数个元素.

真卷 6　北京大学(博雅计划)(2016)

1. A **提示**：由于 $(-e^{x+a})'=-e^{x+a}$，于是切点横坐标为 $x=-a$，进而有 $-(-a)+2=-e^{-a+a}$，解得 $a=-3$. **2.** B **提示**：不妨假设 $0<a\leqslant b\leqslant c$，$a+b>c$. (1) 正确. 因为有 $\sqrt{a}+\sqrt{b}-\sqrt{c}\geqslant\sqrt{a+b}-\sqrt{c}>0$. (2) 错误. $a=2$，$b=3$，$c=4$ 即为反例. (3) 正确. 因为有 $\dfrac{a+b}{2}+\dfrac{c+a}{2}-\dfrac{b+c}{2}=a>0$. (4) 正确. 因为有 $(|a-b|+1)+(|b-c|+1)-(|c-a|+1)>|(a-b)+(b-c)|-|c-a|=0$.

3. C **提示**：如图题解 3，连接 CF. 由于 $\triangle DOE$ 与 $\triangle DFC$ 相似，因此 $DO\cdot DC=DE\cdot DF$，从而 $DO^2=24\cdot 21$，因此 $OE=\sqrt{DE^2-DO^2}=\sqrt{24^2-24\cdot 21}=6\sqrt{2}$. **4.** D **提示**：满足 $x\in(0,1)$ 且 $f(x)>\dfrac{1}{7}$ 的 x 的个数为 11，分别为 $\dfrac{1}{2}$，$\dfrac{1}{3}$，$\dfrac{2}{3}$，$\dfrac{1}{4}$，$\dfrac{3}{4}$，

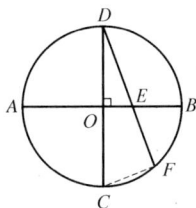

图题解 3

$\dfrac{1}{5}$，$\dfrac{2}{5}$，$\dfrac{3}{5}$，$\dfrac{4}{5}$，$\dfrac{1}{6}$，$\dfrac{5}{6}$. **5.** A **提示**：根据题意，有 $(x^2-3x-1)(x^2+3x-c)=x^4+ax^3+bx+c$，于是 $a=-c-10$，$b=3c-3$，从而 $a+b-2c=-13$. **6.** B **提示**：令 $\log_2 k=x$，则 $a+x$，$a+\dfrac{1}{2}x$，$a+\dfrac{1}{3}x$ 成等比数列，从而可得 $x=-4a$，进而可得公比为 $\dfrac{1}{3}$. **7.** D **提示**：根据题意，有 $\cos\dfrac{\pi}{11}\cos\dfrac{2\pi}{11}\cdots\cos\dfrac{10\pi}{11}=\left(\cos\dfrac{\pi}{11}\cos\dfrac{10\pi}{11}\right)\left(\cos\dfrac{2\pi}{11}\cos\dfrac{9\pi}{11}\right)\left(\cos\dfrac{3\pi}{11}\cos\dfrac{8\pi}{11}\right)\left(\cos\dfrac{4\pi}{11}\cos\dfrac{7\pi}{11}\right)$ $\left(\cos\dfrac{5\pi}{11}\cos\dfrac{6\pi}{11}\right)=-\left(\cos\dfrac{\pi}{11}\cos\dfrac{2\pi}{11}\cos\dfrac{4\pi}{11}\cos\dfrac{8\pi}{11}\cos\dfrac{6\pi}{11}\right)^2=-\left(\cos\dfrac{\pi}{11}\cos\dfrac{2\pi}{11}\cos\dfrac{4\pi}{11}\cos\dfrac{8\pi}{11}\cos\dfrac{16\pi}{11}\right)^2=$

$$-\left(\frac{2^5\sin\dfrac{\pi}{11}\cos\dfrac{\pi}{11}\cos\dfrac{2\pi}{11}\cos\dfrac{4\pi}{11}\cos\dfrac{8\pi}{11}\cos\dfrac{16\pi}{11}}{2^5\sin\dfrac{\pi}{11}}\right)^2=-\left(\frac{\sin\dfrac{32\pi}{11}}{2^5\sin\dfrac{\pi}{11}}\right)^2=-\frac{1}{1\,024}.$$　**8.** B　**提示**：由于一元

二次方程的虚数根必然共轭,因此可设 $x_1=r(\cos\theta+i\sin\theta)$,$x_2=r(\cos\theta-i\sin\theta)$,从而 $\dfrac{x_1^2}{x_2}=$

$r(\cos3\theta+i\sin3\theta)$ 为实数,进而可得 $\theta=\dfrac{k\pi}{3}(k\in\mathbf{Z})$.于是 $\dfrac{x_1}{x_2}=\cos\dfrac{2k\pi}{3}+i\sin\dfrac{2k\pi}{3}$,进而 $\displaystyle\sum_{k=0}^{2\,015}\left(\dfrac{x_1}{x_2}\right)^k=$

$\dfrac{1-\left(\dfrac{x_1}{x_2}\right)^{2\,016}}{1-\dfrac{x_1}{x_2}}=0.$　**另解**：$\dfrac{z_1^2}{z_2}\in\mathbf{R}\Rightarrow\overline{\left(\dfrac{z_1^2}{z_2}\right)}=\dfrac{z_1^2}{z_2}\Rightarrow\left(\dfrac{z_1}{z_2}\right)^3=1$　**9.** D　**提示**：不同的分法数有

$\dfrac{C_{12}^4\cdot C_8^4\cdot C_4^4}{A_3^3}=5\,775.$ 选 D 项.　**10.** A　**提示**：如图题解 10.因为 $\angle BAF=\angle CAE$,于是 $AE\perp AF$.又

因为 $\angle BAD=\angle ACD$,于是 $AD\perp BC$.故 $AD^2=DE\cdot DF=DB\cdot DC$,解得 $DC=9$,从而 $BC=11$.

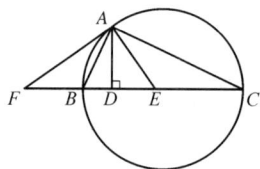
图题解 10

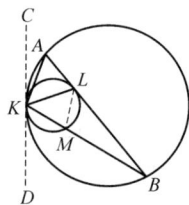
图题解 11

11. B　**提示**：如图题解 11.设 BK 与小圆交于 M 点,连接 ML,CD 为两圆在点 K 处的公切线.由弦切角定理,得 $\angle DKM=\angle BAK=\angle KLM$,又 $\angle KLA=\angle KML$,于是可得 $\angle AKL=\angle BKL$,因此由角平分线定理可得 $AL:BL=AK:BK$,从而可得 $BL=25$.　**12.** C　**提示**：分别令 $x=0,1,-1$,可得

$$\begin{cases}2f(0)+f(-1)=1\\2f(1)+f(0)=1\\2f(-1)+f(0)=1\end{cases}$$ 解得 $f(0)=f(1)=f(-1)=\dfrac{1}{3}$.再令 $x=-\sqrt2$,可得 $2f(-\sqrt2)+f(1)=1$,

从而 $f(-\sqrt2)=\dfrac{1}{3}$.　**13.** A　**提示**：以正 9 边形的某个顶点为等腰三角形的底边所对顶点的等腰三角

形有 4 个,其中有一个是正三角形.因此所有的方法数为 $3\times9+\dfrac{1\times9}{3}=30$.　**14.** B　**提示**：考虑 $a=$

mn,$b=pq$,$c=mp$,$d=nq$,则 $a+b+c+d=mn+pq+mp+nq=(m+q)(n+p)$,于是 $a+b+c+d$ 不是质数即可.如 $301=7\times43=(1+6)(1+42)$,于是取 $a=1$,$b=252$,$c=42$,$d=6$,即选 B 项.

15. D　**提示**：设 $x^3-3x^2=y^3-3y^2=z^3-3z^2=m$,则 x,y,z 是关于 t 的方程 $t^3-3t^2=m$ 的三个实数根,其中 m 为常数.由韦达定理可知,$x+y+z=3$.　**16.** C　**提示**：设函数 $f(x)=\sqrt{4x+1}$,

则其导函数 $f'(x)=\dfrac{2}{\sqrt{4x+1}}$.作出函数 $f(x)$ 的图像,函数 $f(x)$ 的图像在 $x=\dfrac{1}{3}$ 处的切线 $y=$

$\dfrac{2\sqrt{21}}{7}\left(x-\dfrac{1}{3}\right)+\dfrac{\sqrt{21}}{3}$,以及函数 $f(x)$ 的图像过点 $\left(-\dfrac{1}{4},0\right)$ 和 $\left(\dfrac{3}{2},\sqrt7\right)$ 的割线 $y=\dfrac{4}{\sqrt7}x+\dfrac{1}{\sqrt7}$,如

图题解 16.于是可得 $\frac{4}{\sqrt{7}}x+\frac{1}{\sqrt{7}}\leqslant\sqrt{4x+1}\leqslant\frac{2\sqrt{21}}{7}\left(x-\frac{1}{3}\right)+\frac{\sqrt{21}}{3}$,左侧等号当 $x=-\frac{1}{4}$ 或 $x=\frac{3}{2}$

时取得;右侧等号当 $x=\frac{1}{3}$ 时取得.因此原式的最大值为 $\sqrt{21}$,当 $a=b=c=\frac{1}{3}$ 时取得;最小值为 $\sqrt{7}$,

当 $a=b=-\frac{1}{4}$, $c=\frac{3}{2}$ 时取得.从而原式最大值与最小值的乘积为 $7\sqrt{3}=\sqrt{147}\in\left[\sqrt{144},\ \sqrt{169}\right]$.

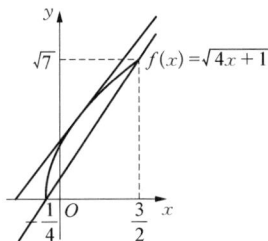

图题解 16

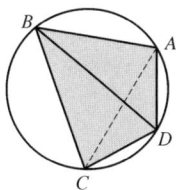

图题解 17

17. B   **提示:**如图题解 17,连接 AC.根据题意,有 $CD=AD$ 且 $AC=\sqrt{3}AD$,则由托勒密定理可得

$AB\cdot CD+AD\cdot BC=AC\cdot BD$,即 $AD(AB+BC)=6\sqrt{3}\cdot AD$,于是 $AB+BC=6\sqrt{3}$,进而 $S_{ABCD}=$

$S_{\triangle ABD}+S_{\triangle CBD}=\frac{3}{2}(AB+BC)=9\sqrt{3}$.   **18. B**   **提示:**由于当 $n\geqslant 10$ 且 $n\in\mathbf{N}$ 时, $100\mid n!$,于是

$1!+2!+\cdots+2016!\equiv 1!+2!+\cdots+9!\pmod{100}\equiv 1+2+6+24+20+20+40+20+80\pmod{100}\equiv 13\pmod{100}$

$100)$.   **19. C**   **提示:**顺次记方程组中的方程为 (1)、(2)、(3),则 $(1)\cdot(3)-(2)^2$ 可得 $xy^2(x-y)^2=$

0,从而 $x=0$ 或 $y=0$ 或 $x=y$.**情形一** $x=0$ 或 $y=0$.此时可得 $(x,\ y,\ z)=(0,0,0)$,$(0,1,1)$,

$(1,\ 0,\ 1)$,$(-1,\ 0,\ -1)$.**情形二** $x=y$ 且 $xy\ne 0$.此时可得 $(x,\ y,\ z)=$

$\left[(-1,\ -1,\ 0),\ \left(\frac{1+\sqrt{5}}{2},\ \frac{1+\sqrt{5}}{2},\ \frac{1+\sqrt{5}}{2}\right),\ \left(\frac{1-\sqrt{5}}{2},\ \frac{1-\sqrt{5}}{2},\ \frac{1-\sqrt{5}}{2}\right)\right]$.综上所述,原方程有 7 组

实数解.   **20. C**   **提示:**令 $f(x)=\frac{x^3+x}{3}$,则原方程等价于 $f(f(x))=x$,由于函数 $f(x)$ 在 $\mathbf{R}$ 上单

调递增,故原方程又等价于 $f(x)=x$,所以原方程的所有实根为 0,$\sqrt{2}$,$-\sqrt{2}$,其平方和为 4.

真卷 7   北京大学(2016)

  1. B   **2. D**   **提示:**考虑到平面内使 $\triangle PAB$ 和 $\triangle PBC$ 的面积相等的点

的轨迹为直线 BM 以及过点 B 且与 AC 平行的直线,其中 M 为边 AC 的中点,

因此满足题意的点 P 有 4 个:$\triangle ABC$ 的重心,或者由 P、A、B、C 四点所构

成的平行四边形的顶点.   **3. A**   **提示:**余弦定理,$BD=170$,$\cos A=0$.

4. B   **提示:**以每一个正方体顶点为顶点的等腰三角形有 12 个,每一个三角

形涉及 3 个顶点,共有 $\frac{8\times 12}{3}=32$ 个等腰三角形.   **5. A**   **提示:**设 $g(x)=$

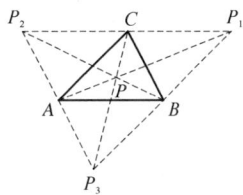

图题解 2

$x^2+ax+b\Rightarrow a=3$,$b=4$.   **6. D**   **提示:**$\begin{cases}\cos x>0\\\sin x<0\end{cases}$ **7. C**   **提示:**四根设为 z_1,$\overline{z_1}$,z_2,$\overline{z_2}$,则

$z_1+z_2=2+i$，$\overline{z_1z_2}=5+6i$，$[z^2-(2+i)z+(5-6i)][z^2-(2-i)z+(5+6i)]=0$. **8. C** **提示**：每一轮剩下的牌依次是 2，4，6，$\cdots$，52，54；　　4，8，12，$\cdots$，48，52；　　4，12，20，$\cdots$，44，52；12，28，44；　　12，44；　　44. **9. C** **提示**：$(2^2+1)=5$ 与奇数的积的个位数依然是 5. **10. B** **提示**：设在 A_i 中出现次数最多的元素共出现了 x 次，则 $x\mid S\mid\geqslant\mid A_1\mid+\mid A_2\mid+\cdots+\mid A_{2016}\mid\geqslant 2016\cdot$ $\dfrac{1}{5}\mid S\mid\Rightarrow x\geqslant 403(x\in\mathbf{N}^*)\Rightarrow x_{\min}=404$. **11. B** **提示**：棱长为 a 的正四面体的内切球半径为 $\dfrac{\sqrt{6}}{12}a$. 设 4 个半径为 1 的球的球心分别为 O_1、O_2、O_3、O_4 点，则正四面体 $O_1O_2O_3O_4$ 的棱长为 2，故其内切球半径为 $\dfrac{\sqrt{6}}{6}$. 设这 4 个球的外切正四面体为 $ABCD$，则正四面体 $ABCD$ 的内切球半径为 $1+\dfrac{\sqrt{6}}{6}$，故正四面体 $ABCD$ 的棱长为 $2+2\sqrt{6}$. **12. C** **提示**：$\dfrac{\mid x\mid^n}{\left(\dfrac{1}{\sqrt[n]{3}}\right)^n}+\dfrac{\mid y\mid^n}{\left(\dfrac{1}{8}\right)^n}+\mid z\mid^n\leqslant 1$，$\forall n\in\mathbf{N}^*$，$x\in$

$(-1,1)$，$y\in\left[-\dfrac{1}{8},\dfrac{1}{8}\right]$，$z\in[-1,1]$，且 $n\to\infty$ 时，点集趋于一个长方体. **13. C** **提示**：由于 $2002\sqrt{1001^2+1}=\sqrt{(2002\cdot 1001)^2+2002^2}=\sqrt{(2002\cdot 1001)^2+2\cdot 2002\cdot 1001}<\sqrt{(2002\cdot 1001+1)^2}$，所以 $[2002\sqrt{1001^2+1}]=2002\cdot 1001$，所以等式右边 $=2002\cdot 1001n$. 当 $n\leqslant 2002$ 时，$n\sqrt{1001^2+1}=\sqrt{(1001n)^2+n^2}\leqslant\sqrt{(1001n)^2+2\cdot 1001n}<\sqrt{(1001n+1)^2}=1001n+1$，所以 $[n\sqrt{1001^2+1}]=1001n$，此时左边 $=2002\cdot 1001n$，因而等式成立；当 $n>2002$ 时，$n\sqrt{1001^2+1}=\sqrt{(1001n)^2+n^2}\geqslant\sqrt{(1001n)^2+(2\cdot 1001+1)n}>\sqrt{(1001n+1)^2}=1001n+1$，所以 $[n\sqrt{1001^2+1}]>1001n$，此时左边 $>2002\cdot 1001n$，因而等式不成立. **14. B** **提示**：等价于对任意 x_1，x_2，$\cdots$，$x_{2016}\in[0,4]$，$\left(\sum\limits_{i=1}^{2016}\mid x-x_i\mid\right)_{\min}\leqslant 2016a$ 在 $x\in[0,4]$ 时恒有解，所以仅需 $\left[\left(\sum\limits_{i=1}^{2016}\mid x-x_i\mid\right)_{\min}\right]_{\max}=2016a$，而 $\left[\left(\sum\limits_{i=1}^{2016}\mid x-x_i\mid\right)_{\min}\right]_{\max}=4\cdot\dfrac{2016}{2}$，所以 $4\cdot\dfrac{2016}{2}=2016\cdot a\Rightarrow a=2$. **15. D** **提示**：$a^2+b^2=(-x_1-x_2)^2+(1-x_1x_2)^2=(x_1^2+1)(x_2^2+1)$，A 项假；通过 $\bmod 2$、$\bmod 3$ 讨论可知 B、C 项亦假. 选 D 项. **16. B** **提示**：$a_n<\sqrt{n}+\dfrac{1}{2}<a_n+1\Rightarrow$ $\left(a_n-\dfrac{1}{2}\right)^2<n<\left(a_n+\dfrac{1}{2}\right)^2$，所以，对于每一个 n，都有：$\sum\dfrac{1}{a_n}=\dfrac{\left(a_n+\dfrac{1}{2}\right)^2-\left(a_n-\dfrac{1}{2}\right)^2}{a_n}=2$，$a_n\mid_{\max}=1008$，$n=\left[\left(1008+\dfrac{1}{2}\right)^2\right]=1017072$. **17. B** **提示**：$0=a^3-b^3-c^3-3abc=(a-b-c)(a^2+b^2+c^2+ab-bc+ca)$，① $a-b-c=0\Rightarrow a^2=2a\Rightarrow a=0,2$；② $a^2+b^2+c^2+ab-bc+ca=0\Rightarrow(a+b)^2+(b-c)^2+(c+a)^2=0\Rightarrow b=c=-a\Rightarrow a^2=-4a\Rightarrow a=0,-4$. 综上，选 B 项.

18. A **提示**：$\dfrac{z_2-z_1}{z_3-z_1}=1+2i=\sqrt{5}\left(\dfrac{1}{\sqrt{5}}+\dfrac{2}{\sqrt{5}}i\right)=\sqrt{5}(\cos\angle BAC+i\cos\angle BAC)$. 所以，若是 $AC=a$，则 $AB=\sqrt{5}a$，$BC=\sqrt{5a^2+a^2-2\sqrt{5}a^2\cos\angle BAC}=2a$，　　所以 $\angle C=90°$，$\dfrac{S}{5a^2}=\dfrac{a^2}{5a^2}=\dfrac{1}{5}$.

19. D 提示：$102a + 203b + 304c = 5\,050$ 的非负整数解 $\Leftrightarrow 101(a + 2B + 3c) + (a + b + c) = 101 \times 50$，所以 $101 \mid (a+b+c)$，又 $a+b+c \geqslant 0$，$a+b+c \leqslant a+2b+3c \leqslant 50$，所以 $a+b+c=0$，无解. **20. A**

提示：$\dfrac{1}{x} + \dfrac{1}{y} + \dfrac{1}{z} = \dfrac{1}{2\,016} \Leftrightarrow xyz = 2\,016(xy+yz+zx)$，则 $(x-2\,016)(y-2\,016)(z-2\,016) = [xy - 2\,016(x+y) + 2\,016^2](z-2\,016) = [xy - 2\,016(2\,016-z) + 2\,016^2](z-2\,016) = (xy + 2\,016z)(z-2\,016) = xyz + 2\,016z^2 - 2\,016xy - 2\,016^2z = 2\,016(xy+yz+zx) + 2\,016z^2 - 2\,016xy - 2\,016^2z = 2\,016(y+x)z + 2\,016z^2 - 2\,016^2z = 2\,016(2\,016-z)z + 2\,016z^2 - 2\,016^2z = 0.$

真卷 8   北京大学(博雅计划)(2017)

1. C 可得 $9 + 95 + 995 + \cdots + \underbrace{99\cdots95}_{2\,016个9} = (10-1) + (10^2-5) + (10^3-5) + \cdots + (10^{2\,017}-5) = (10 + 10^2 + 10^3 + \cdots + 10^{2\,017}) - (5 \cdot 2\,017-4) = \underbrace{111\cdots10}_{2\,017个1} - 10\,081 = \underbrace{111\cdots101029}_{2\,013个1}$ **2. B** 可得等差数列 $1, 5, 9, 13, \cdots, 2\,017$ 共 505 项，因而 $15\,913\cdots2\,017 \equiv 1+5+9+13+\cdots+2\,017 = \dfrac{505}{2}(1+2\,017) = 505 \cdot 1\,009 \equiv 1 \cdot 1 = 1\pmod 9$ **3. B** 可设满足题设的三位数是 $\overline{abc}(a, b, c \in \{0, 1, 2, \cdots, 9\}, a \neq 0)$，可得 $100a + 10b + c = a! + b! + c!$. 可得 $102 \leqslant 100a + 10b + c = a! + b! + c! \leqslant 3(\max\{a, b, c\})!$，$(\max\{a, b, c\})! \geqslant 34$，$\max\{a, b, c\} \geqslant 5$，$(\max\{a, b, c\})! < a! + b! + c! = 100a + 10b + c \leqslant 999$，$\max\{a, b, c\} \leqslant 6$ 所以 $\max\{a, b, c\} = 5$ 或 6. 当 $\max\{a, b, c\} = 6$ 时：(1) 若 $a = 6$，可得 $600 + 10b + c = 720 + b! + c!$，$99 \geqslant 10b + c = 120 + b! + c! \geqslant 122$ 这不可能！(2) 若 $b = 6$，可得 $100a + 60 + c = a! + 720 + c!$，$100a + 9 \geqslant 100a + c = a! + 660 + c! \geqslant 662$，$100a \geqslant 653$，$a \geqslant 6.53$，这与 $\max\{a, b, c\} = 6$ 矛盾！(3) 若 $c = 6$，可得 $100a + 10b + 6 = a! + b! + 720$，$100a + 90 \geqslant 10b = a! + b! + 714 \geqslant 716$，$100a \geqslant 626$，$a \geqslant 6.26$ 这与 $\max\{a, b, c\} = 6$ 矛盾！所以 $\max\{a, b, c\} = 6$ 不成立，得 $\max\{a, b, c\} = 5$. (1) 若 $a = 5$，可得 $500 + 10b + c = 120 + b! + c!$ $380 + 10b + c = b! + c! \leqslant 5! + 5! = 240$ 这不可能！(2) 若 $b = 5$，可得 $100a + 50 + c = a! + 120 + c!$，$100a \leqslant 100a + c = a! + 70 + c! \leqslant 5! + 70 + 5! = 290$，$a = 1$ 或 2. 当 $a = 1$ 时，可得 $100 + 50 + c = 1 + 120 + c!$ $4! = 24 < 29 + c = c!$，$c \geqslant 5$，$c = 5$，但 $(a, b, c) = (1,5,5)$ 并不满足题设：$155 < 1! + 5! + 5!$. 当 $a = 2$ 时，可得 $200 + 50 + c = 2 + 120 + c!$，$5! = 120 < 128 + c = c!$，$c \geqslant 5$，$c = 5$ 但 $(a, b, c) = (2, 5, 5)$ 并不满足题设：$255 > 2! + 5! + 5!$. (3) 若 $c = 5$，可得 $100a + 10b + 5 = a! + b! + 120$ $10 \mid a! + b! + 5$，所以 $a! + b!$ 的个位数字是 5. 由 $a \in \{1, 2, 3, 4, 5\}$，$b \in \{0, 1, 2, 3, 4, 5\}$，可得 a, b 是中一个是 4，另一个是 0 或 1. 还可得 $100a < 100a + 10b + 5 = a! + b! + 120 \leqslant 360$，$a = 1$，$2$ 或 3，所以只可能是 $a = 1$，$b = 4$，$c = 5$. 经检验知，$a = 1$，$b = 4$，$c = 5$ 满足题设：$145 = 1! + 4! + 5!$. 是因而满足题设的三位数是 145，其各位数字之和为 10.   **4. C** 设单位圆上的五个点所对应的复数分别是 $\omega_k = a_k + b_k \mathrm{i}(k = 1, 2, 3, 4, 5)$，其中，$a_k, b_k \in \mathbf{R}$，且 $a_k^2 + b_k^2 = 1$. 因而，单位圆的内接五边形的所有边及对角线长度的平方和为 $\displaystyle\sum_{1 \leqslant i < j \leqslant 5} |\omega_i - \omega_j|^2 = \sum_{1 \leqslant i < j \leqslant 5} [(a_i - a_j)^2 + (b_i - b_j)^2] = \sum_{1 \leqslant i < j \leqslant 5} [(a_i^2 + b_i^2 + a_j^2 + b_j^2)^2 - 2(a_ia_j + b_ib_j)] = \sum_{1 \leqslant i < j \leqslant 5} [2 - 2(a_ia_j + b_ib_j)] = 20 - \sum_{1 \leqslant i < j \leqslant 5} 2a_ia_j - \sum_{1 \leqslant i < j \leqslant 5} 2b_ib_j = 25 - \left(\sum_{k=1}^{5} a_k^2 + \sum_{1 \leqslant i < j \leqslant 5} 2a_ia_j\right) - \left(\sum_{k=1}^{5} b_k^2 + 2\sum_{1 \leqslant i < j \leqslant 5} b_ib_j\right) = 25 - \left(\sum_{k=1}^{5} a_k\right)^2 - \left(\sum_{k=1}^{5} b_k\right)^2 \leqslant 25$ (当且仅当 $\displaystyle\sum_{k=1}^{5} \omega_k = 0$ 时取等号). 所以所求最大值是 25. 同理可证：单位圆的内接 n 五边形的所有边及

对角线长度的平方和的最大值为 n^2. **5. B** 我们先用复数证明 $\sin\dfrac{\pi}{n}\sin\dfrac{2\pi}{n}\sin\dfrac{3\pi}{n}\sin\dfrac{(n-1)\pi}{n}=$

$\dfrac{n}{2^{n-1}}(n\in\mathbf{N},n\geqslant2)$. 证明如下：可设关于 x 的方程 $x^n=1(n\in\mathbf{N},n\geqslant2)$ 的全部复根为 $1,\omega,\omega^2$,

$\omega^3,\cdots,\omega^{n-1}$, 其中 $\omega=\cos\dfrac{2\pi}{n}+\mathrm{i}\sin\dfrac{2\pi}{n}$, 可得 $(x-1)(x^{n-1}+\cdots+x^2+x+1)\equiv x^n-1\equiv(x-1)(x-$

$\omega)(x-\omega^2)(x-\omega^3)\cdots(x-\omega^{n-1})x^{n-1}+\cdots+x^2+x+1\equiv(x-\omega)(x-\omega^2)(x-\omega^3)\cdots(x-\omega^{n-1})$. 令

$x=1$, 得 $(1-\omega)(1-\omega^2)(1-\omega^3)\cdots(1-\omega^{n-1})=n$, $|1-\omega|\cdot|1-\omega^2|\cdot|1-\omega^3|\cdot|1-\omega^{n-1}|=n$.

又因为 $|1-\omega^k|=\left|1-\cos\dfrac{2k\pi}{n}-\mathrm{i}\sin\dfrac{2k\pi}{n}\right|=\left|2\sin^2\dfrac{k\pi}{n}-\mathrm{i}\cdot2\sin\dfrac{k\pi}{n}\cos\dfrac{k\pi}{n}\right|=2\sin\dfrac{k\pi}{n}(k=1,2,$

$3,\cdots,n-1)$, 所以可得欲证结论成立. 进而可得 $\left(1+\cos\dfrac{\pi}{7}\right)\left(1+\cos\dfrac{3\pi}{7}\right)\left(1+\cos\dfrac{5\pi}{7}\right)=2\cos^2\dfrac{\pi}{14}\cdot$

$2\cos^2\dfrac{3\pi}{14}\cdot2\cos^2\dfrac{5\pi}{14}=8\sin^2\dfrac{3\pi}{7}\sin^2\dfrac{2\pi}{7}\sin^2\dfrac{\pi}{7}=8\sin\dfrac{\pi}{7}\sin\dfrac{2\pi}{7}\sin\dfrac{3\pi}{7}\sin\dfrac{4\pi}{7}\sin\dfrac{5\pi}{7}\sin\dfrac{6\pi}{7}=8\cdot\dfrac{7}{2^6}=\dfrac{7}{8}$.

6. D 可得 $f_1(x)=\dfrac{1+\sqrt{3}x}{\sqrt{3}-x}$, $f_2(x)=\dfrac{x+\sqrt{3}}{1-\sqrt{3}x}$, $f_3(x)=-\dfrac{1}{x}$, $f_4(x)=\dfrac{x-\sqrt{3}}{1+\sqrt{3}x}$, $f_5(x)=$

$\dfrac{\sqrt{3}x-1}{x+\sqrt{3}}$, $f_6(x)=x$, $f_7(x)=f_1(x)$. 从而可得 $\{f_n(x)\}$ 是以 6 为周期的周期数列，因而

$f_{2017}(2017)=f_1(2017)=f(2017)=\dfrac{1+2017\sqrt{3}}{\sqrt{3}-2017}$. **7. B** 可得数列 $\{7^n$ 的个位数字$\}$ 即 $7,9,3,$

$1,7,9,3,1,\cdots$, 其周期为 4. 进而可得 2017^{2017} 的个位数字是即 $7^{2016}\cdot7$ 的个位数字，为 7. 再由题设可

得 n^n 的个位数字是 7, 因而 n 是正奇数且 $n\neq2017$. 可得 2015^{2015}, 2019^{2019} 的个位数字分别是 5, 9；

2013^{2013}, 2021^{2021} 的个位数字分别是 3, 1；2011^{2011}, 2023^{2023} 的个位数字分别是 1, 7. 所以 $|2017-n|$

的最小值为 $|2017-2023|=6$. **8. C** 设盒子中的红、白、蓝、绿球个数分别是正整数 a、b、c、d. 由题

设，可得 $p_1=\dfrac{\mathrm{C}_a^4}{\mathrm{C}_{a+b+c+d}^4}$, $p_2=\dfrac{\mathrm{C}_a^3\mathrm{C}_b^1}{\mathrm{C}_{a+b+c+d}^4}$, $p_3=\dfrac{\mathrm{C}_a^2\mathrm{C}_b^1\mathrm{C}_c^1}{\mathrm{C}_{a+b+c+d}^4}$, $p_4=\dfrac{\mathrm{C}_a^1\mathrm{C}_b^1\mathrm{C}_c^1\mathrm{C}_d^1}{\mathrm{C}_{a+b+c+d}^4}$, 再由 $p_1=p_2=p_3=p_4$, 可得

$\mathrm{C}_a^4=\mathrm{C}_a^3\mathrm{C}_b^1=\mathrm{C}_a^2\mathrm{C}_b^1\mathrm{C}_c^1=\mathrm{C}_a^1\mathrm{C}_b^1\mathrm{C}_c^1\mathrm{C}_d^1$ $a=4b+3$, $a=3c+2$, $a=2d+1$ ① $a+1=4(b+1)=3(c+$

$1)=2(d+1)$ 所以 $a+1$ 是 $2,3,4$ 的公倍数，即是 12 的倍数. 由①还可得 $a+b+c+d$ 取最小值$\Leftrightarrow a$ 取

最小值$\Leftrightarrow a+1$ 取最小值$\Leftrightarrow a+1=12\Leftrightarrow a=11\Leftrightarrow a=11\Leftrightarrow(a=11,b=2,c=3,d=5)$ 所以这个盒子里玻

璃球个数 $a+b+c+d$ 的最小值为 $11+2+3+5=21$. **9. A** 由 $\left(a-\dfrac{1}{b}\right)\left(b-\dfrac{1}{c}\right)\left(c-\dfrac{1}{a}\right)=$

$\dfrac{(abc)^2-abc(a+b+c)+ab+bc+ca-1}{abc}$ 是正整数，可得 $abc\mid ab+bc+ca-1$. 设正整数 x, y, z 是

正整数 a, b, c 的一个排列，且 $x\leqslant y\leqslant z$. 可得 $xyz\mid xy+yz+zx-1$, 所以 $xyz\leqslant xy+yz+zx-1\leqslant$

$3yz-1<3yz$, $x<3$, $x=1$ 或 2. 若 $x=1$, 可得 $yz\mid y+yz+z-1$, $yz\mid y+z-1$, $yz\leqslant y+z-$

$1<2z$, $y=1$. 由 $x=y=1$, 可得 $\left(a-\dfrac{1}{b}\right)\left(b-\dfrac{1}{c}\right)\left(c-\dfrac{1}{a}\right)=0$, 不是正整数，与题设矛盾！所以

$x=2$, $y\geqslant2$. 可得 $2yz\mid2y+yz+2z-1$, $yz\mid2y+2z-1$, $yz\leqslant2y+2z-1<4z$, $y=2$ 或 3. 若

$y=2$, 可得 $4z\mid4+2z+2z-1$, $4z\mid3$, 这不可能！所以 $y=3$. 可得 $6z\mid6+3z+2z-1$, $6z\mid5(z+$

$1)$, 进而可得 $6\mid z+1$, $z\mid5$. 由 $6\mid z+1$, 可得 $z\geqslant5$, 再由 $z\mid5$, 可得 $z\leqslant5$, 所以 $z=5$. 还可检验

$(x,y,z)=(2,3,5)$ 满足 $xyz\mid xy+yz+zx-1$,所以正整数 a,b,c 两两互异,且 $\{a,b,c\}=\{2,3,5\}$. 再由排序不等式"逆序和$\leqslant$乱序和$\leqslant$顺序和"可得:当且仅当 $(a,b,c)=(5,3,2)$ 时,$(2a+3b+5c)_{\min}=29$;当且仅当 $(a,b,c)=(2,3,5)$ 时,$(2a+3b+5c)_{\min}=38$.所以 $2a+3b+5c$ 的最大值和最小值之差为 $38-29=9$. **10. C** 设集合 $A=\{n!+n\mid n\in\mathbf{N}^*\}$,$B=\complement_{\mathbf{N}^*}A$,下面证明集合 A、B 满足题设.先证集合 A 中不包含公差不为 0 的无穷等差数列,实际上可以证明递增数列 $\{a_n\}(a_n=n!+n)$ 中的任意三项不能排成等差数列.这是因为:当 $k,l,m\in\mathbf{N}^*$,且 $k<l<m$ 时,可得 $a_m+a_k-2a_l>a_m-2a_l\geqslant a_{l+1}-2a_l=(l+1)!+l+1-2(l!)-2l=(l-1)(l!-1)\geqslant0$,$a_m+a_k>2a_l$.再证集合 B 中不包含公差不为 0 的无穷等差数列.$\forall a,b\notin A$,$a<b$,有 $\dfrac{b!}{b-a}+1\in\mathbf{N}^*$,可得 $a+(b-a)\left(\dfrac{b!}{b-a}+1\right)=b!+b$,即数列 $\{a+(b-a)n\}$(该等差数列的头两项依次是 a,b)的第 $\dfrac{b!}{b-a}+1$ 项在集合 A 中,因而不在集合 B 中.说明以集合 B 中的任意两项作为头两项确定的无穷等差数列,总有项在集合 A 中,即不在集合 B 中,因而集合 B 中不包含公差不为 0 的无穷等差数列.把集合 A 中的前 $k(k\in\mathbf{N}^*)$ 个元素去掉后放入集合 B 中,设得到的新集合分别是 A_k,B_k,同理可以证明集合 A、B 均满足题设.所以本题的答案是 C. **11. A** 设 $\triangle DOA$ 的内切圆半径为 r,由题设、图题解 11 及结论"三角形的面积等于其半周长与其内切圆半径之积"可得 $S_{\triangle AOB}$: $S_{\triangle BOC}$: $S_{\triangle COD}$: $S_{\triangle DOA}=3:4:6:r$,还可得 $S_{\triangle AOB}$: $S_{\triangle BOC}=OA:OC=S_{\triangle AOD}$: $S_{\triangle COD}$,所以 $3:4=r:6$,$r=\dfrac{9}{2}$. **12. A** 设只参加了数学、物理、化学一门学科

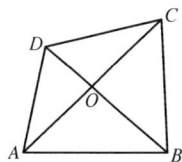

图题解 11

考试的学生数分别是 a、b、c,只参加了数学与物理、物理与化学、化学与数学两门学科考试的学生数分别是 d、e、f,参加了数学、物理、化学三门学科考试的学生数是 g.又设学生总数为 $a+b+c+d+e+f+g=x$,由题设,可得

$$\begin{cases}a+d+f+g=100\\b+d+e+g=50\\c+e+f+g=48\\d+e+f+g=\dfrac{x}{2}\\g=\dfrac{x}{3}\\a+b+c+d+e+f+g=x\end{cases}$$,进而可得 $x+\dfrac{x}{2}+\dfrac{x}{3}=$

$100+50+48$,$x=108$,所以学生总数为 108. **13. D** 记题设中的正四面体是正四面体 $ABCD$,其四个顶点到平面 α 的距离都相等.显然四点 A、B、C、$D\notin\alpha$(否则这四点到平面 α 的距离都为 0,它们共面),也不可能都在平面 α 的同侧(否则这四点共面,且该平面与平面 α 平行),因而四点 A、B、C、D 在平面 α 的两侧.(1) 当平面 α 的一侧是一个点另一侧是三个点时:若点 A 在平面 α 的一侧点 B、C、D 均在平面 α 的另一侧,可得平面 $BCD/\!/\alpha$.作 $AH\perp$ 平面 BCD 于点 H,可得点 A、B、C、D、H 到平面 α 的距离都相等,所以平面 α 是线段 AH 的中垂面.同理,可得此种情形的平面 α 有四个,即正四面体 $ABCD$ 的四条高的中垂面.(2) 当平面 α 的两侧各两个点时:若点 A、B 在平面 α 的一侧,点 C、D 在平面 α 的另一侧时,可得 $AB/\!/\alpha$,$CD/\!/\alpha$.可设异面直线 AB、CD 的公垂线段是 MN,得点 A、B、M、C、D、N 到平面 α 的距离都相等,所以平面 α 是线段 MN 的中垂面.同理,可得此种情形的平面 α 有三个,即正四面体 $ABCD$ 的三组对棱所在直线的公垂线段的中垂面.所以满足题意的平面 α 的个数是 $4+3=7$. **14. B** 在 $\triangle ABC$ 中,可得 $\sin A>0$.再由 $\sin A=\cos B=\tan C$,可得 $\cos B=\tan C>0$,所以角 B、C 均是锐角.若角 A 是锐角,

由 $\sin A = \cos B = \sin\left(\dfrac{\pi}{2} - B\right)$，可得 $A = \dfrac{\pi}{2} - B$，$A + B = \dfrac{\pi}{2}$，$C = \dfrac{\pi}{2}$，与角 C 是锐角矛盾！由

$\sin A = \cos B$，可得角 A 不是直角，所以角 A 是钝角．由 $\cos B = \sin A = \sin\left(A - \dfrac{\pi}{2}\right)$，可得 $B = A - \dfrac{\pi}{2}$，

$A = B + \dfrac{\pi}{2}$，$C = \dfrac{\pi}{2} - 2B\left(0 < B < \dfrac{\pi}{4}\right)$．再由 $\cos B = \tan C$，可得 $\cos B = \tan\left(\dfrac{\pi}{2} - 2B\right) =$

$\dfrac{\sin\left(\dfrac{\pi}{2} - 2B\right)}{\cos\left(\dfrac{\pi}{2} - 2B\right)} = \dfrac{\cos 2B}{\sin 2B} = \dfrac{1 - 2\sin^2 B}{2\sin B \cos B}$，$2\sin B(1 - \sin^2 B) = 1 - 2\sin^2 B$，$\sin^3 B - \sin^2 B - \sin B + \dfrac{1}{2} =$

$0\left(0 < B < \dfrac{\pi}{4}\right)$．设 $\sin B = x$，可得 $0 < x < \dfrac{1}{\sqrt{2}}$，题意即问关于 x 的方程 $x^3 - x^2 - x + \dfrac{1}{2} =$

$0\left(0 < x < \dfrac{1}{\sqrt{2}}\right)$ 的实根个数．设 $f(x) = x^3 - x^2 - x + \dfrac{1}{2}\left(0 < x < \dfrac{1}{\sqrt{2}}\right)$，可得 $f'(x) = 3x^2 - 2x - 1 =$

$(x - 1)(3x + 1) < 0\left(0 < x < \dfrac{1}{\sqrt{2}}\right)$，$f(x)$ 是减函数．又因为 $f(0) = \dfrac{1}{2} > 0$，$f\left(\dfrac{1}{\sqrt{2}}\right) = -\dfrac{1}{2\sqrt{2}} < 0$，所以

关于 x 的方程 $x^3 - x^2 - x + \dfrac{1}{2} = 0\left(0 < x < \dfrac{1}{\sqrt{2}}\right)$ 的实根个数是 1，因而答案是 B． **15. B**　因为 $a + b +$

$c = 407$，407 不是 5 的倍数，所以 a、b、c 中最多有两个(可不妨设为 a、b)是 5 的倍数．可得 a、b 的分解质因数的式子中 5 的指数都不会超过 3(否则，$407 = a + b + c > 5^4 = 625$，这不可能)，因此 abc 的分解质因数的式子中 5 的指数不会超过 $3 + 3 = 6$，因而 n 的最大值也不会超过 6．又因为当 $(a, b, c) = (5^3, 2 \cdot 5^3, 2^5)$ 时，满足题设，且 $10^6 \mid abc$，所以所求 n 的最大值为 6． **16. D**　由题设，可得 $a + bc = a(a + b + c) + bc = (a + b)(a + c) = (1 - c)(1 - b)$，$b + ac = b(a + b + c) + ac = (b + a)(b + c) = (1 - c)(1 - a)$，$c + ab = c(a + b + c) + ab = (c + a)(c + b) = (1 - b)(1 - a)$，所以 $s = [(a - 1)(b - 1)(c - 1)]^2 > 100$，$s \geqslant$ 121，$|a - 1| \cdot |b - 1| \cdot |c - 1| \geqslant 11$．若 $|a - 1| \cdot |b - 1| \cdot |c - 1| = 11$，可得 $a - 1$，$b - 1$，$c - 1$ 都是奇数，所以 $(a - 1) + (b - 1) + (c - 1) = -2$ 也是奇数，这显然不可能！所以 $|a - 1| \cdot |b - 1| \cdot |c - 1| \geqslant$ 12．当 $(a, b, c) = (-3, 0, 4)$ 时满足题设，所以 $(|a - 1| \cdot |b - 1| \cdot |c - 1|)_{\min} = 12$，$s_{\min} = 12^2 = 144$．

17. C　由一元二次方程的求根公式，可得方程 $x^2 + px + q = 0$ 的判别式 $p^2 - 4q$ 是完全平方数，因而可设 $p^2 - 4q = k^2 (k \in \mathbf{N})$，再由 $p + q = 218$，可得 $p^2 - 4q = p^2 - 4(218 - p) = (p + 2)^2 - 876 = k^2$，$(p + 2)^2 - k^2 = 876 = 2^2 \cdot 3 \cdot 73$．① 　$(p + 2 + k)(p + 2 - k) = 2^2 \cdot 3 \cdot 73$；② 若 m，$n \in \mathbf{Z}$，可得 $(2m + 1)^2 - (2n + 1)^2 = 2(m + n + 1) \cdot 2(m - n) = 4(m - n)(m + n + 1)$．因为 $(m - n) + (m + n + 1) = 2m + 1$ 是奇数，所以 $m - n$ 与 $m + n + 1$ 中一奇一偶，得 $2 \mid (m - n)(m + n + 1)$，因而 $8 \mid (2m + 1)^2 - (2n + 1)^2$．这就证得了结论"两个奇数的平方差是 8 的倍数"．由此结论及①可得 $p + 2 + k$，$p + 2 - k$ 均是偶数．再由②，可得 $\dfrac{p + 2 + k}{2} \cdot$

$\dfrac{p + 2 - k}{2} = 3 \cdot 73\left(\dfrac{p + 2 + k}{2}, \dfrac{p + 2 - k}{2} \in \mathbf{Z}, \dfrac{p + 2 + k}{2} > \dfrac{p + 2 - k}{2}\right)$．所以 $\begin{cases} \dfrac{p + 2 + k}{2} = 3 \cdot 73 \\ \dfrac{p + 2 - k}{2} = 1 \end{cases}$ 或

$\begin{cases} \dfrac{p + 2 + k}{2} = 73 \\ \dfrac{p + 2 - k}{2} = 3 \end{cases}$ 或 $\begin{cases} \dfrac{p + 2 + k}{2} = -1 \\ \dfrac{p + 2 - k}{2} = -3.73 \end{cases}$ 或 $\begin{cases} \dfrac{p + 2 + k}{2} = -3 \\ \dfrac{p + 2 - k}{2} = -73 \end{cases}$ 可分别解得 $(p, k) = (218, 218)$，

$(74,70)$，$(-222,218)$，$(-78,70)$，进而可得 $(p,q)=(218,0)$，$(74,144)$，$(-222,440)$，$(-78,296)$. 由一元二次方程的求根公式,可得方程 $x^2+px+q=0$ 的根为 $x=\dfrac{-p\pm k}{2}(p\in\mathbf{Z},k\in\mathbf{N})$，所以该方程有整数根的充要条件是两个整数 p，k 的奇偶性相同.而上述四组 (p,k) 均满足 p，k 均是偶数,所以以上四组 (p,q) 均满足题意.因而本题的答案是C项. **18. A** 可得 x，y 的取值范围均是 $\left\{\alpha\,\middle|\,\alpha\neq k\pi+\dfrac{\pi}{2},k\in\mathbf{Z}\right\}$，所以 $\sin^2 x<1$，$\sin^2 y<1$. 由题设及公式 $\tan\alpha=\dfrac{\sin\alpha}{\cos\alpha}$，可得

$\dfrac{\sin^2 x\cos^2 y+\cos^2 x\sin^2 y}{\cos^2 x\cos^2 y+\sin^2 x\cos^2 y+\cos^2 x\sin^2 y}=\sin^2 x+\sin^2 y$ $\dfrac{\sin^2 x(1-\sin^2 y)+(1-\sin^2 x)\sin^2 y}{(1-\sin^2 x)(1-\sin^2 y)+\sin^2 x(1-\sin^2 y)+(1-\sin^2 x)\sin^2 y}=$

$\sin^2 x+\sin^2 y$ $\dfrac{\sin^2 x+\sin^2 y-2\sin^2 x\sin^2 y}{1-\sin^2 x\sin^2 y}=\sin^2 x+\sin^2 y$ $\sin^2 x+\sin^2 y-2\sin^2 x\sin^2 y=(\sin^2 x+\sin^2 y)(1-\sin^2 x\sin^2 y)$ $(\sin x\sin y)^2(\sin^2 x+\sin^2 y-2)=0$. 由开头得到的 $\sin^2 x<1$，$\sin^2 y<1$，可得 $\sin x\sin y=0$，因而 $\sin x\sin y$ 的最大值为0. **19. C** 由可得公式 $\sin\alpha+\cos\alpha=\sqrt{2}\sin\left(\alpha+\dfrac{\pi}{4}\right)$，可得 $a=\sqrt{2}\sin 59°$，$b=\sqrt{2}\sin 61°$，$a<b$，所以 $c=\sin^2 59°+\sin^2 61°=\dfrac{1-\cos 118°}{2}+\dfrac{1-\cos 122°}{2}=1-\dfrac{\cos 118°+\cos 122°}{2}=1-\dfrac{2\cos 120°\cos 2°}{2}=1+\dfrac{1}{2}\cos 2°=1+\dfrac{1}{2}(1-2\sin^2 1°)=\dfrac{3}{2}-\sin^2 1°$，$b=\sqrt{2}\sin(1°+60°)=\dfrac{\sqrt{2}}{2}\sin 1°+\dfrac{\sqrt{6}}{2}\cos 1°$. 下证 $b<c$，即证 $\dfrac{\sqrt{2}}{2}\sin 1°+\dfrac{\sqrt{6}}{2}\cos 1°<\dfrac{3}{2}-\sin^2 1°$，$\sqrt{6}\cos 1°<3-2\sin^2 1°-\sqrt{2}\sin 1°$. 只需证明 $\sqrt{6}\cos 1°<|3-2\sin^2 1°-\sqrt{2}\sin 1°|$. 即证 $(\sqrt{6}\cos 1°)^2<|3-2\sin^2 1°-\sqrt{2}\sin 1°|^2$，$4\sin^4 1°+4\sqrt{2}\sin^3 1°-4\sin^2 1°-6\sqrt{2}\sin 1°+3>0$. 只需证明 $-4\sin^2 1°-6\sqrt{2}\sin 1°+3>0$ $4\sin^2 1°+6\sqrt{2}\sin 1°<3$. 只需证明 $4\sin 1°+11\sin 1°<3$，$\sin 1°<\dfrac{1}{5}$. 用导数可证得 $\sin x<x(x>0)$，所以 $\sin 1°=\sin\dfrac{\pi}{180}<\dfrac{\pi}{180}<\dfrac{4}{180}=\dfrac{1}{45}<\dfrac{1}{5}$，得欲证结论成立.所以 $a<b<c$. **20. A** 设题设中的三角形是 $\triangle ABC$，其三边长分别为 $BC=n-1$，$CA=n$，$AB=n+1(n\in\mathbf{N},n\geqslant 3)$，可得 $0<A<B<C<\pi$. 因为 $\triangle ABC$ 有一个角是另一个角的 2 倍,所以可分下面三种情形讨论.(1) $B=2A$. 由正弦定理,可得 $\dfrac{n-1}{\sin A}=\dfrac{n}{\sin 2A}=\dfrac{n+1}{\sin 3A}$，$n-1=\dfrac{n}{2\cos A}=\dfrac{n+1}{3-4\sin^2 A}(n\in\mathbf{N},n\geqslant 3)$，$n=2(n\in\mathbf{N},n\geqslant 3)$，可得此时无解.(2) $C=2B$. 由正弦定理,可得 $\dfrac{n-1}{\sin 3B}=\dfrac{n}{\sin B}=\dfrac{n+1}{\sin 2B}(n\in\mathbf{N},n\geqslant 3)$，可得此时无解.(3) $C=2A$. 由正弦定理,可得 $\dfrac{n-1}{\sin A}=\dfrac{n}{\sin 3A}=\dfrac{n+1}{\sin 2A}(n\in\mathbf{N},n\geqslant 3)$ $n=5$ 即满足题意的三角形的三边长分别是 4，5，6.

真卷 9　北京大学(2017)

1. C 由题设,可得 $(a^2 b^2-6ab+9)+(a^2-4ab+4b^2)=0$ $(ab-3)^2+(a-2b)^2=0$ $ab=3$ 且 $a=2b$ $b\left(a+\dfrac{1}{a}\right)=ab+\dfrac{b}{a}=3+\dfrac{b}{2b}=3.5$ **2. B** 可得 $f(x)=$

$$\begin{cases} (2-x^2)+\dfrac{1}{2}x+(1-x), & -1\leqslant x\leqslant 0 \\ (2-x^2)-\dfrac{1}{2}x+(1-x), & 0<x\leqslant 1 \\ (2-x^2)-\dfrac{1}{2}x+(x-1), & 1<x\leqslant \sqrt{2} \\ (x^2-2)-\dfrac{1}{2}x+(x-1), & \sqrt{2}<x\leqslant 2 \end{cases} = \begin{cases} -x^2-\dfrac{1}{2}x+3, & -1\leqslant x\leqslant 0 \\ -x^2-\dfrac{3}{2}x+3, & 0<x\leqslant 1 \\ -x^2+\dfrac{1}{2}x+1, & 1<x\leqslant \sqrt{2} \\ x^2+\dfrac{1}{2}x-3, & \sqrt{2}<x\leqslant 2 \end{cases} =$$

$$\begin{cases} -\left(x+\dfrac{1}{4}\right)^2+\dfrac{49}{16}, & -1\leqslant x\leqslant 0 \\ -\left(x+\dfrac{3}{4}\right)^2+\dfrac{57}{16}, & 0<x\leqslant 1 \\ -\left(x-\dfrac{1}{4}\right)^2+\dfrac{17}{16}, & 1<x\leqslant \sqrt{2} \\ \left(x+\dfrac{1}{4}\right)^2-\dfrac{49}{16}, & \sqrt{2}<x\leqslant 2 \end{cases}$$

当 $-1\leqslant x\leqslant 0, 0<x\leqslant 1, 1<x\leqslant \sqrt{2}, \sqrt{2}<x\leqslant 2$ 时,

$f(x)$ 的取值范围分别是 $\left[\dfrac{5}{2},3\dfrac{1}{16}\right]$, $\left[\dfrac{1}{2},3\right)$, $\left[\dfrac{\sqrt{2}}{2}-1,\dfrac{1}{2}\right)$, $\left(\dfrac{\sqrt{2}}{2}-1,2\right]$, 进而可得 $f(x)$ 在 $[-1,$

$2]$ 上的值域是 $\left[\dfrac{\sqrt{2}}{2}-1,3\dfrac{1}{16}\right]$, 所以函数 $f(x)$ 在 $[-1,2]$ 上的最大值与最小值的差是 $3\dfrac{1}{16}-$

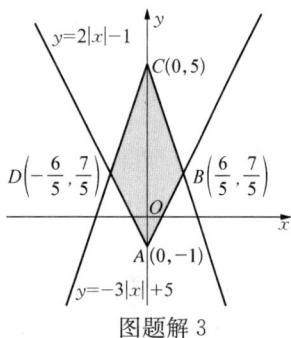

$\left(\dfrac{\sqrt{2}}{2}-1\right)=4-\left(\dfrac{\sqrt{2}}{2}-\dfrac{1}{16}\right)$. 再由 $\dfrac{\sqrt{2}}{2}-\dfrac{1}{16}\in(0,1)$, 可得答案. **3. C**

可得题设中的平面区域即图题解 3 中的四边形 $ABCD$, 其中 $A(0,-1)$,

$B\left(\dfrac{6}{5},\dfrac{7}{5}\right)$, $C(0,5)$, $D\left(-\dfrac{6}{5},\dfrac{7}{5}\right)$, 进而可求得四边形 $ABCD$ 的面

积为 $\dfrac{1}{2}|AC|\cdot|BD|=\dfrac{1}{2}(5+1)\cdot\left(\dfrac{6}{5}+\dfrac{6}{5}\right)=\dfrac{36}{5}$. **4. B** 可得

图题解 3

$\left(1+\cos\dfrac{\pi}{5}\right)\left(1+\cos\dfrac{3\pi}{5}\right)=1+\left(\cos\dfrac{3\pi}{5}+\cos\dfrac{\pi}{5}\right)+\cos\dfrac{3\pi}{5}\cos\dfrac{\pi}{5}=1+$

$2\cos\dfrac{2\pi}{5}\cos\dfrac{\pi}{5}-\cos\dfrac{2\pi}{5}\cos\dfrac{\pi}{5}=1+\cos\dfrac{\pi}{5}\cos\dfrac{2\pi}{5}=1+\dfrac{4\sin\dfrac{\pi}{5}\cos\dfrac{\pi}{5}\cos\dfrac{2\pi}{5}}{4\sin\dfrac{\pi}{5}}=1+\dfrac{\sin\dfrac{4\pi}{5}}{4\sin\dfrac{\pi}{5}}=1+\dfrac{1}{4}$

5. D 如图题解 5 所示,可设 $\angle ABD=\angle DBC=\theta(0<\theta<\pi)$. 由 $\angle ABD=\angle DBC$, 可得 $DA=DC$.

在 $\triangle ABD$, $\triangle BCD$ 中,由余弦定理可得 $1^2+3^2-2\cdot 1\cdot 3\cos\theta=2^2+3^2-2\cdot 2\cdot$

$3\cos\theta \quad \theta=\dfrac{\pi}{3}$ 连结 AC, 在 $\triangle ABC$ 中,由余弦定理可求得 $AC=\sqrt{7}$. 在 $\triangle ABC$ 中,

由正弦定理可求得 $\triangle ABC$ 的外接圆直径为 $\dfrac{AC}{\sin\angle ABC}=\dfrac{\sqrt{7}}{\sin\dfrac{2\pi}{3}}=\dfrac{2}{3}\sqrt{21}$. **6. B**

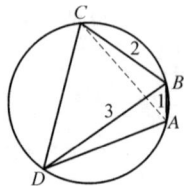

图题解 5

设 $\triangle ABC$ 的三边长分别为 $AB=c$, $BC=a$, $CA=b$, 三条中线长分别为 $AD=9$,

$BE=12$，$CF=15$. 由余弦定理，可证得"平行四边形各边的平方和对于其两条对角线的平方和". 由此

结论，可得 $\begin{cases} 2(a^2+b^2)=c^2+(2\cdot 15)^2 \\ 2(b^2+c^2)=a^2+(2\cdot 9)^2 \\ 2(c^2+a^2)=b^2+(2\cdot 12)^2 \end{cases}$ 把它们相加后，可得 $3(a^2+b^2+c^2)=(2\cdot 3)^2(5^2+3^2+$

$4^2)=2(2\cdot 3\cdot 5)^2$ $a^2+b^2+c^2=600$ 进而可求得 $a=2\sqrt{73}$，$b=4\sqrt{13}$，$c=10$. 再由余弦定理，可

得 $\cos A=\dfrac{1}{5\sqrt{13}}$，$\sin A=\dfrac{18}{5\sqrt{13}}$，所以 $\triangle ABC$ 的面积为 $\dfrac{1}{2}bc\sin A=\dfrac{1}{2}\cdot 4\sqrt{13}\cdot 10\cdot\dfrac{18}{5\sqrt{13}}=$

72 **7. B** 由题设知，包括下面的六种情形：(1) $2=2\cdot x$，得 $x=1$，经检验知，它不满足题意.(2) $x=$

$2\cdot 2$，得 $x=4$，经检验知，它满足题意.(3) $2=2\cdot x^2$，得 $x=\pm 1$，经检验知，仅有 $x=-1$ 满足题意.

(4) $x^2=2\cdot 2$，得 $x=\pm 2$，经检验知，仅有 $x=-2$ 满足题意.(5) $x=2\cdot x^2$，得 $x=0$ 或 $\dfrac{1}{2}$，经检验知，

仅有 $x=\dfrac{1}{2}$ 满足题意.(6) $x^2=2\cdot x$，得 $x=0$ 或 2，经检验知，它们均不满足题意.综上所述，可得 $x=$

-2，-1，$\dfrac{1}{2}$，4，进而可得答案. **8. C** 可得 $|a|$，m，$n\in\mathbf{N}^*$，$m>n$，且此时题中的等式等价于

$(\sqrt{a^2-4\sqrt{5}})^2=(\sqrt{m}-\sqrt{n})^2$ $a^2-4\sqrt{5}=m+n-2\sqrt{mn}$ ① $m+n-a^2+4\sqrt{5}=2\sqrt{mn}$ 进

而可得 $(m+n-a^2+4\sqrt{5})^2=(2\sqrt{mn})^2$ $(m+n-a^2)^2+80+8(m+n-a^2)\sqrt{5}=4mn$ $8(m+n-$

$a^2)\sqrt{5}=4mn-80-(m+n-a^2)^2$ ② 所以 $8(m+n-a^2)=0$，$a^2=m+n$（否则式③左边是无理数，

右边是整数，不可能）.再由式②，可得 $mn=20(m>n$；m，$n\in\mathbf{N}^*)$，所以 $20=mn>n^2$，$n\leqslant 4$，因而 $n=$

1，2，或 4.进而可得 $(n,m)=(1,20)$，$(2,10)$，或 $(4,5)$.再由 $a^2=m+n(|a|\in\mathbf{N}^*)$，可得 $(a,m,n)=$

$(\pm 3,5,4)$，进而可得答案. **9. A** 可得 $\pi^4<\left[\left(\dfrac{7}{2}\right)^2\right]^2=12.25^2<13^2=169<210<3^5<\pi^5$ $4<$

$\log_\pi 210<5$ $-5<\log_\pi 210<-4$ 又因为 $S=\log_\pi\dfrac{1}{2}+\log_\pi\dfrac{1}{3}+\log_\pi\dfrac{1}{5}+\log_\pi\dfrac{1}{7}=-\log_\pi 210$

所以不超过 S 且与 S 最接近的整数为 $[S]=-5$. **10. D** 可设 $z=r(\cos\theta+i\sin\theta)(r>0)$，得 $z+\dfrac{2}{z}=$

$r(\cos\theta+i\sin\theta)+\dfrac{2}{r}(\cos\theta-i\sin\theta)=\left(r+\dfrac{2}{r}\right)\cos\theta+i\left(r-\dfrac{2}{r}\right)\sin\theta$ 由 $z+\dfrac{2}{z}$ 是实数，可得 $\sin\theta=0$

或 $r-\dfrac{2}{r}=0$（即 $r=\sqrt{2}$）.当 $\sin\theta=0$ 时，可得 z 是非零实数，所以 $|z+i|=|z-(-i)|$，表示复平面

xOy 上的点 $-i$ 与 x 轴上非原点 O 的点 z 之间的距离.由"垂线段最短"可得 $|z+i|>1$.当 $r=\sqrt{2}$ 即 $|z|=$

$\sqrt{2}$ 时，可得 $|z+i|\geqslant||z|-|i||=|\sqrt{2}-1|=1-\sqrt{2}$ 进而可得当且仅

当 $z=-\sqrt{2}i$ 时，$|z+i|_{\min}=1-\sqrt{2}$.又因为 $1-\sqrt{2}<1$，所以 $|z+i|_{\min}=$

$1-\sqrt{2}$. **11. A** 如图题解 11 所示建立平面直角坐标系 xOy 后，可求得

$P_1\left(\dfrac{1}{2},\dfrac{\sqrt{3}}{2}\right)$，$P_2\left(\dfrac{\sqrt{3}}{2},\dfrac{1}{2}\right)$，$P_3\left(\dfrac{1}{2},1-\dfrac{\sqrt{3}}{2}\right)$，$P_4\left(1-\dfrac{\sqrt{3}}{2},\dfrac{1}{2}\right)$.进

而可得四边形 $P_1P_2P_3P_4$ 的对角线互相垂直平分且相等，所以四边形

$P_1P_2P_3P_4$ 是正方形，其面积为 $\dfrac{1}{2}|P_1P_3|^2=\dfrac{1}{2}(\sqrt{3}-1)^2=2-\sqrt{3}$.

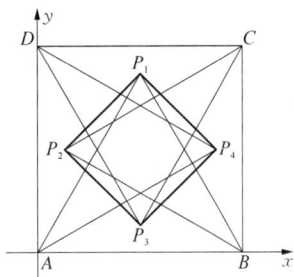

图题解 11

12. C 设该三角形三边分别为 a，b，c，这些边上的高分别为 10，20，$h(h>0)$，可得 $2S_{\triangle ABC}=10a=20b=ch$ $a=2b$，$c=\dfrac{20b}{h}$ 得该三角形三边分别为 $2b$，b，$\dfrac{20b}{h}$，这样的三角形存在的充要条件是

$$\begin{cases} 2b+b>\dfrac{20b}{h} \\ b+\dfrac{20b}{h}>2b，即\ b\in\left(\dfrac{20}{3},20\right). \\ 2b+\dfrac{20b}{h}>b \end{cases}$$

13. A 建立平面直角坐标系 xAy，可得 $A(0,0)$，$B(1,0)$，$C(1,1)$，$D(0,1)$. 设 $P(x,y)$，由 $|PA|^2+|PB|^2=|PC|^2$，可得 $(x^2+y^2)+[(x-1)^2+y^2]=(x-1)^2+(y-1)^2$ $x^2+y^2=1-2y$ $x^2+(y+1)^2=2(-\sqrt{2}-1\leqslant y\leqslant \sqrt{2}-1)$ 因而 $|PD|^2=x^2+(y-1)^2=x^2+y^2+1-2y=2(1-2y)\leqslant 2[1-2(-\sqrt{2}-1)]=(2+\sqrt{2})^2$ $|PD|\leqslant 2+\sqrt{2}$ 进而可得：当且仅当点 P 的坐标是 $(0,-1-\sqrt{2})$ 时，$|PD|_{\max}=2+\sqrt{2}$.

14. B 可设 $\log_4(2^x+3^x)=\log_3(4^x-2^x)=t$，得 $\begin{cases} 2^x+3^x=4^t \\ 4^x-2^x=3^t \end{cases}$，$\begin{cases} 2^x=4^t-3^x \\ 2^x=4^x-3^t \end{cases}$，所以 $4^t-3^x=4^x-3^t$ $3^t+4^t=3^x+4^x$ 因为 $f(u)=3^u+4^u(u\in \mathbf{R})$ 是增函数，所以 $t=x$，得 $2^x+3^x=4^x$，$\left(\dfrac{1}{2}\right)^x+\left(\dfrac{3}{4}\right)^x-1=0$. 设 $g(x)=\left(\dfrac{1}{2}\right)^x+\left(\dfrac{3}{4}\right)^x-1$，可得它是减函数，且 $g(2)=-\dfrac{3}{16}<0<\dfrac{1}{4}=g(1)$，所以函数 $g(x)$ 有唯一的零点，进而可得答案.

15. A 由 $\left(x+\dfrac{2}{x}\right)^2=\left(x^2+\dfrac{2}{x^2}\right)+\dfrac{2}{x^2}+4$ 及 $x+\dfrac{2}{x}$ 和 $x^2+\dfrac{2}{x^2}$ 都是整数，可得 $\dfrac{2}{x^2}$ 是正整数，因而可设 $\dfrac{2}{x^2}=n$，$x^2=\dfrac{2}{n}$，$x=\sqrt{\dfrac{2}{n}}(n\in \mathbf{N}^*)$. 由 $x^2+\dfrac{2}{x^2}=\dfrac{2}{n}+n$ 是整数，可得 $n=1$ 或 2，$x=\sqrt{2}$ 或 1. 再由 $x+\dfrac{2}{x}$ 是整数，可得 $x=1$. 进而可得答案.

16. D 若 $f(x)$ 是实数常数，则可设 $f(x)=k(k\in \mathbf{R})$，由题设可得 $k=k^4$，$k=0$ 或 1，得 $f(x)=0$ 或 $f(x)=1$. 若 $f(x)$ 不是实数常数，则可设 $f(x)=a_nx^n+\cdots+a_2x^2+a_1x+a_0(a_n,\cdots,a_2,a_1,a_0\in \mathbf{R};a_n\neq 0,n\in \mathbf{N}^*)$ 再由题设，可得 $a_n(a_nx^n+\cdots+a_2x^2+a_1x+a_0)^n+\cdots+a_1(a_nx^n+\cdots+a_2x^2+a_1x+a_0)+a_0=(a_nx^n+\cdots+a_2x^2+a_1x+a_0)^4$ 比较该等式两边的首项，可得 $\begin{cases} a_n^{n+1}=a_n^4 \\ n^2=4n \end{cases}$，可解得 $\begin{cases} a_n=1 \\ n=4 \end{cases}$. 因而可设 $f(x)=x^4+bx^3+cx^2+dx+e(b,c,d,e\in \mathbf{R})$，再由题设，可得 $(x^4+bx^3+cx^2+dx+e)^4+b(x^4+bx^3+cx^2+dx+e)^3+c(x^4+bx^3+cx^2+dx+e)^2+d(x^4+bx^3+cx^2+dx+e)+e=(x^4+bx^3+cx^2+dx+e)^4$ 即 $b(x^4+bx^3+cx^2+dx+e)^3+c(x^4+bx^3+cx^2+dx+e)^2+d(x^4+bx^3+cx^2+dx+e)+e=0$ 比较该等式两边 x^{12} 的系数，可得 $b=0$，所以 $c(x^4+bx^3+cx^2+dx+e)^2+d(x^4+bx^3+cx^2+dx+e)+e=0$ 再比较该等式两边 x^8 的系数，可得 $c=0$，所以 $d(x^4+bx^3+cx^2+dx+e)+e=0$ 又比较该等式两边 x^4 的系数，可得 $d=0$，所以 $e=0$. 得 $f(x)=x^4$. 还可检验 $f(x)=x^4$ 满足题设. 从而可得满足题设的 $f(x)$ 有且仅有 3 个：$f(x)=0$ 或 $f(x)=1$ 或 $f(x)=x^4$.

17. C 由题设，可设 $p^2(p+7)=a^2(a\in \mathbf{N}^*)$，因而 $p\mid a$，可设 $a=pb(b\in \mathbf{N}^*)$，得 $p+7=b^2(b\in \mathbf{N}^*)$. 由 p 是不大于 100 的素数，可得 $9\leqslant b^2\leqslant 106$，$3\leqslant b\leqslant 10$，因而 $p+7=b^2=9，16，25，36，49，64，81，$ 或 100 $p=2，$

9，18，29，42，57，64，或93 再由 p 是素数，可得 $p=2$ 或29，进而可得答案． **18. A** 可得 $f(x)=$ $x(x+3) \cdot (x+1)(x+2)=(x^2+3x)(x^2+3x+2)=(x^2+3x+1)^2-1$ 设 $t=x^2+3x+1=$ $\left(x+\dfrac{3}{2}\right)^2-\dfrac{5}{4}$，得 $t \in \left[-\dfrac{5}{4},+\infty\right)$，进而可得答案． **19. B** 可得圆 $x^2+y^2=1$ 的圆心是 $O(0,$ $0)$，半径是1；圆 $x^2+y^2-6x+7=0$ 的圆心是 $A(3,0)$，半径是 $\sqrt{2}$．设动圆的圆心为 $M(x,y)$，半径是 r． 再由题设"……都外切"，可得 $|MO|=r+1$，$|MA|=r+\sqrt{2}$ 因而 $|MA|-|MO|=\sqrt{2}-1<$ $3=|OA|$ 所以动圆的圆心 M 的轨迹是以 O，A 为焦点，实半轴长为 $\sqrt{2}-1$ 的双曲线的右支． **20. A** 由题设，可得 B 是锐角，所以 $\sin B=\dfrac{3}{13}\sqrt{17}>\dfrac{4}{5}=\sin A$ 再由正弦定理，可得 $B>A$，进而可得 A 是锐角，所以 $\cos A=\dfrac{3}{5}$，所以 $\cos C=-\cos(A+B)=\sin A \sin B-\cos A \cos B=\dfrac{4}{5} \cdot \dfrac{3}{13}\sqrt{17}-\dfrac{3}{5} \cdot$ $\dfrac{4}{13}=\dfrac{12}{65}(\sqrt{17}-1)>0$ 得 C 是锐角，因而 $\triangle ABC$ 是锐角三角形．

真卷10 北京大学(2018)

1. C 记 $b=(5-3\sqrt{3})^{2018}$，容易知道 b 是一个很小的正数，进一步，$b<0.00001$．由二项式展开，容易知道 $a+b=(5+3\sqrt{3})^{2018}+(5-3\sqrt{3})^{2018} \in \mathbf{N}^*$，从而 a 是一个正整数减去一个很小的正数，从而 a 的十分位、百分位和千分位上数字都是9． **2. A** **解法一:** 由 $a^2(b+c)=b^2(a+c) \Rightarrow ab(a-b)+$ $c(a-b)(a+b)=0 \Rightarrow (a-b)(ab+bc+ca)=0$，又 $a \neq b$，所以 $ab+bc+ca=0$，因为 $a^2(b+c)=$ $1 \Leftrightarrow a(ab+ca)=1 \Rightarrow a(-bc)=1 \Rightarrow abc=-1$，因为 $c^2(a+b)-abc=c(ca+cb)-abc=c(-ab)-$ $abc=-2abc=2$．**解法二:** 记 $a^2(b+c)=1 \cdots\cdots$①，$b^2(a+c)=1 \cdots\cdots$②，①$-$②有 $ab(a-b)+c(a^2-$ $b^2)=0 \Leftrightarrow (a-b)[ab+c(a+b)]=0$，由 $a \neq b$，$ab+c(a+b)=0 \Leftrightarrow ab=-c(a+b)$，从而原式 $=$ $2c^2(a+b)=-2abc$．另一方面，由 $b+c=\dfrac{1}{a^2} \cdots\cdots$③，$a+c=\dfrac{1}{b^2} \cdots\cdots$④，④$-$③有 $a-b=\dfrac{1}{b^2}-$ $\dfrac{1}{a^2} \Rightarrow a^2b^2=a+b$，与 $ab=-c(a+b)$ 比较可知道 $\dfrac{1}{ab}=-c \Rightarrow abc=-1$，从而原式 $=2c^2(a+b)=$ $-2abc=2$． **3. C** $f(x)=a^{2x}-4a^x-1=(a^x-2)^2-5$，则 $(a^x-2)^2$ 在 $x \in [-1,2]$ 时的最小值为0，即当 $x \in [-1,2]$ 时，a^x 的取值范围包含2，根据指数函数的单调性，有 $\left(\dfrac{1}{a}-2\right)(a^2-2) \leqslant$ $0 \Leftrightarrow a(2a-1)(a+\sqrt{2})(a-\sqrt{2}) \geqslant 0$，考虑到 $a>0$，可得 $0<a<\dfrac{1}{2}$ 或 $a \geqslant \sqrt{2}$． **4. D** 由等差数列常用性质：$\left\{\dfrac{S_n}{n}\right\}$ 是等差数列，且 $\dfrac{S_{10}}{10}=0$，$\dfrac{S_{15}}{15}=\dfrac{5}{3}$，可知 $\dfrac{S_n}{n}=\dfrac{1}{3}(n-10)$，则 $nS_n=\dfrac{1}{3}n^2(n-10)=$ $-\dfrac{1}{6}n \cdot n \cdot (20-2n)$，根据均值不等式可知 $n=7$ 时，nS_n 有最小值 -49． **5. D** 当 $ABCD$ 特别接近矩形时，$|AB|=|CD|=\dfrac{1}{2}|BC|=r$，可知 $|AB|+|CD|-|BC|$ 无限趋近于0；事实上，当 $ABCD$ 四点共圆的时候，可以证明 $|AB|+|CD|-|BC|=0$(1985年IMO几何问题)；另一方面，当 A，D 重合，也就是 $ABCD$ 退化成一个三角形时，明显有 $|AB|+|CD|-|BC|$ 大于零．从而 $|AB|+|CD|-$ $|BC|$ 的值可零可正． **6. C** 根据三角形中的常用恒等式 $\tan A+\tan B+\tan C=\tan A \cdot \tan B \cdot \tan C$，

可知 $\tan A$，$\tan B$，$\tan C > 0$，从而 $\triangle ABC$ 为锐角三角形,反之亦然. **7. B** 容易猜测满足题意的实函数 $f(x)$ 只有两个: $f(x)=x$ 或 $f(x)=0$.事实上,有柯西方程可知 $f(x)=kx$ (这样说并不严谨,只有证明了 $f(x)$ 单调性或者连续性之后才能严谨地证明 $f(x)=kx$,事实上,不难借助两个条件方程证明:

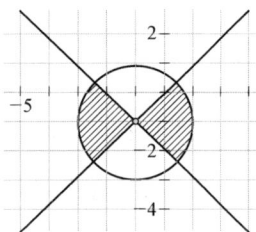
图题解 8

当 $f(x)$ 不恒等于零时,其一定是单调递增的),代入 $f(x \cdot x)=f(x) \cdot f(x)$ 有 $k=k^2$,从而 $k=0,1$. **8. B** 平面区域问题 $f(x)+f(y) \leqslant 2 \Leftrightarrow x^2+2x+y^2+2y \leqslant 2 \Leftrightarrow (x+1)^2+(y+1)^2 \leqslant 4$; $f(x) \geqslant f(y) \Leftrightarrow x^2+2x \geqslant y^2+2y \Leftrightarrow (x-y)(x+y+2) \geqslant 0$; 如图题解 8,画出平面区域后可知,满足两个不等式的区域是两个圆心角为 $90°$ 的扇形,并且扇形半径为 2.所以区域面积为 2π. **9. D** 本质上是不定方程问题: $\dfrac{2}{x}+\dfrac{2}{y} > 1 \Rightarrow xy-2(x+y) < 0 \Rightarrow (x-2)(y-2) < 4$,所以 $(x-2,y-2)=(1,1),(1,2),(2,1),(1,3),(3,1)$,所以正整数解 (x,y) 的个数为 5. **10. C** $S_n=n^2 a_n$, $S_{n+1}=(n+1)^2 a_{n+1}$,作差可得 $a_{n+1}=S_{n+1}-S_n=(n+1)^2 a_{n+1}-n^2 a_n \Rightarrow (n+2)a_{n+1}=na_n, \Rightarrow (n+1)(n+2)a_{n+1}=n(n+1)a_n=L=1 \cdot 2 \cdot a_1=2 \cdot 2\,019$,所以 $a_{2\,018}=\dfrac{2 \cdot 2\,019}{2\,018 \cdot 2\,019}=\dfrac{1}{1\,009}$. **11. D** 根据 AD 垂直 BC 于 D,且 $AB=13$, $AC=15$, $BC=14$,容易根据勾股数的性质求得: $BD=5$, $CD=9$, $AD=12$,则三角形 ABD 的内切圆半径为 $\dfrac{5+12-13}{2}=2$,三角形 ACD 的内切圆半径为 $\dfrac{12+9-15}{2}=3$,则 $\triangle ABD$ 和 $\triangle ACD$ 的内切圆圆心之间的距离为 $d=\sqrt{(3-2)^2+(3+2)^2}=\sqrt{26}$. **12. A** 根据正弦定理 $\sin A \cos B-\sin B \cos A=\dfrac{1}{3}\sin C=\dfrac{1}{3}\sin(A+B)$ 展开可得, $\dfrac{2}{3}\sin A \cos B=\dfrac{4}{3}\sin B \cos A \Rightarrow \dfrac{\tan A}{\tan B}=2$. **13. B** 记 $(x,y)=(2\cos\theta,\sin\theta)$,则 $|3x+4y-12|=|6\cos\theta+4\sin\theta-12|=|2\sqrt{13}\sin(\theta+\varphi)-12| \in [12-2\sqrt{13},12+2\sqrt{13}]$. **14. B** 记 $M(x_0,y_0)$, $\dfrac{x_0^2}{9}+\dfrac{y_0^2}{4}=1$,则由切点弦的性质 PQ: $x_0 x+y_0 y=2$,则 $P\left(0,\dfrac{2}{y_0}\right)$, $Q\left(\dfrac{2}{x_0},0\right)$, $S_{\triangle POQ}=\dfrac{1}{2}\dfrac{2}{x_0}\dfrac{2}{y_0}=\dfrac{2}{x_0 y_0}$,另一方面 $1=\dfrac{x_0^2}{9}+\dfrac{y_0^2}{4} \geqslant 2\sqrt{\dfrac{x_0^2}{9}\dfrac{y_0^2}{4}}=\dfrac{x_0 y_0}{3}$,所以 $S_{\triangle POQ}=\dfrac{2}{x_0 y_0} \leqslant \dfrac{2}{3}$. **15. A** 记 $a=1-b$, $u=\dfrac{1}{1-b}+\dfrac{27}{b^3}$,则 $\dfrac{du}{db}=\dfrac{1}{(1-b)^2}-\dfrac{81}{b^4}$,令 $\dfrac{du}{db}=\dfrac{1}{(1-b)^2}-\dfrac{81}{b^4}=0$,根据 $a=1-b > 0$, $b > 0$,则 $b^2=9(1-b) \Rightarrow b=\dfrac{-9+3\sqrt{13}}{2}$ (舍负),代入可得 $\dfrac{1}{a}+\dfrac{27}{b^3}$ 的最小值为 $\dfrac{47+13\sqrt{13}}{2}$. **16. A** $\angle DD_1 M=\angle DD_1 A=45°$,从而 $DM=DD_1$. **17. D** 设椭圆和双曲线的短半轴(虚半轴)分别为 b_1, b_2,则由常用面积结论: $S_{\triangle F_1 PF_2}=b_1^2 \tan\dfrac{\pi}{3}=b_2^2 \cot\dfrac{\pi}{3}$,于是 $b_2^2=3b_1^2$,记两曲线的半焦距为 c,则两条曲线的离心率的倒数之和 $\dfrac{1}{e_1}+\dfrac{1}{e_2}=\dfrac{\sqrt{c^2+b_1^2}}{c}+\dfrac{\sqrt{c^2-3b_1^2}}{c}=\sqrt{1+\left(\dfrac{b_1}{c}\right)^2}+\sqrt{1-3\left(\dfrac{b_1}{c}\right)^2}$,根据柯西不等式 $\dfrac{1}{e_1}+\dfrac{1}{e_2}=\dfrac{1}{\sqrt{3}} \cdot \sqrt{3+3\left(\dfrac{b_1}{c}\right)^2}+1 \cdot \sqrt{1-3\left(\dfrac{b_1}{c}\right)^2} \leqslant \sqrt{\dfrac{1}{3}+1} \cdot \sqrt{3+1}=\dfrac{4}{\sqrt{3}}$. **18. B** 由 $b^2=ac$, $c > 0$,可知

$a>0$，则 $a\leqslant 2b+3c\Rightarrow 1\leqslant \dfrac{2b}{a}+\dfrac{3c}{a}=2q+3q^2\Rightarrow (3q-1)(q+1)\geqslant 0$　所以 $q\geqslant \dfrac{1}{3}$ 或 $q\leqslant -1$. 进一

步，$\dfrac{b-2c}{a}=q-2q^2=-2\left(q-\dfrac{1}{4}\right)^2+\dfrac{1}{8}\Big|_{\max}=-2\left(\dfrac{1}{3}-\dfrac{1}{4}\right)^2+\dfrac{1}{8}=\dfrac{1}{9}$，所以实数 $\dfrac{b-2c}{a}$ 的取值

范围是 $\left(-\infty, \dfrac{1}{9}\right]$．　**19.** A　方程 $f_1(x)=x$ 无实根，则 $f_1(x)>x$ 恒成立或 $f_1(x)<x$ 恒成立，进

而 $f(f_1(x))>f_1(x)>x$ 或 $f(f_1(x))<f_1(x)<x$ 恒成立，依次类推，$f(f_{2\,017}(x))>f_{2\,017}(x)>$

$L>x$ 或 $f(f_{2\,017}(x))<f_{2\,017}(x)<L<x$ 恒成立，从而方程 $f_{2\,018}(x)=x$ 没有实根．　**20.** C　记

$\angle APB=\alpha$，$\angle BPC=\gamma$，$\angle CPA=\beta$，则 $\tan\alpha+\tan\beta=1$；所以 $\dfrac{\sin\alpha\cos\beta+\sin\beta\cos\alpha}{\cos\alpha\cos\beta}=1\Rightarrow\sin(\alpha+$

$\beta)=\cos\alpha\cos\beta$，另一方面，对二面角 B-PA-C 用二面角余弦定理可知，$\dfrac{\cos\lambda-\cos\alpha\cos\beta}{\sin\alpha\sin\beta}=\cos\dfrac{\pi}{2}=$

0，从而 $\cos\lambda=\cos\alpha\cos\beta$，所以 $\sin(\alpha+\beta)=\cos\gamma$，又因为 α，β，γ 都是锐角，所以 $\alpha+\beta=\dfrac{\pi}{2}-\gamma$．

真卷 11　北京大学(博雅计划)(2018)

1. D　$\displaystyle\sum_{k=0}^{n}(2k+1)C_n^k=2\sum_{k=0}^{n}kC_n^k+\sum_{k=0}^{n}C_n^k=2\sum_{k=0}^{n}nC_{n-1}^{k-1}+\sum_{k=0}^{n}C_n^k=2n\sum_{k=0}^{n}C_{n-1}^{k-1}+\sum_{k=0}^{n}C_n^k$，因为

$C_{2\,018}^0+3C_{2\,018}^1+5C_{2\,018}^2+\cdots+4\,037C_{2\,018}^{2\,018}=\displaystyle\sum_{k=0}^{2\,018}(2k+1)C_{2\,018}^k=2\times2\,018\times\sum_{k=0}^{2\,018}C_{2\,017}^{k-1}+\sum_{k=0}^{2\,018}C_{2\,018}^k=4\,036\times$

$2^{2\,017}+2^{2\,018}=2\,019\times2^{2\,018}$．　**2.** B　$a+ab+abc=a(1+b(1+c))\leqslant a\left(1+\dfrac{(1+b+c)^2}{4}\right)=$

$a\left(1+\dfrac{(4-a)^2}{4}\right)$，对其求导得到 $a=2$ 时取最大值为 4．　**3.** C　设 n 的所有正因数的乘积为 T，即

$T=n^3$．$n=1$ 显然符合题意；下面证明当 $n\geqslant 2$ 时，正整数 n 的质因数的个数最多为 2：假设 n 的质因数

的个数大于或等于 3，即 n 的全部质因数为 p_1，p_2，$\cdots$，$p_k(k\geqslant 3)$，并设 $n=p_1^{a_1}p_2^{a_2}\cdots p_k^{a_k}$，则 n 的所有

正因数的乘积中，$p_i^{a_i}(i=1, 2, \cdots, k)$ 至少在 $p_i^{a_i}$，$p_i^{a_i}p_1$，$p_i^{a_i}p_2$，$\cdots$，$p_i^{a_i}p_{i-1}$，$p_i^{a_i}p_{i+1}$，$\cdots$，$p_i^{a_i}p_k$，

$p_i^{a_i}p_2\cdots p_k$ 这些因子中出现，即 $p_i^{a_i}$ 出现的次数大于或等于 4，这样 $T\geqslant(p_1^{a_1}p_2^{a_2}\cdots p_k^{a_k})^4=n^4$，这与题

意 $T=n^3$ 矛盾，所以假设不成立，即 n 的质因数的个数最多为 2．若 n 只有一个质因数，设 $n=p^\alpha$，则

$T=p\cdot p^2\cdots\cdot p^\alpha=p^{\frac{(1+\alpha)\alpha}{2}}=n^3=p^{3\alpha}\Rightarrow\alpha=5$，此时只有质数 $p=2$ 或 3 满足 $n\leqslant 400$；若 n 有两个

质因数，设 $n=p^\alpha q^\beta(p\neq q, \alpha\geqslant\beta)$，此时 $T=p^{\frac{(1+\alpha)\alpha(\beta+1)}{2}}q^{\frac{(1+\beta)\beta(\alpha+1)}{2}}=n^3=p^{3\alpha}q^{3\beta}$，解得 $\alpha=2$，$\beta=1$，

即 $n=p^2q$：p 取 2 时 q 有 24 个取值，p 取 3 时 q 有 13 个取值，p 取 5 时 q 有 5 个取值，p 取 7 时 q 有

3 个取值，p 取 11 时 q 有 2 个取值，p 取 13 时 q 有 1 个取值；综上，所求总个数＝$1+2+24+13+5+3+$

$2+1=51$ 个．　**4.** B　$z_1+iz_2=\sin\theta-\cos\theta+3i\Rightarrow|z_1+iz_2|^2=10-\sin 2\theta$，$z_1-iz_2=\sin\theta+\cos\theta+$

$i\Rightarrow|z_1-iz_2|=\sqrt{2+\sin 2\theta}$，$\therefore\dfrac{14-|z_1+iz_2|^2}{|z_1-iz_2|}=\dfrac{14-(10-\sin 2\theta)}{\sqrt{2+\sin 2\theta}}=\dfrac{2+2+\sin 2\theta}{\sqrt{2+\sin 2\theta}}=$

$\dfrac{2}{\sqrt{2+\sin 2\theta}}+\sqrt{2+\sin 2\theta}\geqslant 2\sqrt{2}$，取等条件为：$\dfrac{2}{\sqrt{2+\sin 2\theta}}=\sqrt{2+\sin 2\theta}\Rightarrow\sin 2\theta=0$．　**5.** C　a_1+

$a_2+a_3+\cdots+a_{2\,018}=\left(1+\dfrac{1}{1}\right)\left(1+\dfrac{1}{2}\right)\left(1+\dfrac{1}{3}\right)\cdots\left(1+\dfrac{1}{2\,018}\right)-1=\dfrac{2}{1}\cdot\dfrac{3}{2}\cdot\cdots\cdot\dfrac{2\,019}{2\,018}-1=$

$2\,018$，$-a_1+a_2-a_3+\cdots-a_{2\,017}+a_{2\,018}=\left(1-\dfrac{1}{1}\right)\left(1-\dfrac{1}{2}\right)\left(1-\dfrac{1}{3}\right)\cdots\left(1-\dfrac{1}{2\,018}\right)-1=1$，两式相加即得 $a_2+a_4+\cdots+a_{2\,018}=\dfrac{2\,018-1}{2}=\dfrac{2\,017}{2}$．　**6. A**　由等差中项性质得 $a+c=2b$，可见直线 $ax+by+c=0$ 过定点 $Q(1,-2)$，设垂足 $M(x_0,y_0)$，则 $PM\perp QM\Leftrightarrow\overrightarrow{PM}\cdot\overrightarrow{QM}=0\Rightarrow(x_0+1)^2+y_0^2=8$，即点 M 在圆 T：$(x+1)^2+y^2=8$ 上，点 N 到圆心 T 的距离 $|NT|=3\sqrt{2}$，所以 $|MN|_{\max}\cdot|MN|_{\min}=(|NT|+2\sqrt{2})(|NT|-2\sqrt{2})=10$．　**7. B**　由 $\forall\,1\leqslant i\leqslant2\,018$，$(a_i+b_1)(a_i+b_2)\cdots(a_i+b_{2\,018})=2\,018$ 恒成立可得：$f(x)=(x+b_1)(x+b_2)\cdots(x+b_{2\,018})-2\,018=(x-a_1)(x-a_2)\cdots(x-a_{2\,018})$．上式两边令 $x=-b_j$ 即得 $(a_1+b_j)(a_2+b_j)\cdots(a_{2\,018}+b_j)=-2\,018$．　**8. A**　令 $x=k+r(k\in\mathbf{Z}$ 且 $0\leqslant k\leqslant n-1,0\leqslant r<1)$，当 $k=0$ 时 $x[x]=0$；$k\geqslant1$ 时，则 $k^2\leqslant x[x]=(k+r)k<k^2+k$，$x[x]$ 有 k 个取值；因为 $a_n=1+1+2+\cdots+n-1=1+\dfrac{n(n-1)}{2}$，所以 $\dfrac{a_n+2\,018}{n}=$

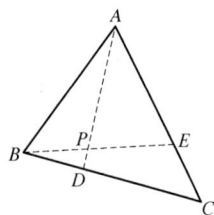

图题解 9

$\dfrac{n^2-n+4\,038}{2n}=\dfrac{1}{2}\left(n+\dfrac{4\,038}{n}-1\right)\geqslant\dfrac{1}{2}(2\sqrt{4\,038}-1)$，当 $n=[\sqrt{4\,038}]$ 或 $[\sqrt{4\,038}]+1$ 时 $\dfrac{a_n+2\,018}{n}$ 最小，而 $[\sqrt{4\,038}]=63$，$\dfrac{a_{63}+2\,018}{63}>\dfrac{a_{64}+2\,018}{64}$，故 $n=64$ 时最小，选 D．　**9. B**　$\overrightarrow{AP}=\overrightarrow{AB}+\overrightarrow{BP}=\overrightarrow{AB}+\lambda\overrightarrow{BE}=\overrightarrow{AB}+\lambda(\overrightarrow{BC}+\overrightarrow{CE})=\overrightarrow{AB}+\lambda\left(\overrightarrow{AC}-\overrightarrow{AB}-\dfrac{1}{3}\overrightarrow{AC}\right)=(1-\lambda)\overrightarrow{AB}+\dfrac{2}{3}\lambda\overrightarrow{AC}$，又 $\overrightarrow{AP}=\mu\overrightarrow{AD}=\mu\left(\overrightarrow{AB}+\dfrac{1}{3}\overrightarrow{AC}-\dfrac{1}{3}\overrightarrow{AB}\right)=\dfrac{2}{3}\mu\overrightarrow{AB}+\dfrac{1}{3}\mu\overrightarrow{AC}$．比较两式得 $\lambda=\dfrac{3}{7}$，所以 $S_{PDCE}=S_{\triangle BCE}-S_{\triangle BDP}=S_{\triangle BCE}-\dfrac{3}{7}\cdot\dfrac{1}{3}\cdot S_{\triangle BCE}=\dfrac{6}{7}S_{\triangle BCE}=\dfrac{6}{7}\cdot\dfrac{1}{3}S_{\triangle ABC}=\dfrac{2}{7}$．　**10. C**　$\sqrt{x^2+y^2-2y+1}+\sqrt{x^2+y^2-2x+1}$ 表示椭圆 $\dfrac{x^2}{5}+\dfrac{y^2}{4}=1$ 上动点 $M(x,y)$ 到定点 $N(0,1)$ 与定点 $F(1,0)$ 的距离之和，F 为椭圆右焦点，设左焦点为 $F'(-1,0)$，则 $\sqrt{x^2+y^2-2y+1}+\sqrt{x^2+y^2-2x+1}=|MF|+|MN|=2a-|MF'|+|MN|\geqslant2a-|F'N|=2\sqrt{5}-\sqrt{2}$．　**11. D**　$x^2-2a|x-a|-2ax+1=0\Leftrightarrow(x-a)^2-2a|x-a|+1-a^2=0\Leftrightarrow(|x-a|-a)^2=2a^2-1$，所以 $\begin{cases}2a^2-1\geqslant0\\|x-a|=a\pm\sqrt{2a^2-1}\end{cases}$，要使原方程有三个互不相等实根，则 $\begin{cases}2a^2-1>0\\a+\sqrt{2a^2-1}>0\\a-\sqrt{2a^2-1}=0\end{cases}$ 或

$\begin{cases}2a^2-1>0\\a+\sqrt{2a^2-1}=0\\a-\sqrt{2a^2-1}>0\end{cases}$，解得 $a=1$．　**12. C**　$44^2=1\,936$，$45^2=2\,025$，$46^2=2\,116$，即小于 $2\,018$ 的数中共有 44 个完全平方数，所以 $a_{2\,018-44}=a_{1\,974}=2\,018$，所以 $a_{2\,018}=2\,018+44+1=2\,063$（$2\,025$ 是完全平方数，不在该数列中）．　**13. B**　从 15 人中任选 4 人的方法总数为 C_{15}^4；若选出的 4 个人刚好顺序相邻，情况种数 $=15$；若选出的 4 人中有 3 人顺序相邻，其余 1 人与他们隔开，情况种数 $=15\times10=150$；若选出的 4 人可分成两两一组，其中每组内部两人相邻，但整体两组不相邻，情况种数 $=\dfrac{10\times15}{2}=75$；若选出的

4人中只有两人相邻,其他两人跟他们彼此不相邻,情况种数$=15\times(9+8+7+\cdots+1)=675$.综上,所求 4人使得其中任意两人都不相邻的选法数$=C_{15}^4-15-150-75-675=450$. **14. A** 从2 018个数中任 取3个数的方法总数为$C_{2\,018}^3$;若取出的三个数均相等,情况数$=2\,016$;若取出的三个数只有两个数相 邻,情况数$=2\,015+2\,015\times2\,014+2\,015=2\,015\times2\,016$;综上,所求方法种数$=C_{2\,018}^3-2\,016-2\,015\times$

$2\,016=\dfrac{2\,018\times2\,017\times2\,016}{6}-2\,016^2=\dfrac{2\,016\times2\,015\times2\,014}{6}=C_{2\,016}^3$. **15. C** 由加法原理和乘法原

理$P=1-\dfrac{C_{10}^5}{10^5}=0.697\,6$. **16. B** 如图题解16所示,易知$CM/\!\!/NA_1$,故所求

余弦值等于$\cos\angle D_1NA_1$,设立方体棱长为1,则$D_1N=NA_1=CM=$

$\sqrt{\left(\dfrac{1}{2}\right)^2+\left(\dfrac{1}{2}\right)^2+1^2}=\dfrac{\sqrt{6}}{2}$,在三角形$D_1NA_1$中,由余弦定理易得

$\cos\angle D_1NA_1=\dfrac{2}{3}$. **17. A** 运用等差角求和公式,在式子上下同乘$\sin\left(\dfrac{\sqrt{2}}{2}\right)$,然后

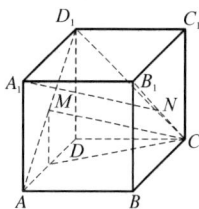

图题解16

积化和差得到:$\dfrac{(\sin\sqrt{2}+\sin2\sqrt{2}+\cdots+\sin n\sqrt{2})\sin\dfrac{\sqrt{2}}{2}}{\sin\dfrac{\sqrt{2}}{2}}=\dfrac{-\dfrac{1}{2}\left(\cos\dfrac{2n+1}{2}\sqrt{2}-\cos\dfrac{\sqrt{2}}{2}\right)}{\sin\dfrac{\sqrt{2}}{2}}>2\Leftrightarrow$

$-\dfrac{1}{2}\left(\cos\dfrac{2n+1}{2}\sqrt{2}-\cos\dfrac{\sqrt{2}}{2}\right)>2\sin\dfrac{\sqrt{2}}{2}\Leftrightarrow\sin(n+1)\sqrt{2}\sin n\sqrt{2}>2\sin\dfrac{\sqrt{2}}{2}$ 下面需要对这个式子就行

估算,注意到$\dfrac{\sqrt{2}}{2}\approx0.707>\dfrac{\pi}{6}$,即$2\sin\dfrac{\sqrt{2}}{2}>2\sin\dfrac{\pi}{6}=1$,而上式左边不超过1,所以不存在$n$使得原式

成立. **18. C** 首先观察原式代数结构特点,易知取最小值时$0\leqslant x\leqslant9,0\leqslant y\leqslant3$,可先固定$x$,即把 x视为常数,y看做变量,此时$\sqrt{(x-9)^2+4}$为常量,$\sqrt{x^2+y^2}+\sqrt{(y-3)^2+9}$表示$y$轴上一动点 $P(0,y)$到定点$A(-x,0)$与定点$B(3,3)$距离之和,显然$\sqrt{x^2+y^2}+\sqrt{(y-3)^2+9}\geqslant|AB|=$ $\sqrt{(x+3)^2+3^2}$,当且仅当A,P,B三点共线时取等;因为$\sqrt{(x-9)^2+4}+\sqrt{x^2+y^2}+$ $\sqrt{(y-3)^2+9}\geqslant\sqrt{(x-9)^2+4}+\sqrt{(x+3)^2+3^2}$,问题进而转化为$x$轴上动点$A'(x,0)$到定点 $C(9,2)$与定点$D(-3,-3)$距离之和,显然$\sqrt{(x-9)^2+4}+\sqrt{(x+3)^2+3^2}\geqslant|CD|=13$,当且仅当 C、D、A'三点共线时,即$A'\left(\dfrac{21}{5},0\right)$取等;进一步往回带可得动点$P$坐标为$\left(0,\dfrac{7}{4}\right)$.综上,当$x=\dfrac{21}{5}$,

$y=\dfrac{7}{4}$时,$\sqrt{(x-9)^2+4}+\sqrt{x^2+y^2}+\sqrt{(y-3)^2+9}$最小值为13. **19. D** 注意到$(15x+1-x^2)+$

$(x^2-15x+27)=28$为定值,故可设$t=15x+1-x^2$,则$x^2-15x+27=28-t$,原方程等价于:$t^{\frac{1}{3}}+$

$(28-t)^{\frac{1}{3}}=4\Leftrightarrow t+3t^{\frac{1}{3}}(28-t)^{\frac{2}{3}}+3t^{\frac{2}{3}}(28-t)^{\frac{1}{3}}+28-t=4^3\Leftrightarrow t^{\frac{1}{3}}(28-t)^{\frac{2}{3}}+t^{\frac{2}{3}}(28-t)^{\frac{1}{3}}=$

$12\Rightarrow t^{\frac{1}{3}}(28-t)^{\frac{1}{3}}[t^{\frac{1}{3}}+(28-t)^{\frac{1}{3}}]=12$,又$t^{\frac{1}{3}}+(28-t)^{\frac{1}{3}}=4$,所以$t^{\frac{1}{3}}(28-t)^{\frac{1}{3}}=3$,由韦达定理解得

$t^{\frac{1}{3}}=1$或3,进而$t=15x+1-x^2=1$或27,解得$x_1=0$,$x_2=15$,$x_3=2$,$x_4=13$,原方程实根个数 为4. **20. B** 首先证明$S_{2\,018}$中不含边长为1的三角形情形:假设$S_{2\,018}$中某个三角形某边长为1,则其余 两边长之和为$a+b=2\,017$,又$a,b\in\mathbf{N}^*$,故必有$a\neq b$,不妨设$a>b$,这样导致$a\geqslant b+1$,与构成三角 形条件矛盾,所以假设不成立,即$S_{2\,018}$中三角形最短边长度$\geqslant2$.如此$S_{2\,015}$中三角形每条边长度增加1即

为 $S_{2\,018}$ 中情形,$S_{2\,018}$ 中三角形每条边长度减去 1 即为 $S_{2\,015}$ 中情形,这样 $S_{2\,015}$ 与 $S_{2\,018}$ 构成一一映射,故必有 $S_{2\,018} = S_{2\,015}$.

真卷 12 "华约"联盟(2011)

1. 由 $\left| \bar{z} + \dfrac{1}{z} \right| = \dfrac{5}{2}$ 得 $|z|^2 + 1 = \dfrac{5}{2}|z|$,已经转化为一个实数的方程.解得 $|z| = 2$(舍去),$\dfrac{1}{2}$.

2. 如图题解 2 所示,设底面边长为 2,则由侧面与底面所成二面角的正切为 $\sqrt{2}$ 得高为 $\sqrt{2}$.如图题解 2 建立坐标系,则 $A(1, -1, 0)$,$B(1, 1, 0)$,$C(-1, 1, 0)$,$D(-1, -1, 0)$,$P(0, 0, \sqrt{2})$,则 $M\left(\dfrac{1}{2}, -\dfrac{1}{2}, \dfrac{\sqrt{2}}{2} \right)$,$N\left(\dfrac{1}{2}, \dfrac{1}{2}, \dfrac{\sqrt{2}}{2} \right)$,$\overrightarrow{DM} = \left(\dfrac{3}{2}, -\dfrac{1}{2}, \dfrac{\sqrt{2}}{2} \right)$,$\overrightarrow{AN} = \left(-\dfrac{1}{2}, \dfrac{3}{2}, \dfrac{\sqrt{2}}{2} \right)$.设所成的角为 θ,则 $\cos \theta = \dfrac{\overrightarrow{DM} \cdot \overrightarrow{AN}}{|\overrightarrow{DM}| \cdot |\overrightarrow{AN}|} = \dfrac{1}{6}$.　**3.** 略

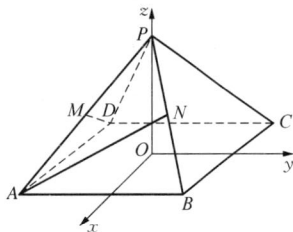
图题解 2

4. B　$\cos^2 A + \cos^2 B = \dfrac{1 + \cos 2A}{2} + \dfrac{1 + \cos 2B}{2} = 1 + \dfrac{1}{2}(\cos 2A + \cos 2B) = 1 + \cos(A+B)\cos(A-B) = 1 - \dfrac{1}{2}\cos(A-B)$.　**5.** 题目中的条件是通过三个圆来给出的,可转化一下,去掉三个圆,已知条件变为:$\triangle OO_1O_2$ 边 O_1O_2 上一点 C,OO_1、OO_2 延长线上分别一点 A、B,使得 $O_1A = O_1C$,$O_2B = O_2C$.**方法一**:连接 O_1O_2,C 在 O_1O_2 上,则 $\angle OO_1O_2 + \angle OO_2O_1 = \pi - \alpha$,$\angle O_1AC = \angle O_1CA = \dfrac{1}{2}\angle OO_1O_2$,$\angle O_2BC = \angle O_2CB = \dfrac{1}{2}\angle OO_2O_1$,故 $\angle O_1CA + \angle O_2CB = \dfrac{1}{2}(\angle OO_1O_2 + \angle OO_2O_1) = \dfrac{\pi - \alpha}{2}$,$\beta = \pi - (\angle O_1CA + \angle O_2CB) = \dfrac{\pi + \alpha}{2}$,$\sin \beta = \cos \dfrac{\alpha}{2}$.**方法二**:对于选择填空题,可以用特例法,即可以添加条件或取一些特殊值,在本题中假设两个小圆的半径相等,则 $\angle OO_1O_2 = \angle OO_2O_1 = \dfrac{\pi - \alpha}{2}$,$\angle O_1CA = \angle O_2CB = \dfrac{1}{2}\angle OO_1O_2 = \dfrac{\pi - \alpha}{4}$,$\beta = \pi - (\angle O_1CA + \angle O_2CB) = \dfrac{\pi + \alpha}{2}$,$\sin \beta = \cos \dfrac{\alpha}{2}$.　**6.** 已知平面过 A,再知道它的方向,就可以确定该平面了.因为涉及平面的方向,考虑它的法线,并且假设 a,b 为相交直线也没关系.于是原题简化为:已知两条相交直线 a,b 成 $60°$ 角,求空间中过交点与 a,b 都成 $45°$ 角的直线.答案是 2 个.　**7.** B　由 $x\vec{a} + y\vec{b} + z\vec{c} = (1, 1)$

得 $\begin{cases} -\dfrac{\sqrt{3}}{2}y + \dfrac{\sqrt{3}}{2}z = 1 \\ x - \dfrac{y}{2} - \dfrac{z}{2} = 1 \end{cases}$,$\begin{cases} -\dfrac{\sqrt{3}}{2}(y - z) = 1 \\ x - \dfrac{y+z}{2} = 1 \end{cases}$　由于 $x^2 + y^2 + z^2 = x^2 + \dfrac{(y+z)^2 + (y-z)^2}{2}$,可以

用换元法的思想,看成关于 x,$y + z$,$y - z$ 三个变量,变形 $\begin{cases} y - z = -\dfrac{2}{\sqrt{3}} \\ y + z = 2(x - 1) \end{cases}$,代入 $x^2 + y^2 + z^2 = $

$x^2 + \dfrac{(y+z)^2 + (y-z)^2}{2} = x^2 + 2(x-1)^2 + \dfrac{2}{3} = 3x^2 - 4x + \dfrac{8}{3} = 3\left(x - \dfrac{2}{3} \right)^2 + \dfrac{4}{3}$.　**8. 方法一**:

焦点 $F(1, 0)$, $C(-1, 0)$, AB 方程 $y = x - 1$, 与抛物线方程 $y^2 = 4x$ 联立, 解得 $A(3 + 2\sqrt{2}, 2 + 2\sqrt{2})$, $B(3 - 2\sqrt{2}, 2 - 2\sqrt{2})$, 于是 $k_{CA} = \dfrac{2 + 2\sqrt{2}}{4 + 2\sqrt{2}} = \dfrac{\sqrt{2}}{2}$, $k_{CB} = \dfrac{2 - 2\sqrt{2}}{4 - 2\sqrt{2}} = -\dfrac{\sqrt{2}}{2}$, $\tan\angle ACB = \dfrac{k_{CA} - k_{CB}}{1 + k_{CA}k_{CB}} = 2\sqrt{2}$, 答案 A. **方法二**: 如图题解 8 所示, 利用抛物线的定义,

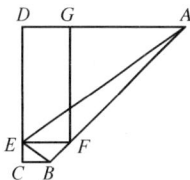

将原题转化为: 在直角梯形 $ABCD$ 中, $\angle BAD = 45°$, $EF \parallel DA$, $EF = 2$, $AF = AD$, $BF = BC$, 求 $\angle AEB$. $\tan\angle AEF = \tan\angle EAD = \dfrac{DE}{AD} = \dfrac{GF}{AF} = \dfrac{\sqrt{2}}{2}$. 类似的, 有 $\tan\angle BEF = \tan\angle EBC = \dfrac{\sqrt{2}}{2}$, $\angle AEB = \angle AEF +$

图题解 8

$\angle BEF = 2\angle AEF$, $\tan\angle AEB = \tan 2\angle AEF = 2\sqrt{2}$, 答案 A. **9.** $S_{\triangle BDF} = \dfrac{DF}{DE} S_{\triangle BDE} = z S_{\triangle BDE}$, $S_{\triangle BDE} = \dfrac{BD}{AB} S_{\triangle ABE} = (1 - x) S_{\triangle ABE}$, $S_{\triangle ABE} = \dfrac{AE}{AC} S_{\triangle ABC} = y S_{\triangle ABC}$, 于是 $S_{\triangle BDF} = (1 - x) y z S_{\triangle ABC} = 2(1 - x) y z$. 将 $y + z - x = 1$, 变形为 $y + z = x + 1$, 暂时将 x 看成常数, 欲使 yz 取得最大值必须 $y = z = \dfrac{x + 1}{2}$, 于是 $S_{\triangle BDF} = \dfrac{1}{2}(1 - x)(x + 1)^2$, 解这个一元函数的极值问题, $x = \dfrac{1}{3}$ 时取极大值 $\dfrac{16}{27}$. **10.** 先证明所分出的三角形中至多只有一个锐角三角形. 如图题解 10(a) 所示, 假设 $\triangle ABC$ 是锐角三角形, 我们证明另一个三角形 $\triangle DEF$(不妨设在 AC 的另一边) 的 (其中的边 EF 有可能与 AC 重合) 的 $\angle D$ 一定是钝角. 事实上, $\angle D \geqslant \angle ADC$, 而四边形 $ABCD$ 是圆内接四边形, 所以 $\angle ADC = 180° - \angle B$, 所以 $\angle D$ 为钝角. 这样就排除了 B, C. 下面证明所分出的三角形中至少有一个锐角三角形. 假设 $\triangle ABC$ 中 $\angle B$ 是钝角, 在 AC 的另一侧一定还有其他顶点, 我们就找在 AC 的另一侧的相邻(指有公共边 AC)$\triangle ACD$, 则 $\angle D = 180° - \angle B$ 是锐角如图题解 10(b), 这时如果 $\angle A$ 或 $\angle C$ 是钝角, 我们用同样的方法继续找下去, 则最后可以找到一个锐角三角形. 所以答案是 D.

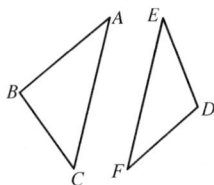 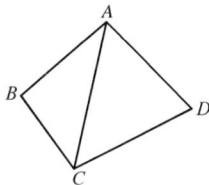

图题解 10(a)　　　　　　　图题解 10(b)

11. (1) $\tan C = -\tan(A + B) = \dfrac{\tan A + \tan B}{\tan A \tan B - 1}$, 整理得 $\tan A \tan B \tan C = \tan A + \tan B + \tan C$.

(2) 由已知 $\sqrt{3}\tan A \tan C = \tan A + \tan B + \tan C$, 与 (1) 比较知 $\tan B = \sqrt{3}$, $B = \dfrac{\pi}{3}$. 又 $\dfrac{1}{\sin 2A} + \dfrac{1}{\sin 2C} = \dfrac{2}{\sin 2B} = \dfrac{2}{\sin \dfrac{2\pi}{3}} = \dfrac{4}{\sqrt{3}}$, $\dfrac{\sin 2A + \sin 2C}{\sin 2A \sin 2C} = \dfrac{4}{\sqrt{3}}$, $\dfrac{\sin(A + C)\cos(A - C)}{\cos 2(A - C) - \cos 2(A + C)} = \dfrac{1}{\sqrt{3}}$, 而 $\sin(A + C) = \sin B = \dfrac{\sqrt{3}}{2}$, $\cos 2(A + C) = \cos 2B = -\dfrac{1}{2}$, 代入得 $2\cos 2(A - C) + 1 = 3\cos(A - C)$,

$4\cos^2(A-C)-3\cos(A-C)-1=0$，$\cos(A-C)=1$或$-\dfrac{1}{4}$，$\cos\dfrac{A-C}{2}=1$或$\dfrac{\sqrt{6}}{4}$．　**12.** 不妨设水杯高为 1.(1) 这时，水杯质量：水的质量＝2：3.水杯的重心位置(我们用位置指到水杯底面的距离)为 $\dfrac{1}{2}$，水的重心位置为 $\dfrac{1}{4}$，所以装入半杯水的水杯的重心位置为 $\dfrac{2\cdot\dfrac{1}{2}+3\cdot\dfrac{1}{4}}{2+3}=\dfrac{7}{20}$．(2) 设装 x 克水.

这时，水杯质量：水的质量 $=a：x$. 水杯的重心位置为 $\dfrac{1}{2}$，水的重心位置为 $\dfrac{x}{2b}$，水面位置为 $\dfrac{x}{b}$，于是

$$\dfrac{a\cdot\dfrac{1}{2}+x\cdot\dfrac{x}{2b}}{a+x}=\dfrac{1}{2b}\left(\dfrac{x^2+ab}{x+a}\right)=\dfrac{1}{2b}\dfrac{(x+a)^2-2a(x+a)+a^2+ab}{x+a}=\dfrac{1}{2b}\left[(x+a)+\right.$$

$\left.\dfrac{a^2+ab}{x+a}-2a\right]$ 根据基本不等式.当 $x+a=\dfrac{a^2+ab}{x+a}$ 时 即 $x=\sqrt{a^2+ab}-a$ 时重心最低．　**13.** 由

$f(1)=1,f\left(\dfrac{1}{2}\right)=\dfrac{2}{3}$，得 $a=b=1$，$f(x)=\dfrac{2x}{x+1}$，(1) 先求出 $x_1=\dfrac{1}{2}$，$x_2=\dfrac{2}{3}$，$x_3=\dfrac{4}{5}$，$x_4=\dfrac{8}{9}$，猜想 $x_n=\dfrac{2^{n-1}}{2^{n-1}+1}$．用数学归纳法证明.当 $n=1$ 显然成立；假设 $n=k$ 显然成立，即 $x_k=\dfrac{2^{k-1}}{2^{k-1}+1}$，

则 $x_{k+1}=f(x_k)=\dfrac{2x_k}{x_k+1}=\dfrac{2^k}{2^k+1}$，得证.(2) 我们证明 $\dfrac{1}{x_1x_2\cdots x_{n+1}}<2e$. 事实上，$\dfrac{1}{x_1x_2\cdots x_{n+1}}=$

$2\left(1+\dfrac{1}{2}\right)\left(1+\dfrac{1}{4}\right)\cdots\left(1+\dfrac{1}{2^n}\right)$．我们注意到 $1+2a<(1+a)^2,\cdots,1+2^na<(1+a)^{2^n}\ (a>0)$，于是

将 $a=\dfrac{1}{2^n}$ 代入可得 $\dfrac{1}{x_1x_2\cdots x_{n+1}}<2\left(1+\dfrac{1}{2^n}\right)^{2^{n-1}+\cdots+2+1}=2\left(1+\dfrac{1}{2^n}\right)^{2^n-1}<2\left(1+\dfrac{1}{2^n}\right)^{2^n}<2e$．

14. (1) 记 $PF_1=m$，$PF_2=n$，则 $S_{\triangle PF_1F_2}=\dfrac{1}{2}mn\sin 60°=3\sqrt{3}a^2\Rightarrow mn=12a^2$，在 $\triangle F_1PF_2$ 中用余

弦定理得 $(2c)^2=m^2+n^2-2mn\cos 60°=(m-n)^2+mn=(2a)^2+12a^2=16a^2$ 所以 $e=\dfrac{c}{a}=2$；

(2) 因为 $e=\dfrac{c}{a}=2$，所以 $c^2=4a^2$，$b^2=c^2-a^2=3a^2$，从而 $A(-a,0)$，$F_2(2a,0)$，且 $C：3x^2-y^2=3a^2$，因为 Q 为第一象限内 C 上的点，所以若设 $Q(r,s)$，就有 $3r^2-s^2=3a^2\Rightarrow s^2=3(r^2-a^2)$，且

$\tan\angle QAF_2=\dfrac{s}{r+a}$，$\tan\angle QF_2A=-\dfrac{s}{r-2a}$　因为 $\tan 2\angle QAF_2=\dfrac{\dfrac{2s}{r+a}}{1-\left(\dfrac{s}{r+a}\right)^2}=$

$\dfrac{2s(r+a)}{(r+a)^2-s^2}=\dfrac{2s(r+a)}{(r+a)^2-3(r^2-a^2)}=\dfrac{2s}{r+a-3(r-a)}=\dfrac{s}{2a-r}=-\dfrac{s}{r-2a}=\tan\angle QF_2A$　所

以 $\angle QF_2A=2\angle QAF_2$，即存在常数 $\lambda=2$，使得 $\angle QF_2A=\lambda\angle QAF_2$ 恒成立．　**15.** (1) $P_1=1$，$P_2=1$，$P_3=\dfrac{7}{8}$，$P_4=\dfrac{13}{16}$；(2) 掷 n 次硬币不连续出现三次正面向上，记 $\{a_n\}$ 是末次抛掷为正面向上的所有可能情形数，$\{b_n\}$ 是末次抛掷为反面向上的所有可能情形数，则有 $\begin{cases}a_n=b_{n-1}+b_{n-2}\\b_n=a_{n-1}+b_{n-1}\end{cases}\Rightarrow$

$\begin{cases} a_n = a_{n-1} + a_{n-2} + a_{n-3} \\ b_n = b_{n-1} + b_{n-2} + b_{n-3} \end{cases}$ $(n > 3)$，所以 $P_n = \dfrac{a_n + b_n}{2^n} = \dfrac{(a_{n-1} + b_{n-1}) + (a_{n-2} + b_{n-2}) + (a_{n-3} + b_{n-3})}{2^n} = $

$\dfrac{1}{2}P_{n-1} + \dfrac{1}{4}P_{n-2} + \dfrac{1}{8}P_{n-3}$ （3）显然 $P_n > 0$，所以 P_n 有下界，又 $P_n - P_{n-1} = \dfrac{1}{2}P_{n-1} + \dfrac{1}{4}P_{n-2} + $

$\dfrac{1}{8}P_{n-3} - \left(\dfrac{1}{2}P_{n-2} + \dfrac{1}{4}P_{n-3} + \dfrac{1}{8}P_{n-4}\right) = \dfrac{1}{2}P_{n-1} - \dfrac{1}{4}P_{n-2} - \dfrac{1}{8}P_{n-3} - \dfrac{1}{8}P_{n-4} = \dfrac{1}{2}\left(\dfrac{1}{2}P_{n-2} + \right.$

$\left. \dfrac{1}{4}P_{n-3} + \dfrac{1}{8}P_{n-4}\right) - \dfrac{1}{4}P_{n-2} - \dfrac{1}{8}P_{n-3} - \dfrac{1}{8}P_{n-4} = -\dfrac{1}{16}P_{n-4} < 0$ $(n \geqslant 5)$，所以从第五项起 P_n 单调递

减，根据单调有界法则，P_n 有极限，若令 $\lim\limits_{n \to \infty} P_n = p$，则 $\lim\limits_{n \to \infty} P_{n-1} = \lim\limits_{n \to \infty} P_{n-2} = \lim\limits_{n \to \infty} P_{n-3} = p$，所以 $p = $

$\dfrac{1}{2}p + \dfrac{1}{4}p + \dfrac{1}{8}p$ 可得 $p = 0$。统计意义：抛掷无限进行下去，"连续出现三次正面向上"是必然事件．

真卷 13 "华约"联盟(2012)

1. 提示：$2B > B + C > \dfrac{\pi}{2}$ 和 $B < \dfrac{\pi}{2}$．**答案：A 2.** 提示：$\dfrac{P_6^6}{P_2^2 P_2^2 P_2^2}$．**答案：C 3.** B **4.** 提示：

$|\vec{a} - t\vec{e}|^2 \geqslant |\vec{a} + \vec{e}|^2 \Rightarrow (\vec{a} - t\vec{e})^2 \geqslant (\vec{a} + \vec{e})^2 \Rightarrow \cdots$ **答案：C 5.** 令 $\dfrac{1}{1+w} = x + yi (x, y \in \mathbf{R})$，则 $1 + $

$w = \dfrac{1}{x + yi}$，$1 - w = 2 - \dfrac{1}{x + yi}$，所以 $\dfrac{1-w}{1+w} = (x + yi)\left(2 - \dfrac{1}{x + yi}\right) = 2x + 2yi - 1 = 2x - 1 + 2yi$

其实部为 0，所以 $2x - 1 = 0 (y \in \mathbf{R})$，这就是所求轨迹的实方程，是一条平行纵轴的直线．**答案：**

A 6. 设左顶点为 $\begin{cases} x = 4 + 2\cos t \\ y = 1 + 2\sin t \end{cases}$，$t \in [0, 2\pi]$，则对称中心 $(6 + 2\cos t, 1 + 2\sin t)$．令

$\begin{cases} u = x - 6 - 2\cos t \\ v = y - 1 - 2\sin t \end{cases}$，则在 uv 坐标系中，椭圆对称中心在原点，其左准线为 $u = -6 - 2\cos t$，因此

$-\dfrac{a^2}{c} = -\dfrac{4}{c} = -6 - 2\cos t \Rightarrow e = \dfrac{c}{a} = \dfrac{1}{3 + \cos t} \in \left[\dfrac{1}{4}, \dfrac{1}{2}\right]$．故选 B．**答案：B 7.** 提示：由"$A$ 在

面 SBC 上的投影是该面的垂心"，可得"三棱锥的三组对棱互相垂直"，可得"S 在底面上射影是底面垂

心"，可得这是一个"正三棱锥"，……**答案：D 8.** 设 $AE = x$. Rt△BCD 中，$CD = 15$；Rt△BCE 中，

$CE = 24$. 由面积有 $AC \cdot BD = CE \cdot (BE + AE)$，$AC = \dfrac{42 + 6x}{5}$，$AD = AC - CD = \dfrac{6x - 33}{5}$.

Rt△ABD 中，$(7 + x)^2 = 400 + \left(\dfrac{6x - 33}{5}\right)^2 \Rightarrow x = 18$ 或者 $x = \dfrac{548}{11}$. 易验证，当 $x = \dfrac{548}{11}$ 时，$AE^2 + $

$CE^2 \neq AC^2$，因此 $AE = 18$. 连 EG，则 $EG \perp AC$，由△$AEG \backsim$△ABD 得 $\dfrac{AE}{AB} = \dfrac{AG}{AD} \Rightarrow AG = \dfrac{54}{5}$. **答案：**

D 9. $a_n = \lg \dfrac{(n+1)(n+2)}{n(n+3)} = [\lg(n+1) - \lg n] - [\lg(n+3) - \lg(n+2)]$，因此 $S_n = [\lg 2 - $

$\lg 1] + [\lg 3 - \lg 2] - [\lg(n+2) - \lg(n+1)] - [\lg(n+3) - \lg(n+2)] = \lg 3 + \lg \dfrac{n+1}{n+3} \Rightarrow \lim\limits_{n \to \infty} S_n = \lg 3$.

答案：D 10. $\sum\limits_{i=1}^{10} x_i^2$ 取得最大值时，十个数中至少有九个数是 10 或者 -6. 设这九个数中有 k 个 -6. 第

十个数为 a，则 $10(9-k) + (-6)k + a = 50 \Rightarrow 34 \leqslant 16k = 40 + a \leqslant 50$，故 $k = 3$. **答案：C 11.**（1）由

条件，$2\sin^2\dfrac{\pi-C}{2}=1+\cos 2C=2\cos^2 C\Rightarrow\cos C=-\dfrac{1}{2}$，$C=\dfrac{2\pi}{3}$；(2) 因 $a=\dfrac{c\sin A}{\sin C}=\dfrac{2c\sin A}{\sqrt{3}}$，$b=$

$\dfrac{c\sin B}{\sin C}=\dfrac{2c\sin B}{\sqrt{3}}$，故 $c^2=2b^2-2a^2=\dfrac{8c^2\sin^2 B}{3}-\dfrac{8c^2\sin^2 A}{3}\Rightarrow 2\sin^2 B-2\sin^2 A=\dfrac{3}{4}$，故 $\cos 2A-$

$\cos 2B=2\sin^2 B-2\sin^2 A=\dfrac{3}{4}$.　**12.** (1) 设 $P(x,y)$，则 $H(0,y)$，由 $\overrightarrow{AP}\cdot\overrightarrow{BP}=2\overrightarrow{PH}^2$ 得 $(x+2,$

$y)\cdot(x-2,y)=2x^2$，即 $y^2-x^2=4$. (2) 令 CD：$x=my+2$ $(m\neq 0)$ 代入 $y^2-x^2=4$ 整理得 $(1-$

$m^2)y^2-4my-8=0$.　①　因为直线在 x 轴下方交 P 点轨迹于 $C(x_1,y_1)$，$D(x_2,y_2)$ 两点，所以式

①有两个负根，由 $\begin{cases}1-m^2\neq 0\\[4pt]\Delta=16m^2+32(1-m^2)>0\\[4pt]y_1+y_2=\dfrac{4m}{1-m^2}<0\\[8pt]y_1y_2=\dfrac{-8}{1-m^2}>0\end{cases}\Rightarrow 1<m<\sqrt{2}$. 据韦达定理，得 CD 中点 M 的坐标为

$M\left(\dfrac{x_1+x_2}{2},\dfrac{y_1+y_2}{2}\right)=\left(\dfrac{2}{1-m^2},\dfrac{2m}{1-m^2}\right)$，代入直线 MQ 的方程 $y+2=kx$，(k 为其斜率)得

$\dfrac{2m}{1-m^2}+2=\dfrac{2k}{1-m^2}$. 所以 $k=-m^2+m+1=-\left(m-\dfrac{1}{2}\right)^2+\dfrac{5}{4}\in(\sqrt{2}-1,1)$，$(1<m<\sqrt{2})$.

13. 显然 $p_k=\displaystyle\sum_{n=0}^{k-1}C_{2k-1}^{n}(1-p)^n p^{2k-1-n}$，注意到 $C_{2k+1}^{n}=C_{2k-1}^{n}+2C_{2k-1}^{n-1}+C_{2k-1}^{n-2}$，所以 $p_{k+1}=$

$\displaystyle\sum_{n=0}^{k}C_{2k+1}^{n}(1-p)^n p^{2k+1-n}=\sum_{n=0}^{k}(C_{2k-1}^{n}+2C_{2k-1}^{n-1}+C_{2k-1}^{n-2})(1-p)^n p^{2k+1-n}=\sum_{n=0}^{k}C_{2k-1}^{n}(1-p)^n p^{2k+1-n}+$

$2\displaystyle\sum_{n=1}^{k}C_{2k-1}^{n-1}(1-p)^n p^{2k+1-n}+\sum_{n=2}^{k}C_{2k-1}^{n-2}(1-p)^n p^{2k+1-n}=\sum_{n=0}^{k}C_{2k-1}^{n}(1-p)^n p^{2k+1-n}+2\sum_{n=0}^{k-1}C_{2k-1}^{n}(1-$

$p)^{n+1}p^{2k-n}+\displaystyle\sum_{n=0}^{k-2}C_{2k-1}^{n}(1-p)^{n+2}p^{2k-1-n}=\sum_{n=0}^{k-1}C_{2k-1}^{n}(1-p)^n p^{2k-1-n}(p^2+2(1-p)p+(1-p)^2)+$

$C_{2k-1}^{k}(1-p)^k p^{k+1}-C_{2k-1}^{k-1}(1-p)^{k+1}p^k=\displaystyle\sum_{n=0}^{k-1}C_{2k-1}^{n}(1-p)^n p^{2k-1-n}+C_{2k-1}^{k}(1-p)^k p^k(p-(1-p))=$

$p_k+C_{2k-1}^{k}(1-p)^k p^k(2p-1)$，因此当 $p\geqslant\dfrac{1}{2}$ 时，$\{p_k\}$ 递增；当 $p\leqslant\dfrac{1}{2}$ 时，$\{p_k\}$ 递减.　**14.** 证明一：

用数学归纳法证 $f_{2n-1}(x)=0$ 有唯一解 x_{2n-1} 且严格单调递增，$f_{2n}(x)=0$ 无实数解，显然 $n=1$ 时，此

时 $f_1(x)=1+x$ 有唯一解 $x_1=-1$ 且严格单调递增，而 $f_2(x)=1+x+\dfrac{x^2}{2}$ 无实数解. 现在假设

$f_{2n-1}(x)=0$ 有唯一解 x_{2n-1} 且严格单调递增，$f_{2n}(x)=0$ 无实数解. 于是注意到 $f'_{2n+1}(x)=f_{2n}(x)$，

$f_{2n}(x)=0$ 无实数解，所以 $f_{2n}(x)>0$ 恒成立，因此 $f_{2n+1}(x)$ 严格递增. 又因为在 $x=-2n-1$ 时，对任

意的 $0\leqslant k\leqslant n$ 有 $x+2k+1\leqslant 0$，于是 $f_{2n+1}(x)=\displaystyle\sum_{k=0}^{n}\left(\dfrac{x^{2k}}{(2k)!}+\dfrac{x^{2k+1}}{(2k+1)!}\right)=\sum_{k=0}^{n}\dfrac{x^{2k}}{(2k+1)!}(x+$

$2k+1)$，所以 $f_{2n+1}(-2n-1)<0$. 又因为 $f_{2n+1}(0)=1>0$，所以由 $f_{2n+1}(x)$ 严格递增知 $f_{2n+1}(x)=$

0 有唯一根 $0>x_{2n+1}>-2n-1$. 对于 $f_{2n+2}(x)$ 有 $f'_{2n+2}(x)=f_{2n+1}(x)$，所以 $f_{2n+2}(x)$ 在 $(-\infty,x_{2n+1})$

上递减，在 $(x_{2n-1},+\infty)$ 上递增，所以 $\displaystyle\min_{x\in\mathbf{R}}f_{2n+2}(x)=f_{2n+2}(x_{2n+1})=f_{2n+1}(x_{2n+1})+\dfrac{x_{2n+1}^{2n+2}}{(2n+2)!}=$

$\dfrac{x^{2n+2}_{2n+1}}{(2n+2)!}>0.$ 因此 $f_{2n+2}(x)=0$ 无实数解. 综上所述, 对任意正整数 n, 当 n 为偶数时 $f_n(x)=0$ 无

解, 当 n 为奇数时 $f_n(x)=0$ 有唯一解 x_n. 再证 $x_{2n+1}<x_{2n-1}$. 事实上, 由 $f_{2n-1}(x)$ 的严格单调性, 只需

验证 $f_{2n-1}(x_{2n+1})<0.$ 注意到 $f_{2n+1}(x)-f_{2n-1}(x)=\dfrac{x^{2n}}{(2n)!}+\dfrac{x^{2n+1}}{(2n+1)!}$, 由上述归纳法证明过程中,

$x_{2n+1}>-2n-1$, 所以 $f_{2n-1}(x_{2n+1})=-\dfrac{x^{2n+1}_{2n+1}}{(2n)!}-\dfrac{x^{2n+1}_{2n+1}}{(2n+1)!}=-\dfrac{x^{2n}_{2n+1}}{(2n+1)!}(x_{2n+1}+2n+1)<0$, 因

此 $x_{2n+1}<x_{2n-1}.$ 综上所述, 原命题得证.　**证明二**: 记 $f_n(x)=1+x+\dfrac{x^2}{2!}+\dfrac{x^3}{3!}+\cdots+\dfrac{x^n}{n!}$, 对 n 使用

数学归纳法证明加强命题: 方程 $f_n(x)=0$ 在 n 为偶数的时候在实数上恒大于零, 在 n 为奇数的时候在

实数上严格单调递增并且可以取遍所有的实数. (1) 当 $n=1,2$ 的时候, 直接验证, 结论显然成立.

(2) 当 $n=k-1$ 的时候结论成立, 那么 $n=k$ 的时候: ① k 是偶数的时候, $f_k(x)=1+x+\dfrac{x^2}{2!}+$

$\dfrac{x^3}{3!}+\cdots+\dfrac{x^k}{k!}$, $f'_k(x)=f_{k-1}(x)$, 由归纳假设可知存在一个 $x_0\neq 0$ 为 $f_{k-1}(x)=0$ 的根, 使得在 $x<$

x_0 的时候 $f'_k(x)=f_{k-1}(x)<0$; 在 $x>x_0$ 的时候 $f'_k(x)=f_{k-1}(x)>0.$ 所以可以看出 $f_k(x)$ 在实数

上的最小值应该在 x_0 处取到, $f_k(x_0)=f_{k-1}(x_0)+\dfrac{x^k_0}{k!}=\dfrac{x^k_0}{k!}=\dfrac{(x^2_0)^{\frac{k}{2}}}{k!}>0$, 也就是说 $f_k(x)$ 在实数

上的每个取值都大于零, 因此结论成立. ② k 是奇数的时候, $f_k(x)=1+x+\dfrac{x^2}{2!}+\dfrac{x^3}{3!}+\cdots+\dfrac{x^k}{k!}$,

$f'_k(x)=f_{k-1}(x)$, 由归纳假设可知 $f'_k(x)=f_{k-1}(x)>0$ 恒成立, 也就是说 $f_k(x)$ 严格单调递增, 而

$f_k(x)$ 是一个奇数次最高次项系数大于零的一个多项式, 因此可以知道当 x 趋于 $-\infty$ 的时候 $f_k(x)$ 也

会趋于 $-\infty$. 同理当 x 趋于 $+\infty$ 的时候 $f_k(x)$ 也会趋于 $+\infty$, 而 $f_k(x)$ 连续, 因此我们证明了 $f_k(x)$ 在

实数上严格单调递增并且可以取遍所有的实数 (这一点如果不用极限的写法也可以将 $f_k(x)$ 分段说明,

但是比较麻烦).　　**15.** 假设比赛了 k 场比赛, 那么由题目假设, 一场比赛出现了 2 对队友, 所以 $C_n^2=2k$,

也就是说 $4k=n(n-1)$, 那么得到 $n=4l$ 或者 $4l+1$, 其中 $l\in\mathbf{N}^*$ 下面证明, 对于任意的 $n=4l$ 或者

$4l+1$, 其中 $l\in\mathbf{N}^*$, 都可以构造出满足要求的比赛: $n=4l+1$ 的时候, 对 l 使用数学归纳法: (1) 当 $l=$

1 的时候, $n=5$, 此时假设这 5 名选手为 A,B,C,D,E, 那么如下安排比赛即可: $AB-CD$, $AC-BE$,

$BC-DE$, $AE-BD$, $AD-CE$. (2) 设当 $l=m$ 的时候结论成立, 那么 $l=m+1$ 的时候, 假设这 $4m+5$

位选手为 $A,B,C,D,E,F^1_1,F^2_1,F^1_2,F^2_2,\cdots,F^1_{2m},F^2_{2m}$, 由归纳假设, 可以安排 $E,F^1_1,F^2_1,F^1_2,$

$F^1_2,\cdots,F^1_{2m},F^2_{2m}$ 之间的比赛, 使得他们之间每两位选手作为队友恰好只参加过一次比赛, 还剩下 $A,B,$

C,D,E 互相的比赛和 A,B,C,D 与 $F^1_1,F^2_1,\cdots,F^1_{2m},F^2_{2m}$ 之间的比赛, A,B,C,D,E 互相的比赛,

根据 $l=1$ 的结论可以获得满足要求的比赛. A,B,C,D 与 $F^1_1,F^2_1,\cdots,F^1_{2m},F^2_{2m}$ 之间的比赛安排如下:

AF^1_l 与 BF^2_l, AF^2_l 与 BF^1_l, CF^1_l 与 DF^2_l, CF^2_l 与 DF^1_l, 这样即满足要求. 最后将这些比赛总计起来, 就是

满足要求的 $4m+5$ 位选手之间的比赛了. 由数学归纳法, 结论得到了证明, $n=4l$ 的时候, 对 l 使用数学归

纳法, 与上面几乎类似也可以证明结论. 综合上述, n 的所有可能取值是 $n=4l$ 或者 $4l+1$, 其中 $l\in\mathbf{N}^*$.

真卷 14　"华约"联盟(2013)

1. 设 $B_1=\{0,9\}$, $B_2=\{1,8\}$, $B_3=\{2,7\}$, $B_4=\{3,6\}$, $B_5=\{4,5\}$, 则 B 中元素的每个数位

上的数字只能从上述五个不同的集合中分别抽取,每一个集合中至多抽取一个.所以(1)两位数个数: $C_5^2 \cdot 2^2 \cdot P_2^2 - C_4^1 \cdot 2 = 72$;三位数个数:$C_5^3 \cdot 2^3 \cdot P_3^3 - C_4^2 \cdot 2^2 \cdot P_2^2 = 432$.(2)存在五位数,从五个集合 $B_i(i=1,2,3,4,5)$ 中各取一个构成;不存在六位数.(3)因为四位数共有 $C_5^4 \cdot 2^4 \cdot P_4^4 - C_4^3 \cdot 2^3 \cdot P_3^3 = 1\,728$,所以第 1\,081 个元素应是一个四位数,且是四位数中第 577 个,而千位分别是 1,2,3 的四位数共有 $3C_4^3 \cdot 2^3 \cdot P_3^3 = 576$,所以,第 1\,081 个元素是 4\,012.　**2.** 两式平方求和得 $\cos(x+y) = \dfrac{208}{225}$;分别和差化积后相除得 $\tan\dfrac{x-y}{2} = -\dfrac{3}{5}$,所以 $\sin(x-y) = \dfrac{2\tan\dfrac{x-y}{2}}{1+\tan^2\dfrac{x-y}{2}} = -\dfrac{15}{17}$.　**3.** (1) 设 $A(x_1, y_1)$,$B(x_2, y_2)$,$M(x, y)$,则 $y_1 = kx_1$,$y_2 = -kx_2$.由 $|OA| \cdot |OB| = k^2 + 1 \Rightarrow x_1 x_2 = 1$,且

$$\begin{cases} x = \dfrac{x_1 + x_2}{2} \\ y = \dfrac{y_1 + y_2}{2} = k \cdot \dfrac{x_1 - x_2}{2} \end{cases}$$

,于是 $x^2 - \dfrac{y^2}{k^2} = x_1 x_2 = 1$,所以 M 的轨迹是双曲线 $x^2 - \dfrac{y^2}{k^2} = 1$;(2)两曲线方程联立消元得 $y^2 - 2pk^2 y + k^2 = 0$,据题意 $\Delta = 4p^2 k^4 - 4k^2 = 0$.因为 $p, k > 0$,所以 $pk = 1$,且 $y = pk^2 = k$,$x = \pm\sqrt{2pk} = \pm\sqrt{2}$,所以两切点在定直线 $x = \sqrt{2}$,$x = -\sqrt{2}$ 上,切点为 $(\pm\sqrt{2}, k)$.又导数为 $y' = \dfrac{x}{p}$,所以切线方程为 $y = \pm\dfrac{\sqrt{2}}{p}(x \mp \sqrt{2}) + k$,即 $y = \pm\dfrac{\sqrt{2}}{p}x - \dfrac{1}{p}$.　**4.** (1) $\dfrac{C_7^1 C_8^3}{C_{15}^4} = \dfrac{56}{195}$;(2)

X	0	1	2	3	4
P	$\dfrac{C_7^4}{C_{15}^4} = \dfrac{5}{195}$	$\dfrac{C_7^3 C_8^1}{C_{15}^4} = \dfrac{40}{195}$	$\dfrac{C_7^2 C_8^2}{C_{15}^4} = \dfrac{84}{195}$	$\dfrac{C_7^1 C_8^3}{C_{15}^4} = \dfrac{56}{195}$	$\dfrac{C_8^4}{C_{15}^4} = \dfrac{10}{195}$

$EX = 0 \cdot \dfrac{5}{195} + 1 \cdot \dfrac{40}{195} + 2 \cdot \dfrac{84}{195} + 3 \cdot \dfrac{56}{195} + 4 \cdot \dfrac{10}{195} = \dfrac{32}{15}$;(3) $\dfrac{C_8^4}{C_7^4 + C_8^4} = \dfrac{2}{3}$.　**5.** 证明:(1)因为对任意 $n \in \mathbf{N}^*$ 满足 $a_n > 0$,所以 $a_{n+1} = a_n + ca_n^2 > a_n$,又因为 $c > 0$,所以 $a_{n+1} - a_n = ca_n^2 - ca_{n-1}^2 + a_n - a_{n-1} > a_n - a_{n-1} > \cdots > a_2 - a_1$,所以 $a_n = a_n - a_{n-1} + a_{n-1} - a_{n-2} + \cdots + a_2 - a_1 + a_1 > (n-1)(a_2 - a_1)$,故对任意正数 M,存在 $N = \max\left\{1, \left[\dfrac{M}{a_2 - a_1}\right] + 2\right\} \in \mathbf{N}^*$,当 $n > N$ 时有 $a_n > M$.(2)由 $a_{n+1} = a_n + ca_n^2$ 得 $a_{n+1} = a_n(1 + ca_n)$,所以 $\dfrac{1}{1 + ca_n} = \dfrac{a_n}{a_{n+1}} = \dfrac{ca_n^2}{ca_n a_{n+1}} = \dfrac{a_{n+1} - a_n}{ca_n a_{n+1}} = \dfrac{1}{ca_n} - \dfrac{1}{ca_{n+1}}$,所以 $S_n = \sum_{i=1}^n b_i = \dfrac{1}{ca_1} - \dfrac{1}{ca_{n+1}}$,从而 $\left|S_n - \dfrac{1}{ca_1}\right| = \dfrac{1}{ca_{n+1}} > 0$ 且由(1)有 $a_{n+1} > n(a_2 - a_1)$,所以 $\dfrac{1}{ca_{n+1}} < \dfrac{1}{cn(a_2 - a_1)}$,对任意 $d > 0$,存在 $N = \max\left\{1, \left[\dfrac{1}{cd(a_2 - a_1)}\right]\right\} \in \mathbf{N}^*$,当 $n > N$ 时有 $0 < \left|S_n - \dfrac{1}{ca_1}\right| < d$.　**6.** 因为 $\dfrac{(xy-1)(yz-1)(zx-1)}{xyz} = xyz - (x+y+z) + \dfrac{xy + yz + zx - 1}{xyz}$ 所以 $xyz \mid (xy-1)(yz-1)(zx-1) \Leftrightarrow xyz \mid xy + yz + zx - 1$.不妨设 $x > y > z$,则 $xyz \leqslant xy + yz + zx - 1 < 3xy$,于是 $z < 3$,从而 $z = 1, 2$.当 $z = 1$ 时,$xy \mid xy + y + z - 1$,即 $xy \mid y + x - 1$,

于是 $xy \leqslant y + x - 1 < 2x$，所以 $y < 2$，但 $y > z$，所以 $y \geqslant 2$ 矛盾；当 $z = 2$ 时，$2xy \mid xy + 2y + 2x - 1$，则 $2xy \leqslant xy + 2y + 2x - 1$，于是 $xy \leqslant 2y + 2x - 1$，所以 $xy < 2x + 2x$，即 $y < 4$．注意到 $y > z = 2$，知 $y = 3$，所以 $6x \mid 5x + 5$，所以 $6x \leqslant 5x + 5 \Rightarrow x \leqslant 5$，可得 $x = 4, 5$．经检验，$x = 4$ 不符合题意，仅 $x = 5$ 符合题意，所以 $\begin{bmatrix} x \\ y \\ z \end{bmatrix} = \begin{bmatrix} 2 \\ 3 \\ 5 \end{bmatrix}, \begin{bmatrix} 2 \\ 5 \\ 3 \end{bmatrix}, \begin{bmatrix} 3 \\ 2 \\ 5 \end{bmatrix}, \begin{bmatrix} 3 \\ 5 \\ 2 \end{bmatrix}, \begin{bmatrix} 5 \\ 2 \\ 3 \end{bmatrix}, \begin{bmatrix} 5 \\ 3 \\ 2 \end{bmatrix}$． **7. 证明：**（1）当 $x > 0$ 时，$f'(x) = -x\mathrm{e}^x < 0$，所以 $f(x) = (1-x)\mathrm{e}^x - 1$ 在 $(0, +\infty)$ 递减，所以 $f(x) < f(0) = 0$．（2）由 $x_n \mathrm{e}^{x_{n+1}} = \mathrm{e}^{x_n} - 1$ 得 $\mathrm{e}^{x_{n+1}} = \dfrac{\mathrm{e}^{x_n} - 1}{x_n}$，由于 $x_1 = 1$，且对于任意 $x > 0$，$\mathrm{e}^x > x + 1$，所以由数学归纳法易得 $x_n > 0 (n \in \mathbf{N}^*)$；由（1）知 $f(x_n) < 0$，所以 $(1 - x_n)\mathrm{e}^{x_n} - 1 < 0 \Rightarrow \mathrm{e}^{x_n} - 1 < x_n \mathrm{e}^{x_n} \Rightarrow x_n \mathrm{e}^{x_{n+1}} < x_n \mathrm{e}^{x_n} \Rightarrow \mathrm{e}^{x_{n+1}} < \mathrm{e}^{x_n} \Rightarrow x_n > x_{n+1}$，所以数列 $\{x_n\}$ 递减．下面用数学归纳法证明 $x_n > \dfrac{1}{2^n}$：① 显然 $n = 1$ 时命题是成立的；② 设 $x_n > \dfrac{1}{2^n}$，欲证明 $x_{n+1} > \dfrac{1}{2^{n+1}}$ 也成立．为此，设 $g(x) = \dfrac{\mathrm{e}^x - 1}{x}$，则 $g'(x) = \dfrac{x\mathrm{e}^x - \mathrm{e}^x + 1}{x^2} = -\dfrac{f(x)}{x^2}$．由（1）知当 $x > 0$ 时 $f(x) < 0$，所以 $g'(x) = -\dfrac{f(x)}{x^2} > 0$，所以 $g(x)$ 在 $(0, +\infty)$ 递增，由归纳假设 $x_n > \dfrac{1}{2^n}$ 得 $g(x_n) > g\left(\dfrac{1}{2^n}\right)$，要证明 $x_{n+1} > \dfrac{1}{2^{n+1}}$，只需要证明 $\mathrm{e}^{x_{n+1}} > \mathrm{e}^{\frac{1}{2^{n+1}}}$，即 $g(x_n) > \mathrm{e}^{\frac{1}{2^{n+1}}}$，故只需要证明 $g\left(\dfrac{1}{2^n}\right) > \mathrm{e}^{\frac{1}{2^{n+1}}}$．为此，再设 $h(x) = xg(x) - x\mathrm{e}^{\frac{x}{2}}$，因为当 $x > 0$ 时 $\mathrm{e}^{\frac{x}{2}} > \left(1 + \dfrac{x}{2}\right)$，所以 $h'(x) = (xg(x) - x\mathrm{e}^{\frac{x}{2}})' = (\mathrm{e}^x - 1 - x\mathrm{e}^{\frac{x}{2}})' = \mathrm{e}^x - \left(1 + \dfrac{x}{2}\right)\mathrm{e}^{\frac{x}{2}} = \mathrm{e}^{\frac{x}{2}}\left(\mathrm{e}^{\frac{x}{2}} - \left(1 + \dfrac{x}{2}\right)\right) > 0$，所以 $h(x)$ 在 $(0, +\infty)$ 递增．因为 $\dfrac{1}{2^n} > 0$，所以 $h\left(\dfrac{1}{2^n}\right) > 0$，即 $g\left(\dfrac{1}{2^n}\right) > \mathrm{e}^{\frac{1}{2^{n+1}}}$．由归纳法知，$x_n > \dfrac{1}{2^n}$ 对任意正整数 n 成立．

真卷15 "华约"联盟（2014）

1. 一共可以得到五个和值，故必有两个和值相同．而这五个和值之和为 $4(x_1 + x_2 + x_3 + x_4 + x_5)$，是 4 的倍数，所以这个相同的和值只能是 46，从而 $x_1 + x_2 + x_3 + x_4 + x_5 = \dfrac{44 + 45 + 46 + 47 + 46}{4} = 57$，而这五个数分别是 $57 - 44, 57 - 45, 57 - 46, 57 - 47, 57 - 46$，即 $10, 11, 11, 12, 13$． **2.** 若共比赛了 3 局，则甲赢得比赛的概率为 p^3；若共比赛了 4 局，则最后一局甲胜，甲赢得比赛的概率为 $\mathrm{C}_3^2 p^3 (1 - p)$；若共比赛了 5 局，则最后一局甲胜，甲赢得比赛的概率为 $\mathrm{C}_4^2 p^3 (1-p)^2$，因此 $q = p^3 + \mathrm{C}_3^2 p^3 (1-p) + \mathrm{C}_4^2 p^3 (1-p)^2$，$q - p = p^3 + \mathrm{C}_3^2 p^3 (1-p) + \mathrm{C}_4^2 p^3 (1-p)^2 - p = 6p^5 - 15p^4 + 10p^3 - p \ (p > 0.5)$．设 $f(p) = 6p^5 - 15p^4 + 10p^3 - p \ (p > 0.5)$，则 $f'(p) = 30p^4 - 60p^3 + 30p^2 - 1 = 30\left(p^2 - p + \dfrac{1}{\sqrt{30}}\right)\left(p^2 - p - \dfrac{1}{\sqrt{30}}\right)$ 当 $p \in \left(\dfrac{1}{2}, \dfrac{1}{2} + \sqrt{\dfrac{1}{4} - \dfrac{1}{\sqrt{30}}}\right) \Rightarrow f'(p) > 0$；当 $p \in \left[\dfrac{1}{2} + \sqrt{\dfrac{1}{4} - \dfrac{1}{\sqrt{30}}}, 1\right] \Rightarrow f'(p) \leqslant 0$．所以，$f(p)$ 在 $\left(\dfrac{1}{2}, 1\right)$ 上先增后减，当 $f(p)$ 取得最大值时

$p = \dfrac{1}{2} + \sqrt{\dfrac{1}{4} - \dfrac{1}{\sqrt{30}}}$.   **3.** $f(x) = \dfrac{1}{2}(\cos^2 x - \sin^2 x) - 2a\sin x + b = -\sin^2 x - 2a\sin x + b + \dfrac{1}{2}$,

问题等价于 $g(t) = -t^2 - 2at + b + \dfrac{1}{2}$ 在 $[-1, 1]$ 上的最大值和最小值分别是 1 和 -4. 下面讨论对称

轴 $t_0 = -a$ 与 $[-1, 1]$ 的相对位置情况：若 $-a \leqslant -1$ 即 $a \geqslant 1$，则 $g(t)$ 在 $[-1, 1]$ 上单调递减，所以

$g(-1) = 1$，$g(1) = -4$，解得 $a = \dfrac{5}{4}$，$b = -1$；若 $-1 < -a < 0$ 即 $0 < a < 1$，则 $g(t)$ 在 $[-1, 1]$

上先增后减，则 $g(-a) = 1$，$g(1) = -4$，解得 $a = -1 \pm \sqrt{5}$（舍去）. 综上所述，解得 $a = \dfrac{5}{4}$，$b = -1$.

4. (1) $y = f(g(x))$ 的反函数为 $x = f(g(y))$，故 $f^{-1}(x) = f^{-1}(f(g(y))) = g(y)$，$g^{-1}(f^{-1}(x)) = g^{-1}(g(y)) = y$ 所以 $y = f(g(x))$ 的反函数为 $y = g^{-1}(f^{-1}(x))$. (2) 因为 $F(x) = G^{-1}(x)$，所以 $G(F(x)) = G(G^{-1}(x)) = x$，所以 $f(x) = f(G(F(x))) = f(f^{-1}(-F(x))) = -F(x) = -f(-x)$，所以 $f(x)$ 为奇函数.   **5.** 设 $M(a\cos\theta, b\sin\theta)$ $(\theta \in [0, 2\pi])$，直线 PQ 是点 M 关于圆

$x^2 + y^2 = b^2$ 的极线，其方程为 $a\cos\theta \cdot x + b\sin\theta \cdot y = b^2$，从而 $x_E = \dfrac{b^2}{a\cos\theta}$，$y_E = \dfrac{b}{\sin\theta}$，$S_{\triangle EOF} = $

$\dfrac{1}{2}|x_E| \cdot |x_F| = \dfrac{b^3}{a\sin 2\theta} \geqslant \dfrac{b^3}{a}$. 当且仅当 M 的坐标为 $\left(\pm\dfrac{\sqrt{2}}{2}a, \pm\dfrac{\sqrt{2}}{2}b\right)$ 时上述等号成立.

6. (1) $a_{n+1} - a_n = np^n$，则 $a_n = a_1 + \sum\limits_{k=1}^{n-1}(a_{k+1} - a_k) = p + 2p^2 + \cdots + (n-1)p^{n-1}$，当 $p = 1$ 时，$a_n = $

$\dfrac{n(n-1)}{2}$；当 $p \neq 1$ 时，$pa_n = p^2 + 2p^3 + \cdots + (n-1)p^n$，$a_n - pa_n = p + p^2 + p^3 + \cdots + p^{n-1} - (n-$

$1)p^n$，$a_n = \dfrac{p + p^2 + p^3 + \cdots + p^{n-1} - (n-1)p^n}{1-p} = \dfrac{(n-1)p^{n+1} - np^n + p}{(1-p)^2}$. (2) $|a_{n+1}| = |np^n + $

$qa_n| \leqslant |np^n| + |qa_n| \leqslant n|p|^n + |a_n|$，所以 $|a_{n+1}| - |a_n| \leqslant n|p|^n$，于是 $|a_n| \leqslant |p| + $

$2|p|^2 + \cdots + (n-1)|p|^{n-1} = \dfrac{(n-1)|p|^{n+1} - n|p|^n + |p|}{(1-|p|)^2}$，而 $(n-1)|p|^{n+1} - n|p|^n \leqslant $

$(n-1)|p|^n - n|p|^n = -|p|^n < 0$，所以 $|a_n| < \dfrac{|p|}{(1-|P|)^2}$，即 a_n 有界.   **7.** 原不等式等价于 $n-$

$x^2 \leqslant n\left[\left(1 - \dfrac{x}{n}\right) \cdot \mathrm{e}^{\frac{x}{n}}\right]^n$. 当 $x^2 \geqslant n$ 时，上述不等式恒成立；当 $x^2 < n$ 时，由于 $\mathrm{e}^y \geqslant 1 + y$ $(y \geqslant 0)$ 及

贝努力不等式 $(1+y)^n \geqslant 1 + ny$（其中 $n \geqslant 1$，$y > -1$），从而 $n\left(\left(1 - \dfrac{x}{n}\right) \cdot \mathrm{e}^{\frac{x}{n}}\right)^n \geqslant $

$n\left(\left(1 - \dfrac{x}{n}\right) \cdot \left(1 + \dfrac{x}{n}\right)\right)^n = n\left(1 - \dfrac{x^2}{n^2}\right)^n \geqslant n\left(1 - n \cdot \dfrac{x^2}{n^2}\right) = n - x^2$. 命题得证.

真卷 16   清华大学（领军计划）(2015)

1. B   提示：$\dfrac{1}{1-z} + \dfrac{1}{1-z^2} = \dfrac{1}{1-z} + \dfrac{z\bar{z}}{z\bar{z} - z^2} = \dfrac{1}{1-z} + \dfrac{\bar{z}}{\bar{z} - z} = \dfrac{1}{1 - \cos\dfrac{2}{3}\pi - i\sin\dfrac{2}{3}\pi} + $

$$\frac{\cos\frac{2}{3}\pi - i\sin\frac{2}{3}\pi}{-2i\sin\frac{2}{3}\pi} = \frac{1}{2\sin^2\frac{\pi}{3} - i\cdot 2\sin\frac{\pi}{3}\cos\frac{\pi}{3}} - \frac{\cos\left(-\frac{2}{3}\pi\right) + i\sin\left(-\frac{2}{3}\pi\right)}{\sqrt{3}\left(\cos\frac{\pi}{2} + i\sin\frac{\pi}{2}\right)} =$$

$$\frac{\cos 0 + i\sin 0}{2\sin\frac{\pi}{3}\left[\cos\left(-\frac{\pi}{6}\right) + i\sin\left(-\frac{\pi}{6}\right)\right]} - \frac{1}{\sqrt{3}}\left[\cos\left(-\frac{7}{6}\pi\right) + i\sin\left(-\frac{7}{6}\pi\right)\right] = \frac{1}{\sqrt{3}}\left[\cos\frac{\pi}{6} + i\sin\frac{\pi}{6} + \frac{\sqrt{3}}{2} - \right.$$

$$\left.\frac{1}{2}i\right] = 1.$$ **2. D**   **提示：**$a_p + a_q - (a_k + a_l) = [(p+q) - (k+l)]d$，与公差 d 的符号有关.   **3. ABD**

提示：设 $A(x_1, x_1^2)$，$B(x_2, x_2^2)$，$\overrightarrow{OA}\cdot\overrightarrow{OB} = x_1 x_2(1 + x_1 x_2) = 0 \Rightarrow x_2 = -\frac{1}{x_1}$ 答案(A)，$|OA|\cdot$

$|OB| = \sqrt{x_1^2(1+x_1^2)\frac{1}{x_1^2}\left(1+\frac{1}{x_1^2}\right)} = \sqrt{1 + x_1^2 + \frac{1}{x_1^2} + 1} \geqslant \sqrt{2 + 2|x_1|\cdot\frac{1}{|x_1|}} = 2$，正确；答案

(B)，$|OA| + |OB| \geqslant 2\sqrt{|OA|\cdot|OB|} \geqslant 2\sqrt{2}$，正确；答案(C)，直线 AB 的斜率为 $\frac{x_2^2 - x_1^2}{x_2 - x_1} = x_2 +$

$x_1 = x_1 - \frac{1}{x_1}$，方程为 $y - x_1^2 = \left(x_1 - \frac{1}{x_1}\right)(x - x_1)$，焦点 $\left(0, \frac{1}{4}\right)$ 不满足方程，错误；答案(D)，原点到

直线 AB：$\left(x_1 - \frac{1}{x_1}\right)x - y + 1 = 0$ 的距离 $d = \dfrac{1}{\sqrt{\left(x_1 - \frac{1}{x_1}\right)^2 + 1}} \leqslant 1$，正确.   **4. AC**   **提示：**$x =$

$y = 0 \Rightarrow f(0) = 0$，$y = -x \Rightarrow f(-x) = -f(x)$，$f(x)$ 为奇函数，(A)正确；$f(x) \not\equiv 0$，(B)错误；$x_1 <$

x_2，$f(x_1) - f(x_2) = f(x_1) + f(-x_2) = f\left(\dfrac{x_1 - x_2}{1 - x_1 x_2}\right) > 0 \Rightarrow f(x_1) > f(x_2) \Rightarrow f(x)$，(C)正确；令

$y = x$，$x \in (0, 1) \Rightarrow 2f(x) = f\left(\dfrac{2x}{1+x^2}\right)$ （*） 因为 $\dfrac{2x}{1+x^2} - x = \dfrac{x(1-x^2)}{1+x^2} > 0$，所以 $x <$

$\dfrac{2x}{1+x^2} < 1$，所以若令 $a_1 = a \in (0, 1)$，$a_{n+1} = \dfrac{2a_n}{1+a_n^2}$，则 $\{a_n\}$ 单调递增，且各项均 <1，由（*）可得

$f(a_n) = 2^{n-1}f(a) \to -\infty (n \to +\infty)$，(D)错误.   **5. BC**   **提示：**将直线平移：斜率为 k 的直线，与曲线

$y = f(x)$ 至多有五个公共点，其中在此直线先下方后上方的两个区间，先上方后下方的三个区间，故

$F(x)$ 有三个极大值点，两个极小值点.   **6. BCD**   **提示：**$2R = \dfrac{c}{\sin C} = \dfrac{4}{\sqrt{3}} \Rightarrow R = \dfrac{2}{3}\sqrt{3}$，D 正确；又

$\sin C + \sin(B - A) = \sin(B + A) + \sin(B - A) = 2\sin B\cos A = 2\sin 2A = 4\sin A\cos A \Rightarrow \cos A = 0$ 或

$\sin B = 2\sin A \Rightarrow A = \dfrac{\pi}{2}$ 或 $b = 2a$；$A = \dfrac{\pi}{2}$ 时，$b = \dfrac{2}{3}\sqrt{3}$，$a = \dfrac{4}{3}\sqrt{3}$，周长为 $2 + \sqrt{3}$，面积为 $\dfrac{2}{3}\sqrt{3}$；$b =$

$2a$ 时，$c^2 = a^2 + b^2 - 2ab\cos C \Rightarrow a = \dfrac{2}{3}\sqrt{3}$，$B = \dfrac{\pi}{2}$，同样有周长为 $2 + \sqrt{3}$，面积为 $\dfrac{2}{3}\sqrt{3}$.   **7. BD**   **提**

示：$f'(x) = 2xe^x + (x^2 - 3)e^x = (x^2 + 2x - 3)e^x = (x-1)(x+3)e^x$

x	$(-\infty, -3)$	-3	$(-3, 1)$	1	$(1, +\infty)$
$f'(x)$	$+$	0	$-$	0	$+$
$f(x)$	↗	$\dfrac{6}{e^3}$	↘	$-2e$	↗

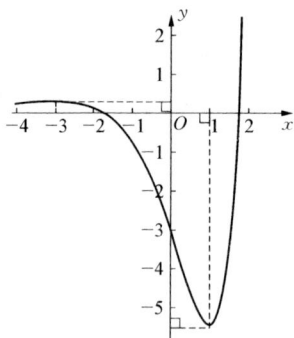

图题解 7

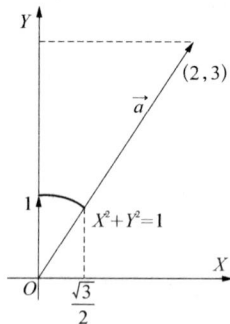

图题解 9

$f_{极大}(x) = f(-3) = \dfrac{6}{e^3}$，$f_{极小}(x) = f(1) = -2e$，作出其大致图像，如图题解 7. **8. ABD** **提示**：已知即半径相等的两圆 $\odot O$：$x^2 + y^2 = r^2$ 与 $\odot C$：$(x-a)^2 + (y-b)^2 = r^2$ 交于相异的两点 $P_1(x_1, y_1)$、$P_2(x_2, y_2)$. 四边形 OP_1CP_2 是菱形 $\Rightarrow$ 对角线 OC 与 P_1P_2 垂直且平分，(A)(D)正确；$a^2 + b^2 = 2ax_1 + 2by_1 \Leftrightarrow (a-x_1)^2 + (b-y_1)^2 = x_1^2 + y_1^2 \Leftrightarrow |CP_1| = |OP_1|$，(B)正确. $0 < |OC| < 2|r| \Leftrightarrow 0 < a^2 + b^2 < 4r^2$，(C)错. **9. C** **提示**：关于 z 的方程 $z^2 + 2z + 4x^2 + 4y^2 - 3 = 0$ 有非负实数解，$z = -1 + 2\sqrt{1 - x^2 - y^2} \geqslant 0 \Rightarrow x^2 + y^2 \leqslant \dfrac{3}{4}$，$d = 5x + 4y + 3z = 5x + 4y + 6\sqrt{1 - x^2 - y^2} - 3$，设 $x = r\cos\theta$，$y = r\sin\theta$，$\theta \in \left[0, \dfrac{\pi}{2}\right]$，$r \in \left[0, \dfrac{\sqrt{3}}{2}\right]$　$d = r(5\cos\theta + 4\sin\theta) + 6\sqrt{1 - r^2} - 3 = r\sqrt{41}\sin\left(\theta + \arccos\dfrac{4}{\sqrt{41}}\right) + 6\sqrt{1 - r^2} - 3 \geqslant r\sqrt{41}\sin\left(\dfrac{\pi}{2} + \arccos\dfrac{4}{\sqrt{41}}\right) + 6\sqrt{1 - r^2} - 3 = 4r + 6\sqrt{1 - r^2} - 3 = 2(2r + 3\sqrt{1 - r^2}) - 3$，设 $\vec{a} = (2, 3)$，$\vec{b} = (r, \sqrt{1 - r^2})$　$d \geqslant 2\vec{a} \cdot \vec{b} - 3 = 2|\vec{a}||\vec{b}|\cos(\vec{a}, \vec{b}) - 3 = 2\sqrt{13}\cos(\vec{a}, \vec{b}) - 3$，作图题解 9 知 $(\vec{a}, \vec{b})$ 最大值是 $\vec{b}$ 与 $\overrightarrow{Oy}$ 夹角，此时 $d \geqslant 2\sqrt{13} \times \dfrac{3}{\sqrt{13}} - 3 = 3$. **10. A** **提示**：答案(A)，常数列 $0, 0, 0, \cdots$ 满足要求；答案(B)，公比 $q = 1$ 时因 $na_1 \neq a_1$，结论假，$q \neq 1$ 时，$\dfrac{a_1(1 - q^n)}{1 - q} = a_1 q^{m-1} \Leftrightarrow \dfrac{1 - q^n}{q^{m-1}} = 1 - q$ 常数，也不可能；答案(C)，虽然对于任意 $n \geqslant 2$，都有 $a_n = S_n - S_{n-1} = a_m - a_t$，满足要求，但 a_1 可能并不满足，例如 $0, 1, 2, 3, 4, 5, \cdots$；答案(D)，$a_n = S_m = a_t$，并非对所有数列成立. 例 $1, 2, 3, 4, \cdots$. **11. D** **提示**：列表

NO.1	1	2	3	4	5	6
甲				√	√	
乙	√	√		√	√	√
丙	√	√				√
丁	√	√	√			

12. B **提示**：等体积法. **13. ABD** **提示**：如图题解 13：不等式组表示过点 $P(-1, -2)$ 的直线的下

方与正方形 $ABCD$ 围成的面积图形 $k > 0$ 时, S 单调增, 梯形 P_2ABC 面积为 $\dfrac{28}{5} > 4$, 故 $S = 4$ 只有一解, (A) 正确;

$\triangle P_1AB$、$\triangle P_3P_4D$ 的面积分别为 $\dfrac{4}{5}$、1, 都比 $\dfrac{1}{2}$ 大, 故在

两个三角形内各存在一个围成面积为 $\dfrac{1}{2}$ 的直线, (B) 正确;

$k < 0$ 时, 围成的仍然是三角形, (C) 错误; 围成五边形, 斜率大于直线 PC 的斜率 4, (D) 正确. **14. D** 提示: 取 AB 的中点 D, 则 $\overrightarrow{OA} \cdot \overrightarrow{AB} = OA \times AB \times \cos(\pi - \angle OAB) =$

$-AB \times (OA \times \cos \angle OAB) = -\dfrac{1}{2}AB^2$, 同理 $\overrightarrow{OB} \cdot$

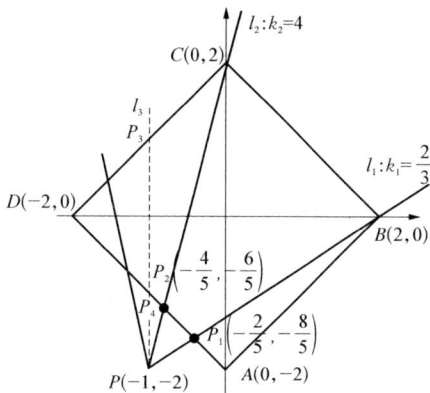

图题解 13

$\overrightarrow{BC} = -\dfrac{1}{2}BC^2$, $\overrightarrow{OC} \cdot \overrightarrow{CA} = -\dfrac{1}{2}CA^2$, 原式 $= -\dfrac{1}{2}(AB^2 + BC^2 + CA^2) = -\dfrac{29}{2}$. **15. ABC** 提示:

设 $P(AB) = x$, 则 $P(A) = 0.2 + x$, 根据 $P(AB) = P(A)P(B)$ 有 $x = (0.2 + x) \times 0.5 \Rightarrow x = 0.2$, $P(A) = 0.4$, (A) 正确; $P(B - A) = 0.5 - 0.2 = 0.3$, (B) 正确; $P(AB) = 0.2$, (C) 正确; $P(A + B) =$ $P(A) + P(B) - P(AB) = 0.7$, (D) 错误. **16. BD** 提示: 设 $\triangle ABC$ 的重心为 G, 面积为 1, 过点 G 的直线与三角形边 AB、AC 分别相交于 D、E, $AD = xAB$, $AE = yAC$, 则有 $\dfrac{1}{2}AB \times AC\sin A = 1$, 如图题解 16 所示. 特别的 x,

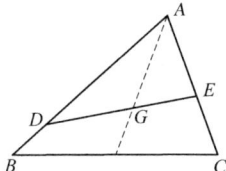

图题解 16

$y \in \{0, 1\}$ 时, DE 为三角形的中线, 此时分成两部分面积比值为 1; 当 $x, y \in$ $(0, 1)$ 时, $\triangle ADE$ 面积 $S = \dfrac{1}{2}AD \times AE\sin A = \dfrac{1}{2}xAB \times yAC\sin A = xy$, D、

G、E 三点共线 $\Rightarrow$ 存在实数 λ, 使得 $\overrightarrow{DG} = \lambda \overrightarrow{DE} \Rightarrow \overrightarrow{AG} - \overrightarrow{AD} = \lambda(\overrightarrow{AE} - \overrightarrow{AD}) \Rightarrow \overrightarrow{AG} = (1 - \lambda)\overrightarrow{AD} +$

$\lambda\overrightarrow{AE} = (1 - \lambda)x\overrightarrow{AB} + \lambda y\overrightarrow{AC}$, 又 $\overrightarrow{AG} = \dfrac{1}{3}\overrightarrow{AB} + \dfrac{1}{3}\overrightarrow{AC} \Rightarrow \begin{cases} (1 - \lambda)x = \dfrac{1}{3} \\ \lambda y = \dfrac{1}{3} \end{cases}$, 消去 λ 得到 $\dfrac{1}{x} + \dfrac{1}{y} = 3$, 因

$3 = \dfrac{1}{x} + \dfrac{1}{y} \geqslant 2\sqrt{\dfrac{1}{x} \cdot \dfrac{1}{y}} = \dfrac{2}{\sqrt{S}} \Leftrightarrow \sqrt{S} \geqslant \dfrac{2}{3} \Leftrightarrow S \geqslant \dfrac{4}{9}$, 等号成立当且仅当 $x = y = \dfrac{2}{3} \Leftrightarrow DE \parallel BC$, 所

以 S 最小值为 $\dfrac{4}{9}$, $1 - S$ 的最大值为 $\dfrac{5}{9}$; 故两面积比值有最小值 $\dfrac{4}{5}$, 最大值 $\dfrac{5}{4}$. **17. C** 提示: 先看一个顶点处构成钝角的三角形个数, 加设此点为 A, 从 A 逆时针方向的点依次记为 $A_k(k = 1, 2, 3, \cdots, 7)$, 顺时针方向的顶点依次记为 $A_{-k}(k = 1, 2, 3, \cdots, 7)$, $\triangle A_nAA_{-m}$ 要构成以 A 为钝角的钝角三角形, 则 $n +$ $m \leqslant 7$, 有 $1 + 2 + 3 + \cdots + 6 = 21$ 个. 于是共可构成 $15 \times 21 = 315$ 个钝角三角形. 一般地从正 $2n - 1$ 边形的顶点中选出 3 个构成钝角三角形的个数为 $(2n + 1)C_n^2$. **18. ACD** 提示: 正数点关于 x 轴、y 轴对称, 故一定是 4 的倍数. 显然存在半径 $r = 1$, $\sqrt{5}$, 5 分别对应 (A)(C)(D) 的选项. **19. ACD** 提示: 设 $z =$ $x + yi(x, y \in \mathbf{R})$, 代入化简得到 $\left(x + \dfrac{1}{3}\right)^2 + y^2 \leqslant \dfrac{4}{9}$, 表示以 $\left(-\dfrac{1}{3}, 0\right)$ 为圆心, 以 $\dfrac{2}{3}$ 为半径的圆及

其内部. **20. BCD** 提示: $\vec{a}^{\frac{1}{2}} \cdot \vec{a}^{\frac{1}{2}}$ 是一个数值, 不是向量, (A) 错; $\vec{a}^{\frac{1}{2}} \cdot \vec{b}^{\frac{1}{2}} = \sqrt{mn}\cos\dfrac{\alpha}{2}\cos\dfrac{\beta}{2} +$

$\sqrt{mn}\sin\dfrac{\alpha}{2}\sin\dfrac{\beta}{2}=\sqrt{mn}\cos\dfrac{\alpha-\beta}{2}=\sqrt{mn}\cos\dfrac{\theta}{2}$,(B)正确;$\mid\vec{a}^{\frac{1}{2}}-\vec{b}^{\frac{1}{2}}\mid^2=\left(\sqrt{m}\cos\dfrac{\alpha}{2}-\right.$

$\left.\sqrt{n}\cos\dfrac{\beta}{2}\right)^2+\left(\sqrt{m}\sin\dfrac{\alpha}{2}-\sqrt{n}\sin\dfrac{\beta}{2}\right)^2=m+n-2\sqrt{mn}\cos\dfrac{\alpha-\beta}{2}=m+n-2\sqrt{mn}\cos\dfrac{\theta}{2}\geqslant$

$2\sqrt{mn}\left(1-\cos\dfrac{\theta}{2}\right)=4\sqrt{mn}\sin^2\dfrac{\theta}{4}$,(C)正确;同理(D)正确. **21.** AB 提示:$\dfrac{a_{n+1}}{a_n}=\dfrac{n+3}{n}$,迭乘得

到 $a_n=(n+2)(n+1)n$;$a_n<(n+1)^3\Leftrightarrow n(n+2)<(n+1)^2$,(A)正确;$2\,015=5\times13\times31$,不可能

是三个连续整数之积,(B)正确;三个连续整数积不可能为完全平方数和立方数,(C)(D)错误. **22.** BC

提示:(A)化成 $x+y=1$,表示直线;(B)为 $\rho=\dfrac{\dfrac{1}{2}}{1-\dfrac{1}{2}\cos\left(\theta+\dfrac{\pi}{2}\right)}$ 表示椭圆;(C)为 $\rho=\dfrac{\dfrac{1}{2}}{1-\dfrac{1}{2}\cos\theta}$

表示椭圆;(D)为 $\rho=\dfrac{1}{1-2\cos\left(\theta+\dfrac{\pi}{2}\right)}$ 表示双曲线. **23.** ABC 提示:$f(x)\leqslant\dfrac{4}{3}\Leftrightarrow g(x)=4x^2-$

$4x+4-3\sin\pi x\geqslant0$,$g_{极小值}(x)=g\left(\dfrac{1}{2}\right)=0$,(A)正确;$\mid f(x)\mid\leqslant5\mid x\mid\Leftrightarrow\mid\sin\pi x\mid\leqslant5\mid x^3-x^2+$

$x\mid$,而 $5\mid x^3-x^2+x\mid\geqslant\mid\pi x\mid\geqslant\mid\sin\pi x\mid$,(B)正确;$x=\dfrac{1}{2}$ 是其一条对称轴,(C)正确;$f(a-x)+$

$f(a+x)$ 不可能为常数,故(D)错误. **24.** ABC 提示:$A+B>\dfrac{\pi}{2}\Rightarrow A>\dfrac{\pi}{2}-B\Rightarrow\sin A>$

$\sin\left(\dfrac{\pi}{2}-B\right)=\cos B$,$\tan A>\tan\left(\dfrac{\pi}{2}-B\right)=\cot B$,(A)(B)正确;锐角三角形,一定有 $a^2+b^2>c^2$,

(C)正确;三角形三边长为 4,5,6 时,满足锐角三角形条件 $4^2+5^2>6^2$,但 $4^3+5^3>6^3$,(D)错误.

25. ABC 提示:根据导数定义,对任意 $\varepsilon>0$,存在 $\delta>0$,当 $\mid x\mid<\delta$ 时,$\left|\dfrac{f(x)-f(0)}{x}-1\right|<$

$\varepsilon\Leftrightarrow x(1-\varepsilon)+1<f(x)<x(1+\varepsilon)+1$,对 ε 取值可知(A)(C)正确;$f'(0)=1>0$,知在 0 附近存在区

间,$f'(x)>0$,(B)正确;对于函数 $y=x+1$,(D)不正确. **26.** B 提示:y 轴负半轴上的点可以用正

半轴上的对称点取代,所以只需考察 y 正半轴上的点的个数即可,将[0,1]分成三个"抽屉":$\left[0,\dfrac{1}{3}\right]$,

$\left[\dfrac{1}{3},\dfrac{2}{3}\right]$,$\left[\dfrac{2}{3},1\right]$,由于"无论什么样的一组点 $P_k(k=1,2,\cdots,n)$,总存在 $\mid\sin\angle AP_iB-$

$\sin\angle AP_jB\mid\leqslant\dfrac{1}{3}$",所以总有两个或两个以上的点同时落在同一个"抽屉",据抽屉原理,要保证这样的

结论成立,n 的最小值应为 4. **27.** AC 提示:设 $x=r\cos\theta$,$y=r\sin\theta$,$\theta\in\left[0,\dfrac{\pi}{2}\right]$.$2x+y=$

$1\Leftrightarrow r=\dfrac{1}{2\cos\theta+\sin\theta}$,$x+\sqrt{x^2+y^2}=r\cos\theta+r=\dfrac{\cos\theta+1}{2\cos\theta+\sin\theta}$,设为 T;去分母得到 $T\sin\theta+$

$(2T-1)\cos\theta=1$,$\sqrt{T^2+(2T-1)^2}\sin\left(\theta+\arctan\dfrac{2T-1}{T}\right)=1\leqslant\sqrt{T^2+(2T-1)^2}$,解得 $T\geqslant\dfrac{4}{5}$,

等号成立当且仅当 $\theta+\arctan\dfrac{2T-1}{T}=\theta+\arctan\dfrac{3}{4}=\dfrac{\pi}{2}$,(A)正确;当 $\theta=0$ 时 $T=1$,$\theta=\dfrac{\pi}{2}$ 时 $T=$

1，最大值为 1，(C)正确.**另解**：令 $\begin{cases} x+\sqrt{x^2+y^2}=t \\ 2x=1-y \end{cases} \Rightarrow y^2-ty+t-t^2=0(0 \leqslant y \leqslant 1) \Rightarrow t_{\min}=\dfrac{4}{5}$，

$t_{\max}=1$.　**28. A**　**提示**：B 的反例：左边全白右边全黑；C 的反例：黑白相间；D 的反例：左首两黑，后面依次白黑相间.　**29. C**　**提示**：先从五个数字中，将这三个数字中选出来，有 C_5^3 种方法，如选了 123；在确定不重复用的数字，有 C_3^1 种方法，如选 3；对数字 3 安排有 A_5^1 种方法，余下的对数字 1 安排有 C_4^2 种方法，剩下的两位安排 2；有 $C_5^3 C_3^1 A_5^1 C_4^2=900$.　**30. ABD**　**提示**：解方程得到 $y^2=-x^2-1+$

$\sqrt{4x^2+1}$，易知它关于两坐标轴及原点都对称，(A)(B)正确；$x^2+y^2=\sqrt{4x^2+1}-1\leqslant 1$ 有 $-\dfrac{\sqrt{3}}{2}\leqslant$

$x\leqslant\dfrac{\sqrt{3}}{2}$ 条件，但已知中无此条件，故(C)错误；设 $2x=\tan\theta$，$\theta\in\left(-\dfrac{\pi}{2},\dfrac{\pi}{2}\right)$，$y^2=-\dfrac{1}{4}\sec^2\theta+$

$\sec\theta-\dfrac{3}{4}$，当 $\sec\theta=2$ 时，$y_{\max}^2=\dfrac{1}{4}$，$-\dfrac{1}{2}\leqslant y\leqslant\dfrac{1}{2}$，(D)正确.**另解**：(A)(B)显然正确；(C)的反例：

$\begin{cases} x=\sqrt{2} \\ y=0 \end{cases}$；对于(D)：$y^4+(2x^2+2)y^2+(x^4-2x^2)=0 \Rightarrow x^4+(2y^2-2)x^2+(y^4+2y^2)=0$　$\Delta=$

$4(y^2-1)^2-4(y^4+2y^2)\geqslant 0 \Rightarrow y^2\leqslant\dfrac{1}{4}$.

真卷 17　清华大学(领军计划)(2016)

　　1. CD　**提示**：简单题，可以直接求解和验证.　**2. ACD**　**提示**：注意到 $y=x-1$ 为函数 $g(x)$ 在 $(1,0)$ 处的切线，如图题解 2 所示.**3. A**　**提示**：充分性：由于 $A+B>$

$\dfrac{\pi}{2} \Rightarrow \sin A>\sin\left(\dfrac{\pi}{2}-B\right)=\cos B$，类似地，有 $\sin B>\cos C$，$\sin C>$

$\cos A$，于是 $\sin A+\sin B+\sin C>\cos A+\cos B+\cos C$. 不必要性：当 $A=$

$\dfrac{\pi}{2}$，$B=C=\dfrac{\pi}{4}$ 时，不等式成立，但 $\triangle ABC$ 不是锐角三角形.　**4. AC**　**提**

图题解 2

示：对 A，直接依据导数意义；对 B，可举反例 $y=\sqrt[3]{x}$；对 C，可用链式法则；

对 D，可举反例 $y=|x|$.　**5. C**　**提示**：根据题意，有 $z^3+\dfrac{z^2}{z^2+z+2}=1+z^2=-z=\cos\dfrac{5\pi}{3}+$

$i\sin\dfrac{5\pi}{3}=\dfrac{1}{2}-\dfrac{\sqrt{3}}{2}i$.　**6. A**　**提示**：根据概率的加法和乘法公式，所示概率为 $0.3(0.5\times 0.3+0.5\times$

$0.8)=0.165$.　**7. C**　**提示**：求导，注意 $f'(x)=g(x)e^x$.　**8. ABCD**　**提示**：对 A，$S_{10}=a_1+$

$a_2+\cdots+a_{10}=5(a_1+a_{10})=5(a_5+a_6)=1$；对 B，$a_i>0$，$S_{10}=$

$\dfrac{11}{10}\left(1-\dfrac{1}{2}+\dfrac{1}{2}-\dfrac{1}{3}+\cdots+\dfrac{1}{9}-\dfrac{1}{11}\right)=1$；对 C，$a_i>0$，$S_9=\dfrac{\dfrac{1}{2}\left(1-\dfrac{1}{2^9}\right)}{1-\dfrac{1}{2}}=1-\dfrac{1}{2^9} \Rightarrow a_{10}=1-$

$S_9=\dfrac{1}{2^9}$；对 D，$P(\xi\leqslant k)=a_1+a_2+\cdots+a_k$，由递推公式 $\begin{cases} S_k=k^2 a_k (1\leqslant k\leqslant n) \\ S_n=1 \end{cases}$ 可得 $a_n=$

$\dfrac{11}{10n(n+1)}$.　**9. A**　**提示**：建立坐标系，用向量混合积的几何意义.　**10. ABD**　**提示**：A：分别令

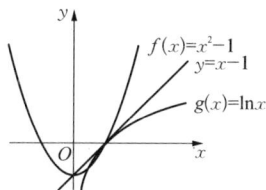

$x_1 = x_2 = 0$；$x_1 = x_2 = \lambda$ 代入即得；B：令 $x_1 = x_2 = x \in (0, \lambda) \Rightarrow f^2(x) + g^2(x) = 1$，再三角代换 $\Rightarrow f(x) + g(x) > 1$；C：$\forall x_1 = x_2 = x \in R \Rightarrow f^2(x) + g^2(x) = 1 \Rightarrow f(x)g(x)$ 有界；D：令 $x_1 = \lambda$，$x_2 = \lambda - x$ 代入 $g(x) = f(\lambda)f(\lambda - x) + g(\lambda)g(\lambda - x) \Rightarrow x \in \mathbf{R}$，$f(\lambda - x) = g(x)$.　**11. D**　**提示**：

$$P(AB \mid \bar{C}) = \frac{P(AB\bar{C})}{P(\bar{C})} = \frac{P(AB)}{P(\bar{C})} = \frac{P(AB)}{1 - P(C)} = \frac{3}{4}.$$　**12. B**　**提示**：乙和丁同时正确或者同时错误，

对各选项分类验证.

选项	甲	乙(丁)	丙	
A	×	××	×	
B	√	××	√	正确预测
C	√	××	×	
D	×	√√	√	

13. B　**提示**：$\dfrac{\sin\alpha}{\cos 4\alpha \cos 3\alpha} + \dfrac{\sin\alpha}{\cos 3\alpha \cos 2\alpha} + \dfrac{\sin\alpha}{\cos 2\alpha \cos\alpha} + \dfrac{\sin\alpha}{\cos\alpha} = (\tan 4\alpha - \tan 3\alpha) + (\tan 3\alpha - \tan 2\alpha) +$

$(\tan 2\alpha - \tan\alpha) + \tan\alpha = \tan 4\alpha = \dfrac{\sqrt{3}}{3}$　**14. C**　**提示**：当 $x \to \infty$ 时，CP 趋于与平面 ABC 垂直，所求极限为

$\triangle ABC$ 中 AB 边上的高.　**15. AB**　**提示**：令 $x = \tan\alpha$，$y = \tan\beta$，$z = \tan\gamma$，则 $\dfrac{y - x}{1 + xy} = \dfrac{z - y}{1 + yz} = \dfrac{x - z}{1 + zx} = \sqrt{3}$，所以 $y - x = \sqrt{3}(1 + xy)$，$z - y = \sqrt{3}(1 + yz)$，$x - z = \sqrt{3}(1 + zx)$，以上三式相加，即有 $xy + yz + zx = -3$. 类似地，$y - x = \sqrt{3}(1 + xy)$，$z - y = \sqrt{3}(1 + yz)$，$x - z = \sqrt{3}(1 + zx)$　两边分别除以 xy, yz, zx 可得 $\dfrac{1}{x} - \dfrac{1}{y} = \sqrt{3}\left(\dfrac{1}{xy} + 1\right)$，$\dfrac{1}{y} - \dfrac{1}{z} = \sqrt{3}\left(\dfrac{1}{yz} + 1\right)$，$\dfrac{1}{z} - \dfrac{1}{x} = \sqrt{3}\left(\dfrac{1}{zx} + 1\right)$，以上三式相加，即有 $\dfrac{1}{xy} +$

$\dfrac{1}{yz} + \dfrac{1}{zx} = \dfrac{x + y + z}{xyz} = -3$.　**16. BD**　**提示**：$\max\limits_{x \in [0, 1]}\left\{\min\limits_{y \in [0, 1]}\{f(x, y)\}\right\} = \max\limits_{x \in [0, 1]}\left\{\min\limits_{y \in [0, 1]}\left\{\left(\dfrac{7}{2} - 6x\right)y +\right.\right.$

$\left.\left.\dfrac{7}{2}x - 2\right\}\right\} = \max\limits_{x \in [0, 1]}\left\{\begin{cases}\dfrac{7}{2}x - 2 & \left(x \leqslant \dfrac{7}{12}\right) \\ -\dfrac{5}{2}x + \dfrac{3}{2} & \left(x \geqslant \dfrac{7}{12}\right)\end{cases}\right\} = \dfrac{1}{24}$；　$\min\limits_{x \in [0, 1]}\left\{\max\limits_{y \in [0, 1]}\{f(x, y)\}\right\} =$

$\min\limits_{x \in [0, 1]}\left\{\max\limits_{y \in [0, 1]}\left\{\left(\dfrac{7}{2} - 6x\right)y + \dfrac{7}{2}x - 2\right\}\right\} = \min\limits_{x \in [0, 1]}\left\{\begin{cases}-\dfrac{5}{2}x + \dfrac{3}{2} & \left(x \leqslant \dfrac{7}{12}\right) \\ \dfrac{7}{2}x - 2 & \left(x \geqslant \dfrac{7}{12}\right)\end{cases}\right\} = \dfrac{1}{24}$.　**17. AD**　**提示**：

对于选项 A，B，椭圆中使得 $\angle F_1PF_2$ 最大的点 P 位于短轴的两个端点；对于选项 C，$\triangle F_1PF_2$ 的面积

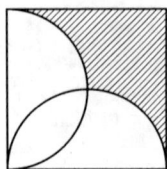
图题解 18

$\dfrac{1}{2}|PF_1| \cdot |PF_2|\sin\angle F_1PF_2 \leqslant \dfrac{1}{2}\left(\dfrac{|PF_1| + |PF_2|}{2}\right)^2 \sin\angle F_1PF \leqslant \dfrac{1}{2}a^2$；对于选项 D，$\triangle F_1PF_2$ 的周长为 $2a + 2c < 4a$.　**18. A**　**提示**：做出图形 C 如图题解 18 所示；　**19. A**　**提示**：令 $x - \pi = t$，化为关于 t 的奇函数定积分问题.事实上，有 $\displaystyle\int_0^{2\pi}(x - \pi)^{2n-1}(1 + \sin^{2n}x)\mathrm{d}x = \int_{-\pi}^{\pi}t^{2n-1}(1 + \sin^{2n}t)\mathrm{d}t = 0$.　**20. ABC**　**提示**：对于

A, 点 M 到准线 $x = -1$ 的距离为 $\dfrac{1}{2}(|AF| + |BF|) = \dfrac{1}{2}|AB|$, 于是以线段 AB 为直径的圆与准线 $x = -1$ 一定相切, 进而与直线 $x = -\dfrac{3}{2}$ 一定相离, 命题真; 对于 B, 设 MB 中点为 P, P 在 y 轴上的正投影为 P', B 在 y 轴上的正投影为 B', 在准线上的正投影为 B'', 则由抛物线定义 $|PP'| = \dfrac{1}{2}(|MO| + |BB'|) = \dfrac{1}{2}|BB''| = \dfrac{1}{2}|BM|$, 命题真; 对于 C, D, 设 $A(4a^2, 4a)$, 则 $B\left(\dfrac{1}{4a^2}, -\dfrac{1}{a}\right)$, 于是 $|AB| = 4a^2 + \dfrac{1}{4a^2} + 2$, 最小值为 4. 也可将 $|AB|$ 转化为 AB 中点到准线的距离的 2 倍去得到最小值, C 真 D 假.

21. AC 提示: 〖解析 1〗A: 球面 $\left(x + \dfrac{1}{2}\right)^2 + (y+1)^2 + \left(z + \dfrac{3}{2}\right)^2 = \dfrac{27}{4}$ 在第一卦限部分上的点 $\left(0, 0, \dfrac{\sqrt{22}-3}{2}\right)$ 使平面 $x + y + z = t$ 在坐标轴上取得最小截距为 $\dfrac{\sqrt{22}-3}{2}$; C: 利用基本不等式(平方平均数不小于算术平均数) 可得最大值 $\dfrac{3}{2}$. 〖解析 2〗由柯西不等式可知, 当且仅当 $(x, y, z) = \left(1, \dfrac{1}{2}, 0\right)$ 时, $x + y + z$ 取到最大值 $\dfrac{3}{2}$. 根据题意, 有 $x^2 + y^2 + z^2 + x + 2y + 3z = \dfrac{13}{4}$, 于是 $\dfrac{13}{4} \leqslant (x+y+z)^2 + 3(x+y+z)y$, 解得 $x + y + z \geqslant \dfrac{\sqrt{22}-3}{2}$. 于是 $x + y + z$ 的最小值当 $(x, y, z) = \left(0, 0, \dfrac{\sqrt{22}-3}{2}\right)$ 时取得, 为 $\dfrac{\sqrt{22}-3}{2}$. **22. C** 提示: 〖解析 1〗令 $P(a\cos\theta, b\sin\theta)$, 可得 $M\left(\dfrac{1}{2}a\cos\theta + b\sin\theta, \dfrac{1}{4}a\cos\theta + \dfrac{1}{2}b\sin\theta\right)$, $N\left(\dfrac{1}{2}a\cos\theta - b\sin\theta, -\dfrac{1}{4}a\cos\theta + \dfrac{1}{2}b\sin\theta\right)$, 由 $MN^2 = 4b^2\sin^2\theta + \dfrac{1}{4}a^2\cos^2\theta$ 为定值, $\Rightarrow a = 4b$. 〖解析 2〗设点 $P(x_0, y_0)$, 可得 $M\left(\dfrac{1}{2}x_0 + y_0, \dfrac{1}{4}x_0 + \dfrac{1}{2}y_0\right)$, $N\left(\dfrac{1}{2}x_0 - y_0, -\dfrac{1}{4}x_0 + \dfrac{1}{2}y_0\right)$, 故由 $|MN| = \sqrt{\dfrac{1}{4}x_0^2 + 4y_0^2}$ 为定值, 所以 $\dfrac{a^2}{b^2} = \dfrac{4}{\dfrac{1}{4}} = 16$, 答案: C. 说明: (1) 若将两条直线的方程改为 $y = \pm kx$, 则 $\dfrac{a}{b} = \dfrac{1}{k^2}$; (2) 两条相交直线上各取一点 M, N, 使得 $|MN|$ 为定值, 则线段 MN 中点 Q 的轨迹为圆或椭圆. **23. AB** 提示: 对 A, $|a - b| < c < a + b \Rightarrow c = 2$, 唯一; 对 B, 由正弦定理 $A = \dfrac{\pi}{6}$, $B = \dfrac{\pi}{3}$, $C = \dfrac{\pi}{2}$, 唯一; 对 C, 可得 $a^2 + c^2 - \sqrt{2}ac = b^2 \Rightarrow B = 45°$, 内角和大于 $180°$, 无解; 对 D, 可得 $\cos A \sin(B - C) = 0$, 从而 $A = 90°$ 或 $B = C$, 不唯一. **24. ACD** 提示: 对于 A、B、C, 利用单调性, 结合下述结论 A: $f'(0) = 0$, $f(0) < 0$; B: $f'(0) = 0$, $f(0) = 0$; C: $f'(3) = 0$, $f(3) > 0$; 对于 D: 结合 $y = 3\ln x$, $y = -\dfrac{1}{x}$ 的图像, 再分别将 $x = e^{-1}$, $x = e^{-4}$ 代入判断两个图像之间的位置关系. **25. CD** 提示: 对于选项 A, 若命题成立, 则 ON 为直径, 必然有 $\angle OAN$ 为直角, 不符合题意; 对于选项 B, 若命题成立, 则 MN 为直径, 必然有 $\angle MAN$ 为直角, 不符合题意; 对于选项 C, $\angle OBM = \angle OAM = \angle OPM$ 即得; 对于选项 D, $\angle MBN =$

$\angle MOP = \angle MAN$ 即得.　**26. ACD**　**提示**：四叶玫瑰线 $\rho = \sin 2\theta$，所以 $x^2 + y^2 = \rho^2 = \sin^2 2\theta \leqslant 1$；且

$x^2 = \rho^2 \cos^2 \theta = 4\sin^2 \theta \cos^4 \theta = 4\sin^2 \theta (1 - \sin^2 \theta)^2 \leqslant 2\left(\dfrac{2\sin^2 \theta + 1 - \sin^2 \theta + 1 - \sin^2 \theta}{3}\right)^2 = \dfrac{16}{27}$，所以

$|x| \leqslant \dfrac{4\sqrt{3}}{9}$，同理 $|y| \leqslant \dfrac{4\sqrt{3}}{9}$.　**27. A**　**提示**：利用定理：$S_{\triangle AOB}\overrightarrow{OC} + S_{\triangle BOC}\overrightarrow{OA} + S_{\triangle COA}\overrightarrow{OB} = \vec{0}$.

28. AB　**提示**：易得 $l_2 = P_2^2 \cdot 1 = 2$，$l_3 = P_3^3 \cdot 2 = 12$，但 $l_4 = P_4^4 \times 6 = 144$. **说明**：$l_4$ 乘法六种优先

级情形：$((\sharp\sharp)(\sharp\sharp))$；$(\sharp\sharp)((\sharp\sharp))$；$((\sharp\sharp)\sharp)\sharp$；$(\sharp(\sharp\sharp)\sharp)\sharp$；$\sharp((\sharp\sharp)\sharp)$；$\sharp(\sharp(\sharp\sharp))$.　**29. A**　**提示**：$z = f(x, y)$ 在 D 上的最大值 m 于点 $(1, 2)$ 处取得，由于 D 是一条封闭曲线，

$x = 1$ 是 $z = f(x, y)$ 的一个极值点，其中 $x^2 + y^2 = 5$. 由隐函数求导法则知 $\dfrac{\mathrm{d}z}{\mathrm{d}x} = \dfrac{\partial f(x, y)}{\partial x} +$

$\dfrac{\partial f(x, y)}{\partial y} \cdot \dfrac{\mathrm{d}y}{\mathrm{d}x}$，所以 $0 = \dfrac{\mathrm{d}z(1, 2)}{\mathrm{d}x} = \dfrac{\partial f(1, 2)}{\partial x} + \dfrac{\partial f(1, 2)}{\partial y} \cdot \dfrac{\mathrm{d}y}{\mathrm{d}x}\Big|_{x=1}$　（1）又 $x^2 + y^2 = 5$ 两边对 x 求

导：$2x + 2y\dfrac{\mathrm{d}y}{\mathrm{d}x} = 0 \Rightarrow \dfrac{\mathrm{d}y}{\mathrm{d}x}\Big|_{x=1} = -\dfrac{1}{2}$　（2）由（1）（2）知 $\dfrac{\partial f(1, 2)}{\partial x} - \dfrac{1}{2} \cdot \dfrac{\partial f(1, 2)}{\partial y} = 0$　（3）求曲线

$f(x, y) = m$ 在点 $(1, 2)$ 处的切线方程，需要确定其斜率 $\dfrac{\mathrm{d}y}{\mathrm{d}x}\Big|_{x=1}$. 由隐函数求导法则知 $\dfrac{\partial f(x, y)}{\partial x} +$

$\dfrac{\partial f(x, y)}{\partial y} \cdot \dfrac{\mathrm{d}y}{\mathrm{d}x} = 0$，则 $\dfrac{\partial f(1, 2)}{\partial x} + \dfrac{\partial f(1, 2)}{\partial y} \cdot \dfrac{\mathrm{d}y}{\mathrm{d}x}\Big|_{x=1} = 0$，与（3）比较知切线斜率 $k = \dfrac{\mathrm{d}y}{\mathrm{d}x}\Big|_{x=1} =$

$-\dfrac{1}{2}$，所以所求切线方程 $y = -\dfrac{1}{2}(x-1) + 2$，即 $x + 2y = 5$.　**30. B**　**提示**：若 $\{a_n\}$ 中含有 4 个或

4 个以上的负数，据题意由条件②对于 a_1，a_2，a_3 三项，只能 $a_2 + a_3 \in a_n$，且 $a_2 + a_3 = a_1$，对于 a_1，

a_2，a_4 三项，只能 $a_2 + a_4 \in a_n$，且 $a_2 + a_4 = a_1$，从而 $a_3 = a_4$，矛盾！所以数列中的负数项至多 3 个；

同理正数项也不超过 3 个. 但数列 $-3，-2，-1，0，1，2，3$ 满足题意，所以 N 的最大值为 7. 选 B.

31. C　**提示**：$3 \leqslant x \leqslant 6$，再分类讨论.

X	3	3	3	3	3	4	4	4	5	6
Y	7	8	9	10	12	5	6	8	5	6
Z	42	24	18	15	12	20	12	8	10	6

32. B　**提示**：一方面，设 $A = \{a_1, a_2, \cdots, a_k\}$，其中 $k \in \mathbf{N}^*$，$1 \leqslant k \leqslant 14$. 不妨假设 $a_1 < a_2 < \cdots <$

a_k. 若 $k \geqslant 9$，由题意，$a_3 - a_1 \geqslant 3$，$a_5 - a_3 \geqslant 3$，且 $a_5 - a_3 \neq a_3 - a_1$，故 $a_5 - a_1 \geqslant 7$. 同理 $a_9 - a_5 \geqslant$

7. 又因为 $a_9 - a_5 \neq a_5 - a_1$，所以 $a_9 - a_1 \geqslant 15$，矛盾！故 $k \leqslant 8$. 另一方面，取 $A = \{1, 2, 4, 5, 10, 11,$

$13, 14\}$，满足题意. 综上所述，A 中元素个数的最大值为 8.　**33. CD**　**提示**：对于 A：三角形三边长只

能是 $1，n，n$；对于 B：三角形三边长只能是 $2，n-1，n$ 或 $2，n，n$；对于 C，D：考虑三边长为 3、4、5 的

直角三角形.　**34. ACD**　**提示**：〖解析 1〗结合球面、平面的位置关系，由 $x = y$ 时，得 $z_{\max} = 1$，

$z_{\min} = -\dfrac{1}{3}$；注意到恒有 $xyz \leqslant 0$，所以 $xyz_{\max} = 0$（当 $x = 1$ 或 $y = 1$ 或 $z = 1$ 时取得，即轴上的点），

$xyz_{\min} = -\dfrac{4}{27}$（当 $x = -\dfrac{1}{3}$ 或 $y = -\dfrac{1}{3}$ 或 $z = -\dfrac{1}{3}$ 时取得，此时另外两个坐标恰相等）.〖解析 2〗由

$\begin{cases} x+y+z=1 \\ x^2+y^2+z^2=1 \end{cases}$ 得 $xy+yz+zx=0$，设 $xyz=c$ 则由韦达定理知 x，y，z 是关于 t 的方程 $f(t)=$

$t^3-t^2-c=0$ 的三个根，利用导数可得 $\begin{cases} f(0)=-c>0 \\ f\left(\dfrac{2}{3}\right)=-\dfrac{4}{27}-c\leqslant 0 \end{cases}$，所以 $-\dfrac{4}{27}\leqslant c=xyz\leqslant 0$，其中等号

均可以取得，C、D 正确；又 $(x+y)^2=(1-z)^2\leqslant 2(x^2+y^2)=2(1-z^2)\Rightarrow -\dfrac{1}{3}\leqslant z\leqslant 1$，所以 A 正

确，B 不正确. **35. AC** 提示：设 $\arg z=\theta$，$z=r(\cos\theta+i\sin\theta)$ 则 $|(z^2+1)|=|z|\Rightarrow|r^2(\cos 2\theta+$

$i\sin 2\theta)+1|=r$，从而化简得 $1-2\cos 2\theta=r^2+\dfrac{1}{r^2}\in[2,3]\Rightarrow$(A)；同时有 $\cos 2\theta\in\left[-1,-\dfrac{1}{2}\right]\Rightarrow$

$2\theta\in\left[\dfrac{2\pi}{3},\dfrac{4\pi}{3}\right]\cup\left[\dfrac{8\pi}{3},\dfrac{10\pi}{3}\right]\Rightarrow$(C). **36. B** 提示：化归为求 2016 的积因子的和的问题. 从 2016 的

约数中去掉 1，2，其余的约数均可作为正多边形的边数. 设从 2016 个顶点中选出 k 个构成正多边形，这

样的正多边形有 $\dfrac{2016}{k}$ 个，因此所求的正多边形的个数就是 2016 的所有约数之和减去 2016 和 1008. 考

虑到 $2016=2^5\times 3^2\times 7$，因此所求正多边形的个数为 $(1+2+4+8+16+32)(1+3+9)(1+7)-$

$2016-1008=3528$. **37. ABD** 提示：$a_3=35$，$a_{n+3}a_{n+1}=a_{n+2}^2+6^{n+1}=a_{n+2}^2+6(a_{n+2}a_n-a_{n+1}^2)\Rightarrow$

$\dfrac{a_{n+2}}{a_{n+1}}=\dfrac{a_{n+3}+6a_{n+1}}{a_{n+2}+6a_n}\Rightarrow\dfrac{a_{n+1}}{a_2}=\dfrac{a_{n+2}+6a_n}{a_3+6a_1}\Rightarrow a_{n+2}=5a_{n+1}-6a_n\Rightarrow a_n\in\mathbf{Z}\Rightarrow a_n=3^n+2^n$（这个可数归法证

明）**38. B** 提示：$615=3\cdot 5\cdot 41$，$x^2\equiv 2^y\pmod 3$，又 3 不能整除 2^y，所以 3 不能整除 x^2，所以 $x^2\equiv$

$2^y\equiv 1\pmod 3\Rightarrow y=2k\Rightarrow 2^{2k}-x^2=(2^k-x)(2^k+x)=3\cdot 5\cdot 41\Rightarrow\begin{cases} 2^k-x=15 \\ 2^k+x=41 \end{cases}$（舍），

$\begin{cases} 2^k-x=3 \\ 2^k+x=205 \end{cases}$（舍），$\begin{cases} 2^k-x=5 \\ 2^k+x=123 \end{cases}\Rightarrow\begin{cases} x=59 \\ k=6 \end{cases}\Rightarrow\begin{cases} x=59 \\ y=12 \end{cases}$　**39. ABC** 提示：$a_{n+2}^2-a_{n+1}a_{n+3}=a_{n+2}^2-$

$a_{n+1}(6a_{n+2}-a_{n+1})=a_{n+2}^2-6a_{n+1}a_{n+2}+a_{n+1}^2=a_{n+2}(a_{n+2}-6a_{n+1})+a_{n+1}^2=a_{n+1}^2-a_na_{n+2}\Rightarrow a_{n+1}^2-$

$a_na_{n+2}=a_2^2-a_1a_3=-7$，A 正确；又 $a_{n+1}^2-a_na_{n+2}=a_{n+1}^2-a_n(6a_{n+1}-a_n)=a_{n+1}^2+a_n^2-6a_{n+1}a_n=$

$-7\Rightarrow\begin{cases} 4a_na_{n+1}-7=a_{n+1}^2+a_n^2-2a_{n+1}a_n=(a_{n+1}-a_n)^2 \\ 8a_na_{n+1}-7=a_{n+1}^2+a_n^2+2a_{n+1}a_n=(a_{n+1}+a_n)^2 \end{cases}$，B、C 正确；又 $a_4=64$，$a_5=373\equiv$

$4\pmod 9$，D 不正确. **说明**：若数列 $\{a_n\}$ 满足 $a_{n+2}=pa_{n+1}-a_n$，则 $a_{n+1}^2-a_{n+2}a_n$ 为定值. **40. D** 提示：

首先确定偶数的位置有多少种选择. 第一行有两个偶数有 C_4^2 种选择. 下面考虑这两个偶数所在的列，每

一列需要再填空一个偶数，设为 a，b. 情形 1：若 a，b 位于同一行，它们的位置有 3 种选择，此时剩下的

四个偶数所填位置唯一确定；情形 2：若 a，b 位于不同行，它们的位置有 6 种选择，此时剩下的四个偶数

所填位置有两种选择. 所以偶数的不同位置数为 $C_4^2(3+6\times 2)=90$，因此不同填法种数共有 $90C_8^4C_8^4=$

441000 种.

真卷 18　清华大学（领军计划）（2017）

1. A 提示：问题等价于 $e^{2x}+e^x\geqslant ax+2$ 在 $[0,+\infty)$ 上恒成立　记 $g(x)=e^{2x}+e^x$，$h(x)=$

$ax+2$，两函数均过 $(0,2)$，且 $g'(0)=3$，由图像可得 $a\in(-\infty,3]$. **2. B** 提示：(A) $P(\overline{AB})=$

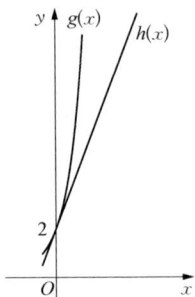

图题解 1

$1-P(AB)=1-P(A)$，所以 A 错　(B) $P(\overline{AB})=P(\overline{A}\bigcup B)=1-P(A\bigcup B)=$ $1-P(B)$，所以 B 对　(C) $P(B\mid A)=\dfrac{P(AB)}{P(A)}=\dfrac{P(A)}{P(A)}=1$，所以 C 错

(D) $P(B\mid\overline{A})=\dfrac{P(B-A)}{1-P(A)}=\dfrac{P(B)-P(A)}{1-P(A)}$，所以 D 错　**3. D**　**提示：** 十个数中

先选出 3 个数，再从中选出一个作为用两次的，再选出两个位置放这个数，剩下两个数再排列一下，共有 $C_{10}^3\times3\times C_4^2\times2=4\,320$ 个. 下面考虑 0 被排在了首位的情况：

1°0 在后三位还出现了一次：则在剩下 9 个数中再选两个，于是有 $C_9^2\times3!=216$ 个. 2°0 只出现在首位：则在剩下 9 个数中再选两个，其中一个重复两次，于是有 $C_9^2\times2\times3=216$ 个. 于是符合题目要求的四位数共有 $4\,320-216-216=3\,888$ 个.

4. C　**提示：** 设 $g(x)=x+f(x)+xf(x)$　则 $g(-1)=-1$，$g(0)=f(0)$，$g(1)=1+2f(1)$，$g(-1)$，$g(1)$ 均为奇数，所以只需令 $f(0)$ 为奇数，所以共有 $5\times2\times5=50$ 种选择　**5. A**　**提示：** 显然 $2^{|x-1|}$ 与 $a\cos(1-x)$ 均关于 $x=1$ 对称，若 $x=1$ 之外的解，则均成对出现，所以要只有一个解，则只能在 $x=1$ 处，此时 $a=-1$　当 $a=-1$ 且 $x\neq1$ 时 $2^{|x-1|}>1$，$-1\leqslant a\cos(1-x)\leqslant1$，确实只有 $x=1$ 一个解. **6. B**　**提示：** 因为 $|\vec{b}|=2|\vec{a}|$，取 $\overrightarrow{OD}=\vec{b}$，则平移向量 $\vec{a}$ 的起点到

点 O，则向量 $\vec{a}$ 的终点在以 O 为圆心，以 $\dfrac{|\vec{b}|}{2}$ 为半径的圆上，如图题解 6 所示，则 $\vec{b}$

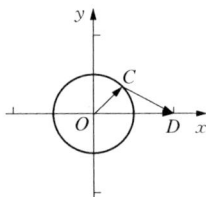

图题解 6

与 $\vec{b}-\vec{a}$ 夹角为 $\angle COD$，方法一：根据几何意义可知，当 CD 与圆 O 相切时，夹角

最大，此时，$OC\perp CD$，则 $\sin\angle COD=\dfrac{OC}{OD}=\dfrac{1}{2}$，则 $\angle COD=\dfrac{\pi}{6}$. 方法二：在

$\triangle COD$ 中，不妨假设，$OC=1$，$OD=2$，$CD=x$，则 $\cos\angle COD=\dfrac{x^2+4-1}{4x}=$

$\dfrac{1}{4}\left(x+\dfrac{3}{x}\right)$，当且仅当 $x=\sqrt{3}$ 时，$\cos\angle COD$ 取最小值 $\dfrac{\sqrt{3}}{2}$，此时 $\angle COD$ 最大，为 $\dfrac{\pi}{6}$. 方法三：假设 $\vec{b}=$ $(2,0)$，则 $\vec{a}=(\cos\theta,\sin\theta)(\theta\in[0,2\pi])$，则 $\vec{b}-\vec{a}=(2-\cos\theta,\sin\theta)$，设 $\vec{b}$ 与 $\vec{b}-\vec{a}$ 夹角为 α，则

$\cos\alpha=\dfrac{4-2\cos\theta}{2\cdot\sqrt{(2-\cos\theta)^2+\sin^2\theta}}=\dfrac{4-2\cos\theta}{2\sqrt{5-4\cos\theta}}=\dfrac{2-\cos\theta}{\sqrt{5-4\cos\theta}}$　令 $\sqrt{5-4\cos\theta}=t$，$t\in[1,$

$3]$，则 $\cos\theta=\dfrac{5-t^2}{4}$，$t\in[1,3]$，则 $\cos\alpha=\dfrac{2-\dfrac{5-t^2}{4}}{t}=\dfrac{1}{4}\left(\dfrac{3+t^2}{t}\right)=\dfrac{1}{4}\left(\dfrac{3}{t}+t\right)\in\left[\dfrac{\sqrt{3}}{2},1\right]$　所

以 $\alpha\in\left[0,\dfrac{\pi}{6}\right]$. **7. C**　**提示：** 如图题解 7，因为 $AB=AC=AP=3$，过点 A 向面 PBC 作垂线

PH，因为斜边长相等，则射影相等，可知 H 到顶点 P，B，C 距离相等，因此 H 为 $\triangle PBC$ 的外心，因为 $\triangle PBC$ 为直角三角形，所以 H 为 PC 的中点. $AH\perp$ 平面 PBC，则

$AH=\sqrt{AC^2-CH^2}=\dfrac{\sqrt{11}}{2}$，所以 $V_{P-ABC}=V_{A-PBC}=\dfrac{1}{3}\cdot\dfrac{1}{2}\cdot3\cdot4\cdot$

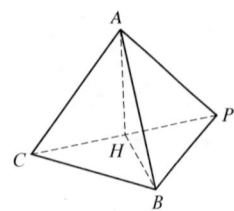

图题解 7

$\dfrac{\sqrt{11}}{2}=\sqrt{11}$. **8. A**　**提示：** 方法一：排除法，当 $m=0$ 时，$f(x)=x^4-$ $2x^3+2x^2-2x+1=(x^4-2x^3+x^2)+x^2-2x+1=(x-1)^2(x^2+1)$ 显然满足题意，可以排除选项 BD；当 $m=2$ 时，$f(x)=x^4-2x^3+4x^2-$

$10x + 9 = (x^4 - 2x^3 + x^2) + 3x^2 - 10x + 9 = x^2(x-1)^2 + 3\left(x - \dfrac{5}{3}\right)^2 + \dfrac{2}{3} \geqslant 0$ 显然,也满足题

意,因此排除 D 选项,选 A. 方法二:$f(x) \geqslant 0 \Leftrightarrow x^4 - 2x^3 + 2x^2 - 2x + 1 + m(x^2 - 4x + 4) \geqslant 0$ 即

$m(x^2 - 4x + 4) \geqslant -(x^4 - 2x^3 + 2x^2 - 2x + 1) \Leftrightarrow m(x-2)^2 \geqslant -(x-1)^2(x^2+1)$ 则,题目等价于对

任意的实数 x,$m(x-2)^2 \geqslant -(x-1)^2(x^2+1)$ 恒成立,当 $x = 2$ 时,不等式显然成立,当 $x \neq 2$ 时,题

目等价于对任意的实数 x,$m \geqslant -\dfrac{(x-1)^2(x^2+1)}{(x-2)^2}$ 恒成立,因为 $-\dfrac{(x-1)^2(x^2+1)}{(x-2)^2} \leqslant 0$,而且 0 能取

到,所以 $-\dfrac{(x-1)^2(x^2+1)}{(x-2)^2}$ 的最大值为 0,因此 $m \geqslant 0$.　**9. D**　**提示**:首先 $z > y \Rightarrow \dfrac{z}{y} > 1$,由 $x -$

$2y - z + 2w = 0 \Rightarrow 2y + z = x + 2w \geqslant 2\sqrt{2xw}$　由 $2yz - wx = 0 \Rightarrow wx = 2yz$ 代入上式,两边平方得

$4y^2 + 4yz + z^2 \geqslant 16yz \Rightarrow \left(\dfrac{z}{y}\right)^2 - 12 \cdot \dfrac{z}{y} + 4 \geqslant 0$ 得 $\dfrac{z}{y} \geqslant 6 + 4\sqrt{2}$ 或 $\dfrac{z}{y} \leqslant 6 - 4\sqrt{2}$

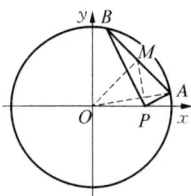

图题解 10

(舍).　**10. A**　**提示**:如图题解 10,建立平面直角坐标系,不妨假设圆 O 的方程为

$x^2 + y^2 = R^2$,$P(m, 0)(0 \leqslant m < R)$,则 $OM \perp AB$,所以 $AM^2 = OA^2 - OM^2$,因

为 $AM = PM$,所以 $PM^2 = OA^2 - OM^2$,设 $M(x, y)$,则 $(x-m)^2 + y^2 = R^2 -$

$x^2 - y^2$　化简得:$x^2 + y^2 - mx + \dfrac{m^2}{2} = \dfrac{R^2}{2}$,即 $\left(x - \dfrac{m}{2}\right)^2 + y^2 = \dfrac{R^2}{2} - \dfrac{m^2}{4}$,所以

轨迹为一个圆.　**11. B**　**提示**:令 $x + 2y = t$,先研究 $t + 3z = 100$ 的解的个数,然后对于 t 的每一个可

能的取值 t_0,分别研究 $x + 2y = t_0$ 的解的个数.考查的是类比转化的思想——既然二元一次不定方程会

解,三元怎么办?自然将未知问题(三元)转化为已知问题(二元)去解决.具体来说:$t + 3z = 100$ 的非负

整数解有 34 组,其中 $t_n = 3n - 2$,$1 \leqslant n \leqslant 34$,分别研究 $x + 2y = t_n$ 的非负整数解的个数:(写一写,看

一看——归纳猜想! 当然直接求解也可以,但容易算错)

n	1	2	3	4	5	6	$\cdots$	34
t_n	1	4	7	10	13	16	$\cdots$	100
组数	1	3	4	6	7	9	$\cdots$	51

所以,总组数 $S = \dfrac{51 \times 52}{2} - (2 + 5 + 8 + \cdots + 50) = 884$.　**12. D**　**提示**:整体思路——尽量给出足够强

的必要条件,进而枚举解决.具体来说:令 $x = 0$,易得 $6 \mid a_3$,所以 a_3 可能的取值有 4 种;下面分析

$24 \mid 2a_1 x^2 + 3a_2 x$ 即可;令 $x = 2$,易得 $4 \mid a_2$;令 $x = 1$,易得 $3 \mid a_1$;因此,设 $a_1 = 3p$,$a_2 = 4q$,其中 $1 \leqslant$

$p \leqslant 8$,$1 \leqslant q \leqslant 6$,$p, q \in \mathbf{Z}$　更进一步讨论,有:$24 \mid 6px^2 + 12qx$,即 $4 \mid px^2 + 2qx$,因为奇数的平方

模 4 余 1,偶数的平方模 4 余 0,所以只需 $4 \mid p + 2q$,即可满足题意;当 $p = 2$ 时,$q = 1, 3, 5$;当 $p = 4$

时,$q = 2, 4, 6$;当 $p = 6$ 时,$q = 1, 3, 5$;当 $p = 8$ 时,$q = 2, 4, 6$;因此总共有 $4 \times 4 \times 3 = 48$ 种情况.

13. C　**提示**:方法一:$\sin A + \sin B \sin C = \sin A + \dfrac{\cos(B-C) - \cos(B+C)}{2} \leqslant \dfrac{1}{2} + \sin A + \dfrac{1}{2}\cos A \leqslant$

$\dfrac{1+\sqrt{5}}{2}$　取等条件显然能取到,从而选 C.　方法二:根据不等号的方向和整个式子的结构,想到采用均

值不等式进行放缩,然后和差化积:$\sin A + \sin B \sin C \leqslant \sin A + \dfrac{(\sin B + \sin C)^2}{4} \leqslant \sin A + \sin^2\dfrac{B+C}{2} =$

$\sin A + \dfrac{1+\cos A}{2} \leqslant \dfrac{1+\sqrt{5}}{2}$　取等条件显然能取到,从而选 C. 方法三:作为选择题,容易根据 A,B,C

的不对称性判断,B 选项 $A=B=C=\dfrac{\pi}{3}$ 应该不是答案,而 $\dfrac{3}{2} < \dfrac{3+2\sqrt{3}}{4} < \dfrac{1+\sqrt{5}}{2}$,所以直接猜 C. 此

方法适用于时间不够的情况. **14. C** **提示:**利用 $w^5=1$,$1+w+w^2+w^3+w^4=0$　$P(w)P(w^4)=$

$P(w)P\left(\dfrac{1}{w}\right)=1+w+2w^2+\dfrac{1}{w}+1+2w+\dfrac{2}{w^2}+\dfrac{2}{w}+4=6+3w+2w^2+2w^3+3w^4=4+w+w^4$;

$P(w^2)P\left(\dfrac{1}{w^2}\right)=4+w^2+w^3$;所以 $P(w)P(w^2)P(w^3)P(w^4)=\cdots=11$　**15. B** **提示:**首先若$(a_1,$

$a_2,\cdots,a_6)$ 满足题意,则$(a_6,a_5,\cdots,a_1)$ 也满足题意,所以答案一定是 B 或 D;此时若时间不够,直接

选 B 或 D. 由题意,$5\mid a_1-a_6$,所以 $a_1=6$,$a_6=1$(或对换),此时有:$1-(a_2-a_5)+2(a_3-a_4)=0$,所

以 a_2-a_5 为奇数,下面分类讨论:若 $a_3-a_4\geqslant 2$,有 $a_2-a_5\geqslant 5$,矛盾;若 $a_3-a_4=1$,则 $a_2-a_5=3$,

从而 $a_2=5$,$a_5=2$,$a_3=4$,$a_4=3$;若 $a_3-a_4=-1$,则 $a_2-a_5=-1$,此时对应两种情况;若 a_3-

$a_4=-2$,则 $a_2-a_5=-3$,此时无解;其他情况无解;综上,满足题意的排列有 6 种. **16. C** **提示:**首

先 $N(a_1,a_2,a_3,a_4)$ 的取值有 4 种情况.① 当 $N(a_1,a_2,a_3,a_4)=4$ 时,说明 a_1,a_2,a_3,a_4 的取值

各不相同,因为 $a_k\in\{1,2,3,4\}(k=1,2,3,4)$,所以共有 $4!=24$ 种不同情况;② 当 $N(a_1,a_2,a_3,$

$a_4)=3$ 时,说明 a_1,a_2,a_3,a_4 取 3 个不同的数值,先把对 a_1,a_2,a_3,a_4 分成三组,任取两个字母为

一组,剩余两个字母各自一组,共有 C_4^2 种,然后再从 $\{1,2,3,4\}$ 任取三个数字有 C_4^3 种,所以共有 $C_4^2\cdot$

$C_4^3\cdot A_3^3=144$ 种不同情况;③ 当 $N(a_1,a_2,a_3,a_4)=2$ 时,说明 a_1,a_2,a_3,a_4 取 2 个不同的数值,第

一种情况:a_1,a_2,a_3,a_4 有 3 个字母取值相同,根据上述分析有 $C_4^3\cdot C_4^2\cdot A_2^2=48$ 种不同情况;第二种

情况:a_1,a_2,a_3,a_4 分别有 2 个字母取值相同,根据上述分析有 $\dfrac{C_4^2}{2}\cdot C_4^2\cdot A_2^2=36$ 种不同情况;

④ 当 $N(a_1,a_2,a_3,a_4)=1$ 时,说明 a_1,a_2,a_3,a_4 仅取 1 个数值,所以有 $C_4^1=4$ 种不同情况. 所以

$N(a_1,a_2,a_3,a_4)$ 的平均值为 $\dfrac{24\times 4+144\times 3+(48+36)\times 2+4}{4^4}=\dfrac{700}{256}=\dfrac{175}{64}$. **17. D** **提示:**由

题知在空间直角坐标系 $o-xyz$ 中,几何体 V 在第一象限,且与 x,y,z 轴的交点分别为 $A(1,0,0)$,

$B\left(0,\dfrac{1}{2},0\right)$,$C\left(0,0,\dfrac{1}{3}\right)$,方法 1:因为 $OA\perp OB$,$OB\perp OC$,$OC\perp OA$,所以几何体 V 的体积为

$\dfrac{1}{3}S_{\triangle OAB}\cdot|OC|=\dfrac{1}{3}\times\dfrac{1}{2}\times 1\times\dfrac{1}{2}\times\dfrac{1}{3}=\dfrac{1}{36}$　方法 2:以 $\overrightarrow{OA},\overrightarrow{OB},\overrightarrow{OC}$ 为棱的平行六面体的体积为

$\left|\begin{vmatrix} 1 & 0 & 0 \\ 0 & \dfrac{1}{2} & 0 \\ 0 & 0 & \dfrac{1}{3} \end{vmatrix}\right|=\dfrac{1}{6}$,而三棱锥的 $V_{O-ABC}=\dfrac{1}{6}V_{\text{平行六面体}}=\dfrac{1}{36}$　**18. B** **提示:**二次函数 $f(x)=x^2+$

$ax+b$ 在区间 $(-1,1)$ 内有两个零点充要条件是 $\begin{cases} \Delta=a^2-4b>0 \\ -1<-\dfrac{a}{2}<1 \\ f(1)=1+a+b>0 \\ f(-1)=1-a+b>0 \end{cases}$　在直角坐标系 $O-ab$ 中,画

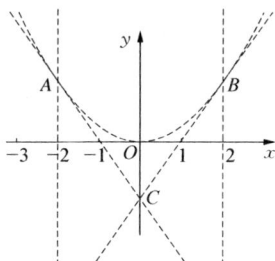

图题解 18

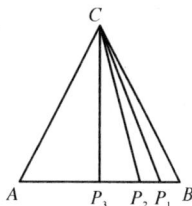

图题解 19

出上述区域如图解题 18 所示.所求 $t = a^2 - 2b$,对于抛物线 $b = \frac{1}{2}a^2 - \frac{1}{2}t$,与纵轴的交点在点 O,C

之间,因为边界不能取到,所以 $-1 < -\frac{1}{2}t < 0$ 解得 $0 < t < 2$.   **19**. D   **提示**:P_3 为 AB 中点,P_2 为

P_3B 中点,P_1 为 P_2B 中点,如图解题 19 所示,$I_1 = \overrightarrow{P_1B} \cdot \overrightarrow{P_1C} = \overrightarrow{P_1B} \cdot (\overrightarrow{P_1P_3} + \overrightarrow{P_3C}) = \overrightarrow{P_1B} \cdot$

$\overrightarrow{P_1P_3} = -3 \overrightarrow{P_1B}^2$ $I_2 = \overrightarrow{P_2B} \cdot \overrightarrow{P_2C} = \overrightarrow{P_2B} \cdot (\overrightarrow{P_2P_3} + \overrightarrow{P_3C}) = \overrightarrow{P_2B} \cdot \overrightarrow{P_2P_3} = -\overrightarrow{P_2B}^2$

$= -4 \overrightarrow{P_1B}^2$ $I_3 = \overrightarrow{P_3B} \cdot \overrightarrow{P_3C} = 0$ 故 $I_2 < I_1 < I_3$,D 正确.   **20**. B   **提示**:质量是 $\int_0^4 \sqrt{4x - x^2}\,dx$,

由定积分的几何意义,其值是 $y = \sqrt{4x - x^2}$ 在 $0 \leqslant x \leqslant 4$ 内与横轴围成的半圆面积,即 2π.   **21**. BC

提示:直接求导数,得到 $f'(x) = e^x[(x-1)^2(x-2) + (x-1)^2 + 2(x-1)(x-2)] = e^x(x-$

$1)(x^2-3)$ $f''(x) = e^x[(x-1)(x^2-3) + (x^2-3) + 2x(x-1)] = e^x x(x^2-5+2x)$ 由导数可

知函数 $f(x)$ 由 3 个极值点,并且 $f''(1) < 0$,$f''(\sqrt{3}) > 0$,$f''(-\sqrt{3}) > 0$,综上可知 $x = 1$ 是函数 $f(x)$

的极大值点,$x = \sqrt{3}$,$-\sqrt{3}$ 是函数 $f(x)$ 的极小值点.   **22**. CD   **提示**:假设赵说了假话,则钱孙李说的

真话,钱孙李分别选了 B,C,D,因为选的恰不相同,推出赵选 A,即赵没说假话,矛盾.假设钱说了假话,

则钱选的是 A,而赵选 A 说的是假话,也矛盾;假设孙说了假话,则赵钱李说的是真话,一种可能是孙选

的是 B,钱选的是 C,没有矛盾.同理,假设李说了假话,则赵钱孙了真话,一种可能性是李选了 B,钱选

了 D,也没有矛盾.   **23**. AD   **提示**:若该同学的前 100 次投篮中仅仅是第 2,3,4,$\cdots$,86 次投中,则满

足题设 $r_1 = 0$,$r_{100} = 0.85$,且 $r_2 = \frac{1}{2}$,$r_3 = \frac{2}{3}$,$r_4 = \frac{3}{4}$,$\cdots$,$r_{86} = \frac{85}{86}$,$r_{87} = \frac{85}{87}$,$r_{88} = \frac{85}{88}$,$\cdots$,

$r_{100} = \frac{85}{100} = 0.85$,因而 $r_1 < 0.6$,$r_2 < 0.6$,$0.6 < r_3 < 0.7$,$r_k > 0.7(k = 4, 5, 6, \cdots, 100)$ 所以选

项 B,C 均错误.若不存在 n,使得 $r_n = 0.5$,由 $r_1 = 0$,$r_{100} = 0.85$,可得 $\exists k$,$r_k < 0.5 < r_{r+1}$.若 $k =$

$2m(m \in \mathbf{N}^*)$,由 $r_k = r_{2m} < 0.5 = \frac{m}{2m}$,可得 $r_{2m} \leqslant \frac{m-1}{2m}$,再投一次球,可得 $r_{k+1} = r_{2m+1} \leqslant$

$\frac{(m-1)+1}{2m+1} = \frac{m}{2m+1} < \frac{1}{2} = 0.5$,与 $0.5 < r_{k+1}$ 矛盾!若 $k = 2m+1(m \in \mathbf{N})$,由 $r_k = r_{2m+1} < 0.5 =$

$\frac{m+0.5}{2m+1}$,可得 $r_{2m+1} \leqslant \frac{m}{2m+1}$,再投一次球,可得 $r_{k+1} = r_{2m+2} \leqslant \frac{m+1}{(2m+1)+1} = \frac{1}{2} = 0.5$,也与 $0.5 <$

r_{k+1} 矛盾!综上所述,可得选项 A 正确.若不存在 n,使得 $r_n = 0.8$,由 $r_1 = 0$,$r_{100} = 0.85$,可得 $\exists k$,

$r_k < 0.8 < r_{k+1}$.若 $k = 5m(m \in \mathbf{N}^*)$,由 $r_k = r_{5m} < 0.8 = \frac{4m}{5m}$,可得 $r_{5m} \leqslant \frac{4m-1}{5m}$,再投一次球,可得

$r_{k+1}=r_{5m+1}\leqslant\dfrac{(4m-1)+1}{5m+1}=\dfrac{4m}{5m+1}<\dfrac{4}{5}=0.8$，与 $0.8<r_{k+1}$ 矛盾！若 $k=5m+1(m\in\mathbf{N})$，由 $r_k=$

$r_{5m+1}<0.8=\dfrac{4m+0.8}{5m+1}$，可得 $r_{5m+1}\leqslant\dfrac{4m}{5m+1}$，再投一次球，可得 $r_{k+1}=r_{5m+1}\leqslant\dfrac{4m+1}{(5m+1)+1}=\dfrac{4m+1}{5m+2}<$

$\dfrac{4}{5}=0.8$，与 $0.8<r_{k+1}$ 矛盾！若 $k=5m+2(m\in\mathbf{N})$，由 $r_k=r_{5m+2}<0.8=\dfrac{4m+1.6}{5m+2}$，可得 $r_{5m+1}\leqslant\dfrac{4m+1}{5m+2}$，

再投一次球，可得 $r_{k+1}=r_{5m+2}\leqslant\dfrac{(4m+1)+1}{(5m+2)+1}=\dfrac{4m+2}{5m+3}<\dfrac{4}{5}=0.8$，与 $0.8<r_{k+1}$ 矛盾！若 $k=5m+$

$3(m\in\mathbf{N})$，由 $r_k=r_{5m+3}<0.8=\dfrac{4m+2.4}{5m+3}$，可得 $r_{5m+3}\leqslant\dfrac{4m+2}{5m+3}$，再投一次球，可得 $r_{k+1}=r_{5m+1}\leqslant$

$\dfrac{(4m+2)+1}{(5m+3)+1}=\dfrac{4m+3}{5m+4}<\dfrac{4}{5}=0.8$，与 $0.8<r_{k+1}$ 矛盾！若 $k=5m+4(m\in\mathbf{N})$，由 $r_k=r_{5m+4}<0.8=$

$\dfrac{4m+3.2}{5m+4}$，可得 $r_{5m+4}\leqslant\dfrac{4m+3}{5m+4}$，再投一次球，可得 $r_{k+1}=r_{5m+4}\leqslant\dfrac{(4m+3)+1}{(5m+4)+1}=\dfrac{4}{5}=0.8$，与 $0.8<r_{k+1}$

矛盾！综上所述，可得选项 D 正确. **24.** BD　**提示：** $\langle\vec{e_1},\vec{e_2}\rangle=\dfrac{\pi}{3}$，$|x\vec{e_1}+y\vec{e_2}|=1\Leftrightarrow x^2+y^2+xy=1$；

$1=x^2+y^2+xy=\left(y+\dfrac{x}{2}\right)^2+\dfrac{3x^2}{4}\Rightarrow\dfrac{3x^2}{4}\leqslant1$，从而 x 最大值是 $\dfrac{2\sqrt{3}}{3}$，取到极大值时 $(x，y)=$

$\left(\dfrac{2\sqrt{3}}{3}，-\dfrac{\sqrt{3}}{3}\right)$；$1=x^2+y^2+xy=\dfrac{1}{4}(x-y)^2+\dfrac{3}{4}(x+y)^2\Rightarrow\dfrac{3}{4}(x+y)^2\leqslant1$　从而 $x+y$ 的最大值

为 $\dfrac{2\sqrt{3}}{3}$，取到极大值时 $(x，y)=\left(\dfrac{\sqrt{3}}{3}，\dfrac{\sqrt{3}}{3}\right)$. **25.** BC　**提示：** 由题可设，$w+z=\cos\theta+i\sin\theta$　①

$w^2+z^2=4\cos\varphi+4i\sin\varphi$　②　把①两边平方得 $w^2+z^2+2wz=\cos2\theta+i\sin2\theta$　把②式代入上式，有

$2wz=(\cos2\theta-4\cos\varphi)+i(\sin2\theta-4\sin\varphi)$　所以 $2|wz|=\sqrt{(\cos2\theta-4\cos\varphi)^2+(\sin2\theta-4\sin\varphi)^2}=$

$\sqrt{\cos^2 2\theta-8\cos2\theta\cos\varphi+16\cos^2\varphi+\sin^2 2\theta-8\sin2\theta\sin\varphi+16\sin^2\varphi}=\sqrt{17-8\cos(2\theta-\varphi)}$　因为

$-1\leqslant\cos(2\theta-\varphi)\leqslant1$，所以 $\sqrt{17-8}\leqslant2|wz|\leqslant\sqrt{17+8}$，所以 $\dfrac{3}{2}\leqslant|wz|\leqslant\dfrac{5}{2}$ 且由 $\theta，\varphi$ 的任意性可

知，$\dfrac{3}{2}，\dfrac{5}{2}$ 均能取到. **26.** BC　**提示：** 椭圆 C：$\dfrac{x^2}{8}+\dfrac{y^2}{2}=1$，求得 $A(-2，1)$，$B(2，-1)$，设直线 AP：

$y-1=k(x+2)$，因为 $P(x_0，y_0)(-2<x_0<2)$ 所以根据对称性，不妨限定 $0<k<\dfrac{1}{2}$（点 A 处切线

斜率），易得 $M\left(\dfrac{2+4k}{1-2k}，\dfrac{1+2k}{1-2k}\right)$　联立 l_{AP} 与椭圆方程，化简得：$(4k^2+1)x^2+8k(2k+1)x+(16k^2+$

$16k-4)=0$　由韦达定理，得 $x_P=\dfrac{-8k^2-8k+2}{4k^2+1}$，再求得 $y_P=\dfrac{-4k^2+4k+1}{4k^2+1}$　故

$P\left(\dfrac{-8k^2-8k+2}{4k^2+1}，\dfrac{-4k^2+4k+1}{4k^2+1}\right)$　利用两点式，可得直线 BP 方程：$\dfrac{y+1}{4k+2}=\dfrac{x-2}{-8k(2k+1)}$　与

直线 $y=\dfrac{1}{2}x$ 联立，求得 $N\left(\dfrac{2-4k}{1+2k}，\dfrac{1-2k}{1+2k}\right)$　$|OM||ON|=\left(\sqrt{5}\cdot\dfrac{1+2k}{1-2k}\right)\cdot\left(\sqrt{5}\cdot\dfrac{1-2k}{1+2k}\right)=5$　因此

需满足 $|OQ|=\sqrt{5}$，显然椭圆上有 4 个点满足此要求. 欲满足 $\angle OQ'N=\angle OMQ'$，即满足 $\triangle OQ'N\backsim$

$\triangle OMQ'$,即 $|OQ'|^2=|OM||ON|$,也即 $|OQ'|=\sqrt{5}$,y 轴上满足此要求的点 Q' 恰好有 2 个　综

上,选 BC.　**27.** BD　**提示:** $\dfrac{x^2}{4}+y^2=1$,离心率 $\dfrac{\sqrt{3}}{2}$,右准线 $x=\dfrac{4}{\sqrt{3}}$　即椭

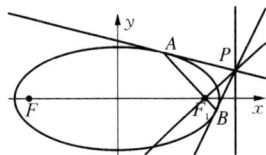

圆的右焦点为 F_1,由圆锥曲线的切线性质(切线方程),若 A 是椭圆上的点,

P 是椭圆右准线上点,且 AP 是椭圆切线,则有 $AF_1\perp PF_1$ 成立,同理

$BF_1\perp PF_1$,即 A,F_1,B 共线,AB 为焦点弦,焦点弦最短为通径,故

图题解 27

$|AB|_{\min}=\dfrac{2b^2}{a}=1$,B 正确,A 错误,对 $\triangle FAB$ 来说,三角形的周长为 $|AF|+|BF|+|AF_1|+$

$|BF_1|=4a=8$,为定值,D 正确;显然 $|y_A|+|y_B|$ 不是定值,故三角形面积不是定值,C 错误.

28. C　**提示:** 将 $(3x+y)^5+x^5+4x+y=0$ 进行代数变形,有 $(3x+y)^5+(3x+y)+x^5+y=0$

令函数 $f(t)=t^5+t$,易证 $f(t)$ 是奇函数,且在 R 上单调递增.因为 $(3x+y)^5+(3x+y)+x^5+y=$

$0\Leftrightarrow f(3x+y)+f(x)=0$　由 $f(t)$ 是奇函数,$f(3x+y)=-f(x)=f(-x)$ 由 $f(t)$ 单调递增,$3x+$

$y=-x$,得 $y=-4x$.　**29.** BC　**提示:** 根据题意 $\dfrac{\pi}{4}=\dfrac{T}{4}(1+2k)(k\in\mathbf{N})$,且 $T\leqslant 4\cdot\dfrac{\pi}{4}=\pi$,又

$f(x)$ 在区间 $\left[-\dfrac{\pi}{12},\dfrac{\pi}{12}\right]$ 上单调,有 $\dfrac{\pi}{6}\leqslant\dfrac{T}{2}$,因此 $T=\pi$ 或 $T=\dfrac{\pi}{3}$,当 $T=\pi$ 时,$\omega=2$,$\varphi=\dfrac{\pi}{2}$ 或

$\varphi=-\dfrac{\pi}{2}$(舍);当 $T=\dfrac{\pi}{3}$ 时,$\omega=6$,$\varphi=\dfrac{\pi}{2}$ 或 $\varphi=-\dfrac{\pi}{2}$(舍).　**30.** ABC　**提示:** (A) $|\xi|\leqslant$

$\dfrac{1}{2}\Leftrightarrow\xi^2\leqslant\dfrac{1}{4}\Rightarrow\xi^2\leqslant\dfrac{1}{2}$,正确;(B) $D(\xi)=E(\xi^2)-[E(\xi)]^2\geqslant0\Rightarrow[E(\xi)]^2\leqslant E(\xi^2)$,正确;

(C) $D(\xi)=E(\xi-E(\xi))^2$,$D(1-\xi)=E(1-\xi-E(1-\xi))^2$,相等,正确;(D) 反例:$P(\xi=1)=$

$P(\xi=-1)=\dfrac{1}{2}$ 时,$D(\xi^2)=0<D[(1-\xi)^2]$.

31. ABD　**提示:** 处理这类选择题,通常采用必要条件解

题:令 $x=0$,±1,有 $\begin{cases}|b|\leqslant 2\\|1+a+b|\leqslant 2\\|1-a+b|\leqslant 2\end{cases}$,线性规划如图

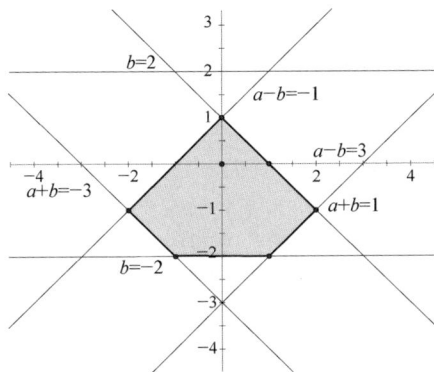

图题解 31

题解 31 所示:C 选项反例:$\begin{cases}a=0\\b=-2\end{cases}$.　**32.** ABC　**提示:**

(A) 若 x_1,$x_2\in(0,1)$,则 $\dfrac{1}{1+x_1}$,$\dfrac{1}{1+x_2}\in\left(\dfrac{1}{2},1\right)$,

$\dfrac{1}{1+x_1}+\dfrac{1}{1+x_2}>1$ 矛盾,故选项正确;(B) 若 x_1,x_2,

$x_3\in(0,2)$,则 $\dfrac{1}{1+x_1}$,$\dfrac{1}{1+x_2}$,$\dfrac{1}{1+x_3}\in\left(\dfrac{1}{3},1\right)$,$\dfrac{1}{1+x_1}+\dfrac{1}{1+x_2}+\dfrac{1}{1+x_3}>1$ 矛盾,故选项正

确;(C) 若 $x_i<2016(i=1,2\cdots,2017)$,则 $\dfrac{1}{1+x_i}>\dfrac{1}{2017}$,求和后与条件矛盾,选项正确;(D) 反

例,取 $x_i=2016(i=1,2,\cdots,2017)$.　**33.** ABCD　**提示:** 根据对称特点,将①②③相加得 $x_{n+1}+$

$y_{n+1}+z_{n+1}=\dfrac{1}{2}(x_n+y_n+z_n)$　故 $\{x_n+y_n+z_n\}$ 为等比数列,所以 A 选项正确;于是 $x_{n+1}+y_{n+1}+$

$z_{n+1} = \left(\dfrac{1}{2}\right)^n (x_1 + y_1 + z_1)$　所以 $y_{n+1} + z_{n+1} = \dfrac{1}{2^n}(x_1 + y_1 + z_1) - x_{n+1}$，递推有 $y_n + z_n = \dfrac{1}{2^{n-1}}(x_1 + y_1 + z_1) - x_n$④　将④代入①得 $x_{n+1} = \dfrac{1}{2^n}(x_1 + y_1 + z_1) - x_n$⑤　⑤可写为 $x_{n+1} - \dfrac{1}{3} \cdot \dfrac{1}{2^n}(x_1 + y_1 + z_1) = -\left[x_n - \dfrac{1}{3} \cdot \dfrac{1}{2^{n-1}}(x_1 + y_1 + z_1)\right]$　于是 $x_n = \dfrac{1}{3} \cdot \dfrac{1}{2^{n-1}}(x_1 + y_1 + z_1) + (-1)^{n-1}\left(x_1 - \dfrac{x_1 + y_1 + z_1}{3}\right)$⑥　同理 $y_n = \dfrac{1}{3} \cdot \dfrac{1}{2^{n-1}}(x_1 + y_1 + z_1) + (-1)^{n-1}\left(y_1 - \dfrac{x_1 + y_1 + z_1}{3}\right)$，$z_n = \dfrac{1}{3} \cdot \dfrac{1}{2^{n-1}}(x_1 + y_1 + z_1) + (-1)^{n-1}\left(z_1 - \dfrac{x_1 + y_1 + z_1}{3}\right)$　$n = 1$ 时，上述各式也成立　将 $x_1 = -\dfrac{1}{2}$，$x_2 = \dfrac{5}{4}$ 代入①，得 $y_1 + z_1 = 2$，所以 $x_1 + y_1 + z_1 = \dfrac{3}{2}$　代入⑥中得 $x_n = (-1)^n + \dfrac{1}{2^n}$，故 B 选项正确　当 $\{x_n\}$ 各项为正数时，假设 x_1，y_1，z_1 不全相等，(i) 若 x_1 最小，则 $x_1 - \dfrac{x_1 + y_1 + z_1}{3} < 0$　现取 $x_{2n+1} = \dfrac{1}{3} \cdot \dfrac{1}{2^{2n}}(x_1 + y_1 + z_1) + \left(x_1 - \dfrac{x_1 + y_1 + z_1}{3}\right)$　当 $n \to \infty$ 时，$\dfrac{1}{3} \cdot \dfrac{1}{2^{2n}}(x_1 + y_1 + z_1) \to 0$　故总有充分大的 N，当 $n > N$ 时，$x_{2n+1} < 0$ 这与题设矛盾.

(ii) 若 x_1 不是最小数，则 $-\left(x_1 - \dfrac{x_1 + y_1 + z_1}{3}\right) < 0$　现取 $x_{2n+2} = \dfrac{1}{3} \cdot \dfrac{1}{2^{2n+1}}(x_1 + y_1 + z_1) - \left(x_1 - \dfrac{x_1 + y_1 + z_1}{3}\right)$　当 $n \to \infty$ 时，$\dfrac{1}{3} \cdot \dfrac{1}{2^{2n+1}}(x_1 + y_1 + z_1) \to 0$　故总有充分大的 N'，当 $n > N'$ 时，$x_{2n+2} < 0$ 这与题设矛盾.所以当 $\{x_n\}$ 各项为正数时，$x_1 = y_1 = z_1$，故 C 选项正确.当存在正整数 m 使得 $x_m = y_m = z_m$ 时，易得 $x_1 = y_1 = z_1$，故 D 选项正确.　**34. BCD**　**提示**：假设 $a \geqslant 2b > 0$，则 $a^2 \geqslant 4b^2$，从而 $a^2 + a \geqslant 4b^2 + 2b > 3b^2 + 2b$，矛盾，因此 $a < 2b$. 假设 $b \geqslant a > 0$，则 $b^2 > a^2$，从而 $3b^2 + 2b \geqslant 3a^2 + 2a > a^2 + a$，矛盾，因此 $b < a < 2a$.　**35. ABCD**　**提示**：$\angle DOE = \dfrac{1}{2}\angle AOB = 45°$，B 正确；记 $\angle COD = \alpha$，$\angle COE = \beta$，则 $OD = \cos\alpha$，$OE = \cos\beta$

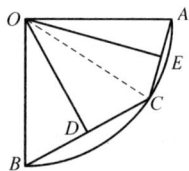

图题解 35

则 $DE^2 = \cos^2\alpha + \cos^2\beta - 2\cos\alpha\cos\beta\cos 45° = 1 + \dfrac{1}{2}(\cos 2\alpha + \cos 2\beta) - \sqrt{2}\cos\alpha\cos\beta = 1 + \cos(\alpha + \beta)\cos(\alpha - \beta) - \sqrt{2}\cos\alpha\cos\beta = 1 + \dfrac{\sqrt{2}}{2}\cos(\alpha - \beta) - \sqrt{2}\cos\alpha\cos\beta = 1 - \dfrac{\sqrt{2}}{2}\cos\alpha\cos\beta + \dfrac{\sqrt{2}}{2}\sin\alpha\sin\beta = 1 - \dfrac{\sqrt{2}}{2}\cos(\alpha + \beta) = \dfrac{1}{2}$，A 正确；$\triangle ODE$ 的面积：$\dfrac{1}{2}OD \cdot OE\sin 45° = \dfrac{\sqrt{2}}{4}\cos\alpha\cos\beta = \dfrac{\sqrt{2}}{8}(\cos(\alpha + \beta) + \cos(\alpha - \beta)) = \dfrac{1}{8} + \dfrac{\sqrt{2}}{8}\cos(\alpha - \beta) \leqslant \dfrac{1}{8} + \dfrac{\sqrt{2}}{8}$，$\alpha = \beta$ 时取得等号.而 $\tan\dfrac{3\pi}{4} = \dfrac{2\tan\dfrac{3\pi}{8}}{1 - \tan^2\dfrac{3\pi}{8}} = -1$，解得 $\tan\dfrac{3\pi}{8} = 1 + \sqrt{2}$（舍负），所以 C 正确；四边形 $ODCE$ 面积：$\dfrac{1}{2}CD \cdot OD + \dfrac{1}{2}CE \cdot OE = \dfrac{1}{2}\sin\alpha\cos\alpha + \dfrac{1}{2}\sin\beta\cos\beta = \dfrac{1}{4}(\sin 2\alpha + \sin 2\beta) = \dfrac{1}{2}\sin(\alpha + \beta)\cos(\alpha - \beta) \leqslant \dfrac{\sqrt{2}}{4}$

当 $\alpha = \beta$ 时,取到最大值 $\dfrac{\sqrt{2}}{4}$,D 正确.

真卷 19 清华大学(领军计划)(2018)

1. D **提示**:A 项:举反例:$p = 3$,$q = 5$,$r = 7$,此时 $\dfrac{pqr}{p+q+r} = 7$;B 项:举反例:$p = 2$,$q = 5$,$r = 7$,此时 $\dfrac{pqr}{p+q+r} = 5$;C 项:由 A、B 知 C 项不对;D 项:由题意 $p+q+r$ 为 pqr 的因子,而 pqr 的因子只有 1,p,q,r,pq,pr,qr,pqr,结合大小关系,可知 $p+q+r = pq/pr/qr/pqr$,不妨设 $p \leqslant q \leqslant r$,若 $p+q+r = pqr$,则 $pqr = p+q+r \leqslant 3r$,从而 $pq \leqslant 3$,这是不可能的,故只能 $p+q+r = pq/pr/qr$ 这意味着 $\dfrac{pqr}{p+q+r} = p/q/r$,均为素数,则 D 正确. **2.** B **提示**:平均数为 13 的五个数之和为 65,设中位数的最大值为 x,则有 $3x < 65$,从而知 x 最大为 19,又 3,5,19,19,19 满足要求,故最大值为 19;对于最小值,可构造出 3,3,3,3,53 使得中位数为 3,而易证中位数为 2 不成立,因此最小值为 3. **3.** C **提示**:**解法一**:若 $|x|$,$|y|$,$|z|$ 中有两个零,共 $C_3^2 \cdot 2 = 6$ 组解;若 $|x|$,$|y|$,$|z|$ 中只有一个零,共 $C_3^1 \cdot C_4^1 \cdot 2^2 = 48$ 组解;若 $|x|$,$|y|$,$|z|$ 均非零,共 $C_4^2 \cdot 2^3 = 48$ 组解.综上,所求解的组数 $= 6+48+48 = 102$ 组.**解法二**:若 $|x| = 0$:此时 x 只能取 0,而 $\begin{cases} y = 0 \\ z = \pm 5 \end{cases}$,$\begin{cases} y = \pm 1 \\ z = \pm 4 \end{cases}$,$\begin{cases} y = \pm 2 \\ z = \pm 3 \end{cases}$,$\begin{cases} y = \pm 3 \\ z = \pm 2 \end{cases}$,$\begin{cases} y = \pm 4 \\ z = \pm 1 \end{cases}$,$\begin{cases} y = \pm 5 \\ z = 0 \end{cases}$,共 20 组;若 $|x| = 1$:此时 x 可取 ± 1,而 $\begin{cases} y = 0 \\ z = \pm 4 \end{cases}$,$\begin{cases} y = \pm 1 \\ z = \pm 3 \end{cases}$,$\begin{cases} y = \pm 2 \\ z = \pm 2 \end{cases}$,$\begin{cases} y = \pm 3 \\ z = \pm 1 \end{cases}$,$\begin{cases} y = \pm 4 \\ z = 0 \end{cases}$,共 $2 \times 16 = 32$ 组;若 $|x| = 2$:此时 x 可取 ± 2,而 $\begin{cases} y = 0 \\ z = \pm 3 \end{cases}$,$\begin{cases} y = \pm 1 \\ z = \pm 2 \end{cases}$,$\begin{cases} y = \pm 2 \\ z = \pm 1 \end{cases}$,$\begin{cases} y = \pm 3 \\ z = 0 \end{cases}$,共 $2 \times 12 = 24$ 组;若 $|x| = 3$:此时 x 可取 ± 3,而 $\begin{cases} y = 0 \\ z = \pm 2 \end{cases}$,$\begin{cases} y = \pm 1 \\ z = \pm 1 \end{cases}$,$\begin{cases} y = \pm 2 \\ z = 0 \end{cases}$,共 $2 \times 8 = 16$ 组;若 $|x| = 4$:此时 x 可取 ± 4,而 $\begin{cases} y = 0 \\ z = \pm 1 \end{cases}$,$\begin{cases} y = \pm 1 \\ z = 0 \end{cases}$,共 $2 \times 4 = 8$ 组;若 $|x| = 5$:此时 x 可取 ± 5,而 y,z 只能都等于 0,共 2 组. 综上,所求总组数 $= 20+32+24+16+8+2 = 102$. **4.** ABCD **提示**:注意到 A,B,F,D 四点共圆,所以 $\angle BFA = \angle BDA = 60°$,所以 $\angle BFE = 180° - \angle BFA = 120°$,而 $\angle BCE = 60°$,所以 $\angle BFE + \angle BCE = 180°$,故 B,F,C,E 四点共圆,C 项正确;由 $AD \parallel BC$,$\angle CPF = \angle DAF$;另一方面,由 A,B,F,D 四点共圆,$\angle DFE = 120° = \angle ADE$,所以 $\triangle DFE \sim \triangle ADE \Rightarrow \angle FDC = \angle DAF$,综上 $\angle CPF = \angle DAF = \angle FDC$,所以 C,P,F,D 四点共圆,选项 D 正确;已知 $\triangle ABD$,$\triangle BCD$ 均为正三角形,记 $\triangle BCD$ 的外接圆交线段 PD 于 Q',断言:B,E,Q' 三点共形.事实上,连接 BQ',则有 $\triangle BQ'D \sim \triangle BDP$,则 $BD^2 = DP \cdot DQ'$;对 $\triangle BPD$ 及点 E 应用塞瓦定理逆定理,$\dfrac{BC}{CP} \cdot \dfrac{PQ'}{Q'D} \cdot \dfrac{DG}{GB} = \dfrac{BC}{CP} \cdot \dfrac{PQ'}{Q'D} \cdot \dfrac{DA}{PB} = \dfrac{BC}{BP} \cdot \dfrac{PQ'}{PC} \cdot \dfrac{DA}{Q'D} = \dfrac{BC}{BP} \cdot \dfrac{PB}{PD} \cdot \dfrac{DA}{Q'D} = \dfrac{BC}{PD} \cdot \dfrac{DA}{Q'D} = \dfrac{DB^2}{PD \cdot Q'D} = 1$,所以 B,E,Q' 共线,从而 Q 与 Q' 重合,所以 B,C,Q,D 四点共圆;因为 A,B,F,D 四点共圆,所以 $\angle AFD = \angle ABD = 60°$,而 $\angle BQD = 60°$,所以 $\angle AFD = \angle BQD$,所以 E,F,D,Q 四点共圆,选项 A 正确.由 B,F,C,E 四点共圆和 B,C,Q,D 四点共圆,

可知 $\angle PBQ = \angle PFQ$，从而 B，F，P，Q 四点共圆，选项 B 正确． **5. AC** **提示**：设点 $Q(x_Q, y_Q)$，点 $P(x_P, y_P)$，则过点 Q 作圆 C_2 的两条切线，切点弦 MN 所在的直线方程为：$x_Q \cdot x + y_Q \cdot y = 12$ ①

而过椭圆 C_1 上点 P 处的切线 MN 所在直线方程为：$\dfrac{x_P \cdot x}{4} + \dfrac{y_P \cdot y}{3} = 1 \Leftrightarrow 3x_P \cdot x + 4y_P \cdot y = 12$ ② 比较①②得 $x_Q = 3x_P$，$y_Q = 4y_P$ ③ 又点 P 在椭圆 C_1 上：$\dfrac{x_P^2}{4} + \dfrac{y_P^2}{3} = 1$ ④ 联立③④

得 $\dfrac{x_Q^2}{36} + \dfrac{y_Q^2}{48} = 1$，故 C 正确，D 错误；点 $P(x_P, y_P)$，$Q(3x_P, 4y_P)$，$|OQ| = \sqrt{9x_P^2 + 16y_P^2}$，直线 OQ

方程为：$4y_P x - 3x_P y = 0$，点 P 到直线 OQ 距离 $d = \dfrac{|4y_P x_P - 3x_P y_P|}{\sqrt{9x_P^2 + 16y_P^2}} = \dfrac{|x_P y_P|}{\sqrt{9x_P^2 + 16y_P^2}}$，所以

$S_{\triangle OPQ} = \dfrac{1}{2}|OQ| \cdot d = \dfrac{1}{2}|x_P y_P|$，又 $\dfrac{x_P^2}{4} + \dfrac{y_P^2}{3} = 1 \geqslant 2\sqrt{\dfrac{x_P^2}{4} \cdot \dfrac{y_P^2}{3}} \Rightarrow |x_P y_P| \leqslant \sqrt{3}$，所以 $S_{\triangle OPQ} = $

$\dfrac{1}{2}|OQ| \cdot d = \dfrac{1}{2}|x_P y_P| \leqslant \dfrac{\sqrt{3}}{2}$，最大值为 $\dfrac{\sqrt{3}}{2}$，A 正确，B 错误．综上，选 AC． **6. AC** **提示**：由 $x + y - 2z + 1 = 0$ 得 $2z = x + y + 1$，代入 $4z^2 - xy - 14z + 14 = 0$ 得：$(x + y + 1)^2 - xy - 7(x + y + 1) + 14 = 0 \Leftrightarrow (x + y)^2 - 5(x + y) - xy + 8 = 0$，令 $x + y = m$，$xy = n$，则上式等价于 $m^2 - 5m - n + 8 = 0 \Leftrightarrow n = m^2 - 5m + 8$ ① 实数 x，y 可看做关于 t 的一元二次方程 $t^2 - mt + n = 0$ 的两根：因为 $\Delta = m^2 - 4n \geqslant 0$ 联立①②得：$m^2 - 4(m^2 - 5m + 8) \geqslant 0 \Rightarrow \dfrac{8}{3} \leqslant m \leqslant 4$ 因为 $x^2 + y^2 = (x + y)^2 - 2xy = m^2 - 2n = -m^2 + 10m - 16 = -(m - 5)^2 + 9$，当 $m = 4$ 时，$x^2 + y^2$ 有最大值 8；当 $m = \dfrac{8}{3}$ 时，$x^2 + y^2$

有最小值 $\dfrac{32}{9}$．综上，选 AC． **7. A** **提示**：$\dfrac{xy^2z}{(x^2 + 2xy + 4y^2)(y^2 + 4yz + z^2)} = \dfrac{xy}{x^2 + 2xy + 4y^2} \cdot$

$\dfrac{yz}{y^2 + 4yz + z^2} = \dfrac{1}{\dfrac{x}{y} + 2 + \dfrac{4y}{x}} \cdot \dfrac{1}{\dfrac{y}{z} + 4 + \dfrac{z}{y}} \leqslant \dfrac{1}{2 + 2\sqrt{\dfrac{x}{y} \cdot \dfrac{4y}{x}}} \cdot \dfrac{1}{4 + 2\sqrt{\dfrac{y}{z} \cdot \dfrac{z}{y}}} = \dfrac{1}{36}$ 取等条件：

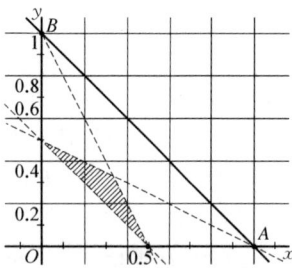

图题解 8

$\dfrac{x}{y} = \dfrac{4y}{x}$，$\dfrac{y}{z} = \dfrac{z}{y}$，即 $x = 2y = 2z$． **8. A** **提示**：设截得的三段长分别为 x，y，z，则 $x + y + z = 1$，可行域为

$$\begin{cases} x + y + z = 1 \\ 0 < x < 1 \\ 0 < y < 1 \\ 0 < z < 1 \end{cases} \Leftrightarrow \begin{cases} 0 < x < 1 \\ 0 < y < 1 \\ 0 < 1 - x - y < 1 \end{cases}$$

，如图题解 8 所示，可行域面积

$S_{\triangle OAB} = \dfrac{1}{2}$，再考虑构成三角形的条件，不妨假设三边中 z 最大，则构成

三角形的约束为 $$\begin{cases} x + y > z = 1 - x - y \\ z = 1 - x - y \geqslant x \\ z = 1 - x - y \geqslant y \end{cases}$$，作出可行域如图题解 8 阴影部分所示，阴影面积 $S' = \dfrac{1}{24}$，

再考虑到三边中 x 最大或 y 最大的概率与 z 最大概率相同，故所求构成三角形的概率 $P = 3\dfrac{S'}{S_{\triangle OAB}} =$

$\dfrac{1}{4}$. **9. A** **提示**：不妨设符合要求的一排素数依次是 x_1，x_2，x_3，x_4，x_5，x_6，x_7，则有 $x_1+x_2+x_3>100$，$x_4+x_5+x_6>100$，$x_7\geqslant2$，因为 $\sum\limits_{i=1}^{7}x_i>100+100+2=202$，故首先排除 C、D 选项；注意到 A、B 选项均为偶数，故这 7 个素数中必含有 2. 若 $x_4=2$：注意到 $x_1+x_2+x_3$ 必为奇数，假设 $x_1+x_2+x_3=101$，由于 2 是最小的素数，即 $x_4<x_1$，则 $x_2+x_3+x_4\leqslant100$，矛盾，所以 $x_1+x_2+x_3\geqslant103$，同理 $x_5+x_6+x_7\geqslant103$，此时 $\sum\limits_{i=1}^{7}x_i\geqslant208$；若 $x_4\neq2$：由对称性不妨假设 x_1，x_2，x_3 中某个等于 2，则 $x_1+x_2+x_3\geqslant102$，若 $x_4=3$，必有 $x_5+x_6+x_7\geqslant103$，否则 $x_5+x_6+x_7\leqslant101$ 时会导致 $x_4+x_5+x_6\leqslant100$ 产生矛盾，故此时 $\sum\limits_{i=1}^{7}x_i\geqslant102+3+103=208$，若 $x_4\geqslant5$，此时 $x_5+x_6+x_7\geqslant101$，$\sum\limits_{i=1}^{7}x_i\geqslant102+5+101=208$. 综上，$\sum\limits_{i=1}^{7}x_i\geqslant208$，构造符合要求的排列 2，11，89，5，19，79，3，其和为 208. **10. A** **提示**：解法一（排除法）：由 $a^2+b^2+c^2=1$ 得 $|a|\leqslant1$，再由柯西不等式得：$|a+b+c|\leqslant\sqrt{(1+1+1)(a^2+b^2+c^2)}=\sqrt{3}$，所以 $a(a+b+c)\leqslant|a|\cdot|a+b+c|\leqslant\sqrt{3}$，故只能选 A.

解法二：$a(a+b+c)=a^2+(b+c)a$，欲求 $a(a+b+c)$ 的最大值，显然应考虑 a 与 $b+c$ 同号的情形，不妨设 $a\geqslant0$：由 $a^2+b^2+c^2=1$ 可得 $a(a+b+c)=a^2+(b+c)a\leqslant a^2+\sqrt{2(b^2+c^2)}\cdot a=a^2+a\sqrt{2(1-a^2)}$ 令 $a=\sin\theta\left(0\leqslant\theta\leqslant\dfrac{\pi}{2}\right)$，则上式等价于 $a(a+b+c)\leqslant\sin^2\theta+\sin\theta\sqrt{2\cos^2\theta}=\dfrac{1-\cos2\theta}{2}+\dfrac{\sqrt{2}\sin2\theta}{2}=\dfrac{1}{2}+\dfrac{\sqrt{3}}{2}\sin\left(2\theta-\arctan\dfrac{\sqrt{2}}{2}\right)\leqslant\dfrac{1+\sqrt{3}}{2}$. **11. A** **提示**：设 $|AB|=\lambda$，又 $\angle ABC=90°$，$\angle BAD=\theta$ 且 $AB=AD$，因为 $\angle DBC=\dfrac{\pi}{2}-\dfrac{\pi-\theta}{2}=\dfrac{\theta}{2}$，$|BC|=\lambda\tan\theta$，在 $\triangle DBE$ 中，由于 $\angle BDE=\theta$，$\angle DBE=\dfrac{\theta}{2}$，因为 $\angle BED=\pi-\dfrac{3\theta}{2}$，又可求得 $|BD|=2\lambda\sin\dfrac{\theta}{2}$，由正弦定理

$\dfrac{|BD|}{\sin\angle BED}=\dfrac{|BE|}{\sin\angle BDE}\Rightarrow|BE|=\dfrac{2\lambda\dfrac{\sin\theta}{2}}{\sin\dfrac{3\theta}{2}}\cdot\sin\theta$，因为 $\lim\limits_{\theta\to0^+}\dfrac{BE}{BC}=\lim\limits_{\theta\to0^+}\dfrac{\dfrac{2\lambda\sin\dfrac{\theta}{2}}{\sin\dfrac{3\theta}{2}}\cdot\sin\theta}{\lambda\tan\theta}=$

$\lim\limits_{\theta\to0^+}\dfrac{2\sin\dfrac{\theta}{2}}{\sin\dfrac{3\theta}{2}}\cdot\cos\theta=\dfrac{2}{3}$ **12. AD** **提示**：$P(\overline{A}|B)$ 表示在事件 B 发生的条件下事件 A 不发生的概率，$P(\overline{A}|\overline{B})$ 表示在事件 B 不发生的条件下事件 A 也不发生的概率；$P(\overline{A}|B)=P(\overline{A}|\overline{B})$ 表示无论事件 B 是否发生，事件 A 不发生的概率不变，即 A 与 B 相互独立，故 D 正确，由相互独立事件的性质知 A 正确，B、C 不正确. **13. B** **提示**：假设 $M_{\min}<\dfrac{1}{3}$，则当 M 取最小值时，$a_1+a_2+a_3<\dfrac{1}{3}$，$a_5+a_6+a_7<\dfrac{1}{3}$，又 $\sum\limits_{i=1}^{7}a_i=1$，所以此时 $a_4>\dfrac{1}{3}$，进而 $M\geqslant a_3+a_4+a_5>\dfrac{1}{3}$，矛盾；所以假设不成立，即

$M_{\min} \geqslant \dfrac{1}{3}$. 取 $a_1 = a_4 = a_7 = \dfrac{1}{3}$，其他 $a_2 = a_3 = a_5 = a_6 = 0$，此时 $M = \dfrac{1}{3}$，故选 B. **14. C** **提示**：

用数学归纳法容易证明多项式 $(1 + x + x^2)^n = a_0 + a_1 x + a_2 x^2 + \cdots + a_n x^n$ 展开式右端系数 $a_i (i = 0,$

$1, 2, \cdots, n)$ 满足：$\displaystyle\sum_{i=0}^{\left[\frac{n}{3}\right]} a_{3i} = \sum_{i=0}^{\left[\frac{n-1}{3}\right]} a_{3i+1} = \sum_{i=0}^{\left[\frac{n-2}{3}\right]} a_{3i+2}$　所以当 $n = 10$ 时，$(1 + x + x^2)^{10} = a_0 + a_1 x +$

$a_2 x^2 + \cdots + a_{20} x^{20}$ 右端系数满足 $\displaystyle\sum_{k=0}^{6} a_{3k} = \sum_{k=0}^{6} a_{3k+1} = \sum_{k=0}^{6} a_{3k+2}$，又 $\displaystyle\sum_{k=0}^{6} a_{3k} + \sum_{k=0}^{6} a_{3k+1} + \sum_{k=0}^{6} a_{3k+2} =$

$\displaystyle\sum_{i=0}^{20} a_i = (1 + 1^1 + 1^2)^{10}$，因为 $\displaystyle\sum_{k=0}^{6} a_{3k} = \dfrac{3^{10}}{3} = 3^9$. **15. D** **提示**：可设过点 $(0, a)$ 的切线方程为 $y -$

$a = kx$，并设切点为 $P(x_0, y_0)$，则切点在 $y = f(x)$ 上：$y_0 = e^{x_0}(x_0 - 3)$　①　切点在切线上：$y_0 -$

$a = kx_0$　②　切点处导数定义：$k = f'(x_0) = e^{x_0}(x_0 - 2)$　③　联立①②③得 $-a = e^{x_0}(x_0^2 - 3x_0 +$

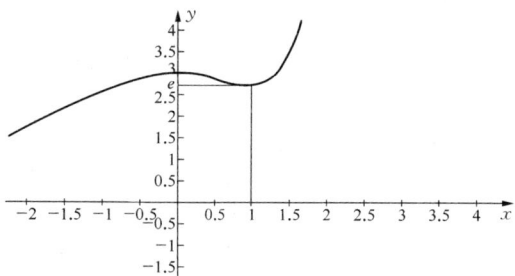

$3)$，令 $g(x) = e^x(x^2 - 3x + 3)$，则 $g'(x) = e^x(x^2 - x)$，$g(x)$ 单调区间 $(-\infty, 0) \uparrow$，$(0,$

$1) \downarrow$，$(1, +\infty) \uparrow$，作出 $g(x)$ 草图题解 15 所示，易知过点 $(0, a)$ 可作 $f(x)$ 的三条切线等价于 $e <$

$-a < 3 \Rightarrow -3 < a < -e$，故选 D. **16. A** **提示**：

从 9 个人中任挑 3 人的方法总数为 C_9^3 种，从中任挑 3 个人，若 3 个人都相邻，则方法总数为 7；若只有两个人相邻，方法总数为 $6 \times 2 + 5 \times 6$（其中第一个 6 表示相邻的两个人在最左边或最右边的种数，5 表示

图题解 15

相邻的两个人在其他位置）.综上，所求概率 $= 1 - \dfrac{7 + 6 \times 2 + 5 \times 6}{C_9^3} = \dfrac{5}{12}$. **17. B** **提示**：问题转化为

先求椭圆上动点 A 到圆心 $C(0, 4)$ 的距离最大值，再加上半径 1 即为 $|AB|$ 的最大值：设 $A(x_0, y_0)$，由

A 在椭圆上得 $\dfrac{x_0^2}{4} + \dfrac{y_0^2}{3} = 1 \Rightarrow x_0^2 = 4 - \dfrac{4y_0^2}{3} (-\sqrt{3} \leqslant y_0 \leqslant \sqrt{3})$，因为 $|AC|^2 = x_0^2 + (y_0 - 4)^2 = 4 - \dfrac{4y_0^2}{3} +$

$(y_0 - 4)^2 = -\dfrac{1}{3}(y_0 + 12)^2 + 68$，当 $y_0 = -\sqrt{3}$ 时，$|AC|_{\max} = \sqrt{-\dfrac{1}{3}(-\sqrt{3} + 12)^2 + 68} = 4 + \sqrt{3}$，所

以 $|AB|_{\max} = |AC|_{\max} + 1 = 5 + \sqrt{3}$. **18. D** **提示**：原式 $= \left[\dfrac{\cos 10° + \sqrt{3} \sin 10°}{\cos 10°} \cdot \sin 10° + 2\cos 40° \right] \cdot$

$\sqrt{2\cos^2 10°} = \left[\sin 10° \cdot \dfrac{2\left(\dfrac{1}{2}\cos 10° + \dfrac{\sqrt{3}}{2}\sin 10°\right)}{\cos 10°} + 2\cos 40° \right] \cdot \sqrt{2} \cos 10° = 2\sqrt{2} \sin 10° \cdot \sin(10° + 30°) +$

$2\sqrt{2} \cos 10° \cos 40° = 2\sqrt{2}\cos(40° - 10°) = \sqrt{6}$. **19. C** **提示**：作出可行域，最大值应在直线 $x + y = 6$ 与直

线 $ax + by + c = 0$ 交点处取得，此时 $z = 2x + y = 2x + 6 - x = 11 \Rightarrow x = 5$，$y = 1$，代入 $ax + by + c =$

0 得 $\dfrac{b+c}{a} = -5$，经检验符合题意. **20. ABD** **提示**：$x\bar{z} + y\bar{w} = 0 \Rightarrow |x\bar{z}| = |y\bar{w}| \Rightarrow |x| \cdot |z| =$

$|y| \cdot |w|$，结合 $|x|^2 + |y|^2 = 1$ 及 $|z|^2 + |w|^2 = 1$ 知：若 $x = 0$，则必有 $w = 0$，此时 $|x| = |w|$；

若 $x \neq 0$，则 $w \neq 0$，此时 $\dfrac{|y|}{|x|} = \dfrac{|z|}{|w|} \Rightarrow |x| = |w|$. 同理 $|y| = |z|$，故 AB 正确.若 C 项正确，由题干

条件 $x\bar{z}+y\bar{w}=0$ 可知此时 $x\bar{z}=\bar{x}w$,两边取模得:$|x|\cdot|\bar{z}|=|\bar{x}|\cdot|w|\Rightarrow|\bar{z}|=|w|$,显然不一定,故假设不成立,C 不对.D 项:由 $|x|^2+|y|^2=1$,$|z|^2+|w|^2=1$,及 $x\bar{z}+y\bar{w}=0$ 得:$(|x|^2+|y|^2)$ $(|z|^2+|w|^2)-(x\bar{z}+y\bar{w})(\overline{x\bar{z}+y\bar{w}})=(|x|^2+|y|^2)(|z|^2+|w|^2)-(x\bar{z}+y\bar{w})(\bar{x}z+\bar{y}w)=$ $1-0\Leftrightarrow|x|^2|w|^2+|y|^2|z|^2-xw\bar{y}\bar{z}-yz\bar{x}\bar{w}=1$,所以 $(xw-yz)\cdot(\overline{xw-yz})=(xw-yz)\cdot(\overline{xw}-\overline{yz})=|x|^2|w|^2+|y|^2|z|^2-xw\bar{y}\bar{z}-yz\bar{x}\bar{w}=1$,即 $|xw-yz|=1$,D 项正确. **21. C** **提示**:假设分析法:若甲说话错误,则冠军来自意大利或西班牙,但此时导致乙的说法就错误,与条件矛盾,故假设不成立;若乙说话错误,此时要使得甲,丙说法正确,则冠军只能是英国;若丙说话错误,则冠军是巴西,此时会导致乙的说法错误,与题设矛盾,故假设不成立.综上,冠军只能是英国. **22. CD** **提示**:$a_{n+1}=$

$\dfrac{a_n}{(n-2)a_n+2}\Rightarrow\dfrac{1}{a_{n+1}}=\dfrac{(n-2)a_n+2}{a_n}=\dfrac{2}{a_n}+n-2$ $\dfrac{1}{a_{n+1}}+(n+1)-1=2\left(\dfrac{1}{a_n}+n-1\right)$,即数列

$\left\{\dfrac{1}{a_n}+n-1\right\}$ 成首项 $\dfrac{1}{a_1}+1-1=1$,公比为 2 的等比数列,因为 $\dfrac{1}{a_n}+n-1=1\cdot2^{n-1}\Rightarrow a_n=$

$\dfrac{1}{2^{n-1}-(n-1)}$,令 $n=9$:$a_9=\dfrac{1}{2^{9-1}-(9-1)}=\dfrac{1}{248}$,A 错误;令 $n=10$:$a_{10}=\dfrac{1}{2^{10-1}-(10-1)}=\dfrac{1}{503}$,B

错误;因为 $2^n-n-[2^{n-1}-(n-1)]=2^{n-1}-1\geqslant0$,即 $2^n-n\geqslant2^{n-1}-(n-1)$,所以 $a_{n+1}=\dfrac{1}{2^n-n}\leqslant a_n=$

$\dfrac{1}{2^{n-1}-(n-1)}$,C 正确;$n\in\mathbf{N}^*$ 时,$2^{n-1}-(n-1)\geqslant1$,所以 $0<a_n=\dfrac{1}{2^{n-1}-(n-1)}\leqslant1\leqslant2$,D 正确.

23. BCD **提示**:在三角形中,$\tan A=-\tan(B+C)=-\dfrac{\tan B+\tan C}{1-\tan B\cdot\tan C}$,设 $k=\tan A$,$x=\tan B$,$y=$

$\tan C$,则 k,x,$y\in\mathbf{Z}$,$k=\dfrac{x+y}{xy-1}$,因为 $k=\dfrac{x+y}{xy-1}\Rightarrow kxy-k=x+y\Leftrightarrow k+x+y=kxy$,注意到 $1+2+$

$3=1\times2\times3$,所以 k 取 1,2,3 均可,B,C,D 正确;假设 $k=4$ 成立,此时 $\dfrac{x+y}{xy-1}=4\Leftrightarrow4xy-x-y=$

$4\Leftrightarrow(4x-1)(4y-1)=17$,显然该不定方程无整数解,故 $k\neq4$,A 错误. **24. A** **提示**:$2na_{n+1}=(n+$

$1)a_n\Leftrightarrow\dfrac{a_{n+1}}{n+1}=\dfrac{1a_n}{2n}$,即数列 $\left\{\dfrac{a_n}{n}\right\}$ 成公比为 $\dfrac{1}{2}$ 的等比数列,因为 $\dfrac{a_n}{n}=\dfrac{a_1}{1}\cdot\left(\dfrac{1}{2}\right)^{n-1}\Rightarrow a_n=n\cdot\left(\dfrac{1}{2}\right)^n$,所

以 $S_n=1\cdot\left(\dfrac{1}{2}\right)^1+2\cdot\left(\dfrac{1}{2}\right)^2+\cdots+n\cdot\left(\dfrac{1}{2}\right)^n$,$\dfrac{1}{2}S_n=1\cdot\left(\dfrac{1}{2}\right)^2+2\cdot\left(\dfrac{1}{2}\right)^3+\cdots+n\cdot\left(\dfrac{1}{2}\right)^{n+1}$,两

式错位相减得:$\dfrac{1}{2}S_n=1\cdot\left(\dfrac{1}{2}\right)^1+1\cdot\left(\dfrac{1}{2}\right)^2+1\cdot\left(\dfrac{1}{2}\right)^3+\cdots+1\cdot\left(\dfrac{1}{2}\right)^n-n\cdot\left(\dfrac{1}{2}\right)^{n+1}=1-\left(\dfrac{1}{2}\right)^n-$

$n\cdot\left(\dfrac{1}{2}\right)^{n+1}$ 所以 $S_n=2-\dfrac{n+2}{2^n}$,选 A. **25. BC** **提示**:A 项:当 $\lambda=0$ 时,原式等价于 $x_1^2+x_2^2\geqslant$

$M(x_1+x_2)^2$,若 x_1,x_2 至少有一个等于 0,则不等式 $x_1^2+x_2^2\geqslant M(x_1+x_2)^2$ 对于任意非负实数 x_1,x_2 恒成立的充要条件是 $M\leqslant1$;若 x_1,x_2 均非零,即 $x_1>0$,$x_2>0$ 时,$x_1^2+x_2^2\geqslant M(x_1+x_2)^2\Leftrightarrow M\leqslant$

$\dfrac{x_1^2+x_2^2}{x_1^2+x_2^2+2x_1x_2}=\dfrac{\dfrac{x_1}{x_2}+\dfrac{x_2}{x_1}}{\dfrac{x_1}{x_2}+\dfrac{x_2}{x_1}+2}$,$\forall x_1>0$,$x_2>0$,$t=\dfrac{x_1}{x_2}+\dfrac{x_2}{x_1}\geqslant2$,此时 $\dfrac{\dfrac{x_1}{x_2}+\dfrac{x_2}{x_1}}{\dfrac{x_1}{x_2}+\dfrac{x_2}{x_1}+2}=\dfrac{t}{t+2}=1-$

$\dfrac{2}{t+2}$ 值域为 $\left[\dfrac{1}{2},1\right)$,所以 $M\leqslant\dfrac{1}{2}$,综上,M 最大值为 $\dfrac{1}{2}$,故 A 错误;B 项:若 $\lambda>0$,则原式 $x_1^2+x_2^2+$

$\lambda x_1 x_2 \geqslant M(x_1+x_2)^2$ 对任意 $M \leqslant 0$ 恒成立,此时 M 可取无穷小,B 正确;C 项:同 A 项分析,若 x_1,x_2 至少有一个等于 0 时可得 $M \leqslant 1$;若 x_1,x_2 均非零,则 $x_1^2+x_2^2+\lambda x_1 x_2 \geqslant M(x_1+x_2)^2 \Leftrightarrow M \leqslant$

$$\frac{x_1^2+x_2^2+\lambda x_1 x_2}{x_1^2+x_2^2+2x_1 x_2}=\frac{\dfrac{x_1}{x_2}+\dfrac{x_2}{x_1}+\lambda}{\dfrac{x_1}{x_2}+\dfrac{x_2}{x_1}+2},\lambda \geqslant 2$$ 时易得 M 最大值为 1,同理当 M 最大值为 1 亦可得 $\lambda \geqslant 2$(否则

若 $\lambda < 2$,则 $M < 1$,矛盾),故 C 正确;D 项:在 C 项的基础上,$\lambda = -6$ 时,考虑 $x_1 > 0$,$x_2 > 0$ 情形,x_1^2+

$$x_2^2-6x_1 x_2 \geqslant M(x_1+x_2)^2 \Leftrightarrow M\frac{\dfrac{x_1}{x_2}+\dfrac{x_2}{x_1}-6}{\dfrac{x_1}{x_2}+\dfrac{x_2}{x_1}+2},$$ 同 A 分析知 $\dfrac{\dfrac{x_1}{x_2}+\dfrac{x_2}{x_1}-6}{\dfrac{x_1}{x_2}+\dfrac{x_2}{x_1}+2}$ 值域为 $[-1,1)$,此时只须

$M \leqslant -1$ 即可,M 最小值不存在,D 错误. **26.** BCD **提示:**可分类讨论,构成符合要求的三棱锥无外乎下面几种情形:如图题解 26(a),三棱锥中底面 $\triangle BCD$ 为边长等于 2 的正三角形,AB 垂直于底面 BCD,即 $\triangle ABC$ 与 $\triangle ABD$ 为等腰直角,AB 为三棱锥的高,此时易计算得三棱锥体积 $V = \dfrac{2\sqrt{3}}{3}$,D 正确;如图题解 26(b),若 $\angle BAC$,$\angle CAD$,$\angle DAB$ 三者中两者为直角,$\triangle BCD$ 为边长等于 2 的正三角形,此时可把公共直角边作为高,计算得三棱锥体积 $V = \dfrac{\sqrt{2}}{3}$(事实上此时三棱锥为正三棱锥),B 正确;如图题解 26(c),若 $\triangle ABD$ 与 $\triangle CBD$ 均为边长等于 2 的正三角形,$\angle ABC = \angle ADC = \dfrac{\pi}{2}$,此时计算得三棱锥体积 $V = \dfrac{2\sqrt{2}}{3}$,C 正确.

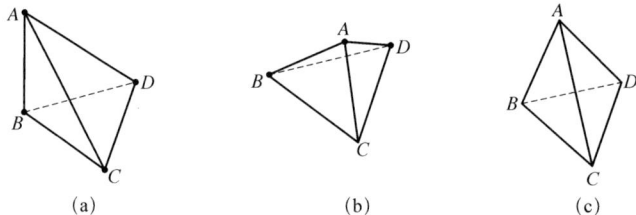

(a)　　　　　　　(b)　　　　　　　(c)

图题解 26

27. D **提示:**先考察原方程的实根,在实数范围内考察函数 $f(x) = x^3+x+1$,$f(x)$ 只有一个零点 $x_0 \in \left(-1,-\dfrac{1}{2}\right)$,所以方程 $z^3+z+1=0$ 只有一个实根 $x_0 \in \left(-1,-\dfrac{1}{2}\right)$,此时 $|z+\bar{z}|=$ $|2x_0| > 1$,故先排除 A,C 选项;下面再考查方程 $z^3+z+1=0$ 的虚根 $z = a+bi(a,b \in \mathbf{R}, b \neq 0)$,代入原方程得:$(a^3-3ab^2+a+1)+(3a^2 b-b^3+b)i = 0 \Rightarrow \begin{cases} a^3-3ab^2+a+1=0 \\ 3a^2 b-b^3+b=0 \end{cases}$,又 $b \neq 0$,解得 $b^2 = 3a^2+1 = \dfrac{a^3+a+1}{3a} \Rightarrow 8a^3+2a+1 = 0 \Leftrightarrow (2a)^3+(2a)+1 = 0$,由上述讨论知 $2a \in \left(-1,-\dfrac{1}{2}\right)$,故此时 $\dfrac{1}{2} < |z+\bar{z}| = |2a| < 1$,D 项正确,又此时 $|z| = \sqrt{a^2+b^2} = \sqrt{4a^2+1} > 1$,故 B 项错误. **28.** AC **提示:**$(|\vec{a}|+|\vec{b}|)(|\vec{a}|+3|\vec{b}|) = 105 \Rightarrow |\vec{a}|^2+3|\vec{b}|^2+4|\vec{a}||\vec{b}| = 105$ ① $(\vec{a}+\vec{b})(\vec{a}+3\vec{b}) = 33 \Rightarrow |\vec{a}|^2+3|\vec{b}|^2+4\vec{a}\cdot\vec{b} = 33$ ② 因为向量 $\vec{a}$,$\vec{b}$ 的模长均为正整数,由

①知 $\because |\vec{b}|^2 \leqslant \dfrac{105 - |\vec{a}|^2 - 4|\vec{a}||\vec{b}|}{3} < 35$，故 $|\vec{b}| \leqslant 5$，若 $|\vec{b}| = 1$，代入①得此时 $|\vec{a}|$ 无整数解；

若 $|\vec{b}| = 2$，代入①得此时 $|\vec{a}|$ 无整数解；若 $|\vec{b}| = 3$，代入①得此时 $|\vec{a}|$ 无整数解；若 $|\vec{b}| = 4$，代入①得此时 $|\vec{a}| = 3$；若 $|\vec{b}| = 5$，代入①得此时 $|\vec{a}|$ 无整数解；综上，$|\vec{a}| = 3$，$|\vec{b}| = 4$，代入②得 $\vec{a} \cdot$

$\vec{b} = -6$，$\cos\langle \vec{a}, \vec{b}\rangle = -\dfrac{1}{2} \Rightarrow \langle \vec{a}, \vec{b}\rangle = 120°$，所以 $\vec{a}(\vec{a} + \vec{b}) = 3$，$\vec{b}(\vec{a} + \vec{b}) = 10$. **29. ABC 提示**：$a +$

$b > c \Leftrightarrow (\sqrt{a} + \sqrt{b})^2 - 2\sqrt{ab} > (\sqrt{c})^2 \Rightarrow (\sqrt{a} + \sqrt{b})^2 > (\sqrt{c})^2 \Leftrightarrow \sqrt{a} + \sqrt{b} > \sqrt{c}$，故 A 项正确；三边长 $2,3$，

4 构成三角形，但 $2^2, 3^2, 4^2$ 不构成三角形，因为 $2^2 + 3^2 < 4^2$，故 B 也正确；当 $f(x) = \ln x(x \geqslant M)$ 时，

若 $M \geqslant 2$，不妨设 $c \geqslant b \geqslant a \geqslant 2$，若 $a + b > c$，容易得到 $ab \geqslant 2b \geqslant b + a > c$，从而 $\ln a + \ln b > \ln c$；

反之，若 $M_{\min} = 2 - \delta < 2(0 < \delta < 1)$，取 $a = b = 2 - \delta$，$c = 4 - 3\delta$，则 $a + b > c$，而 $ab = 4 - 4\delta + \delta^2 <$

$c = 4 - 3\delta \Leftrightarrow 0 < \delta < 1$，从而 $\ln a + \ln b < \ln c$，矛盾。所以 $M_{\min} = 2$；当 $f(x) = \sin x(0 < x < M)$ 时，

不妨设 $c \geqslant b \geqslant a > 0$，并且 $a + b > c$，① 当 $a + b > \pi$ 时，$b > \dfrac{\pi}{2}$，于是 $c > b > \dfrac{\pi}{2}$，有 $\sin b > \sin c \Rightarrow$

$\sin a + \sin b > \sin c$ 当 $a + b \leqslant \pi$ 时，有 $\dfrac{\pi}{2} \geqslant \dfrac{a + b}{2} > \dfrac{c}{2}$，从而 $\sin a + \sin b = 2\sin\dfrac{a + b}{2}\cos\dfrac{a - b}{2} >$

$2\sin\dfrac{c}{2}\cos\dfrac{c}{2} = \sin c$；②当 $a + c > \pi$ 时，因为 $c < \dfrac{5\pi}{6}$，可知 $a > \dfrac{\pi}{6}$，从而有 $\dfrac{\pi}{6} < a < c < \dfrac{5\pi}{6}$，可知

$\sin a + \sin c > \dfrac{1}{2} + \dfrac{1}{2} \geqslant \sin b$；当 $a + c \leqslant \pi$ 时，由和差化积公式与①类似地可以证明 $\sin a + \sin c >$

$\sin b$；③ 当 $b \leqslant \dfrac{\pi}{2}$ 时，$\sin b + \sin c > \sin b \geqslant \sin a$；当 $b > \dfrac{\pi}{2}$ 时，$\sin b + \sin c > \sin\dfrac{5\pi}{6} + \sin\dfrac{5\pi}{6} \geqslant \sin a$；

综上可知 $f(x) = \sin x(0 < x < M)$ 在 $0 < M \leqslant \dfrac{5\pi}{6}$ 时具有性质 P. **30. A 提示**：设 η 是 l 的垂面，则

γ 与 l 的成角和 γ 与 η 的成角互余。从而考虑一个侧棱两两垂直的三棱锥的底面与三个侧面的成角问题。

31. AC 提示：函数 $f(x) = \dfrac{1}{1 - x} - \dfrac{1}{x} + x$ 的三条渐近线为 $x = 0$，$x = 1$，$y = x$，根据单调性画出

$f(x) = \dfrac{1}{1 - x} - \dfrac{1}{x} + x$ 图像草图后可知 AC 正确. **32. A 提示**：$m^2 - n^2 = k \Rightarrow k = (m + n)(m - n)$，所

以 k 或者是奇数或者是 4 的倍数，经检验 $2000, 2004, 2008, 2012, 2016, 2011, 2013, 2015, 2017$ 符合

题意. **33. D 提示**：$s = 2\displaystyle\int_0^1 \pi\sin(\pi t)\pi\sin(\pi t)\mathrm{d}t = 4m$ **34. BD 提示**：$a_{n+1} = 5a_n + 3b_n + 7 \Rightarrow a_{n+1} + 4 =$

$5(a_n + 4) + 3(b_n - 3)$ $b_{n+1} = 3a_n + 5b_n \Rightarrow b_{n+1} - 3 = 3(a_n + 4) + 5(b_n - 3)$ 所以 $[(a_{n+1} + 4) + (b_{n+1} -$

$3)] = 8[(a_n + 4) + (b_n - 3)]$ $[(a_{n+1} + 4) - (b_{n+1} - 3)] = 2[(a_n + 4) - (b_n - 3)]$ 所以 $[(a_n + 4) + (b_n -$

$3)] = 8^{n-1} \cdot 4$ $[(a_n + 4) - (b_n - 3)] = 2^{n-1} \cdot 8 = 2^{n+2}$ 解得 $a_n + 4 = 2^{3n-2} + 2^{n+1}$；$b_n - 3 = 2^{3n-2} -$

2^{n+1} 所以 $a_9 = 2^{25} + 2^{10} - 4$；$b_9 = 2^{25} - 2^{10} + 3$. **35. BC 提示**：$f(x) =$

$\dfrac{(3\sin x - 4\sin^3 x) \cdot \sin^3 x + (4\cos^3 x - 3\cos x \cdot \cos^3 x)}{\cos^2 2x} + \sin 2x = \dfrac{3\sin^4 x - 3\cos^4 x - 4\sin^6 x + 4\cos^6 x}{(\cos^2 x - \sin^2 x)^2} +$

$\sin 2x = \dfrac{3(\sin^2 x - \cos^2 x)(\sin^2 x + \cos^2 x) - 4(\sin^2 x - \cos^2 x)(\sin^4 x + \cos^4 x + \sin^2 x \cos^2 x)}{(\cos^2 x - \sin^2 x)^2} +$

$\sin 2x = \dfrac{-3\cos 2x + 4\cos 2x(1 - \sin^2 x \cos^2 x)}{(\cos 2x)^2} + \sin 2x = \dfrac{1 - \sin^2 2x}{\cos 2x} + \sin 2x = \cos 2x + \sin 2x =$

$$\sqrt{2}\cos\left(2x-\frac{\pi}{4}\right)$$

真卷 20　复旦大学（"千分考"）（2011）

1. D　**2.** B　**3.** B　**4.** A　**5.** C　**6.** B　**7.** A　**8.** B　**9.** C　**10.** C　**11.** A　**12.** D　**13.** A　**14.** D　**15.** B　**16.** D　**17.** C　**18.** A　**19.** D　**20.** B　**21.** A　**22.** B　**23.** A　**24.** C　**25.** B　**26.** A　**27.** B　**28.** D　**29.** A　**30.** B　**31.** C　**32.** B

真卷 21　复旦大学（"千分考"）（2012—2013 合卷）

1. A　**2.** C　**3.** B　**4.** D　**5.** B　**6.** C　**7.** C　**8.** B　**9.** D　**10.** A　**11.** D　**12.** B　**13.** B　**14.** A　**15.** C　**16.** A　**17.** B　**18.** D　**19.** A　**20.** C　**21.** A　**22.** A　**23.** A　**24.** B　**提示：** 令 $\alpha=$

$\arctan\dfrac{1}{3}+\arctan\dfrac{1}{5}$，$\beta=\arctan\dfrac{1}{7}+\arctan\dfrac{1}{8}$，易看出 α，β 为锐角且 $\tan\alpha=\dfrac{\dfrac{1}{3}+\dfrac{1}{5}}{1-\dfrac{1}{3}\cdot\dfrac{1}{5}}=\dfrac{4}{7}$，

$\tan\beta=\dfrac{\dfrac{1}{7}+\dfrac{1}{8}}{1-\dfrac{1}{7}\cdot\dfrac{1}{8}}=\dfrac{3}{11}$，所以 $\alpha=\arctan\dfrac{4}{7}$，$\beta=\arctan\dfrac{3}{11}$，又令 $\gamma=\alpha+\beta$，易看出 γ 为锐角且

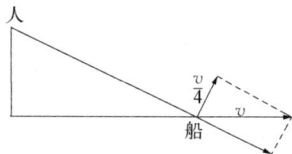
图题解 25

$\tan\gamma=\dfrac{\dfrac{4}{7}+\dfrac{3}{11}}{1-\dfrac{4}{7}\cdot\dfrac{3}{11}}=1$，所以 $\gamma=\dfrac{\pi}{4}$．　**25.** A　**提示：** 见图题解 25.

26. B　**提示：** 因为 2 012! 中的因子 2 相较于 5 来说足够多，所以只需考察因子 5 的总个数.在 1，2，3，…，2 012 中，5 的倍数的个数为 402 个，5^2 的倍数的个数为 80 个，5^3 的倍数的个数为 16 个，5^4 的倍数的个数为 3 个．所以 2 012! 中 5 的因子的总个数有 $402+80+16+3=501$ 个．所以 2 012! 的末尾有连续 501 个零．　**27.** D　**提示：** 以含有的五角个数依次为 0、1、2、…、20 分类，再把得到的方法数（每一类的方法数等同于除去五角的余额中包含的二角的个数，不足 10 元的部分用一角补齐即可）相加 $51+48+46+43+41+38+36+33+31+28+26+23+21+18+16+13+11+8+6+3+1=99+89+79+69+59+49+39+29+19+9+1=541$．

28. D　**提示 1：** 设三角形三边长为 a，b，c，相应的边上的三条中线依次为 x，y，z，利用平行四边形"对角线平方和等于四边平方和"定理，可以得到 $(2z)^2+c^2=2(a^2+b^2)$　$(2x)^2+a^2=2(b^2+c^2)$　$(2y)^2+b^2=2(c^2+a^2)$　三式相加得：$4(x^2+y^2+z^2)=3(a^2+b^2+c^2)$．**提示 2：** 考虑正三角形．

29. D　**提示：** 是焦点在纵轴上，实半轴长为 $\sqrt{2}$ 的等轴双曲线．　**30.** C　**提示：** 设棱长为 x，则 $3x^2=5^2$，所以表面积为 $6x^2=50$．　**31.** B　**提示：** 设圆锥的底面半径和母线长分别为 r，l，则 $S_侧=\pi rl=a$，所以

$V^2=\left(\dfrac{\pi r^2}{3}\sqrt{l^2-r^2}\right)^2=\dfrac{\pi^2}{9}r^4(l^2-r^2)=\dfrac{\pi^2}{9}r^2(r^2l^2-r^4)=\dfrac{\pi^2}{9}r^2\left(\dfrac{a^2}{\pi^2}-r^4\right)$，所以 $V^4=\dfrac{\pi^4}{81}r^4$

$\left(\dfrac{a^2}{\pi^2}-r^4\right)^2=\dfrac{\pi^4}{162}2r^4\left(\dfrac{a^2}{\pi^2}-r^4\right)\left(\dfrac{a^2}{\pi^2}-r^4\right)\leqslant\dfrac{\pi^4}{162}\left[\dfrac{2r^4+\left(\dfrac{a^2}{\pi^2}-r^4\right)+\left(\dfrac{a^2}{\pi^2}-r^4\right)}{3}\right]^3=\dfrac{4a^6}{3^7\pi^2}$，

所以 $V^2{}_{Max}=\dfrac{2\sqrt{3}a^3}{81\pi}$．　**32.** C　**提示：** 在数轴上进行两分法操作,观察趋势．　**33.** B　**提示：** 同一个球

面被一组平行平面所截,得到的等高的球带或球冠面积相等.

真卷 22　中国科学技术大学(2016)

1. 21　提示:$3^{2\,016}=(10-1)^{1\,008}=100M-\mathrm{C}_{1\,008}^{1}10+1=100N+21$　2. $\dfrac{1}{6}\pm\dfrac{\sqrt{15}}{6}\mathrm{i}$　提示:复数的几何意义、三角式及余弦定理　3. 70　4. $\dfrac{\sqrt{3}}{3}$　提示:$\sin A+2\sin B\cos C=0\Rightarrow\sin(B+C)+2\sin B\cos C=0\Rightarrow\cos B\sin C+3\sin B\cos C=0\Rightarrow\tan C=-3\tan B$　所以 $\tan A=-\tan(B+C)=\cdots=$

$$\dfrac{2}{3\tan B+\dfrac{1}{\tan B}}\leqslant\dfrac{\sqrt{3}}{3}$$

5. $\left[-\dfrac{1}{3},\dfrac{1}{3}\right]$　提示:$f(x)=\mid2x-a\mid+\mid3x-2a\mid=2\left|x-\dfrac{a}{2}\right|+3\left|x-\dfrac{2a}{3}\right|$　$f(x)_{\min}=f\left(\dfrac{2a}{3}\right)=\left|\dfrac{a}{3}\right|$,所以由 $\left|\dfrac{a}{3}\right|\geqslant a^{2}\Rightarrow\mid a\mid\leqslant\dfrac{1}{3}$　6. $>$　提示:先对 x,y 分别求以 b 为底的对数.　7. $\dfrac{ab}{a+bn}$　提示:设 $P_{n}Q_{n}=b_{n}$,$CD=b=b_{0}$,利用相似三角形性质可得

$$\dfrac{b_{n-1}}{b_{n}}=\dfrac{b_{n-1}}{a}+1\Rightarrow\dfrac{1}{b_{n}}-\dfrac{1}{b_{n-1}}=\dfrac{1}{a}(n\in\mathbf{N}^{*}),累和得\dfrac{1}{b_{n}}=\dfrac{n}{a}+\dfrac{1}{b_{0}}\Rightarrow\dfrac{1}{b_{n}}=\dfrac{n}{a}+\dfrac{1}{b}\Rightarrow\dfrac{1}{b_{n}}=$$

$$\dfrac{a+bn}{ab}$$

8. $\dfrac{444}{5}$　提示:$\mathrm{round}(\sqrt{n})=\left[\sqrt{n}+\dfrac{1}{2}\right]$　9. 提示:均值定理和柯西不等式　因为 $a+\sqrt{bc}+b+\sqrt{ca}+c+\sqrt{ab}\leqslant2(a+b+c)=6$　所以 $6\cdot\left(\dfrac{a^{2}}{a+\sqrt{bc}}+\dfrac{b^{2}}{b+\sqrt{ca}}+\dfrac{c^{2}}{c+\sqrt{ab}}\right)\geqslant$

$$(a+\sqrt{bc}+b+\sqrt{ca}+c+\sqrt{ab})\left(\dfrac{a^{2}}{a+\sqrt{bc}}+\dfrac{b^{2}}{b+\sqrt{ca}}+\dfrac{c^{2}}{c+\sqrt{ab}}\right)\geqslant(a+b+c)^{2}=9$$

10. $f(n)=f(1)+n-1$,其中 $f(1)\in\mathbf{N}^{*}$　提示:$\mid f(x+1)-f(x)\mid=1$ 且 f 为单射　11. $(x,y,z)=(1,0,0),(3,0,1)$　提示:① $\begin{cases}y=0\\z=0\end{cases}$时,此时易得 $(x,y,z)=(1,0,0)$;② $\begin{cases}y=0\\z\neq0\end{cases}$时,$2^{x}-7^{z}=1$　因为 $2^{x}\equiv1(\bmod7)$,所以 $x=3t(t\in\mathbf{N})$,所以 $(2^{t}-1)\left[(2^{t}-1)^{2}+2\cdot2^{t}\right]=7^{z}$,因为 $(2^{t}-1,2^{2t}+2^{t}+1)=(2^{t}-1,2^{t+1})=1$,所以只有 $2^{t}-1=1$(解得 $t=1$)或 $\begin{cases}2^{t}-1=7^{z}\\2^{2t}+2^{t}+1=1\end{cases}$(无解),所以又得 $(x,y,z)=(3,0,1)$;③ $\begin{cases}y\neq0\\z=0\end{cases}$时,$2^{x}=5^{y}+1$,因为 $y\geqslant1$,所以应有 $x\geqslant2$,所以 $4\mid2^{x}=5^{y}+1$,但 $5^{y}+1\equiv2(\bmod4)$,所以方程 $2^{x}=5^{y}+1$ 无解;④ $\begin{cases}y\neq0\\z\neq0\end{cases}$时,$\begin{cases}y\geqslant1\\z\geqslant1\end{cases}$,从而 $x\geqslant5$,所以 $2^{x}\equiv1(\bmod5)$,又 $2^{4}\equiv1(\bmod5)$,所以 $x=4t(t\in\mathbf{N}^{*},t\geqslant2)$,所以 $(2^{2t}-1)(2^{2t}+1)=5^{y}\cdot7^{z}$,因为 $(2^{2t}-1,2^{2t}+1)=(2^{2t}-1,2)=1$,所以 $\begin{cases}2^{2t}-1=5^{y}\\2^{2t}+1=7^{z}\end{cases}$或 $\begin{cases}2^{2t}-1=7^{z}\\2^{2t}+1=5^{y}\end{cases}$,所以 $\begin{cases}(2^{t}-1)(2^{t}+1)=5^{y}\\2^{2t}+1=7^{z}\end{cases}$或 $\begin{cases}(2^{t}-1)(2^{t}+1)=7^{z}\\2^{2t}+1=5^{y}\end{cases}$即 $\begin{cases}2^{t}-1=1\\2^{t}+1=5^{y}\\2^{2t}+1=7^{z}\end{cases}$或 $\begin{cases}2^{t}-1=1\\2^{t}+1=7^{z}\\2^{2t}+1=5^{y}\end{cases}$两者显然均无解.综上所述:$(x,y,z)=(1,0,0),(3,0,1)$.

真卷 23 "卓越"联盟(2011)

1. 因为 $(\vec{a}-2\vec{b})\perp\vec{a}$, $(\vec{b}-2\vec{a})\perp\vec{b}$ 则 $(\vec{a}-2\vec{b})\cdot\vec{a}=0$, $(\vec{b}-2\vec{a})\cdot\vec{b}=0$, 于是 $\vec{a}^2=\vec{b}^2=2\vec{a}\cdot\vec{b}$, 设 $\vec{a}$, $\vec{b}$ 的夹角为 θ, 则 $\cos\theta=\dfrac{\vec{a}\cdot\vec{b}}{|\vec{a}|\cdot|\vec{b}|}=\dfrac{2\vec{a}\cdot\vec{b}}{2|\vec{a}|^2}=\dfrac{1}{2}$, 所以 $\theta=\dfrac{\pi}{3}$. 故选 B. **2.** 由 $\sin 2(\alpha+\gamma)=n\sin 2\beta$ 得 $\dfrac{\sin 2(\alpha+\gamma)}{\sin 2\beta}+1=n+1$, 则 $n+1=\dfrac{\sin 2(\alpha+\gamma)+\sin 2\beta}{\sin 2\beta}=\dfrac{2\sin(\alpha+\beta+\gamma)\cos(\alpha-\beta+\gamma)}{\sin 2\beta}$ ①, 同理 $n-1=\dfrac{\sin 2(\alpha+\gamma)-\sin 2\beta}{\sin 2\beta}=\dfrac{2\cos(\alpha+\beta+\gamma)\sin(\alpha-\beta+\gamma)}{\sin 2\beta}$ ②, 式①÷式②得 $\dfrac{n+1}{n-1}=\dfrac{2\sin(\alpha+\beta+\gamma)\cos(\alpha-\beta+\gamma)}{2\cos(\alpha+\beta+\gamma)\sin(\alpha-\beta+\gamma)}=\dfrac{\tan(\alpha+\beta+\gamma)}{\tan(\alpha-\beta+\gamma)}$. 故选 D. **3.** 如图题解 3 所示,

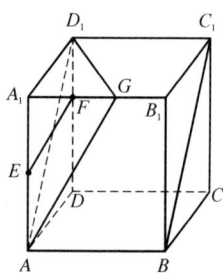

取 A_1B_1 的中点 G, 连 AG, 则由 $A_1F:FB_1=1:3$, 得 F 为 A_1G 的中点, 于是 $EF\parallel AG$, 又 $AD_1\parallel BC_1$, 则 $\angle D_1AG$ 为异面直线 EF 与 BC_1 所成的角(或其补角). 设正方体的棱长为 2, 则 $D_1G=AG=\sqrt{5}$, $AD_1=2\sqrt{2}$. 则 $\cos\angle D_1AG=\dfrac{AG^2+AD_1^2-D_1G^2}{2AG\cdot AD_1}=\dfrac{8+5-5}{2\times 2\sqrt{2}\sqrt{5}}=\dfrac{\sqrt{2}}{\sqrt{5}}$, 所以 $\sin\angle D_1AG=\sqrt{1-\dfrac{2}{5}}=\dfrac{\sqrt{15}}{5}$. 故选 B. **4.** $\left|\dfrac{z^2-2z+2}{z-1+\mathrm{i}}\right|=\left|\dfrac{(z-1+\mathrm{i})(z-1-\mathrm{i})}{z-1+\mathrm{i}}\right|=|z-1-\mathrm{i}|\leqslant|z|+|1+\mathrm{i}|=1+\sqrt{2}$. 所以 $\left|\dfrac{z^2-2z+2}{z-1+\mathrm{i}}\right|$ 的最大值为 $\sqrt{2}+1$. 故选 C. **5.** 设抛物线方程为 $y^2=2px$, $A(x_A, y_A)$, $B(x_B, y_B)$, $C(x_C, y_C)$, 则由 $\begin{cases}y^2=2px, \\ 4x+y-20=0,\end{cases}$ 得 $2y^2+py-20p=0$, 于是 $y_B+y_C=-\dfrac{p}{2}$, $y_By_C=-10p$, $x_B+x_C=10-\dfrac{y_B+y_C}{4}=10+\dfrac{p}{8}$. 抛物线的焦点坐标为 $F\left(\dfrac{p}{2}, 0\right)$, 因为 $\triangle ABC$ 的重心为抛物线的焦点, 所以 $\begin{cases}x_A+x_B+x_C=x_A+10+\dfrac{p}{8}=\dfrac{3p}{2}, \\ y_A+y_B+y_C=3\left(y_A-\dfrac{p}{2}\right)=0,\end{cases}$ 所以 $x_A=\dfrac{11}{8}p-10$, $y_A=\dfrac{p}{2}$, 由 $y_A^2=2px_A$, 得 $\left(\dfrac{p}{2}\right)^2=2p\left(\dfrac{11}{8}p-10\right)$, 解得 $p=8$, 抛物线方程为 $y^2=16x$. 故选 A.

6. 建立如图题解 6 的坐标系 $C-xyz$. 则 $A(\sqrt{3}, 1, 0)$, $B(0, 2, 0)$, $C_1(0, 0, 2)$, $E(0, 0, 1)$. $\overrightarrow{EB_1}=(0, 2, 1)$, $\overrightarrow{EA}=(\sqrt{3}, 1, -1)$, $\overrightarrow{EC_1}=(0, 0, 1)$. 设平面 AB_1E 的法向量为 $\vec{n}=(x, y, z)$, 则 $\begin{cases}\vec{n}\cdot\overrightarrow{EB_1}=0, \\ \vec{n}\cdot\overrightarrow{EA}=0,\end{cases}$ 即 $\begin{cases}2y+z=0, \\ \sqrt{3}x+y-z=0,\end{cases}$ 令 $z=-2$, 则 $y=1$. $x=-\sqrt{3}$. $\vec{n}=(\sqrt{3}, 1, -2)$. 设点 C_1 到平面 AB_1E 的距离为 d, 则 $d=\left|\dfrac{\overrightarrow{EC_1}\cdot\vec{n}}{|\vec{n}|}\right|=\dfrac{2}{2\sqrt{2}}=\dfrac{\sqrt{2}}{2}$. 故选 D. **7.** 由选项知 $k>0$. 显然, $x=0$ 是方程的一个解; 当 $x>0$ 时, 方程化为 $kx^2+4kx-1=0$, 对于任意正数 k, 此方程有

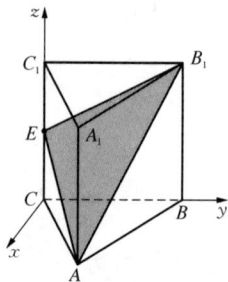

图题解 6

一正根和一负根,由 $x>0$,原方程有一正根;当 $x<0$ 时,方程化为 $kx^2+4kx+1=0$,由题设,该方程应该有两个负根,因而必须 $\Delta=16k^2-4k>0$,由 $k>0$ 得 $k>\dfrac{1}{4}$.综上所述,当 $k>\dfrac{1}{4}$ 时,原方程有一零根,一正根和两个负根.故选 C. **8.** 因为 $PF\,/\!/\,AC$,D 是 BC 的中点,则 $BE=AE$.因为 PA 切 $\odot O$ 于 A,则 $\angle PAE=\angle C=EDB$.又 $\angle BED=\angle PEA$,所以 $\triangle APE\backsim\triangle DBE$,因而 $\dfrac{PE}{BE}=\dfrac{AE}{ED}$,因为 $PE=3$,$ED=2$,$BE=AE$,所以 $AE^2=2\times3=6$,由相交弦定理 $AE\cdot BE=GE\cdot EF$,则 $6=3GE$,所以 $GE=2$,于是 $PG=1$,又 $PF=PE+EF=6$,由切割线定理得 $PA^2=PG\cdot PF=1\times6=6$,所以 $PA=\sqrt{6}$.故选 B. **9.** 由 $|a_{k+1}-a_k|=1$ 得 $a_{k+1}=a_k\pm1$,所以相邻项之间的运算是对前一项加 1 或减 1 的运算,因为 $a_1=0$,$a_{11}=4$,则从 a_2 到 a_{11} 中共进行 10 次对前一项加 1 或减 1 的运算,其中有 7 次加 1,3 次减 1,共有 $C_{10}^3=120$ 种不同的运算,因此满足这种条件的不同数列的个数为 120 个.故选 B. **10.** 在平面直角坐标系中,作一个以 y 轴为对称轴的正 7 边形 $ABCDEFG$(见图题解 10),则各边所对的圆心角为 $\dfrac{2\pi}{7}$,于是题设的变换

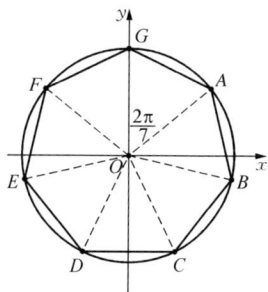

图题解 10

是如下的操作:$A\xrightarrow{\sigma^4}E\xrightarrow{\tau}B\xrightarrow{\sigma^3}E\xrightarrow{\tau}B\xrightarrow{\sigma^2}D\xrightarrow{\tau}C\xrightarrow{\sigma}D$.而 $\tau\sigma^2$ 变换是 $A\xrightarrow{\sigma^2}C\xrightarrow{\tau}D$.所以 $\sigma\tau\sigma^2\tau\sigma^3\tau\sigma^4=\tau\sigma^2$.故选 D. **11.**(1)$b_{n+1}=a_{n+2}-a_{n+1}=\dfrac{a_{n+1}+a_n}{2}-a_{n+1}=-\dfrac{a_{n+1}-a_n}{2}=-\dfrac{1}{2}b_n$,① 因为 $a\neq b$,所以 $b_1=a_2-a_1=b-a\neq0$,进而由式①推出 $b_n\neq0$,所以,数列 $\{b_n\}$ 是以 $b-a$ 为首项,$-\dfrac{1}{2}$ 为公比的等比数列.(2)由(1)得 $b_n=(b-a)\left(-\dfrac{1}{2}\right)^{n-1}=a_{n+1}-a_n$,所以 $a_n=(a_n-a_{n-1})+(a_{n-1}-a_{n-2})+\cdots+(a_2-a_1)+a_1=a_1+b_1+b_2+\cdots+b_{n-1}=a+(b-a)\left[1+\left(-\dfrac{1}{2}\right)+\left(-\dfrac{1}{2}\right)^2+\cdots+\left(-\dfrac{1}{2}\right)^{n-2}\right]=a+\dfrac{2}{3}(b-a)\left[1-\left(-\dfrac{1}{2}\right)^{n-1}\right]=\dfrac{1}{3}(2b+a)-\dfrac{2}{3}(b-a)\left(-\dfrac{1}{2}\right)^{n-1}$.$a_1+a_2+\cdots+a_n=\dfrac{n}{3}(2b+a)-\dfrac{2}{3}(b-a)\left[1+\left(-\dfrac{1}{2}\right)+\left(-\dfrac{1}{2}\right)^2+\cdots+\left(-\dfrac{1}{2}\right)^{n-1}\right]=\dfrac{n}{3}(2b+a)-\dfrac{4}{9}(b-a)\left[1-\left(-\dfrac{1}{2}\right)^n\right]$,因为 $\lim\limits_{n\to\infty}(a_1+a_2+\cdots+a_n)=4$,则有 $\begin{cases}2b+a=0,\\-\dfrac{4}{9}(b-a)=4.\end{cases}$ 解得 $a=6,b=-3$. **12.**(1)**解法一**:设 E 是 AB 的中点,因为 $AB=2AC$,所以 $AE=AC$,连 CE 交 AD 于 F.因为 AD 是 $\angle A$ 的角平分线,则 $AD\perp CE$,且 F 为 CE 的中点,过 E 作 $EG\,/\!/\,AD$ 交 BC 于 G,则 D 是 CG 的中点,于是 $DF=\dfrac{1}{2}GE$,$GE=\dfrac{1}{2}AD$,所以 $DF=\dfrac{1}{4}AD$,所以 $AF=\dfrac{3}{4}AD=\dfrac{3k}{4}AC$.因为 $\triangle ACF$ 是 $Rt\triangle$,则 $AF=\dfrac{3k}{4}AC<AC$,于是 $0<k<\dfrac{4}{3}$.所以 k 的取值范围是 $\left(0,\dfrac{4}{3}\right)$.**解法二**:设 $AC=x$,则 $AB=2x$,$AD=kx$.设 $\dfrac{1}{2}\angle A=\theta$,由余弦定理得 $BD^2=4x^2+k^2x^2-2\cdot2x\cdot kx\cos\theta=(4+k^2)x^2-4kx^2\cos\theta=x^2(4+$

$k^2 - 4k\cos\theta)$　　$DC^2 = x^2 + k^2 x^2 - 2 \cdot x \cdot kx\cos\theta = (1 + k^2)x^2 - 2kx^2\cos\theta = x^2(1 + k^2 - 2k\cos\theta)$，

由正弦定理得 $\dfrac{BD}{\sin\theta} = \dfrac{AB}{\sin\angle ADB}$，$\dfrac{DC}{\sin\theta} = \dfrac{AC}{\sin\angle ADC} = \dfrac{AC}{\sin\angle ADB}$，由此得 $BD = 2DC$（也可以由三

角形内角平分线定理 $\dfrac{AB}{AC} = \dfrac{BD}{BC}$ 得到），从而 $BD^2 = 4DC^2$，所以 $4 + k^2 - 4k\cos\theta = 4(1 + k^2 -$

$2k\cos\theta)$，故 $k = \dfrac{4}{3}\cos\theta$. 由于 $0 < \angle A < \pi$，则 $0 < \theta < \dfrac{\pi}{2}$，所以 $0 < \cos\theta < 1$. 于是 $0 < k < \dfrac{4}{3}$. 所

以 k 的取值范围是 $\left(0, \dfrac{4}{3}\right)$. (2) 设 $AC = x$，则 $AB = 2x$，$AD = kx$，则 $S_{\triangle ABC} = 1 = x^2\sin A$. 由余

弦定理得 $BC^2 = x^2 + 4x^2 - 4x^2\cos A = \dfrac{5 - 4\cos A}{\sin A}$，设 $BC = a$，则 $a^2\sin A + 4\cos A = 5$，

$\sqrt{a^4 + 16}\sin(A + \varphi) = 5$，其中 $\sin\varphi = \dfrac{4}{\sqrt{a^4 + 16}}$，$\cos\varphi = \dfrac{a^2}{\sqrt{a^4 + 16}}$. 则 $\sin(A + \varphi) = |\dfrac{5}{\sqrt{a^4 + 16}}| \leqslant$

1. 解得 $a \geqslant \sqrt{3}$. 当等号成立时，$\sin\varphi = \dfrac{4}{5}$，$\cos\varphi = \dfrac{3}{5}$，$\angle A = \dfrac{\pi}{2} - \varphi$，$\sin A = \dfrac{3}{5}$，$\cos A = \dfrac{4}{5}$. 所以，

当 $\cos A = \dfrac{4}{5}$ 时，BC 最短，最小值为 $\sqrt{3}$.　　**13.** (1) 设椭圆的短轴的长为 $2b$，长轴的长为 $2a$，半焦距为

c，则由题设 $c = 1$，于是 $a^2 = 1 + b^2$. 椭圆方程为 $\dfrac{x^2}{1 + b^2} + \dfrac{y^2}{b^2} = 1$. 由 $\begin{cases} \dfrac{x^2}{1 + b^2} + \dfrac{y^2}{b^2} = 1, \\ y = x - \sqrt{3}, \end{cases}$ 得　$(1 +$

$2b^2)x^2 - 2\sqrt{3}(1 + b^2)x + (1 + b^2)(3 - b^2) = 0$. 因为椭圆与直线 $y = x - \sqrt{3}$ 相切，所以 $\Delta =$

$[-2\sqrt{3}(1 + b^2)]^2 - 4(1 + 2b^2)(1 + b^2)(3 - b^2) = 0$，解得 $b = 1$. 所以椭圆方程 $\dfrac{x^2}{2} + y^2 = 1$. (2) 设直

线 l_1 的方程为 $x = my - 1$，由 $\begin{cases} \dfrac{x^2}{2} + y^2 = 1, \\ x = my - 1, \end{cases}$ 得 $(m^2 + 2)y^2 - 2my - 1 = 0$. 设 $P(x_1, y_1)$，$Q(x_2, y_2)$

是直线 l_1 与椭圆的交点，则 $|PQ| = \sqrt{1 + m^2}|y_1 - y_2| = \sqrt{1 + m^2}\sqrt{(y_1 + y_2)^2 - 4y_1 y_2} =$

$\sqrt{1 + m^2}\sqrt{\left(\dfrac{2m}{m^2 + 2}\right)^2 - 4\left(-\dfrac{1}{m^2 + 2}\right)} = \dfrac{2\sqrt{2}(m^2 + 1)}{m^2 + 2}$. 当 $m \neq 0$ 时，直线 l_2 的斜率为 $k = -m$，因

此 $|MN| = \dfrac{2\sqrt{2}\left[\left(-\dfrac{1}{m}\right)^2 + 1\right]}{\left(-\dfrac{1}{m}\right)^2 + 2} = \dfrac{2\sqrt{2}(1 + m^2)}{2m^2 + 1}$. $S_{PMQN} = \dfrac{1}{2}|PQ||MN| = \dfrac{1}{2} \cdot \dfrac{2\sqrt{2}(m^2 + 1)}{m^2 + 2} \cdot$

$\dfrac{2\sqrt{2}(1 + m^2)}{2m^2 + 1} = \dfrac{4(m^2 + 1)^2}{(m^2 + 2)(2m^2 + 1)}$，令 $m^2 + 1 = t(t > 1)$，则 $S_{PMQN} = f(t) = \dfrac{4t^2}{(t + 1)(2t - 1)} =$

$\dfrac{4t^2}{2t^2 + t - 1} = \dfrac{4}{-\dfrac{1}{t^2} + \dfrac{1}{t} + 2} = \dfrac{4}{-\left(\dfrac{1}{t} - \dfrac{1}{2}\right)^2 + \dfrac{9}{4}} \geqslant \dfrac{16}{9}$，又 $S_{PMQN} = \dfrac{4t^2}{2t^2 + t - 1} < 2$，所以 $\dfrac{16}{9} \leqslant$

$S_{PMQN} < 2$. 当且仅当 $t = 2$ 即 $m = \pm 1$ 时，等号成立. 当 $m = 0$ 时，$|MN| = 2\sqrt{2}$，$|PQ| = \sqrt{2}$，

$$S_{PMQN} = \frac{1}{2} \mid PQ \mid \mid MN \mid = \frac{1}{2} \cdot 2\sqrt{2} \cdot \sqrt{2} = 2, \text{综上所述,} \frac{16}{9} \leqslant S_{PMQN} \leqslant 2, \text{所以,四边形} PMQN \text{面}$$

积的最大值为 2,最小值为 $\frac{16}{9}$. **14.** (1) 因为 X_1 是 1 次这样的操作后的白球的个数,所以 $X_1 = a$,$a +$

1. 当 $X_1 = a$ 时,表明第一次取出的是白球,概率为 $P(X_1 = a) = \frac{a}{a+b}$,当 $X_1 = a+1$ 时,表明第一次

取出的是黑球,概率为 $P(X_1 = a+1) = \frac{b}{a+b}$,$EX_1 = a \cdot \frac{a}{a+b} + (a+1)\frac{b}{a+b} = \frac{a^2 + ab + b}{a+b} = a +$

$\frac{b}{a+b}$. (2) $P(X_{n+1} = a) = P(X_n = a)\frac{a}{a+b} = \frac{a}{a+b}p_0$,$P(X_{n+1} = a+k) = P(X_n = a+k-1)$

$\frac{b-(k-1)}{a+b} + P(X_n = a+k)\frac{a+k}{a+b} = \frac{b-(k-1)}{a+b}p_{k-1} + \frac{a+k}{a+b}p_k (k = 0, 1, \cdots, b)$. (3) 由(2)得

$$EX_{n+1} = \frac{a}{a+b}p_0 \cdot a + \sum_{k=1}^{b}\left[\frac{b-(k-1)}{a+b}p_{k-1} + \frac{a+k}{a+b}p_k\right] \cdot (a+k) = \sum_{k=0}^{b}\frac{b-k}{a+b}p_k(a+k+1) +$$

$$\sum_{k=0}^{b}\frac{a+k}{a+b}p_k(a+k) = \sum_{k=0}^{b}\left[p_k(a+k) + \frac{b-k}{a+b}p_k\right] = \sum_{k=0}^{b}(a+k)p_k - \frac{1}{a+b}\sum_{k=0}^{b}(a+k)p_k + \sum_{k=0}^{b}p_k$$

$$\left(1 - \frac{1}{a+b}\right)\sum_{k=0}^{b}(a+k)p_k + 1 = \left(1 - \frac{1}{a+b}\right)EX_n + 1.$$ **15.** (1) $f'(x) = \ln x + 1$; (2) 若 $C \leqslant \ln a$,则

$$\frac{1}{b-a}\int_a^b \mid \ln x - C \mid dx = \frac{1}{b-a}\int_a^b(\ln x - C)dx = \frac{1}{b-a}[x\ln x - (C+1)x]\mid_a^b = \frac{b\ln b - a\ln a}{b-a} - (C+$$

$1)$. 所以 $\frac{1}{b-a}\int_a^b \mid \ln x - C \mid dx \geqslant \frac{1}{b-a}\int_a^b \mid \ln x - \ln a \mid dx = \frac{b\ln b - a\ln a}{b-a} - (\ln a + 1) =$

$\frac{b(\ln b - \ln a)}{b-a} - 1$. 同理,若 $C \geqslant \ln b$ 则 $\frac{1}{b-a}\int_a^b \mid \ln x - C \mid dx \geqslant \frac{1}{b-a}\int_a^b \mid \ln x - \ln b \mid dx = 1 -$

$\frac{b\ln b - a\ln a}{b-a}$. 设 $\ln a \leqslant C \leqslant \ln b$,令 $C = \ln t$,则 $a \leqslant t \leqslant b$. $\frac{1}{b-a}\int_a^b \mid \ln x - C \mid dx = \frac{1}{b-a}\int_a^t(\ln t -$

$\ln x)dx + \frac{1}{b-a}\int_t^b(\ln x - \ln t)dx = \frac{2t - (b+a)\ln t}{b-a} + \frac{b\ln b + a\ln a - (b+a)}{b-a}$. 令 $F(t) =$

$\frac{2t - (b+a)\ln t}{b-a} + \frac{b\ln b + a\ln a - (b+a)}{b-a}$,$a \leqslant t \leqslant b$. 则 $F'(t) = \frac{1}{b-a}\left(2 - \frac{b+a}{t}\right)$,令 $F'(t) = 0$,则

$t = \frac{a+b}{2}$. 当 $a < t < \frac{a+b}{2}$ 时,$F'(t) < 0$,当 $\frac{a+b}{2} < t < b$ 时,$F'(t) > 0$,所以,在 $t = \frac{a+b}{2}$ 处,$F(t)$

取得极小值. 又 $F(a) = \frac{b(\ln b - \ln a)}{b-a} - 1$,$F(b) = 1 - \frac{a(\ln b - \ln a)}{b-a}$,所以当 $C = \ln\frac{a+b}{2}$ 时,

$\frac{1}{b-a}\int_a^b \mid \ln x - C \mid dx$ 取得最小值 $m_{a,b}$. $m_{a,b} = \frac{1}{b-a}\left[b\ln b + a\ln a - (b+a)\ln\frac{a+b}{2}\right]$. (3) 对(2)

中的最小值为 $m_{a,b}$,把 b 看作变量 t,令 $G(t) = t\ln t + a\ln a - (t+a)\ln\frac{a+t}{2} - (t-a)\ln 2$,$t \geqslant a$,

$G(a) = 0$,则 $G'(t) = \ln t + 1 - \left(\ln\frac{t+a}{2} + 1\right) - \ln 2 = \ln\frac{t}{t+a} < 0$,于是 $G(t)$ 在区间 $[a, +\infty)$ 上单

调递减,所以,当 $t > a$ 时,$G(t) < G(a) = 0$,因而 $G(b) < 0$,$G(b) = b\ln b + a\ln a - (b +$

$a)\ln\dfrac{a+b}{2}-(b-a)\ln 2=(b-a)m_{a,b}-(b-a)\ln 2<0$，所以，$m_{a,b}<\ln 2$.

真卷 24　"卓越"联盟(2012)

1. 根据条件知 $a=\sqrt{3}b$，从而 $c=\sqrt{2}b$，于是离心率 $e=\dfrac{c}{a}=\dfrac{\sqrt{6}}{3}$. **2.** 令 $\dfrac{\sin\theta}{2+\cos\theta}=t$，则 $\sin\theta-t\cdot\cos\theta=2t\Rightarrow\sqrt{1+t^2}\geqslant|2t|\Rightarrow t^2\leqslant\dfrac{1}{3}\Rightarrow-\dfrac{\sqrt{3}}{3}\leqslant t\leqslant\dfrac{\sqrt{3}}{3}$，所以 $f(\theta)$ 的值域为 $\left[-\dfrac{\sqrt{3}}{3},\dfrac{\sqrt{3}}{3}\right]$. **3.** 根据条件知 $\begin{cases}0<\sin\theta<\cos\theta<1\\0<\sin\theta<\tan\theta<1\end{cases}$. 因为 $0<a<1$，所以 $f(x)=\log_a x$ 为递减函数，所以 $\log_a\sin\theta>\log_a\tan\theta>0$. 于是 $x=(\sin\theta)^{\log_a\sin\theta}<(\sin\theta)^{\log_a\tan\theta}<(\cos\theta)^{\log_a\tan\theta}=y$. **4.** 根据条件知：$\overrightarrow{BE}\cdot\overrightarrow{CF}=(\overrightarrow{BA}-\overrightarrow{EA})\cdot(\overrightarrow{CA}-\overrightarrow{FA})=\overrightarrow{BA}\cdot\overrightarrow{CA}-\overrightarrow{EA}\cdot\overrightarrow{CA}-\overrightarrow{BA}\cdot\overrightarrow{FA}+\overrightarrow{EA}\cdot\overrightarrow{FA}=0-\overrightarrow{EA}\cdot\overrightarrow{CA}+\overrightarrow{BA}\cdot\overrightarrow{EA}-1=\overrightarrow{EA}\cdot(\overrightarrow{BA}-\overrightarrow{CA})-1=\overrightarrow{EA}\cdot\overrightarrow{BC}-1=1\times4\times\cos 60°-1=1$. **5.** 令 $a_3=b_3=m$，$a_4=b_4=n$，则 $a_5=2n-m$，$b_5=\dfrac{n^2}{m}$. 根据条件知 $\dfrac{S_5-S_3}{T_4-T_2}=\dfrac{a_4+a_5}{b_4+b_3}=\dfrac{3n-m}{m+n}=5\Rightarrow n=-3m$. 于是 $\dfrac{a_5+a_3}{b_5+b_3}=\dfrac{2n}{\dfrac{n^2}{m}+m}=\dfrac{2}{\dfrac{n}{m}+\dfrac{m}{n}}=\dfrac{2}{(-3)+\left(-\dfrac{1}{3}\right)}=-\dfrac{3}{5}$. **6.** 我们先求 T 的值. 根据条件知 $|f(x+T)|=|T|\cdot|f(x)|$，所以 $|f(x+nT)|=|T|^n\cdot|f(x)|$，$n\in\mathbf{N}^+$. 若 $|T|<1$，则 $\lim\limits_{n\to+\infty}|f(x+nT)|=\lim\limits_{n\to+\infty}|T|^n\cdot|f(x)|=0$. 然而对于任意 $n\in\mathbf{N}^+$，当 $x\in\left[0,\dfrac{2\pi}{\omega}\right]$ 时，$f(x+nT)$ 的值域为 $[-1,1]$，与 $\lim\limits_{n\to+\infty}|f(x+nT)|=0$ 矛盾；若 $|T|>1$，则 $\lim\limits_{n\to+\infty}|f(x+nT)|=\lim\limits_{n\to+\infty}|T|^n\cdot|f(x)|=\begin{cases}0,当|f(x)|=0时\\+\infty,当|f(x)|\neq0时\end{cases}$. 然而对于任意 $n\in\mathbf{N}^+$，当 $x\in\left[0,\dfrac{2\pi}{\omega}\right]$ 时，$f(x+nT)$ 的值域为 $[-1,1]$，与 $\lim\limits_{n\to+\infty}|f(x+nT)|=0$ 或 $+\infty$ 矛盾；所以，只能 $|T|=1$，即 $T=-1$. 而当 $T=-1$ 时，$f(x-1)=-f(x)$，$f(x-2)=f(x)$，即 2 为 $f(x)$ 的一个周期. 所以 $\dfrac{2\pi}{\omega}\leqslant2\Rightarrow\omega\geqslant\pi$. 当 $\omega=\pi$，$T=-1$ 时，显然满足条件. 所以 ω 可取到的最小值为 π. **7.** (1) 直线 $y=ax+b$ 与圆 $x^2+y^2=2$ 有公共点的充要条件为 $x^2+(ax+b)^2=2$ 有实根，整理即知 $(a^2+1)x^2+2abx+(b^2-2)=0$ 有实根，即 $\Delta=(2ab)^2-4(a^2+1)(b^2-2)=4(2a^2-b^2+2)\geqslant0$，也即 $b^2\leqslant2a^2+2$. 当 $b=1$ 时，$a=1,2,3,4,5$；当 $b=2$ 时，$a=1,2,3,4,5$；当 $b=3$ 时，$a=2,3,4,5$；当 $b=4$ 时，$a=3,4,5$；当 $b=5$ 时，$a=4,5$，都有公共点. 所以直线 $y=ax+b$ 与圆 $x^2+y^2=2$ 有公共点的概率为 $\dfrac{19}{25}$. (2) 根据(1)的分析知，x 的分布列表如下：

x	0	1	2
P	$\dfrac{6}{25}$	$\dfrac{1}{25}$	$\dfrac{18}{25}$

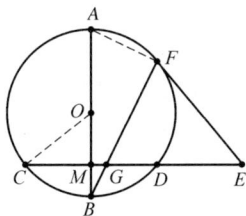
图题解 8(a)

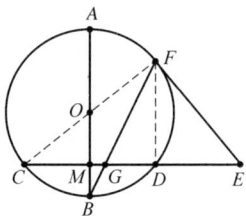
图题解 8(b)

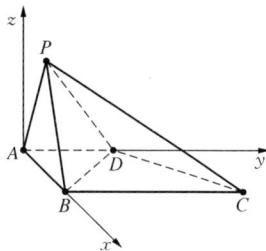
图题解 9

于是知 $E(X) = 0 \times \dfrac{6}{25} + 1 \times \dfrac{1}{25} + 2 \times \dfrac{18}{25} = \dfrac{37}{25}$. **8.** (1) 如图题解 8(a)所示,连接 AF 和 CO.根据垂径定

理知,M 为 CD 中点,所以 $CM = DM = 4$,所以 $OM = 3$.于是知 $ED = \dfrac{4}{3}OM = 4$.根据切割线定理知

$EF^2 = ED \cdot EC = 4 \times 12 = 48 \Rightarrow EF = 4\sqrt{3}$.而 $\angle EFG = \angle BAF = \angle BGM = \angle EGF$,所以 $EG = EF = 4\sqrt{3}$. (2) 如图题解 8(b)若 $DF \parallel AB$,则 $DF \perp CD$,即 CF 为 $\odot O$直径,从而 $CF = 10$.根据射影定理知,
应该有:$CF^2 = CD \cdot CE \Rightarrow 10^2 = 8 \times 12 \Rightarrow 100 = 96$,矛盾,所以 DE 不平行于 AB. **9.** 如图题解 9 所示,以
A 为原点,AB 为 x 轴,AD 为 y 轴,过 A 点垂直于平面 $ABCD$ 的直线为 z 轴,建立空间直角坐标系.则
$B(1, 0, 0)$, $C(1, 2, 0)$, $D(0, 1, 0)$.(1) 点 P 在 xOz 平面上,且 $AP = 1$,设点 $P(\cos\theta, 0, \sin\theta)$.于是平

面 PBC 为:$x + 0y + \dfrac{1 - \cos\theta}{\sin\theta}z = 1$,其法向量为 $\boldsymbol{n}_1 = \left(1, 0, \dfrac{1 - \cos\theta}{\sin\theta}\right)$;平面 PDC 为:$-x + y + $

$\dfrac{1 + \cos\theta}{\sin\theta}z = 1$, 其法向量为 $\boldsymbol{n}_2 = \left(-1, 1, \dfrac{1 + \cos\theta}{\sin\theta}\right)$. 因为 $\boldsymbol{n}_1 \cdot \boldsymbol{n}_2 = \left(1, 0, \dfrac{1 - \cos\theta}{\sin\theta}\right) \cdot$

$\left(-1, 1, \dfrac{1 + \cos\theta}{\sin\theta}\right) = 1 \times (-1) + 0 \times 1 + \dfrac{1 - \cos\theta}{\sin\theta} \cdot \dfrac{1 + \cos\theta}{\sin\theta} = 0$,所以 $\boldsymbol{n}_1 \perp \boldsymbol{n}_2$,所以平面 $PBC \perp$ 平面

PDC. (2) 设二面角 B-PD-$C = \alpha$.因为 $\angle PAB = 120°$, $AP = 1$,所以点 $P\left(-\dfrac{1}{2}, 0, \dfrac{\sqrt{3}}{2}\right)$. 于是平面

BPD 为:$x + y + \sqrt{3}z = 1$,其法向量为 $\boldsymbol{n}_3 = (1, 1, \sqrt{3})$;平面 CPD 为:$-x + y + \dfrac{\sqrt{3}}{3}z = 1$,其法向量为

$\boldsymbol{n}_4 = \left(-1, 1, \dfrac{\sqrt{3}}{3}\right)$. 因为 $\cos\langle \boldsymbol{n}_3, \boldsymbol{n}_4\rangle = \dfrac{(1, 1, \sqrt{3}) \cdot \left(-1, 1, \dfrac{\sqrt{3}}{3}\right)}{\left|(1, 1, \sqrt{3})\right|\left|\left(-1, 1, \dfrac{\sqrt{3}}{3}\right)\right|} = \dfrac{\sqrt{105}}{35}$,所以 $\cos\alpha = \dfrac{\sqrt{105}}{35}$,

$\tan\alpha = \dfrac{4\sqrt{6}}{3}$. **10.** (1) 如图题解 10 所示,根据条件知,抛物线准线 j:$x = $

$-\dfrac{p}{2}$, $F\left(0, \dfrac{p}{2}\right)$.设线段 AB 中点为 C,过 A 作 $AP \perp j$ 于 P,过 B 作

$BQ \perp j$ 于 Q,过 C 作 $CR \perp j$ 于 R. 设 $A(2pt_A^2, 2pt_A)$, $B(2pt_B^2,$

$2pt_B)$,则 $C(p(t_A^2 + t_B^2), p(t_A + t_B))$.易知 $CR = p(t_A^2 + t_B^2) + \dfrac{p}{2}$,

于是 $m + p = |AF| + |BF| + p = |AP| + |BQ| + p = 2CR + p = $

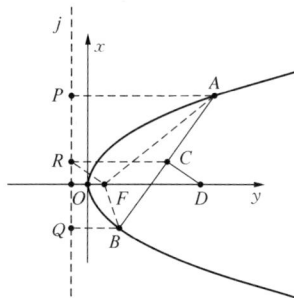
图题解 10

$2\left[p(t_A{}^2+t_B{}^2)+\dfrac{p}{2}\right]+p=2p(t_A{}^2+t_B{}^2+1)$　又 $k_{AB}=\dfrac{2pt_B-2pt_A}{2pt_B{}^2-2pt_A{}^2}=\dfrac{1}{t_A+t_B}$,所以 $k_{CD}=-$

(t_A+t_B).易知直线 CD: $y=-(t_A+t_B)[x-p(t_A{}^2+t_B{}^2)]+p(t_A+t_B)$,从而知 $a=p(t_A{}^2+t_B{}^2)+$

p.于是 $2a=2p(t_A{}^2+t_B{}^2+1)$.综上所述知,a 是 p 与 m 的等差中项.(2) 根据(1)的结论知,当 $m=3p$

时,D 点坐标为$(2p,0)$.令 $A(2pt_A{}^2,2pt_A)$.则以 AD 为直径的 $\odot E$,圆心坐标为 $E(p(t_A{}^2+1),pt_A)$,

半径 $r=p\sqrt{t_A{}^4-t_A{}^2+1}$.设直线 l: $x=k$.作 $EG\perp l$ 于 G,则 $EG=|p(t_A{}^2+1)-k|$.于是知直线 l

被 $\odot E$ 所截得的线段长度为 $2\sqrt{r^2-EG^2}=2\sqrt{p^2(t_A{}^4-t_A{}^2+1)-[p(t_A{}^2+1)-k]^2}=$

$2\sqrt{p(2k-3p)t_A{}^2+2pk-k^2}$ 由于此截得的线段长度恒为定值,所以 $2k-3p=0\Rightarrow k=\dfrac{3p}{2}$.于是直线

l: $x=\dfrac{3p}{2}$.　**11.** (1) 当 $a>0$ 时,$f(x)=\dfrac{ax}{b}+\dfrac{1}{bx}$ 为"对勾"函数.$f(x)$ 在 $\left(-\infty,-\dfrac{\sqrt{a}}{a}\right]$ 单调递增,在

$\left[-\dfrac{\sqrt{a}}{a},0\right)$ 单调递减;在 $\left(0,\dfrac{\sqrt{a}}{a}\right]$ 单调递减;在 $\left[\dfrac{\sqrt{a}}{a},+\infty\right)$ 单调递增.当 $a<0$ 时,$f(x)=$

$-\left|\dfrac{a}{b}\right|x+\dfrac{1}{bx}$.$f(x)$ 在$(-\infty,0)$ 单调递减;在$(0,+\infty)$ 单调递减.(2) 因为 $x_1+x_2>0$, $x_2+x_3>$

0, $x_3+x_1>0$,所以 x_1, x_2, x_3 中至多有一个负数.若 x_1, x_2, x_3 均为正数,因为 $|x_i|>\dfrac{1}{\sqrt{a}}$,且

$f(x)$ 在 $\left[\dfrac{\sqrt{a}}{a},+\infty\right)$ 单调递增,所以 $f(x_i)>f\left(\dfrac{1}{\sqrt{a}}\right)=\dfrac{2\sqrt{a}}{b}$, $i=1,2,3$.于是 $f(x_1)+f(x_2)+$

$f(x_3)>\dfrac{6\sqrt{a}}{b}>\dfrac{2\sqrt{a}}{b}$;若 x_1, x_2, x_3 中有一个负数,不妨设 x_1 为负数.易见 $f(x)$ 为奇函数,所以

$f(x_1)=-f(|x_1|)$.又 $f(x)$ 在 $\left[\dfrac{\sqrt{a}}{a},+\infty\right)$ 单调递增,且 $x_1+x_2>0\Rightarrow x_2>|x_1|$,于是 $f(x_1)+$

$f(x_2)+f(x_3)=[f(x_2)-f(|x_1|)]+f(x_3)>f(x_3)>f\left(\dfrac{1}{\sqrt{a}}\right)=\dfrac{2\sqrt{a}}{b}$.综上所述,$f(x_1)+$

$f(x_2)+f(x_3)>\dfrac{2\sqrt{a}}{b}$.(3) 因为 $f(x)$ 有极小值 $f_{\min}$,所以 $a>0$.又 $f_{\min}=f(1)=2$,所以$\begin{cases}\dfrac{\sqrt{a}}{a}=1\\\dfrac{a+1}{b}=2\end{cases}$,

解得$\begin{cases}a=1\\b=1\end{cases}$,所以 $f(x)=\dfrac{x^2+1}{x}$.易见 $f(x)=\dfrac{x^2+1}{x}$ 为奇函数,所以 $|f(-x)|^n-|f((-x)^n)|=$

$|f(x)|^n-|f(x^n)|$,于是只需考虑 $x>0$ 的情况.根据二项式定理和均值不等式知:$|f(x)|^n-$

$|f(x^n)|=\left(\dfrac{x^2+1}{x}\right)^n-\dfrac{x^{2n}+1}{x^n}=\dfrac{\sum_{i=1}^{n-1}C_n^i x^{2i}}{x^n}=\dfrac{\sum_{i=1}^{n-1}C_n^i(x^{2i}+x^{2n-2i})}{2x^n}\geqslant\dfrac{\sum_{i=1}^{n-1}C_n^i\cdot 2x^n}{2x^n}=$

$\sum_{i=1}^{n-1}C_n^i=\sum_{i=0}^{n}C_n^i-2=2^n-2$,命题得证.　**12.** (1) 根据 $vS_{n+1}-uS_n=a_1v$,知 $vS_{n+1}-uS_n=a_1v$　①

$vS_{n+2}-uS_{n+1}=a_1v$　②　式②-式①知:$v(S_{n+2}-S_{n+1})-u(S_{n+1}-S_n)=0\Rightarrow va_{n+2}=$

$ua_{n+1}\Rightarrow a_{n+2}=\dfrac{u}{v}a_{n+1}$.又当 $n=1$ 时,有 $v(a_1+a_2)-ua_1=a_1v\Rightarrow a_2=\dfrac{u}{v}a_1$.综上所述,对于任意

$n \in \mathbf{N}^+$，有 $a_{n+1} = \dfrac{u}{v} a_n$，所以 $\{a_n\}$ 为等比数列.(2) 设 $(u, v) = t$，$u = tu_1$，$v = tv_1$，则 $(u_1, v_1) = 1$.因为 $u > v$，所以 $u_1 > v_1$，于是 $u_1 \geqslant v_1 + 1$.根据(1)的结论知：$a_p = a_1 \cdot \left(\dfrac{u}{v}\right)^{p-1} = a_1 \cdot \left(\dfrac{u_1}{v_1}\right)^{p-1}$.① 若 $v_1 \nmid u_1$，则 $v_1 \nmid u_1$，从而 $v_1 \geqslant 2$.因为 a_1、a_p 均为正整数，所以 $v_1^{p-1} \mid a_1$，于是 $a_1 \geqslant v_1^{p-1} \geqslant 2^{p-1} = (1+1)^{p-1} \geqslant 1 + (p-1) + \dfrac{(p-1)(p-2)}{2} > p$，与 $p \geqslant a_1$ 矛盾，所以 $v \mid u$.② 若 $v_1 = 1$，则 $u_1 \geqslant 2$.从而 $(m+1)^{p-1} \geqslant a_p = a_1 \cdot (u_1)^{p-1} \geqslant a_1 \cdot 2^{p-1} \geqslant m^{p-1} \cdot 2^{p-1} = (2m)^{p-1}$，于是 $m+1 \geqslant 2m \Rightarrow m \leqslant 1 \Rightarrow m = 1$.而且此时 $a_1 = m^{p-1} = 1$，$a_p = (m+1)^{p-1} = 2^{p-1}$.于是知等比数列 $\{a_n\}$：$a_1 = 1$，$q = 2$.所以 $S_p = \dfrac{2^p - 1}{2-1} = 2^p - 1 = (m+1)^p - m^p$，命题成立；若 $v_1 \geqslant 2$，则 $v_1^{p-1} \mid a_1$.令 $a_1 = k \cdot v_1^{p-1}$，则 $a_p = k \cdot v_1^{p-1} \cdot \left(\dfrac{u_1}{v_1}\right)^{p-1} = k \cdot u_1^{p-1}$，所以 $k \cdot u_1^{p-1} \leqslant (m+1)^{p-1}$，于是知 $u_1 \leqslant m+1$.于是有 $\dfrac{u_1}{v_1} \geqslant \dfrac{u_1}{u_1 - 1} \geqslant \dfrac{m+1}{m}$.然而，又根据条件知：$\dfrac{a_p}{a_1} = \left(\dfrac{u_1}{v_1}\right)^{p-1} \leqslant \dfrac{(m+1)^{p-1}}{m^{p-1}} \Rightarrow \dfrac{u_1}{v_1} \leqslant \dfrac{m+1}{m}$.结合以上等号成立的条件知，只能 $\dfrac{u_1}{v_1} = \dfrac{u_1}{u_1 - 1} = \dfrac{m+1}{m}$，即 $u_1 = m+1$，$v_1 = m$，且 $a_1 = m^{p-1}$，$a_p = (m+1)^{p-1}$.于是 $S_p = a_1 \cdot \dfrac{1 - \left(\dfrac{m+1}{m}\right)^p}{1 - \dfrac{m+1}{m}} = m^{p-1} \cdot \dfrac{1 - \left(\dfrac{m+1}{m}\right)^p}{1 - \dfrac{m+1}{m}} = (m+1)^p - m^p$.综上所述，命题得证.

真卷 25   "卓越"联盟(2013)

1. A   **2.** B   **3.** C   **4.** B   **5.** $y = \pm x$ **6.** 2   **7.** $1 - \dfrac{1}{\pi}$ **8.** $\beta - \alpha$ **9.** (1) $(a-c)(\sin A + \sin C) = (a-b)\sin B \Leftrightarrow (a-c)(a+c) = (a-b)b \Leftrightarrow a^2 + b^2 - c^2 = ab$ 于是 $\cos C = \dfrac{a^2 + b^2 - c^2}{2ab} = \dfrac{1}{2}$，解得 $C = \dfrac{\pi}{3}$.(2) 由(1)得，$A + B = \dfrac{2\pi}{3}$，所以 $\sin A \cdot \sin B = \sin A \cdot \sin\left(\dfrac{2\pi}{3} - A\right) = \sin A \cdot \left(\dfrac{\sqrt{3}}{2}\cos A + \dfrac{1}{2}\sin A\right) = \dfrac{\sqrt{3}}{2}\sin A \cdot \cos A + \dfrac{1}{2}\sin^2 A = \dfrac{\sqrt{3}}{4}\sin 2A + \dfrac{1 - \cos 2A}{4} = \dfrac{1}{2}\sin\left(2A - \dfrac{\pi}{6}\right) + \dfrac{1}{4}$，所以当 $A = \dfrac{\pi}{3}$ 时，$\sin A \cdot \sin B$ 取到最大值 $\dfrac{3}{4}$.   **10.** (1) 由已知得离心率 $e = \dfrac{\sqrt{a^2 - b^2}}{a} = \dfrac{\sqrt{3}}{3}$，$b = 2$，从而 $a = \sqrt{6}$.所以椭圆的方程为 $\dfrac{x^2}{6} + \dfrac{y^2}{4} = 1$.(2) 直线 l 的方程为 $y = kx + 1$，设 $C(x_1, y_1)$，$D(x_2, y_2)$，由方程组 $\begin{cases} \dfrac{x^2}{6} + \dfrac{y^2}{4} = 1 \\ y = kx + 1 \end{cases}$，消去 y 得 $(2 + 3k^2)x^2 + 6kx - 9 = 0$.于是 $x_1 + x_2 = -\dfrac{6k}{2 + 3k^2}$，由直线 l 与 x 轴交于点 G，知 $k \neq 0$，$G\left(-\dfrac{1}{k}, 0\right)$.又 $\overrightarrow{GC} = \overrightarrow{DE}$，可得 $\left(x_1 + \dfrac{1}{k}, y_1\right) = (-x_2, 1 - y_2)$，故 $x_1 +$

$x_2 = -\dfrac{1}{k}$，所以 $-\dfrac{6k}{2+3k^2} = -\dfrac{1}{k}$，解得 $k = \pm\dfrac{\sqrt{6}}{3}$. (3) 因为 $A(0,-2)$，得 $k_{AC} = \dfrac{y_1+2}{x_1}$，$k_{AD} =$

$\dfrac{y_2+2}{x_2}$，又 $x_1 x_2 = \dfrac{-9}{2+3k^2}$，于是 $k_{AC} \cdot k_{AD} = \dfrac{(y_1+2)(y_2+2)}{x_1 x_2} = \dfrac{(kx_1+3)(kx_2+3)}{x_1 x_2} =$

$\dfrac{k^2 x_1 x_2 + 3k(x_1+x_2)+9}{x_1 x_2} = k^2 + \dfrac{\dfrac{-18k^2}{2+3k^2}+9}{\dfrac{-9}{2+3k^2}} = -2.$ **11.** (1) 设 $f(x) = e^x - \left(1+x+\dfrac{1}{2}x^2\right)$，

$x \in [0,+\infty)$，则 $f'(x) = e^x - (1+x)$. 令 $g(x) = e^x - (1+x)$，$x \in [0,+\infty)$，则 $g'(x) = e^x - 1$.
当 $x > 0$ 时，由于 $e^x > 1$，所以 $g'(x) > 0$，因此 $g(x)$ 在 $[0,+\infty)$ 上单调递增. 于是有 $f'(x) = g(x) >$
$g(0) = 0$，$x \in (0,+\infty)$. 从而可知 $f(x)$ 在 $[0,+\infty)$ 上单调递增，又 $f(0) = 0$，所以 $f(x) > 0$，$x \in$
$(0,+\infty)$，即 $e^x > 1+x+\dfrac{1}{2}x^2$，$x \in (0,+\infty)$. (2) 设 $h(x) = e^x - \left(1+x+\dfrac{1}{2}x^2 e^x\right)$，$x \in [0,$

$+\infty)$，则 $h'(x) = e^x - \left(1+xe^x+\dfrac{1}{2}x^2 e^x\right)$. 令 $p(x) = e^x - \left(1+xe^x+\dfrac{1}{2}x^2 e^x\right)$，$x \in [0,+\infty)$，

则 $p'(x) = -2xe^x - \dfrac{1}{2}x^2 e^x < 0$，$x \in (0,+\infty)$. 所以 $p(x)$ 在 $[0,+\infty)$ 上单调递减，从而 $h'(x) =$

$p(x) < p(0) = 0$，因此 $h(x)$ 在 $[0,+\infty)$ 上单调递减，于是 $h(x) < h(0) = 0$，即 $\dfrac{2(e^x-1-x)}{x^2} < e^x$，

$x \in (0,+\infty)$. 结合(1)有 $e^0 = 1 < e^y = \dfrac{2(e^x-1-x)}{x^2} < e^x$，得 $0 < y < x$. **12.** (1) α 的取值范围为

$[-2,+\infty)$. 必要性：由 $a_2 = 6+\alpha$，得 $\alpha \geqslant -2$. 充分性：用数学归纳法证明. 当 $n = 1,2$ 时，命题显然成
立；假设当 $n = k$ $(k \geqslant 2)$ 时，$a_k \geqslant 2k$ 成立，则当 $n = k+1$ 时，$a_{k+1} = a_k^2 - k a_k + \alpha \geqslant (2k)^2 - k \cdot 2k +$

$\alpha \geqslant 2k^2 - 2 > 2(k+1)$ 因此充分性得证. (2) 将命题加强至 $\dfrac{1}{a_1-2} + \dfrac{1}{a_2-2} + \cdots + \dfrac{1}{a_n-2} \leqslant$

$2\left(1-\dfrac{1}{2^n}\right) = 1 + \dfrac{1}{2} + \cdots + \dfrac{1}{2^{n-1}}$. 只需要证明 $\dfrac{1}{a_n-2} \leqslant \dfrac{1}{2^{n-1}}$，即 $a_n \geqslant 2^{n-1}+2$. 用数学归纳法证明. 当

$n = 1,2$ 时，命题显然成立；假设当 $n = k$ $(k \geqslant 2)$ 时，$a_k \geqslant 2^{k-1}+2$，则当 $n = k+1$ 时，$a_{k+1} = a_k^2 -$
$k a_k - 2 = a_k(a_k - k) - 2 \geqslant (2^{k-1}+2) \cdot (2^k - k) - 2 \geqslant 2^k + 2$. 因此命题得证.

真卷 26　"卓越"联盟(2014)

1. $|x|^3 - 2x^2 + 1 < 0$ 等价于 $|x|^3 - 2|x|^2 + 1 < 0$，等价于 $(|x| -$

$1)\left(|x| - \dfrac{1+\sqrt{5}}{2}\right)\left(|x| - \dfrac{1-\sqrt{5}}{2}\right) < 0$，又 $|x| \geqslant 0$，所以 $1 < |x| < \dfrac{1+\sqrt{5}}{2} \Rightarrow x \in$

$\left(-\dfrac{1+\sqrt{5}}{2}, -1\right) \cup \left(1, \dfrac{1+\sqrt{5}}{2}\right)$. **2.** $PA \perp$ 面 ABC，$BC \perp CA$，所以二面角 $P-BC-A = \angle PCA =$

$60°$，所以 $PA = \sqrt{3}AC$，又 $BC = \sqrt{2}$，所以 $V_{P-ABC} = \dfrac{1}{6}BC \cdot AC \cdot PA = \dfrac{\sqrt{6}}{6}AC^2 = \dfrac{\sqrt{6}}{3} \Rightarrow AC = \sqrt{2}$，则

直线 AB 与平面 PCA 所成角的正弦值为 $\sin\angle BAC = \dfrac{\sqrt{2}}{2}$. **3.** 原式视作 m 的二次方程 $ym^2 - (2x -$

4)$m+4-y=0$,判别式<0即可.答案:4π.   **4.** 当$x<-\dfrac{1}{2}$时,$f(x)=$

$\left(\dfrac{1}{x}+1\right)^2-1\in[-1,0)$;当$x\geqslant-\dfrac{1}{2}$时,$f(x)=\ln(x+1)\in[-\ln 2,$

$+\infty)$;所以$f(x)\in[-1,+\infty)$,所以,只要$g(b)\in(-\infty,1]$,就存在$a\in\mathbf{R}$,

使得$f(a)+g(b)=0$,这时$g(b)=(b-2)^2-8\in(-\infty,1]\Rightarrow b\in[-1,5]$.

5. 利用几何概型.如图题解5,相对于整个长方形,两个数之和小于1的概率是直

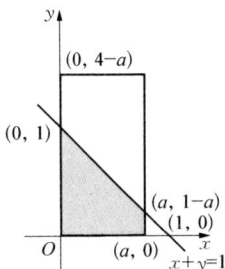

图题解5

线$x+y=1$在该长方形内下方阴影部分得的概率,所以 $\dfrac{\dfrac{a[1+(1-a)]}{2}}{a(4-a)}=$

$\dfrac{3}{16}\Rightarrow a=\dfrac{4}{5}$.   **6.** $|\overrightarrow{AB}|^2=\overrightarrow{AB}^2=(\overrightarrow{OB}-\overrightarrow{OA})^2=[(x_2-x_1)\overrightarrow{e_1}+(y_2-y_1)\overrightarrow{e_2}]^2=$

$[(x_2-x_1)\overrightarrow{e_1}]^2+2[(x_2-x_1)\overrightarrow{e_1}]\cdot[(y_2-y_1)\overrightarrow{e_2}]+[(y_2-y_1)\overrightarrow{e_2}]^2=(x_2-x_1)^2+2(x_2-x_1)(y_2-$

$y_1)\cos\theta+(y_2-y_1)^2$ 所以 $|AB|=\sqrt{(x_2-x_1)^2+2(x_2-x_1)(y_2-y_1)\cos\theta+(y_2-y_1)^2}$.

7. $\omega x+\dfrac{\pi}{4}=k\pi+\dfrac{\pi}{2}\Rightarrow x=\dfrac{1}{\omega}\left(k\pi+\dfrac{\pi}{4}\right)$ $(k\in\mathbf{Z})$ $\dfrac{1}{\omega}\left|k\pi+\dfrac{\pi}{4}\right|_{\min}=\dfrac{\pi}{6}\Rightarrow\omega=6\left|k+\dfrac{1}{4}\right|_{\min}=$

$\dfrac{3}{2}$.   **8.** 记集合A的元素个数为$|A|$,则$|A|=0$,$|B|=8$,$8\in B$,矛盾;$|A|=1$,$|B|=7$,$7\notin$

$B\Rightarrow 7\in A$,$1\notin A\Rightarrow 1\in B$,1种;$|A|=2$,$|B|=6$,$6\in A$,$2\in B$,$C_6^1=6$种;$|A|=3$,$|B|=$

5,$5\in A$,$3\in B$,$C_6^2=15$种;$|A|=4$,$|B|=4$,$4\notin A$,$4\notin B$,矛盾;结合对称性,不同的A共有

$2(1+6+15)=44$种.   **9.** (1) $f(x,\alpha)=\sqrt{2}\sin(2x+\alpha)-\sqrt{2}\cos(2x+\alpha)+\cos\alpha=$

$2\sin\left(2x+\alpha-\dfrac{\pi}{4}\right)+\cos\alpha$ 当 $\begin{cases}\alpha=\dfrac{\pi}{4}\\2x+\alpha-\dfrac{\pi}{4}=\dfrac{\pi}{2}\end{cases}\Rightarrow\begin{cases}\alpha=\dfrac{\pi}{4}\\x=\dfrac{\pi}{4}\end{cases}$ 时,$f(x,\alpha)_{\max}=2+\dfrac{\sqrt{2}}{2}$;(2) 因为

$f(x,\alpha)=2\sin\left(2x+\alpha-\dfrac{\pi}{4}\right)+\cos\alpha\leqslant 2+1=3$,所以由$f(x,\alpha)=3$,得 $\begin{cases}\sin\left(2x+\alpha-\dfrac{\pi}{4}\right)=1\\\cos\alpha=1\end{cases}\Rightarrow$

$\begin{cases}\alpha=2k\pi\ (k\in\mathbf{Z})\\2x+\alpha-\dfrac{\pi}{4}=2k'\pi+\dfrac{\pi}{2}\ (k'\in\mathbf{Z})\end{cases}\Rightarrow\begin{cases}\alpha=2k\pi\ (k\in\mathbf{Z})\\x=m\pi+\dfrac{3\pi}{8}\ (m=k'-k\in\mathbf{Z})\end{cases}$.   **10.** (1) 渐近线为 $\dfrac{x^2}{a^2}-$

$\dfrac{y^2}{b^2}=0$,据题意可得 $\left(\dfrac{b}{a}\right)^2=3$,即$b=\sqrt{3}a$,$\begin{cases}AB:y=x+5a\\\dfrac{x^2}{a^2}-\dfrac{y^2}{3a^2}=1\end{cases}\Rightarrow 2x^2-10ax-28a^2=0$,$x_A$,$x_B$是

上述方程的两个根,显然有 $\begin{cases}x_A=7a\\x_B=-2a\end{cases}$ 或 $\begin{cases}x_A=-2a\\x_B=7a\end{cases}$,从而 $\lambda=\dfrac{\overrightarrow{AD}}{\overrightarrow{DB}}=-\left|\dfrac{x_A}{x_B}\right|=-\dfrac{2}{7}$ 或 $-\dfrac{7}{2}$;

(2) $|OP|\cdot|OQ|=|x_P\cdot x_Q|=\left|\dfrac{x_Ay_B-x_By_A}{y_A-y_B}\cdot\dfrac{x_Ay_B+x_By_A}{y_A+y_B}\right|=\left|\dfrac{x_A^2y_B^2-x_B^2y_A^2}{y_A^2-y_B^2}\right|$,带入

$x_A^2=a^2+\dfrac{y_A^2}{3}$,$x_B^2=a^2+\dfrac{y_B^2}{3}$ 即得 $|OP|\cdot|OQ|=a^2$.   **11. 思路一:** (1) 解法一:据拉格朗日中值定

理,存在 $\xi \in (x_0, x_0 + x)$,使得 $\dfrac{f(x+x_0)-f(x_0)}{(x+x_0)-x_0} = f'(\xi)$,又因为对于任意 $x_0 \in \mathbf{R}$ 及 $x > 0$,都有 $0 < f'(x+x_0) - f'(x_0)$,所以 $f'(x)$ 在 $\mathbf{R}$ 上单调递增,所以 $f'(x_0) < f'(\xi)$,从而 $f'(x_0) < \dfrac{f(x+x_0)-f(x_0)}{x}$ $(x>0)$;解法二:$f(x+x_0) - f(x_0) = \displaystyle\int_{x_0}^{x+x_0} f'(t)\mathrm{d}t > \int_{x_0}^{x+x_0} f'(x_0)\mathrm{d}t = f'(x_0)\displaystyle\int_{x_0}^{x+x_0}\mathrm{d}t = xf'(x_0)$;(2) 若存在 $f'(u) > 4$ $(u \in \mathbf{R})$,则在 $[u, +\infty)$ 上 $f'(x) > 4$,依然据拉格朗日中值定理,对于任意 $x \in (u, +\infty)$,存在 $\xi \in (u, x)$,使 $|f(x)-f(u)| = |(x-u)f'(\xi)| > 4(x-u)$,这时只要取 $x = u+1$,就有 $|f(u+1)-f(u)| > 4$,但 $|f(x)| \leqslant 1$,所以 $|f(u+1)-f(u)| \leqslant 2$,矛盾! 若存在 $f'(u) < -4$ $(u \in \mathbf{R})$,同理可证得矛盾.因此对于任意 $x \in \mathbf{R}$,$|f'(x)| \leqslant 4$.

思路二:(1) 即证 $f(x+x_0) - f(x_0) - f'(x_0)x > 0$,构造函数 $g(x) = f(x+x_0) - f(x_0) - f'(x_0)x$,对 $g(x)$ 求导证明 $g(x)$ 在 $[0, +\infty)$ 上单增即可.(2) 由条件知 $f'(x)$ 是 $\mathbf{R}$ 上的单增函数,故 $f'(x)$ 不可能恒等于零.如果存在正实数 $\delta > 0$,及实数 x_0,使 $f'(x_0) = \delta$,则对任意 $x > 0$,$\dfrac{f(x+x_0)-f(x_0)}{x} > \delta$.则当 $x > \max\left\{0, \dfrac{1-f(x_0)}{\delta}\right\}$ 时,$f(x+x_0) > \delta x + f(x_0) > \delta \cdot \dfrac{1-f(x_0)}{\delta} + f(x_0) = 1$,与条件矛盾.如果存在正实数 $\delta > 0$,及实数 x_0,使 $f'(x_0) = -\delta$,则对任意 $x < 0$,存在 $\xi \in (x+x_0, x_0)$,满足 $\dfrac{f(x+x_0)-f(x_0)}{x} = f'(\xi) < f'(x_0)$.则当 $x < \min\left\{0, \dfrac{f(x_0)-1}{\delta}\right\}$ 时,$f(x+x_0) > -\delta x + f(x_0) > (-\delta) \cdot \dfrac{f(x_0)-1}{\delta} + f(x_0) = 1$,与条件也矛盾.总之,题目中的条件永远不成立.故由于前提条件是假命题,从而不论结论是什么,都是真命题.　**12.** (1) 化简 $\dfrac{1-q^{n+1}}{1-q} \leqslant 4q^{n-1}$,可得 $\dfrac{1}{q^{n-1}} \geqslant (q-2)^2$ 对任意正整数 n 成立,左边在 n 无穷大时是无穷小,所以 $q = 2$.

(2) 因为 $|a_1| = 1$,$|a_{n+1}| = q|a_n|$,且 $q = 2$,所以 $a_n \neq b_n \Rightarrow |a_n - b_n| = 2|a_n| = 2^n$,因而有方法一:假设 l 是 $1, 2, 3, \cdots, m$ 中满足 $a_n \neq b_n$ 中的最大角标.则 $\left|\displaystyle\sum_{k=1}^{m} a_k - \sum_{k=1}^{m} b_k\right| = \left|\displaystyle\sum_{k=1}^{l} a_k - \sum_{k=1}^{l} b_k\right| \geqslant |a_l - b_l| - \left|\displaystyle\sum_{k=1}^{l-1} a_k - \sum_{k=1}^{l-1} b_k\right| \geqslant |a_l - b_l| - \displaystyle\sum_{k=1}^{l-1} |a_k - b_k| \geqslant 2^l - \displaystyle\sum_{k=1}^{l-1} 2^k = 2$.方法二:假设 l 是 $1, 2, 3, \cdots, m$ 中满足 $a_n \neq b_n$ 中的最小角标,则 $\displaystyle\sum_{k=1}^{m} a_k - \sum_{k=1}^{m} b_k \equiv a_{l+1} - b_{l+1} + (a_l - b_l) \equiv \pm 2^l \pm 2^l \pm 2^l \equiv 0$ $(\bmod 2^{l+1})$.所以,命题成立;(3) 显然 $\displaystyle\sum_{k=1}^{m} a_k > 0 \Leftrightarrow a_m > 0$,事实上,通过对 a_i $(i=1, 2, \cdots, m-1)$ 的符号列举,可以得到 $\{a_n\}$:$\pm 1, \pm 2, \pm 4, \cdots, \pm 2^{m-2}, 2^{m-1}$.这样的数列共有 2^{m-1} 个,且其中 a_i $(i=1, 2, \cdots, m-1)$ 符号相反者总有配对情形存在,其和相互抵消.于是,A_m 中所有元素之和为 $2^{m-1} \cdot 2^{m-1} = 2^{2m-2}$.

真卷 27　南开大学(2014)

1. $-\dfrac{1}{10}$　**解析:**由 $5^a = 10^b = 1\,024$ 得 $a = \log_5 1\,024$,$b = \log_{10} 1\,024$,所以 $\dfrac{1}{a} = \log_{1\,024} 5$,$\dfrac{1}{b} =$

$\log_{1\,024}10$，所以 $\dfrac{1}{a}-\dfrac{1}{b}=\log_{1\,024}5-\log_{1\,024}10=\log_{1\,024}\dfrac{1}{2}=\log_{2^{10}}2^{-1}=-\dfrac{1}{10}$. **2.** $\dfrac{4\left(x-\dfrac{1}{2}\right)^2}{2\,014}+$

$\dfrac{4y^2}{2\,013}=1$ **3.** $\dfrac{7}{3}$ **4.** 264 **解析：** $12\times22=264$（个）. **5.** $1+\sqrt{7}$ **解析：** $y=\sin\left(x+\dfrac{\pi}{6}\right)+$

$\sin\left(x-\dfrac{\pi}{6}\right)+2\cos x+a=2\sin x\cos\dfrac{\pi}{6}+2\cos x+a=\sqrt{3}\sin x+2\cos x+a=\sqrt{\left(\sqrt{3}\right)^2+2^2}\sin(x+$

$\varphi)+a=\sqrt{7}\sin(x+\varphi)+a$，根据题意得 $-\sqrt{7}+a=1$，解得 $a=1+\sqrt{7}$. **6.** $\dfrac{3^{2\,014}+1}{2}$ **解析：** 由

$(1+x)^{2\,014}=C_{2\,014}^0\cdot x^0+C_{2\,014}^1\cdot x^1+C_{2\,014}^2\cdot x^2+C_{2\,014}^3\cdot x^3+\cdots+C_{2\,014}^{2\,013}\cdot x^{2\,013}+C_{2\,014}^{2\,014}\cdot x^{2\,014}$，令 $x=$

2，得 $(1+2)^{2\,014}=C_{2\,014}^0\cdot2^0+C_{2\,014}^1\cdot2^1+C_{2\,014}^2\cdot2^2+C_{2\,014}^3\cdot2^3+\cdots+C_{2\,014}^{2\,013}\cdot2^{2\,013}+C_{2\,014}^{2\,014}\cdot2^{2\,014}$，令

$x=-2$，得 $(1-2)^{2\,014}=C_{2\,014}^0\cdot2^0-C_{2\,014}^1\cdot2^1+C_{2\,014}^2\cdot2^2-C_{2\,014}^3\cdot2^3+\cdots-C_{2\,014}^{2\,013}\cdot2^{2\,013}+C_{2\,014}^{2\,014}\cdot2^{2\,014}$，

以上两式相加得 $C_{2\,014}^0\cdot2^0+C_{2\,014}^2\cdot2^2+\cdots+C_{2\,014}^{2\,014}\cdot2^{2\,014}=\dfrac{3^{2\,014}+1}{2}$. **7.** $\dfrac{3\sqrt{205}}{10}$ **解析：** 连接 AC，

设 $\angle ADC=\alpha$，则 $\angle ABC=180°-\alpha$，利用余弦定理得 $AC^2=AB^2+BC^2-2AB\cdot BC\cdot\cos(180°-\alpha)=$

$DC^2+DA^2-2DC\cdot DA\cdot\cos\alpha$，由此解得 AC 和 $\cos\alpha$，$\sin\alpha$，再利用正弦定理解得圆的半径为 $\dfrac{AC}{2\sin\alpha}=$

$\dfrac{3\sqrt{205}}{10}$. **8.** $a\geqslant4$ 或 $a\leqslant-1$ **9.** 解：(1) 取 PD 的中点 E，连接 ME，AE. 因为点 M 为 PC 的中点，点

E 为 PD 的中点，所以 $ME\underline{\underline{\Vert}}\dfrac{1}{2}CD$. 因为 $AB\perp AD$，$CD\perp AD$，$CD=2AB$，所以 $AB\underline{\underline{\Vert}}\dfrac{1}{2}CD$，所以

$AB\underline{\underline{\Vert}}ME$，所以四边形 $ABME$ 是平行四边形，所以 $BM\underline{\underline{\Vert}}AE$，所以 $BM\parallel$ 平面 PAD. (2) 取 AE 的中

点 N，连接 MN，BE，MN 与 BE 交于点 F. 设 $PA=AD=CD=2AB=2$. 因为 $PA\perp$ 平面 $ABCD$，所

以 $PA\perp AB$. 又因为 $AB\perp AD$，所以 $AB\perp$ 平面 PAD，所以 $AB\perp AE$，所以平行四边形 $ABME$ 是矩

形. 在等腰直角三角形 PAD 中，点 E 为 PD 的中点，所以 $AE\perp PD$，且 $AE=\dfrac{1}{2}PD=\sqrt{2}$，又 $ME=1$，

所以 $\dfrac{ME}{EN}=\dfrac{EA}{AB}=\sqrt{2}$，又 $\angle MEN=\angle EAB=90°$，所以 $\triangle MEN\backsim\triangle EAB$，所以 $\angle EMN=$

$\angle AEB$，又因为 $\angle EMN+\angle ENM=90°$，所以 $\angle AEB+\angle ENM=90°$，所以 $\angle EFN=90°$，即

$MN\perp EB$. 因为 $AB\perp PD$，$AE\perp PD$，所以 $PD\perp$ 平面 ABE，所以 $PD\perp MN$，所以 $MN\perp$ 平面

PBD. (3) 直线 PC 与平面 PBD 所成角即 PM 与平面 PBD 所成角，连接 PF，由 $MF\perp$ 平面 PBD 于

点 F，知 $\angle MPF$ 即为 PM 与平面 PBD 所成角，易求得 $PM=\sqrt{3}$，$MF=\dfrac{\sqrt{6}}{3}$，所以 $\sin\angle MPF=$

$\dfrac{MF}{PM}=\dfrac{\sqrt{2}}{3}$. **10.** 证明：(1) 由 $a_1=1$，$a_{n+1}=\left(1+\dfrac{1}{n^2+n}\right)a_n+\dfrac{1}{2^n}$，得 $a_2=\left(1+\dfrac{1}{1^2+1}\right)a_1+$

$\dfrac{1}{2}=2$. 易证 $a_n>0$，所以 $a_{n+1}-a_n=\dfrac{1}{n^2+n}a_n+\dfrac{1}{2^n}>0$，即数列 $\{a_n\}$ 单调递增，所以 $a_n\geqslant a_2=$

$2(n\geqslant2)$. (2) 利用不等式 $1+x<\mathrm{e}^x(x>0)$ 进行证明：① 当 $n=1,2$ 时，$a_n\leqslant\mathrm{e}^2$ 显然成立；② 当

$n\geqslant3$ 时，$\dfrac{a_n}{a_{n-1}}=1+\dfrac{1}{(n-1)\times n}+\dfrac{1}{2^{n-1}a_{n-1}}\leqslant1+\dfrac{1}{(n-1)\times n}+\dfrac{1}{2^n}<\mathrm{e}^{\frac{1}{(n-1)\times n}+\frac{1}{2^n}}$，$\dfrac{a_{n-1}}{a_{n-2}}=1+$

$$\frac{1}{(n-2)\times(n-1)}+\frac{1}{2^{n-2}a_{n-2}}\leqslant 1+\frac{1}{(n-2)\times(n-1)}+\frac{1}{2^{n-1}}<\mathrm{e}^{\frac{1}{(n-2)\times(n-1)}+\frac{1}{2^{n-1}}},\cdots\frac{a_3}{a_2}=1+$$

$$\frac{1}{2\times 3}+\frac{1}{2^2a_2}\leqslant 1+\frac{1}{2\times 3}+\frac{1}{2^3}<\mathrm{e}^{\frac{1}{2\times 3}+\frac{1}{2^3}},\frac{a_2}{a_1}=1+\frac{1}{1\times 2}+\frac{1}{2a_1}=1+\frac{1}{1\times 2}+\frac{1}{2}<\mathrm{e}^{\frac{1}{1\times 2}+\frac{1}{2}},$$

将 以 上 各 式 相 乘 得 $a_n<\mathrm{e}^{\frac{1}{1\times 2}+\frac{1}{2}+\frac{1}{2\times 3}+\frac{1}{2^3}+\cdots+\frac{1}{(n-2)\times(n-1)}+\frac{1}{2^{n-1}}+\frac{1}{(n-1)\times n}+\frac{1}{2^n}}=$

$\mathrm{e}^{\frac{1}{1\times 2}+\frac{1}{2\times 3}+\cdots+\frac{1}{(n-2)\times(n-1)}+\frac{1}{(n-1)\times n}+\frac{1}{2}+\frac{1}{2^3}+\cdots+\frac{1}{2^{n-1}}+\frac{1}{2^n}}=\mathrm{e}^{\frac{1}{1}+\frac{1}{2}+\frac{1}{2}+\cdots+\frac{1}{n-2}-\frac{1}{n-1}+\frac{1}{n-1}-\frac{1}{n}+\frac{1}{2}+\frac{1}{2^3}+\cdots+\frac{1}{2^{n-1}}+\frac{1}{2^n}}=$

$\mathrm{e}^{1-\frac{1}{n}+\frac{1}{2}+\frac{1}{2^3}+\cdots+\frac{1}{2^{n-1}}+\frac{1}{2^n}}<\mathrm{e}^{1+\frac{1}{2}+\frac{1}{2^3}\div(1-\frac{1}{2})}=\mathrm{e}^{1+\frac{1}{2}+\frac{1}{4}}<\mathrm{e}^2$. 综上得原不等式成立.

北京大学强基计划 2020 年数学试题

1. 因为 $x+y\leqslant 2(w+z)$，所以 $\dfrac{w}{x}+\dfrac{z}{y}\geqslant\dfrac{w}{x}+\dfrac{x+y}{2y}-\dfrac{w}{y}=w\left(\dfrac{1}{x}-\dfrac{1}{y}\right)+\dfrac{x+y}{2y}$. 又 $x\geqslant y\geqslant$

$w>0$，即 $\begin{cases}\dfrac{1}{x}-\dfrac{1}{y}<0\\ w\leqslant y\end{cases}$，所以 $w\left(\dfrac{1}{x}-\dfrac{1}{y}\right)\geqslant y\left(\dfrac{1}{x}-\dfrac{1}{y}\right)$. 所以 $\dfrac{w}{x}+\dfrac{z}{y}\geqslant y\left(\dfrac{1}{x}-\dfrac{1}{y}\right)+\dfrac{x+y}{2y}=$

$\dfrac{y}{x}+\dfrac{x}{2y}-\dfrac{1}{2}\geqslant\sqrt{2}-\dfrac{1}{2}$. 当且仅当 $\begin{cases}x+y=2(w+z)\\ y=w\\ \dfrac{y}{x}=\dfrac{x}{2y}=\dfrac{\sqrt{2}}{2},\end{cases}$ 即 $\begin{cases}x=\sqrt{2}\\ y=w=1\\ z=\dfrac{\sqrt{2}-1}{2}\end{cases}$ 时取等号. 选 D.

2. $(2\,019\times 2\,020)^{2\,021}=(2^2\times 3\times 5\times 101\times 673)^{2\,021}$，所以正因数可写成：$2^{m_1}\cdot 3^{m_2}\cdot 5^{m_3}\cdot 101^{m_4}\cdot$ $673^{m_5}(m_i\in\mathbf{N},i=1,2,3,4,5)$，选出的若干个正因数的任两个的积不是平方数，即任意两个因数的素因数分解式中至少有一个素因子的指数的奇偶性不同. 由乘法原理：就奇偶性来说，自然数 m_1，m_2，m_3，m_4，m_5 的不同排列数为 2^5 种. 选 C.

3. 因为 $\begin{cases}a_n^2-a_{n+1}a_{n-1}=2^{n-1}\quad①\\ a_{n-1}^2-a_na_{n-2}=2^{n-2}\quad②\end{cases}$，所以 ①$-2$② 得：$a_n^2-a_{n+1}a_{n-1}-2(a_{n-1}^2-a_na_{n-2})=0$. 即

$a_n(a_n+2a_{n-2})=a_{n-1}(a_{n+1}+2a_{n-1})$，可以证明 $a_n\neq 0(\forall n\in\mathbf{N})$，则 $\dfrac{a_{n+1}+2a_{n-1}}{a_n}=\dfrac{a_n+2a_{n-2}}{a_{n-1}}$，递推下

去：有 $\dfrac{a_{n+1}+2a_{n-1}}{a_n}=\dfrac{a_3+2a_1}{a_2}=4$（其中 $a_1=1$，$a_2=4$，a_3 可由条件算出）. 所以 $a_{n+1}=2(2a_n-$ $a_{n-1})\in\mathbf{N}$. 由此可列举 a_n 的个位数依次为：1，4，4，8，4，0，2，8，8，6，8，0，4，6，6，2，6，0，8，2，2，4，2，0，6，4，4，$\cdots$ 这是从第二项起，以 24 为周期的数列. 所以 $a_{2\,020}$ 与 a_4 的个位数 8 相同. 选 A.

说明：本题中 $a_n\neq 0$，事实上可以证明 $a_{n+1}\geqslant 2a_n+2$. 用第二数学归纳法. $n=1,2$ 时显然成立；设

$n\leqslant k\ (k\geqslant 2)$ 成立，则 $a_{k+1}>2a_k>2^2a_{k-1}>\cdots>2^{k-1}a_2=2^{k+1}$. 则 $a_{k+2}=\dfrac{a_{k+1}^2-2^k}{a_k}\geqslant$

$\dfrac{(2a_k+2)a_{k+1}-2^k}{a_k}=2a_{k+1}+\dfrac{a_{k+1}}{a_k}+\dfrac{a_{k+1}-2^k}{a_k}\geqslant 2a_{k+1}+\dfrac{2a_k+2}{a_k}+\dfrac{a_{k+1}-2^k}{a_k}>2a_{k+1}+2$. 亦成立.

4. 令 $y=\dfrac{x-1}{x+2}$ 则 $x=\dfrac{1+2y}{1-y}$，代入 $x^4+2x^3+3x^2+4x+5=0$ （$*$）. 去分母得：$(1+2y)^4+$

$2(1+2y)^3(1-y)+3(1+2y)^2(1-y)^2+4(1+2y)(1-y)^3+5(1-y)^4=0$.这是一个关于 y 的四次

方程:$A_1y^4+A_2y^3+A_3y^2+A_4y+A_5=0$ （**）.易算得 $A_1=9$,$A_2=12$.因为 a,b,c,d 是（*）

的根.所以 $\dfrac{a-1}{a+2}$,$\dfrac{b-1}{b+2}$,$\dfrac{c-1}{c+2}$,$\dfrac{d-1}{d+2}$ 是（**）的根.据韦达定理:$\dfrac{a-1}{a+2}+\dfrac{b-1}{b+2}+\dfrac{c-1}{c+2}+\dfrac{d-1}{d+2}=$

$-\dfrac{A_2}{A_1}=-\dfrac{4}{3}$.选 A.

5. 以 AB 为 x 轴,O 为原点建立直角坐标系,则 $C\left(0,\dfrac{\sqrt{3}}{2}\right)$,$A\left(-\dfrac{1}{2},0\right)$,$B\left(\dfrac{1}{2},0\right)$.令 CD:$y=$

$kx+\dfrac{\sqrt{3}}{2}$,由 $d_{O\text{-}CD}=r=\dfrac{1}{2}$ 得:$\dfrac{\dfrac{\sqrt{3}}{2}}{\sqrt{1+k^2}}=\dfrac{1}{2}$,得 $k=-\sqrt{2}$.所以 CD:$y=$

$-\sqrt{2}x+\dfrac{\sqrt{3}}{2}$.令 $y=0$,$|OD|=\dfrac{\sqrt{6}}{4}$,所以 $|BD|=\dfrac{\sqrt{6}}{4}-\dfrac{1}{2}$.所以 $S_{\triangle CBD}=$

$\dfrac{1}{2}\left(\dfrac{\sqrt{6}}{4}-\dfrac{1}{2}\right)\cdot\dfrac{\sqrt{3}}{2}=\dfrac{3\sqrt{2}-2\sqrt{3}}{16}$.选 C.

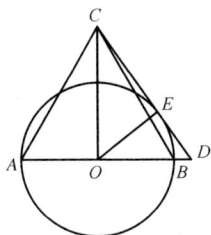

图题解 5

6. 由题意:$2\sin(x+z-y)=\sin(y+z-x)+\sin(x+y-z)$,即 $2\sin(x+z)\cos y-\cos(x+z)$

$\sin y=2\sin y\cos(x-z)$,所以 $\sin(x+z)\cos y=\sin y[\cos(x+z)+\cos(x-z)]=\sin y\cdot 2\cos x\cos z$,

$\sin x\cos y\cos z+\cos x\sin z\cos y=2\sin y\cos x\cos z$,两边同除以 $\cos x\cos y\cos z$（x,y,z 均不为

$\left(k+\dfrac{1}{2}\right)\pi$）.得 $\tan x+\tan z=2\tan y$.选 C.

7. 原方程化为:$(4x-93)(4y-19)=3\times19\times31$ 注意到 $4x-93\equiv3\pmod 4$,$4x-19\equiv$

$1\pmod 4$.所以只能:

$4x-93$	3	19	31	$3\times19\times31$	-1	-3×19	-3×31	-19×31
$4y-19$	19×31	3×31	3×19	1	$-3\times19\times31$	-31	-19	-3

即:

x	24	28	31	465	23	9	0	-124
y	152	28	19	5	-437	-3	0	4

共 8 组解.选 B.

8. 这里有一个事实,若 (x_0,y_0) 在椭圆 $\dfrac{x^2}{a^2}+\dfrac{y^2}{b^2}=1$ 上,则过 (x_0,y_0) 的椭圆切线方程为 $\dfrac{x_0x}{a^2}+\dfrac{y_0y}{b^2}=$

1;若 (x_0,y_0) 在椭圆外,则过该点作椭圆的两条切线,两切点确定的直线方程即为 $\dfrac{x_0x}{a^2}+\dfrac{y_0y}{b^2}=1$.据题意,

设 $A(2\cos\theta,2\sin\theta)$,则 BC:$\cos\theta\cdot x+2\sin\theta\cdot y=1$.注意到椭圆 $\dfrac{x^2}{a^2}+\dfrac{y^2}{b^2}=1$ 上的过点 $(a\cos\theta,b\cos\theta)$ 的

切线方程为:$\dfrac{\cos\theta\cdot x}{a}+\dfrac{\cos\theta\cdot y}{b}=1$.所以 BC:$\cos\theta\cdot x+2\sin\theta\cdot y=1$ 可看作椭圆:$\dfrac{x^2}{1^2}+\dfrac{y^2}{\left(\dfrac{1}{2}\right)^2}=1$ 的

切线系（包络）.所以所求面积为 $\pi ab=\pi\cdot1\cdot\dfrac{1}{2}=\dfrac{\pi}{2}$.选 A.

9. 分离 $a \geqslant \dfrac{5x+12\sqrt{xy}}{x+y} = \dfrac{5+12\sqrt{\dfrac{y}{x}}}{1+\dfrac{y}{x}}$（ * ）（此式恒成立）. 令 $\sqrt{\dfrac{y}{x}} = t\,(>0)$，则 $\dfrac{5+12\sqrt{\dfrac{y}{x}}}{1+\dfrac{y}{x}} =$

$\dfrac{5+12t}{1+t^2} = f(t)$（令为 F）. 所以关于 t 的二次方程 $Ft^2 - 12t + F - 5 = 0$ 有正解. 由 $\Delta \geqslant 0$ 得 $-4 \leqslant F \leqslant 9$. 当

$F = 9$ 时，可得 $t = \dfrac{2}{3} > 0$，符合. 所以 $F_{\max} = 9$. 即（ * ）的右边最大值为 9. 所以（ * ）恒成立，需 $a \geqslant 9$. 选 B.

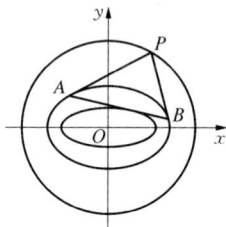 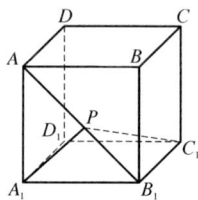

图题解 9 　　　　　　　图题解 10

10. 将 $\triangle AA_1B_1$ 绕 AB_1 旋转使之与 AB_1C_1 共面于 α. 在面 α 内：$|PA_1| + |PC_1| \geqslant |A_1C_1| =$

$\sqrt{1^2 + 1^2 - 2 \cdot 1 \cdot 1\cos 135°} = \sqrt{2+\sqrt{2}}$. 选 A.

11. 由 $a_{n+2} = 4a_{n+1} - 3a_n - 20$ 得 $a_{n+2} - a_{n+1} - 10 = 3(a_{n+1} - a_n - 10)$，而 $a_1 = 1$，$a_2 = 9$，所以 $a_{n+1} -$

$a_n - 10 = -2 \cdot 3^{n-1}$，即 $a_{n+1} - a_n = 10 - 2 \cdot 3^{n+1}$，易得 $a_3 = 13$，$a_4 = 5$，当 $n \geqslant 5$ 时 $a_n < 0$，从而 $S_n |_{\max} =$

$S_4 = 28$. 选 A. 事实上，由 $a_{n+1} - a_n = 10 - 2 \cdot 3^{n-1}$ 可进一步用累和求得 $\{a_n\}$ 的通项公式直至前 n 项和的

公式.

12. $\begin{cases} y = 3x + m \\ \dfrac{x^2}{25} + \dfrac{y^2}{16} = 1 \end{cases} \Rightarrow 241x^2 + 150mx + 25m^2 - 400 = 0$. 由弦长公式：$|AB| = \sqrt{1+3^2} \mid x_1 -$

$x_2 \mid = \sqrt{10} \cdot \sqrt{(x_1+x_2)^2 + 4x_1x_2} = \sqrt{10} \times \dfrac{40\sqrt{241-m^2}}{241}$. 又原点到直线的距离 $d = \dfrac{|m|}{\sqrt{10}}$. 所以

$S = \dfrac{1}{2}|AB| d = \dfrac{20}{241}\sqrt{m^2(241-m^2)} \leqslant 10$. 当且仅当：$m^2 = 241 - m^2$ 即 $m = \pm\sqrt{\dfrac{241}{2}}$ 时 "=". 选 B.

13. 由 $2C_n^k = C_n^{k-1} + C_n^{k+1}$ 得 $4k^2 - 4nk + n^2 - n - 2 = 0$. 注意到 $k > 0\,(1 \leqslant k \leqslant n-1)$，有 $k =$

$\dfrac{n + \sqrt{n+2}}{2}$. 所以 $n+2$ 是完全平方数：令 $n+2 = m^2$. 则 $5 \leqslant m^2 \leqslant 2022$，即 $3 \leqslant m \leqslant 44$. 而 $k = \dfrac{n+\sqrt{n+2}}{2} =$

$\dfrac{m^2 + m - 2}{2} = \dfrac{(m+2)(m-1)}{2} \in \mathbf{N}^*$. 所以 $3 \leqslant m \leqslant 44$ 中的 42 个 m 均满足题意. 即满足题意的相应 n 也

是 42 个. 选 C.

14. D_1，D_2，$\cdots$，D_{2020} 是 DC 的等分点，所以 AD_1，AD_2，$\cdots$，AD_{2020} 把 $\triangle ABC$ 的面积等分为 2021

份，是具有同一顶点的 2021 个三角形. 设 $AB = b$，$AC = c$，则上述每一个三角形面积均为：$S_{小} = \dfrac{S_{\triangle ABC}}{2021} =$

$$\frac{\frac{1}{2}bc\sin 150°}{2\,021}=\frac{bc}{4\times 2\,021}.$$ 则由面积公式：$\dfrac{\sin\alpha_1\cdot\sin\alpha_3\cdots\sin\alpha_{2\,021}}{\sin\alpha_2\cdot\sin\alpha_4\cdots\sin\alpha_{2\,020}}=\dfrac{\left(\frac{2S_{\text{小}}}{bc}\right)^{1\,011}}{\left(\frac{2S_{\text{小}}}{bc}\right)^{1\,010}}=\dfrac{2S_{\text{小}}}{bc}=\dfrac{1}{4\,042}.$ 选 D.

15. $f(\theta)=\sqrt{3}+\cos\theta+\sqrt{(\sqrt{2}+\sqrt{3}-\cos\theta)^2-2\sqrt{6}+2\sqrt{2}\cos\theta+4\sin\theta}=\sqrt{3}+\cos\theta+$

$\sqrt{(\sqrt{2}+\sqrt{3}-\cos\theta)^2+2\sqrt{6}\left(\dfrac{\sqrt{3}}{3}\cos\theta+\dfrac{\sqrt{6}}{3}\sin\theta\right)-2\sqrt{6}}\quad=\quad\sqrt{3}\quad+\quad\cos\theta\quad+$

$\sqrt{(\sqrt{2}+\sqrt{3}-\cos\theta)^2+2\sqrt{6}(\cos(\theta-\varphi)-1)}$，这里 $\varphi=\arctan\sqrt{2}$. 所以当 $\theta=\varphi=\arctan\sqrt{2}$ 时

$f(\theta)\big|_{\max}=\sqrt{3}+\cos\theta+\sqrt{3}+\sqrt{2}-\cos\theta=\sqrt{2}+2\sqrt{3}.$ 选 C. 事实上，由 $f\left(\dfrac{\pi}{2}\right)=\sqrt{3}+3$,可立即排除 A、B.

16. 原方程化为：$|\sqrt{x+1}-2|+|\sqrt{x+1}-1|=1$,所以只要 $1\leqslant\sqrt{x+1}\leqslant2$ 即可. 所以满足 $0\leqslant$ $x\leqslant3$ 的 x 均是原方程的根. 选 D.

17. 延长 $FC=CK.$ 则 $FK:FE=FD:FB=4:5$,则 $KD\parallel BE.$ 设 $S_{\triangle CFD}=S$,则 $S_{\triangle KGD}=3S.$ $\triangle EHG\backsim\triangle DKG$,相似比 $\dfrac{1}{2}$.所以 $S_{\triangle EHG}=\dfrac{3}{4}S.$ 又 $AG:GD=1:1$,所以 H 是 AG 中点,所以 $S_{\triangle AHE}=$ $\dfrac{3}{4}S.$ 又 $\triangle BFE\backsim\triangle DFK$,相似比为 $\dfrac{4}{5}$.所以 $BE=\dfrac{5}{4}KD=\dfrac{5}{2}HE.$ 所以 $S_{\triangle ABE}=\dfrac{5}{2}S_{\triangle AHE}=\dfrac{15}{8}S.$ 所以 $\dfrac{S_{\triangle CFD}}{S_{\triangle ABE}}=\dfrac{8}{15}.$ 选 A.

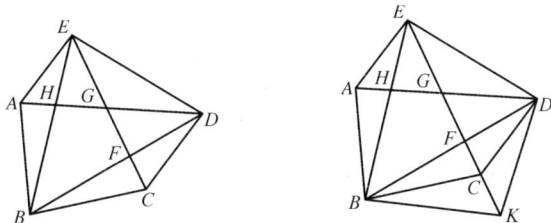

图题解 17

18. 设 $f(x)=0$ 的有理根为 $x_0=-\dfrac{m}{n}$,且 $(m,n)=1$(这里 x_0 必为负数,可设 $m,n\in\mathbf{N}^*$).则

$-\dfrac{m^5}{n^5}-\dfrac{pm}{n}+q=0$,则 $qn^5=m^5+pmn^4$,从而 $n\mid m$,又 $(m,n)=1$,则 $n=1.$ 故有 $q=m^5+mp.$ 由 $q\leqslant$ $100.$ 知 $m=1$ 或 2.若 $m=1,q=1+p\leqslant100$,因此 $1\leqslant q\leqslant99$,有 99 组解;若 $m=2,q=32+2p\leqslant$ 100,因此 $1\leqslant p\leqslant34$,共 34 组解.综上,(p,q) 的解的组数共 133. 选 B.

说明：最高项系数为 1 的整系数多项式的有理根一定是整数,且为常数项的因数.

19. 令 $a_{n+1}+\lambda\cdot2^{n+1}=-3(a_n+\lambda\cdot2^n)$,则 $a_{n+1}=-\lambda\cdot2^{n+1}-3\lambda\cdot2^n-3a_n$,与 $a_{n+1}=2^n-3a_n$ 比

较,即 $-5\lambda=1$,所以 $\lambda=-\dfrac{1}{5}.$ 则 $a_{n+1}-\dfrac{1}{5}\cdot2^{n+1}=-3\left(a_n-\dfrac{1}{5}\cdot2^n\right)$,所以 $\left\{a_n-\dfrac{1}{5}\cdot2^n\right\}$ 是首项为

$a_1-\dfrac{2}{5}$,公比为 -3 的等比数列. 所以 $a_n-\dfrac{1}{5}\cdot2^n=\left(a_1-\dfrac{2}{5}\right)(-3)^{n-1}$,所以 $a_n=\dfrac{2^n}{5}+$

$\left(a_1 - \dfrac{2}{5}\right)(-3)^{n-1}$. 当 $a_1 = \dfrac{2}{5}$ 时 a_n 严格递增. 当 $a_1 \neq \dfrac{2}{5}$ 时 a_n 是摆动数列. 选 B. 事实上, 若 $a_{n+1} > a_n$

恒成立. 则需 $1 > 2(5a_1 - 2)\left(-\dfrac{3}{2}\right)^{n-1}$ 对任意 $n \in \mathbf{N}^*$ 恒成立. 显然当 $a_1 \neq \dfrac{2}{5}$ 时是不可能的.

20. 若 $0 < a < b$, $c > 0$, 有不等式: $\dfrac{a}{b} < \dfrac{a+c}{b+c}$. 从而 $\dfrac{x}{x+y} + \dfrac{y}{y+z} + \dfrac{z}{z+x} < \dfrac{x+z}{x+y+z} +$

$\dfrac{y+x}{y+z+x} + \dfrac{z+y}{z+x+y} = 2$. 且 $\dfrac{x}{x+y} + \dfrac{y}{y+z} + \dfrac{z}{z+x} > \dfrac{x}{x+y+z} + \dfrac{y}{y+z+x} + \dfrac{z}{z+x+y} = 1$. 记 $S =$

$\dfrac{x}{x+y} + \dfrac{y}{y+z} + \dfrac{z}{z+x}$. 则 $\lim\limits_{\substack{x \to 0 \\ z = 1 \\ y \to \infty}} S = 2$. $\lim\limits_{\substack{x \to 0 \\ y = 1 \\ z \to \infty}} S = 1$. 所以 S 有上、下界, 但无最大最小值. 选 D.

清华大学强基计划 2020 年数学试题

1. 设 $\begin{cases} x = r\cos\theta \\ y = r\sin\theta \end{cases}$, $\theta \in \mathbf{R}$, $r \in [0, 1]$, 则 $x^2 + xy - y^2 = r^2\left(\cos 2\theta + \dfrac{1}{2}\sin 2\theta\right) =$

$\dfrac{\sqrt{5}}{2} r^2 \sin(2\theta + \varphi) \leqslant \dfrac{\sqrt{5}}{2} r^2 \leqslant \dfrac{\sqrt{5}}{2}$. 选 B.

2. 令 $a + b + c = t$ $(t > 0)$, 下面分两种情况证明 B、C 选项正确. (1) 若 $b \geqslant \dfrac{4}{9} t$, 结论已经成立; 若

$b < \dfrac{4}{9} t$, 由 $b^2 - 4ac \geqslant 0$ 得 $ac \leqslant \dfrac{1}{4} b^2 < \dfrac{4}{81} t^2$ ①, 又 $a + c = t - b > t - \dfrac{4}{9} t = \dfrac{5}{9} t$, 所以 $c > \dfrac{5}{9} t -$

a, 由 ① 得 $\dfrac{4}{81} t^2 > ac > a\left(\dfrac{5}{9} t - a\right)$, 即 $a^2 - \dfrac{5}{9} ta + \dfrac{4}{81} t^2 > 0$, 解得 $a < \dfrac{1}{9} t$ 或 $a > \dfrac{4}{9} t$. 若 $a > \dfrac{4}{9} t$, 则

结论已经成立; 若 $a < \dfrac{1}{9} t$, 则 $c > \dfrac{4}{9} t - a > \dfrac{4}{9} t$, 结论亦成立. (2) 若 $a \leqslant \dfrac{1}{4} t$, 结论已成立. 若 $a > \dfrac{1}{4} t$,

$b^2 - 4ac \geqslant 0$ 得 $b^2 \geqslant 4ac > ct$ 即 $b > \sqrt{ct}$ ②; 又 $b + c = t - a \leqslant \dfrac{3}{4} t$, 即 $b < \dfrac{3}{4} t - c$ ③. 由 ②③ 得 $\dfrac{3}{4} t -$

$c > \sqrt{ct}$, 即 $\left(\sqrt{c} + \dfrac{3}{2}\sqrt{t}\right)\left(\sqrt{c} - \dfrac{1}{2}\sqrt{t}\right) < 0$, 则 $\sqrt{c} < \dfrac{1}{2}\sqrt{t}$, 所以 $c < \dfrac{1}{4} t$. 结论亦成立. 综上, $\max\{a, b,$

$c\} \geqslant \dfrac{4}{9}(a + b + c)$; $\min\{a, b, c\} \leqslant \dfrac{1}{4}(a + b + c)$. 选 B、C.

3. 由 $|\vec{a} + 2\vec{b}| \geqslant |\vec{a} - 2\vec{b} - \vec{c}| \geqslant |\vec{c}| - |\vec{a} - 2\vec{b}|$ 得 $|\vec{c}| \leqslant |\vec{a} + 2\vec{b}| + |\vec{a} - 2\vec{b}|$, 令 $\vec{m} = \vec{a} +$

$2\vec{b}$, $\vec{n} = \vec{a} - 2\vec{b}$. 则 $|\vec{m}|$, $|\vec{n}|$ 分别是以 $\vec{a}$, $2\vec{b}$ 为邻边的平行四边形的对角线的长. 则 $\dfrac{|\vec{m}| + |\vec{n}|}{2} \leqslant$

$\sqrt{\dfrac{|\vec{m}|^2 + |\vec{n}|^2}{2}} = \sqrt{\dfrac{2(|\vec{a}|^2 + |2\vec{b}|)^2}{2}} \leqslant \sqrt{8}$. 所以 $(|\vec{m}| + |\vec{n}|)_{\max} = 4\sqrt{2}$, 当且仅当 $|\vec{a}| = 2$,

$|\vec{b}| = 1$ 且 $\vec{a} \perp \vec{b}$ 时所得此最大值. 所以 $|\vec{c}|_{\max} = 4\sqrt{2}$; 显然 $\vec{a} = \vec{0}$ 且 $\vec{b} = \vec{0}$ 时 $|\vec{c}| = 0$. 所以 $|\vec{c}|_{\min} =$

0. 选 A、C.

4. 如图题解 4 $\triangle BCM$ 沿 CM 折起形成了一个三棱锥, 设 A、B 在 CM 上的射影分别为 P、Q. 再设 A 到

面 BCM 的距离为 h, 则由体积 $V_{A-BMC} = \dfrac{1}{3} S_{\triangle BCM} \cdot h$ 得 $\dfrac{\sqrt{2}}{12} = \dfrac{1}{3} \cdot \dfrac{\sqrt{3}}{4} \cdot h$, 即 $h = \sqrt{\dfrac{2}{3}}$. 则等边 $\triangle AMC$ (据

题意可得)的斜高 AP 与底面所成角的余弦值为：$\sqrt{1-\left(\dfrac{h}{AP}\right)^2}=\dfrac{1}{3}$. 所以 $\overrightarrow{AP}$

与 $\overrightarrow{QB}$ 的角的余弦值为 $\dfrac{1}{3}$ 或 $-\dfrac{1}{3}$. 则 $|\overrightarrow{AB}|^2=|\overrightarrow{AP}+\overrightarrow{PQ}+\overrightarrow{QB}|^2=\dfrac{3}{4}+\dfrac{3}{4}+$

$1\pm2\cdot\dfrac{3}{4}\cdot\dfrac{1}{3}=2$ 或 3. 所以 $|AB|=\sqrt{2}$ 或 $\sqrt{3}$, 选 B,C.

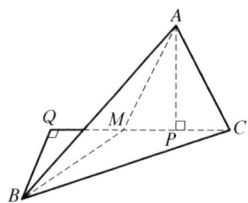

图题解 4

5. Q 是椭圆右焦点, 设 F 是椭圆左焦点 $F(-1,0)$, 则由椭圆定义：

$|PA|+|PQ|=|PA|+2a-|PF|=4+(|PA|-|PF|)$. 而 $-|PF|\leqslant|PA|-|PF|\leqslant|AF|$,

$|AF|=\sqrt{2^2+1^2}=\sqrt{5}$. 所以 $|PA|+|PQ|$ 的取值范围是 $[4-\sqrt{5},4+\sqrt{5}]$, 选 B,D.

6. 根据对称性, 不妨设 $p(m,n)$, $m\in[0,2]$, $n\in(0,1]$, 则 $\dfrac{m^2}{4}-n^2=1$, $\tan\alpha=\dfrac{n}{m+2}$, $\tan\beta=$

$\dfrac{n}{m-2}$. 所以：$\tan\alpha\tan\beta=\dfrac{n^2}{m^2-4}=\dfrac{1}{4}$（定值）；$\tan(\alpha+\beta)=\dfrac{\dfrac{n}{m+2}+\dfrac{n}{m-2}}{1-\dfrac{1}{4}}=\dfrac{8}{3}\cdot\dfrac{mn}{m^2-4}=\dfrac{2m}{3n}$（非定

值）；$S\tan(\alpha+\beta)=2n\cdot\dfrac{2m}{3n}=\dfrac{4m}{3}$（非定值）；$S\cot(\alpha+\beta)=2n\cdot\dfrac{3n}{2m}=\dfrac{3n^2}{m}$（非定值）. 选 A.

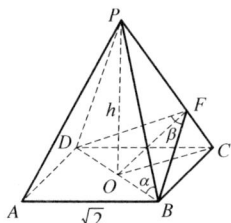

图题解 7

7. 不妨设正四棱锥的底边长为 $\sqrt{2}$, 高为 h. 则 $OC=1$. 如图题解 7 Rt$\triangle POC$

中, 斜边上的高 $OF=\dfrac{OC\cdot OP}{PC}$. 即 $OF=\dfrac{h}{\sqrt{h^2+1}}$, 则 $\tan\dfrac{\beta}{2}=\dfrac{OB}{OF}=\dfrac{\sqrt{h^2+1}}{h}$.

所以 $\cos\beta=\dfrac{1-\tan^2\dfrac{\beta}{2}}{1+\tan^2\dfrac{\beta}{2}}=-\dfrac{1}{2h^2+1}$. 又 $\cos\alpha=\dfrac{OB}{PB}=\dfrac{1}{\sqrt{h^2+1}}$. 所以 $h^2=$

$\dfrac{1}{\cos^2\alpha}-1$. 所以 $\cos\beta=\dfrac{\cos^2\alpha}{\cos^2\alpha-2}$, A 真；注意到 $\sin\alpha=\dfrac{h}{\sqrt{h^2+1}}$, 所以 D 真. 选 A,D.

8. 化为：$\left(\dfrac{z_2}{z_1}\right)^2-2\cdot\dfrac{z_2}{z_1}+5=0$ 则 $\dfrac{z_2}{z_1}=\dfrac{2\pm\sqrt{16}i}{2}=1\pm2i=\sqrt{5}\left(\dfrac{1}{\sqrt{5}}\pm\dfrac{2}{\sqrt{5}}i\right)$, 这里 $\left|\dfrac{z_2}{z_1}\right|=\sqrt{5}$.

$\cos\angle Z_1OZ_2=\dfrac{1}{\sqrt{5}}$, $\sin\angle Z_1OZ_2=\dfrac{2}{\sqrt{5}}$. $\therefore S_{\triangle OZ_1Z_2}=\dfrac{1}{2}\cdot1\cdot\sqrt{5}\cdot\dfrac{2}{\sqrt{5}}=1$. 选 A.

9. 设 DO 交 BP 于 R, E 为 AB 中点. 显然 $ORBE$ 共圆, 所以 $\angle COD=\angle EBR=$
$\angle PBD$, 所以 $BOPD$ 四点共圆；所以 $\angle1=\angle2$ 而 $\angle2=\angle3$（O 为外心）, $\angle3=$
$\angle4$（P 为内心）. 所以 $\angle1=\angle4$. 所以 $DP\parallel AC$. 选 C,D.

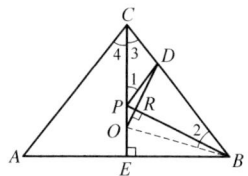

图题解 9

10. $n>\dfrac{1+5\cos1}{\sin1}$, 估算 $\dfrac{1+5\cos1}{\sin1}\in(4,5)$. 选 C.

11. 令 $a=\dfrac{x}{3}$, $b=\dfrac{y}{3}$, $c=\dfrac{z}{3}$. 则等价于分析以下方程组的类似问题：$\begin{cases}a^3=b^2+b+\dfrac{1}{3} & ① \\ b^3=c^2+c+\dfrac{1}{3} & ② \\ c^3=a^2+a+\dfrac{1}{3} & ③\end{cases}$ （$*$）,

显然($*$)无负解,因为右边恒为 E.下证 a, b, c 至少有两个相等,如若不然,设 $0 < a < b < c$.则 $a^3 < b^3 < c^3$,由($*$)得 $b^2 + b + \dfrac{1}{3} < c^2 + c + \dfrac{1}{3} < a^2 + a + \dfrac{1}{3}$.这显然是矛盾的.不妨设 $a = b$,则由①③得

$a = c$,所以 a, b, c 彼此相等.令 $a = b = c = \lambda$,则 λ 是方程 $x^3 = x^2 + x + \dfrac{1}{3}$ 的根.记 $f(x) = x^3 - x^2 -$

$x - \dfrac{1}{3}$,用导数很容易得 $f(x) = 0$ 只有唯一解.所以 A 正确,B 不正确;若设 $x^3 = x^2 + x + \dfrac{1}{3}$ 的根为有

理数,不妨设 $x = \dfrac{m}{n}$,这里 m, $n \in \mathbf{N}^*$,且 $(m, n) = 1$.则 $\dfrac{m^3}{n^3} = \dfrac{m^2}{n^2} + \dfrac{m}{n} + \dfrac{1}{3}$,$3(m^3 - m^2n - mn^2) = n^3$.

所以 n 被 3 整除,令 $n = 3k$ $(k \in \mathbf{N}^*)$,则 $m^3 = 3(m^2k + 3mk^2 + 3k^3)$,所以 m 被 3 整除,即 $3 \mid (m, n)$,
矛盾.所以 C 不正确,D 正确.综上,选 A,D.

12. 不妨设 $0 \leqslant x_1 \leqslant x_2 \leqslant \cdots \leqslant x_{21} \leqslant 1$.则 $\displaystyle\sum_{i=1}^{21} \sum_{k=1}^{21} |x_i - x_k| = |x_1 - x_1| + |x_1 - x_2| + |x_1 -$

$x_3| + \cdots + |x_1 - x_{21}| + |x_2 - x_1| + |x_2 - x_2| + |x_2 - x_3| + \cdots + |x_2 - x_{21}| + |x_3 - x_1| + |x_3 -$

$x_2| + |x_3 - x_3| + \cdots + |x_3 - x_{21}| + \cdots + |x_{21} - x_1| + |x_{21} - x_2| + |x_{21} - x_3| + \cdots + |x_{21} - x_{21}| =$

$2[(x_2 - x_1) + (x_3 - x_1) + (x_4 - x_1) + \cdots + (x_{21} - x_1) + (x_3 - x_2) + (x_4 - x_2) + \cdots + (x_{21} -$

$x_2) + \cdots + (x_{21} - x_{20})] = 2[-20x_1 - 18x_2 - \cdots - 2x_{10} + 0 \cdot x_{11} + 2x_{12} + 4x_{13} + \cdots + 20x_{21}]$,只需取

$x_1 = x_2 = \cdots = x_{10} = 0$.$x_{11} \in [0, 1]$,$x_{12} = x_{13} = \cdots = x_{21} = 1$ 就有原式的最大值:$2(2 + 4 + \cdots +$

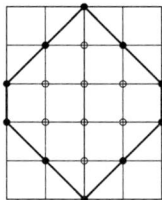

图题解 13

$20) = 220$.选 C.

13. 考虑画图得到符合题意的一种形态,从而得到答案.选 C.

14. 据题意,列出说和做的所有可能结果:

	说		做	
甲	√	×	√	×
乙	×	√	×	√
丙	√	√	×	×

可以看

出,甲、乙均有可能做对,丙做错.选 D.

15. 因为 $|3z - 7i| = 3$　所以 $\left| z - \dfrac{7}{3}i \right| = 1$　所以 z 表示的复平面内的点 Z 在以 $M\left(0, \dfrac{7}{3}\right)$ 为圆

心,半径为 1 的圆上.而 $z_1 = \dfrac{(z - 1 + i)(z - 1 - i)}{z - 1 + i} = z - 1 - i$ $(z \neq 1 - i)$.　所以 $|z_1| = |z - 1 -$

$i|$ 表示 $\odot M$ 上的点到 $N(1, 1)$ 的距离,又 $|MN| = \sqrt{1^2 + \left(\dfrac{4}{3}\right)^2} = \dfrac{5}{3}$.所以 $|z_1|_{\max} = |NZ|_{\max} =$

$|MN| + r = \dfrac{5}{3} + 1 = \dfrac{8}{3}$;$|z_1|_{\min} = |NZ|_{\min} = |MN| - 1 = \dfrac{2}{3}$.选 A,D.

16. 首先:$\dfrac{\overrightarrow{PA}}{|\overrightarrow{PA}|} + \dfrac{\overrightarrow{PC}}{|\overrightarrow{PC}|} = -\dfrac{\overrightarrow{PB}}{|\overrightarrow{PB}|}$,两边平方得:$1 + 1 + 2\cos\angle APC =$

1　所以 $\angle APC = 120°$,同理 $\angle APB = 120°$.所以 P 是 $\triangle ABC$ 的费马点.作 $\triangle ABC$
的形外正 $\triangle BCD$ 和正 $\triangle ABE$.显然:P 恰为 AD、CE 的交点,且 D、B、E 共线.由

$\angle APB = \angle ABD = 120°$ 知 $\triangle APB \backsim \triangle ABD$.所以 $\dfrac{AP}{PB} = \dfrac{AB}{BD} = \dfrac{AB}{BC} = \dfrac{1}{2}$.即

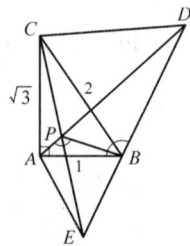

图题解 16

$|\overrightarrow{PB}| = 2|\overrightarrow{PA}|$；同理：$\dfrac{PC}{PB} = \dfrac{BC}{BE} = \dfrac{BC}{AB} = 2$. 即 $|\overrightarrow{PC}| = 2|\overrightarrow{PB}|$. 综上，选 A、B、C、D.

17. $\cos\alpha\cos\beta - \sin\alpha\sin\beta = \dfrac{\sin\alpha}{\sin\beta}$，$\tan\alpha = \dfrac{\sin\beta\cos\beta}{1+\sin\beta} = \dfrac{\dfrac{1}{2}\sin 2\beta}{1 + \dfrac{1-\cos 2\beta}{2}} = \dfrac{\sin 2\beta}{3 - \cos 2\beta}$. 上式是两点

$M(3, 0)$，$N(\cos 2\beta, -\sin 2\beta)$ 连线的斜率. 其中由 $\beta \in \left(0, \dfrac{\pi}{2}\right)$ 知，N

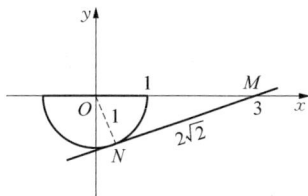

在 $x^2 + y^2 = 1 (y < 0)$ 上. 所以 $(\tan\alpha)_{\max} = (k_{MN})_{\max} = \dfrac{1}{2\sqrt{2}} = \dfrac{\sqrt{2}}{4}$.

选 A.

图题解 17

18. $396 = 9 \times 4 \times 11$. 考虑五位数字：$abcde$. 则应有 $a+c+e-(b+d) = 0$ 或 11，$a+c+e+(b+d) = 18$ 或 27. (1) 若 $a+c+e+b+d = 18$ 则 $a+c+e-(b+d) = 0$. 则 $(b, d) = (0, 9), (1, 8), (2, 7), (3, 6), (4, 5)$；$(a, c, e) = (0, 1, 8), (0, 2, 7), (0, 3, 6), (0, 4, 5), (1, 2, 6), (1, 3, 5), (2, 3, 4)$. 有下表

a, c, e	相应的 b, d	结　果　数
0, 1, 8	2, 7 或 3, 6 或 4, 5	$3 \times 4 = 12$
0, 2, 7	1, 8 或 3, 6 或 4, 5	$3 \times 4 = 12$
0, 3, 6	1, 8 或 2, 7 或 4, 5	$3 \times 4 = 12$
0, 4, 5	1, 8 或 2, 7 或 3, 6	$3 \times 4 = 12$
1, 2, 6	0, 9 或 4, 5	$2 \times 4 = 8$
1, 3, 5	无	0
2, 3, 4	0, 9 或 1, 8	$2 \times 4 = 8$

结果有 64 种；(2) 若 $a+c+e+b+d = 27$，则 $a+c+e-(b+d) = 11$. 也就是 $a+c+e = 19$，$b+d = 8$，则 $(b, d) = (0, 8), (1, 7), (2, 6), (3, 5)$；$(a, c, e) = (2, 9, 8), (3, 9, 7), (4, 9, 6), (4, 8, 7), (5, 8, 6)$. 有下表

a, c, e	相应的 b, d	结　果　数
2, 9, 8	1, 7 或 3, 5	8
3, 9, 7	0, 8 或 2, 6	0
4, 9, 6	0, 8 或 3, 5 或 1, 7	12
4, 8, 7	2, 6 或 3, 5	8
5, 8, 6	1, 7	4

结果有 32 种. 故所求概率：$\dfrac{64+32}{P_{10}^5} = \dfrac{1}{315}$. 选 C.

19. $f'(x) = e^x + a$，(1) 当 $a \geqslant 0$ 时 $f'(x) > 0$，$f(x)$ 在 $[1, 3]$ 上单调递增. 有零点的充要条件是

$\begin{cases} f(1) \leqslant 0 \\ f(3) \geqslant 0 \end{cases}$，由此可得 $\begin{cases} b \leqslant -\mathrm{e} \\ a \geqslant 0 \end{cases}$，从而 $(a^2+b^2)_{\min}=\mathrm{e}^2$；(2) 当 $a<0$ 时，由 $f'(x)$ 在 $\mathbf{R}$ 上有唯一零点 $x=\ln(-a)$ 可得：$f(x)$ 在 $(-\infty,\ln(-a)]$ 上 $\downarrow$，在 $[\ln(-a),+\infty)$ 上 $\uparrow$。分情形讨论 $f(x)$ 在 $[1,3]$ 上的单调性，并用零点存在定理类似(1)的讨论分别给出 a、b 的取值范围，进而确定 a^2+b^2 的取值范围。最终可得：$(a^2+b^2)_{\min}=\mathrm{e}^2$。选 D。

20. 对 A：$S_n=1+1+2+\cdots+2^{n-2}=1+\dfrac{1-2^{n-1}}{1-2}=2^{n-1}$，所以 $\forall n\in\mathbf{N}^*$，$S_n=a_{n+1}$。A 正确；对 B：若 $k=0$，显然成立，若 $k\neq 0$，则 $S_n=a_{\frac{n+(n+1)}{2}}$。B 正确；对 C：上述 A、B 恰可作为其反例，C 不正确；对 D：所以 a_n 为等差数列，设 $a_n=kn+m$。取 $b_n=kn$，$a_n=\begin{cases} m_0 & n=1 \\ 0 & n\geqslant 2 \end{cases}$。由于 $b_n=kn$ 是 T 数列。对 a_n，前 n 项和 $S'_n=a_1$，所以也是 T 数列。D 正确。选 A、B、D。

21. 因为 $F(x)=f(x)-1=\dfrac{\mathrm{e}^x-\mathrm{e}^{-x}}{\mathrm{e}^x+\mathrm{e}^{-x}}+\sin x$ 为 $[-2,2]$ 上奇函数。所以 $F(x)_{\max}+F(x)_{\min}=M-1+m-1=0$，所以 $M+m=2$。选 A。

22. 据题意，圆必过原点，所以面积最小的圆应以 O 到该直线的垂线段的长为直径，即半径 $r=\dfrac{1}{2}\cdot\dfrac{|-4|}{\sqrt{2^2+1^2}}=\dfrac{2}{\sqrt{5}}$。从而 $S_{\odot C}|_{\min}=\pi r^2=\dfrac{4\pi}{5}$。选 C。

23. 由题意：$(a+b)(a^2+b^2-ab)+3ab=1$，$(a+b)[(a+b)^2-3ab]+3ab=1$，$(a+b)^3-3ab(a+b-1)-1=0$，$(a+b-1)[(a+b)^2+(a+b)+1-3ab]=0$，所以 $a+b=1$ 或 $(a+b)^2+(a+b)+1-3ab=0$，后者整理成：$a^2-(b-1)a+(b^2+b+1)=0$。由 $\Delta\geqslant 0$ 可得 $(b+1)^2\leqslant 0$，所以 $b=-1$，从而 $a=-1$，所以 $a+b=-2$。综上 $a+b=1$ 或 -2。选 B。

24. 对①，不妨设 $x\leqslant y$，则 $y^2+2x\leqslant y^2+2y<(y+1)^2$，而 $y^2+2x>y^2$，所以 y^2+2x 不可能为完全平方数，① 为真；对②，不妨设 $x\leqslant y$。则 $y^2+4x\leqslant y^2+4y<(y+2)^2$，而 $y^2+4x\geqslant(y+1)^2$（若 y^2+4x 是完全平方数的话），故 $y^2+4x=(y+1)^2$，所以 $4x=2y+1$。则 $x^2+4y=x^2+8x-2$，若存在整数 t，使 $x^2+8x-2=t^2$，则 $(x+4)^2-t^2=18$。即 $(x+4-t)(x+4+t)=18$，对正整数来说此式显然无解，② 为真；对③，当 $x=y=2$ 时，两式均为 16，是完全平方数，③ 为假。选 C。

25. $EY=0\times\left(\dfrac{1}{2^3}+\dfrac{1}{2^6}+\dfrac{1}{2^9}+\cdots\right)+1\times\left(\dfrac{1}{2}+\dfrac{1}{2^4}+\dfrac{1}{2^7}+\cdots\right)+2\times\left(\dfrac{1}{2^2}+\dfrac{1}{2^5}+\dfrac{1}{2^8}+\cdots\right)=\dfrac{\frac{1}{2}}{1-\frac{1}{8}}+2\times\dfrac{\frac{1}{4}}{1-\frac{1}{8}}=\dfrac{8}{7}$。选 B。

26. 由 $S_n=(-1)^n a_n+\dfrac{1}{2^n}+n-3$，得 $a_1=-\dfrac{3}{4}$；当 $n\geqslant 2$ 时，$a_n=S_n-S_{n-1}=(-1)^n a_n+(-1)^n a_{n-1}-\dfrac{1}{2^n}+1$。若 n 为偶数，则 $a_{n-1}=\dfrac{1}{2^n}-1$，$\therefore a_n=\dfrac{1}{2^{n+1}}-1$（$n$ 为奇数）；若 n 为奇数，则 $a_{n-1}=-2a_n-\dfrac{1}{2^n}+1=-2\left(\dfrac{1}{2^{n+1}}-1\right)-\dfrac{1}{2^n}+1=3-\dfrac{1}{2^{n-1}}$，所以 $a_n=3-\dfrac{1}{2^n}$（n 为偶数）。显然，n 为奇数时，

$a_n = \left(\dfrac{1}{2^{n+1}} - 1\right)_{\max} = a_1 = -\dfrac{3}{4}$；$n$ 为偶数时，$a_n = \left(3 - \dfrac{1}{2^n}\right)_{\min} = a_2 = \dfrac{11}{4}$．若 $(t - a_{n+1})(t - a_n) < 0$ 恒成立．则 $a_1 < t < a_2$，即 $-\dfrac{3}{4} < t < \dfrac{11}{4}$．选 A．

27. 依题意列出可能的排表.

四　层	小　李	三　国	三　国
三　层	小　孙	红　楼	红　楼
二　层	小　赵	水　浒	西　游
一　层	小　钱	西　游	水　浒

选 C、D.

28. $f'(x)_{\max} = f'(a)$，$f'(x)_{\min} = f'(b)$；因为 $S(t) = \displaystyle\int_a^t f(x)\mathrm{d}x$．所以 $S'(t) = f(t)$，所以 $S'(t)_{\max} = S'(c)$，$S'(t)_{\min} = S'(b)$．选 D．

29. 考虑作为整体的和 $a_{2k-1} + a_{2k}(k = 1, 2, \cdots, 10)$，由 $|a_{i+1}| = |a_i + 1|$ 得 $a_{2k} = a_{2k-1} + 1$ 或 $a_{2k} = -a_{2k-1} - 1$，所以 $a_{2k-1} + a_{2k} = 2a_{2k-1} + 1$ 或 -1．设 $\displaystyle\sum_{k=1}^{10}(a_{2k-1} + a_{2k})$ 中有 m 组取 $2a_{2k-1} + 1$，余下 $10 - m$ 组取 -1．则 $|a_0 + a_1 + a_2 + \cdots + a_{20}| = |a_1 + a_2 + \cdots + a_{20}| = |2(a_{i_1} + a_{i_2} + \cdots + a_{i_m}) + m + m - 10| = 2|a_{i_1} + a_{i_2} + \cdots + a_{i_m} + m - 5|$，其中，$i_1, i_2, \cdots, i_m$ 全是奇数，据条件可知，$a_{i_1}, a_{i_2}, \cdots, a_{i_m}$ 也都是奇数．所以无论 m 是奇数还是偶数，$a_{i_1} + a_{i_2} + \cdots + a_{i_m} + m - 5$ 均是奇数．记这个奇数为 $2n + 1(n \in \mathbf{N})$．则 $|a_0 + a_1 + a_2 + \cdots + a_{20}| = 4n + 2$．2 和 10 符合．选 B、C．

30. 因为 $\tan(\alpha - \beta) = \dfrac{\tan\alpha - \tan\beta}{1 + \tan\alpha\tan\beta}$，而 $\dfrac{2}{k^2} = \dfrac{(k+1) - (k-1)}{1 + (k+1)(k-1)}$，所以 $\arctan\dfrac{2}{k^2} = \arctan(k+1) - \arctan(k-1)$．所以 $\displaystyle\sum_{k=1}^n \arctan\dfrac{2}{k^2} = \arctan 2 - \arctan 0 + \arctan 3 - \arctan 1 + \arctan 4 - \arctan 2 + \cdots + \arctan(n+1) - \arctan(n-1) = \arctan n + \arctan(n+1) - \dfrac{\pi}{4} = \pi - \arctan\dfrac{2n+1}{n^2+n-1} - \dfrac{\pi}{4}$．所以 $\displaystyle\lim_{n \to +\infty}\sum_{k=1}^n \arctan\dfrac{2}{k^2} = \dfrac{3}{4}\pi$．选 A．

31. 显然 $f(x)$ 的最高次数不小于 3，否则 $f'''(1) = 0 \neq 1$．当 $n \geqslant 4$ 时，$f(1) = a_0 + a_1 + a_2 + a_3 + \cdots + a_n = \displaystyle\sum_{i=0}^n a_i$，$f'(1) = a_1 + 2a_2 + 3a_3 + \cdots + na_n = \displaystyle\sum_{i=1}^n ia_i$，$f''(1) = 2a_2 + 6a_3 + \cdots + n(n-1)a_n = \displaystyle\sum_{i=2}^n i(i-1)a_i$；$f'''(1) = 6a_3 + \cdots + n(n-1)(n-2)a_n = \displaystyle\sum_{i=3}^n i(i-1)(i-2)a_i$．则 $f(1) - f'(1) + \dfrac{1}{2}f''(1) - \dfrac{1}{6}f'''(1) = a_0 + \displaystyle\sum_{i=4}^n\left[1 - i + \dfrac{i(i-1)}{2} - \dfrac{1}{6}i(i-1)(i-2)\right]\ (n \geqslant 4)$．此时 $1 - i + \dfrac{i(i-1)}{2} - \dfrac{1}{6}i(i-1)(i-2) = (1-i) + \dfrac{i(i-1)(5-i)}{6} < 0$．所以 $a_0 > f(1) - f'(1) + \dfrac{1}{2}f''(1) - \dfrac{1}{6}f'''(1) = \dfrac{1}{3}$．而 $n = 3$ 时：显然 $a_0 = f(1) - f'(1) + \dfrac{1}{2}f''(1) - \dfrac{1}{6}f'''(1) = \dfrac{1}{3}$．综上，$a_0$ 的最小值为 $\dfrac{1}{3}$．

选 B.

32. 考虑复数 $z_1 = 1 + i$，$z_2 = 2 + i$，$z_3 = 3 + i$.其辐角主值依次等于题中三个角.因为 $z_1 z_2 z_3 = 10i$，所以 $\arg(z_1 z_2 z_3) = \dfrac{\pi}{2}$.原式 $= \sin\dfrac{\pi}{2} = 1$. 选 A.

33. 法一.设 C 已确定，并含有 t 个元素，每个元素均有 4 种"去处"则 $(A，B)$ 有 4^t 种.所以 $(A，B，C)$ 共有 $\sum\limits_{t=0}^{2\,020} C_{2\,20}^t 4^t = (1+4)^{2\,020} = 5^{2\,020}$ 种.法二.设 $U = \{1，2，3，\cdots，2\,020\}$，则每个元素均有 5 种"去处"，由乘法原理，不同的 $(A，B，C)$ 共有 $5^{2\,020}$ 种.

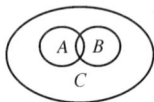

图题解 33

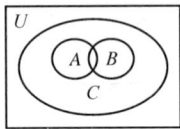

图题解 33

34. 若 $a = 1$，则 $b = c \in \mathbf{N}^*$.由海伦公式知面积为无理数；若 $a = 2$，则 $b = c \geqslant 2$，或 $b - c = 1(c \geqslant 2)$(或 $c - b = 1，b \geqslant 2$)，由海伦公式知面积均为无理数；由于边长为 $3，4，5$ 的直角三角形面积为有理数.所以，选 C，D.

35. 令 $t = z^5 + \dfrac{1}{z^5}$，则由 $f(z) = g(t) = t^2 + \dfrac{1}{2}t - 2 = 0$ 得 $t_1 = \dfrac{-1+\sqrt{33}}{4}$，$t_2 = \dfrac{-1-\sqrt{33}}{4}$.则 $|t| < 2$，所以 $z^5 + \dfrac{1}{z^5} = t$ 无实根.A 不正确；因为 $z^5 + \dfrac{1}{z^5} = t \in \mathbf{R}$.所以 $z^5 + \dfrac{1}{z^5} = \dfrac{1}{\left(z^5 + \dfrac{1}{z^5}\right)} = \bar{z}^5 + \dfrac{1}{\bar{z}^5}$，

即 $(z^5 - \bar{z}^5)\left(1 - \dfrac{1}{z^5 \bar{z}^5}\right) = 0$，因为 $z \notin \mathbf{R}$，所以 $z \neq \bar{z}$，所以 $z^5 \neq \bar{z}^5$.所以 $z^5 \bar{z}^5 = |z|^{10} = 1$，即 $|z| = 1$.

C 正确，D 不正确；令 $z = \cos\theta + i\sin\theta$，由 $z^5 + \dfrac{1}{z^5} = \dfrac{-1 \pm \sqrt{33}}{4}$ 得 $\cos 5\theta = \dfrac{-1 \pm \sqrt{33}}{8}$.所以 $5\theta =$

$2k\pi \pm \arccos\dfrac{-1+\sqrt{33}}{8}$ 或 $2k\pi \pm \arccos\dfrac{-1-\sqrt{33}}{8}$. 即 $\theta = \dfrac{2k\pi}{5} \pm \dfrac{1}{5}\arccos\dfrac{-1+\sqrt{33}}{8}$ 或 $\dfrac{2k\pi}{5} \pm$

$\dfrac{1}{5}\arccos\dfrac{-1-\sqrt{33}}{8}$ $(k \in \mathbf{Z})$.θ 在平面上共有 20 条不同终边，对应 20 个不同的复根 z，所以 B 正确.综上，选 B，C.

附录 高校强基计划数学测试内容参考框架

知识

（1）集合的性质、表示、相互关系

（2）集合元素个数、和

（3）命题的否定与否命题、四种形式、等价命题

（4）简易整数论、带余除法

（5）有理数的表示与性质

（6）函数的概念

（7）初等函数的性质（奇偶、单调、周期、对称、凸向）

（8）初等函数的图像变换、最值

（9）初等函数的图像的旋转、坐标系的旋转

（10）初等函数的导数与积分及其简单应用

（11）不等式（换元法、放缩法、均值定理）

（12）常见的重要不等式（均值、柯西、琴森个、排序）

（13）方程（不定方程的整数解、线性方程组的解的存在性、三角方程解的判断）

（14）数列的递推、裂项求和、各项和

（15）线性递归数列

（16）归纳方法的应用

（17）和差化积、三角方程、解三角形

（18）复数的几何意义、轨迹、三角式

（19）复数集中的方程

（20）向量分解定理，共面向量、相关向量、数量积

（21）直线的位置关系

（22）线性规划问题

（23）圆锥曲线的定义、方程、基本量

（24）切线、离心率、准线

（25）参数、参数方程

（26）极坐标、极坐标方程

（27）平面几何（等积变形、圆幂定理）

（28）三角形的"五心"及其性质、欧拉定理、斯德瓦定理

（29）多面体（柱体、椎体）与旋转体（圆柱、圆锥、球）

（30）球的性质、球与其他形体的组合

（31）球幂定理、球面距离、球冠面积、球缺体积

（32）计数中的间接方法、二项式定理

（33）古典概型与几何概型

（34）对立事件、互斥事件、独立事件的概率，简单的条件概率

（35）随机变量及其概率分布

（36）矩阵运算与变换

（37）行列式运算性质

（38）简易拓扑变换

方法

（1）化归

（2）类比

（3）抽象

（4）概括

（5）归纳

（6）演绎

（7）分析

（8）综合

（9）递推

（10）迭代

技能

（1）观察

（2）试验（特殊值）

（3）构造

（4）换元

（5）参数

（6）配方

（7）待定系数

（8）反证

（9）数形结合

（10）划分（分类）

（11）逼近法（如二分法、夹逼法）

（12）代入

（13）排除

（14）引入坐标